투자심사와 타당성 조사

이론과 실제

임성일 · 김상길 · 송지영 지음

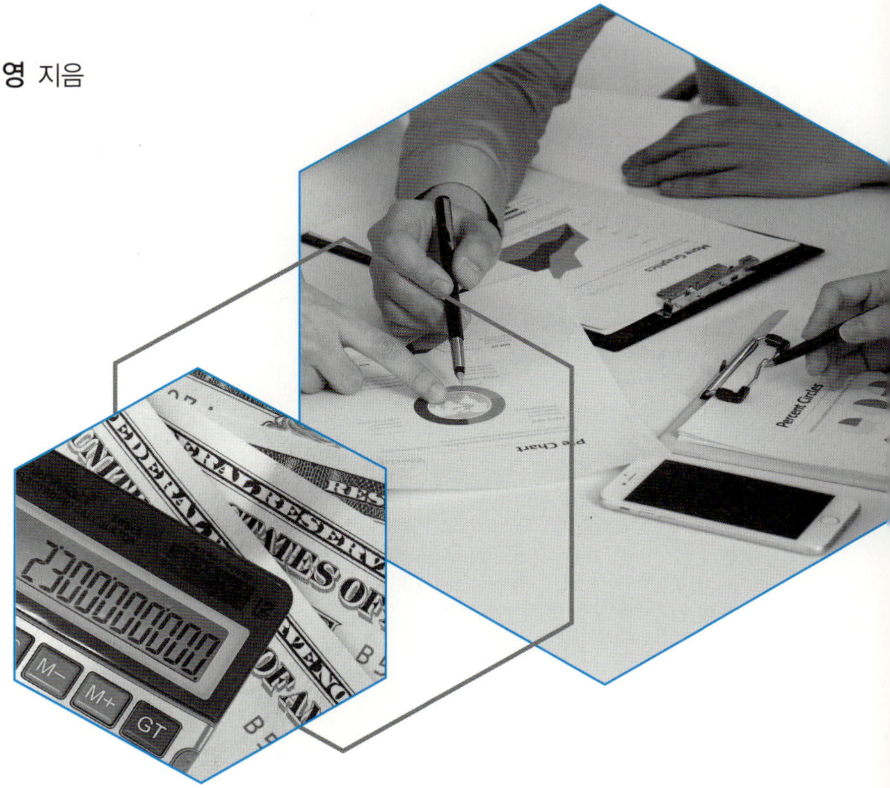

도서출판 해남

투자심사와 타당성 조사

이론과 실제

초판1쇄 인쇄 2020년 5월 15일
초판1쇄 발행 2020년 5월 22일

저 자 임성일 · 김상길 · 송지영
발행인 노현철
발행처 도서출판 해남

출판등록 1995. 5. 10 제 1-1885호
주 소 서울특별시 마포구 마포대로8길 9 영명빌딩 405호
전 화 739-4822 **팩스** 720-4823
이 메 일 haenamin30@naver.com
홈페이지 www.hpub.co.kr

ISBN 978-89-6238-143-6 93350

서문

국가와 지방자치단체는 국(주)민의 생활과 복지 향상을 위해 다양한 자본투자사업을 실시한다. 예를 들면, 고속도로, 지방도로, 공항, 항만, 교량, 공원, 학교, 문화(예술)회관, 상수도, 하수도, 쓰레기 소각장, 소방시설, 박물관, 공공청사 건설 등이 그것이다. 오늘날 전국의 지방자치단체들은 적게는 수천만 원의 작은 마을 도서관에서부터 많게는 수조 원의 지하철사업에 이르기까지 다양한 투자사업을 실시한다. 세간에 큰 논란이 되고 있는 4대강 사업이나 적자투성이인 각종 경전철사업은 언론 보도를 통해 국민들이 익숙히 알고 있는 정부의 투자사업이다.

국가와 지방자치단체가 다양한 투자사업을 추진하는 목적은 국민과 주민의 복지를 향상시키는 데 있다. 그러나 현실은 항상 그런 것만은 아니다. 국민의 생활과 삶의 질을 향상시켜 주기도 하지만, 때로는 세금을 낭비하고 국민의 불만과 원성을 불러일으키기도 한다. 그러므로 정부는 공공투자사업을 실시하기에 앞서 그것이 진정 국민이 원하고 사회복지를 증진시켜 주는지에 대해 사전에 충실히 점검하는 절차를 거쳐야 한다. 일반적으로 그러한 절차를 타당성 조사(또는 타당성 분석)라고 한다. 그것은 크게 투자사업의 경제적 효율성을 점검하는 부분과 사회적·정치적 합목적성을 점검하는 부분으로 구성된다. 전자는 통상 비용편익분석(cost-benefit analysis)이라는 기법을 사용하여 사업의 경제성을 분석하는 데 중점을 둔다. 후자는 비경제성 분석으로 사회적 형평(equity)과 분배(distribution) 문제를 비롯하여 주요 정책과 각종 사회적 가치(social value) 이슈를 점검하는 데 중점을 둔다. 이 책은 특히 전자에 대해 설명하는 데 많은 지면을 할애하고 있다.

공공투자사업의 의사결정을 하는 과정에서 경제적 측면의 사회복지 변화를 점검하는 것 외에 사회적·정치적 합목적성도 함께 객관적으로 점검할 수 있다면 더할 나위 없이 좋다. 그런데 전자는 계량적 가치 측정이 주를 이루는 데 비해 후자는 규범적 가치판단과 질적 판단 정보를 수반하는 경우가 많아서 그렇게 하기가 대단히 어렵다. 따라서 현실적으로는 전자,

즉 경제성 분석에 치중하는 현상이 나타난다. 하지만 이러한 현실론적 접근은 정부가 국(주)민의 세금을 제대로 쓰고 있는지, 국민의 생활과 삶의 질을 진정 유복하게 해주고 있는지에 대해 충분히 책임 있는 결과와 정보를 제공해 주지 못한다. 그 이유는 재정사업의 경제성도 중요하지만, 그와 관련된 국민과 지역, 계층 등을 감안하는 형평과 사회적 가치도 중요하기 때문이다.

이러한 사실을 인식하면서 이 책은 지방자치단체가 국(주)민의 세금으로 투자사업을 실시해야 할 정당성으로부터 그것이 실제로 우리 사회의 복지(후생) 증진에 기여하는지를 금전적 가치로 판단하고 결정하는 내용과 절차 및 제도에 이르는 비교적 광범위한 사항들을 다루고 있다. 이 책은 크게 3부로 구성되어 있다.

제1부는 임성일 박사가 집필하였다. 제1부는 왜, 어떤 공공투자사업은 적절하고 타당성이 있고 다른 어떤 사업은 그렇지 못한지에 대해 객관적으로 분석하는 경제성 분석에 대해 중점적으로 다루면서 일부 비경제적 타당성에 대하여도 보완적으로 기술하고 있다. 이들은 이론과 실제 양면에서 다루어진다. 특히, 이론적 내용은 공공투자사업이 사회복지 관점에서 장기적으로 얼마의 비용과 편익의 영향을 미칠 것인지를 금전적 가치(돈)로 파악하는 비용편익분석에 대해 중점을 두고 기술하고 있다. 아울러 정부 투자사업이 재무적으로 어느 정도의 수지타산을 갖는지(즉, 사업 완공 후 적자 또는 흑자 경영을 할 것인지), 그리고 지방자치단체 재정에 어떤 영향을 줄 것인지에 대하여도 다루고 있다(전자를 통상 재무성 분석, 후자를 재정 영향 분석이라고 한다).

제1부를 집필하는 과정에서 국내외(특히, 외국)의 문헌들로부터 많은 도움을 받았다. 책의 성격과 독자의 편의를 감안하여 일일이 주석을 달지 않았다. 다만, 책의 구성과 내용의 서술에 크게 도움을 준 다음의 문헌에 대하여는 특별히 언급하고자 한다. 그것은 European Commission(EU), *Guide to Cost-Benefit Analysis of Investment Projects*, 2014; The Treasury(New Zealand Government), *Guide to Cost-Benefit Analysis*, 2015; The Treasury(NSW), *NSW Government, Guide to Cost-Benefit Analysis*, 2017; HM Treasury, *The Green Book: Central Government Guidance on Appraisal and Evaluation*, 2018이다.

제2부는 김상길 재정관리담당관이 집필하였으며, 「지방재정법령」과 행정안전부의 「지방재정투자사업 심사규칙 및 타당성조사 매뉴얼」 그리고 필자의 오랜 중앙투자심사 경험(4

년간 2,000여 건, 85조 9,591억 원 심사)과 중앙투자심사 위원회 운영 등을 토대로 생생한 현장 및 실무 중심의 내용을 다루고 있는 강점이 있다.

제2부에서 다루는 내용들은 우리나라의 지방투자사업들이 실제로 어떻게 계획되고, 공인된 기관의 타당성 분석을 거쳐 최종적으로 투자심사를 통과하게 되는지와 관련해서 기술적·실제적 절차와 방법 등에 대해 상세하게 다루고 있다. 아울러 지방재정 및 지방투자사업과 관련된 각종 언론 보도와 감사 결과를 적절히 참고하여 책의 현실감과 객관성을 더하였다. 이러한 내용은 지방자치단체에서 신규 투자사업의 추진을 준비하고 있거나 진행 중인 사업부서, 예산부서의 실무자 및 관리자에게 도움이 될 것이고, 나아가 지방의회 의원, 재정에 관심을 두는 시민단체에게도 도움이 될 것으로 기대된다.

제3부는 송지영 박사가 집필을 맡았으며, 필자가 다년간 이 분야에서 쌓아 온 연구 지식과 실무 경험을 최대한 발휘하고자 노력하였다. 집필 과정에서는 국내의 관련 법령과 타당성 조사 지침들로부터 도움을 받았고, 특히 한국지방행정연구원 지방투자사업관리센터에서 발간한 지침에 힘입은 바가 크다. 아울러 필자의 연구 경험 사례와 수년간 직접 수행한 타당성 조사 사례 중 일부를 실감 있게 참고·인용하고 있다(다만, 관련된 지방자치단체의 명칭 등 구체적인 정보는 제외하였다). 제3부에서 다루는 내용들은 투자사업을 추진하는 지방자치단체 공무원뿐 아니라 실제 타당성 조사를 수행하는 연구자들에게도 도움이 될 것으로 기대한다.

이 책은 무엇보다도 국민의 세금을 직접 계획하고 집행하는 공무원의 눈높이에 맞추어서 투자사업과 관련된 많은 이슈와 현안들을 다루고자 노력하였다. 예를 들면, 관계 공무원이 투자사업을 효율적으로 추진할 수 있는 팁(tip)을 이곳저곳에서 제시하고 있고, 타당성 분석과 투자심사를 효과적으로 통과할 수 있는 방법에 대하여도 전문적 지식과 전략적 차원에서 탐색하고 있다. 그뿐 아니라 비교적 풍부한 이론적 배경과 타당성 분석 및 투자심사와 관련된 원리와 원칙을 다루고 있어서 전문가와 공공투자센터 연구자, 공기업 종사자, 시민단체와 활동가, 학부 고학년생과 대학원생, 의회와 의원, 투자자와 투자기관, 나아가 일반 주민 등 투자사업과 관련된 다양한 이해관계자(stakeholder)들에게도 매우 유용할 것으로 생각된다.

종합적으로, 이 책은 정부(중앙정부, 지방정부)가 세금을 사용하는 정책과 사업을 결정할 때 최선의 선택을 할 수 있도록 유도하는 데 목적이 있다. 만일 그것이 어려울 경우 적어도 세금이 낭비되거나 비효율적으로 사용되는 것을 방지하는 수단적 장치에 관해 다루고 있다. 독자들이 이 책을 다 읽고 나면 한편으로는 그동안 자신이 생각해 왔던 바가 옳았던 것을 이론과 실제를 통해 확인할 수 있을 것이다. 아울러 자신이 미처 알지 못하였거나 잘못 생각했던 사항에 대해 학습을 통해 보다 온전한 지식을 보유할 수 있을 것이라고 생각한다.

끝으로, 이 책의 출판을 흔쾌히 수락해 주시고 출판 과정에서 여러모로 친절과 조언을 아끼지 않으신 도서출판 해남의 노현철 대표님께 깊은 감사를 드린다. 아울러 책이 출간될 무렵에는 모든 국민과 국가에 큰 어려움과 위기감을 초래한 신종 코로나 바이러스 감염증(COVID-19)이 완전히 사라져 우리 모두가 청명하고 아름다운 늦봄의 꿈과 희망을 만끽할 수 있기를 간절히 희망한다.

2020년 5월 15일

집필자 대표 임성일

차례

제 3 부
지방투자사업 타당성 조사 방법과 실제

제 1 부

비용편익분석과 지방재정

제1장 우리나라의 지방재정

제2장 정부의 투자사업 선택

제3장 공공투자사업과 비용편익분석

제4장 비용편익분석의 기본 구조와 주요 특징 및 초기단계 점검

제5장 비용과 편익의 가치 추정

제6장 비용편익분석과 사회적 할인율, 위험 및 불확실성, 최종 분석 결과

제7장 비용편익분석의 주요 실천적 이슈

제8장 비용편익분석 관련 주요 이슈와 쟁점

제 1 장

우리나라의 지방재정*

1. 우리나라 재정의 기본 구조
2. 지방재정의 기본 구조와 특성
3. 중앙정부와 지방자치단체 간 재정이전
4. 교육지방재정
5. 지방채 발행제도
6. 지방투자사업의 지방재정상 위치

부록

* 여기에서 다루고 있는 내용의 상당 부분은 임성일의 기존 발표문을 참고하거나 또는 직접 원용하고 있음을 밝혀 둔다(참고문헌 참조).

1. 우리나라 재정의 기본 구조

1) 중앙재정과 지방재정

우리나라의 재정은 크게 중앙재정과 지방재정으로 구분된다. 중앙재정은 흔히 국가재정이라고 말한다. 이는 국민과 기업의 세금을 수입으로 삼아 국방, 외교, 치안, 사법, 사회복지, 주요 사회간접자본 투자 등 다양한 서비스를 국민에게 제공한다. 중앙재정은 중앙부처를 중심으로 운영되며, 지방재정과 긴밀한 연계협력 관계를 유지한다.

지방재정은 일반 주민의 생활과 밀접한 행정서비스를 제공한다. 구체적으로 도로, 교량, 지하철, 공원, 교육, 문화(예술)회관, 상수도, 하수도, 쓰레기 처리, 소방, 도서관, 박물관, 기타 주민행정서비스를 공급한다. 이때 소요되는 재원은 지방세 수입과 중앙정부가 지원하는 이전재정(교부금·보조금)을 중심으로 조달된다. 지방재정은 일반지방재정과 교육지방재정으로 구분된다. 전자는 교육서비스를 제외한 모든 일반 행정서비스를 전담하는 지방자치단체(시·도, 시·군·구)의 세입과 세출 및 재정 운영을 담당한다. 후자는 지방의 교육서비스(교육·학예에 관한 사무)만을 전담하는 교육자치단체(시·도 교육청)의 세입과 세출 및 재정 운영을 담당한다.

중앙재정과 지방재정을 관리하는 예산회계시스템은 크게 일반회계, 특별회계, 기금으로 구분된다. 통상 일반회계와 특별회계는 예산으로 관리되고, 기금은 예산 외로 관리된다(〈그림 1-1〉 참조). 다만, 기금 또한 예산·결산과 마찬가지로 지방자치단체기금관리기본법에 따라 기금운용계획 및 결산의 형태로 지방의회의 심의·의결을 거쳐 운용된다.

중앙재정과 지방재정이 서로 연계·작동하는 구조는 〈그림 1-2〉와 같다. 중앙재정의 주된 재원은 국세수입이고, 그중 일부는 중앙정부의 사무를 위해 사용되고 나머지는 지방자치단체로 이전된다. 지방재정이전은 교부세(교부금)제도와 보조금제도가 전담하는데, 이는 일반 지방자치단체(243개 단체)와 교육 지방자치단체(17개 시·도 교육청)로 양분되어 지원된다. 그 결과 지방재정은 중앙정부로부터의 재정이전(교부금·보조금)과 지방세·세외수입에 의한 자체수입 그리고 지방채 발행을 통해 수입을 꾸려나간다.

〈그림 1-1〉 우리나라 재정의 구조: 중앙재정과 지방재정

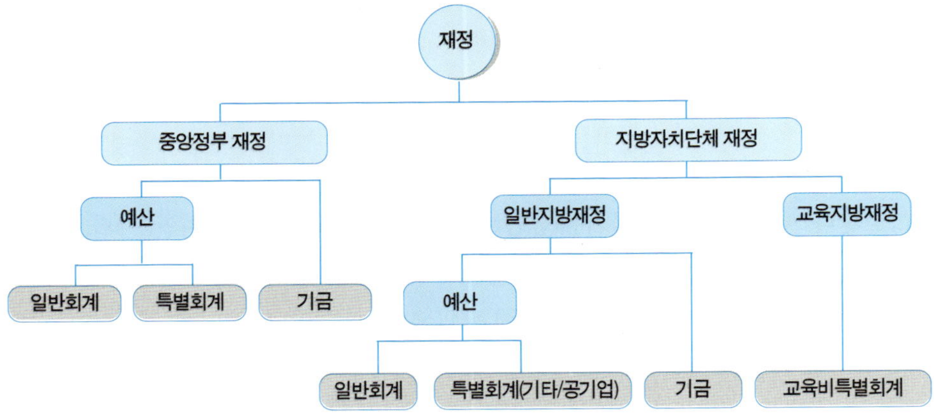

자료: 국회예산정책처(2019a: 26), 「2019 대한민국 재정」(필자 일부 수정).

〈그림 1-2〉 중앙재정과 지방재정의 연계 구조

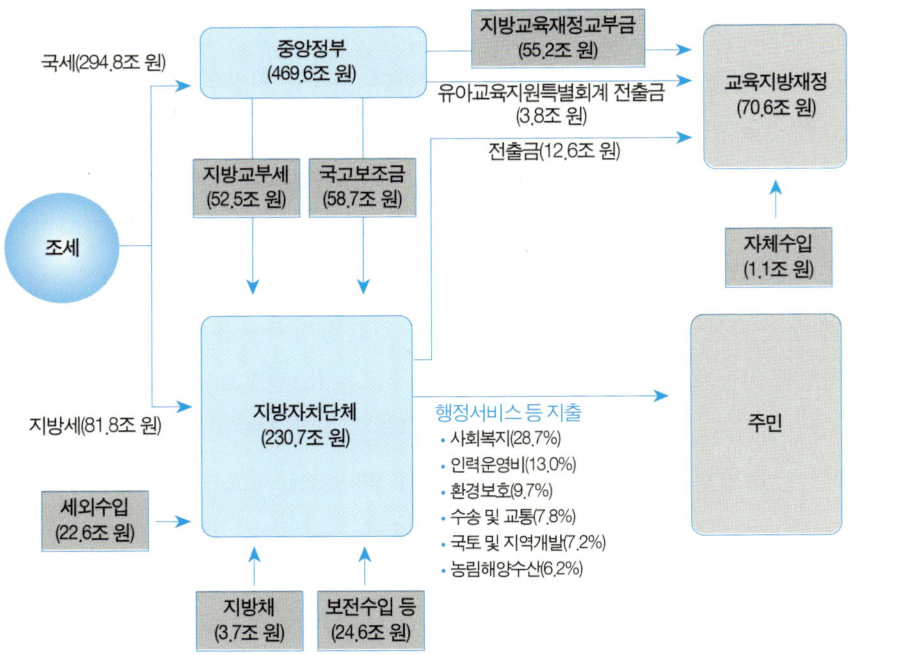

주: 지방교부세 및 국고보조금, 지방교육재정교부금은 2019년도 본예산 기준, 국가재정은 2019년 본예산 기준, 지방재정 및 지방교육재정은 2019년 당초예산 기준 통합재정지출액(일반회계+특별회계+기금)(저자 일부 수정).

자료: 국회예산정책처(2019b: 6), 「2019 대한민국 지방재정」.

2) 이원화된 지방재정 체제

우리나라의 지방자치는 일반행정과 교육행정을 분리하는 이원체제를 운영한다. 그 결과 지방자치 재정 또한 일반지방재정과 교육지방재정(또는 지방교육재정)으로 나뉘어서 운영된다. 이와 같은 재정 운영 방식은 OECD 국가들 중에서 매우 드문 사례이다. 통상 일반지방재정을 지방재정이라고 말한다. 따라서 이 책에서 지방재정이라고 표현할 경우 특별히 교육지방재정을 언급하지 않는 한 일반 지방자치단체와 관련된 지방재정을 의미하기로 한다. 현행 지방재정(일반지방재정과 교육지방재정)의 예산회계 구조는 〈그림 1-3〉과 같다.

〈그림 1-3〉 지방재정의 예산회계 구조

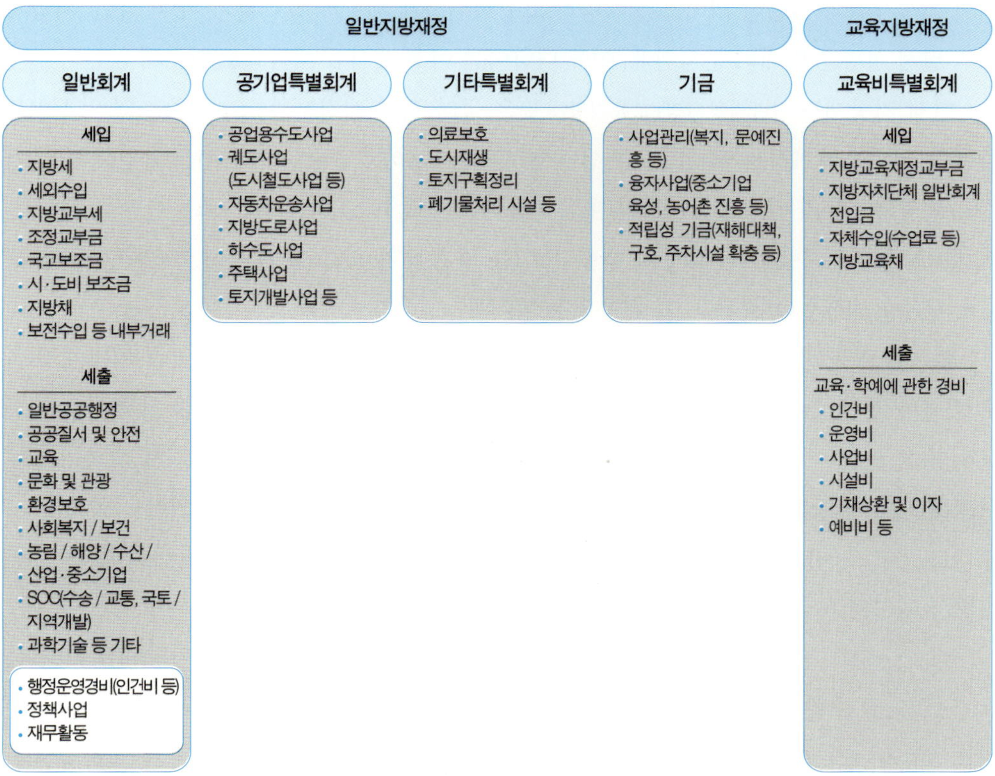

자료: 국회예산정책처(2019b: 18), 「2019 대한민국 지방재정」(필자 일부 보완).

2. 지방재정의 기본 구조와 특성

1) 중앙재정과 지방재정의 역학관계 변화와 재정분권

우리나라의 지방재정은 1990년대 초에 지방자치가 실시된 이후 지금까지 급성장해 왔다. 그 과정에서는 중앙정부와 지방자치단체 간의 재정관계(intergovernmental fiscal relations)와 각종 재정 운영시스템에 큰 변화가 일어났다. 1995년과 2019년을 비교하면 지방재정의 규모(예산 기준)는 42.6조 원에서 231.0조 원으로 5.4배 증가하였다. 지방재정의 양적 성장은 실로 놀라운 수준이다. 이를 두고 적어도 외형적으로는 재정의 3대 기능 중 자원배분(resource allocation) 기능이 지방단위에서 적극적으로 수행된 것으로 평가할 수 있다. 쉽게 말해서, 지방재정이 국(주)민의 일상생활과 밀접한 서비스를 다양하고 광범위하게 제공해 왔다는 것이다. 다만, 지방재정의 질적 성장은 별개의 문제인데, 이에 대하여는 이 책에서 구체적으로 다루지 않는다.

현재 지방재정(일반지방재정+교육지방재정)은 국가 전체 재정자원(fiscal resource)의 약 60%를 사용한다(교육지방재정을 제외한 순수한 일반지방재정은 전체의 약 45%를 사용한다). 2019년도 예산 기준으로 중앙정부와 지방자치단체의 재정 사용액은 각각 191.3조 원, 306.1조 원(일반 지방자치단체 230.6조 원, 교육 지방자치단체 75.4조 원)이다. 이는 두 주체가 각각 38.5%와 61.5%(일반 지방자치단체 46.4%, 교육 지방자치단체 15.1%)를 사용하는 셈이다.

역사적으로 재정 사용은 2000년대 초까지는 중앙재정이 더 많았으나, 그 후 지방재정 쪽으로 넘어 갔다. 특히, 지난 해(2019)에는 지방의 재정 사용액 점유비율이 역대 최고 수준을 기록하였다. 반면에 중앙재정의 국가재정 점유비율은 과거 줄곧 40%대를 유지해 오다가 2018년부터 처음 30%대 후반으로 떨어졌다. 이와 같은 중앙-지방재정의 구조 변화는 양자 간에 존재하는 공식·비공식 운영시스템을 통해 과거와 다른 국가·지방재정의 효과와 영향 및 변화를 초래하고 있다.

〈표 1-1〉을 보면, 중앙재정과 지방재정의 세입 점유비율은 중앙재정(지방재정)이 약 55%(약 45%)의 우위(열위)를 보이는 수준에서 연도별로 큰 변동이 없다. 반면에 재정 사용액의 경우 한동안 40%대 중·후반을 유지해 오던 중앙재정 점유비율이 최근 급격히 감소하였다. 최근의 현상은 정부의 적극적 재정확대 정책에 따른 영향(국고보조사업 확대)을 비롯하여 부동

〈표 1-1〉 중앙재정과 지방재정의 세입 · 세출(재정 사용액) 관계의 변화 추이(2005~2019)

(단위: %)

연도	세입			세출			A-B	A-C	B-D	C÷A	D÷B
	중앙재정 (A)	지방재정		중앙재정 (B)	지방재정						
		일반(C)	교육		일반(D)	교육					
2005	57.6	31.8	10.6	47.2	38.6	14.2	10.4	25.8	8.6	55.2	81.8
2006	57.0	32.9	10.1	46.1	40.5	13.4	10.9	24.1	5.6	57.7	87.9
2007	54.8	34.8	10.4	42.3	43.6	14.1	12.5	20.0	-1.3	63.5	103.1
2008	54.5	34.9	10.6	40.3	45.1	14.6	14.2	19.6	-4.8	64.0	111.9
2009	55.1	34.8	10.1	42.9	43.3	13.8	12.2	20.3	-0.4	63.2	100.9
2010	55.5	34.4	10.1	43.7	42.8	13.5	11.8	21.1	0.9	62.0	97.9
2011	56.0	33.5	10.5	42.8	42.5	14.7	13.2	22.5	0.3	59.8	99.3
2012	55.5	33.8	10.7	42.8	42.2	15	12.7	21.7	0.6	60.9	98.6
2013	55.9	33.2	10.9	42.6	42.1	15.3	13.3	22.7	0.5	59.4	98.8
2014	55.9	33.3	10.8	42.3	42.8	14.9	13.6	22.6	-0.5	59.6	**101.2**
2015	55.7	33.7	10.6	42.5	43.1	14.4	13.2	22.0	-0.6	60.5	**101.4**
2016	55.1	34.4	10.5	41.9	43.9	14.2	13.2	20.7	-2.0	62.4	**104.8**
2017	54.6	34.8	10.6	40.0	45.1	14.9	14.6	19.8	-5.1	63.7	**112.8**
2018	54.4	34.7	10.9	**39.5**	**45.4**	**15.1**	14.9	19.7	-5.9	63.8	**114.9**
2019	54.5	34.8	10.7	**38.5**	**46.4**	**15.1**	16.0	19.7	-7.9	63.9	**120.5**

주: 행정안전부 자료(『지방자치단체 예산개요』 및 『지방자치단체 통합재정 개요』, 각 연도)를 토대로 정리한 것임(임성일, 2019b에서 재인용).

〈그림 1-4〉 중앙재정과 지방재정(일반, 교육)의 거시적 변화 추이(세입, 예산 기준)

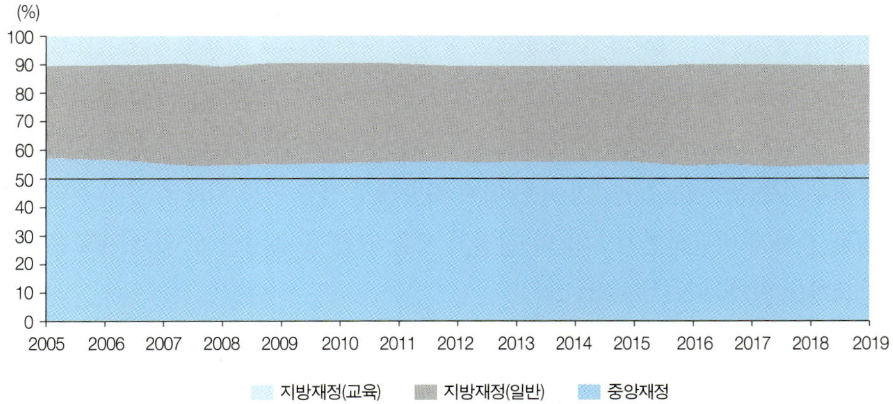

주: 행정안전부 자료(『지방자치단체 예산개요』 및 『지방자치단체 통합재정 개요』, 각 연도)를 토대로 작성한 것임.

〈그림 1-5〉 중앙재정과 지방재정(일반, 교육)의 거시적 변화 추이(재정 사용액, 예산 기준)

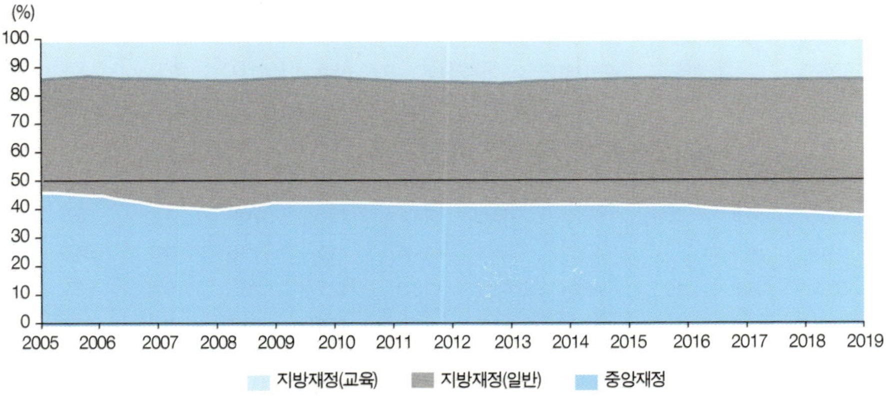

주: 행정안전부 자료(『지방자치단체 예산개요』 및 『지방자치단체 통합재정 개요』, 각 연도)를 토대로 작성한 것임.

산 경기 활황(취득세 등 재산 관련 세수 급증), 정부의 증세 정책(내국세 증가), 재정분권(지방소비세 세율 인상, 우호적인 지방세 비과세·감면 정책 등)에 원인이 있다.

현재 우리나라 지방재정의 지출 수준은 세계적으로 상당히 높은 국가군에 속한다. 국제 통계에 의하면 우리나라의 지방재정 지출은 총공공지출(total public expenditure)이나 GDP와 비교할 때, OECD 국가들 중에서 상당히 높은 국가로 평가된다(〈그림 1-6〉 참조).

다만, 각국의 조세 자율성(tax autonomy)과 실질적 지출 권한(real spending power)에 대한 정보 없이 이러한 총량 통계만 가지고서 재정분권 상태를 객관적으로 비교할 수는 없다. 다소 늦었지만, 최근 OECD가 재정 운영의 질적 측면에 초점을 두고 재정분권 상태를 점검하고자 노력하는 것은 그나마 고무적이다. 구체적으로, 그동안 재정분권 상태를 측정해 왔던 보편적 잣대인 총정부지출(중앙재정+지방재정 지출) 대비 지방재정 지출 비중 지표의 질적 취약성과 왜곡 가능성을 강하게 비판하면서 지방의 '실질적 지출 권한'을 측정할 수 있는 새로운 방법과 기준을 탐색하고 있다(OECD, 2018a: 17~21).

〈그림 1-6〉 OECD 국가의 지방재정 지출의 GDP 및 총공공지출 대비 비중(2016년)

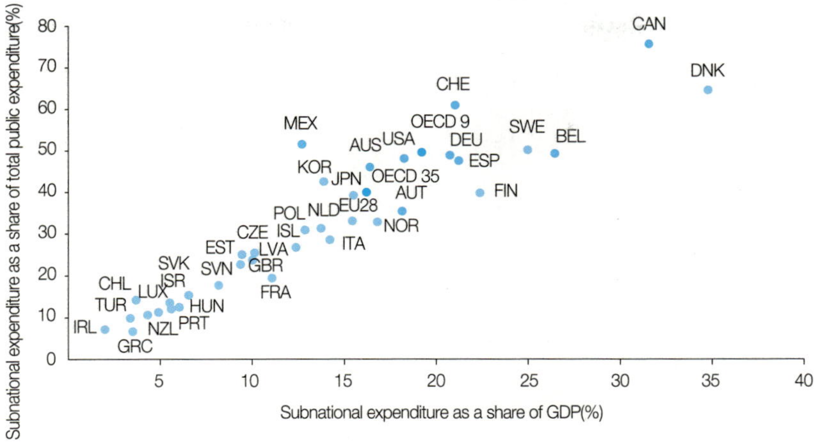

자료: OECD(2018b: 13).

■ 지방재정의 고도성장과 성장 둔화 현상

지방재정의 고도성장 현상은 2000년대 후반 이후 조금 둔화되는 추세이다. 그것은 지방재정 규모가 1990년 기준으로 두 배 증가하는 데 불과 5년이 소요되지 않았으나, 1995년 기준으로는 거의 10년이 소요된 사실이 말해 준다. 2005년도 예산(99조 7,140억 원)과 2015년도 예산(173조 2,590억 원)을 비교하면, 과거와 달리 10년 동안 지방재정은 불과 1.7배 성장하는 데 머물렀다. 그것이 2배 이상으로 늘어난 것은 13년째 되는 2018년(순계예산 기준, 210조 6,784억 원; 2005년 대비 2.1배)이었다.

■ 우리나라의 재정분권 상태

세계적으로 재정분권(fiscal decentralization)을 측정하는 기준으로 가장 많이 사용되는 것은 총정부지출(중앙재정+지방재정 지출) 대비 지방재정 지출 비중, 총정부수입(중앙재정+지방재정 수입) 대비 지방재정 수입 비중, 그리고 양자를 동시에 고려하는 분권화 비율(decentralization ratio)이다. 만일 이러한 재정지출 지표를 적용할 경우, 우리나라의 재정분권 수준(level of decentralization)은 지난 20여 년간 상당히 진전된 것으로 평가된다. 구체적으로, 동 비율(교육지방재정 포함)은 1990년대의 47~48%(외환위기 기간 제외)에서 2000년대 초 이후 2019년 현재까지 53~61% 수준으로 크게 증가하였다.

이러한 총량적 기준은 국가 간 비교시 어느 정도 유용하다. 하지만 치명적인 결함은 재정분권의 실질적 상태, 즉 세입과 세출의 재정 자율성(fiscal autonomy)을 비교해 주지 못하는 점이다. 최근의 OECD 보고서에 의하면, 우리나라의 재정분권 수준은 세입과 세출 양면에서 OECD 국가의 중간(또는 중상위) 그룹에 속하는 것으로 평가되고 있다.

재정지표 측정에 의한 분권 수준 유형과 국가

	분권화 수준	국가
Type 1	높은 수준 분권화 지출, 높은 수준 조세수입	호주, 벨기에, 캐나다, 덴마크, 핀란드, 독일, 일본, 스페인, 스웨덴, 스위스, 미국(11개 국)
Type 2	중간 수준 분권화 지출, 중간 수준 조세수입	체코, 프랑스, 아이슬란드, 이탈리아, 라트비아, 노르웨이, 폴란드, **한국**, 슬로바키아(9개 국)
Type 3	중간 수준 분권화 지출, 낮은 수준 조세수입	오스트리아, 에스토니아, 멕시코, 네덜란드, 영국(5개 국)
Type 4	낮은 수준 분권화 지출, 낮은 수준 조세수입	칠레, 그리스, 헝가리, 아일랜드, 이스라엘, 룩셈부르크, 뉴질랜드, 포르투갈, 슬로바키아, 터키(10개 국)

주: 높은 수준, 중간 수준, 낮은 수준은 각각 원문의 'High, Medium, Low'를 의미함.
자료: OECD(2018a: 16).

2) 지방재정의 수입과 특징적 현상

(1) 지방재정의 세입구조

지방자치단체의 재정수입은 기본적으로 자체수입과 이전재정수입으로 조달된다. 자체수입에는 지방세와 세외수입이 있고, 이전재정수입에는 지방교부세와 각종 보조금(국고보조금, 시·도비 보조금 등), 조정교부금 등이 있다. 그 외에 지방채도 지방자치단체의 수입을 조달하는 수단에 포함된다. 지방채는 발생주의 예산회계에서는 부채로 처리되지만, 현금주의에 입각하는 현행 세입·세출 예산회계에서는 단순히 수입으로 처리된다(현금주의는 현금의 유입과 유출만을 회계 처리하는 회계 기법임).

2019년도 지방자치단체의 일반회계 세입(총계 예산)을 살펴보면, 지방세 31.7%, 세외수입 4.1%, 지방교부세 16.5%, 조정교부금 3.8%, 보조금 38.5%, 지방채 0.4%, 보전수입 등 5.0%로 구성된다(행정안전부, 2019a: 32). 이러한 세입 구성은 지방자치단체 수준별로 크게 차이가 난다. 대체로 말해서, 특별·광역시는 지방세 중심으로 재원을 조달하는 반면 그 외의 지방자치단체들은 이전재정(지방교부세, 보조금)에 크게 의존하는 세입구조를 갖고 있다(〈그림 1-7〉 참조).

현재 재정을 지방세 중심으로 운영하고 있는 곳은 서울을 비롯한 소수의 대도시들이다. 이들은 대부분 수도권에 위치한 보통교부세 불교부 단체이다. 불교부 단체는 재정 상태가 매우 양호하여 보통교부세를 받지 않는 곳을 말하며, 2000년대 이후 매년 수도권의 6, 7개 도시

〈그림 1-7〉 2019년 일반회계 자치단체별 · 재원별 세입 총계 예산 구성비율

(단위: %)

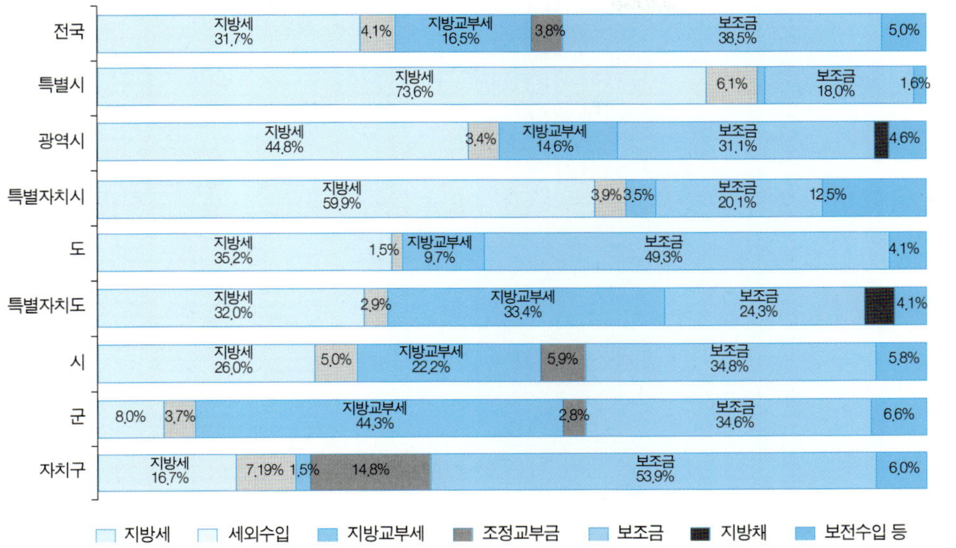

자료: 행정안전부(2019b: 17).

가 그에 해당한다. 2019년에는 서울, 성남, 수원, 고양, 용인, 화성의 6개 도시가 불교부 단체로 지정되었다.

그동안 지방재정의 고도성장을 견인해 온 것은 지방세가 아닌 재정이전제도이고, 이러한 경향은 현재도 진행 중이다. 역사적으로 1990년대와 2000년대 중반까지는 지방세가 지방재정을 주도하였으나, 2007년을 기점으로 지방재정의 세입 축이 지방세로부터 중앙정부 재정이전으로 완전히 바뀌었다. 지방재정에서 이전재정수입이 차지하는 비중은 1995년의 34.7%에서 2005년 39.9%, 2015년(세입순계) 42.3%, 2019년(세입순계) 42.5%로 크게 증가하였다. 이에 비해 지방세 수입의 지방재정 점유비율은 1990년대 초의 50%대에서 2000년대 초반 이후 40%대로 감소하였고, 그 후 30%대 수준으로 크게 떨어졌다. 다만, 근년에 정부의 재정분권 정책과 반짝 경기회복에 힘입어 지방세의 규모와 비중이 커지면서 지방세와 재정이전 간의 상대 격차는 상당히 좁혀졌다.

참고로 우리나라 지방재정의 세입구조를 국제적으로 비교한 것이 〈그림 1-8〉에 나타나

〈그림 1-8〉 지방재정 수입의 주요 구성(이전재정, 지방세, 기타 수입 비중(%), 2013년)

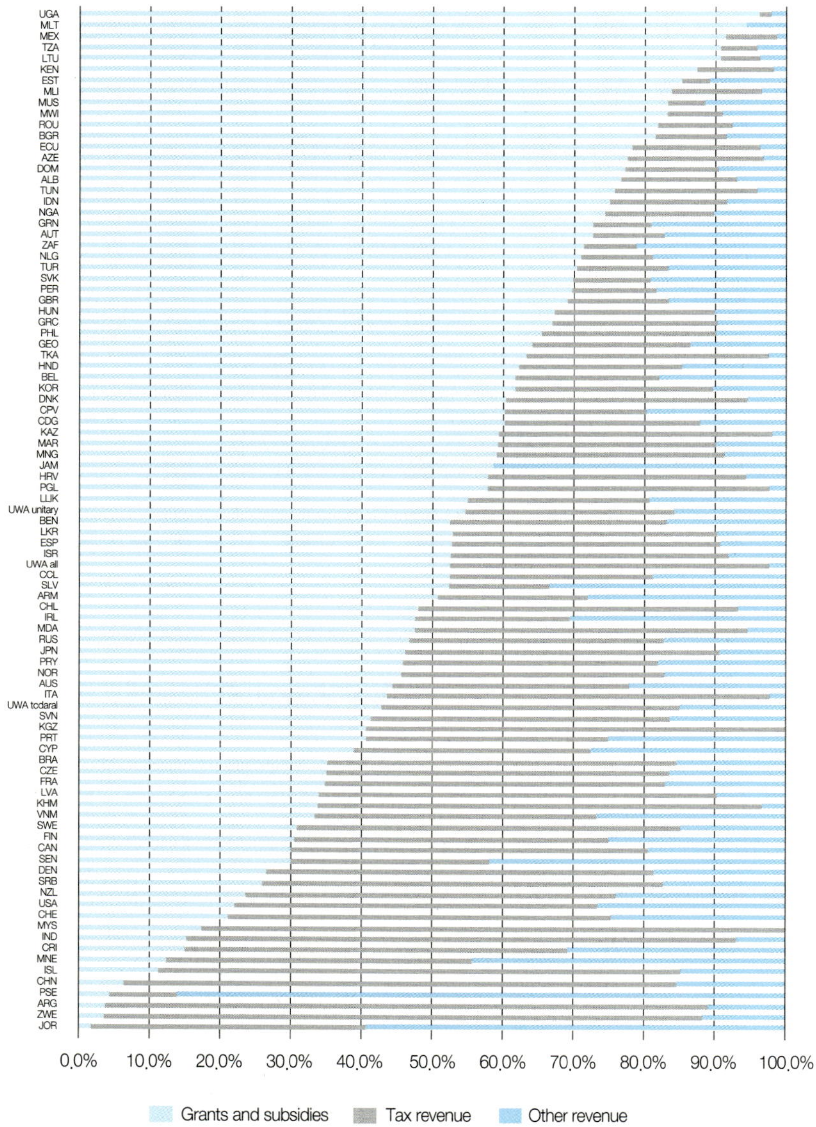

주: 한국(KOR)은 지방재정의 수입이 지방세보다 재정이전(Grants and subsidies)에 더 많이 의존하는 국가군에 속하며, 이는 단일형 국가 평균(UWA unitary)을 상회함. 참고로 일본(JPN)은 이전재정보다 지방세와 기타 수입이 더 많은 구조를 보이고 있음.
자료: UCLG(2016: 43).

있다. 이에 의하면 우리나라는 재정이전시스템 주도형 국가로 파악된다(조사 대상 국가의 평균보다 높음).

(2) 지방에 크게 불리한 국가 조세제도: 국세 편중 구조

현재 우리나라의 조세제도는 국세(14개 세목)와 지방세(11개 세목)로 구성된다. 국세는 크게 내국세(소득세, 부가가치세 등 10개 세목)와 목적세(관세, 교육세 등 4개 세목)로 구분된다. 대체로 말해서, 국세는 소득과세와 소비과세 중심으로 운영되고, 지방세는 재산과세 중심으로 운영된다.

지방세는 징수 주체별로 도세, 시·군세, 광역시세, 자치구세로 구분되며, 구체적인 세목 구조는 〈그림 1-9〉와 같다. 동일한 기초자치단체이면서 시와 군에 비해 자치구가 보유하는 지방세는 등록·면허세와 재산세 2개 세목뿐이다. 그 배경에는 자치구가 담당하는 행정 기능이 시와 군에 비해 상대적으로 제한적이라는 점이 작용하였다.

지방세의 과세유형별 수입 비중을 살펴보면 다음과 같다(2017년 징수 실적 기준). 우선, 재산과세가 지방세 수입의 46.1%(거래과세(취득세, 등록면허세(등록분)) 31.0%, 보유과세(재산세, 지역자원시설세(특정 부동산분), 주민세(재산분)) 15.0%)를 차지한다. 그리고 나머지를 소득과세 20.1%(지방소득세, 주민세(종업원분), 주민세(균등분)), 소비과세 25.0%(지방소비세, 담배소비세, 레저세, 자동차세 등록면허세(면허분), 지역자원시설세(특정 자원분)), 기타 8.8%(지방교육세, 지난 연도 수입)가 차지한다. 2019년도 기준으로 지방세 중에서 세수가 가장 많은 3대 세목은 취득세(전체 지방세 수입의 27.4%), 지방소득세(19.3%), 재산세(14.2%)이고, 5대 세목은 이들에 자동차세(9.3%), 지방소비세(9.2%)가 추가된다.

참고로 지방교육세는 징수된 세수 전액이 시·도 교육청으로 이전되는 명목적 지방세이다. 즉, 지방교육세는 지방재정의 예산회계상 포함되는 재원일 뿐 사실상 경유 재원이다.

국가 조세체제가 국세 중심으로 편중된 결과 지방재정의 수입은 이전재정 중심으로 구조화될 수밖에 없다. 그리고 조세법률주의[1]에 의해 지방세 과세권에 제약이 주어지고, 전통적으로 정부가 보조금 선호 정책을 추진한 것도 지방재정이 이전재정에 의존하는데 일조하였다. 그 결과 '재정이전 주도형 체제'는 지금까지 지방재정의 '정형화된 사실'(stylized fact)이

1 일반적으로 과세권은 입법권, 징세권, 사용권의 세 부문으로 구분되는데(神野直彥 외, 2014: 35), 우리나라의 지방자치단체는 '조세법률주의'로 인해 지방세 입법권은 갖지 못한 채 징세권과 사용권만 확보하고 있다.

〈그림 1-9〉 우리나라의 조세구조

주: 서울특별시는 특별시와 자치구 간에 재산세를 공동과세하고 있음.
자료: 행정안전부(2019a: 52).

되었다. 이와 같은 조세구조와 재정 운영시스템 하에서는 지방재정이 독립성과 자율성을 확장하는 데 근본적인 한계가 있다.

국세와 지방세의 배분은 지방자치 실시 이후 줄곧 약 8 대 2의 국세 편중 구조를 유지해오다가 2016년 이후 2020년 현재까지 약 77% 대 23%의 구조로 안착되는 모습이다. 근년에 지방세 비중이 조금 더 높아진 원인은 국가의 분권 정책에 의해 지방소비세 세율이 크게 인상

〈표 1-2〉 국세와 지방세 수입(2010~2019)

(단위: 조 원, %)

	2010	2011	2012	2013	2014	2015	2016	2017	2018	2019
국세	177.7 (78.3)	192.4 (78.6)	203.0 (79.0)	201.9 (79.0)	205.5 (76.9)	217.9 (75.4)	242.6 (76.3)	265.4 (76.7)	268.2 (77.5)	294.8 (78.3)
지방세	49.2 (21.7)	52.3 (21.4)	53.9 (21.0)	53.8 (21.0)	61.7 (23.1)	71.0 (24.6)	75.5 (23.7)	80.4 (23.3)	79.0 (22.5)	81.8 (21.7)

주: ( ) 안의 수치는 국세와 지방세의 상대 비중(%)을 의미함. 2017년까지는 결산, 2018년은 최종 예산, 2019년은 당초 예산임.
자료: 행정안전부, 『지방자치단체 통합재정 개요』, 각 연도.

되었기 때문이다. 현 시점에서 볼 때, 정부의 재정분권 정책에도 불구하고 조만간에 국세와 지방세의 세수 배분이 약 7 대 3으로 전환되기는 어려울 것으로 전망된다. 예를 들어, 2018년 후반(2018. 10. 31)에 정부가 확정 발표한 국세의 지방세 이양조치(2019년, 2020년의 지방소비세 세율 인상)가 충실히 실현되더라도 국세와 지방세의 상대 비중은 약 72% 대 28% 수준으로 변화될 것으로 추정된다.

진정한 재정분권을 실현하기 위해서는 국세와 지방세의 물리적 구조 조정뿐만 아니라 지방의 조세 자율성과 과세권을 강화하는 조치가 함께 단행되어야 한다. 그동안 다양한 지방세제 개편이 있었지만 그것은 대부분 미세 조정에 불과하였다. 무엇보다도 지방의 과세권과 조세 자율성을 높여 주는 의미 있는 조치가 결여되었다. 한마디로, '지방세다운 지방세', '제대로 된 지방세'를 구축하는 제도 개편이 없었다. 대부분 모양만 지방세(국세를 세원으로 하는

■ 지방세외 수입

지방세외 수입은 지방재정에서 상대적으로 작은 비중을 차지한다. 세외수입은 지방자치단체의 장이 행정 목적을 달성하기 위하여 법률에 따라 부과·징수하는 조세 외의 금전적 부담으로, 주로 서비스 제공에 대한 대가나 법 위반에 대한 제재 성격을 지닌다.
세외수입은 경상적 세외수입과 임시적 세외수입으로 구분된다. 경상적 세외수입에는 재산임대수입·사용료수입·수수료수입·사업수입·징수교부금수입·이자수입이 있고, 임시적 세외수입에는 재산매각대금·부담금·과징금 및 과태료 등, 기타 수입, 지난 연도 수입이 있다. 통상 경상적 세외수입이 약 7 대 3의 비중으로 임시적 세외수입보다 크다. 세외수입 항목 중에서 가장 큰 것은 사용료수입이다.
세외수입은 지방세에 비해 국(주)민의 인식과 행태적 수용성이 낮고, 또한 체납자에 대한 강제조치 수단이 부족해서 징수율이 크게 낮다. 예를 들어, 지방세의 징수율이 통상 90%대 초반(93~95%) 수준인 데 비해 세외수입의 징수율은 80% 이하이다(2016년 결산 기준: 세외수입 77.8%, 지방세 93.9%).

부가세(sur-tax) 형태) 흉내를 내는 세제개편에 불과하였다. 중앙-지방 간 세원배분의 재구조화는 단순히 조세 재배분 문제에 국한되지 않고, 재정이전시스템과 정부의 인력 및 조직 개편을 망라하는 거시적 행정·재정개혁 차원에서 추진되어야 할 문제임을 인식해야 한다.

3) 지방재정의 지출과 특징적 현상

(1) 지방재정의 세출구조

지방자치단체들은 다양한 기능과 사업을 수행하며, 재정의 대부분은 이들을 위해 사용된다. 지방재정의 지출을 기능별로 살펴보면, 사회복지 분야(지방재정 지출 전체의 28.6%)가 가장 큰 비중을 차지하고 있고, 그 뒤를 이어 환경보호(9.8%), 수송 및 교통(8.2%), 국토 및 지역개발(7.2%), 농림해양수산(6.1%), 문화 및 관광(4.8%) 등의 순으로 나타난다(<그림 1-10> 참조). 재정지출을 성질별로 살펴보면, 이전경비가 43.4%로 가장 많고, 그 다음이 자본지출 23.7%, 인건비 11.8%, 예비비 및 기타 8.1%, 물건비 7.0% 등의 순이다.

<그림 1-10> 지방재정의 세출 구조별 순계예산 구성

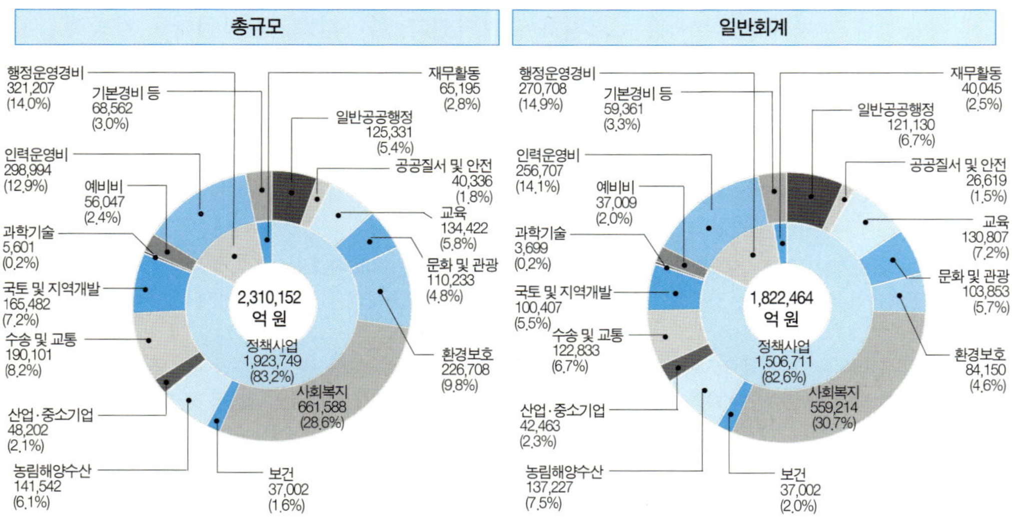

자료: 행정안전부(2019a: 40).

지방자치단체의 사업은 크게 자체사업과 보조사업으로 구분된다. 전국적으로 보면 양자가 거의 비슷한 수준이나(2019년 순계예산(총계예산) 기준으로 자체사업 49.4%(43.1%), 보조사업 50.6%(56.9%)임), 기초자치단체로 갈수록 보조사업의 비중이 더 크다. 현실적으로 국고보조사업이 많이 실시되고 있어서 지방자치단체의 지출 권한과 재정집행의 자율성이 크게 제약을 받고 있다. 이것은 무엇보다도 국고보조사업의 대부분이 법과 제도와 정부 정책에 의해 의무화되거나 통제되기 때문이다. 현재 법률상 '보조사업 신청주의'가 천명되어 있음에도 불구하고, 국고보조사업의 정책과 예산 그리고 사업의 기획, 운영, 성과 관리 등이 전반적으로 중앙정부에 의해 주도되고 있다.

이러한 현실을 인식할 때, 그동안 지방재정은 한편으로 양적 팽창을 하면서 또 다른 한편으로 다소 더딘 질적 성장을 해온 것으로 평가된다. 성장의 질과 양 두 축이 미스매치(mismatch)가 되어 불균형을 이루는 현상은 현재 우리나라의 지방자치와 재정분권이 안고 있는 본질적 과제이다. 현실적으로 국가 재정자원의 약 60%를 지방자치단체가 사용함에도 불구하고 지출의 의사결정(지출 권한)을 중앙정부가 주도하고 있는 현상을 두고 성숙한 재정분권 상태로 간주하기는 어렵다.[2]

(2) 지방재정 지출구조의 일대 변화: 사회복지 주도형 재정구조로의 전환

지방재정의 지출구조와 내용은 최근 약 10년 동안 크게 변해 왔다. 그 중심에는 사회복지 지출 수요의 급팽창 현상이 자리한다. 이것은 지방자치나 재정분권과 무관하게 그동안 잠복해 있었던 사회·정치적 수요가 2000년대 후반 이후에 분출한 것으로, 재정의 구조와 운영 방식에 일대 변화를 가하는 시대적 현상 내지 힘으로 인식된다. 이는 당분간 우리나라 재정의 '새로운 정상'(new normal)으로 자리매김하면서 큰 폭발력과 지속성을 지닐 것으로 보인다.

중앙재정의 경우 보건·복지 분야 예산은 글로벌 금융위기 직후(2010년)부터 현재까지 다른 어느 분야보다 높은 성장세를 과시하였다. 정부 재정의 분야별 재원배분 추이(2014~2019)에 따르면 보건·복지·고용 분야의 연평균 증가율은 8.6%로 압도적인 1위를 차지하였고, 그 뒤

2 이러한 우리나라의 현재 상황은 OECD에서 규정하는 재정분권이 아닌 재정분산(deconcentration), 또는 일본의 학자들이 일본의 지방재정을 두고 말하는 집권적 분산(神野直彦 外, 2014)의 개념에서 크게 벗어나지 않는 것으로 판단된다. 그리고 '상징적 분권, 실질적 집권'이라는 또 다른 관점에서의 비판적 진단도 면하기 쉽지 않다.

를 이어 교육(6.9%), 문화·체육·관광(6.0%), 일반·지방행정(6.0%) 분야의 순으로 나타난다. 같은 맥락에서 국고보조사업에서 사회복지 보조사업이 차지하는 비중(금액 기준)은 과거 30%대 중반에서 2010년을 전후로 50%대 초반에 진입한 다음 2019년에는 급기야 60%대를 돌파하였다(2019년도 국고보조금 확정액 기준으로 국고보조사업 중 보건복지부 사업의 점유 비중은 61.7%임).

지방재정의 경우 사회복지 지출의 점유 비중은 2000년대 초·중반의 10%대 중반에서 2010년대 초에 20%대로 진입한 이후 최근에는 거의 30%대에 근접해 있다. 2019년도 예산 기준으로 사회복지 지출(66조 1,588억 원, 일반회계와 특별회계를 합친 순계)이 지방재정에서 차지하는 비중은 28.6%이며, 이는 지방자치단체 수준별로 큰 차이가 난다(〈표 1-3〉 참조). 대체로 말해서, 인구가 많고 인구밀도가 높은 도시형 지방자치단체(특히, 기초 사회복지를 담당하면서 사무 기능이 제한된 자치구)와 고령화 비율이 높은 농촌형 지방자치단체 간에는 사회복지 지출의 예산 비중과 중요도 및 공급(수혜) 대상 등에서 큰 차이가 있다.

〈표 1-3〉 지방자치단체 수준별 지방예산 대비 사회복지 지출 비율(2019년 예산 기준)

(단위: %)

구분	특별시	광역시	특별자치시	도	특별자치도	시	군	자치구
평균	36.7	39.1	27.9	36.4	22.6	36.1	22.6	56.9
최고	36.7 서울 본청	42.3 부산 본청	27.9 세종	38.8 경기 본청	22.6 제주	53.0 경기 의정부	44.2 부산 기장	71.4 광주 북구
최저		31.1 울산 본청		32.4 전남 본청		21.3 경북 문경	9.2 경북 울릉	32.9 인천 동구

주: 일반회계 총계 예산 규모 기준이며, 사회복지 비중의 전국 평균은 30.7%임. 일반회계와 특별회계를 합친 사회복지 비중의 전국 평균은 28.6%임.
자료: 행정안전부(2019a: 367, 369).

이러한 현상은 과거 성장 주도형 경제 여건하에서 형성되었던 'SOC 주도형 재정구조'(1970년대 이후 2000년대 중반까지 지속됨)가 마침내 '사회복지 주도형 재정구조'로 세대교체를 하는 일대 전환적 현상으로 간주된다. 문제는 사회복지 분야의 재정사업 중 지방이 자체사업으로 추진하는 것은 전체 사회복지 예산의 10% 미만이고, 나머지 대부분을 국가와 정치권이 드라이브를 걸고 정책과 사업을 결정한다는 데 있다. 그뿐 아니라 사회복지 지출은 대부분 법률과 국가 정책에 의해 의무성과 경직성을 수반하기 때문에 향후 지방자치단체의 재정 공간(fiscal space)이 선점되는 등 지출에 큰 제약이 가해질 위험성이 있다. 그러므로 지금부터 그에 대한 단·장기 예방적 조치를 강구하지 않으면 머지않아 지방재정의 건전성과 책임성이 훼손될 가능성이 크다.

■ 지방자치단체 기금

지방자치단체는 세입·세출 예산과 성격을 조금 달리하는 기금을 운영한다. 지방 기금은 세입·세출 예산 외로 분류되고, 수입과 지출의 내용, 운영 및 관리 방식, 재정 기능, 책임성 등에서 일반 예산과 다르다. 가장 크게 다른 것은 일반 예산(일반회계, 특별회계 예산)이 엄격한 재정규율을 갖는 데 비해 기금은 사업의 계획과 집행에 비교적 유연하고 약화된 재정규율을 지니는 특성 차이이다. 지방 기금은 지방자치단체가 운용하는 자금 중 「지방재정법」 제34조의 예산총계주의 원칙에서 벗어나 특정 분야의 사업을 안정적이면서 신축적으로 운영하기 위해 설치·운영하는 자금이다.

2019년 예산 기준으로 전체 지방 기금(2,316개)의 수입과 지출은 각각 2조 2,319억 원, 4조 1,779억 원이고, 지방 기금의 총규모(2018년 말 기준 총조성액)는 32조 4,341억 원이다. 지방 기금이 지방재정에서 차지하는 비중은 조성액의 경우 14.0%, 기금 수입과 지출의 경우 각 1.0%, 1.8%이다.

지방 기금의 수입은 각종 출연금, 부담금수입, 운용수익, 지방채 발행액으로 구성되며, 주요 수입원은 기금의 유형과 성격에 따라 다르다. 지방 기금의 지출은 일반 예산에 비해 극히 제한적이며, 기금의 유형(예: 법정 재량기금, 법정 의무기금, 자체기금 또는 사업성 기금, 융자성 기금, 적립성 기금 등)과 업무 성격 및 내용에 따라 지출활동에 차이가 있다.

3. 중앙정부와 지방자치단체 간 재정이전

1) 개요: 중앙-지방 간 재정관계

중앙정부와 지방자치단체는 행정·재정적으로 불가분의 관계에 있다(이를 학술적으로 정부 간 관계 또는 정부 간 재정관계(intergovernmental fiscal relations)라고 말한다). 현재 양자 간의 재정관계를 형성하는 기본 축은 조세제도와 재정이전제도(넓은 의미의 보조금제도)이다. 그 외에 지방채 발행제도와 각종 예산운용 및 재정관리시스템이 보완적 기제로서 작동한다.

2020년 현재 우리나라의 정부 간 재정이전제도는 크게 중앙정부 재정의 지방자치단체 이전과 지방자치단체들 간의 재정이전 두 유형으로 구분된다. 그런데 우리나라는 독특하게도 중앙정부가 관계를 유지해야 할 지방이 일반 지방자치단체와 교육 지방자치단체(시·도 교육청)의 두 개 주체로 형성되어 있다. 이러한 체제는 일본, 영국 등 세계의 많은 나라들과 다른 것으로, 우리나라 특유의 정치·행정·문화의 산물이다.

이러한 상태에서 중앙정부의 지방재정이전은 일반 지방자치단체와 관계되는 것이 있고, 교육 지방자치단체와 관계되는 것이 있다. 그리고 지방자치단체 간의 재정이전도 일반 지방자치단체들 간에 관계되는 것이 있는가 하면(예컨대, 광역-기초자치단체, 광역자치단체 간), 일반 지방자치단체와 교육지방자치단체 간에 관계되는 것이 있다(예컨대, 시·도와 시·도 교육청 간).

여기서는 중앙-지방 간 재정이전제도의 구조와 운영시스템에 대해 중점적으로 설명하고자 한다. 먼저, 전체 지방재정의 75% 이상을 차지하는 일반지방재정 부문의 정부 간 재정이전제도에 대해 살펴본 다음 나중에 교육지방재정 부문의 재정이전제도에 대해 기술하고자 한다.

2) 일반 지방자치단체의 재정이전제도

일반지방재정에 초점을 맞출 때, 중앙정부의 재정이전시스템에는 지방교부세제도와 국고보조금제도(지역발전특별회계 보조금 포함)가 있다. 그리고 지방자치단체 간의 재정이전시스템에는 광역자치단체와 기초자치단체 간에 운영되는 조정교부금제도와 시·도비 보조금제

〈그림 1-11〉 중앙정부-지방자치단체-교육지방자치단체 간 재정관계

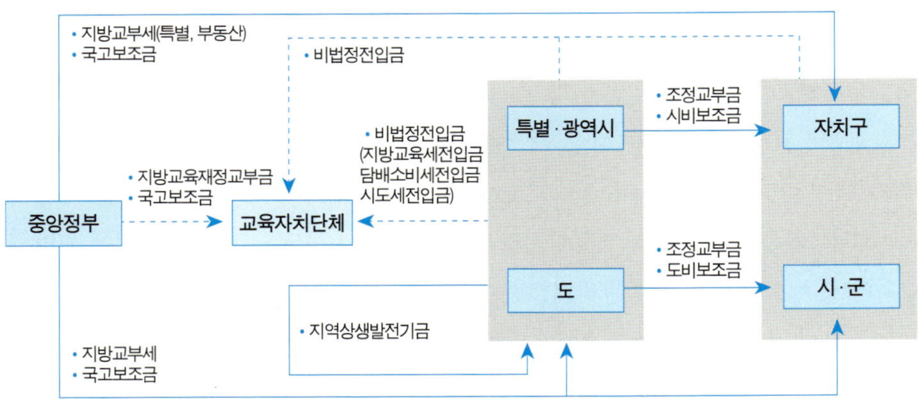

주: 중앙정부의 교육자치단체 재정지원에는 지방교육재정교부금, 국고보조금 외에 중앙정부 특별회계 전출금(유아교육지원특별회계)이 있고, 서울시 재산세 공동과세제도는 포함되지 않았음.
자료: 국회예산정책처(2019b: 20).

도가 있다. 조정교부금제도는 특별·광역시가 소속 자치구에 자금을 지원해 주는 제도, 그리고 도가 소속 시·군에 자금을 지원해 주는 제도의 두 종류로 구분된다. 양자는 본질적으로 다르다. 그 외에 수도권의 3개 광역자치단체가 나머지 광역자치단체로 자금을 수평적으로 이전하는 지역상생발전기금이 있다.

(1) 지방교부세제도

지방교부세는 보통교부세, 특별교부세, 부동산교부세, 소방안전교부세의 네 유형으로 구성된다. 전통적인 지방교부세는 보통교부세와 특별교부세이다. 부동산교부세와 소방안전교부세는 국가 정책 목적을 위해 뒤늦게 도입된 것으로, 지방교부세제도의 본래 취지와 다른 다소 변칙적인 제도이다. 보통교부세와 특별교부세는 내국세 수입의 일정 비율을 재원으로 운영된다. 구체적으로, 보통교부세는 소방안전교부세를 공제한 내국세 총액의 19.24%에 해당하는 금액의 97%, 그리고 특별교부세는 나머지 3%에 해당하는 금액을 재원으로 한다. 부동산교부세는 종합부동산세 총액, 그리고 소방안전교부세는 담배에 부과되는 개별소비세액의 20%에 해당하는 금액으로 조성된다.

보통교부세는 중앙정부와 지방자치단체 간에 존재하는 수직적 재정 불균형(수입의 중앙재정 편향)을 완화하고 지방행·재정의 기본 수요를 충족해 주는 재원 보장을 주된 기능으로 한다. 보통교부세의 가장 큰 특징은 지방자치단체가 자금을 이전받으면, 그것을 원하는 곳에 마음대로 사용할 수 있는 일반 재원이라는 점이다(이러한 형태를 학술적으로 일반 보조금(general grant)이라고 정의한다). 참고로 보통교부세는 자치구에는 배분되지 않는다. 특별교부세는 보통교부세의 한계를 보완할 목적에서 도입되었고, 크게 ① 지역현안 수요(지역현안사업 등: 특별교부세의 40%), ② 국가지방협력 수요(국가적 행사 및 장려사업, 국가·지방 간 시급한 협력이 필요한 사업 등: 10%), ③ 재난안전 수요(재난복구 및 예방사업: 50%)를 지원하는 데 사용된다.

부동산교부세는 정부가 부동산세제를 개편하는 과정에서 발생한 지방의 재원 감소(당시 지방세인 종합토지세와 재산세 일부를 국세인 종합부동산세로 전환함에 따라 발생함)를 보전하고, 지역 간 균형발전을 목적으로 2005년에 신설되었다. 도입 초기에는 세수를 모든 지방자치단체(시·도 및 시·군·자치구)에 교부하였으나, 2010년에 시·도세인 지방소비세가 도입되면서 시·도는 대상에서 제외되고 시·군·자치구(제주, 세종 포함)에만 교부하는 것으로 바뀌었다. 이 과정에서 보유세와 거래세 감소분에 대한 보전조치는 폐지되고, 교부세 전액을 지역균형발전 재원으로만 사용하는 것으로 조치되었다. 현재 자금은 지방자치단체의 재정 여건(50%), 사회복지(35%), 지역 교육(10%), 보유세 규모(5%)를 기준으로 배분된다.

소방안전교부세는 주요 화재 원인인 담배의 소비에 부과되는 개별소비세 총액의 20%를 재원으로 하며, 2015년에 신설되었다. 제도의 목적은 지방자치단체의 소방 및 안전시설 확충, 안전관리 강화 등에 소요되는 재원을 보전하는 데 있다.

2019년도 예산 기준으로 지방교부세 재원은 내국세 255조 670억 원(담배 부과 개별소비세의 27.5%인 5,634억 원 제외)의 19.24%에 해당하는 49조 749억 원(보통교부세 47조 6,026억 원(97%), 특별교부세 1조 4,722억 원(3%)), 부동산교부세(종합부동산세) 2조 8,494억 원, 소방안전교부세 5,375억 원 등 52조 4,618억 원으로 구성된다(<표 1-4> 참조).

〈표 1-4〉 2019년도 지방교부세 규모(당초 예산 기준)

(단위: 억 원, %)

구분		배분비율	2018	2019	증감액	증감률
총계			459,805	524,618	64,813	14.1
정률분(소계)		내국세의 19.24%	437,831	490,749	52,918	12.1
	보통교부세	정률분 중 97%	424,696	476,026	51,330	12.1
	특별교부세	정률분 중 3%	13,135	14,722	1,588	12.1
부동산교부세		종합부동산세	17,801	28,494	10,693	60.1
소방안전교부세		담배개별소비세의 35% (2018년 20% → 2019년 27.5%)	4,173	5,375	1,202	28.8

자료: 행정안전부(2019b: 12).

지방교부세는 내국세 수입과 직접 연계되기 때문에 경제성장이나 경기변동과 밀접한 관계에 있고, 중앙정부나 지방자치단체가 수입규모를 임의로 조절할 수가 없다. 다만, 정부의 조세 정책이나 제도에 변화가 있거나(예컨대, 지방소비세 세율 인상, 담배소비세 일부 예외 조치, 일부 내국세의 세원 및 세율 조정, 기타 각종 조세감면 정책), 국가 경제와 경기가 변동될 경우에는 내국세 수입이 영향을 받아 교부세의 규모와 증가율은 변한다(이것은 중앙·지방정부 모두가 통제할 수 없는 외부적 요인(쇼크)에 해당함).

일반적인 경제성장 하에서는 때로 지방교부세의 증가율은 둔화되더라도 규모는 매년 늘어난다. 하지만 경제가 마이너스 성장을 할 경우(예컨대, 최근 전 세계적으로 확산 중인 신종 코로나 바이러스 감염증(COVID-19)의 영향이 치명적이어서 경제성장이 마이너스로 전환될 경우) 지방교부세의 총량이 줄어들 수 있다.

최근에 지방분권 차원에서 지방소비세 세율을 인상한 것처럼, 만일 정부가 앞으로도 계속해서 국세의 소비세나 소득세의 조정(예컨대, 지방소비세 세율 인상 또는 법인세와 소득세의 조정 등)을 통해 재정분권을 추진할 경우 지방교부세가 타격을 보는 것은 불가피하다. 이 경우 한편으로 지방재정의 총량이 늘어나지만, 또 다른 한편으로 지방의 일반 재원인 지방교부세 파이가 줄어드는 현상이 나타난다. 아울러 지방자치단체 간의 재정력 격차가 벌어질 가능성이 높다(지방교부세는 재정형평화 장치를 갖추고 있는 반면에 지방세는 그렇지 못하기 때문이다). 다만, 지방세는 지방교부세와 달리 지방자치단체가 세금을 효율적으로 잘 관리하는 노력(학술적으로 '조세(징세) 노력'(tax effort)이라고 함)을 한다면, 자기 재정을 일정 수준 조율할 수 있는 기능과 장점이 있다.

(2) 국고보조금제도

국고보조금제도는 중앙과 지방이 상호 이해관계를 갖는 사업(외부효과 사업 포함)을 중심으로 정부가 자금의 사용 용도를 사전에 정하고 일정한 지방비 부담을 수반하는 재정이전제도이다(지방비 부담을 흔히 '매칭 펀드'(matching fund)라고 한다). 이러한 특성으로 인해 국고보조금은 특정보조금(specific grant) 또는 조건부 보조금(conditional grant)으로 분류된다. 이것은 보조금의 사용 용도가 지정되고 수혜자의 부담 조건(사후 정산·관리 포함)이 명시될 때, 학술적으로 규정하는 개념이다. 특정보조금은 일반보조금과 달리 소득효과와 함께 가격효과도 유발한다(박스 참조).

국고보조금은 중앙정부와 지방자치단체 간의 수직적 재정 갭(즉, 실제 재정수요에 비해 중앙재정이 지방재정보다 더 많은 재정자금(수입)을 갖고 있는 현상)을 일부 완화하는 데 기여한다. 즉, 중앙재정이 과도하게 많은 재정자금을 갖고 있던 불균형 상태가 보조금의 지방 이전을 통해 완화된다. 다만, 지방교부세와 달리 국고보조금의 지역 간 재정 격차(즉, 수평적 재정 불균등) 완화 기능은 매우 제한적이다. 대부분의 나라들은 국고보조금과 같은 특정보조금에 대하여는 형평성 기능은 부여하지 않고 자원의 효율적 배분 기능만을 강조한다. 그러나 우리나라의 경우 일부 사업에 지방자치단체의 재정력을 감안하여 보조율을 달리 적용하는 '차등보조율제도'

■ 재정이전과 소득효과, 가격효과

지방교부세는 내국세를 기반으로 공식에 의해 자금이 배분되기 때문에 지방자치단체가 교부세 수입의 크기를 임의로 조절할 수 없다. 즉, 지방자치단체가 원한다고 해서 그 수입의 크기를 정책적으로 조절할 수가 없다. 그러나 지출은 지방자치단체가 원하는 용도에 마음대로 사용할 수 있는 일반 재원의 특성을 지닌다.

보조금 이론에 의하면 일반 재원(즉, 일반보조금)은 교부세 수혜 단체에 소득효과(income effect)를 유발한다. 소득효과란 실제 지방자치단체의 수입, 즉 자금이 늘어나는 것을 의미한다(예컨대, 자녀가 부모로부터 10만 원의 용돈을 받으면서 아무런 조건 없이 그 사용을 허락받은 경우를 상상해 보라. 사실상 불로소득으로 10만 원의 소득이 늘어나지 않았는가).

이와 달리 국고보조금은 지방자치단체가 보조금의 수입(금액 크기)은 물론 지출을 자율적으로 통제할 수 없는 특정보조금이다. 특정보조금은 수혜 자치단체에 소득효과와 함께 가격효과(price effect)를 유발한다. 가격효과란 지방자치단체가 행정서비스를 공급하는 데 필요한 제품과 서비스의 가격은 변하지 않았지만, 중앙정부가 사용 용도를 정하여 보조금을 지급하면서(이것은 결국 특정 사업과 관련된 재화, 서비스, 인건비 등에 사용됨) 실제 가격(사업비용)이 낮아지는 효과가 발생하는 것을 의미한다(예를 들어, 자녀가 5만 원 하는 책을 사려고 하는데, 부모가 그 절반인 2만 5,000원을 도서 구입에 사용하는 조건(사용 용도)으로 지원해 주었다고 가정해 보자. 이 경우 책값은 그대로이지만 자녀의 입장에서는 사실상 가격이 절반으로 줄어든 것과 비슷한 효과를 경험한다).

를 실시하고 있어서 국고보조금이 지역 간 재정격차 완화에 일조한다.

국고보조금은 유용성과 장점에도 불구하고, 지방자치단체의 재정 자율성, 특히 재정지출 권한을 강하게 구속하는 문제를 지닌다. 이것은 중앙정부가 사업의 기획, 예산의 배분, 사업의 감시·감독·성과 관리를 총체적으로 주도하기 때문에 발생한다. 특히, 국고보조사업 중에서는 엄격한 법적 구속성 조건으로 인해 지방자치단체가 관련 예산을 조금도 조정하지 못하는 경우가 적지 않다. 예컨대, 지급 대상(영유아, 노인 등)과 1인당 금액 단가가 정해진 대형 사회복지 국고보조사업의 경우 지방자치단체는 관련 예산에 손도 대지 못하고 기계적으로 편성해야 한다.

국고보조금은 지방자치단체의 재정에 총량 증가(소득효과)와 보조사업의 상대가격 인하효과(가격효과)를 일으키는 장점이 있다. 하지만 이러한 장점은 운용 방식에 따라 단점과 문제를 유발한다. 대표적인 예로서 중앙정부가 지방의 선호와 재정 역량을 도외시하고 과도하게 보조사업을 몰아붙일 경우 지역의 선호가 왜곡되고 막대한 추가적 매칭비용 부담이 발생한다. 극단적으로는 심각한 지방재정 문제가 초래된다. 이러한 현상은 2008년 이후 수년간 중앙정부가 지방의 여건·선호·역량·준비 상태 등을 무시한 채 초대형 사회복지 국고보조사업을 강하게 밀어붙이는 과정에서 나타났다. 지금은 많이 완화되었지만, 당시 법적 의무성 사회복

〈표 1-5〉 연도별 국고보조금 및 지방비 부담 현황(2015~2019)

(단위: 억 원, %)

구분	2015	구성비	2016	구성비	2017	구성비	2018	구성비	2019	구성비
국고보조사업	644,322 (663,959)	100 (100)	671,375 (692,986)	100 (100)	652,044 (665,437)	100 (100)	706,631 (720,236)	100 (100)	800,992 (815,960)	100 (100)
• 국고보조금	414,078 (414,078)	64.3 (62.4)	428,646 (428,646)	63.8 (61.9)	434,869 (434,869)	66.7 (65.4)	472,042 (472,042)	66.8 (65.5)	535,994 (535,994)	66.9 (65.7)
• 지방비 부담	230,244 (249,881)	35.7 (37.6)	242,729 (264,340)	36.2 (38.1)	217,175 (230,568)	33.3 (34.6)	234,589 (248,194)	33.2 (34.5)	264,998 (279,966)	33.1 (34.3)

주: 지방자치단체의 당초 예산 편성 금액 기준임.
자료: 행정안전부(2019a: 93).

지 국고보조사업이 급팽창하면서 지방재정이 큰 부담과 압박을 받았다. 그 후 중앙-지방 간 심각한 갈등과 조정의 시기를 겪은 다음, 최근 몇 년간 국고보조사업의 지방비 부담 비율은 조금씩 낮아졌다(〈표 1-5〉 참조).

앞으로도 이와 비슷한 현상이 나타날 수 있는 가능성을 배제할 수 없다. 무엇보다도 국고보조금이 지방교부세와 달리 경제성장 외에 정부의 정책적 선택(예컨대, 재정확장 정책, 지출조정 정책, 증세(감세) 정책, 공채 정책 등)에 의해 결정되는 특성을 감안할 때 그러하다. 특히, 국가경제의 저성장과 재정 성장(중앙 및 지방재정 성장)의 둔화가 예상되는 미래 상황을 인식할 때 그동안 재정확대 정책을 통해 정부가 드라이브를 걸어온 대규모 사회복지 지출사업과 지방 SOC 사업과 관련된 지속적인 경비 부담(유지관리비용 포함)을 국가재정이 과연 감당할 수 있을지에 대한 우려가 든다.

(3) 지방자치단체 간 재정이전

지방자치단체 상호 간에도 재정이전이 이루어지고 있다. 이것은 크게 광역자치단체로부터 기초자치단체로의 수직적 재정이전과 광역자치단체 간의 수평적 재정이전 두 유형으로 구분된다. 전자에는 조정교부금제도와 시·도비 보조금제도가 있고, 후자에는 지역상생발전기금(수도권 3개 광역자치단체로부터 나머지 14개 광역자치단체로의 재정이전)과 지방교육재정 전출금(일반 광역자치단체로부터 시·도 교육청으로의 재정이전)이 있다.

조정교부금제도는 특별시·광역시에서 자치구로 재정이전이 이루어지는 자치구 조정교부금제도, 그리고 시·도에서 시·군으로 재정이전이 이루어지는 시·군 조정교부금제도의 두 종류로 나뉜다. 두 제도는 명칭 등 외견상 유사해 보이지만, 기능과 재정효과 면에서 크게 다르다. 자치구 조정교부금제도는 지방교부세의 축소판이라고 말할 수 있다. 이는 자치구 재정의 기본 수요를 보장하고 특별시·광역시와 자치구 간의 수직적 재정 불균등 현상을 완화하는 기능을 수행한다. 자치구 조정교부금(단, 특별조정교부금은 제외)은 특별시·광역시 세수의 일정 비율을 재원으로 공식에 의해 배분되는 일반보조금인 점에서 지방교부세(보통교부세)와 유사하다. 다만, 배분 과정에서 자치구 자체수입의 반영 상태가 미약하여 재정형평화 효과는 지방교부세에 비해 크게 뒤떨어진다.

시·군 조정교부금제도는 역사적 배경과 운영 방식 등에서 자치구 조정교부금제도와 크게 다르다. 동 제도는 광역시·도세의 일부와 지방소비세수의 27%를 재원으로 운영되며, 광역자치단체(광역시·도) 내의 시·군에 대한 재정지원과 시·군 간 재정 격차를 완화할 목적으로 도입되었다. 하지만 현재의 운영시스템으로는 그 목적을 달성할 수가 없다. 그 이유는 핵심 배분변수가 인구수와 징수 실적인데(인구수 50%, 징세 실적 20%, 재정력 30%를 기준으로 배분), 이들은 지역 간 재정 격차를 완화하기보다 오히려 심화시키는 요인으로 작용하기 때문이다. 한마디로 현행 시·군 조정교부금제도는 재정 기능과 정체성을 사실상 정립하지 못하고 있다.

시·도비 보조금은 국고보조금과 유사하며, 자금의 사용 용도가 정해진 특정보조금이다. 이는 중앙정부와 광역자치단체의 정책사업 그리고 광역·기초자치단체 간의 상호 이해사업에 필요한 자금을 지원한다. 시·도비 보조금의 일부는 국고보조사업의 기초자치단체 지방비 부담을 분담해 주는 데 사용된다. 국고보조금이 중앙재정과 지방재정의 수직적 재정 격차를 줄여 주는 것처럼 시·도비 보조금 또한 광역-기초자치단체 간의 수직적 재정 갭을 완화하는 역할을 한다.

이상에서 언급한 제도가 수직적 재정이전이라면 지금부터 다루는 것은 지방자치단체 간의 수평적 재정이전제도이다.

우리나라는 세계의 대다수 나라들과 마찬가지로 수직적 재정이전(중앙정부-지방자치단체, 광역자치단체-기초자치단체: 연방정부와 주정부, 주정부와 지방정부) 방식을 적극적으로 사용해 왔다. 그러나 동일 수준의 지방정부 단위에서 재정을 이전하거나 조정하는 수평적 재정이전제도(horizontal fiscal transfers)는 거의 활용하지 않고 있다. 다만, 현재 법령 등에 의한 공식적 수평적 재정이전제도는 아니지만, 지방교육재정 이전(일반 지방자치단체의 교육 지방자치단체 재정이전),

지역상생발전기금, 서울시의 재산세 공동과세제도는 사실상 그와 유사한 기능을 수행하고 있다. 이들은 전혀 다른 제도이나, 지방의 재원을 가지고 동일 수준의 지방자치단체 간에 재정이 이전(조정)되는 점에서 공통성을 지닌다. 그러나 이들은 현재 일부 국가에서 활용되고 있는 수평적 재정균등화보조금(horizontal fiscal equalization grants)의 정의와 기준에는 부합하지 않는다(이에 대한 설명은 생략하기로 한다).

지역상생발전기금은 수도권 3개 광역단체(서울시, 인천시, 경기도)의 지방소비세 수입 일부를 재원으로 단순한 배분 방식에 의해 전국의 다른 시·도로 자금을 이전하는 수평적 재정이전시스템이다. 이것은 규모가 작은데다 전국의 모든 광역자치단체들이 기금을 배분받는 구조를 갖고 있어서 재정파급 효과나 영향은 크지 않다.

서울시는 자치구 간의 재정 불균등 현상을 해소할 목적으로 독특하게 재산세 공동과세를 실시하고 있다. 제도의 핵심은 재산세의 1/2은 자치구세, 1/2은 서울시세로 이원화한 다음 서울시세분 전액을 25개 자치구로 배분(환원)하는 데 있다. 이는 일견 수평적 재정균등화제도처럼 보이지만, 배분 방식 등 운영 전반을 종합적으로 점검해 보면 그 조건을 충족하지 못하고 있다. 무엇보다도 자금의 배분이 재정 상태와 관계없이 모든 자치구에 균등하게 나누어지는 운영 방식이 조건을 충족하지 못한다. 이것은 통상 재정이 부유한 자치단체의 재원 중 일부를 재정이 빈곤한 자치단체(또는 평균 수준 이하 자치단체)로 이전해 주는 수평적 재정균등화제도의 취지 및 운영 방식과 크게 다르다.

일반 지방자치단체의 교육 지방자치단체에 대한 수평적 재정이전에 관하여는 바로 다음 항에서 기술된다.

4. 교육지방재정

우리나라는 일반 행정서비스와 교육서비스를 공급하는 주체 그리고 재정시스템을 분리해서 운영하는 매우 독특한 형태의 지방자치를 실시하고 있다. 그 결과 지방단위에서 행정과 재정의 효율적 관리가 이루어지지 못하고, 종합적 연계 시너지가 나타나지 못하고 있다. 이것은 국민 세금의 금전적 가치(value for money)나 국(주)민의 공공서비스 만족도 차원에서 큰 문제가 된다.

현재 교육지방재정은 일반지방재정과 분리해서 운영된다. 구체적으로 전국의 17개 시·도 교육청이 별도의 교육비특별회계를 설치해서 세입과 세출을 관리한다. 교육비특별회계는 지방교육자치의 독립성과 자율성을 강조해서 지방의 교육·학예에 관한 경비의 수입과 지출을 일반 재정과 별도로 경리하고자 설치된 것이다. 일반지방재정이 광역자치단체(시·도)와 기초자치단체(시·군·구)의 2계층으로 구조화된 것과 달리 교육지방재정은 시·도 교육청 단일계층만으로 존재한다.

교육지방재정의 수입은 크게 이전재정수입(중앙정부, 지방자치단체)과 지방교육세, 자체수입(학생납입금, 기타 재산수입수업료 등), 특별회계전입금(한시성 유아교육지원특별회계전입금), 지방교육채 등을 통해 조달된다.

2019년 예산 기준으로 지방교육재정(교육비특별회계)의 규모는 총 70조 5,960억 원이며, 이는 이전재정수입 67조 7,554억 원(전체 세입의 96.0%), 자체수입 1조 1,164억 원(1.6%), 지방교육채 및 기타 1조 7,242억 원(2.4%)으로 구성된다. 이전재정수입 중에는 지방교육재정교부금이 51조 1,733억 원으로 전체 이전재정수입의 3/4 이상을 차지하고(75.5%), 지방자치단체 이전재정수입이 12조 5,792억 원으로 이전재정수입의 18.6%를 차지한다. 지방교육재정의 지출(기능 및 분야)은 유아 및 초중등 교육 분야에 거의 모든 예산이 사용되고(66조 1,661억 원, 전체 세출의 93.7%), 나머지가 교육일반 분야(4조 2,693억 원(6.0%))와 평생·직업교육 분야(1,605억 원(0.2%))에 사용되고 있다.

현재 교육지방재정은 완전한 '이전재정 의존형 체제'로 운영된다. 그 원인은 무엇보다도 지방자치단체와 달리 시·도 교육청이 독자적인 지방세나 충실한 재원조달 수단을 갖고 있지 못하기 때문이다. 이전재정은 크게 중앙정부로부터의 이전재정(지방교육재정교부금, 국고보조금)과 지방자치단체로부터의 이전재정(법정 전입금, 비법정 전입금 등)으로 구분된다. 이전재정의 핵심은 지방교육재정교부금이고, 일반 지방자치단체로부터 재정이전이 보완적인 역할을 한다.

지방교육재정교부금은 내국세의 20.46%와 교육세 일부(교육세 중 유아교육지원특별회계 편입분을 제외한 금액)를 재원으로 시·도 교육청에 배분되는 일반보조금이다(단, 특별교부금은 제외). 교부금은 크게 보통교부금과 특별교부금으로 구성된다. 보통교부금은 내국세 20.46%의

97%와 국세 교육세 중 일부(62.3%)를 재원으로 하고, 특별교부금은 내국세 20.46%의 3%를 재원으로 한다. 보통교부금은 전국의 시·도 교육청별로 총액으로 교부되며, 주로 교직원 인건비, 시설비에 사용되고 일부는 단위 학교회계로 전출된다. 특별교부금은 지방재정의 특별교부세와 비슷하게 국가시책(60%), 지역 현안(30%), 재난안전 관리(10%) 용도로 사용된다.

일반지방재정과 달리 교육지방재정의 국고보조금은 전체 예산의 1% 미만으로 극히 미미하다. 과거에는 국고보조사업이 많았고 보조금의 규모도 컸으나, 점차로 대부분 지방교육재정교부금에 흡수되었다. 그 과정에서 지방교육재정교부금의 일반보조금 성격은 크게 약화되었다. 구체적인 예로서 현재 시·도 교육청에 배분되는 보통교부금의 60~70% 정도가 교직원 인건비 지급에 사용되고, 그 외에도 크고 작은 경직성 경비에 사용되고 있는 사실을 지적할 수 있다.

지방교육재정교부금 다음으로 중요한 교육지방재정 수입은 일반 지방자치단체(특별·광역시·도)가 법령 등에 의해 17개 시·도 교육청으로 재정을 수평적으로 지원해 주는 이전재정이다. 현재 재정이전은 시·도 교육청 회계 기준으로 법정 전입금과 비법정 전입금으로 구성되며, 법정 전입금이 대부분을 차지한다. 2019년 예산 기준으로 법정 전입금의 규모는 10조 819억 원이다. 이것은 자금을 제공하는 지방자치단체의 입장에서는 법정 전출금(예산과목 703-01)으로 관리되며, 현재 시·도세 총액의 일정률(서울 10%, 광역시·경기도 5%, 기타 도 3%), 담배소비세, 지방교육세, 학교용지부담금, 기타 수입을 통해 조달된다(참고로 자금을 제공하는 특별·광역시·도의 입장에서는 전출금, 자금을 제공받는 시·도 교육청의 입장에서는 전입금으로 관리된다). 법정 전입금은 법령에 의해 매년 자금의 규모가 확정되고 사용 용도가 정해지지 않아서 사실상 일반보조금에 해당한다. 여기에 더해 일부 기초자치단체가 지방교육재정에 자금을 지원해 주는 보완적 시스템이 가동되고 있다.

이러한 수평적 재정이전은 동일한 행정구역과 주민을 공유하면서(각 시·도와 시·도 교육청은 동일한 지역 공간과 주민을 공유함) 기능과 책임을 달리하는 두 개의 행정 주체 간에 이루어지는 특수한 형태의 재정 운영 방식이다. 지방교육재정이전은 각 시·도와 그에 대응하는 각 시·도 교육청 간에 일 대 일 자금이전 관계가 형성되는 점에서 일반적인 정부 간 재정이전제도와 크게 다르다. 그런데 아쉽게도 현재는 지방교육재정이전과 관련하여 배분 공식이나 자금의 포괄적 사용 용도 등 재정이전제도의 구조와 운영에 관한 일반적인 사항들이 체계적으

〈그림 1-12〉 교육지방재정의 세입 재원

(단위: 조 원)

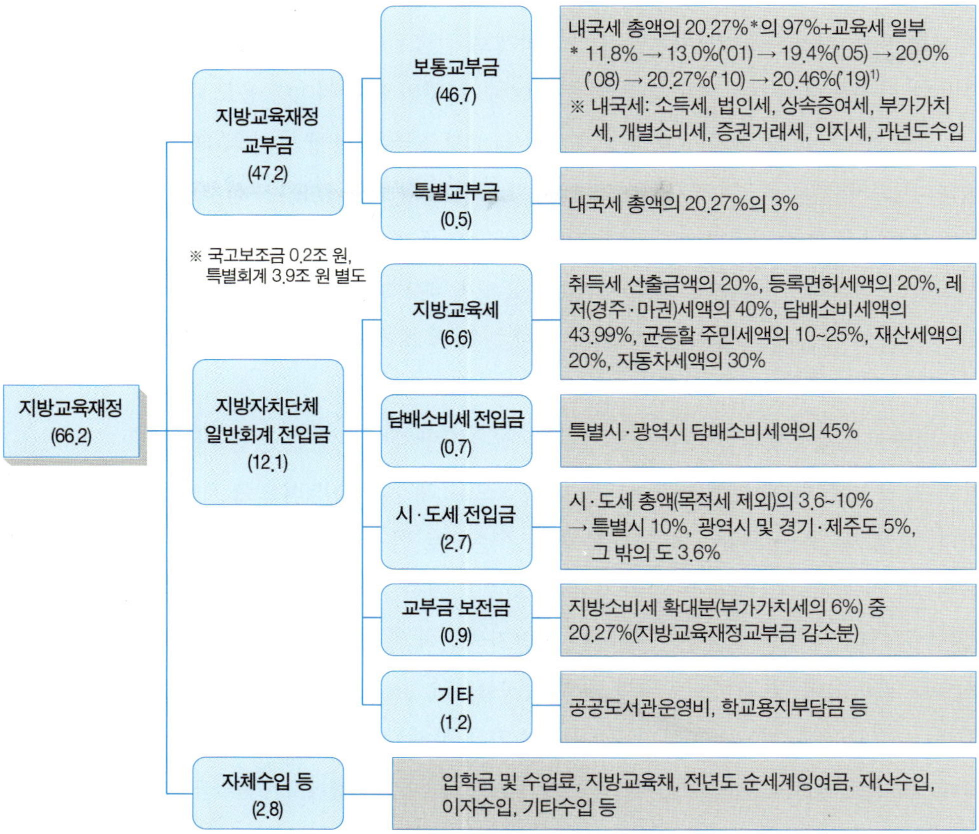

주: 1) 「지방교육재정교부금법」 개정(2019. 1. 1 시행)으로 2019년부터 내국세분 교부비율이 인상(20.27→20.46%)되었으며, 이는 「재정분권 추진방안」(관계부처 합동, 2018. 10. 30)에 따라 감소되는 내국세로 인해 줄어드는 지방교육재정을 보전하기 위한 것임.
자료: 교육부(국회예산정책처(2019a: 51)에서 재인용).

로 정비되어 있지 못하다.

끝으로, 현재 지방교육자치단체인 시·도 교육청은 고유의 직접적·간접적 과세권을 갖지 못하고 있다. 현재 법적으로 지방세에 속하는 지방교육세(지방자치단체가 징수함)는 실질적인 교육 지방자치단체의 재원이지만, 시·도 교육청은 세원과 세율에 대해 전혀 권한을 행사하지 못한다.

■ 지방교부세와 지방교육재정교부금 각자 따로 운영, 국민 세금의 가치 저하

지방교부세와 지방교육재정교부금이 상호 연계가 없이 따로따로 운영되고 있는 것은 국민 세금의 금전적 가치(VFM) 관점에서 심각한 문제이다. 현재는 두 제도의 중앙-지방 간 수직적 재정 불균형 완화에 대한 종합적 효과는 물론 지역 간 수평적 재정 불균등 상태의 변화에 대한 정보를 얻을 수 없다.

이러한 상황에서는 일반보조금인 2개의 교부금이 지역별로 배분되면서 나타나는 소득효과가 사실상 형평성과 효율성 양면에서 어떤 문제와 부작용을 일으키는지에 대해 알 수가 없다. 어떤 면에서는 지방교부세를 통해 일부 개선되는 지방자치단체 간의 수평적 재정 불균등 현상이 지방교육재정교부금제도가 가동되면서 오히려 악화될 가능성이 크다. 임성일·손희준(2011)의 연구 결과에 의하면 지방교부세와 지방교육재정교부금을 동시에 고려할 경우 지역 간 재정격차는 오히려 나빠지는 것으로 분석되었다.

국민의 입장에서는 일반 지방자치단체나 교육 지방자치단체의 분리된 존재가 중요하지 않다. 정말로 중요한 것은 그것이 하나의 통합체이든 아니면 이원 분리체이든 상관없이 제대로 된 서비스를 가장 효율적이고 효과적으로 공급해 주는 것이다.

〈표 1-6〉 우리나라 지방재정이전제도의 재정 균등화 특성

			재정 갭(불균등) 완화 방향성	
			수평적 재정 균등화 (horizontal fiscal equalization)	수직적 재정 균등화 (vertical fiscal equalization)
정부 간 재정이전	균등화/재정 갭 완화 목적	수입 균등화	• 서울시 재산세 공동과세제도 (국지적·제한적 기능) • 지역상생발전기금(미미한 수준)	• 사실상 부재하나, 지방교부세와 자치구 조정교부금이 일부 수행
		비용 균등화	• 없음	• 지방교부세 • 지방교육재정교부금 • 시·군/자치구 조정교부금 * 국고보조금(차등보조율 적용 보조금)
	비균등화		• 지방교육재정이전(시·도에서 시·도 교육청으로 재정이전) • 특정 지역 단위의 단순한 일반보조금	• 국고보조금, 시·도비 보조금(제한적) - 단, 차등보조율 적용 대상은 제외

주: 임성일(2019a: 65)에서 재인용하였음.

5. 지방채 발행제도

지방자치단체는 때로 지방채를 통해 재원을 조달하고, 그것을 적절한 시기와 방법을 통해 상환한다. 일반적으로 지방 채무는 지방자치단체가 금융기관이나 공공자금으로부터 직

접 돈을 빌리거나 증권 발행 등을 통해 자금을 조달하는 데 대해 반대급부로 갖게 되는 금전적 지급의무를 의미한다. 현재 지방채무의 범위에는 지방채 증권, 차입금, 채무부담행위, 보증채무부담행위액 중 이행책임액(채무자가 파산할 경우 지방자치단체가 채무변제의 책임을 지는 금액)이 포함된다. 흔히 지방채라고 말하는 것은 지방 채무 중에서 차입금과 지방채 증권을 의미한다(실제로 이들이 지방채무의 거의 대부분을 차지한다). 현재 우리나라는 행정안전부가 일정한 기준에 의해 지방자치단체가 1 회계연도 중에 발행할 수 있는 지방채의 발행 한도액을 설정하는 '지방채 발행 총액한도제도'를 실시하고 있다(채무액, 경상일반 재원 등을 기초로 예산액의 10% 범위 내에서 매년 행정안전부가 산정하여 각 지방자치단체에 통보한다).

「지방재정법」에 의하면 지방채는 공유재산의 조성 등 지방자치단체 소관 재정투자사업과 그에 직접적으로 수반되는 경비의 충당, 재해예방 및 복구사업, 천재지변 관련 세입결함의 보전, 지방채 차환 등의 목적을 위해 발행할 수 있다. 현실적으로 지방채가 가장 많이 사용되는 경우는 공공투자사업에 필요한 재원을 조달할 때이다. 현재 우리나라를 비롯한 전 세계 대부분의 나라들은 지방채를 자본투자사업에 한정해서 사용하도록 조치하고 있다. 즉, 지방채는 경상적 지출을 위해서는 발행할 수 없고, 자본투자사업을 지원하는 재원조달 수단으로서만 사용이 가능하다. 이것을 흔히 '황금률'(golden rule)이라고 말한다.

1990년대 이후 지금까지 우리나라의 지방채는 발행규모(연간 발행규모, 누적 잔액)나 원리금 상환액 면에서 대체로 채무감당 능력(debt affordability)의 범위 내에서 발행된 것으로 평가된다. 대표적인 예로, 지방채 건전성의 거시적 기준 잣대에 해당하는 GDP 대비 지방채 비중(발행 잔고)이 역사적으로 2% 내외의 낮은 수준을 유지해 왔다. 그리고 지방재정의 지방채 의존율(지방채 발행 금액/지방재정 총규모)은 연도별로 차이가 있으나 대체로 2% 내외 수준을 유지해 왔다(지방채상환비 비율 또한 매년 5~8% 수준에서 안정성을 보여 왔다). 이것은 공공·민간 부문을 통틀어 채무와 관련된 재정(재무) 건전성 기준에 비추어 매우 안정적인 것으로 평가된다.

지난 10여 년을 살펴보면, 지방채는 전체의 10%가 되지 않는 소수의 지방자치단체들(통상적게는 5~10개, 많게는 20개 내외)이 주도적으로 활용해 왔다. 그동안 지방채로 인해 재정의 건전성 문제나 지속 가능성 문제는 발생하지 않았다. 또한 지방자치단체 가운데 채무 불이행(default)이나 파산(bankruptcy) 사태를 경험한 곳은 없다. 다만, 2008년에 세계 금융위기가 발생한 이후 일부 자치단체가 지역공공부문 전체(지방자치단체, 지방공기업, 공사·공단, 출연기관 등) 관점

〈표 1-7〉 지방채무 관련 주요 지표 분석 결과

(단위: %)

재정분석지표	2009	2010	2011	2012	2013	2014	2015	2016	2017	2018
지방채무잔액지수	19.78	22.23	21.13	19.20	19.05	25.44	22.48	19.27	16.41	–
지방채무상환비 비율	2.53	2.96	3.06	3.18	3.06	5.77	3.01	3.42	3.01	–
장래세대부담 비율	4.42	4.42	4.32	4.18	3.94	3.89	3.78	3.55	3.15	2.94
관리채무 비율				13.35	13.32	12.59	10.98	9.33	8.06	7.35
실질채무 비율						11.19	9.98			
환금자산 대비 부채비율				69.22	67.37	66.75	59.73	53.74	46.42	43.09
공기업 부채비율				160.65	74.09	70.93	65.07	57.93	41.58	37.26

주: 1) 지방채무잔액지수, 지방채무상환비 비율은 2018년부터 지표 삭제.
2) 실질채무 비율은 2016년부터 지표 삭제.
자료: 한국지방행정연구원의 「지방자치단체 재정분석 종합보고서」(각 연도)를 재편집하여 정리한 것임.

에서 볼 때 재정 건전성 문제를 드러내었으나, 그 후 대부분 개선되었다.

지방 채무는 글로벌 금융위기 이후 국가의 재정확대 정책에 의해 잠시 규모가 증가하였지만(2008~2010년), 그 후 발행규모와 누적잔고가 크게 줄어들었다. 2015년 이후 최근까지의 지방채 발행 상황을 보면, 발행 잔액과 금액 모두 감소하는 추세이다. 최근의 지방채 의존율을 보면, 2015년 2.8%, 2016년 1.9%, 2017년 1.1%, 2018년 0.8%로 나타난다(최종 예산액). 2019년의 경우(예산 기준) 지방채 발행규모는 3조 7,287억 원인데, 이는 지방재정 총규모(일반회계+특별회계) 231조 152억 원의 1.6%에 해당한다. 참고로 지방채 발행 잔액은 2017년 12월 말 기준으로 25조 2,314억 원이며, 이것은 2017년 GDP(1,727조 원)의 1.4%에 불과하다.

지방채무의 건전성 상태를 판단해 주는 주요 지표들이 근년에 지속적으로 향상되었다(〈표 1-7〉 참조). 대표적으로 관리채무 비율을 보면 2013년에 13.3%이던 것이 계속 낮아지다가 최근에 거의 절반 수준으로 뚝 떨어지는(2017년 8%대, 2018년 7%대) 등 크게 개선되었다. 예산 대비 채무비율도 일부 자치단체를 제외하고는 대부분 10% 미만의 건전한 수준을 보이고 있다.

지방재정의 총량이 크게 늘어나고 대형 자본투자사업이 확대되는 상황에서 '세대 간 형평'의 균형재원으로 사용되어야 할 지방채가 최근 수년간 누적잔고, 발행액, 지방채 의존율 모든 면에서 크게 감소했다는 사실은 한편으로 긍정적이지만, 또 다른 한편으로는 재정 책임성 차원에서 문제가 있는 현상으로 간주된다.

종합적으로, 현재 우리나라의 지방재정은 채무 문제는 사실상 없지만, 향후 지방재정의 성장세가 둔화되거나 정체될 것이 예상되는 상황을 고려하면 지금부터 그에 대한 대응 방안을 지혜롭게 마련할 필요가 있다.

6. 지방투자사업의 지방재정상 위치

2019년(순계예산) 현재 전체 지방재정(231조 152억 원)의 80%가 넘는 예산(192조 3,749억 원)이 투자사업이 주도하는 정책사업 용도로 할당되었다. 구체적으로 지방재정의 세출은 각종 재정지출사업으로 구성되는 정책사업이 전체의 83.3%(192조 3,749억 원)를 차지하고, 그 외에 공무원 인건비를 포함하는 행정운영경비 13.9%(32조 1,207억 원)와 재무활동 2.8%(6조 5,195억 원)로 구성된다. 정책사업은 지방자치단체가 자율적으로 추진하는 자체사업과 중앙정부 및 광역자치단체로부터 자금을 지원받아 추진하는 보조사업으로 구성된다. 이들은 지방자치단체별로 다르지만, 다양한 분야에 걸쳐 작게는 수십 개의 사업에서 크게는 수백 개의 사업에 이르고 있다.

종합적으로, 현재 지방재정은 약 200조 원 가까운 자금을 각종 정책사업을 위해 사용한다. 그중 상당 부분은 투자사업 타당성 분석과 투자심사의 대상이다. 지방투자사업 가운데 중앙투자심사(행정안전부 주관)의 대상이 되는 사업의 규모는 연도별로 다르지만 매년 약 30~40조 원이고, 지방투자심사의 대상이 되는 사업의 규모는 매년 약 60~70조 원 정도일 것으로 추정된다. 이러한 재정투자사업은 각 지역의 공공서비스 수준에 변화를 주면서 경제·사회·환경적 효과와 영향을 유발한다.

지방투자사업의 재원은 자체재원, 보조금(국비, 시·도비 등), 지방채, 민간자본 등으로 구성된다. 실제 사업을 보면 전액 자체재원으로 실시되는 것에서부터 민간자본이 주도하는 것에 이르기까지 다양하다. 통상 많은 사업들이 자체재원과 보조금 그리고 지방채의 적절한 조합을 통해 시행되고 있다. 중요한 것은 사업을 실시하는 지방자치단체 재정의 건전성과 지속가능성을 기본으로 하면서 사업의 특성을 고려하는 자금의 적정 조합을 모색하는 접근이다.

지방투자사업의 재원과 관련하여 지방채 발행을 무조건 도외시하거나 아니면 지나치게 지방채 발행에 적극적인 것은 바람직하지 않다. 지방자치단체의 단·장기 재정수급(재정 건전성, 안정성, 지속 가능성 포함)을 종합적으로 고려하면서 만일 해당 사업이 세대 간 형평 문제와 특성을 내포하는 것이라면, 지방채를 적극적으로 활용하는 것이 재정 이론이나 관리 측면에서 올바른 접근이다.

■ 최근의 재정분권 추진 방안과 지방재정 영향

문재인 정부는 2018년 후반(2018. 10)에 재정분권 추진 방안을 발표하였는데, 이것이 실천될 경우 향후 지방재정에 다음과 같은 변화와 영향이 있을 것으로 예상된다.

① 지방재정의 총량 증가(약 2% 증가): 지방소비세 세율 인상에 따른 순증효과(기능이양분 차감)로 지방재정의 총규모가 늘어난다.

② 국세와 지방세의 상대 비중 변화(약 3% 내외의 지방세 비중 증가): 지방소비세 세율 인상 결과 국세의 부가가치세 수입은 줄어드는 반면 지방세 수입은 늘어나 향후 총조세(국세+지방세)수입에서 지방세 수입이 차지하는 비중은 적어도 25% 이상의 수준을 유지할 것으로 전망된다.

③ 정부 간 재정관계 축(조세–보조금 축)의 역학관계 및 역할 변화(지방세 강화, 보조금 약화): 주어진 국가재정자원 조건에서 국세의 일부가 지방세로 이양되면서 지방세수는 증가하고 중앙정부가 이전재정으로 사용할 수 있는 재원(내국세, 국고 등)은 줄어들어 조세–보조금(이전재원)의 역학관계와 역할에 변화가 생겨난다.

④ 지방자치단체 간 재정력 격차 상태 변화: 지방소비세 세율 인상을 통해 지방재정의 총량이 늘어나는 가운데 늘어난 재정이 개별 지방자치단체로 배분되는 과정에서 지방자치단체 간의 상대적 재정 위상에 일부 변화가 발생한다.

⑤ 지역상생발전기금의 위상 강화와 정체성 상실: 지역상생발전기금에 대규모의 기능이양계정(약 3.6조 원)이 생기면서 기존 계정의 위상과 기능이 크게 위축되고 제도의 정체성 문제가 발생한다.

⑥ 지방재정 지출 행태 변화: 지방소비세 세율 인상으로 인해 모든 지방자치단체에 크고 작은 새로운 재원이 생겨나는데, 이것은 궁극적으로 기존 및 신규 사업을 위해 사용된다.

- 신규 자금의 사용은 각 지방자치단체의 정책결정에 달려 있는데, 그 과정에서는 지역의 수요를 적절히 반영하는 적재적소의 지출(효율·형평성 균형)도 있겠지만, 신규 재원을 일종의 '횡재'(windfall)처럼 생각해서 비효율·남용·선심성 지출이 난무할 수도 있음.
- 정부는 재정분권 추진 과정에서 지방재정의 총량 증가에 상응하여 중앙정부가 담당하는 기능과 사무의 일부를 지방에 이양할 예정인데, 향후 다소 어두운 경제·재정 상황 전망을 고려하면 이는 지방재정의 부담으로 작용할 가능성이 큼.

자료: 임성일(2019b).

〈부표 1-1〉 우리나라의 정부 간 재정이전제도(중앙정부로부터 지방자치단체로의 재정이전)

구분	지방교부세	국고보조금	지방교육재정교부금	유아교육지원특별회계 보조금
근거 법령	「지방교부세법」	「보조금 관리에 관한 법률」	「지방교육재정교부금법」	「유아교육지원특별회계법」
재원 구성	• 내국세의 19.24% - 보통교부세(97%) - 특별교부세(3%) • 부동산교부세: 종합부동산세 전액 • 소방안전교부세: 담배에 부과하는 개별소비세의 20%	국가 예산(일반회계, 또는 특별회계)으로 계상	• 내국세의 20.27%+교육세 일부 - 보통교부금(내국세 교부금 97%+특별회계전입금을 제외한 교육세) - 특별교부금(내국세 교부금 3%)	- 교육세 일부 - 중앙정부 일반회계 전입금 등
용도	• 보통·부동산교부세: 용도 지정 없이 자치단체 일반 예산으로 사용 • 특별교부세: 용도 지정, 조건 부여 가능 • 소방안전교부세: 특수수요는 용도 지정 가능 - 소방 분야에 교부세 총액의 75% 이상 사용 규정	용도와 조건이 지정되어 특정 목적 재원으로 운용	- 보통교부금: 용도 지정 없음 - 특별교부금: 용도 지정·조건부여 가능	- 누리 과정 지원
배분 방법	• 보통교부세: 단체별 기준재정수입액과 기준재정수요액 산정 후 재정 부족액을 기준으로 산정·교부 • 특별교부세: 지역 현안, 재난·안전관리, 국가지방협력수요 사업에 대하여 사업 타당성 등을 종합적으로 심사하여 사업별·시책별로 교부 • 부동산교부세: 재정 여건, 사회복지, 지역교육, 보유세 규모 등에 따라 산정·교부 • 소방안전교부세: 소방 및 안전시설 현황과 투자소요, 재난예방 및 안전강화 노력, 재정 여건 등에 따라 산정·교부	소관 부처별 중장기사업 계획 등을 고려하여 매년 정부예산으로 정함	- 보통교부금: 교육청별 기준재정수입액과 기준재정수요액 산정 후 재정 부족액을 기준으로 교부 - 특별교부금: 국가시책, 지역 현안 수요, 재해대책·예방수요 사업에 대하여 사업 타당성 등을 종합적으로 심사하여 교부	- 매년 특별회계 예산으로 정함
성격	• 보통·부동산교부세: 일반 재원(자주 재원 성격) • 특별교부세: 특정 재원(자주 재원 성격) • 소방안전교부세: 일반 및 특정 재원(자주 재원 성격)	특정 재원 (이전 재원 성격)	- 보통교부금: 일반 재원(자주 재원) - 특별교부금: 특정 재원(자주 재원)	- 특정 목적 재원(이전 재원 성격)
기능/재정효과	• 적극적 재정 갭(fiscal gap) 조정 - 중앙·지방 간 수직적 재정 갭 적극적 교정(일반 종합행정 분야) - 소득효과, 재정 균등화(형평화)	• 소극적 재정 갭 조정 - 중앙·지방 간 수직적 재정 갭 일부 완화 - 소득/가격효과, 재정 효율성	• 적극적 재정 갭 조정 - 중앙·지방 간 수직적 재정 갭 적극적 교정(교육서비스 분야) - 소득효과, 재정 균등화	

주: 마지막 단의 '기능/재정효과' 부분은 필자가 첨가한 것임(임성일, 2019a: 66에서 재인용).

자료: 행정안전부 자료(2018: 93), 『2018년도 지방자치단체 통합재정 개요』와 법령 자료를 토대로 작성(국회예산정책처 보고서(2018: 124)에서 재인용).

〈부표 1-2〉 지방자치단체 간 재정이전(광역자치단체 간, 광역-기초자치단체 간)

<table>
<tr><th rowspan="2">구분</th><th rowspan="2">시·도비 보조금</th><th>자치구 조정교부금</th><th rowspan="2">교육청 전출금</th></tr>
<tr><th>시·군 조정교부금</th></tr>
<tr><td rowspan="2">근거
법령</td><td rowspan="2">• 「지방재정법」 제23조 제2항</td><td>• 「지방재정법」 제29조의2
• 「지방재정법 시행령」 제36조의2</td><td rowspan="2">• 「지방교육재정교부금법」 제11조</td></tr>
<tr><td>• 「지방재정법」 제29조
• 「지방재정법 시행령」 제36조</td></tr>
<tr><td rowspan="2">재원</td><td rowspan="2">• 시·도의 일반회계 또는 특별회계</td><td>• 특별·광역시의 보통세 중 조례로 정하는 일정액
서울 22.6%, 부산 22.0%
대구 22.29%, 인천 20.0%
광주23.9%, 대전 23.0%
울산 20.0%
• 일반조정교부금(90%), 특별조정교부금(10%)</td><td rowspan="2">• 지방교육세 전출금
• 담배소비세 전출금
• 시·도세 전출금
• 학교용지 일반회계 부담금
• 지방교육재정교부금 보전금
• 교육급여 보조금
• 기타 전출금</td></tr>
<tr><td>• 광역시세·도세(화력·원자력발전·특정 부동산에 대한 지역자원시설세 및 지방교육세 제외) 총액 및 지방소비세의 27%(인구 50만 이상의 시와 자치구가 아닌 구가 설치되어 있는 시는 47%)에 해당하는 금액
• 일반조정교부금(90%), 특별조정교부금(10%)</td></tr>
<tr><td>용도</td><td>• 특정한 지원 대상 사업 재정수요 충당(용도 지정)</td><td>• 일반조정교부금은 용도지정 없이 자치단체의 일반 재원으로 사용
• 특별조정교부금은 교부 시 부과된 조건이나 목적에 맞게 사용</td><td>지방의 교육·학예에 드는 경비</td></tr>
<tr><td rowspan="2">배분
방법</td><td rowspan="2">• 지원사업별 사업우선순위 등에 의거 지원</td><td>• 기초단체별 기준재정수입액과 기준재정수요액을 분석한 후 재정부족액을 기준으로 배분</td><td rowspan="2">• 광역자치단체가 해당 시·도 교육청이 운영하는 교육비특별회계에 전출</td></tr>
<tr><td>• 인구, 징수실적, 당해 시·군의 재정력 등에 따라 배분</td></tr>
<tr><td>기능/
재정
효과</td><td>• 소극적 재정 갭 조정
- 광역·기초단체 간 수직적 재정 갭의 소극적 교정(일부 중앙·지방 간 재정 갭 완화 기능)
- 소득효과와 가격효과, 외부효과 교정, 재정 효율성</td><td>• 적극적 재정 갭 조정
- 광역·기초단체 간 수직적 재정 갭의 적극적 교정
- 소득효과
- 재정 균등화(단, 자치구 조정교부금에만 해당; 시·군 조정교부금은 시·군에 대한 재정지원)</td><td>• 일반자치단체와 교육자치단체 간의 수평적 재정 갭 교정
- 소득효과
- 시·도 교육청 재정지원
(재정 균등화와는 무관하며 시·도 교육청의 재정 안정성, 지속 가능성 지원; 일반 재원)</td></tr>
</table>

주: 마지막 단의 '기능/재정효과' 부분은 필자가 첨가한 것임(임성일, 2019a: 67에서 재인용).
자료: 행정안전부 자료(2018: 109), 『2018년도 지방자치단체 통합재정 개요』를 토대로 작성. 국회예산정책처 보고서(2018: 125)에서 재인용.

제2장

정부의 투자사업 선택

1. 정부의 선택과 결정
2. 개인, 기업, 정부의 경제활동과 비용편익분석
3. 국민 보기에 좋은 사업, 나쁜 사업
4. 경제적 효율과 형평의 조화

1. 정부의 선택과 결정

정부(중앙정부, 지방자치단체)도 개인이나 기업과 마찬가지로 다양한 경제활동을 한다. 그리고 그 과정에서 수없이 많은 선택과 판단을 한다. 현명한 선택과 올바른 판단은 국민의 세금을 효율적이고 효과적으로 사용하게 해준다. 그렇지 못할 경우 공공자원과 국민의 세금은 낭비된다. 우리 모두가 너무나 잘 알고 있듯이, 정부나 개인 모두 '무한한 경제적 자원'(쉽게 말해서 '돈')을 갖고 일상의 경제활동을 하는 것은 아니다. 그러므로 경제적 자원의 사용에 관한 각종 의사결정은 언제나 최선 또는 최적의 선택을 해야 한다. 만일 그것이 어렵다면, 적어도 사회 구성원이 납득할 수 있는 합리적 선택(예컨대, 차선의 선택, 공정한 선택)을 할 수 있어야 한다.

구체적인 예로, 어떤 지방자치단체가 1,000억 원의 큰 예산을 들여 다리를 건설하는 경우를 생각해 보자. 이때 필수적으로 요구되는 것은 과연 그것이 다른 어떤 사업보다 우선적으로 실시될 필요가 있는지, 그리고 그것이 중·장기적으로 지역(또는 지역을 넘어서는 광역, 국가)의 사회복지 향상에 기여하는지에 대해 객관적으로 판단할 수 있는 정보이다. 만일 다리를 건설하고 운영하는 데 소요되는 총비용을 다리 건설로 인해 지역사회가 장기적으로 향유할 총혜택(편익)과 동일한 금전적 잣대(예컨대, 우리나라 돈 100만 원 단위)로 비교할 수 있다면, 합리적인 정책판단을 할 수가 있다. 장기적 편익이 장기적 비용보다 클 경우 다리를 건설할 필요가 있고, 그 반대의 경우 다리 건설사업의 타당성은 힘을 잃는다. 부연하면, 다리 건설사업의 순혜택(편익-비용)이 다른 사업보다 크면서 예산 조달에 문제가 없다면 다리는 건설되는 것이 합리적이다.

이때 만일 주어진 예산이 1,000억 원인 상태에서 다리 건설사업과 항만 건설사업이 경합을 벌이면서 두 사업 모두 장기적으로 사회적 순편익을 유발한다고 가정해 보자. 이 경우에는 두 사업 중 사회적 순편익이 더 큰 사업을 선택하는 것이 현명한 의사결정이다. 만일 사회적 순편익이 상대적으로 낮은 사업이 채택되었다면, 그것은 잘못된 정책결정이고 공공자원과 세금의 비효율적 사용이 된다. 이와 같은 사회과학적 분석 정보는 지방자치단체로 하여금 현명한 결정을 할 수 있도록 도와준다.

이상의 예시는 본문에서 자세히 다룰 비용편익분석의 기본 골격과 원리를 가장 단순화한 것이다. 다음에서는 이에 대해 조금 추가적으로 설명한다.

2. 개인, 기업, 정부의 경제활동과 비용편익분석

사람들은 돈을 쓸 때(소비활동) 대부분 그 반대급부로서 기대하는 바가 있다. 이것을 만일 혜택(benefit)이라고 말한다면, 그것은 기쁨, 즐거움, 만족, 영양 충족, 지적 향상, 소득 창출, 사람됨(예의 등) 실천, 미래 기대 등 다양한 형태로 존재한다. 만일 독자들이 일상 중에 행하는 다양한 소비활동(외식, 각종 물건과 서비스 구입, 대중교통 이용 등)이나 수년 단위로 이루어지는 소비활동(자동차 구입, 내 집 마련, 기타 주요 자산 구입, 주요 경조사 지출 등)을 한번 상상해 본다면, 내가 돈을 쓸 때 기대하는 혜택이 무엇인지에 대해 대체로 감을 잡을 수 있을 것이다. 논리적으로 말해서, 사람들은 돈을 쓸 때(소비활동, 비용지출) 늘 암묵적으로 비용보다 혜택이 더 클 것으로 예상(기대)한다. 만일 빵을 샀는데 맛이 없었다던가 생각만큼 배부르지 않았다면, 기대했던 혜택이 비용보다 못한 것이 된다. 그리고 영화를 보았는데 기대보다 재미나 감동이 없었다던가, 모처럼 가족이 테마 파크에 갔는데 인산인해로 인해 재미보다 후회가 막급했다면 이 또한 마찬가지의 경우가 된다. 반면에 패키지여행을 갔는데 대만족이었다던지, 구두와 가방을 샀는데 생각보다 훨씬 마음에 들고 실용적이어서 기뻤다면, 이들은 지불한 비용보다 혜택이 훨씬 더 큰 경우이다. 그리고 사설학원에서 돈을 내고 외국어 강좌를 수강하였는데, 선생님과 교육 내용이 훌륭해서 지적 수준이 높아지고 취업에 큰 도움이 되었다면 이 또한 비용보다 혜택이 더 큰 경우로 간주된다.

이와 같은 소비자의 행태를 경제이론에서는 '효용 극대화'(utility maximization) 행태로 규정한다. 즉, 모든 소비자가 소비 행위를 통해 궁극적으로 추구하는 바는 자신의 효용(만족 등)을 최대한 높이는 것이라는 의미이다.

기업의 경우를 예로 들어 보자. 대부분의 기업은 순수하게 남을 위하거나 사회 발전을 목적으로 자금을 투자하지 않는다. 전형적인 기업은 투자나 각종 자금지출 등 경영활동을 하는 목적을 궁극적으로 수익 또는 이윤 창출에 둔다. 기업은 생산을 위해 각종 노동과 자본을 구입해서 활용하는데, 이때 모든 기업은 지불비용에 대한 반대급부로서 특정의 혜택을 기대한다. '특정의 혜택'이란, 다름 아닌 수익 또는 이윤의 획득이다. 앞서 언급한 개인과 달리, 기업은 자신이 지불하는 비용(투자 등)보다 예상되는 혜택, 즉 수익이 더 클 것으로 추정할 때 사업을 실시한다. 이러한 기업의 경제 행태를 경제이론은 이윤 극대화(profit maximization)로 규정한다.

마지막으로 정부부문이다. 개인이나 기업과 달리 정부는 공적 자금(국민의 세금)을 가지고 소비 행위를 하는 경제 주체이다. 존재 이유 또한 공동체, 사회, 국민을 염두에 두는 공적 기능 수행에 있다. 그러므로 정부가 각종 자금지출 활동(예컨대, 공공투자사업 실시)을 할 때, 지출 비용에 대한 반대급부로서 기대하는바, 즉 혜택은 일반 개인이나 기업의 경우와 본질적으로 달라야 한다. 구체적으로 사회 전체의 자금, 즉 우리들(공동체)의 돈을 사용하는 만큼 그 혜택은 개인의 효용 극대화나 기업의 이윤 극대화가 아니라 국가(국민) 공동체의 복리(복지) 증진과 밀접한 관련이 있어야 한다. 즉, 정부의 소비 행위(재정활동)는 궁극적으로 사회복지 극대화(welfare maximization)에 있다.

앞으로 본격적으로 다루게 될 비용편익분석은 공공투자사업에 들어가는 총비용(대부분 국민 세금으로 충당됨)을 사업의 실시로 인해 창출될 사회적 혜택(편익이라고 하며 금전적으로 측정됨)과 체계적으로 분석해서 비교하는 정책판단 기법이다. 이러한 관점에서 볼 때, 비용편익분석은 정부투자 지출의 사회복지 극대화를 도모하는 수단이다. 이때 말하는 국민복지, 사회복지 개념은 다소 까다롭고 이해하기 어려운 점이 없지 않다. 이에 대하여는 조금 뒤에서 설명한다.

3. 국민 보기에 좋은 사업, 나쁜 사업

세계의 모든 정부는 범위와 수준에 차이가 있을 뿐 다양한 공공투자사업을 실시한다. 투자사업을 실시하는 목적과 동기는 국민의 복지 향상에 있고, 그 재원은 대부분 국민의 세금으로 조달된다. 그런데 국민의 눈에는 어떤 사업은 좋아 보이고 잘하는 것처럼 보이는가 하면, 어떤 사업은 한눈에 보아도 불필요하고 세금낭비인 것처럼 보인다. 그 원인은 어디에 있을까? 그리고 판단 기준은 과연 무엇일까? 라는 물음이 생긴다. 아마도 이것은 일반 국민의 오랜 경험과 상식에 근거한다고 생각된다. 그에 근거할 때 국민들은 사업의 수요와 필요성이 많지 않다는 점, 사업에 과도한 예산이 투여되는 점, 기왕에 있던 것과 유사·중복성을 보이는 점, 그리고 사업의 성과가 신통치 않을 것이라는 판단을 하게 된다.

국민과 대중의 다수적 판단이 항상 옳은 것은 아니다. 하지만 예산집행의 결과인 각종 공공서비스를 생활 속에서 몸소 체험하는 국민의 판단은 대체로 잘 틀리지 않는다. 다만, 국민의 경험과 상식에 근거하는 판단은 객관적인 방법에 의해 사업의 적정성을 점검하는 사회과학적 판단과는 질과 깊이 면에서 분명히 다른 점이 있다. 구체적으로, 이 책에서 집중적으로 다루는 비용편익분석은 일반 국민의 종합적·경험적 판단과 비교해서 크게 다르지 않는 점도 있고, 과학적인 방법과 풍부한 데이터를 사용하는 점에서 크게 차이가 나는 점도 있다. 그리고 일부 전문적 이론과 논의는 다소 까다롭고 일반 상식과 다른 면모도 내포한다.

4. 경제적 효율과 형평의 조화

국민의 세금을 사용하는 정부는 항상 훌륭한 정책결정을 해야 한다. 달리 말해서, 좋은 정책을 실천하는 정부는 훌륭한 정부이다. 비용편익분석은 기본적으로 정부의 정책, 자본투자사업, 경상지출, 규제와 관련된 공적 의사결정의 질과 합리성을 높여 주는 수단이다. 물론 비용편익분석이 모든 정책판단 정보를 제공하는 것은 아니다. 그러나 그것이 적어도 정부의 정책과 사업이 국가와 사회복지에 미치는 영향(impact)을 체계적으로 분석한 결과, 즉 압축된 정보를 제공하는 훌륭한 기법임은 이미 세계적으로 인정된 바이다. 이런 면에서 비용편익분석은 정부정책과 공공투자사업의 결정에 필요한 합리적인 정보를 생산해 내는 일종의 '공공부문의 공구함'(public tool-box)이라고 말할 수 있다.

기본적으로 모든 공공투자사업에 대해 비용편익분석을 실시하는 것이 바람직하다. 그러나 분석에 소요되는 시간, 인력, 비용을 감안할 때, 규모와 특성 등 일정한 조건에 부합하는 사업을 대상으로 분석하는 것이 현실적으로 합리적이다. 간단히 말해서, 국민의 세금이 많이 투입되는 사업, 사회적 논란의 대상이 되는 사업, 다수의 국민과 광범위한 지역에 영향을 미치는 사업, 국(주)민의 관심과 민감성이 큰 정책과 사업에 대하여는 반드시 비용편익분석을 실시해야만 하다. 이것은 국가와 지방자치단체가 국(주)민에 대한 재정의 책임성과 투명성 및 건전성을 실현하는 측면에서 특히 그러하다.

중소규모 사업의 경우 종합적인 비용편익분석은 아니더라도 다소 단순화된 비용편익분석을 실시해서 의사결정의 합리성을 조금이라도 높여 나가는 것이 바람직하다(종합적인 비용편익분석을 실시하는 데는 인력, 자금, 시간이 많이 소요되기 때문이다). 부연하면, 축소된 비용편익분석을 적용하는 것이 그것을 하지 않는 것보다 훨씬 바람직하다.

끝으로 한 가지 첨언할 것은, 지방자치단체의 좋은 선택은 경제적 효율성 제고만으로는 충족되지 않는다는 사실이다. 국민의 세금을 아껴 쓰고 생산적으로 사용하는 것은 분명히 중요하다. 하지만 민간부문과 기능과 특성을 달리하는 공공부문에서는 경제적 효율성과 함께 형평과 분배 그리고 각종 사회적 가치(social value)를 구현하는 사업을 채택해야 한다. 즉, '할 만한 가치가 있는 사업'을 옳바로 채택할 때, 비로소 '좋은 선택'이 이루어진다.

민간기업은 법과 제도와 사회 상식의 범위 내에서 경제성을 극대화(이윤·수익 극대화)한다. 하지만 국가와 지방자치단체는 그렇게 운영되어서는 안 된다. 즉, 경제적 효율성(efficiency)에 더해 사회·경제적 형평성(equity)과 중요한 사회적 가치를 동시에 고려하는 방향으로 운영되어야 한다. 본문에서 상세히 기술되고 있지만, 비용편익분석은 경제적 효율성에는 매우 충실하지만, 형평성 부문은 매우 취약한 특성을 지닌다. 이로 인해 정부투자사업의 타당성을 분석할 때, 비용편익분석이 주도하는 경제성 분석 외에 다양한 점검 대상과 방법론이 활용되는 비경제성 분석(정책적 분석 등)이 추가적으로 지원된다.

제3장

공공투자사업과 비용편익분석

1. 공공투자사업의 정당성과 합리성
2. 비용편익분석은 무엇인가?: 개요와 핵심 내용

1. 공공투자사업의 정당성과 합리성

1) 국가와 지방자치단체는 왜 공공투자사업을 하는가?: 정부 개입의 정당성

국가와 지방자치단체는 각종 투자사업을 실시할 때 그것을 민간부문에 맡겨 두지 않고 왜 자신이 직접 수행해야 하는지에 대한 정당성과 합리성을 확보할 수 있어야 한다. 그 이유는 공공투자사업, 즉 정부의 개입은 국가 전체의 경제적 자원(공공자원과 민간자원)의 효율적 사용 문제와 맞물려 있고, 나아가 자원의 적정 배분을 통한 국민복지의 향상 문제와 직결되기 때문이다. 예를 들어, 정부가 국민의 조세부담률을 높여 재정을 많이 확보해서 그것을 각종 재정사업에 사용한다고 가정해 보자. 이 경우 민간부문의 자금 역량이 줄어들고, 소득과 고용이 감소할 수 있다. 이때 만일 정부투자가 사회적 수요와 파급효과 면에서 미미하다면, 국가자원의 비효율적 사용과 더불어 국민복지가 저하되는 결과가 초래된다. 반면에 정부가 국민경제에 긴요하고 국민의 수요가 매우 높은 SOC 사업에 재정투자를 하였다면, 이를 통해 국가 전체의 자원이 효율적으로 배분되고 국민복지가 향상될 가능성이 매우 크다.

이러한 사실을 인식할 때, 공공투자사업을 실시하기에 앞서 가장 먼저 점검해야 할 사항은 과연 정부가 직접 나서서 이 사업을 추진해야 할 필요성과 정당성이 있는지를 확인하는 일이다. 이를 위해서는 사업의 목적과 본질을 정확히 간파해야 한다. 그리고 사업의 최종 산출물과 성과에 대하여도 분명히 제시할 수 있어야 한다. 일반적으로 국가와 지방자치단체가 다양한 공공투자사업을 실시하는 데 대한 이론적, 사회적 정당성은 다음과 같다.

많은 사람들은 상식적으로 민간부문이 담당하기 어렵거나 아니면 수행하기 원하지 않는 사업을 국가와 지방자치단체가 한다고 생각한다. 예를 들면, 공항, 철도(고속철도 포함), 각종 도로시설, 교량, 터널, 항만, 군사시설, 치안 및 안보시설, 상·하수도, 올림픽 경기장, 공원, 사회복지 시설, 박물관, 공공도서관 등이 그에 해당한다. 그런데 따지고 보면 그중에서는 민간부문(특히, 글로벌 기업)이 충분히 할 수도 있고, 하고 싶어 하는 것들도 적지 않다는 사실을 확인할 수 있다.

그러면 왜 이 사업들을 기업이 수행하지 않는 것일까? 그 이유는, 첫째 민간이 그러한 사업을 수행할 수 있는 역량과 자금은 있지만, 궁극적으로 수익과 이윤을 내기 어려운 경우, 둘째 민간이 수익을 내기 위해서는 한계지역이나 한계 서비스를 희생해야 하는 경우(예컨대, 사회적 약자나 오지지역 주민의 불편, 불이익 초래 등), 셋째 기업의 독과점화 현상(시장의 힘에 의한 기업 횡포), 넷째 정부의 의도적·정책적 규제 등에 있다.

그런데 만일 정부가 일반 기업이 생산하거나 시장에서 거래되는 제품과 서비스를 공급한다면 어떤 현상이 나타날까? 한마디로 민간경제가 위축되고 경제적 왜곡 현상이 발생하는 등 정부와 민간의 기능과 역할에 대혼란이 생긴다. 특히, 민간부문(기업, 개인)이 훨씬 더 잘할 수 있는 사업영역에 정부가 뛰어들어 예산사업을 추진하면 사업의 생산성이 뒤떨어져 예산 낭비가 초래되고, 국가자원의 손실이 발생한다. 즉, 민간경제도 좋지 않고, 정부재정에도 좋지 않은 현상이 나타난다. 정부의 투자사업은 많은 경우 민간경제와 밀접한 관계에 있다. 그러므로 그것을 어떻게 실시하고 관리하는지에 따라 국민경제에 긍정·부정적 파급효과가 나타난다. 따라서 정부는 투자사업을 추진할 때 그것이 민간의 영역을 침해하거나 민간경제를 위축시키지 않는 정부 고유의 기능과 특성에 부합한다는 사실을 입증할 수 있고, 또한 설명해야 한다.

그러면 정부의 고유 기능과 특성에 부합하는 투자사업은 무엇인가? 이 문제는 사실 정부가 왜 존재해야 하는지에 대한 질문과 연계된다. 정부의 존재 필요성에 대하여는 여러 학문 분야에서 다양한 관점의 답이 제시되고 있다. 그중에서도 경제학 분야에서는 시장실패(market failure) 이론을 중심으로 설명한다. 그리고 사회적 약자, 저소득층, 낙후지역 등에 대한 공적 배려, 즉 사회적 형평(social equity)과 사회적 포용(social inclusion) 그리고 공정한 분배 등의 차원에서 정부의 시장 개입에 대한 정당성을 강조한다.

종합적으로 공공투자사업은 정부의 시장 개입이고, 개입은 어떠한 형태로든 기존의 현상(status quo)에 변화를 초래한다. 그러므로 바람직한 정부 개입은 공공투자사업이 국가와 사회의 복리 향상에 기여하면서 민간경제와 시장에 혼란을 주지 않는 형태와 방식으로 추진되어야 한다.

2) 시장실패

일반적으로 정부가 자본투자사업 등 시장에 개입하는 데 대한 정당성은 '시장실패'라는 경제이론에 근거한다. 시장실패란 어떤 재화나 서비스의 공급을 일반 소비재의 수요와 공급이 이루어지는 시장에 맡겨 두면 공급 메커니즘이 제대로 작동되지 않는 상황을 의미한다. 시장실패는 기본적으로 시장 시스템의 불완전성에서 비롯되는데, 관련 내용은 바로 다음 항에서 기술된다.

시장실패 이론의 핵심은 특정 재화나 서비스를 민간부문(시장기구)에 맡겨 둘 경우 자원의 활용과 배분이 효율적으로 이루어지지 못하기 때문에(즉, 시장이 제 기능을 발휘하지 못하기 때문에) 정부가 개입해서 그것을 교정해 주어야 한다는 데 있다. 다시 말해서, 정부가 이들 영역에 적극적으로 뛰어들어 관련 재화와 서비스를 공급하는 것(즉, 새로운 공적 시장을 만들어 주는 것)이 사회·경제적으로 바람직하다는 것이 시장실패 이론의 본질이다.

우리들이 일상생활에 사용하는 재화와 서비스 중에는 시장기구에 맡겨 두면 수요와 공급의 역학관계에 의해 효율적인 자원배분이 이루어지는 것이 있는가 하면, 그렇지 못한 것이 있다. 이때 후자를 시장실패라고 말한다. 예를 들어, 사람들이 매일 이용하는 생필품(밥, 빵, 생수, 야채, 과일, 우유, 생선, 대중교통, 주거 등)은 시장에서 사는 사람(수요자)과 파는 사람(공급자) 간의 거래를 통해 일정한 균형 가격과 거래량(수요량, 공급량)이 형성된다. 예를 들어, 생수 한 병에 800원이라든지, 커피 한 잔 3,000원, 식빵 1개 3,000원, 된장찌개 7,000원, 영화 관람료 10,000원이라든지 하는 것은 시장에서 형성되는 가격이다. 소비자는 각 상품의 가격을 지불하면 해당 물건은 자신의 소유가 되어 마음대로 소비할 수 있다. 그리고 공급자는 시장가격으로 물건을 팔고 수익을 챙긴다.

이와 비슷한 현상은 노동시장에서 노동의 임금(노동의 가격임)과 고용 수준(노동의 수요량과 공급량)이 결정되거나, 금융시장에서 시중의 금리와 화폐량(자금의 수요량과 공급량)이 결정되는 과정에서도 나타난다.

그러나 우리가 향유하는 일부 재화와 서비스는 시장을 통해 가격과 물량(수요량, 공급량)이 결정되지 않거나 불완전한 시장 특성(예컨대, 독과점)에 의해 영향을 받고 있다. 예를 들면, 각종 환경재와 교육, 위생·보건 등 복지서비스, 공원, 상·하수도, 가스, 철도·항공서비스 등이 그에 해당한다. 이들에 대하여는 정부가 적극적으로 나서서 역할을 하는 것이 바람직하다. 그렇지 않으면 소비자 국민의 효용(복지)과 국가자원의 활용에 문제가 발생한다. 그 문제, 즉 경제적 손실은 고스란히 소비자인 국민이 떠안는다.

3) 시장실패의 요인(원인)

일반적으로 시장실패는 크게 공공재(public goods), 외부효과(external effect), 경쟁 체제 약화 구조(힘), 정보 불완전성(imperfect information) 요인 때문에 발생한다. 이 책의 중심 주제인 타당성 분석과 비용편익분석은 이들과 밀접한 관련이 있는데, 그에 대해 설명하면 다음과 같다.

첫째, 시장실패는 공공재의 존재로 인해 발생한다. 앞서 언급한 일반적인 시장재(재화, 서비스)와 달리 일부 재화와 서비스는 시장을 통해 가격이나 거래(수요량, 공급량)가 형성되지 않는다. 그 예로는 국방, 치안, 공공질서, 사법서비스, 좋은 외교를 통한 국가 발전, 등대, 국립공원과 일반 공원, 가로등, 상수도와 하수도, 쓰레기 처리장, 고속도로, 자연경관과 환경, 학교 교육, 보건·복지(전염병 예방, 기본 복지서비스 등), 재난·재해방지 조치, 고용 환경, 인권, 도서관, 박물관, 문예회관 등 부지기수이다.

공공재란 재화와 서비스의 소비가 비경쟁(비경합)성(non-rivalrous)과 비배제성(non-excludable)의 특성을 지니는 것으로 정의된다. 비경쟁성이란 어떤 사람이 재화를 소비할 때 다른 사람도 그것을 동시에 소비할 수 있는 특성을 말한다(독자들은 빵이 한 개 있는데, 그것을 내가 먹으면서 동시에 다른 사람도 먹을 수가 있는지에 대해 상상해 보기 바란다. 불가능하다). 다시 말해서, 어떤 재화나 서비스에 대한 소비량(소비자)이 늘어나더라도 추가적인 비용이 들지 않는다는 것을 의미한다. 예를 들면, 맑은 공기, 아름다운 경치, 가로등, 등대, 실내 에어컨 등이 그에 해당한다.

비배재성이란 어떤 재화와 서비스가 일단 공급되면(이용 가능하면) 불특정 다수의 사람들이 같은 소비 혜택을 보는 것을 실질적으로 막거나 배제할 수가 없는 특성을 의미한다. 예컨대, 국방, 치안, 불꽃놀이, 뉴스, 정보공개 등이 그러한 성격을 지닌다(독자들은 매년 한강 여의도에서 개최되는 불꽃놀이를 상상해 보면 충분히 이해가 될 것이다).

공공재는 크게 순수 공공재와 준 공공재(또는 선별적·혼합적 공공재)로 구분된다. 전자는 앞서 언급한 공공재의 두 가지 특성을 모두 갖는 재화와 서비스를 말하고, 후자는 두 가지 특성 중 하나만을 갖는 재화와 서비스를 의미한다. 순수 공공재의 예로는 국방, 치안, 사법, 맑은 공기, 등대, 기초 연구 등을 들 수 있다. 준 공공재에는 비용을 받는 공공서비스(예컨대, 유료 도로·다리, 유료 채널(TV 방송), 유료 해수욕장, 유료 국립공원, 사립학교 등)가 있는데, 흔히 클럽재(club good)라고 불린다. 그와 달리 공해상의 수산활동과 같이 소비의 경쟁성은 있지만 배제성이 없는 공공재들도 있다. 이들을 흔히 공유재(common (pool) good)라고 말한다. 공공재 중에서도 가치재(merit good)라고 불리는 것이 있는데, 대표적으로 교육이 그에 해당한다.

공공재를 민간의 시장기구에 맡겨 두면 제대로 공급이 되지 않는다. 가장 큰 이유는 통상 사람들이 나 대신 다른 사람들이 공공재의 가격을 지불해 줄 것이라고 믿고 행동하는 소위 무임 승차자(free rider) 현상 때문이다.

둘째, 시장실패는 외부효과의 존재로 인해 발생한다. 외부효과란 특정한 재화와 서비스의 소비가 시장을 경유하지 않고 제3자에게 영향을 주는 사회적 혜택(편익)과 손실을 의미한다. 고전적인 긍정적 외부효과의 예로는 과수원 주인과 양봉업자 간에 발생하는 상호 상생적 혜택이 거론된다. 독자들이 상상하듯이 꽃과 벌은 서로에게 유익한 효과를 유발하며, 그 결과 과수원 주인과 양봉업자는 소득 창출 등 혜택을 입는다. 현대적 의미에서의 긍정적 외부효과로는 전염병 예방 백신 개발 및 활용, 연구 개발, 의무교육, 바람직한 정보공개, 좋은 뉴스, K-Pop 확산, 가로수, 커피 가게(커피 향), 영화 '기생충' 아카데미 4관왕 획득 등을 생각해 볼 수 있다.

부정적 외부효과의 대표적인 예로는 환경오염(크게는 공장 매연, 작게는 개인의 담배 연기)이 지적된다. 부정적 외부효과는 투자사업 실시 결과 시장을 경유하지 않고 제3자에게 비용이 부담되는 현상을 의미한다. 대표적인 예로는 환경오염, 소음, 혼잡, 온실가스 배출(greenhouse gas emission), 각종 삶의 질과 여건의 악화 등을 지적할 수 있다. 최근 중국에서 발생해서 세계적으로 확산된 신종 코로나 바이러스 감염증(COVID-19)이나 잘못된 정보공개, 가짜 뉴스(fake news), SNS 상의 악플 등은 중요한 부정적 외부효과의 사례에 해당한다.

예를 들어, 강의 상류에 공장이 들어서면 생산과 고용이 창출되는 대신 불가피하게 오염이 발생한다. 이때 전형적인 경제학적 처방은 공장주에게 오염처리비용을 부담하게 하는 방식(조세부과 방식)과 사회가 비용을 들여 오염처리 방지장치를 마련하도록 도와주는 방식(보조금 지원 방식)으로 구분된다. 외부효과를 교정하기 위해서는 누가 어떤 재산권(property rights)을 가졌는지에 대해 명확한 소유권 판정이 있어야 한다. 하지만 현실에서는 재산권 귀속 문제가 불명확한 경우가 흔해서 문제 해결이 쉽지 않다. 앞서 언급한 환경오염 사례를 보더라도 일견 재산권이 분명해 보이지만, 조금 깊이 들어가면 공장 소유자와 오염의 피해를 보는 사람들이 어떤 재산권을 어떤 범위에서 지니고 있는지가 명확하지 않은 영역들이 존재한다.

셋째, 시장실패는 시장의 경쟁 체제를 약화시키는 구조 내지 힘으로 인해 발생한다. 이것을 흔히 '시장의 힘'(market power)이라고 말한다. 대표적으로 독과점 현상, 특히 자연독점(natural monopoly) 현상이 지적된다. 자연독점은 사업의 규모가 커지면서 단위당 비용(즉, 평균비용)이 감소하는 특징을 지닌다. 그 예로는 대부분의 사람들이 이용하는 공익시설(전기·가스·에너지 사업, 상·하수도 사업 등)이 있다. 이들 사업은 자연독점 특성을 지니고 있을 뿐 아니라 대부분의 국민생활에 영향을 미치는 공익적 특성을 지닌다. 이러한 이유로 대부분의 나라들은 이들 서비스를 정부가 직접 공급하거나 (준)공공부문이 담당하도록 조치하고 있다.[1]

이러한 사업들은 민간부문의 대기업들도 충분히 감당할 수도 있다. 그러나 민간이 이들 서비스를 공급하게 될 경우 쉽게 독점체제가 형성되고 서비스 가격(예컨대, 수도요금, 전기요금)이 상승하며, 수익성이 낮은 한계지역의 서비스 공급이 제한되는 등 부작용이 예상된다. 지금은 많은 나라에서 민영화가 되었지만, 철도, 항공, 통신, 금융(은행) 산업은 성격상 완전히 시장에 내버려 둘 경우 쉽게 독점 내지 과점 체제를 형성하는 경향이 있다. 현재도 이들 산업에 대하여는 국가가 직접 관장하는 경우가 많으며, 민영화시킨 국가들도 기업이 가격 등 주요 경영활동에 변화를 가하는 조치에 대해 강력한 규제(즉, 정부의 개입)를 가하고 있다.

그 외에 시장 진입을 저해하는 요인도 시장의 경쟁 체제를 약화시키는 시장의 힘이다. 그 예로는, 신규 창업기업에 큰 부담을 주는 진입비용과 규제, 네트워크 효과, 지적재산권 부담, 기존 기업(대기업)의 저가 공세나 합법적 방해 행위 등을 지적할 수 있다.

마지막으로, 시장실패는 정보 불완전성(information imperfection) 때문에 발생한다. 자원의 배분이 가장 효율적으로 이루어지는 완전경쟁시장이 구축되려면 무엇보다도 수요(소비자)와 공급(생산자), 그리고 양자를 연계하는 모든 과정과 결과에 관한 정보가 투명하게 공개되어야 한다. 그러나 현실은 여러 가지 요인으로 인해 그렇지 못하다. 그뿐 아니라 경제 주체에 따라 보유 정보의 질과 양 면에서 큰 차이가 나타나는 정보 비대칭성(asymmetry of information) 현상이 광범위하게 관측된다. 시장 효율성을 목표로 추진되는 것은 아니지만, 현대 국가가 다방면에 걸쳐 정보공개를 적극적으로 추구하는 것은 시장실패 문제를 해소하는 데 크게 기여한다.

1 혹자는 삼성이나 현대, LG와 같은 유수의 기업들이 이들 공익사업을 맡게 되면 서비스의 질이 크게 높아지고 기업의 생산성이 향상될 것이라고 말할지도 모른다. 하지만 경제이론과 외국의 실제 경험에 의하면, 시장기구에 일임하는 완전한 민영화는 중·장기적으로 가격 인상과 기업의 경영전략으로 인해 다수의 국민들이 어려움을 겪게 되는 현상을 초래한다.

〈그림 3-1〉 시장실패 요인

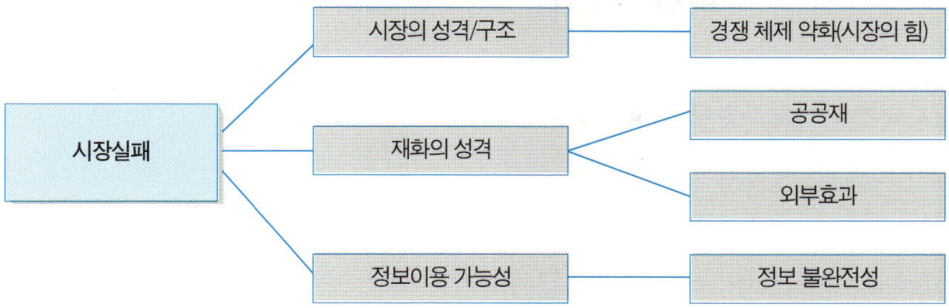

자료: NSW(2017: 22)(저자가 일부 수정한 것임).

■ 시장실패와 가격 및 수량 왜곡, 자원 남용, 소비자 복지 감소

시장실패 영역에 속한 재화와 서비스를 시장에 맡겨 두면 비정상적이고 왜곡된 가격과 수량(공급량, 수요량)이 형성된다. 왜냐하면 수요와 공급이 정상적인 균형을 이루지 못하기 때문이다. 예를 들어, 환경재(신선한 공기와 물, 자연, 조용한 공간 등)를 시장에 맡겨 두면, 그것을 수요로 하는 주체와 공급하려는 주체 간에 정상적인 균형이 이루어지지 않는다. 오염을 유발하는 기업은 법과 규제가 허용하는 범위 내에서 생산시설을 최대로 가동하려는 유인을 갖는 반면에 청정한 환경을 원하는 지역주민은 생산시설을 가동하지 않거나 최소한의 가동만을 희망하기 때문이다. 이 경우 생산자는 환경오염비용을 최소화(또는 제로 부담)하면서 제품을 생산하기 원하고, 주민은 양질의 환경재가 충실히 공급될 수 있기를 원한다. 이러한 상황은 기본적으로 상이한 목적함수를 지니는 주체 간의 미스매치(mismatch)에서 비롯된다. 문제는 두 주체 간의 대립적 상황에서 벌어지는 환경오염을 법과 규제 외에 적절히 조절할 수 있는 시장 메커니즘이 부재하다는 사실이다. 근년에 오염 배출권 판매 등 일부 시장기제가 만들어지기도 하였지만, 그 기능과 사회적 역할은 극히 제한적이다.
시장왜곡이 있을 경우 공정한 가격이나 합리적 가격이 설정되지 않는다. 이러한 상태에서는 경제이론이 말하는 소비자 이득(잉여)(consumer surplus)가 제대로 창출되지 않아 소비자의 복지가 감소한다(소비자 이득에 대하여는 뒤에서 설명되는데, 이는 비용편익분석의 기반이 되는 경제이론이다). 이와 같은 시장실패를 교정하기 위해서는 정부가 적극적으로 개입해서 자원의 효율적인 배분과 공평한 배분을 도모해야 한다. 이 책이 다루는 공공투자사업은 규제정책과 더불어 중요한 정부 개입의 한 형태이다. 그러므로 정부는 시장실패 영역을 중심으로 그것을 개선하고 보완해 줄 수 있는 최적의 투자사업을 실시해야 한다.

4) 공공투자사업은 반드시 시장실패 영역에서만 추진되어야 하는가?

앞서 기술한 시장실패 이론은 정부의 시장 개입에 관한 순수한 경제이론의 관점에서 바라보는 것이다. 현실에 있어서는 투자사업과 관련된 정부의 개입은 정치·사회·역사적 이유로 인해 적지 않은 예외적 현상들이 존재한다. 실제로 지방자치단체가 추진하는 투자사업이 언제나 시장실패 영역에 속하는 것은 아니다. 예를 들어, 지방자치단체가 보유하는 각종 문예회관이나 공연장, 공영주차장, 기타 각종 요금을 부과하는 공공서비스, 그리고 산업단지 조성, 택지개발 등은 시장실패와 다소 거리가 있다. 그러나 이들은 비록 순수한 공공재는 아니더라도 사람들이 일상 중에 소비하는 무수한 순수 민간재와는 다른 속성, 즉 공익성과 공공성을 지니고 있다. 이러한 점에서 지방자치단체는 이들 사업에 개입할 최소한의 정당성을 확보한다.[2]

예컨대, 민간 공연장이 많지만 공공 문예회관은 낮은 가격과 다양한 형태의 주민 접근성 제고를 통해 지역의 문화 수준과 만족을 향상시켜 주는 데 기여한다. 마찬가지로 주차난이 심각한 지역에 지방자치단체가 비교적 저렴한 공영주차시설을 설치할 경우 여러 면에서 주민의 편익이 향상된다. 그 외에도 지역사회의 강한 수요와 형평성 이슈가 존재할 때, 지방투자사업은 실시 필요성과 정당성을 갖는다. 다만, 그 과정에서는 항상 국민의 세금이 가장 잘 쓰일 수 있는 사업이 무엇인지를 두고 다양한 옵션을 검토해야 한다. 여기에는 사업의 규모와 형태, 투입자원, 예상 산출물과 성과 등에 대한 내용들이 포함된다.

그럼에도 불구하고 지방투자사업은 가능하면 시장실패 영역을 중심으로 실시되는 것이 바람직하다. 만일 그것이 어렵다면 최소한 민간의 영역을 심각하게 침해하거나 민간사업과 경합하지 않는 특성은 확보해야 한다. 앞서 언급한 공영주차장의 경우에도 그것이 과하면 편이성보다 민간경제에 해가 되고 세금낭비가 이루어지는 부정적 효과가 더 커진다.

공공투자사업이 시장실패 영역에 진입한다고 해서 모두 실시 타당성을 갖는 것은 아니다. 이는 정부가 특정 사업을 추진할 정당성을 확보하는 문제와 사업의 실시 타당성을 확보하는 문제는 별개의 사안임을 의미한다. 어떤 투자사업이 공공사업으로서의 필요성과 자격성은 확보하더라도 객관적인 타당성을 인정받지 못한다면 그것은 실시되지 말아야 한다.

일반적으로 투자사업이 실시 판정을 받으려면 일차적으로 비용편익분석(경제성 분석)의 과정을 통과해야 한다. 비용편익분석은 투자사업의 목적과 성과 목표, 규모, 동원 인력·장

---

2 민간이 할 수 있음에도 불구하고 공공성과 공익성을 이유로 정부(또는 정부 산하기관)가 재화나 서비스를 직접 공급하는 경우에는 대부분 그와 관련된 시장가격이 형성되어 있다. 예컨대, 대규모 토지개발을 수행하는 LH공사의 산출물(생산물), 지방자치단체들이 운영하는 공영주차장, 상수도사업, 지하철사업 등이 그에 해당하는데, 이들은 모두 시장가격(예컨대, 분양가격, 주차요금, 상수도 요금, 지하철 요금)을 형성하고 있다.

비·시설, 비용, 편익 등을 종합적으로 분석하는 수단인데, 분석 결과 총편익이 총비용보다 클 때 사업의 경제적 타당성이 인정되는 논리 구조를 갖고 있다. 다만, 투자사업이 최종적으로 실시 결정을 받으려면 비용편익분석 결과가 좋아야 할 뿐 아니라 다른 주요 정책적 요소들에 대한 평가 결과도 좋아야 한다. 이것은 국가와 지방자치단체가 실시하는 모든 재정사업이 국(주)민의 세금을 사용하고 있고, 또한 세금의 재원 풀이 무한하지 않는 점(즉, 예산제약)을 인식하면 당연한 결론이다.

종합적으로 공공투자사업은 가능한 시장실패 영역을 중심으로 실시하되, 공익성과 공공성이 인정되는 사업을 비롯하여 형평과 분배, 국(주)민의 수요와 필요 그리고 중요한 사회적 가치를 지니는 분야로 그 영역을 확장해 나갈 수 있다.

5) 정부의 민간 영역 개입은 문제

만일 정부가 통상 기업이 생산하거나 시장에서 거래되는 제품과 서비스를 공급한다면 국민경제에 큰 문제가 생긴다. 민간경제가 위축되고, 정부와 민간의 기능과 역할에 대혼란이 발생한다. 따라서 정부는 투자사업을 추진할 때 그것이 민간 영역을 침해하거나 민간경제를 위축시키지 않는 정부 고유의 기능과 특성에 부합한다는 것을 사회적으로 입증할 수 있어야 한다. 이는 공공투자사업의 타당성 분석을 할 때 제일 먼저 점검해야 할 사항이다.

투자사업은 기본적으로 현재의 국가자원 배분 상태에 변화를 가하는 크고 작은 개입이다. 정부의 개입은 사업의 목적, 규모(금액), 유형, 특성, 영향 범위, 수혜자 등에 따라 국가자원의 배분 상태에 각기 다른 영향을 미친다. 아울러 이 과정에서는 국민과 주민, 사회, 정부와 기업 등 다양한 이해관계자들이 직·간접적으로 영향을 받는다. 그러므로 공공투자사업은 대소를 막론하고 매우 신중히 잘 계획한 다음에 추진되어야 한다.

이때 가장 중요한 것은 투자사업이 사회복지의 향상을 가져다주는 변화와 영향을 보장해 줄 수 있는지를 확인하는 일이다. 이것은 투자사업이 순편익(net benefit: 총편익에서 총비용을 뺀 것)을 창출할 수 있는지를 점검하는 것인데, 이에 대하여는 조금 뒤에서 상세히 설명된다. 일반적으로 정부투자사업은 순편익을 확보할 수 있을 때 실시 정당성을 가질 수 있다. 순편익이란 국가 또는 전체 사회 관점에서의 복지(후생) 향상을 의미한다. 여기에는 물질적 생활

조건과 수준(풍요)의 향상, 환경의 질과 다양성 향상이 종합적으로 포함된다.

6) 공공투자사업과 정보공개(재정 투명성)

세금은 국민과 기업이 생활 현장에서 피와 땀을 흘려 노력한 대가로 마련된다(그래서 흔히 국민의 세금을 '혈세'(血稅)라고 한다). 그러므로 정부가 투자사업을 추진할 때 그것이 왜, 무엇을 위해 그리고 언제 실시·완료되고, 또한 얼마의 금액을 지출하는지에 대해 국민에게 상세히 알려 주어야 한다. 아울러 사업의 추진에 따라 예상되는 직접적 산출물(예: 새로 지은 박물관, 도서관, 환경정화시설, 새로운 도로·다리 등과 관련된 주요 내용과 기능)과 사업 완공 후에 나타날 성과와 변화(지역의 문화·지식 수준 향상, 환경의 질 개선, 이동 편익, 지역경제 활성화 등)의 모습에 대하여도 투명하게 공개해야 한다. 그리고 사업이 완공된 다음에는 본래 목적이 제대로 달성되었는지를 국(주)민이 쉽게 파악할 수 있도록 적절한 방법을 통해 알려 주어야 한다. 이처럼 정부가 수행하는 재정활동의 투입과 과정 및 결과를 국민에게 적시에 구체적으로 공개하는 것을 재정 투명성(fiscal transparency)이라고 한다. 이는 사실상 현대 정부의 기본 의무이다.

투자사업의 정보공개와 관련하여 무엇보다도 중요한 것은 다음 사항이다. 다수 사업의 경우 실시 타당성이 높은 사업이 무엇인지(예산제약을 고려한 사업 선정), 그리고 단독사업의 경우 사업을 실시하는 것이 과연 타당한지를 객관적으로 판단할 수 있는 정보를 공정하게 개방하는 것이다. 만일 다수 사업의 우선순위 선정이나 단독사업의 실시 결정 과정에서 불합리한 의사결정이 이루어졌다면, 나머지 과정이 아무리 효율적이고 투명하게 추진되더라도 국민세금의 진가는 퇴색한다.

때로 적시에 양질의 정보를 공개하는 것이 정부의 입장에서 힘들고 부담스러운 점도 없지 않다. 하지만 이것이 정상적인 관행으로 자리를 잡으면 사실은 정부와 국민 간에 소통이 잘 되고 신뢰비용이 크게 줄어들어 상호 윈윈(win-win) 하는 결과가 나타난다. 국(주)민 세금의 돈 가치(value for money: VFM)에 민감하게 반응하는 '책임 있는 지방자치단체(장)'는 주요 투자사업의 상세한 내역과 의사결정 과정 및 결과, 진행 상태(과정)를 단순 명료한 방식으로 세련된 정보공시 체제를 운영하는 정부다.

결론적으로, 정부는 '우리들의 돈'(국민의 세금)을 사용하기 때문에 그것이 어디에 무엇을 위해 어떤 방식으로 사용되고 있는지에 대해 정확하고 분명하게 국민에게 알려 주어야 한다. 아울러 그 사업이 지역사회와 주민에게 얼마나 좋은 혜택을 제공할 것인지(즉, 얼마나 가치가 있고 값진 것인지)에 대하여도 객관적인 통계와 미래 비전을 통해 공시해야 한다.

2. 비용편익분석은 무엇인가?: 개요와 핵심 내용

1) 공공투자사업과 비용편익분석

국가와 지방자치단체는 국(주)민의 생활과 복지 향상을 위해 다양한 자본투자사업을 실시한다. 예를 들면, 고속도로, 지방도로, 공항, 항만, 교량, 공원, 학교, 문화(예술)회관, 상수도, 하수도, 쓰레기 소각장, 소방시설, 박물관, 공공청사 건설 등이 그것이다. 오늘날 전국의 지방자치단체들은 적게는 수천만 원의 작은 마을 도서관에서부터 많게는 수조 원의 지하철사업에 이르기까지 다양한 투자사업을 실시한다. 세간에 큰 논란이 되고 있는 4대강 사업이나 적자투성이인 각종 경전철사업은 언론 보도를 통해 국민들이 익숙히 알고 있는 정부의 투자사업이다.

국가와 지방자치단체가 다양한 투자사업을 추진하는 목적은 국민과 주민의 복지 향상에 있다. 그러나 현실은 항상 그렇지만은 않다. 국민의 생활과 삶의 질을 향상시켜 주기도 하지만, 때로는 세금을 낭비하고 국민의 불만과 원성을 불러일으키기도 한다. 그러므로 정부는 공공투자사업을 실시하기에 앞서 그것이 진정 국민이 원하고 사회복지를 증진시켜 주는 것인지에 대해 사전적으로 충실히 점검하는 절차를 거쳐야 한다. 일반적으로 그러한 절차를 타당성 조사(또는 타당성 분석)라고 말한다. 그리고 그것은 크게 투자사업의 경제적 효율성을 점검하는 부분과 사회적·정치적 합목적성을 점검하는 부분으로 구성된다. 전자는 통상 비용편익분석이라는 기법을 사용하여 사업의 경제적 타당성을 분석하는 데 중점을 둔다. 후자는 비경제성 분석으로 사회적 형평(equity)과 분배(distribution) 문제를 비롯하여 주요 정책과 각종 사회적 가치(social value) 이슈를 점검하는 데 중점을 둔다.

비용편익분석(cost-benefit analysis: CBA)은 오늘날 세계 각국이 가장 보편적으로 사용하고 있는 투자사업 정책결정 수단이다. 그 핵심은 국가와 지방자치단체가 주어진 예산제약(budget constraint)하에서 공공투자사업의 사회복지 향상 여부를 계량적으로 점검하는 데 있다. 이것은 특히, 복수의 사업들이 예산 경쟁을 벌이는 상황에서 그중 국민의 복지를 가장 많이 향상시키는 사업이 무엇인지를 선택할 때 매우 유용하다. 쉽게 비유하지만, 도로사업, 도서관 건립사업, 쓰레기 처리장 건설사업, 미세먼지 저감사업의 네 개 투자사업이 있을 때, 어떤 사업이 국민의 복지와 웰빙(wellbeing)을 가장 크게 향상시켜 줄 것인지에 대한 우선순위(키 재기)를 판단하는 유용한 자(척도)로 사용된다. 아울러 비용편익분석은 하나의 사업을 두고 그것을 실시하는 것이 국민의 세금을 잘 쓰는 것인지 아닌지의 여부를 판단하는 척도로도 많이 사용된다. 현실에 있어서는 전자보다 후자가 훨씬 더 많이 사용되고 있다. 아울러 비용편익분석은 주요 국제기구들(UN, World Bank, IMF, OECD 등)이 개발도상국이나 회원국에 자금을 지원할 때, 사업의 타당성과 합리성을 판단하는 주된 분석수단으로서 활용되고 있다.

비용편익분석은 정부의 정책과 투자사업이 20~30년 정도 되는 미래의 시공간에서 어떤 경제·사회·환경적 영향을 미칠 것인지에 대해 압축된 계량 정보를 도출한다. 이때 도출되는 수치 정보는 국가와 전체 사회의 복지 관점에서 정부가 투자사업을 실시할지 말아야 할지를 판단하는 기준 잣대로 활용된다. 뒤에서 자세히 설명되지만, 압축된 계량 정보란 비용편익비율(cost benefit ratio), 순현재가치(net present value) 등으로 대표되는 단일의 수치 값(예컨대, 비용편익비율 1.2, 순현재가치 100억 원)이다. 종합적으로, 지방자치단체는 중요한 투자사업을 실시하기에 앞서 반드시 사업의 타당성을 점검해야 하는데, 그 수단으로서 현재 세계에서 가장 많이 사용되고 있는 것이 비용편익분석이다.

지금부터는 비용편익분석이 도대체 무엇이고 어떤 구조와 틀을 지니며, 분석 방법으로는 주로 무엇을 사용하며, 비용과 편익의 가치는 무엇이고 어떤 방식으로 측정되며, 분석 결과 어떤 정보가 도출되고, 그것은 어떤 용도로 활용되는지, 그리고 비용편익분석의 문제와 한계는 무엇인지에 대해 전반적으로 기술하고자 한다.

2) 비용편익분석은 무엇이고, 주로 무엇을 측정하는가?

비용편익분석은 정부의 정책이나 투자사업이 중·장기적으로 국민복지에 미치는 영향

(impact)을 측정해서 경제적 유용성을 판단하는 기법이다. 이때 영향은 국민경제나 사회복지(social welfare) 또는 웰빙 관점에서의 종합적 변화(즉, 사회복지의 증진, 감소, 불변 등)를 의미하며, 금전적 가치(화폐단위)로 평가된다.[3] 영향에 대한 평가는 현재가 아닌 미래의 비교적 긴 시간 속에서 벌어질 비용과 편익에 대한 것이다. 따라서 비용편익분석은 본질적으로 미래 예측(추정) 기법이다.

영향 평가(측정)의 핵심은 순 사회적 편익(net social benefits)을 도출하는 데 있다. 순 사회적 편익이란 투자사업의 미래 총편익에서 총비용을 뺀 것을 의미하며, 그 크기를 통해 예상되는 사회복지의 영향 및 변화 상태가 확인된다. 만일 순 사회적 편익이 제로(0)보다 크다면 사업 실시에 청신호가 켜진다. 이는 매우 명백하다. 사업을 실시할 경우 비용보다 편익이 더 커서 미래에 우리 사회의 복지가 조금이라도 향상되는 것을 의미하기 때문이다. 앞서 언급한 바와 같이, 투자사업이 순편익을 창출할 경우 사업의 실시 정당성은 확보된다.

일반적으로 순편익에 대한 정보는 정책 결정권자가 예산사업의 우선순위를 정하거나 특정 투자사업의 실시 여부를 결정할 때 중요한 판단 준거가 된다. 예컨대, 지방자치단체가 도로를 건설하거나 다리를 놓는 경우를 가정해 보자. 만일 그것이 향후 20~30년에 걸쳐 총 들어가는 비용보다 더 많은 편익(금전으로 산정되는 사회적 혜택)을 가져다 줄 것으로 예상된다면, 도로와 다리는 건설되는 것이 사회적으로 유익하다. 반대로 예상되는 미래의 총비용이 총편익보다 크다면 도로와 다리는 건설되지 않는 것이 사회적으로 바람직하다. 이와 같이 비용편익분석의 로직(logic)과 최종 결과(단순한 수치)는 매우 유용하고 합리적이다. 하지만 그것을 도출하는 과정과 절차는 상당히 까다롭고 복잡하다. 때로는 적지 않은 가정과 힘든 추정 작업을 해야 하고, 극단적으로는 화폐가치로 환산해 낼 수 없는 애로에 봉착하기도 한다. 이에 대하여는 뒤에서 자세히 기술하고 있다.

비용편익분석은 전통적으로 투자사업의 사회복지 영향을 경제적 효율성 중심으로 측정해 왔다. 그 결과 대표적인 경제성 평가(economic appraisal) 방법으로 간주되어 왔다. 그러나 근년에 비용편익분석은 사회복지 영향 범위를 경제성 부문을 넘어 환경적, 사회적 관점에서의 비용과 편익을 포함하는 방향으로 영역을 확장해 나가기 시작하였다. 특히, 비용편익분석을

3 이 책에서는 사회복지(복리), 국민복지, 사회후생, 웰빙이라는 용어를 빈번히 사용하고 있는데, 이들은 기본적으로 동일한 개념으로서 문장에 따라 번갈아 혼용되고 있다.

선도해 나가고 있는 국가들이 환경성 이슈, 분배, 형평성, 국가(지역) 연대(national solidarity), 기타 사회적 가치와 관련된 비용과 편익을 추가적으로 추정해서 반영하려는 다양한 시도를 하고 있는 점은 매우 고무적이고 주목할 만하다.

다만, 이러한 시도는 가치판단 문제, 계량화의 어려움, 방법론의 한계, 자료 제약 등 몇 가지 요인으로 인해 아직까지는 비용편익분석의 구조와 내용을 본질적으로 흔드는 변화를 일으키지는 못하고 있다. 이러한 현상을 인식할 때, 다양한 변화의 노력에도 불구하고 비용편익분석의 주된 관점과 중점은 여전히 경제적 영향에 주어지고 있다. 하지만 앞으로 더 많은 연구와 노력이 중첩되면서 비용편익분석의 틀과 내용은 크게 개선될 것으로 전망된다.

현재 우리나라에서 실시 중인 비용편익분석은 대부분 경제성 관점에 치중하고 있고, 매우 예외적으로 사회적·환경적 관점에서의 사회복지 영향을 측정하고 있다. 앞으로 우리나라의 타당성 분석이 정부투자사업의 결정에 보다 공정하고 풍성한 정보를 제공하려면 비용편익분석의 포괄 범위를 경제·사회·환경적 영향을 망라하는 방향으로 확대 개선해야 한다.

3) 비용편익분석은 왜 필요한가?

비용편익분석은 왜 필요하고, 어떤 면에서 유용한가? 이에 대한 답을 간단히 정리하면 다음과 같다.

첫째, 정부의 정책과 사업이 사회복지에 어떠한 영향을 미칠 것인지에 관한 중요한 정보를 정책 결정권자에게 제공한다(객관적 정보, 종합적 비교 정보 등). 이러한 정보는 예산제약에 놓인 정부로 하여금 보다 현명하게 사업을 선정할 수 있고, 동시에 국민에 대한 재정 책임성을 구현할 수 있도록 해준다. 즉, 여러 개의 사업 중에서 어떤 사업을 우선적으로 실시하는 것이 바람직하고, 단독사업의 경우 그것을 실시하는 것이 바람직한지 또는 바람직하지 않은지에 대해 객관적으로 판단할 수 있게 해준다.

둘째, 정부 정책의 결정 과정과 주요 내용을 국민에게 객관적으로 제시할 수 있는 근거를 마련해 줌으로써 재정 투명성 향상에 기여한다. 통상 분석 과정에서는 사업의 비용과 편익의 효과를 측정하는 방법, 주요 가정, 각종 시나리오 등이 활용된다. 그런데 이와 관련된 절차와 방법이 개방될 경우 국민을 포함한 이해관계자들이 보다 투명한 정보에 접할 수 있고, 필요시 자신의 의사결정에 활용할 수 있다(이때 최종 분석 결과가 공개되는 것은 당연하다).

셋째, 그 외 정부지출에 대한 사업 간 조정을 하거나 다른 선택대안(option)의 모색, 각종 위험 및 불확실성에 대한 완충장치, 지나친 사업 낙관론에 대한 경계, 사업 추진 일관성 유지 등 여러 면에서 유용하다.

넷째, 비용편익분석의 실시 과정은 복잡하다. 그러나 정책결정에 사용되는 분석 결과는 누구나 판단할 수 있는 단순한 수치로 나타난다(이는 투자사업의 순 사회적 편익을 표현해 주는 수치이다). 따라서 비용편익분석은 정부가 국민의 세금을 사용하는 데 있어서 가능한 사회복지를 증진시키고 극대화하는 방향으로 정책과 사업을 유도하는 순기능을 지닌다.

4) 비용편익분석은 어떤 용도로 사용되는가?

비용편익분석은 정부지출이 국민의 세금을 효율적으로 사용될 수 있도록 유도하는 정책판단 기법이다. 이는 구체적으로, 정부가 예산사업을 추진할 때 다수 사업 중에서 투자 우선순위를 정하거나, 아니면 단독사업을 두고 실시 여부(타당성)를 결정하는 데 사용된다. 전자는 정부가 예산제약하에서 여러 가지 사업(예컨대, A, B, C, D, E 사업)을 두고 어떤 사업(들)이 경제성 관점에서 사회적으로 더 바람직한 영향(사회복지 증진)을 줄 것인지에 대해 분석해서 결과를 제시하는 경우이다. 후자는 하나의 사업(예컨대, 공원조성사업, 도로건설사업)을 두고 그것을 실시하는 것이 과연 국민경제와 사회복지의 관점에서 바람직한 순편익(편익-비용)을 제공할 것인지에 대해 판단하는 경우이다.

예를 들어, 정부가 10조 원의 예산을 가지고 고속도로, 철도, 항만, 교량, 산업단지, 도시 및 지역개발 등의 사업을 수행하려고 할 때, 예산제약하에서 과연 어떤 사업을 우선적으로 실시하는 것이 바람직한지를 판단해야 하는 상황을 들 수 있다. 이 경우 비용편익분석 결과치가 가장 좋은 값을 갖는 사업들이 우선순위에 포함되고, 그렇지 못한 사업들은 탈락된다. 즉, 순편익이 큰 사업부터 순서가 매겨지고, 그 순서대로 예산의 범위 내에서 실시될 사업이 확정된다. 다만, 우선순위가 높더라도 비용편익분석의 통과 문턱(예컨대, B/C 비율 1.0)을 넘지 못할 경우 그 사업은 탈락된다.

반면에 모든 후보사업들이 B/C 비율 1.0을 넘는 경우에도 예산제약이 있다면 그 값이 낮은 순위의 사업은 탈락된다(물론 기술적으로는 예산제약과 사업의 규모와 필요성 등을 고려하여 하 순위 사업에 대한 조정이 이루어질 수 있다). 다만, 비용편익분석 결과가 좋음에도 불구하고 예산제약으로 인해 탈락된 사업은 다음 회계연도에 예산사업으로 선정될 수 있다. 요약하면, 비용편익분석을 활용하여 다수 사업의 실시 여부를 확정할 경우 정부의 예산규모(또는 예산제약)와 분석 결과가 가장 중요한 결정요인으로 작용한다.

비용편익분석은 정부가 계획 중인 단일의 정책이나 투자사업을 두고 그것이 경제적으로 타당한지(즉, 사회복지 향상에 기여하는지)의 여부를 결정하는 경우에도 유용하게 사용된다. 예컨대, 지방자치단체가 산업단지를 건설하거나 문화예술센터를 건립하고자 할 때, 완공시 미래에 발생할 것으로 예상되는 총비용과 총편익을 비교한 결과를 토대로 사업의 경제성을 판단하는 것이다. 이때 만일 편익이 비용을 능가하면 사업의 경제적 타당성은 인정되고, 반대의 경우는 인정되지 않는다. 앞서 설명한 것과 마찬가지로 단독사업의 경우(통상 사업예산이 배정됨), 분석 결과 비용편익비율이 1.0을 넘을 경우 사업의 경제성은 인정되고, 그보다 작을 경우 경제성은 부인된다.

종합적으로 비용편익분석은 단수 또는 복수의 투자사업을 대상으로 사업이 실시되었을 때 중·장기적으로 어떤 사회복지 영향, 즉 사회적 순편익을 가져다 줄 것인지에 대해 점검하고 판단하는 기법이다. 지금까지 우리나라에서는 중앙정부와 지방자치단체 할 것 없이 다수 사업을 대상으로 한 우선순위 결정보다 하나의 사업을 대상으로 사업의 실시 여부를 판단하는데, 그리고 대부분 정책(프로그램) 수준이 아닌 대규모 투자사업에 치중하여 비용편익분석이 실시되어 왔다.

5) 비용편익분석의 실시 대상은 무엇인가?

비용편익분석의 주된 대상은 통상 정부(중앙정부와 지방자치단체)가 계획하는 주요 자본지출(일정 규모 이상의 투자사업)이다. 일반적으로 비용편익분석이 적극적으로 활용되는 분야와 사업을 예시하면, 인프라(도로, 철도, 공항, 항만, 고속도로, 지방도), 공익사업(전기·가스, 상·하수도, 통신 등), 환경(하수처리장, 쓰레기소각장, 소하천정비사업, 기타 토양, 소음, 생물(생태) 다양성, 재생 가능 에너지 사업), 사회복지·문화·관광·체육시설(주민편익시설, 도서관, 박물관, 문예회관, 체육관, 수영장 등), 전시 컨벤션센터, 산업단지, 공공주택, 각종 체험관, 공공 힐링(healing) 시설 및 공간, 안전(재해·재난 방지시설) 등 수도 없이 많다. 그 외에 사회복지 프로그램(건강보호, 공립병원, 정신 건강 및 응급 프로그램, 직업교육 및 훈련, 응급서비스)에도 비용편익분석이 사용될 수 있다(다만, 이 부문에서는 비용효과분석을 사용하는 것이 보다 적절한 경우가 있다).

비용편익분석은 사회적 파급효과가 큰 정부의 규제와 자산 구입의 타당성을 판단하는 수단으로서도 활용된다. 관련된 각종 규제의 예로는 환경, 도시계획, 안전, 교통 및 수송(버스, 택시, 항공기 운행 등), 보건, 의약, 식품위생, 교육, 기업활동(불공정 경쟁·고용, 독과점)을 제시할 수 있다. 그리고 자산 구입의 예로는 원자로, 쓰레기 소각로, 전기차 구입 등을 언급할 수 있다. 참고로 현재 호주 등 일부 국가에서는 중요한 정부 규제를 제정하고자 할 경우 비용편익분석을 활용하고 있는 것으로 알려져 있다.

우리나라에서는 그러한 사례가 없지만, 매년 반복적으로 집행되는 경상적 지출(recurrent expenditure)의 타당성을 판단할 경우에도 비용편익분석이 활용된다. 이 경우 비용편익분석은 지출의 성격에 따라 일정한 주기(3~5년 단위)별로 실시하거나 아니면 한 차례에 국한해서 실시될 수 있다. 주요 경상적 지출의 예로는 주요 사회복지 지출 프로그램(예컨대, 대규모 현금성 복지 프로그램 지출), 공무원 인건비 등을 제시할 수 있다.

그리고 한걸음 더 나아가 비용편익분석은 사회적 효과를 수반하는 주요 정책 및 예산활동에 이르기까지 광범위하게 적용될 수 있다. 예를 들어, 통상의 단위사업보다 규모와 범위가 훨씬 큰 정부의 정책이나 여러 가지 사업의 묶음을 다루는 프로그램(예컨대, 사회복지 부문의 각종 청·장년 지원 사업, 고용부문의 다양한 일자리 창출 사업)과 프로그램에 속하는 단위사업과 규제 등에 활용하는 것이다. 이러한 맥락에서 근년에 중앙정부와 지방자치단체가 급격히 확대하고 있는 현금지급 사회복지 정책이나 심지어 예비타당성조사 면제조치 정책에 대하여도 비용편익분석을 적용해 볼 수 있다(그중에는 비용편익분석보다 비용효과분석이나 기타 방법론을 사용하는 것이 보다 적절한 것이 있다).

종합적으로 비용편익분석은 정부의 예산지출이 이루어지는 모든 중요한 정책, 조치, 사업(자본지출사업, 경상지출사업)에 대해 적용될 수 있으며, 그중에서 가장 보편적으로 사용되는 것은 일정 규모 이상의 자본투자사업이다. 현재 우리나라의 중앙정부와 지방자치단체는 대규모 자본투자사업을 실시할 때 일부 면제사업을 제외하고는 모두 의무적으로 타당성 분석을 거쳐야 하는데, 이때 사용되는 핵심 수단이 다름 아닌 비용편익분석이다. 이와 관련된 현황에 대하여는 제2부와 제3부에서 자세히 기술되고 있다.

6) 비용편익분석의 정보 수요자는 누구인가?

비용편익분석을 하는 목적은 투자사업의 우선순위 결정과 사업의 실시 여부를 객관적으로 판단할 수 있는 간단명료한 정보를 도출하는 데 있다. 따라서 비용편익분석에 관한 1차 정보 수요자는 공공투자(정책과 사업)를 결정하는 정부 당국자이다. 무엇보다도 정책 결정권자의 입장에서 비용편익분석이 크게 도움이 되는 것은, 첫째 예산제약하에서 사업 우선순위 판단, 둘째 사업의 비용과 편익 비교를 통한 사회복지 극대화 도모, 셋째 국민 세금의 경제적 가치(value for money: VFM) 확보, 넷째 초기 정책 검토단계에서의 사업 범위와 대상에 대한 합리적 조정, 다섯째 정책결정의 일관성 및 투명성 유지에 있다.

하지만 국민 세금의 중요성을 감안하면, 비용편익분석 결과의 정보 수요자는 정책 결정권자를 넘어 의회, 납세자(국민, 기업), 기타 정부의 투자에 이해관계를 갖는 모든 주체로 확대된다. 이들 2차 정보 수요자는 정도에 차이가 있지만, 기본적으로 정부투자사업의 비용편익분석에 관한 거시 정보를 필요로 한다. 거시 정보는 분석의 기본적인 접근 절차와 과정 및 결과에 관한 주요 사항들을 포함한다. 그리고 제시되는 정보는 일반 국민이 납득할 수 있고, 또한 정부가 국민의 세금에 대해 책임을 질 수 있는 수준이어야 한다.

투자사업의 비용편익분석 관련 정보는 그것이 국가의 안전이나 국민의 권익 등과 관련된 중대한 기밀 사안이 아니라면 원칙적으로 투명하게 공개되어야 한다. 그리고 정부(중앙정부, 지방자치단체)는 국(주)민의 관심과 사회적 영향이 큰 사업에 대하여는 국민의 눈높이에 맞추어 가능한 알기 쉽게 적시에 공개하는 노력을 아끼지 말아야 한다. 적시의 충분한 정보공개가 이루어질 때, 국민의 세금을 사용하는 정부의 재정 투명성과 책임성이 높아진다. 지금까지는 비용편익분석의 주체들이 1차 정보 수요자의 욕구 충족에 치중해 왔다. 그러나 앞으로는 정부지출의 본원적 비용 부담자인 국민을 비롯한 다양한 2차 정보 수요자의 필요와 관심을 충족시켜 주는 데도 새로운 노력을 기울여야 할 것이다.

7) 비용편익분석에서 의미하는 사회적 편익과 사회복지 증진은 무엇인가?

비용편익분석이 공공투자사업의 사회복지 영향과 변화를 다룬다고 했는데, 이때 사회복지는 누구의 무엇을 의미하는지가 궁금하다. 지방투자사업과 사회복지의 관계에 대해 제대로 이해하지 못할 경우, 사람들은 쉽게 "왜 이 투자사업의 편익이 크지 않고 이것밖에 되지 않지?"라는 의문과 비판을 가하게 된다. 사실, 사회복지 향상이란 개념은 다소 애매하고 어렵다.

비용편익분석에서 의미하고 측정하는 사회복지는 통상 사회 전체 또는 국민 전체의 관점에서 파악되는 개념이며, 매우 예외적으로 지역사회와 주민 관점의 사회복지를 포함한다(독자는 특히, 사회 전체 또는 국민 전체의 관점에서 파악되는 사회복지라는 사실을 꼭 기억하기 바란다). 사회복지는 이론적으로 순편익을 의미하며, 비용편익분석에서는 이를 사업이 미래에 창출하는 모든 편익의 가치에서 모든 비용의 가치(양자 모두 금전적 가치(금액)로 측정됨)를 차감하여 측정한다. 이에 대하여는 독자들이 이 책을 읽어 나가면서 점점 이해를 높여 나갈 것으로 기대한다.

다만, 이 책의 현 단계에서 독자들이 조금 쉽게 이해할 수 있도록 순편익(즉, 사회복지 증진)을 설명하자면, 그것은 대체로 사회 구성원의 물질적 생활 조건과 수준, 종합적 삶의 질(환경, 문화, 건강, amenity 등)과 만족을 포함하는 웰빙 향상을 뜻한다고 말할 수 있다.

그렇다면 모든 공공투자사업을 할 때마다 그것이 어떻게 국민경제나 범사회 차원의 복지를 향상시킬 수 있는지에 대해 의문이 생길 수 있다. 아무리 잘 구상된 공공투자사업이라고 하더라도 사업의 혜택이 전체 국민에게 골고루 주어질 수는 없다. 비용편익분석에서 말하는 사회복지 향상 또는 순편익 발생이란, 그러한 상태를 의미하지 않는다. 통상 어떤 공공투자사업이 실시되면 국민경제와 전 국민(사회)의 대부분은 사업의 영향을 직접 받지 않고, 일부 국민과 경제 주체만이 사업이 유발하는 다양한 사회적 편익을 향유하게 된다.

이해를 돕기 위해 만일 어떤 환경정화시설사업의 사회적 총편익이 총비용보다 큰 것으로 나타났고, 이때 일부 국민(예컨대, 시설 설치로부터 반경 20Km 이내에 거주하는 약 10만 명)이 새로운 편익을 직접적으로 향유하는 것으로 파악되었다고 가정하자. 이 경우 대한민국의 나머지 지역에 거주하는 5천여 만 명 국민의 복지에는 영향과 변함이 없다. 그러나 이들 신규 '편익

향유 국민'으로 인해 전체 사회복지는 조금이나마 향상된다. 재차 강조하지만, 비용편익분석이 초점을 두는 것은 개별적·국지적 사회복지가 아니고 전체적·국가적 사회복지임을 명심해야 한다.

종합적으로 비용편익분석이 중점을 두고 분석하고자 하는 사회복지 증진은 결국 특정 투자사업의 서비스와 직접 연계되는 주체들의 편익 증진이다. 다만, 이때 유의해야 할 것은 웰빙 개선효과(즉, 편익)가 금액으로 측정되어야 하고, 또한 그것이 환경정화시설의 설치와 운영에 소요되는 총장래경비의 합보다 커야 한다는 사실이다. 조금 이론적으로 말하자면, 투자사업이 사회적 순편익을 창출하거나 사회복지 관점에서의 순개선(net improvement)을 이루어낼 때, 비로소 사업의 실시 타당성이 인정된다. 비용편익분석에서 점검하는 사회복지 영향은 투자사업에 따른 편리와 만족, 고용 및 소득 증가 등 각종 혜택 측면만을 고려하지 않고, 그것을 창출해 내는 모든 금전적 부담, 즉 비용 측면을 동시에 고려하고 있음을 유념할 필요가 있다.

8) '누가, 얼마만큼'의 사회복지 증가 혜택을 누리는가?

국민경제, 전체 국민과 사회는 불특정 다수의 주체로 구성된 상당히 모호한 개념이다. 그렇다면 비용편익분석에서 논하는 사회복지 변화를 측정하는 대상은 구체적으로 누구란 말인가? 이를 설명하기 위해서는 사회 구성 주체를 조금 세분화해 볼 필요가 있다. 예컨대, 민간부문과 정부부문, 또는 소비자, 생산자, 정부의 구분이 가능하다. 조금 더 세분화하여 일반 소비자 국민(주민), 생산자 정부, 노동자, 기업 및 투자가 등으로 구분하거나, 아니면 연령층, 젠더(gender), 지역 소득계층 등으로 구분해 볼 수 있다.

이와 같이 사회 구성 주체(사회 구성원)를 구분하는 이유는 사업이 추진될 때 누가 실제로 서비스 혜택(영향)을 받고, 이때 영향의 크기와 범위가 무엇이고 어느 정도인지를 식별하기 위해서이다. 아울러 결과적으로 세금이 어떤 대상을 위해 주로 쓰일 것인지에 대해 대체적인 윤곽을 그릴 수가 있다.

사회 구성원 주체에 대한 구분은 다양한 관점과 논리적 근거에 의해 여러 가지 유형화가 가능하다. 그런데 비용편익분석에서 실질적으로 필요로 하는 것은 편익과 비용의 수혜자와 부담자(특히, 편익의 수혜자)를 객관적으로 파악할 수 있는 유형화이다. 비용편익분석의 미션은 궁극적으로 주어진 사업비용 조건에서 사회 구성원 중 누가 얼마만큼의 편익을 향유할 것인지를 돈의 가치로 평가해서 결론(의사결정)을 내는 데 있다. 이때 '누가, 얼마만큼'의 문제를 정확히 파악해 내는 문제는 비용편익분석의 성패를 좌우할 만큼 중요하다. 만일 이에 대해 정확히 확인할 수 있고 그에 기초해서 분석한 결과 순편익이 발생하였다면, 다른 국민의 복지는 그대로 있지만 '누가'에 해당하는 사회 구성원의 복지는 향상되어 전체 사회복지가 증가한다.

종합적으로 비용편익분석이 중점적으로 분석하는 사회복지 증진은 결국 특정 투자사업의 서비스와 직접 연계되는 주체(국민경제, 국민의 일부)들의 편익 증진이다. 앞서 예시한 환경정화시설사업의 경우 예컨대, 반경 20Km 이내에 거주하는 다양한 경제 주체들 중에서 구체적인 수혜 그룹(예컨대, 일반 주민, 농산물 생산자, 수변활동 주체 등)을 확인할 수 있을 것이고, 아울러 이들이 향유하게 될 편익의 유형과 내용에 대해 구체적으로 파악할 수 있을 것이다. 이러한 정보는 이 사업이 창출할 편익의 가치를 산출하는 기초가 된다. 이때 산출되는 편익의 가치(금액)가 환경정화시설의 설치와 운영에 소요되는 총경비의 합보다 클 경우 편익 수혜 주체를 중심으로 사회복지가 향상되는 것으로 판정된다.

9) 비용편익분석의 주요 결과는 화폐단위(돈 가치)로 표현

비용편익분석은 공공투자사업의 총사회복지 영향을 비용과 편익의 두 부문으로 나누어 측정하고 비교한다. 이때 비용과 편익은 반드시 화폐단위, 즉 금액을 기준으로 측정되어야 한다. 그 이유는 화폐단위가 모든 사람이 인정할 수 있는 보편적 비교 잣대가 될 수 있기 때문이다(보편적 판단 기준).

만일 사회적 편익과 비용이 금전적 가치로 측정되지 않는다면 분석 결과를 두고 객관적이고 일관성 있는 판단을 할 수가 없다. 세상의 가치에 대한 판단 기준은 다양하지만, 경제적 효율을 점검하고자 할 경우 사실상 현금가치만한 것이 없다. 돈이 전부가 아니다. 그러나 어떤 사업이 가져다 줄 편익과 비용을 비교할 때 화폐가치로 측정되는 비교 잣대(즉, '얼마의 금액') 이외의 그 무엇이 제시된다면, 적어도 많은 사람이 공감할 수 있는 장은 형성되기 어렵다.

이 경우 다양한 주장과 주관적 판단이 경합되는 상황이 발생하여 합치된 의사결정을 도출하는 데 애로가 생길 것이다.

예를 들어, 비용은 모두 금전적 가치(예컨대, 1,000억 원)로 측정된 반면에 편익은 금전적 가치(예컨대, 500억 원)와 비금전적 가치(생명 존중 가치의 사회적 확산, 대상지역 주민의 평균 수명 1년 연장 등)의 복합체로 다루어진다면, 비용과 편익을 총체적으로 비교할 수가 없다. 만일 지방투자사업의 타당성을 판단하는 과정에서 금전적 가치 외에 매우 중요한 도덕적·윤리규범적 가치를 적용한다고 가정해 보자(이것은 금전적 가치로 평가하기 힘든 편익을 고려하지 않는다는 것을 의미하지 않음에 유의하기 바람). 이 경우 사회 구성원들이 상이한 가치와 삶의 배경을 지니는 다원화된 사회에서 공감을 도출할 수가 없다. 따라서 합리적인 의사결정이 어렵다.

다만, 예외적으로 사업의 성격상 사회·경제적 편익(즉, 복지 증진)을 금전적으로 측정할 수 없는 경우가 있는데(예컨대, 우주탐사 프로젝트, 열대우림 보호사업, 멸종위기 동식물 보호사업 등), 이때는 부득이 질적 분석 등 합리적인 보완적 측정 기법을 활용해야 한다.

종합적으로 비용편익분석은 특정 투자사업이 사회복지에 미치는 영향을 크게 비용적 영향과 편익적 영향으로 구분하여 측정하되, 그것은 반드시 금전적(화폐적) 가치로 평가되고 판단되어야 한다.

10) 비용편익분석은 하나의 경제성 성과지표 산출에 총력 경주

비용편익분석은 마치 올림픽의 마라톤 경기에 출전하는 선수의 최종 성적표처럼 하나의 수치 결과로 판정을 받는다. 마라톤 선수의 최종 성적은 금·은·동메달 또는 10위, 30위 등이고, 그것을 뒷받침해 주는 것은 각 선수의 개인 기록이다. 예컨대, 2시간 5분 10초라든가 2시간 10분 10초 등이다. 마찬가지로 100미터 단거리 선수의 최종 실적은 9.95초나 10.20초 등의 기록으로 나타나고, 최종 결선에서 경쟁한 선수들의 기록에 따라 금·은·동메달(1, 2, 3위)과 나머지 등수가 결정된다. 그리고 어떤 선수가 올림픽의 육상대회에 참가하려면 최소한의 자격(cut-off)을 통과해야 한다. 예컨대, 마라톤의 경우 남성 2시간 15분, 여성 2시간 30분, 100미터 남성 10.50초 등과 같은 것이다. 9.9초라는 대기록은 다양한 과정과 노력이 빚어낸 최종 결과물이다.

이와 비슷하게 비용편익분석은 다소 까다롭고 복잡한 점검 과정과 분석을 거친 다음(이를 육상선수의 부단한 노력과 다양한 방법을 통한 훈련 과정에 비유할 수 있다) 최종 결과를 도출해 낸다. 미시경제학에 기반을 두는 비용편익분석의 목표는 경제성을 판단하는 최종 결과, 즉 성과지표(performance indicator)를 도출하는 데 있다. 성과지표는 단순 명료한 수치 값으로 나타나며, 가장 많이 사용되는 것은 비용편익비율(benefit-cost ratio: BCR)이다. 예를 들어, 비용편익비율은 1.2, 0.8 등 단일 수치로 나타나는데, 이때 그 값이 1.0을 기준으로 그보다 크면(작으면) 사업의 경제성이 있는 것(없는 것)으로 판정난다(이와 관련된 내용은 뒤에서 구체적으로 다루고 있다).

통상 사업을 추진하려는 중앙정부와 지방자치단체는 이들 결과에 노심초사(勞心焦思) 한다. 정부의 정책 결정권자와 정책을 모니터링 하는 주체들은 그 값을 두고 사업의 실시 여부를 판단한다. 부연하면, 정부는 이들 성과지표에 기초해서 개별 투자사업의 투자 타당성을 평가하고, 복수의 투자사업에 대한 우선순위를 판단한다.

그런데 독자들이 반드시 유념해야 할 사실은 비용편익분석에서 고려하는 비용과 편익 그리고 이들을 토대로 최종 산출되는 성과지표는 궁극적으로 사회복지(후생)의 관점에서 측정된 수치라는 점이다. 즉, 최종 성과지표(예컨대, 비용편익비율)는 사업을 실시할 경우 사회복지가 전보다 더 좋아지는지 아니면 더 나빠지는지, 그리고 좋아지면 어느 정도 수준인지에 관한 크기를 보여 준다.

본문에서 자세히 설명되지만, 의사결정의 관건은 화폐가치로 산정되는 비용 대비 편익(예컨대, 비용 800억 원, 편익 1,000억 원)의 비율 값('B/C ratio'라고 하며, 이 경우 그 값은 1.25가 됨)이다. B/C 비율(값)은 특정 수치와 통계자료를 입력하면 그냥 계산되어 나오는 그 무엇이 아니다. 그것은 각 투자사업별로 예상되는 수요를 토대로 측정되는 사회적 편익과 주요 비용 요인에 대한 원가와 가정, 객관적인 추정 기법, 사회적 할인율 적용 등 다소 복잡한 산정 과정과 방법을 거쳐 마침내 하나의 수치로 산출된다. 바로 이 단일 성과지표(수치)가 정부의 의사결정에 강한 영향을 미치고, 또한 정부가 국(주)민으로부터 사업 수행의 정당성을 인정받는 수단적 도구로 활용된다. 예를 들어, 지방자치단체가 B/C 비율이 1보다 (상당히) 큰 사업을 수행할 경우 큰 부담 없이 사업을 추진하지만, 그것이 1보다 (상당히) 작은 사업을 수행할 경우에는 큰 부담을 안고 사업을 추진해야 한다.

요약하면, 비용편익분석은 궁극적으로 특정 투자사업이 미래에 가져다 줄 모든 비용과

■ '비용편익비율' 용어의 사용/정의

비용편익분석의 최종 결과를 보여 주는 성과지표(performance indicator) 중에서 가장 보편적으로 사용되는 것은 비용편익비율과 순현재가치이다. 이중에서 비용편익비율의 표준적인 영어 표기는 'Benefit Cost Ratio' 또는 'Benefit-Cost Ratio'이고, 가끔 약식 표현으로서 BCR, B/C ratio, B/C 등이 사용된다.

이것을 우리말로 보다 정확히 번역하자면, '비용 대비 편익비율'(또는 '비용 대비 편익비(比)'가 적절할 것으로 생각된다. 그 핵심은 투자사업과 관련된 총비용과 총편익을 비교할 때, 총비용이 분모(즉, 비교 기준)가 되고 총편익이 분자(즉, 비교 대상)가 된다는 점이다.

이러한 사실을 두고 필자는 '편익비용비(比)' 또는 편익비용비율'이라는 새로운 용어를 사용할지에 대해 심각하게 고민해 보았다. 그런데 결론은 기존의 '비용편익비율' 용어가 이미 광범위하게 자리를 잡은 것을 고려하여 결국 기존의 용어 사용 관행을 따르기로 하였다. 다만, 독자들은 이러한 전후 맥락을 충분히 이해해 주기를 바란다.

결론적으로, 이 책에서는 우리말 용어인 '비용편익비율'과 함께 'BCR', 'B/C 비율', 'B/C'라는 약칭 용어를 함께 사용하고 있다.

편익을 비교 분석한 성과지표 값을 도출하는 것을 목표로 한다. 이때 지표 값이 사회적으로 순편익을 주는 것으로 나타나면 사업의 경제성은 인정된다.

11) 비용편익분석은 단일의 종합사업 대상으로 실시

일반적으로 대형 투자사업에는 여러 가지 공정과 활동 및 서비스가 수반된다. 이들은 사업의 목적을 실현하는 수단적 도구이다. 투자사업이 비용편익분석의 대상이 되기 위해서는 사업의 목적이 하나의 종합적 실체로 존재해야 한다. 만일 특정 투자사업이 추구하는 목적과 효과가 다른 인프라나 기존의 행정서비스와 연계되어야만 제대로 구현될 수 있거나(연계효과사업), 아니면 투자사업이 전체 네트워크 프로젝트의 일부로서 추진되는 것이라면(네트워크사업), 이 사업만을 떼내어서 비용편익분석을 할 수가 없다. 이는 마치 김치찌게(사업 목적)가 완성되어 효과(영양, 만족: 사업 성과)를 내려면 각종 재료(김치, 두부, 파, 기타 식재료)와 요리 기구(냄비, 가스레인지 등)가 필요한데, 이때 요리 재료만을 두고 비용과 편익(만족)을 평가하는 것에 비유할 수 있다.

구체적인 예를 들면, 지방자치단체가 건설하려는 어떤 도로사업이 기존의 간선도로와 연결되어야만 제 기능을 발휘할 수 있다면 이 도로사업 하나만을 두고 비용편익분석을 실시할 수 없다. 이 경우 신규 도로와 기존 도로를 아우르는 비용편익분석을 해야 한다. 마찬가지로, 새로운 쓰레기 처리장을 건설하려는데 쓰레기 운반에 필요한 접속 도로가 없다면, 쓰레기 처리장 하나만을 두고 비용편익분석을 할 수 없다. 이 경우 쓰레기 처리장 건설과 접속 도로를 통틀어서 하나의 비용편익분석을 하는 것이 타당하다. 그러므로 어떤 사업을 두고 비용편익분석을 하려면 그에 앞서 투자사업의 주요 활동과 기능을 면밀히 점검하여 해당 사업이 자족적인 단일의 종합사업인지를 확인해야 한다. 예를 들면, 투자사업의 기능 유형(도로, 철도, 상수도, 하수도 처리시설, 쓰레기 소각장, 도서관 등), 사업 특성 유형(신설, 재생, 개량 등), 제공서비스(교통 편리성, 음용수 문제 해결, 위생환경 개선, 쓰레기 처리, 교육문화 향상, 사업 입지) 등에 대해 점검하는 것이다.

종합적으로 비용편익분석은 투자사업의 물리적 요소와 각종 기능 및 활동을 명확하게 파악할 수가 있고, 또한 이들 전체가 하나의 '자족적이고 독립적인 분석단위'(self-sufficient unit of analysis)로 인정될 때 실시가 가능하다. 일반적으로 어떤 투자사업이 기능적으로 완전한 인프라를 생산할 수 있고 다른 신규 투자의 도움 없이 서비스를 제공할 수 있다면, 이는 '기술적으로 자족적'(technically self-sufficient)인 사업으로 인정된다.

그런데 현실에 있어서는 적지 않은 투자사업들이 백퍼센트 수준의 자족적인 종합사업으로서의 모습을 갖추지 못하고 있다. 그중 일부는 기존의 다른 시설이나 서비스와 연계되어 효과를 발생시키고 있다. 그러나 만일 그러한 연관성이나 연계효과가 사업의 독립적 기능에 미치는 영향이 상대적으로 미미하다면, 그것을 무시하고 해당 사업에만 초점을 두고 편익과 비용을 추정할 수가 있다.

이상의 내용에 더해 몇 가지 보완적인 설명을 추가하면 다음과 같다(EU, 2014: 32).

첫째, 비용편익분석을 할 때 편의적으로(재원조달, 행정, 기술적 요인 등을 감안) 사업을 분할하여 접근하는 것은 바람직하지 않다. 이와 관련해서 다음과 같은 명언이 있다. 즉, "반쪽 다리는 다리가 아니다"(half bridge is not a bridge)라는 구절이다. 이것은 정부가 공공투자사업을 할 때, 구조와 서비스 공급 기능 면에서 하나의 완성형 사업으로서의 모습을 갖추어야 한다는 것을 뜻한다. 비용편익분석은 항상 대상 사업을 통으로 보고 그와 관련된 미래의 모든 비용과 편익을 구조화해서 각각의 가치를 추정하는 접근을 해야 한다. 이 과정에서 특히 중요한 것은 사업의 목적 달성과 관련된 모든 주요 활동의 편익과 비용은 빠짐없이 산정해야 하는 점이다. 다만, 특정 활동이 투자사업의 핵심 기능(산출물, 성과 등)을 만들어 내는 데 본질적인 요소가 아니라면, 그와 관련된 비용과 편익은 산정에서 제외하는 것이 합리적이다. 그 이유는 비용과 편익의 과대평가를 방지하기 위해서이다.

둘째, 상호 연관성은 있지만 상대적으로 독자성(독립성)이 강한 특성을 지니는 사업들이 동시에 추진될 경우(편익과 비용의 특성이 대체로 독립성을 갖는 경우)에는 두 사업을 분리해서 비용편익분석을 실시하는 것이 합리적이다. 예컨대, 공원을 건설하면서 주변에 위락시설과 위생시설도 함께 건설하는 경우이다. 이들 세 사업은 사실상 각기 다른 특성을 지니지만, 기능과 효과 면에서 상호 연계성을 지닌다. 이러한 경우 각 사업을 독립적으로 구분해서 별개의 비용편익분석을 실시한 다음 통합적 관점에서 전체를 아우르는 비용편익분석을 실시하는 접근이 합리적이다.

특히, 대단위 복합 프로젝트의 경우 전체를 아우르는 비용편익분석보다 그 속에 포함된 주요 사업별로 비용편익분석을 하는 것이 합리적이다. 그 이유는 전체를 하나의 단일사업으로 간주해서 통째로 비용편익분석을 할 경우 경제적 편익의 순현재가치(NPB)가 정(+)의 값을 갖더라도 복합 프로젝트 속의 일부 사업은 부(-)의 값을 가질 수 있기 때문이다. 이러한 경우 만일 해당 사업이 사회적 형평이나 사회적 가치와 무관한 공공재를 생산한다고 가정하면, 그 사업을 제외하고 프로젝트를 실시하는 것이 사회·경제적으로 바람직할 것이다.

12) 비용편익분석은 종합적이고 체계적인 사회과학 분석 방법

비용편익분석은 경제이론과 실제 사실(현상, 데이터, 분석 결과, 경험칙 등)에 근거하는 종합적이고 체계적인 사회과학적 분석 방법이다. 여기에서 '종합적'이란, 투자사업과 관련된 모든 비용과 편익을 총망라한다는 의미이다. 그리고 '체계적'이란, 분석의 절차와 수단이 사회과학적 이론과 방법론에 의해 잘 구조화되고 정비되었다는 것을 뜻한다. 무엇보다도 비용편익분석이 역사를 지니면서 지난 수십 년간 이론과 실제 양면에서 방법적 다양성과 역량의 우수성을 지속적으로 개선해 온 점은 평가할 만하다. 만일 비용편익분석을 하는 과정에서 현재 이용 가능한 정보와 자료를 최대한 활용하고 최상의 방법론을 적용한다면, 지금으로서는 이보다 더 나은 정책판단 기법을 찾기 어렵다.

비용편익분석은 미시경제적 접근을 하며, 이를 통해 투자사업의 전 사회적 영향, 즉 사회복지 변화를 측정한다. 그런데 이 과정에서는 투자사업의 직접적(1차) 효과(예컨대, 고용, 소득, 부가가치, 외부 환경적 영향 등)만 분석에 반영하고, 간접적(2차) 효과나 광의 효과(wider effects: 재정확충, 지역경제 성장 및 활성화, 간접 고용, 승수효과(multiplier effect) 등)는 분석에서 제외한다. 현 단계에서 독자들은 이러한 내용을 이해하기가 다소 어려울 것이지만, 관련 내용이 본문에서 자세히 다루어지기 때문에 염려하지 않아도 될 것이다.

13) 비용편익분석은 사전평가 수단이지만, 사후평가 수단으로서도 유용

비용편익분석은 일반적으로 정부의 정책이나 사업이 실시되기 이전에 타당성을 점검하는 사전평가(ex-ante appraisal) 수단으로서의 위상을 지닌다. 하지만 비용편익분석은 사전적 평가수단 못지않게 사후적 평가(ex-post appraisal) 및 관리수단으로서도 훌륭한 역할을 수행할 수 있다. 다만, 현실적으로는 많은 나라들이 비용편익분석을 사전적 평가수단으로 사용하는 데 치중하고 있다.

사업이 착수되기 이전에 실시되는 비용편익분석은 정부의 정책이나 사업이 경제적 타당성을 지니는지에 대해 중점적으로 점검한다. 착수 이후에 실시되는 비용편익분석은 사전에 추정했던 과정과 결과가 예측대로 나타나고 있는지에 대해 중점적으로 점검한다. 이것은 이미 완료된 사업을 두고 사전 분석의 정합성과 객관성을 평가하는 데 목적이 있다.

비용편익분석이 사후적 평가수단으로 활용될 경우 사업시행 전에 실시된 분석의 과정과 결과가 사업 완공 이후에 실제로 어떻게 나타나고 있는지를 확인할 수 있다. 이는 사업의 실시와 관련된 모든 주체(지방자치단체, 관계 공무원, 분석 기관, 시민사회, 일반 국민 등)로 하여금 과거로부터 배우는 자기학습과 교훈을 습득하도록 해준다. 이러한 학습효과와 교훈은 향후 유사사업과 상황에 대한 비용편익분석을 할 때 개선해야 할 사항과 각종 비용과 편익의 산정과 관련된 준거를 제공하는 점에서 중요한 의미가 있다. 즉, 사후적 평가를 통해 정책의 생생한 교훈과 경험을 쌓고 그것을 통해 진일보한 미래를 열어 나갈 수 있도록 해준다.

사후평가의 핵심은 사업이 유발하는 사회복지 영향을 사업 실시 이전에 예측하였던 것과 사업 완공 이후 전개되는 실제 현실(물론 미래의 남은 연도에 대한 부분은 충분히 점검·확인하지 못함)을 종합적으로 대비(실제로 얼마나 들어맞는지를 확인·점검)하고 그 원인을 규명하는 데 있다. 그 속에는 측정 오차(예측과 실제의 차이), 주요 가정의 실현 여부와 수준, 위험 및 불확실성 판단 정보의 정확성 등이 포함된다. 이러한 시도는 향후 유사한 공공투자사업의 사회복지 영향을 보다 정확히 추정하여 재정을 효율적이고 효과적으로 사용할 수 있도록 유도한다.

14) 사업의 유형과 특성에 따라 다양한 수단과 방법론 사용

비용편익분석이 투자사업의 사회복지 영향을 측정하기 위해서는 사업의 목적과 특성에 따라 그에 맞는 방법론을 적절히 사용해야 한다. 하지만 이것이 수백 개, 수천 개나 되는 사업에 대해 각기 다른 방법론을 적용해야 하는 것을 의미하지 않는다. 대체로 말해서, 비용편익분석에서 사용되는 방법론은 수십 개 정도이고, 그것은 사업의 목적과 유형(예: 도로·교통, 각종 SOC, 문화·관광, 환경, 산업 및 지역개발 등)에 따라 어느 정도 정형화된 틀과 원칙 및 수단을 구비하고 있다.

■ 국가와 지방 차원의 중요한 사업은 주기적 사후 비용편익분석 실시 필요

현재 대부분의 나라들이 비용편익분석을 사전 점검수단으로서만 활용하는 경향이 있다. 지금까지 우리나라에서는 비용편익분석을 거쳐 실제 사업화된 것을 대상으로 사후적 비용편익분석을 실시한 경우는 거의 없다. 하지만 비용편익분석의 포괄적 유용성을 고려할 때, 사후적 점검수단으로서 보다 적극적으로 활용할 필요가 있다. 이렇게 해줄 때 비용편익분석의 오·남용을 방지할 수 있고, 분석의 정교화를 통해 정책결정의 객관성이 높아질 수 있다. 실제로 우리나라의 대규모 공공투자사업 중에서 비용편익분석을 거친 사업의 수요가 잘못 추정되고 그 결과 편익이 부풀어진 경우가 적지 않다. 그동안 경제적 타당성이 인정된 사업들 중에서 적지 않은 수가 예측된 비용과 편익이 실제와 큰 차이를 보였다. 대표적인 예로 경전철 사업에 대한 수요 추정이 크게 빗나가 동 사업의 비용에 큰 부담이 생겨났다. 그 결과 사회적 편익 또한 당초 예측에 비해 크게 줄어나는 등 비용편익분석의 사회적 신뢰성이 떨어지는 문제가 나타났다.
물론 모든 사업에 대해 사전적, 사후적 비용편익분석을 할 필요는 없다. 일정한 기준을 정해서 주요 투자사업을 대상으로 사후적 비용편익분석을 실시하는 것이 합리적이다. 사후적 분석은 사회적 파급효과가 크고 향후에도 유사한 투자사업이 전국적으로 반복, 추진될 가능성이 클 경우 실시하는 것이 합리적이다. 아울러 대형 사업 중 비용편익비율이 간신히 1.0에 턱걸이 하여 사업 실시가 결정된 경우, 사업 실시 전후로 사회적 논란과 이견이 분분한 사업, 수요예측의 범위와 방법이 체계적으로 정리되지 않은 사업, 비시장재(non-market goods)나 비시장 사용가치(non-market value)를 추정한 사업 등도 사후적 분석을 할 필요가 있다. 이와 같은 접근을 통해 미래의 예측 오차를 줄이고 분석의 오·남용을 예방하여 국민의 혈세를 효과적으로 사용할 수 있어야 한다.

비용편익분석이 대상 사업의 유형과 특성에 따라 분석의 방법과 수단을 달리하는 이유는 정부가 추진하는 투자사업의 상당수가 서로 다른 특성과 환경(여건)을 보유하기 때문이다. 예를 들면, 보통의 도로사업이나 지역 인프라 구축사업과 같이 제공하는 서비스 편익이 시장가치를 통해 비교적 쉽게 측정되는 것이 있는가 하면, 지역을 상징하는 랜드 마크(land mark) 건립사업이나 미세먼지 감축 정책 사업, 기후변화 대응센터 구축사업과 같이 그렇지 못한 경우가 있다. 이 경우 전자는 전통적인 기법을 사용해서 비교적 쉽게 편익을 산출할 수 있다. 하지만 후자는 관련 시장(related market)이나 대리 시장(surrogate market), 가상적 시장 또는 사회적 실험 등 다양한 창의적 기법을 동원해야만 겨우 합리적인 수준의 편익을 산출할 수가 있다.

일반적으로 도로사업에 대한 편익은 통상 크게 직접편익(통행시간 감소, 차량운행비 감소, 교통사고비용 감소 등)과 간접편익(환경피해 감소(대기·온실가스, 소음 발생) 등)으로 구분된다. 따라서 이와 관련된 미시·거시적 자료를 가지고 일정한 분석을 거치면 편익의 금전적 가치(예컨대, 1,000억 원)가 산출된다. 하지만 자연경관이 수려한 지역에 케이블카를 건설하거나 환경보전사업을 실시할 경우 그와 관련된 편익을 산정하는 데 큰 애로가 발생한다. 가장 큰 이유는 이들 사업이 제공하는 서비스가 일반 시장에서 거래되거나 시장을 통해 가치(가격)가 형성되는 것이 아니기 때문이다.

최근에 사회적 심각성이 고조되고 있는 미세먼지 문제에 대해 정부가 일정한 예산을 투입하기로 결정하고(예산 안배, 특정 사업 구체화) 미세먼지 감축사업을 실시하고자 할 때, 그에 관한 적정 사회적 비용과 편익에 대한 객관적인 정보를 갖기가 어렵다. 이것은 특히 사회적 편익을 산정하는 문제에 이르면 더더욱 그러하다. 이러한 현상이 발생하는 것은 관련 비용과 편익을 객관적으로 측정해 주는 메커니즘(시장 등)이 없기 때문이다. 비슷한 예로는 원전시설 건설, 우주항공 투자 프로그램, 멸종위기 동식물 보호 프로그램, 지구 온난화 방지대책 프로그램, 국가(지역) 랜드 마크 건설 등 상당히 많다.

마찬가지로 동일한 국가 인프라 사업이라 하더라도 사업의 성격에 따라 지역 간 불균형을 초래할 가능성이 높을 경우(예컨대, 일반적인 도로·철도·항만사업과 달리 국제공항이 특정 지역에 입지할 경우), 사회·경제적 비용과 편익을 산정하는 접근은 국가 공간상의 균형·불균형 이슈를 포함하는 절차와 접근 방법을 취해야 한다. 즉, 보통의 도로·철도·항만사업과 관련하여 편익을 추정하는 방법론 대신 분배와 (불)균형 현상 및 파급효과를 측정할 수 있는 편익 추정 내용(요소)과 기법이 분석 과정에 포함되어야 한다.

이와 같은 현실 상황은 사실상 비용편익분석을 수행하는 주체로 하여금 매우 어렵고 난처하게 만든다. 그뿐 아니라 종종 사람들이 비용편익분석의 결과에 대해 비판적 시각과 회의를 던지는 요인으로 작용한다. 그중 일부는 사실상 비용편익분석의 한계를 꼬집어 주는 것이다. 다만, 한 가지 고무적인 것은 그동안 비용편익분석이 시장이나 기존에 신뢰할 수 있는 경로를 통해 객관적으로 편익을 측정하는 것이 어려운 상황에 대처하는 방법으로 다양한 비시장적 가치 측정 기법을 지속적으로 개선하고 개발해 왔다는 사실이다. 이들은 기본적으로 편익 수요자(향유자)의 지불의사금액(willingness to pay: WTP)을 도출해서 편익의 금전적 가치를 측정하는 데 초점을 둔다. 이에 대하여는 뒤에서 자세히 기술된다.

15) 비용편익분석의 문제와 한계

비용편익분석은 튼튼한 이론적 기반을 두고 체계적인 분석 과정과 방법론을 갖춘 종합분석시스템이다. 그럼에도 불구하고 비용편익분석은 때로 논란을 불러일으키고 비판의 대상이 되는 결과를 산출한다. 여기에서 일반적으로 지적되는 비용편익분석의 문제와 한계에 대해 기술하면 다음과 같다.

(1) 비용과 편익 가치 측정 한계

현실적으로 비용과 편익을 금액으로 측정하기 어려운 경우가 적지 않게 발생하는데(특히, 편익의 경우가 그러함), 이러한 문제를 완전히 극복할 수 있는 방법론에 한계가 있다. 이러한 현상은 특히 환경재(environmental goods)와 같은 비시장재(non-market goods)의 가치평가를 둘러싸고 자주 나타난다. 예를 들어, 대규모 공공 프로젝트가 실시되면서 불가피하게 발생하는 환경 문제(수질·대기오염, 동식물 생태계 피해 등)와 관련하여 그것이 사회와 국민경제에 초래할 사회적 비용의 '참된 가치'(true value)를 측정하기가 매우 어렵다. 비슷한 사례로는 투자사업의 편익이 생명의 안전성이나 수명과 관련이 있는 경우, 삶의 여유나 종합적 질과 관련이 있는 경우, 극단적으로 희귀생물 보전과 관련된 경우 등을 생각해 볼 수 있다. 이들은 하나같이 시장에서 거래되는 재화나 서비스가 아니고, 또한 사회적으로 인정되거나 수용되는 가치를 형성하고 있지 못하다. 따라서 그와 관련된 참된 가치 내지 객관적인 가치를 측정하기가 매우 어렵다.

그리고 새로운 사업 영역(예컨대, 우주개발사업, 4차 산업 관련 신투자, 기후변화 등 새로운 환경 문제)이 계속해서 등장하면서 비용편익분석이 그에 대해 신속히 대응하지 못하는 한계가 드러나고 있다. 그 이유는 이들 영역에서는 전에 없는 새로운 기법과 가정 및 미시 데이터를 사용해야만 비용과 편익을 산출해 낼 수 있는데, 이를 기존의 비용편익분석 기법이 따라잡지 못하기 때문이다.

비용편익분석의 역사와 경험이 누적되고 분석 대상의 금전적 측정에 필요한 기법과 자료(통계, 사례 및 경험 등)가 풍부해지면서 과거보다 그러한 애로가 줄어든 것은 사실이다. 하지만 여전히 일부 영역에서는 비용과 편익을 객관적으로 측정하는데 크고 작은 애로와 문제가 발생하고 있다. 과거부터 그러했지만, 특히 환경재의 경우 여전히 관련 시장 정보를 활용하거나 표준화된 방법론에 의해 가치를 측정할 수 있는 영역보다 가정과 추론 및 가치판단에 의존해야 하는 영역이 더 많이 존재한다. 이러한 사실은 비용편익분석이 다룰 수 있는 영역과 대상의 한계, 나아가 분석 결과가 정책결정을 강하게 뒷받침해 줄 수 있는 객관성과 정당성에 한계가 있음을 시사한다.

끝으로 비용편익분석은 미래를 가정하고 추정하는 기법인데, 여기에는 다양한 불확실성과 위험성이 뒤따른다. 이는 비용편익분석이 안고 있는 내재적 불확실성(inherent uncertainty)의 한계이다. 이것은 분석 과정에서 결과에 결정적인 영향을 미칠 수 있는 핵심적인 가정과 전제, 비용과 편익의 추정 방법, 주요 통계와 각종 자료, 경험치 등이 신뢰 가능한 수준에서 뒷받침되지 못하거나 논란의 소지를 안고 있는 데서 기인한다.

(2) 규범적 접근의 한계[4]

비용편익분석은 기본적으로 실증적 접근(positive approach)보다 규범적 접근(normative approach)에 기반을 두기 때문에 분석의 과정과 결과를 다양한 이해관계자에게 설득시키는 데 한계가 있다.

4 이 부분은 김동건(2012: 4~6)을 일부 참조하고 있다.

규범적 접근이란 가치판단을 전제로 해서 현상을 진단하고 분석하는 것을 말한다. 쉽게 말해서, 어떤 상태가 보다 바람직하고 이상적인지에 대해 선험적인 판단을 하고서 사물의 현상과 행태를 다루는 것이다. 관심 있는 독자들은 이미 간파하였겠지만, 비용편익분석은 분석 결과 어떤 상태가 보다 낫고 바람직한지, 또한 사업 간에 우열을 가릴 수 있는 상태(기준)가 무엇인지에 대해 가치판단을 한다. 이와 달리 실증적 접근은 사회·경제 현상을 분석하고 해석할 때 가치판단 없이 있는 그대로의 상태를 대표하는 현상을 진단하고 점검한다. 이를 위해 통상 이론과 가설에 근거하는 분석 틀과 방법을 가지고 모형(model)과 변수를 활용하는 계량적 분석이 실시된다.

현대 사회과학은 규범적 접근보다 실증적 접근을 선호한다. 그것이 객관성과 예측성 면에서 우월하다고 믿기 때문이다. 특히, 현대 경제학은 다양한 이론과 분석 방법을 개발하면서 가능한 인문·정치·사상적 가치판단 요소를 배제하려고 많은 노력을 해왔다. 구체적으로, 각종 경제현상에 대한 진단과 예측, 경제 주체의 행태, 그리고 국민의 복리를 다루는 분석의 수단과 방법을 개발하는 과정에서 '가치 자유'(value free), 내지 '가치 중립'(value neutral)의 입장을 견지하고자 노력해 왔다. 그렇지 않으면 서로 다른 가치관에 의해 분석의 과정과 결과가 크게 흔들릴 수 있다고 판단하기 때문이다.

그런데 비용편익분석은 투자사업의 사회복지 영향을 분석하면서 어떤 상태가 가장 바람직한지에 대한 가치판단을 한다. 구체적으로 사업의 총편익이 총비용보다 클 경우 경제성이 인정되어 사업을 실시하는 것이 바람직하다든지, 또는 편익을 산정할 때 현상을 있는 그대로 진단하지 않고 더 나은 혜택과 효과를 염두에 두면서 가치 측정을 한다. 이와 달리 일반 경제이론(복지경제 제외)과 분석은 가능하면 가치판단으로부터 벗어나고자 노력한다. 예를 들어, 수요·공급 이론에서는 수요의 경우 상품과 서비스의 가격이 오르면(내리면) 수요가 줄어들고(늘어나고), 공급의 경우 상품과 서비스의 가격이 오르면(내리면) 공급이 늘어나는(줄어드는) 현상을 그대로 진단한다. 그리고 수요와 공급이 만나는 지점에서 시장의 균형가격과 균형 수요·공급량이 결정된다. 이때 균형점을 벗어나면 초과 수요(초과 공급) 현상이 관측된다. 이와 같은 접근은 현상을 있는 상태 그대로 분석할 뿐이다. 여기에는 어떤 상황이 선험적으로 바람직하거나, 어떤 상태로 가는 것이 가장 바람직하다는 등의 가치판단 요소는 포함되어 있지 않다(혹 수요와 공급에 대해 이해가 어려운 독자는 경제원론 책의 처음 부분을 참고하기 바란다).

■ 행정적·정치적 결정과 국민 참여 정책결정

만일 특정 사업이 국가와 사회적으로 매우 중요하고 민감하다면 때로는 국(주)민과 사회가 정책결정 과정에 개입할 수 있도록 문호를 개방할 필요가 있다. 예를 들면, 중·장기 관점에서의 원전 정책(소위 '탈 원전 정책'의 타당성 점검)에 대한 타당성 분석(사회적 비용편익분석)을 실시한 다음 그 결과(문제 및 한계 포함)를 갖고서 국가 지도자들이 결정할 수도 있고, 아니면 국민의 판단에 기대는 선택을 할 수도 있을 것이다(분석 과정에는 방법론, 자료, 정량화 등의 한계가 반드시 발생할 것임).
특히, 세대를 넘어서는 대형 국가사업이나 정책에 대한 비용편익분석을 하는 과정에서 객관적 계량화의 어려움이 심하거나 사회적 가치판단 요인이 중대한 영향을 미칠 것으로 예상되는 경우에는 정치적·정책적 결정 못지않게 사회적, 국민적 의사를 묻는 방법을 취하는 것이 합리적이다.

종합적으로 비용편익분석은 매우 유용한 정책판단 기법(의사결정 지원수단)이지만, 모든 사업을 최종적으로 확정짓는 유일한 수단은 아니다. 즉, 그것은 정책결정의 만병통치약이 아니고, 장점 못지않게 단점과 한계를 지니는 정책수단이다. 이러한 이유로 사업의 실시 여부를 최종적으로 결정할 때는 비용편익분석에 의한 경제성 분석 결과를 매우 중요시하면서도 다른 사회적·정책적 요인을 함께 고려해서 판단한다. 이는 앞서 언급한 바와 같이, 공공투자사업의 타당성 점검은 경제적 타당성(economic feasibility)뿐만 아니라 사회적·정치적 타당성(social/political feasibility)도 동시에 고려해야 한다는 사실을 다시금 상기시켜 준다.

끝으로 비용편익분석에서는 다루지 않지만, 이 책의 제2부와 제3부에서 다루는 타당성 분석(정책적 분석 포함)에서는 분배와 형평, 사회적 가치와 같은 규범적 가치판단 요소가 중요한 의사결정 요인으로 작용한다.

제4장

비용편익분석의 기본 구조와 주요 특징 및 초기단계 점검

1. 개요
2. 비용편익분석의 기본 틀과 원칙 및 특징
3. 비용편익분석의 주요 진행 과정(단계)과 핵심 사항
4. 비용편익분석의 초기단계 점검

1. 개요

비용편익분석은 특정 투자사업이 국민경제와 사회복지의 향상에 어느 정도 기여하는지를 금전적 가치로 평가하는 데 목적이 있다. 사회복지의 향상 여부는 경제적 관점(국가 경제자원(economic resource)의 효율적 사용)에 초점을 맞추고 분석한다. 이것을 지탱해 주는 핵심 경제이론(개념)은 기회비용(opportunity costs), 소비자 이득(잉여)(consumer surplus), 지불의사금액(willingness to pay)이고, 그 외의 경제이론과 개념도 분석 방법 등에 활용된다. 이때 주의해야 할 점은 '경제적 관점'이 수익과 이윤을 남기는 데 초점을 두지 않고, 사회 전체의 후생(복지) 증진에 중점을 둔다는 사실이다. 그리고 다루는 비용과 편익의 시계(time horizon)가 단기가 아니고 적어도 10~30년에 걸치는 미래의 긴 시간이라는 점도 인식해야 한다. 이것은 투자사업의 사회복지 영향이 한두 해의 관측 결과가 아니고, 미래의 긴 시간에 걸쳐 파악되는 종합적 예측 결과라는 것을 의미한다.

독자들이 비용편익분석에 대해 알고자 한다면 최소한 이들에 관한 지식을 어느 정도 가지고 있어야 한다. 그렇지 못할 경우 일반 상식적으로 생각하는 비용과 편익이 실제 비용편익분석에 포함되지 않는 데 대해 혼동과 의문을 가질 수 있다. 예를 들어, 타당성 분석을 의뢰한 지방자치단체의 많은 공무원들은 산업단지가 들어서면 주변의 지가가 상승하고 지역의 고용과 소득이 늘어날 것이라고 예상한다. 따라서 이들 효과는 당연히 편익에 포함되어야 한다고 생각한다. 하지만 비용편익분석에서는 통상 이들을 편익효과나 가치로 인정하지 않는다. 그 이유는 간단하다. 그것이 비용편익분석에서 중요시 하는 사회복지 향상과 무관하기 때문이다.

산업단지의 건설에 소요되는 노동력이나 향후 입주할 노동력, 그리고 그로 인한 소득 증가는 국가와 사회적 관점에서 볼 때 새로운 투입과 산출이 아니다. 이들은 이미 다른 지역과 활동부문에서 고용되었던 노동력이 창출하는 소득으로서 새롭게 국가경제와 사회복지의 향상에 기여하는 편익으로 간주될 수가 없다.[1] 뒤에서 자세히 설명되지만, 비용편익분석에서

1 다만, 산업단지에 입주할 기업이 새로운 노동력을 창출(예컨대, 최첨단산업의 유치를 통한 신규 노동력 창출)하거나 해당 지역의 실업 상태가 매우 심각할 경우에는 그와 관련된 노동과 소득은 관련 사업의 편익으로 간주해서 산정한다.

인정하는 편익과 비용은 정책과 사업에 따른 직접적이고 일차적인 것에 한정하고, 간접적·이차적 편익은 중복 편익으로 간주하여 배제한다.

또 다른 예로서 비용과 편익을 산정하는 과정과 내용은 일반 기업의 재무 분석과 본질적으로 다르다. 재무성 분석은 사회복리에는 관심이 없고 투자사업의 수익성 또는 생존 가능성을 점검하는 데 중점을 둔다. 구체적으로, 투자사업이 미래에 유발할 것으로 추정되는 금전적 수입(수익)과 지출(비용)을 체계적으로 산정한 다음 양자를 종합 비교하여 해당 사업의 수익성(수지 타산)을 점검하는 데 중점을 둔다. 즉, 재무성 분석은 투자사업의 장래 현금흐름에 초점을 두고 사업의 수익성과 지속 가능성을 점검한다.

이와 달리 비용편익분석은 투자사업이 미래에 유발할 것으로 추정되는 총비용과 총편익을 비교하여 사회복지가 어떤 영향을 받을지에 대해 점검한다. 이러한 관점에서 공공투자의 타당성 점검은 수익 (또는 이윤) 극대화를 판단 기준으로 삼는 일반 기업투자의 타당성 점검과 비교해 목적, 개념, 수단, 판단 근거가 근본적으로 다르다.

이러한 사실을 인식하면서 지금부터는 비용편익분석의 기본 틀과 핵심 내용에 대해 전체적으로 조망해 보기로 한다. 이와 관련된 세부 내용은 뒤에서 자세히 기술한다.

2. 비용편익분석의 기본 틀과 원칙 및 특징

비용편익분석은 다음에서 설명되는 기본 구조와 특징을 가지고 있으며, 이는 세계 각국이 사용하는 비용편익분석 지침의 골격이라고 말할 수 있다. 여기서는 먼저, 독자들에게 비용편익분석이 무엇인지에 대해 전체 그림을 압축적으로 제시하고자 하며, 중요한 세부 내용은 뒤에서 상세하게 기술할 예정이다(독자들은 여기에서 기술되는 내용을 대체로 이해하면 되고, 보다 확실한 이해는 뒤에서 하면 될 것이다).

첫째, 투자사업이 사회복지의 증진에 어느 정도 기여하는지를 경제적 관점(효율성 측면)에 중점을 두고 평가한다. 그 기반이 되는 핵심 경제이론(개념)은 기회비용과 소비자 이득이다. '경제적 관점'이란 수익과 이윤을 남기는 것이 아니고, 사회 전체의 후생(복지) 증진을 도모하는 개념이다.

둘째, 분석의 시계(시야)는 최소한 10년 이상의 중·장기를 대상으로 한다. 대체로 말해서, 해당 투자사업의 사용 연수와 비슷하며 통상 20~30년의 중·장기 시야를 전제로 한다.

셋째, 비용과 편익의 주요 항목을 구분해서 각각의 금전적 가치를 측정한 다음 모든 비용의 총합과 모든 편익의 총합을 상대 비교한 결과를 도출한다. 이때 도출된 단순 명확한 수치 값(비용편익비율(B/C ratio), 순현재가치(net present value) 등)은 분석의 최종 성과지표로서 투자사업의 사회복지 영향, 즉 순편익(net benefits)에 관한 정보를 제공한다. 그리고 이를 통해 사업의 경제성을 판단한다.

넷째, 현재 이용 가능한 자료와 사실과 정보를 최대한 활용하여 투자사업의 미래 편익과 비용을 체계적으로 추정하는 종합 예측 기법이다. 예측(추정) 과정에서는 이론과 경험적 논리에 기반을 두는 다양한 방법론과 수단이 활용된다. 여기에는 사업의 수요 추정을 비롯하여 비용과 편익에 대한 가치 측정 원칙, 방법, 검증, 위험성 완화 등이 포함된다.

다섯째, 비용과 편익에 대한 인식과 가치 측정은 국가적·사회적 관점에서 접근하며, 특정한 사회·경제 주체(부처, 직능단체, 기업, 그룹, 젠더, 소득계층, 지역 등)의 관점에서 접근하지 않는다.

여섯째, 투자사업의 사회복지(국민의 생활수준 포함) 영향은 누구나 수긍할 수 있는 화폐가치(원, 달러, 파운드, 엔 등 화폐단위로 표시되는 금액가치)로 측정된다. 즉, 화폐가치가 비용과 편익을 객관적으로 비교 평가하는 잣대(기준)로 사용된다.

일곱째, 미래에 발생할 것으로 추정되는 비용과 편익의 화폐가치를 오늘날의 화폐금액(현재가치)으로 환산(전환)하기 위해 사회적 할인율(social discount rate)이라는 전환수단을 사용한다.

여덟째, 투자사업과 분석을 둘러싼 위험성 및 불확실성 요소를 최소화시키는 객관적인 방법 내지 장치(예컨대, 민감도 분석 등)를 내장하고 있다. 예를 들면, 최종 분석 결과(수치 값)에 결정적인 영향을 미치는 사회적 할인율의 선정이나 주요 분석의 가정 및 방법론 사용 등에 일정한 범위와 변화를 가하여 분석 결과의 위험성을 완화한다.

아홉째, 분석은 '가치 중립'(value neutral) 또는 '가치 자유'(value free)에 입각하여 실시한다. 따라서 측정된 화폐가치는 모든 사람들에게 동일한 것으로 간주한다(예를 들면, 만 원의 가치는 부자나 가난한 사람 모두에 있어서 동일하다). 이는 사실상 비용편익분석이 사회·경제적 형평성

(equity) 문제를 원칙적으로 제외한다는 것을 의미하는데, 이를 둘러싸고 일부 논란이 있다.

3. 비용편익분석의 주요 진행 과정(단계)과 핵심 사항

비용편익분석은 일련의 연속적인 진행 절차와 과정으로 구성된다. 이들은 각각의 특성과 기능을 지니지만, 전체 틀 속에서 상호 연계성과 보완성을 지닌다. 여기서는 일반적인 비용편익분석의 기본 틀과 진행 과정(단계)에 대해 기술하고자 한다. 일반적인 비용편익분석의 기본 틀과 진행 과정은 대체로 다음과 같이 구성된다.

① 사업의 추진 배경 및 필요성과 사업의 목적 점검

② 사업의 정체성 확인, 기준 사례(base case)와의 비교

③ 사업의 영향권, 수혜자, 이해관계자 점검

④ 비용과 편익의 추정과 현재가치 전환

⑤ 위험 및 불확실성 요소 분석과 관리(추가적 점검 및 분석 대상 보완)

⑥ 순편익(net benefits) 측정과 종합: 결과 보고(summary table 포함)

①~③ 부분은 비용편익분석을 본격적으로 하기에 앞서 대상 사업에 관한 기본 정보를 파악하는 과정이다. 여기서는 사업의 본질은 무엇이고 왜, 무엇 때문에 지방자치단체가 개입해서 현재의 상태를 변화시키려고 하는지, 재원은 어떻게 조달되고, 사업이 완성되면 어떤 형태(시설)의 산출물과 성과(사회적 변화와 영향)가 사회에 제공되며, 그리고 누가 이 사업의 재원과 운영관리 책임을 지게 될 것인지에 대한 정보를 종합적으로 파악한다.

이 과정에서는 통상 계량적 분석사항은 포함되지 않으며, 추후 진행될 비용과 편익의 산출에 필요한 구조와 정보체계를 설계하는 데 중점을 둔다. 한마디로 지방투자사업의 정체성을 분명히 확인하고, 사업 실시 후 예상되는 사회복지 영향에 대해 대체적으로 감을 잡는 기초 연구가 진행되는 단계이다.

④~⑥ 부분은 비용편익분석의 최종 성과물을 도출하는 가치 측정과 계량 분석의 과정과 방법으로 구성된다. 이를 통해 분석의 종착점이라고 말할 수 있는 최종 판단 정보(예컨대, 비용편익비율, 순현재가치 등)가 도출된다. 이 과정에서는 필요시 경제성 분석 외에 투자사업의 재무

수지(현금흐름: 비용과 수익의 비교)에 관한 분석과 사업의 기술적 가능성에 대한 점검을 보완적으로 수행한다. 최종 분석 결과는 단일의 수치로 나타난다. 다만, 정책 결정시에 사업이 내포하는 미래의 위험성과 불확실성을 다소 완화하는 차원에서 단일의 수치 값 외에 분석 결과를 긍정적·부정적 양 측면(수치의 상·하)으로 확대한 범위 값이 제공된다. 즉, 사업 성과지표의 최소, 최대 범위(예컨대, 0.75~0.85)가 보완적으로 산출된다. 이때 통상 민감도 분석이 활용되는데, 이에 관한 사항은 뒤에서 다룬다.

4. 비용편익분석의 초기단계 점검

비용편익분석의 초기단계에서 명확히 해두어야 할 몇 가지 중요한 사안이 있다. 그것은 사업의 추진 배경과 목적, 영향권, 수혜자, 그리고 이해관계자에 대해 객관적으로 점검하고 판단하는 일이다. 이는 지방자치단체가 왜, 무엇을 위해 이 사업을 추진하는지(배경과 목적), 또한 이 사업을 수행하면 그 혜택이 어떤 범위(공간적 범위)에서 구체적으로 누구에게 돌아가는지(영향권, 수혜자), 그리고 사업이 실시되면 직접적으로 이해관계를 지니는 주체가 누구인지(이해관계자)에 대해 정확히 파악하는 데 중점을 둔다. 지금부터는 이들에 관해 기술하고자 한다.

1) 사업 정체성(identity)

(1) 사업의 추진 배경과 필요성

비용편익분석을 본격적으로 실시하기에 앞서 가장 먼저 살펴보아야 할 것은 왜 지방자치단체가 이 사업을 추진해야 하는지의 문제이다. 이것은 정부 개입의 정당성 문제인데, 크게 두 가지 관점에서 점검된다. 하나는 원론적 관점에서 투자사업이 시장실패나 그에 근접하는 공공성 영역에 속하는 것인지를 점검하고 확인하는 데 중점을 둔다. 그 핵심은 민간 영역(재화와 서비스의 특성이 사적재(private good)이고, 정부가 민간부문이 훨씬 더 효율적이고 효과적으로 잘하는 것으로 평가되는 부문)을 침해해서 국민경제에 부정적인 영향을 미치는지의 여부를 파악하는 데 있다. 이것은 엄밀히 말해서, 비용편익분석보다 투자사업 타당성 분석이 담당해야 할 역할에 해당한다. 그런데 실제로 투자사업 타당성 분석에 참여하는 지방자치단체와 심지어 분석기관들조차 이 문제를 소홀히 다루는 경향이 있다. 이는 마땅히 고쳐져야 한다. 정부에 부여된 사명은 민간 영역이 아닌 공공의 영역에서 '해야 할 일을 잘하는 것'이다.

다른 하나는 사업에 영향을 주는 지역의 인문·사회·경제·지리적 상황 정보를 거시적으로 파악하고, 실시 주체(지방자치단체 등)의 기구 조직 및 재정 역량을 면밀히 조사해서 사업의 실시 필요성과 수행 가능성을 점검하는 데 중점을 둔다.[2] 한마디로 지역에서 충분한 공적 수요가 존재하고 사업의 재원조달과 사후 운영관리에 문제가 없는지에 대해 중점적으로 점검한다. 지방자치단체와 사업을 둘러싼 거시적 환경에 관한 사항이 객관적이고 체계적으로 정리될 때 비로소 합리적인 수요예측이 가능해진다. 구체적으로 지역의 인구나 경제성장 등 주요 인문·사회·경제적 변수에 대한 장래 예측이 합리적인 가정과 객관적인 통계를 통해 잘 이루어져야만 사업의 수요와 그에 기반을 두는 편익이 합리적으로 추정될 수 있다. 그렇지 못할 경우 수요예측의 기반이 취약해지고, 추정되는 편익가치의 신빙성은 떨어진다.

사업의 필요성과 수요를 파악하기 위해서는 기존의 시설 및 공공서비스의 양과 질적 수준에 대해 면밀히 점검해야 한다. 예를 들면, 관련 시설의 주요 상태와 성과지표(상수도 보급률, 1인당 병상 수, 도서관 수·규모·분포 등), 지역별 분포와 수요, 다른 지방자치단체와의 상대 비교, 관련 수수료와 부담금(시설 사용이 유상인 경우), 주민 숙원도, 전반적인 공급 상태와 현안(갈등 포함) 등에 대한 내용을 파악하는 것이다. 이러한 기본 점검을 통해 사업의 수요와 더불어 얼마나 많은 사람(또는 주체)들이 장래에 서비스 혜택을 볼 것인지에 대해 대체적인 윤곽을 가질 수가 있다.

지역의 수요와는 조금 다르지만, 추진하려는 사업(재화와 서비스 제공)이 전국의 지방자치단체나 다른 유사·동종 자치단체와 비교해서 어떤 상태에 놓여 있는지를 살펴보는 것도 의미가 있다. 이것은 공공서비스의 경제적 효율성보다 형평성 관점에서 사업 필요성과 정당성을 뒷받침해 주는 중요한 요인이 된다.

2 여기에는 사업의 수행과 직접적인 연관성을 지니는 지역의 인구와 인구 특성, 경제 상태(현황 및 성장), 관련 공공재 수준, 고용 및 실업률, 관련 국가 및 지역정책과 계획 및 제도적 여건, 공무원 기구 조직, 기타 의미가 있는 인문·사회·경제·지리적 요소와 여건에 대해 전반적으로 점검하는 내용이 포함된다.

그리고 이 단계에서 반드시 점검해야 할 사항은 '사업을 이런 방식으로 꼭 해야 하는가?'에 관한 이슈이다. 이것은 현재 제시된 사업 추진 방식 말고 다른 형태로 사업이 추진될 수 있는지에 대한 다양한 선택 가능성(options)을 점검하는 것을 의미한다. 만일 현재 계획 중인 사업보다 다른 대안이 동일한 비용으로 사회복지를 더 높여 주거나 아니면 보다 적은 비용으로 동일한 수준의 사회복지를 달성할 수 있다면, 대안의 선택이 합리적이다. 물론 이 경우 비교 대안은 동일한 목적과 정책효과를 갖는 것이어야 한다.

이 문제를 제대로 다루기 위해서는 정부가 동 사업을 실시할 계획이 없었다고 가정할 때(즉, 정부가 구상하는 사업이 없는 현재의 상태를 유지할 때), 앞으로 얼마나 많은 비용과 편익이 발생할 것인지에 대해 객관적으로 파악할 수 있어야 한다. 예를 들면, 정부가 다리를 건설하거나 고속도로를 건설하고자 할 때, 그것이 없는 현재의 상태가 앞으로도 계속 유지되려면 향후 얼마의 비용과 편익이 발생할 것인지에 대한 정보를 알아야 한다. 그리고 그 정보를 정부가 실시하고자 하는 사업의 미래 비용 및 편익과 비교해야 한다. 물론 이 경우 계획 중인 사업에 대한 비용과 편익에 대한 정보를 파악해야 한다.

구체적인 예로, 정부가 다리를 건설하는 경우를 가정해서 설명해 보자. 이때 현재는 다리가 없어서 많은 사람들이 내륙의 도로를 이용해서 조금 돌아 목적지에 도달한다고 가정한다. 만일 다리가 건설되지 않는다면, 정부는 앞으로도 계속해서 기존의 도로와 관련 수송시설을 보수해 나가야 한다. 이러한 상황에서 만일 다리의 건설과 운영에 소요되는 총비용이 500억 원이고, 건설 후 다리를 이용하는 사람들의 편리성과 안전성 등 모든 편익을 합친 가치가 400억 원이라고 가정해 보자(이 경우 비용편익비율은 0.8임). 이에 비해 현상 유지 정책을 고수할 경우(지금까지와 마찬가지로 정기적으로 도로의 유지·보수 투자를 실시함) 동일한 분석기간 중에 비용은 100억 원이고 편익이 100억 원이라면, 다리 건설(즉, 정부 개입)보다 현상 유지 정책을 추진하는 것이 사회복지 측면에서 바람직하다.

이와 같이 실시 계획 중인 사업을 현실 대안(option)과 비교 점검해야 하는 이유는 현재 있는 상태에 변화를 가하는 정부 개입(새로운 정책, 사업, 규제 등)이 과연 합리적인지에 대한 정당성을 확인하는 데 있다. 즉, 정부가 투자사업이라는 형태로 개입하였을 때, 그로 인한 미래의 사회적 순편익이 정부의 개입이 없는 현재 상태를 유지할 경우 예상(추정)되는 사회적 순편익보다 커야만 사업의 실시 정당성이 확보된다. 이때의 '현상 유지 조건'은 현상을 깨는 새로운 조건(즉, 투자사업 실시)의 정당성을 판단하는 기준선(baseline) 또는 비교 준거가 된다. 이와 관련하여 비용편익분석에서는 다양한 개념(예컨대, counter-factual, base case, with and without, BAU, do nothing, do minimum 등)을 제시하고 있는데, 이에 대한 설명은 뒤에서 별도로 한다.

끝으로 한 가지 강조하고자 하는 것은, 사업을 실시할 때와 실시하지 않을 때를 비교한다는 것은 사업의 실시 전과 후를 비교하는 것(before and after)과 분명히 다른 개념이라는 사실이다.

(2) 사업의 목적

공공투자사업은 분명한 목적이 있어야 한다. 사업의 목적이 분명할 때 미래 수요와 사업 완성시의 미래 상태(목표로 하는 산출물과 성과)가 명확해진다. 즉, 이 사업이 완공되어 운영될 때, 앞으로 우리 지역에 어떤 새로운 공공서비스가 제공되는 사회적 효과가 나타날 것인지에 대한 그림을 머릿속에 그릴 수 있다. 사업의 목적이 불분명할 경우 막대한 세금이 투입된 사업이 성과를 내기가 어렵고, 무엇보다도 사업의 경제적 편익을 측정하는 데 애로가 생긴다. 극단적으로는 사업이 목표로 하는 바와 그것을 구현하는 수단 및 효과가 미스매치(mismatch)되어 실패하는 사업이 될 가능성이 크다. 현실적으로 타당성 분석을 요청하는 지방투자사업의 상당수가 사업의 목적과 효과를 산만하고 모호하게 기술하고 있다. 때로는 이러한 사업이 과연 국민의 세금을 효율적으로 사용할 수 있을지 하는 의문을 불러일으키는 경우도 있다.

사업의 목적은 사업의 존재 이유이다. 그리고 사업이 궁극적으로 도달하고자 하는 상태와 성과(결과)이다. 그러므로 사업 실시 결과 예상(기대)되는 사회복지 차원의 변화(증진, 개선)와 앞으로 제공될 공공서비스의 산출물 및 성과에 관한 내용을 분명히 함축해야 한다. 예컨대, 사업이 실시되면 통행속도가 크게 향상되고 신규 고용이 늘어날 것이라는 표현은 일종의 슬로건에 불과하다. 구체적인 산출물과 성과를 전혀 제시하지 못하고 있다. 이와 달리 특정 규격(용량)의 도로 10Km, 1일 300톤 처리용량의 쓰레기 소각장, 1,000석 규모의 예술회관 등을 제시하는 것은 투자사업의 산출물을 누구나 쉽게 파악할 수 있게 해준다. 그리고 가능하면 산출물에 더해 사업의 필요성과 완성도를 포함하는 계량적 성과지표를 제시해 주는 것이 좋다. 예를 들어, 도로가 완공되면 차량 속도가 현재 시속 30Km에서 시속 60Km로 크게 개선되고, 이로 인해 지역경제가 0.5% 성장한다는 분석 결과를 제시하는 것이다. 그리고 접근성 향상이나 안전성 제고를 통해 주민 사망률이 현재보다 30% 이상 떨어진다는 식의 성과지표를 객관적으로 제시해 주는 것이다. 쓰레기 소각장과 예술회관의 경우 용량 증가(주 1회 수거 용량에서 주 2회 수거 용량으로 확대)를 통한 지역의 청결도 향상, 주요 공연의 지역유치를 통한 주민 문화 수준(문화지수(cultural index)) 향상 등을 제시하는 것도 비슷한 예이다.

마찬가지로, 건강복지 프로그램의 경우 건강 상태가 구체적으로 어떻게 좋아지는지를 명시해 주는 것이 좋다(예: 주민 비만율 3% 감소). 이러한 접근은 환경오염 개선 수준, 지역사회의 문화서비스 인프라 향상 수준, 일자리 창출 등에 관한 핵심 성과(outcome) 또는 산출물(output)을 통계나 지표(지수)를 활용함으로써 사업의 목적을 보다 명확히 해줄 수 있다. 이와 같은 노력이 있을 때 투자사업의 이해관계자들은 사업의 미래 모습에 대한 그림을 그릴 수 있다.

적지 않은 사례에서 사업 공정의 완성(물)이나 핵심 활동(예: 도서관·문예회관 건립, 도로 개설, 상수도시설 건설, 환경정화시설 설치, 전염병 접종 실시 등)을 사업 목적인 것처럼 언급하고 있는데, 이것은 적절한 기술이 아니다. 물론 재정자금을 사용한 결과가 도로 건설이라는 활동과 완성품으로 이어지는 것은 사실이다. 그러나 사업의 목적은 도로 건설 자체에 있지 않고 그것을 통해 사회적으로 얻고자 하는 그 무엇(성과, 결과, 효과, 산출물)에 있음을 명심해야 한다.

결론적으로 사업의 목적은 특정한 시설과 서비스의 완공이라는 산출물을 토대로 궁극적으로 지역주민의 생활과 복지에 긍정적인 영향을 주는 그 무엇, 즉 최종 핵심 성과를 명확히 제시할 수 있어야 한다.[3] 물론 이와 관련된 실질적 사항은 실제 비용편익분석을 통해 종합적이고 객관적으로 파악된다. 하지만 사업의 계획단계에서 기대되는 사업의 직접 산출물과 효과를 적시하고 관련된 사회복지의 향상을 지표나 지수를 통해 계량적으로 제시해 줄 수 있다면(만일 계량적 제시가 어렵다면 주민이 어느 정도 상상할 수 있는 사업의 성과와 영향을 표현해 줌), 그것은 사업의 초기 신뢰성 진작에 기여한다.

끝으로 사업의 목적을 규정하는 과정에서는 그것을 지나치게 협소하게 규정하거나 지나치게 광범위하게 제시하는 것은 지양해야 한다. 전자는 전체 사업을 보기보다 사업의 부분과

3 투자사업과 관련된 '왜, 무엇을 위해'의 문제는 정부가 국민의 세금을 사용했을 때(즉, 예산이라는 투입(input)을 투자했을 때) 어떤 산출물(output)이 나오고, 궁극적으로는 어떤 성과(outcome)와 변화가 나타날 것인지를 사전에 국민에게 제시하는 일종의 약속이다. 그러므로 비용편익분석을 할 때는 기본적으로 이 문제(사업의 목적과 목표)에 관심을 갖고 점검해야 한다.

수단에 치중할 가능성이 있고, 후자는 정책과 사업을 제대로 설계하기 어려운 문제점을 안고 있다.

2) 사업 관련자

(1) 사업의 영향권, 수혜자, 이해관계자

정부의 재정 개입(예컨대, 투자사업 실시)은 기존의 경제·사회적 상태에 영향과 변화를 초래한다. 그 과정에서는 영향을 받는 공간(영향권)과 구체적인 대상(수혜자와 피해자)이 형성되고, 또한 변화와 관련된 직접적 이해관계자가 생긴다. 통상 사업이 실시될 때 사회적 편익이 주어질 것으로 예상되는 공간 영역(혜택의 영향 반경)이 어느 정도인지를 파악하는 것을 '영향권(impact area) 문제', 그리고 그 속에서 사업의 혜택을 직접 받게 되는 수혜자가 누구인지를 구체적으로 확인하는 것을 '수혜자(beneficiaries) 문제'라고 한다.

일반적으로 지방투자사업과 관련된 영향권, 수혜자, 이해관계자 문제를 통상 관련(계)자('who has standing')라고 말한다. 관련자 이슈는 사업이 실시되었을 때 예상되는 모든 사회적 비용·편익과 밀접한 연관성(혜택을 입거나 손해를 보는 관계)을 지니는 공간적 영역과 구체적 수혜자, 그리고 사업의 실시·운영과 직접적인 권리와 의무 및 책임 관계에 놓인 각종 이해관계자의 상태를 체계적으로 파악하는 것이 관건이다.

비용편익분석의 목적이 투자사업의 사회복지 증진 수준을 측정하는 데 있는 만큼, 누가 어떤 공간에서 얼마만큼의 사업 혜택을 볼 것인지에 대해 구체적으로 파악하는 것은 필수적이다. 즉, 비용편익분석은 이들을 명확히 확인하고, 그와 관련된 변화와 영향의 크기를 금전적 가치로 측정할 때 목적을 달성할 수 있다. 예를 들어, 공원사업이 추진될 때 공원서비스의 혜택이 직접적으로 미치는 공간적 범위가 어디까지이고, 또한 그 속에서 누가 어떤 혜택을 얼마만큼 보며, 사업과 관련된 금전적 이해관계와 책임성을 누가 지니는지에 대해 명확히 파악할 수 있어야만 비용편익분석을 본격적으로 실시할 수 있다. 만일 이러한 정보가 불분명할 경우 사업의 편익과 비용을 객관적으로 산정할 수 없다. 따라서 사업의 실시 여부를 판단하는 사회적 순편익도 도출할 수가 없다.

비용편익분석에서 관련자 이슈가 매우 중요한 이유는 이들이 사업의 미래 수요와 편익을 추정하는 데 결정적인 역할을 하기 때문이다. 이들에 관해 얼마나 정확히 파악하고 그것을 편익의 가치(화폐가치)로 추정하는지에 따라 비용편익분석의 결과와 공신력이 왔다 갔다 한다.

투자사업의 영향권은 사업의 규모와 특성에 따라 달라진다. 그것은 작게는 커뮤니티 단위로부터 시와 군 단위, 광역단위, 그리고 크게는 국가 전역으로 확대된다. 예를 들어, 경부고속도로나 인천국제공항을 건설하는 사업의 경우 영향권은 국가 영역(전 국토와 국민)이 된다. 반면에 군단위의 도서관 건립이나 문화예술시설 건립사업의 경우 영향권은 해당 군지역이 된다. 만일 같은 도서관이라고 해도 마을 도서관이나 커뮤니티 도서관과 같이 소규모, 소지역을 타겟으로 하는 것이라면 영향권은 해당 마을지역이 될 것이고, 수혜자는 수백 명에서 수천 명 정도에 불과할 수 있다. 일반적으로 물리적 시설사업의 경우 영향권은 시설을 둘러싼 지역(구역)이 되지만, 환경 관련 사업의 경우 영향권은 국지적 범위를 넘어 때로 광범위하게 확대된다.

통상 영향권을 행정구역 단위로 설정하는 경향이 있다. 이는 대체로 분석 편이(통계자료의 이용 가능성 등)와 비용 절감 차원에서 비롯된다. 그러나 보다 정교한 분석을 하기 위해서는 사업의 특성과 상황(생활권 등)을 면밀히 점검해야 한다. 필요하다고 판단될 경우 행정구역을 넘어서는 영향권 설정을 시도하는 것이 바람직하다.

투자사업이 유발하는 다양한 사회적 후생은 결국 그 사업이 얼마나 많은 사람(대상)과 얼마나 광범위한 지역에 직접적인 영향을 줄 것인지에 의해 결정된다. 따라서 영향권 문제와 수혜자 문제를 지혜롭게 풀어 나가는 것은 매우 중요하다. 예를 들어, 동일한 도로사업을 두고 영향권을 반경 50km 이내의 인구 5만 명으로 간주하는 경우와 영향권을 100km 이내의 인구 10만 명으로 간주하는 경우를 생각해 보자. 양자는 동일한 비용에 대비되는 편익의 크기가 크게 다르다. 후자의 경우 교통 편리성, 차량 운행, 안전성 등 주요 혜택 측면에서 전자보다 월등히 좋은 사회적 편익이 산출된다. 이러한 예시는 동일한 사업에 대해 직접적인 영향권과 수혜자를 어떻게 정의하고 파악하는지에 따라 경제적 타당성이 인정되기도 하고 인정되지 못하기도 하는 결과가 발생할 수 있음을 시사한다.

또 다른 예로, 공영주차장을 건립하면서 실제 예상되는 지역 내 주차 수요(주차장 이용자)가 아닌 타 지역의 주차 수요까지 포함시켜 수요 분석을 하였다고 가정하자. 이 경우 수혜자와 영향권이 과도하게 설정된 셈이 된다. 그 결과 편익이 크게 부풀어져 과다 계상되고, 하지 말아야 될 사업이 시행되는 세금낭비 현상이 나타난다. 마찬가지로 어느 도시가 새로운 공원 조성을 계획하면서 영향권과 직접 수혜자(공원 이용자)를 실제보다 과도하게 산정하여 공원의 사회적 편익을 높이 평가하였다면 그것은 잘못된 분석이다(물론 공원이 조성되면서 주변의 환경과 삶의 질이 높아지는 것은 별도의 편익이다). 이러한 문제는 도로·철도·교량 등 각종 SOC를 비롯하여 지역의 도서관, 문예회관, 박물관, 관광시설 등 대부분의 투자사업에서 발생할 수 있다. 영향권과 수혜자에 대한 분석과 판단이 부실할 경우 이는 마치 첫 단추를 잘못 꿰는 것과 마찬가지이다. 나머지 분석이 충실히 이루어지더라도 분석 결과는 총체적으로 왜곡된다.

하지만 실제에 있어서는 사업의 영향권과 수혜자를 명확하게 파악하는 것이 어렵고 애매한 경우가 적지 않다. 소위 회색지대(grey area) 문제가 존재한다. 예를 들어, 특정 지역에 지방도로를 건설할 경우 사업의 영향권을 주변지역으로 한정할 수도 있지만, 도로의 연계 접속성 등을 감안하여 그보다 더 넓은 광역단위로 확대할 수도 있다. 특히, 투자사업이 다른 사회기반시설과 연계성이 높거나 네트워크 기능이 강한 특성을 지닐 경우 사업의 혜택 영향권은 광범위하게 확대될 수 있다. 이와 같은 상황에서는 영향권 문제와 수혜자 문제를 별도로 구분해서 심층 점검을 한 후에 사업의 미래 수요와 편익을 측정하는 접근이 합리적이다. 이때 만일 자의적인 판단이나 객관성이 떨어지는 분석과 추정이 가미된다면 비용편익분석 결과는 크게 왜곡된다.

현실적으로 국가투자사업이나 지방투자사업 모두 사업의 영향권과 수혜자 문제에 대해 인식과 노력의 투입이 상당히 부족한데, 이는 개선되어야 한다. 영향권을 주먹구구식으로 부풀리는 것은 용납될 수 없다. 객관적인 분석자료(통계, 선행연구 결과 등)와 전문가적 판단, 기타 합리적이고 정교한 사전 점검 작업(pre-testing)을 통해 비용편익분석에 적용될 영향권을 산정해야 한다. 다시 강조하지만, 사업의 영향권 문제와 직접 수혜자 문제가 명확히 해소되지 않으면 어떤 세련된 방법론에 의해 편익이 산출되더라도 그것은 비용편익분석의 질과 신뢰성에 손상을 가하는 결과가 된다.

끝으로 사업의 영향권은 통상 국가투자사업의 경우 전국에 걸쳐 확대되고, 지방투자사업의 경우 국지적·지역적 공간 범위에 국한되는 경향이 있다. 그러나 사업의 특성에 따라 예외적인 경우도 적지 않다는 사실을 알아야 한다. 특히, 국가투자사업 중에는 광역자치단체 수준에서 실시되는 사업과 사실상 규모나 내용 면에서 큰 차이가 없는 것들이 있는데, 이 경우 영향권을 전국단위로 설정하는 것은 과도하다. 그리고 매우 예외적이지만, 광역자치단체가 추진하는 대형 지방투자사업 중에서는 영향권이 전국을 포괄하는 것도 있음을 인식해야 한다.

■ 공공투자사업의 영향권 과다 설정과 과잉 수요 산정

비용편익분석에 대한 비판론 중 하나가 소위 '장밋빛 전망(낙관적 전망) 바이어스'(optimism bias)인데, 이는 대부분 사업의 수요와 편익(대상과 범위)을 과도하게 추정하는 데서 기인한다. 예를 들어, 어느 도가 '대표 도서관'을 도청 소재지에 건립하면서 그 영향권을 도 전체나 아니면 전국을 대상으로 선정한다면, 이것은 수요와 편익을 크게 과장하는 현상을 초래한다. 그 결과 사업의 타당성이 인정될 가능성이 커지고, 자칫하면 국민의 세금이 낭비되는 잘못된 정책결정으로 이어질 수도 있다. 이는 사업의 영향권을 실제 수혜지역(도청 소재지와 인근지역)을 중심으로 선정해서 분석하는 경우와 크게 다르다.

마찬가지로, 국립 중앙도서관이나 국회도서관(현재 서울에 위치함)에 대한 타당성 분석을 하면서 심층적인 사전 점검(pre-testing) 없이 무조건 영향권과 수혜자를 전국 및 전 국민을 대상으로 확대하는 경우에도 비슷한 문제가 발생할 수 있다. 이들이 국가적 상징성과 유용성을 지니는 것은 분명하지만, 실제로 도서관을 방문해서 직접 이용하고 그로부터 혜택을 보는 주체는 통상 서울을 포함한 수도권 일부 지역의 국(주)민이 될 가능성이 크다. 다만, 최근에 물리적 접근성 외에 인터넷 등을 통한 다양한 지식 및 정보 접근성과 문호 개방성이 향상되어 영향권과 수혜자에 대한 접근을 조금 달리할 필요성은 과거에 비해 크게 높아졌다(소위 'digital library' 개념).

영향권과 수혜자를 확인하는 문제는 특정 시설의 주된 기능과 그 기능이 제공하는 하드웨어와 소프트웨어 서비스를 어떻게 명확히 설정할 것인지에 따라 크게 달라진다. 실제로 적지 않은 사업에서 이를 둘러싸고 논란이 일어나고 있다. 이 문제에 대해 적극적으로 대응하기 위해서는 국내외 사례와 각종 실증분석 결과 그리고 전문가의 (집단) 지성을 최대한 활용해서 논리적·현실적으로 접근하는 전략이 필요하다.

(2) 사업의 이해관계자

투자사업의 영향권과 수혜자를 구체적으로 식별하는 문제와 함께 해소해야 하는 이슈로 이해관계자(stakeholder) 파악 문제를 거론할 필요가 있다. 이것은 사업의 전 과정(계획, 실시, 완공, 유지관리 등)에 걸쳐 직접적으로 금전적·비금전적 이해관계를 지니는 주체가 누구이고, 그 핵심 내용(활동, 권한, 의무, 책임, 이해관계 등)이 무엇인지에 대해 확인하는 과제이다. 핵심은 누가 사업을 주관하고 책임지며, 비용은 누가 부담하며, 그리고 사업 완공 후의 운영관리와 각종 위험성과 관련된 중요한 권한과 책임을 갖게 되는 주체가 누구인지를 구체적으로 확인하는 데 있다.

이해관계자를 구체적으로 파악해야 되는 이유는 투자사업의 실시, 완공, 운영과 관련된 비용적 측면과 편익적 측면을 실제로 담보해 주고, 향후 사업에 중대한 문제(예컨대, 채무불이행, 사업 및 서비스 중단 등)가 발생하였을 때 그것을 관리하고 책임지는 공적 주체를 명확히 하기 위해서이다.[4] 한마디로 사업의 실시 주체와 그 역할을 체계적으로 파악해서 사업의 위험성을 줄이고 안정성을 확보하는 데 목적이 있다.

이해관계자 식별 문제는 앞서 살펴본 영향권·수혜자 식별 문제와 달리 그 자체가 비용과 편익을 산정하는 데 필요한 요소는 아니다. 하지만 이것은 사업의 실시 가능성과 지속성을 판단하는 측면에서 중요하다. 그러므로 비용편익분석을 본격적으로 하기에 앞서 이와 관련된 사항을 정확히 파악할 필요가 있다.

지방투자사업의 직접적 이해관계자로는 통상 사업을 계획해서 재정을 직접 투입하고 각종 책임을 지는 지방자치단체를 비롯하여 다양한 민간 투자가(건설업체(시공회사), 위탁업체, 금융기관, 투자가 등)를 지목할 수 있다. 이들은 사업의 자금을 제공할 뿐 아니라 건설을 주도하고, 또한 시설의 운영과 관련된 제반 책임과 경제적 이익을 갖는 주체들이다. 이 중에서도 통상 사업의 실시 주체(사업 주관자)가 핵심 이해관계자로 간주된다. 지방투자사업의 경우 대부분 지방자치단체가 주도적으로 재원을 조달할 뿐 아니라(자체재원, 이전재원, 기타 외부 재원(지방채, 민간자금 등)), 사업 완공 이후에도 직·간접적으로 유지관리에 관여하기 때문에 통상 지방자치단체가 핵심 이해관계자가 된다.

그런데 사업의 총괄적 책임은 지방자치단체가 지지만, 사업의 자금조달이나 시공 또는 유지관리 면에서 민간기업이 적극적인 역할을 하는 경우도 적지 않다. 이 경우에는 지방자치단체가 주된 책임을 갖고 민간부문이 보조적, 제한적 책임을 지는 거버넌스 구조가 형성된다. 예컨대, 지방자치단체가 민간자금과 민간의 기능(특수목적 법인(special purpose company: SPC), BTL, BTO, 기타 민간위탁 등)에 의존해서 사업을 추진하는 경우가 이에 해당한다. 극단적으로 지방자치단체가 민간자본 백퍼센트를 유치하여 사업을 수행하는 경우에도 지방자치단체는 사업과 관련해서 발생하는 일련의 문제에 대해 최소한의 책임성을 갖는다. 그것은 공공성과 공

4 극단적으로는 사업의 추진 과정에서 재무적으로 파탄이 나거나(특히, 재무 상태가 취약한 민간기업이 공동 주체로 참여하는 경우 가끔 이러한 문제가 발생한다), 완공 후 운영 과정에서 기술적·재정적 문제나 안전 문제가 발생할 수도 있다. 따라서 사업계획서에는 구체적 사안에 대해 누가 책임을 져야 할 것인지에 대해 명확히 기술되어야 한다. 간혹 이에 대한 구체적인 사항을 명확히 해두지 않거나 이면계약 형태로 운영하다가 지방자치단체가 낭패를 보는 경우가 있다.

익성을 추구하는 지방자치단체가 적어도 사업 유치의 책임으로부터 자유로울 수가 없기 때문이다.

앞서 언급한 사업의 이해관계자와 성격과 이해관계의 측면이 다르지만, 일반 주민도 넓은 의미에서 이해관계자의 범위에 포함된다. 그 이유는 일반 주민은 지방자치단체의 핵심 구성원이면서 다수가 지방자치단체의 운영에 필수적인 재원, 즉 세금을 부담하기 때문이다. 따라서 지방자치단체는 주민이 부담한 세금을 효율적이고 효과적으로 사용해야 할 재정 책임성(fiscal accountability)과 의무를 지닌다. 그리고 이해관계자를 경제적 이해관계뿐 아니라 각종 사회적 갈등과 대립관계에 있는 주체를 포함해서 그 범위를 확대할 수도 있다. 특히, 후자 중에서는 사업의 수요와 편익과 직결되는 주체가 존재하는데, 이들은 위험성 및 불확실성 관리 차원에서 보다 적극적으로 이해관계자 범위에 포함시켜 다룰 필요가 있다.

그러나 일반적으로 비용편익분석시 고려되는 이해관계자는 사업을 직접적으로 추진하고, 그와 관련하여 일정한(또는 전체) 자금을 부담하며, 사업 완공 후 운영관리와 관련된 직접적 권한과 책임 및 의무를 갖는 주체로 한정하는 것이 합리적이다. 이러한 관점에서 보면 일반 주민은 1차 이해관계자의 범위에는 포함되지 않고, 2차 이해관계자에 포함될 수 있을 것이다. 사실, 주민은 광의의 이해관계자이기도 하지만 핵심적인 수혜자이기도 하다. 물론 이 경우 전체 주민이 아니고 사업의 실시 혜택을 직접 받게 되는 특정 주민에 한정된다.

■ 투자사업 추진 주체의 기술적, 재무적 기관 역량

비용편익분석에서 사업의 추진 주체를 확인하고 점검할 때는 주체의 기술적, 재무적, 기관 역량에 대해 종합적으로 판단해야 한다. 기술적 역량은 사업 주체가 사업 수행에 필요한 인력과 전문성을 지니는지에 대해 주로 판단한다. 재무적 역량은 사업 주체가 사업의 수행 및 완료 이후 운영에 필요한 금전적 자원을 충분히 확보할 수 있는지에 대해 주로 판단한다. 이때 핵심은 사업 주체가 사업의 생애 주기에 필요한 현금흐름을 충분히 감당할 수 있는지를 점검하는 데 있고(자금 역량), 그 외에 자산 등 재무 상태가 튼튼한지에 대해 보완적으로 판단한다.

그런데 지방투자사업의 경우 대부분 지방자치단체가 사업의 주체가 되기 때문에 민간기업의 경우 요구되는 재무 역량 파악과 달리 재정의 상태와 역량을 점검하는 데 중점을 둔다. 그 이유는 중앙정부와 지방자치단체는 기업과 달리 매년 국(주)민으로부터 강제적 수입(조세수입)을 확보할 수 있고, 또한 법에 의해 기채권한을 보유하고 있어서 사실상 디폴트(default)할 가능성이 거의 없기 때문이다.

기관의 역량은 사업 주체의 총체적 역량이라고 말할 수 있다. 이것은 사업을 수행하는 과정에 필요한 법적 문제, 인력 동원 문제, 기타 사업과 관련하여 발생하는 제반 문제에 대해 적절히 대처할 수 있는 능력과 조건을 의미한다.

3) 기타

그 밖에 투자사업의 초기 점검단계(사업의 배경 및 필요성, 목적 등 정체성 점검)에서 살펴볼 필요가 있는 사항은 다음과 같다.

첫째, 사업의 구체적 입지와 그와 관련된 모든 법적, 제도적, 현실적 장애 요인(예컨대, 주민 다수 반대, 지형 및 지리적 요인에 따른 장애 등)에 대해 명확히 점검한다.

둘째, 기술적 측면에서 사업의 핵심 업무, 기술적 요소, 설계 및 건축 디자인 표준 등 사업의 실시에 필요한 제반 요소들이 현재의 표준에 맞도록 충실히 구비되었는지에 대해 확인한다.

셋째, 사업의 계획 내용(생산계획)이 규모, 용량, 예상 수요, 완공시 예상되는 시설의 기대 사용률 등 주민의 수요(요구)를 실질적으로 충족시켜 줄 수 있는지에 대해 구체적으로 점검한다.

넷째, 사업이 실제로 추진될 수 있는 기간 및 일정 등을 담은 시간계획이 적절한지에 대해 점검한다. 이때 시간계획은 사업의 공정과 주요 자금투자(수요)를 판단할 수 있도록 세분화되어야 한다.

제5장

비용과 편익의 가치 추정

1. 가치 추정의 기본 인식
2. 수요 추정: 수요 분석
3. 비용·편익과 관련된 가치의 유형
4. 비용과 편익의 확인과 유형
5. 일반적인 비용 항목
6. 비용과 편익의 가치 측정 원칙
7. 비용과 편익의 가치 측정 방법
8. 비시장재 가치 측정 방법의 일반적 사용원칙

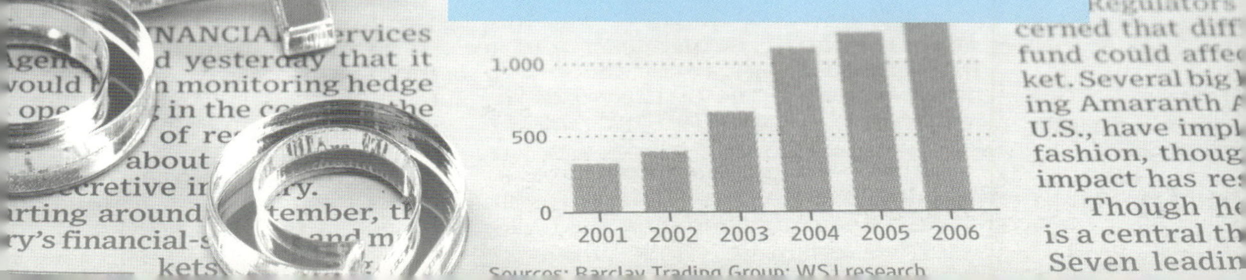

1. 가치 추정의 기본 인식

비용편익분석은 기본적으로 미래 추정 기법이다. 따라서 추정과 예측에 많은 에너지를 사용한다(대부분 추정이고 일부 예측도 있음, 이하에서는 주로 추정이라는 표현을 사용함). 추정은 사업의 유형과 특성에 따라 많고 적음, 단순·복잡성 등에서 차이가 난다.

추정은 사업의 실시에 따른 중·장기 비용과 편익을 측정하는 데 사용된다. 통상 편익부문에 상대적으로 더 많이 집중된다. 일반적으로 비용은 사업의 내용이 구체적으로 확정되면 각종 원가 정보를 토대로 객관적인 추산이 가능하다. 그러나 편익의 경우 사업의 영향권, 수혜자, 사업 수요에 대해 객관적으로 파악한 다음 그 정보를 토대로 구체적인 금액가치를 추정해야 한다. 통상 이 과정에서 적지 않은 애로와 문제가 발생한다.

단순한 도로사업과 같은 경우 이미 잘 정립된 분석 체계와 정보가 있어서 편익의 산정에 큰 어려움이 없다. 하지만 기존 경험이 없거나 환경재 등 시장을 통해 가격과 가치가 형성되지 않는 서비스를 창출하는 사업의 경우 장래 수요를 추정하고, 수혜자의 편익가치를 도출하는 작업은 결코 쉽지 않다. 그 과정에서는 중요한 가정과 전제를 달아야 하고, 또한 적절한 추정 수단과 방법을 동원해야 한다. 이때 만일 합리적인 접근과 객관적인 정보가 수반되지 않을 경우 분석 결과는 쉽게 논란과 비판의 대상이 된다.

투자사업 중에서는 수요 추정과 그에 기반을 둔 비용과 편익의 추정이 대체로 정형화된 것들도 있지만, 그렇지 않은 것들도 있다. 후자의 경우 다양한 분야의 전문가들이 관여해서 신뢰할 수 있는 과정과 결과를 도출해 내지 않으면, 분석을 마치고도 결과를 제대로 활용하지 못하는 상황이 벌어진다. 만일 최고의 전문가와 최선의 방법론을 활용했음에도 불구하고 충분히 신뢰성 있고 만족할 만한 결과가 도출되지 못하였다면 다음과 같은 조치가 필요하다. 수요 추정, 비용과 편익의 산출 과정에서 활용된 방법론, 데이터, 기존 유사 사업 결과 및 경험(국내외), 계량화 애로, 각종 한계와 문제점(가정, 데이터, 방법론 등)에 대해 소상히 밝히는 것이다. 이 경우 최종적인 판단은 정책 결정권자가 할 것이다.

이러한 사실을 인식하면서 지금부터는 비용편익분석의 핵심 과제인 비용과 편익의 가치(금전적 가치)를 측정하는 방법과 관련된 주요 내용과 이슈에 대해 기술하고자 한다. 이 과정에서 특히, 관심과 중점을 두고자 하는 것은 일반적으로 비용편익분석이 인정하는 가치의 유형과 특성이 무엇이고, 시장에서 거래되지 않는 재화와 서비스의 가치를 어떻게 측정하고 평가할 것인지에 관한 이슈이다. 그리고 비용과 편익의 가치 측정 문제를 다루기에 앞서 그에 직접적인 영향을 미치는 수요 추정에 대해 간단히 기술하고자 한다.

2. 수요 추정: 수요 분석

수요 분석(demand analysis)은 투자사업이 제공할 공공재의 수요가 중·장기적으로 어느 정도 될 것인지(어떻게 변화할 것인지)를 파악하는 계량 기법이다. 이는 비용편익분석에서 필수적으로 요구되는 과정이다. 투자사업이 완료되면 일정한 공공재(공적 기능을 수행하는 재화와 서비스)가 창출되고 아울러 그것을 직접 이용(소비)하는 수요자가 생겨난다. 이때 수요자는 공공재의 소비를 통해 다양한 혜택을 보는 수혜자이다. 수요 분석은 이러한 공공재의 소비 혜택자 수와 혜택의 양을 추정하고 예측하는 작업을 주로 한다. 조금 구체적으로 기술하면, 수요 분석은 분석기간 중(예컨대, 30년 동안)에 누가, 얼마나 많이 투자시설(예컨대, 산업단지, 종합운동장, 컨벤션센터, 도로, 교량, 터널, 공항, 철도, 지하철, 상수도, 질병보호센터, 복합 환승센터, 쓰레기 소각장 등)과 관련 서비스를 이용할 것인지에 대해 계량적으로 추정한다.

예를 들어, 정부가 관광투자사업을 실시할 경우 해당 지역의 관광 상품과 서비스는 가격, 품질, 경쟁 면에서 새로운 변화를 겪는다. 이것은 궁극적으로 지역의 관광 수요에 변화를 일으킨다. 이때 수요가 어떤 내용으로, 얼마만큼 변화할 것인지를 예측하는 것이 수요 분석의 핵심이다.

수요 분석은 사업의 편익을 도출하기 위한 중간 과정적 분석이며, 그 자체로서 완결성을 갖지 않는다. 수요 분석을 하는 목적은 궁극적으로 편익을 산정하는 데 있다. 수요에 대한 추정 없이는 비용과 편익의 금전적 가치를 측정할 수 없다. 그 이유는 누가 해당 시설의 이용자이고 수혜자이며, 그 양이 얼마나 되는지에 관한 객관적인 정보(즉, 수요 정보)가 있어야만 비용과 편익을 측정할 수 있기 때문이다. 특히, 편익의 산정 과정에서 과다·과소 측정 현상이 나타나는 원인 중 하나가 다름 아닌 어떤 서비스 영향 반경에서 누가 직접 이용자이고 수혜자인지를 객관적으로 파악하지 못하는 데 있다.

일반적으로 수요 분석은 기존의 수요를 토대로 주요 인구·사회·경제적 변수의 미래 변동에 대한 가정과 예측을 토대로 접근한다. 따라서 수요 분석을 하기 위해서는 사업의 배경과 필요성, 지역의 인구·사회·경제적 현상, 영향권 및 수혜자 문제에 대해 정통해야 한다.

수요 분석에서 파악하고자 하는 수요는 크게 현재 수요와 미래 수요이다. 양자 모두 튼튼한 이론과 실제 현상과 경험 그리고 충실한 객관적 자료(통계, 분석 포함)를 필요로 한다. 현재 수요보다 미래 수요의 산정이 더 어려운 것은 당연하다(박스 참조). 언론에 자주 회자되는 경전철 사업이나 기타 공공사업의 파산 내지 실패 사례들은 대부분 수요예측의 오류에서 비롯되었다. 그중에는 사업 실시 주체 리더(예컨대, 자치단체장)의 과욕 때문에 수요가 부풀려진 경우도 있지만, 적용 방법의 오류나 자료 부족, 잘못된 가정과 전제, 분석 주체의 역량 부족 등으로 인해 수요가 잘못 추정된 경우도 적지 않다.

■ 미래 추정의 어려움

예를 들어, 통계청이 주기적으로 발표하는 장래인구 추계(전망)에 관해 한번 생각해 보자. 자료 발표 후 몇 년이 지난 다음 추정치와 실적치(실제)를 비교해 보면 대부분 상당한 차이가 난다. 그 이유는 다양하다. 중요한 원인 중 하나는 추정 당시 예상하지 못했던 사회 구조적 변화나 외부 충격 등을 지적할 수 있다. 예컨대, 지진이나 쓰나미 등 초대형 자연재해가 발생하거나 국지적 전쟁, 심한 전염병이 발생하는 상황을 통계적으로 예측해서 통제할 수는 없다.

이와 달리 정상적인 사회 변화 상황에서 전개되는 다양한 사회 구조적 요인(출산율의 급격한 저하나 결혼관의 변화, 노동과 여가 선택의 변화, 보건·의료·건강 환경의 개선, 자살률 급증 등) 또한 사전에 정확히 예측하기 어려운 것도 예측 오차를 초래하는 원인이 된다. 특히, 지역통계의 경우 신도시 개발이나 미군기지 이전과 같은 메가톤급 정부 정책이 결정되거나, 기간산업(기업) 도산 등 지역의 인구·사회·경제에 결정적인 영향을 미치는 요인 등으로 인해 정확한 인구 추정에 어려움이 있다.

그 외에 수요예측 방법론(기법)이 완벽하지 못하거나 방법론을 사용하는데 필요한 미시·거시 데이터가 충분히 제공되지 못할 경우, 추정에 필요한 중요한 전제와 가정의 오류 그리고 추정 주체의 역량 부족과 오류 등이 복합적으로 작용할 경우에도 예측 오류는 발생한다.

지방투자사업에 대해 비용편익분석을 할 경우 흔히 부딪히는 문제 중 하나가 지역의 미시 데이터가 없거나 부실한 점이다. 이 경우 국내외의 유사 사례를 검토하거나 머리를 짜내어 다양한 추정 방법과 가정을 해야만 한다. 이때 만일 체계적이고 논리적인 접근을 하지 못한다면 수요예측의 신빙성은 크게 떨어진다.

우리 사회에서 이미 잘 알려지고 크게 드러난 일부 사업 유형(예컨대, 경전철 사업, 산업단지 개발사업 등)의 '체계적인 예측오차 패턴'(소위 '수요 부풀리기(뻥튀기)' 행태 포함)을 면밀히 파악한

다음 그에 대한 체계적인 대응책을 마련할 필요가 있다. 이를 통해 앞으로 비용과 편익을 분석할 때, 어떤 가정과 판단에 유의해야 하고, 또한 어떤 추정 기법과 관련 데이터의 사용에 신중을 기해야 하는지에 대해 깨달아야 한다. 그리고 세부 대응지침을 만들어 실천해야 한다.

수요 분석의 기본 사명은 사업의 편익가치 도출에 기여하는 것이지만, 그 외에 해당 사업의 용량(미래 수요 수용 역량)을 판단하는 기능도 보완적으로 수행한다. 예를 들어, 도로사업의 수요를 예측한 결과 현재 계획하고 있는 도로의 용량이 추정되는 미래의 수요를 도저히 감당하지 못하여 혼잡이 예상된다면, 예산 조정 등을 통해 사업의 계획과 설계를 조정하도록 유도할 수 있다. 이와 유사한 현상은 쓰레기 처리시설이나 각종 환경시설의 수용 역량을 비롯하여 항만·댐·터널 등 SOC 분야에서도 발생할 수 있다.

재화와 서비스가 없어서 사회적 불편과 불이익이 초래되기도 하지만, 때로는 용량(함량) 미달의 재화와 서비스가 제공된 결과 사회적 불만과 불이익이 더 커지는 현상도 나타난다. 다리(도로)를 건설하였는데, 완공 후 불과 1~2개월이 지나지 않아서 상시 체증 현상(병목 현상)이 발생하는 경우가 그에 해당한다. 폐기물 처리장을 만들면서 중장비 차량의 주차장과 이동공간을 잘못 판단하여 주변지역에 심각한 교통·소음·분진 문제를 초래하는 경우도 마찬가지이다.

끝으로 수요 분석에 의한 수요예측은 원칙적으로 사업과 관련된 직접 수요에 국한된다. 하지만 만일 그것이 중요한 2차, 3차 수요와 강한 연계성을 지닐 경우 이들 파생수요도 비용편익분석의 대상에 포함시킬 필요가 있다. 다만, 이 경우 관련 전문가 집단의 심도 있는 논의와 점검이 필요하며, 이들에 대한 과대 포장이나 반영은 금물이다.

수요 분석이 완료되면 그것을 토대로 사회적 혜택(편익)에 대해 계량적으로 추정하는 작업이 추진된다. 참고로 수요 분석의 방법과 구체적인 적용 사례에 대하여는 제3부에서 자세히 다루고 있다.

3. 비용·편익과 관련된 가치의 유형

비용과 편익의 항목 중에는 대다수 사업에 공통적으로 적용되는 것이 있는가 하면, 사업의 유형과 특성에 따라 달리 적용되는 것이 있다. 일반적으로 비용 항목은 사업의 유형과 특성에 관계없이 어느 정도 정형화되는 경향이 있고, 비용의 가치 또한 대부분 시장가격이나 공정가격을 이용해서 측정될 수 있다. 반면에 편익 항목은 사업의 유형과 특성에 따라 매우 큰 차이가 난다. 특히, 사업이 시장에서 거래되지 않는 재화나 서비스(소위 '비시장재')를 생산할 경우 편익을 규정하기가 쉽지 않을 뿐 아니라 편익의 가치를 측정하는 데 어려움이 있다.

비용과 편익의 가치를 측정하려면 그에 앞서 비용과 편익(특히, 편익)의 가치가 어떤 유형과 특성을 갖는지에 대해 잘 알아야 한다. 그 이유는 가치의 유형에 따라 어떤 관점에서 어디에 초점을 두고 무엇을 측정해야 할지(가치 측정의 관점과 대상), 그리고 현재 통용되는 시장가격을 활용할 수 있을지, 아니면 새로운 접근을 통해 비용과 편익의 가치를 새로 측정해야 할 것인지(가치 측정의 수단과 방법)에 대해 판단할 수 있기 때문이다. 지금부터는 비용편익분석 분야에서 보편적으로 인정되는 편익의 가치 유형에 대해 기술하고자 한다.

1) 가치 유형과 총경제적 가치

투자사업이 미래에 창출할 비용과 편익을 측정할 때, 가장 보편적으로 구분되는 가치의 유형은 사용가치(use value)와 비사용가치(non-use value)이다. 대부분의 투자사업은 사용가치와 연관되지만, 일부 사업은 비사용 가치와 관련된다. 비용편익분석 시 문제와 애로가 발생하는 것은 주로 후자이다.

비용과 편익의 가치 측정 문제를 전체 그림 속에서 체계적으로 이해하기 위해서는 무엇보다도 총경제적 가치(total economic value)의 개념과 구조(틀)에 대해 알아 둘 필요가 있다. 참고로 총경제적 가치의 구조와 세부 가치 유형에 대한 핵심 내용이 〈그림 5-1〉에 표현되어 있다.

총경제적 가치 틀은 크게 사용가치와 비사용가치로 구분된다. 사용가치는 다시 직접적 사용가치, 간접적 사용가치, 그리고 옵션가치(option value)로 구분된다. 다만, 옵션가치는 복합적 정의를 갖고 있어서 어떤 정의에 치중하느냐에 따라 넓은 의미의 사용가치에 포함되기도 하고, 또는 비사용가치에 포함되기도 한다. 비사용가치는 자선적 가치(philanthropic value)(유증가치, 이타적 가치)와 존재가치(existence value)로 구분된다. 일반적으로 사용가치는 유형적(tangible) 특성을 지니는 것이 많은 반면 비사용가치는 무형적(intangible) 특성을 지니는 경향이 있다. 지

〈그림 5-1〉 총경제적 가치 틀

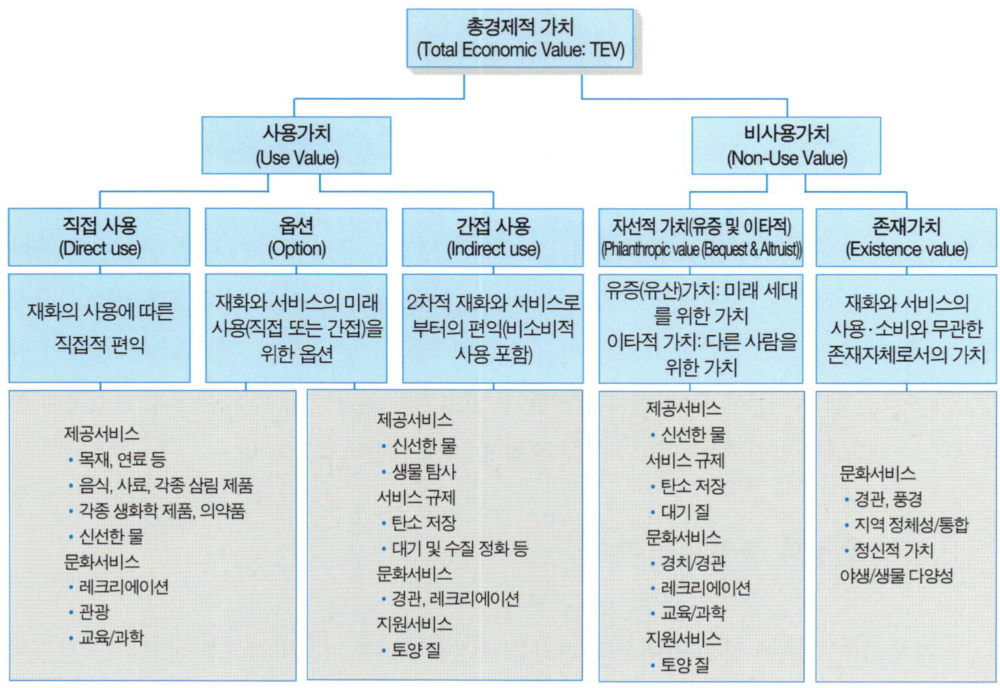

자료: European Commission(2014: 324).

금부터는 이들에 대해 설명하고자 한다.

2) 사용가치

사용가치란 사람들이 재화와 서비스를 개별적으로 소비(향유)하는 데 대해 기꺼이 지불하고자 하는 가치(화폐가치, 즉 금액)를 말한다. 쉽게 말해서, 일반 소비자가 편의점이나 시장에서 빵이나 각종 생필품을 사거나 이발소·미장원·병원 등에서 서비스를 받을 때 지불하는 금액이 사용가치이다. 사용가치는 대체로 시장에서 형성되는 가격과 일치한다. 따라서 사용가치를 내포하는 편익의 가치는 관련 재화와 서비스의 시장가격을 활용해서 평가하면 된다. 예를 들어, 투자사업이 창출하는 편익 중 일부가 교육 프로그램 효과라면, 현재 시장에서 형성

• 이상의 개념을 강물과 관련된 사례를 통해 설명해 보기로 하자.

(1) 강물을 끌어당겨 논밭의 관개용수로 사용하는 경우 관개 편익이 발생한다(추출 사용(extractive use)). 이때 편익은 끌어당겨 사용한 강물의 사용가치 정보(시장가치 적용 가능)를 활용하여 금전적 가치로 평가된다.

(2) 강물의 일부가 관개용수로 사용되면서 뱃놀이 등 각종 유람 활동에 지장을 주는 부정적 영향, 즉 부의 편익이 발생한다(비추출 사용(non-extractive use)). 이때 부의 편익은 유람 활동과 관련된 상업적 가치가 시장가격으로 존재하기 때문에 그것을 이용해서 가치를 추정할 수 있다.

(3) 강물의 일부를 관개용수로 사용하면서 비상업적 활동(예컨대, 보트 선수의 연습, 수상구조 훈련)에 부정적인 영향이 주어져 부의 편익이 발생한다(비시장 사용가치(non-marketed use value)). 이에 대하여는 관련된 시장가격(상업적 가치 활동이 아님)이 없기 때문에 다른 방법을 통해 부의 편익을 추정해야 한다. 이때 사용될 수 있는 것이 드러난 선호 방법과 표현된 선호 방법이다.

(4) 강물의 이용이 과다해지자 멸종위기의 어류나 조류가 서식에 위협을 받는 등 환경 문제가 생기면서 부의 편익이 발생한다(비시장 사용가치). 이 경우 관련 시장가격이 존재하지 않아서 부의 편익을 계상하기가 어렵다. 이때 만일 사람들이 직접 현장을 방문해서 위락행위 등은 하지 않지만 좋은 자연환경과 생태환경을 높이 평가한다면, 이것은 존재가치를 인정하는 비사용가치에 해당한다. 이 경우는 표현된 선호 방법에 의해서만 가치 측정이 가능하다.

자료: New Zealand Government(2015: 20).

된 가치, 즉 시장가격(예컨대, 동일한 교육 프로그램의 사설 강좌 수강료)을 이용해서 편익 수혜자 수만큼 곱해 주면 된다.

사용가치는 세부적으로 직접적 사용가치(또는 실제(actual) 사용가치), 간접적 사용가치, 옵션가치의 세 유형으로 구분된다. 바로 위에서 설명한 내용들은 직접적 가치에 관한 것이다. 이는 소비자가 친히 실제로 사용해서 만족을 누리는 재화와 서비스에 부여하는 가치를 말한다. 간접적 사용가치는 어떤 재화와 서비스로부터 누리게 되는 2차적 혜택에 부여하는 가치를 말한다. 직접적 사용가치는 시장에서 거래되는 대부분의 재화와 서비스가 갖는 가치이다. 간접적 사용가치는, 예컨대 정부가 미세먼지 감소를 위해 노후 차량 규제 정책을 실시할 경우 일반 시민이 누리게 되는 환경의 질 개선이나, 아름다운 경치나 자연에 대해 부여하는 가치이다. 그리고 자연환경시스템의 도움을 받아 제공되는 재화와 서비스(예컨대, 좋은 토양이나 지표층을 통해 정화된 음용수를 활용하는 재화와 서비스)로부터 얻는 혜택도 간접적 사용가치의 사례이다.

참고로 재화와 서비스의 사용가치와 관련되는 불확실성은 크게 미래 자원에 대한 소비자의 수요와 관련된 것과 미래 자원의 이용 가능성과 관련된 것 두 가지이다. 이들은 기본적으로 미래의 소비자 수요가 어떻게 변화될지, 그리고 미래에 재화와 서비스를 생산하는 자원이 충분히 이용 가능할지에 대해 현재의 시점에서 완벽하게 예측하거나 통제할 수가 없는 한계에서 비롯된다.

사용가치와 조금 성격을 달리하지만 큰 틀에서 사용가치의 범주에 포함시킬 수 있는 것으로 옵션가치를 언급할 수 있는데, 이에 대하여는 조금 뒤에서 기술한다.

3) 비사용가치

비사용가치란 사람들이 재화와 서비스를 직접 이용해서 만족을 얻는 것을 높이 평가하는 사용가치와 달리 타인이나 미래 세대의 사용을 위하거나, 공공재의 존재 자체를 높이 평가하여 부여하는 가치를 말한다. 이때 전자를 자선적 가치, 그리고 후자를 존재가치라고 말한다. 예를 들면, 생물 다양성(biodiversity), 멸종위기 동물 보호, 세계 문화유산 보전, 수려한 자연경관 등에 부여하는 가치가 그에 해당한다. 여기서 '부여하는 가치'란 그것의 유지·성장·발전에 필요한 비용의 일부를 세금·부담금·기부금 등의 형태로 기꺼이 부담하는 가치를 의미한다.

비사용가치는 크게 자선적 가치와 존재가치로 구분된다. 자선적 가치는 다시 이타적 가치와 유증가치(유산가치)로 구분된다. 일반적으로 비사용가치는 사용가치와 달리 재화와 서비스를 직접 향유하거나 각종 물리적 소비를 하는 경우(만지고, 먹고, 타고 즐기는 소비 등)가 적어서 무형적 특성(intangible characteristic)이 많다.

■ 물과 다이아몬드

경제학 교과서에서 대표적으로 언급되는 사용가치와 비사용가치의 사례로 물과 다이아몬드의 비교가 있다. 물은 사용가치가 매우 높은 반면 가격은 낮고, 반대로 다이아몬드는 사용가치는 크게 낮은 반면 가격은 매우 높다. 그 이유는 희소성 때문이다. 그런데 비용편익분석에서 논의하는 사용가치와 비사용가치 그리고 가치의 평가는 그와 조금 다른 차원에서 접근된다.

(1) 자선적 가치

자선적 가치란 자신의 소비를 위해서가 아니고 순전히 다른 사람이나 후세대를 위해 특정 재화와 서비스의 가치를 지지하고 그에 대해 일정한 가치를 부여하는 것을 의미한다. 이때 동 시대의 다른 사람을 위한 자선적 가치를 이타적 가치(altruist value), 그리고 후세대를 위한 자선적 가치를 유증(유산)가치(bequest value)라고 말한다.

이타적 가치의 예로는 아프리카 지역의 빈곤퇴치와 아동 학대 방지, 저개발 국가의 수질 및 토양 오염 방지 프로그램을 지지하고 그것을 위해 일정한 금액을 기꺼이 지불하는 경우를 거론할 수 있다. 유증(유산)가치의 예로는 후세대(미래의 불특정 다수)를 생각해서 환경 보전 사업을 지지하고 그에 대해 금전적 지불의사를 표현하는 것을 들 수 있다. 현재 전 세계적으로 확산되고 있는 기후변화 대응 움직임에 동참해서 일정한 후원금을 내거나, 남극과 북극 보전, 열대우림 보전, 멸종위기 동물 보호 등을 위해 일정한 금액을 기꺼이 지불하는 것은 유증가치를 반영한다.

종합적으로 자선적 가치는 동 시대에 함께 살고 있는 사람들과 미래 시대에 살게 될 사람들의 삶의 환경과 질이 지금보다 나아지고, 인류가 각종 불행 요소로부터 벗어날 수 있기를 바라면서 평가하는 가치이다. 그에 대한 경제적 가치는 자선적 마인드의 구체적 실천, 즉 개인이 자발적으로 기꺼이 내어놓는 금전적 기여 금액(세금, 기여금, 후원금 등)으로서 평가된다.

(2) 존재가치

존재가치란 자신이 직접 소비하지는 않지만 어떤 유·무형의 가치를 지니는 존재 그 자체에 대해 필요와 만족을 느끼고 그것의 존재와 지속성(지속적 유지, 공급)을 지지하고 그에 대해 일정한 가치를 부여하는 것을 의미한다. 예를 들면, 북극의 빙하, 열대우림, 멸종위기 동식물 보존, 국립공원, 독도, 한려수도 등이 그에 해당한다. 작은 예로는 시골 마을 어귀에 위치한 수백 년 된 고목의 가치를 인정하고 그 보호를 위해 기꺼이 일정한 금액을 지불하는 경우를 언급할 수 있다. 앞서 언급한 옵션가치는 어떤 면에서 존재가치와도 연관성이 있다.

4) 옵션(선택)가치

옵션가치란 지금은 사용하지 않지만 미래의 어떤 시점에서 내가 사용할 수도 있는 재화와 서비스에 대해 부여하는 가치이다. 따라서 옵션가치는 사용가치 중에서 미래에 사용이 가능한 잠재력(잠재성)을 지닌 것에 한해 적용된다. 쉽게 말해서, 만일의 경우나 사태를 생각해서 특정 사업을 지지하고 그에 대해 금전적 가치를 부여하는 가치 형태이다. 예컨대, 정부가 공립병원을 건축할 때 보통 국민의 건강 증진과 환자 케어 등 몇 가지 주된 목적을 갖는다. 그런데 사람들 중에는 지금은 건강해서 병원시설을 이용하지 않지만, 먼 미래에 자신이 병원서비스의 도움을 받을 수도 있다는 막연한 생각을 갖고서 그 사업을 지지하고 그에 대해 가치를 부여한다(가치를 부여한다는 의미는 자신이 가치 있다고 생각하는 소정의 금액(세금 등)을 기꺼이 부담할 의향이 있다는 뜻임을 독자는 이해해야 한다). 이러한 가치를 옵션가치라고 말한다(이때의 옵션가치는 사용가치와 상대적으로 가깝다).

이 경우 공공서비스의 사용가치를 현재가 아닌 미래의 잠재적 사용 가능성에 부여하는 셈이 된다. 이와 유사한 사례로는 방풍림, 홍수 방지 조림, 쓰나미 방지 제방 확대, 각종 재해·재난대피(방지) 시설, 공립 노인요양시설 등에 대해 사람들이 부여하는 가치를 지적할 수 있다. 그리고 지역 내에 위치한 산림과 호수가 먼 훗날 산림 생산 활동이나 지역 거점 위락시설로 활용될 수 있는 가치가 있다고 인정하는 것도 옵션가치이다.

옵션가치는 또 다른 관점에서 보는 의미를 갖고 있다. 그것은 공공투자사업이 자칫 회복이 불가능한 자원에 치명적인 손상을 가할 수 있을 경우 그 문제가 완전히 해소될 때까지 사업을 유보하는 선택의 가치를 의미한다(이때의 옵션가치는 비사용가치와 상대적으로 가깝다). 이러한 가치 정의의 이면에는 다음과 같은 사고와 인식이 자리한다. 그것은 현재의 기술적·환경적 상황에서는 자칫 자원 사용에 치명적인 손상이 가해질 수 있지만, 시간을 두고 기다리면 미래의 어느 시점에서는 새로운 기술 개발, 완전한 정보 이용, 필수 여건 조성 등을 통해 지금의 문제가 완전히 해소되거나 현재보다 훨씬 나은 결과가 창출될 수 있다는 것이다.

특히, 자원 중에는 한번 훼손되거나 고갈되면 회복(복원)이 불가능한 것들이 있다. 예를 들어, 멸종위기 동식물이나 최근에 폭파된 예멘과 아프가니스탄의 세계 문화 유적이 그에 해당한다. 만일 현재의 고고학 지식과 정보로는 제대로 밝혀지지 않은 역사 유적지(예컨대, 한강 주변 백제 유적지, 경남의 가야 유적지) 주변에 정부가 대규모 개발사업을 추진할 경우 옵션가치 문제가 중요한 이슈로 부상될 수 있다. 만일 옵션가치가 사회복지 영향 관점에서 충분한 의미를 갖는다면 그것을 비용 항목에 적극적으로 반영하는 방안을 고려해야 할 것이다.

4. 비용과 편익의 확인과 유형

1) 비용과 편익의 확인: 체크리스트

투자사업의 사회복지 영향을 체계적으로 분석하기 위해서는, 먼저 사업과 관련된 다양한 비용과 편익을 구체적으로 확인해야 한다. 그리고 그것이 직접적 영향 요소인지 아니면 간접적 영향 요소인지를 분별해야 한다. 이를 위해서는 투자사업이 구체적으로 어떤 비용과 편익을 유발할 것인지에 대한 체크리스트를 만들고, 그것을 몇 개의 큰 항목으로 분류하는 유형화 작업이 필요하다(이와 반대로 비용과 편익을 크게 유형화한 다음 세부 체크리스트 항목을 구조화하는 접근을 취할 수도 있다). 특히, 체크리스트를 만드는 과정에서는 사업의 직접적(1차적) 영향과 간접적(2차적) 영향을 꼼꼼히 살펴서 구별해 내어야 한다. 그 이유는 비용편익분석에 반영되는 투자사업의 사회복지 영향은 직접적·1차적 영향만을 반영하기 때문이다(이는 사회복지 영향의 이중 계산, 과대 계상을 차단하기 위해서이다).

다만, 투자사업의 영향을 직접적·1차적 영향과 간접적·2차적 영향으로 구분한 목록 표는 만들어 둘 필요가 있다. 그것이 의사결정 과정에서 의미 있는 참고 정보로 활용될 수 있기 때문이다. 비용편익분석은 원칙적으로 직접적 영향만 반영하지만, 만일 사회·경제적으로 중요한 의미와 관심을 유발하는 간접적 영향이 명확히 존재한다면, 정책결정 시에 이들을 긍정적으로 고려할 필요가 있다.

2) 비용과 편익의 유형

비용편익분석의 핵심 기둥이라고 말할 수 있는 편익은 비용에 비해 개념과 추정이 훨씬 복잡하고 까다롭다. 때로는 전문가들 간에도 보는 관점과 접근 방법을 달리하는 이슈가 튀어나오기도 한다. 어떤 경우에는 중요한 가정을 해야 하고, 어려운 기법을 적용하거나 별도의 조사를 해야 한다. 극단적으로는 계량적 산정이 불가능한 경우도 발생한다. 이러한 사실을 인식할 때, 비용편익분석의 품질과 신뢰성은 편익을 어떻게 규정하고 그 가치를 얼마나 객관적으로 잘 측정하는지에 달려 있다고 해도 과언이 아니다.

일반적으로 편익의 가치를 추정할 때 가장 신경을 많이 써야 할 것은 다음의 두 가지이다. 그것은, 첫째 어떤 편익가치를 측정할 것인지(편익의 유형, 특성, 측정 대상)의 문제, 둘째 객관적인 지불의사금액(willingness to pay: WTP)을 반영하는 편익가치를 어떻게 도출할 것인지의 문제(편익가치 측정 문제)이다. 편익을 측정하는 기준도 중요한 이슈이지만, 원칙적으로 화폐단위가 기준으로 사용되기 때문에 실제로는 별 문제가 없다(다만, 매우 예외적인 경우 별도의 계량적 기준이나 질적 기준이 보완적 정보를 생성하기 위해 사용된다). 첫 번째 문제와 두 번째 문제는 사업의 유형과 특성 및 기능에 따라 때로는 상당히 복잡하고 어려운 과정을 통과해야 한다. 예컨대, 사업의 편익이 모호하고 복합적이거나 관련된 시장가치가 없는 경우가 그러하다. 이에 대한 내용은 조금 뒤에서 설명한다.

먼저, 여기서는 여러 가지 편익의 유형들 중에서 비용편익분석에 반영되어야 할 것과 반영되지 말아야 할 것을 학술적 관점에서 체계적으로 정리해 둔 내용에 대해 설명하고자 한다. 이에 대해 제대로 이해하지 못하면 일반 상식으로 생각하는 편익 개념과 학술적·실제적(비용편익분석) 관점에서 적용되는 편익 개념 간에 괴리가 발생하여 혼란이 생길 수 있다. 이러한 사실을 인식하면서 지금부터는 이론과 실무 양면에서 유용한 편익의 개념과 특성 그리고 논란의 대상이 되는 내용에 대해 기술하고자 한다. 이하에서 언급되는 영향이란, '사회복지에 변화를 주는 비용과 편익의 영향'을 의미한다.

(1) 직접적 영향과 간접적 영향

직접적 영향은 투자사업 실시 결과 국민(소비자 또는 생산자인 국민)이 개별적으로 직접 체감하고 향유하게 되는 공공서비스의 영향(좋은 영향(편익))을 의미한다. 직접적 영향에 따른 편익은 대부분 사용가치와 연계되어 발생한다. 사용가치란 사람들이 각종 재화와 서비스를 개별적으로 소비(향유)하는 데 대해 기꺼이 지불하고자 하는 화폐가치, 즉 금액을 말한다. 이것은 개인의 지불의사를 반영하는 금전적 가치로서 편익 측정의 잣대가 된다.

간접적 영향이란 공공투자사업이 생산하는 공공재(공공 재화와 서비스)가 그것을 직접 생산·소비하는 주체와 무관한 제3자(개인, 가계, 기업, 정부 등)에게 미치는 영향을 의미한다. 통상 외부효과와 밀접한 관련이 있다. 외부효과란 시장을 경유하지 않고 발생하는 사회적 혜택과 손실(즉, 좋은 영향과 나쁜 영향)을 뜻한다.

간접적 영향은 크게, ① 1차 주류 시장(primary market)에서 발생하는 영향과, ② 관련 시장의 기업(경영)활동에 미치는 영향의 두 종류로 구분된다. 전자의 예로는 화력발전소를 건설한 결과 대기오염과 이산화탄소 배출 문제가 생기는 경우, 다목적댐 건설 결과 생태계 교란 현상이 나타나는 경우(이상 부정적 영향), 교육 투자를 한 결과 범죄율이 감소하고 시민의 교양과 사회적 의식이 향상되는 경우, 홍수 방지 댐 건설 결과 상수 공급 상태가 개선되는 경우(이상 긍정적 영향)를 들 수 있다. 최근에 국가적 혼란을 초래한 신종 코로나 바이러스 감염증(COVID-19)을 극복하기 위해 정부가 대대적인 정책과 조치를 취한 결과 독감 환자나 소위 잔병 환자들이 크게 줄어드는 현상(마스크 착용, 철저한 손 씻기 등 강화된 개인위생 관리의 영향)도 긍정적 영향에 해당한다.

그리고 도로와 철도가 건설되면서 지역경제가 살아나고 지가가 상승하는 것도 주류 시장에서 관측되는 간접적 영향에 해당한다. 후자의 예로는 화력발전소가 건설되면서 석탄 광산의 이윤이 증가하는 현상이나, 고속전철이 운행되면서 고속버스와 국내선 항공의 이용 수입이 줄어드는 경우이다.

이상에서 예시한 간접적 영향 사례들은 사회복지에 영향을 주는 직접적 영향과 분명히 다르다. 직접적 영향은 투자사업(도로와 철도 건설, 화력발전소 건설)이 본래 목적을 갖고 기대했던 산출물로부터 나타나는 성과와 효과이다. 즉, 도로와 철도가 건설되면서 생겨나는 통행시간 절감, 교통안전 증가, 기타 편리성 증가가 그에 해당한다. 이는 앞서 언급한 간접적 영향의 효과와 본질적으로 다르다(독자들은 직접적 영향은 비용편익분석에서 편익의 가치에 포함되나, 간접적 영향은 그렇지 않음을 유의해야 할 것이다).

원칙적으로 말해서, 각종 외부효과가 예상될 경우 그것이 명확하게 사업의 시행 목적과 기대 성과와 연관되어 발생하는 것이 아니라면 비용이나 편익에 포함시키지 않는 것이 맞다. 그 이유는 비용과 편익이 불합리하게 과다 추정되는 오류를 막기 위해서이다. 예를 들어, 지역의 일자리 창출을 위해 지방자치단체가 주도해서 관민합작 형태의 새로운 투자사업을 추진한다고 가정해 보자. 그리고 이 사업의 편익을 계상하면서 고용 창출(다른 지역의 고용에 영향을 주지 않는 순수한 지역에서의 새로운 일자리 창출) 편익 외에 범죄 발생 감소 편익을 감안하였다고 가정하자. 이 경우 범죄 발생에 따른 사회적 편익은 과다 추정 요인이 될 가능성이 높다. 그 이유는 그것이 본래 사업이 의도하였던 목적이나 기대하는 효과와 무관하기 때문이다. 이와 달리 지역의 소득효과를 편익에 반영하는 것은 일자리 창출 투자사업의 본래 취지에 부합하면서 또한 기대하는 사업성과이기도 하다. 따라서 사회적 편익에 포함되는 것이 당연하다.

끝으로, 공공투자사업과 관련된 간접적 영향은 해당 사업과 보완적 관계에 있거나 대체재 관계에 있는 재화나 서비스를 중심으로 발생하는 경향이 있다. 여기에는 긍정적·부정적 영향이 포함된다.

〈그림 5-2〉 공공투자사업의 직접적 · 간접적 영향(비용과 편익)

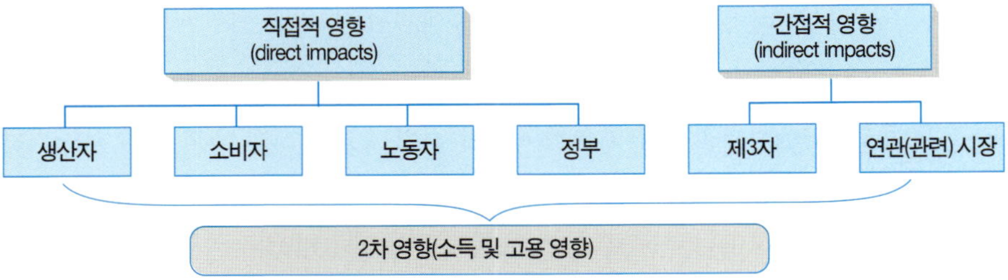

주: 직접적 영향과 간접적 영향은 경제적 · 사회적 · 환경적 영향을 포함하는 개념임.
자료: NSW(2017: 11).

■ 고용 창출: 직접적 영향과 간접적 영향

고용 문제와 관련하여 정부의 일자리 창출 사업이 기존의 피고용자가 아닌 신규 고용을 창출할 경우 이는 사업의 직접적·1차적 영향에 해당한다. 이 경우 신규 고용에 의한 정부의 실업(고용)예산 절감과 세수(소득세 등) 증가 효과는 편익 산정에 반영된다. 하지만 고용 창출이 기존 노동시장의 재배치(인력의 지역 간, 산업 간 이동) 현상에 의한 것이라면, 이는 투자사업에 따른 직접적 영향으로 간주될 수 없다. 이와 같은 노동력의 이동 현상은 국민경제나 사회복지 차원에서 긍정적 영향(순증효과, 즉 순편익 발생효과)을 창출하지 않는다. 따라서 비용편익분석에서 편익가치로 평가되지 않는다.

(2) 1차 영향(효과)과 2차 영향

투자사업의 1차 영향(효과)은 사업이 창출하는 사회복지 향상으로서 사업이 목적으로 하는 산출물 및 성과와 직결되어 발생하는 것을 말한다. 이와 달리 2차 영향은 사업이 본래 목적으로 하거나 기대하는 성과나 효과와 무관하게 발생하는 영향을 말한다. 일견 2차 영향은 간접적 편익과 비슷해 보이지만, 사실 양자는 다르다. 여기에서 투자사업의 2차 효과에 대해 간단히 설명하면 다음과 같다.

모든 투자사업은 인력과 장비, 즉 노동과 자본을 필요로 한다. 사업이 실시되면 인력과 장비가 동원되고, 그에 대한 반대급부(대가)로서 자금(임금, 사용료(대여료), 구매 대가)이 지불되면서 소득효과가 발생한다. 하지만 이러한 소득효과는 투자사업의 사회복지 영향이 아니고, 기존의 인력과 장비가 활용된 결과이다. 즉, 이들은 사회복지를 증진시키는 새로운 고용이나 부가가치의 창출과 관계가 없다. 단지, 이미 존재하고 활용되던 노동과 자본의 공간적 이전 현상일 뿐이다. 이와 같은 투자사업의 효과를 2차 효과라고 말한다. 2차 효과는 투자사업이 의도하는 본래의 목적이나 성과와 무관하게 발생하는 현상이다.

종합적으로, 투자사업의 편익은 사업 실시 결과 발생하는 직접적 영향과 1차 효과에 국한된다. 그것은 우리나라 전체(국민경제와 전체 사회) 관점에서의 사회복지 영향과 변화를 측정한다. 따라서 노동·자본·자금의 단순한 지역 간 이동이나 이전에 의한 변화(예컨대, 산업단지 건설에 따른 기존 노동력과 자본·장비의 이동, 정부 간 재정이전(교부금, 보조금, 각종 전입금)에 의한 소득 증가)는 편익의 산정에 포함되지 않는다.

그런데 실무적으로는 이따금 주목해야 할 외부효과와 유발효과(간접적, 2차 효과)를 어떻게 규정할 것이며, 또한 이들 중에서 어떤 경우, 어디까지 분석에 포함시키는 것이 합리적인지를 결정하기가 매우 어려운 상황이 발생한다. 현재로서는 세계적으로 이에 대한 명확한 가이드라인이나 규칙이 정립되어 있지 못하다. 이는 어떤 면에서 비용편익분석의 한계이자 과제라고 말할 수 있다.

(3) 실질적 영향과 금전적 영향

투자사업의 영향을 실질적 편익과 금전적(pecuniary) 편익으로 구분할 수 있다(김동건, 2012: 59~60). 전자는 공공투자사업으로 인해 국(주)민과 사회에 실질적으로 복리 증진이 이루어지는 것을 의미한다. 후자는 사회복리 증진과 관계없이 단순히 명목 화폐상의 상승만을 수반하는 것을 의미한다. 예를 들어 설명하면 다음과 같다.

공공도서관이 건립되면 지역의 지적 능력과 만족이 높아질 뿐 아니라 장기적으로는 사회적 지식 수준과 고용이 향상된다. 이것은 공공도서관의 건립 목적 및 성과와 직결되는 영향으로 실질적 복리 증진에 해당한다. 이에 비해 도로가 신설되면서 도로 주변의 위락시설과 음식점의 수입이 늘어나는 것은 금전적 편익에 해당한다(이러한 소득 증가는 다른 지역의 소득 감소를 초래할 가능성이 크다). 마찬가지로, 특정 지역에 산업단지가 들어서면서 지역의 노동력이 고용되고, 또한 다른 지역에서 활동하던 노동력이 이 지역으로 이동해서 고용효과와 소득효과가 발생하는 경우도 실질적인 사회복지 향상이 아니다. 그 이유는 다음과 같다.

첫째, 지역 노동력의 고용 및 소득효과는 노동생산성의 증가와 무관한 것이어서 국민경제(복리) 향상으로 간주할 수 없다. 둘째, 노동력의 지역 간 이전(국가 내 자원의 공간적 이동)은 국민경제 차원에서 바라보는 사회복지 증진과 관계가 없다. 이와 같이 국민경제의 생산성 변화(향상)를 수반하지 않으면서 외형적으로 고용이 늘어나고 소득이 증가하는 효과는 실질적 편익이 아닌 금전적 편익으로 간주된다. 따라서 비용편익분석의 편익가치로 인정되지 않는다. 다만, 금전적 편익이나 간접적·2차적 효과가 비록 경제성 분석(비용편익분석)에서는 고려되지 않더라도, 그것이 크고 의미가 있을 경우에는 정책결정 시 중요한 참고 정보로 활용된다.

(4) 내부적 영향과 외부적 영향

투자사업의 영향(비용과 편익)을 내부적인 것과 외부적인 것으로 구분할 수 있다. 구분의 기준은 비용과 편익이 어디로부터 발생하는 것인지, 즉 발생 근원에 있다. 투자사업의 영향이 사업 자체로부터 발생한 것이면 내부적 영향, 그리고 사업 외부로부터 발생한 것이면 외부적 영향이 된다. 예를 들어, 도로가 건설되면서 이용 편이성과 교통안전이 향상되는 혜택은 투자사업이 유발하는 내부적 영향(편익)이지만, 지역경제가 활성화되고 주변 지가가 상승한 것은 외부적 요인에 의한 영향(편익)이다. 후자는 도로 신설에 따른 영향일 수도 있지만, 많은 경우 여러 가지 요인들이 복합적으로 작용한 결과이다. 지방자치단체가 주민 건강과 친환경 사회를 목적으로 둘레길을 조성하였는데 결과적으로 외부 관광객이 크게 늘어나고(소득 및 고용효과 유발 가능) 외부로부터의 인구 유입이 늘어났다면, 이는 투자사업의 외부적 영향으로 간주된다.

가장 대표적인 외부적 영향 요인으로는 외부효과를 거론할 수 있다. 그 외에 사업진행 중에 발생하는 각종 공사 지연 및 중단 요인(예컨대, 문화재 발굴, 외부 민원, 잠정 이동(가설) 등)도 넓은 의미에서 비용을 초래하는 외부적 영향 사례에 포함시킬 수 있다(다만, 이에 대하여는 이견이 있을 수 있다).

통상 외부적 영향은 간접적 영향이면서 금전적 편익의 형태를 취하는 경우가 많다. 따라서 외부적 영향이 존재할 경우 그 실상을 엄격히 파악한 다음 적절히 처리하지 않으면 편익의 이중 계산 등 과다 산정 문제가 발생한다. 다만, 외부적 영향이라고 해서 무조건 비용편익분석에서 제외해야 하는 것은 아니다. 중요한 판단 방법은 외부적 영향을 앞서 살펴본 '실질적 영향(편익)'의 틀에 비추어 보아 그에 부합하는지를 점검하는 것이다. 부연하면, 외부적 영향은 비용편익분석에서 제외될 가능성이 크지만, 최종 판단은 그것이 '실질적 편익 속성'을 지니는지의 여부에 달려 있다.

(5) 유형적 영향과 무형적 영향

비용과 편익을 유형적 영향(tangible impact)과 무형적 영향(intangible impact)으로 구분하기도 한다. 이때 '유형적, 무형적 영향'을 구분하는 관건은 비용과 편익의 가치가 시장 정보를 통해 평가될 수 있는지(유형적), 아니면 없는지(무형적)에 있다. 일반적으로 시장에서 거래되는 재화와 서비스는 대부분 형태를 갖고 있는 반면 시장에서 거래되지 않는 재화와 서비스는 대부분 형태가 없다. 다만, 예외도 있다. 예를 들어, 사람들이 세계 도처에 산재한 대자연의 아름다움이나 동물(예컨대, 아프리카 케냐 국립공원의 동물과 자연)을 보면서 누리는 만족이나 혜택은 형태가 있으면서 시장에서 거래되지 않는 대상으로부터 주어진다.

투자사업의 비용과 편익 산정 항목 중 대다수는 일상적으로 시장에서 거래되거나 통계적으로 계산할 수 있다. 이러한 경우에는 합리적인 가정과 충실한 자료 그리고 객관적인 방법론을 적용하면 사람들이 수긍할 수 있는 분석 결과를 도출해 낼 수 있다. 이들은 대체로 사업의 기능과 서비스가 유형적인 비용과 편익의 항목(요소)을 보유한다.

하지만 자연경관, 물과 공기 등 각종 환경 관련 재화, 동식물 서식 환경 등 생태 관련 이슈, 역사적 유적과 문화유산, 중요한 랜드마크(landmark), 희소 천연자원, 사람의 건강 및 생명과 관련된 가치는 무형적인 비용과 편익 요소를 지닌다. 따라서 사회적 비용과 편익을 산정하기가 매우 어렵다. 그중에는 조금 뒤에서 언급하는 비시장가치(non-market value)나 비사용가치(non-use value)와 밀접하게 관련되는 것들이 있다. 만일 어떤 투자사업이 매우 중요한 무형적 특성의 편익(또는 비용)과 관련이 있다면, 비록 가치 측정이 어렵더라도 전문가 사회의 지혜와 방법을 총동원해서 가능한 합리적 추정을 해내어야 한다.

(6) 유발 행태(수요)(Induced behavior/demand) 영향

투자사업으로 인해 사람들의 소비 행태나 수요가 바뀐다면 비용편익분석은 이들을 정확히 파악해서 화폐가치로 측정해야 한다. 예컨대, 다리가 건설되면서 기존 통행자의 통행시간이 크게 단축되었다면(소비자 행태 변화), 이것이 과연 돈으로 따질 때 얼마가 되는지를 계산해서 편익에 포함시켜야 한다. 아울러 만일 다리 건설로 인해 이동의 편리성이 늘어나자 전에 없었던 새로운 통행량이 생겼다면(수요 변화, 즉 신규 수요), 그것을 확인해서 화폐적 편익으로 계산해야 한다. 이러한 현상을 경제이론에서는 '공급이 수요를 창출하는 것'(세의 법칙(Say's Law))으로 규정한다.

5. 일반적인 비용 항목

비용의 추정은 투자사업이 계획대로 완성되어 운영될 경우 실제로 어떤 항목에 얼마의 자금이 투입되고, 그 결과 총비용이 얼마나 될 것인지에 대해 객관적으로 산정하는 과정이다. 여기에는 해당 사업의 물리적 시설(요소)과 관련되는 비용을 비롯하여 비물리적 비용(예컨대, 사업 추진 과정 및 결과와 관련된 비용 – 문화재 관련 조사비, 보상비, 환경보호 및 생태계 보전비(사업으로 인해 이들이 직접적으로 영향을 받는 경우))과 기회비용(opportunity cost)이 포함된다.

일반적으로 공사비(특히, 물리적 시설 관련 비용)는 사업이 제대로 설계되었을 경우(사업의 규모와 세부 구조 및 내용) 정부단가나 표준단가 그리고 시장가격 등 공식적으로 통용되는 비용단위가 있어서 비용 산정에 큰 어려움이 없다. 하지만 비물리적 비용 중에는 정부단가(공정가격)나 시장에서 거래되는 가격단위가 없는 경우가 적지 않다. 이 경우 합리적인 방법을 사용해서 추정해야 한다. 토지에 대한 보상비용은 공시지가나 시장가격(시세) 등 사회적으로 적용되는 보상 기준이 있어서 추정에 큰 어려움이 없다.

미래의 유지관리비용은 사업 완공 후 지속적으로 필요한 인력과 장비 등에 대한 연 단위 또는 주기(사용연수) 단위의 소요비용을 추정해서 산출한다. 이 또한 사업관리에 필요한 인적 자원의 세부 구성과 주요 물품과 장비의 특성과 내역(사용기간, 적정 교체시점, 기타 확률적 특성 등)에 대한 객관적인 정보를 토대로 비용을 추정할 수가 있어서 큰 어려움이 없다. 다만, 모든 추정이 그러하듯이 향후 10~30년 미래에 대한 추정은 현재와 가까운 미래에 대한 추정과 비교할 때 예측성과 신뢰성이 크게 떨어진다. 그러므로 먼 미래의 유지관리비용을 현재 시점에서 정확히 추정한다는 것은 항상 한계가 있다.

비용 추정 과정에서 특별히 문제가 되는 것은 시장가격이 없거나 중요한 사회적 기회비용을 산정해야 하는 경우이다. 이때는 별도의 심층 분석이나 특별한 기법을 이용하여 비용의 실제 가치를 추정해야 한다. 비용 산정 결과는 산출된 편익가치(금액)와 비교되어 투자사업의 실시 타당성(경제성)을 판단하는 잣대가 된다.

종합적으로 비용은 편익에 비해 유형화가 상대적으로 쉽고, 추정 또한 특별한 경우를 제외하면 상당 부분 기계적·기술적·표준적 접근이 가능하다. 비용을 구분하거나 유형화하는 방식은 경제·재무·행정적 목적에 따라 다양하지만, 여기서는 일반적으로 구분되는 주요 비용 항목을 중심으로 기본적인 사항만 언급하고자 한다.

1) 경상비용과 자본비용

경상비용(recurrent costs 또는 current costs)은 정기적으로 반복해서 소요되는 경비를 말하며, 운영비(operational costs)라고도 한다. 이는 피고용자 급여 등 각종 인건비, 수용비, 유지관리비(운영비) 등으로 구성된다. 자본비용(capital costs)은 투자사업의 실시(건설)와 유지관리에 필요한 모든 자본재 및 자본 활동과 관련된 비정기적·비경상적 경비를 말한다. 여기에는 신규 자산과 관련된 자본비용(구입, 임대 사용 등), 자산 교체 자본비용(자산의 수명이 투자사업의 생애기간보다 짧거나 사용 중 고장 등 문제가 발생하였을 때 사용됨), 주요 정기적 수선비용 등이 포함된다. 대체로 말해서, 경상비용은 소비성·소모성 지출의 성격이 강하고, 자본비용은 생산성·내구성 성격이 강하다.

2) 예비비

예비비(contingencies)란 투자사업을 실시하는 과정에서 예상치 못하는 상황이 발생하였을 때를 대비하여 일정한 금액(정액 또는 총사업비의 일정 비율 금액)을 비용 항목으로 설정한 것을 말한다. 예비비는 기본적으로 사업계획 시 예상한 사업의 조건(규모, 세부 구조, 일정, 기본 가정, 핵심 산출물, 이해관계자 등)에 뜻하지 않은 상황이 생겼을 때 그에 적절히 대응하고 완충하는 역할을 한다. 예를 들면, 유가 급등에 따른 물품가격 인상, 특수 지질이나 필요 제품 및 서비스의 확대 등에 따른 공사비 증가, 정부 규제에 의한 비용 인상, 심한 이해관계자 갈등이나 지역 민원에 따른 사업지연 비용 증가 등 예상하지 못했던 사태가 발생할 경우 예비비가 사용된다.

3) 외부효과 비용: 부정적 외부효과

일반 기업이 생산하는 사적재(private good)와 달리 공공부문이 생산하는 공공재(public good)의 비용을 산정할 때 인식해야 할 중요한 비용 개념으로 부정적 외부효과(negative externality) 비용이 있다. 외부효과 비용은 사회복지, 사회적 기회비용 측면에서 매우 중요할 뿐 아니라 그 취급에 신중성을 요구한다. 특히, 투자사업과 관련된 환경적 영향을 제대로 반영하지 못할 경우 사업의 사회적 편익이 과다·과소 추정되는 결과가 발생하며, 이는 잘못된 경제성 판단을 초래한다.

외부효과란 시장을 경유하지 않고 제3자에게 발생하는 사회적 혜택(편익)과 손해(비용)를 의미한다. 부정적 외부효과의 대표적인 예로는 환경오염(수질·대기오염, 소음, 분진 등)을 비롯하여 혼잡, 전염병 확산 등 각종 삶의 질과 여건을 악화시키는 현상이 지적된다. 예를 들어, 강의 상류에 공장을 지을 경우 생산과 고용이 창출되는 대신 불가피하게 오염이 발생한다. 이때 발생하는 환경오염 문제는 시장을 통하지 않고 많은 사람에게 피해와 손해를 주는 것으로, 마이너스(부(負))의 사회적 편익, 즉 부정적 외부효과에 해당한다. 비슷한 예로서 이동 편이성 제고와 고용 및 소득 창출 등 사회적 편익을 높이기 위해 고속도로나 터널을 건설하는 과정에서 심각한 환경 문제와 생태계 파괴 문제가 발생하는 경우를 생각해 볼 수 있다. 이들 사업은 사회적 편익 못지않게 큰 사회적 비용을 초래할 가능성이 있다. 이때 만일 후자를 비용편익분석에서 사회적 비용(또는 부의 편익)으로 인식하지 않고 비용 산정 시 누락한다면, 이 사업은 단지 사회복지를 향상시키는 것으로 잘못 평가될 수 있다.

종합적으로, 비용편익분석에서 비용을 산정하는 과정에서는 투자사업이 유발하는 부정적 외부효과가 존재하는지를 반드시 점검해야 한다. 이때 만일 그 존재가 명확하고 사회적으로 중대한 부정적 영향(즉, 사회적 비용)을 초래하는 것이 분명하다면, 그것을 계량적으로 추정하여 비용에 포함시켜야 한다. 다만, 모든 부정적 외부효과가 비용편익분석에 포함되는 것은 아니고, 특정한 조건을 충족하는 경우에만 포함된다는 사실을 명심할 필요가 있다.

■ 비시장 재화와 서비스의 사회적 비용 이슈

공공투자사업이 수행되는 과정에서는 때로 환경오염 문제가 발생하거나 아름다운 경관이 훼손되는 경우(외부효과), 국가안전상의 문제가 발생하는 경우, 문화유산과 역사적 유적의 이전 문제 등이 발생한다. 이들은 분명히 사회·경제적 비용을 초래한다. 그런데 문제는 이들에 대한 금전적 가치를 다루는 관련 시장이 존재하지 않아서(즉, 관련 시장가격이 없어서) 실제로 그 비용이 얼마나 되는지를 파악할 수가 없다. 즉, 일반 시장을 통해서 사회적으로 통용되는 금전적 가치를 추정할 수가 없어서 참된 가치의 추정에 큰 애를 먹는다.

비슷한 애로는 편익부문에서도 나타난다. 예를 들어, 정부가 전염병 예방조치를 취한 결과 질병 사망률이 크게 감소하였을 때, 해당 조치의 사회적 편익을 얼마의 가치로 평가해야 할 것인지의 문제가 그에 해당한다. 현실적으로 질병 예방을 다루는 시장은 존재하지 않는다. 따라서 그에 대한 금전적 가치평가, 즉 시장가격이 형성되어 있지 않다. 그동안 여러 분야에서(예: 보험업계, 법원 판정, 각종 보상 등) 생명의 가치를 금전적으로 산정한 사례는 많다. 하지만 이들은 필요에 의해 일정한 기준을 갖고 '금액 가치화'(예컨대, 5억 원, 7억 원 등) 하였을 뿐 많은 사람들은 그에 대해 쉽게 동의하지 않는다. 가장 큰 이유 중 하나는 이들이 주관적·개인적 가치평가의 영역에 속하는 특성을 지니기 때문이다. 사람, 생명, 시간, 삶의 질, 대자연, 환경, 좋은 커뮤니티(품격 있는 사회), 안전, 질서, 평화 등과 관련된 진정한 가치평가는 현재로서는 해결된 것보다 해결되지 못한 것이 훨씬 더 많다.

끝으로 한 가지 강조할 필요가 있는 것은 환경재와 관련된 사회적 가치(편익)를 평가할 때, 그것은 환경의 질 자체에 대한 경제적 가치가 아니고 환경의 질에 대한 사람들의 선호(preference)를 반영해야 한다는 사실이다.

4) 기타 비용

그 밖에 고려할 필요가 있는 비용으로는, ① 각종 부수적 비용(직접적인 사업비용은 아니나 사업의 진행상 필요한 경비 등), ② 수선·보완비용, ③ 잠정조치비용(장소 이전, 잠정(가설) 시설 설치, 일시 중단 관련 비용 등), ④ 위험완화비용이 있다. 그 외에도 사업이 유발하는 영향의 유형과 특성 그리고 이해관계자 그룹에 따라 비용 유형화를 달리할 수 있다.

참고로 기업회계에서 중요하게 다루는 감가상각비는 비용편익분석의 비용에는 포함되지 않는다. 그 이유는 감가상각비가 기회비용을 반영하지 않기 때문이다. 그러나 사업의 수지 타산(현금흐름)에 중점을 두는 재무성 분석에서는 감가상각비를 반영한다.

끝으로, 경제학 교과서에서 일반적으로 제시하는 비용 개념들 – 고정비용과 가변비용, 단기비용과 장기비용, 평균비용과 한계비용 등 – 은 비용편익분석에서는 중요하게 다루지 않는다. 그 이유는 이들이 사회복지 영향을 측정하는 비용편익분석의 목적과 기능에 비추어 실질적으로 유용하지 않기 때문이다. 실제로 경제성(타당성) 분석에서 사용하고 있는 비용의 종류와 내용에 대하여는 제4장에서 구체적으로 다룬다.

■ 정부의 규제와 사회적 비용과 편익

정부의 규제는 긍정과 부정의 양면성이 있다. 체계적으로 잘 다듬어진 규제는 다음의 관점에서 긍정적 효과와 편익을 사회에 제공한다(New Zealand Government, 2015: 45).

① 재화와 서비스의 품질 향상
② 공공 및 민간 활동의 신뢰성, 투명성, 안전성 향상
③ 환경의 질 개선
④ 사회 질서, 보건, 노동 및 생활환경 개선
⑤ 기업 경영의 순응비용(compliance costs) 감소
⑥ 정부의 행정비용 감소

반면에 정부의 규제는 다음과 같은 사회적 비용을 초래하는 부정적 영향 측면이 있다(NSW, 2017: 14).

① 규제 대상 기관의 행정 및 규제순응비용 증가
② 정부의 규제관리비용 증가
③ 경쟁 제약(제한)에 따른 소비자 이득(잉여)(consumer surplus) 감소
④ 이노베이션(innovation) 제약
⑤ 각종 지연 문제와 관련된 영향

6. 비용과 편익의 가치 측정 원칙

1) 비용과 편익의 가치 측정 원칙

비용과 편익을 금전적 가치, 즉 금액으로 측정하는 기본 원칙과 핵심 사항을 압축적으로 기술하면 다음과 같다.

① 비용과 편익은 사람에 미치는 사회복지 영향과 변화에 초점을 두며, 가능한 모든 비용

과 편익을 총망라해서 종합적으로 측정한다.

② 비용과 편익은 식별(확인)이 가능하고 화폐단위(돈의 가치)로 측정할 수 있어야 한다. 이때 측정된 미래가치는 객관적인 비교 판단을 위해 적정한 할인율을 사용해서 현재가치로 환산해야 한다.

③ 비용은 기회비용(opportunity cost) 원칙에 입각해서 가치를 측정하고, 편익은 지불의사금액(willingness to pay) 원칙에 입각해서 가치를 측정한다.

④ 비용과 편익의 가치는 사업의 전 생애를 포괄해서 측정하며, 물가 상승을 배제하는 실질적 가치에 입각해야 한다.

⑤ 비용과 편익을 산정할 때는 실질적으로 자원의 상태에 변화를 주지 않는 요인(예컨대, 각종 조세·보조금·사회복지 지출 등 이전지출, 이자비용 지출, 감가상각비)은 제외하고, 기회비용(예: 기존 보유 토지의 사용비용)은 포함한다.

⑥ 비용과 편익은 투자사업과 직접적으로 관계가 있는 것(즉, 직접적 영향)만 포함하고, 간접적이고 2차적인 영향(효과)은 원칙적으로 포함하지 않는다.

⑦ 모든 비용과 편익은 상호 분리해서 산정하며, 비용과 편익의 직접 상계는 하지 않는다.[1]

⑧ 비용과 편익이 중복해서 산정되거나 과다·과소 산정이 되지 않도록 세심한 주의를 기울여야 한다.

⑨ 비용과 편익의 가치 산정과 그와 관련된 주요 위험성과 불확실성을 확인하고 그것을 최대한 완화시키는 접근 방법을 취해야 한다.

지금부터는 위에서 기술한 내용을 중심으로 보완적인 설명이 필요한 주요 사항에 대해 기술하고자 한다.

1 예컨대, 복지시설 건립사업과 관련하여 엘리베이터가 설치되는 것을 가정할 때, 엘리베이터 건설비용과 그로 인한 이용자 편익만을 별도로 구분해서 비교 상쇄(편익-비용)해서는 안 된다. 비용편익분석에서는 투자사업과 관련된 모든 비용과 편익의 가치를 세부 항목별로 측정한 다음 비용의 총합과 편익의 총합을 도출해서 양자를 최종 비교한 순편익(총편익-총비용)을 산정한다.

2) 비용과 편익 측정의 양대 원칙: 기회비용 관점, 지불의사(금액) 관점

투자사업에 소요되는 각종 비용 요소(대부분 투입(input) 요소임)에 대한 가치는 기회비용 관점에서 측정되어야 한다. 이는 비용편익분석의 대원칙 중 하나이다. 그런데 비용 산정 대상 가운데는 시장에서 빈번하게 거래되는 재화나 서비스와 밀접한 관련이 있는 것이 있는가 하면, 그렇지 못한 것도 있다. 전자는 통상 시장가격이 기회비용을 반영하므로 그것을 직접 사용하면 된다. 후자는 합리적인 방법을 사용해서 적절한 기회비용을 산정해 내어야 한다. 다만, 경제이론은 때로 시장가격이 진정한 기회비용을 반영하지 못한다고 보고 시장가격을 일부 조정하도록 요구한다. 이때 조정된 가격을 잠재가격(shadow price)이라고 말하는데, 뒤에서 설명된다.

기회비용이란 어떤 일을 함으로 인해(일을 한다는 것은 통상 노동, 자본, 토지 등 투입 요소가 관여된다는 것을 의미함) 더 이상 다른 일이나 용도에 사용될 수 없는 투입 요소의 가치를 말한다. 달리 표현하자면, 재화나 서비스가 활용될 수 있는 여러 가지 용도(대안) 중에서 최고로 잘 활용될 때의 가치를 의미한다.

일반적으로 실업이 거의 없는 상태에서 노동의 기회비용은 세금 부과 전 임금이 된다. 그러나 실업 상태가 심각하다면 노동의 기회비용은 달리 산정되어야 한다. 따라서 투자사업이 신규 고용을 창출할 경우 만일 노동시장이 정상적인 상태에 있다면, 시장의 임금에 신규 노동량을 곱하면 고용 창출 편익이 산정된다. 노동의 시장가격은 노동시장에서 통용되는 임금이기 때문이다(임금은 노동시장에서 수요와 공급의 역학관계에 의해 결정된다).

편익의 가치를 산정하는 경제원리는 지불의사 또는 지불의사금액(이하 많은 경우 WTP로 표현함)이다.[2] 따라서 비용편익분석에서 비용과 편익의 가치를 측정하는 양대 원칙은 기회비용과 지불의사금액이다. 지불의사금액이란 사람들이 바람직하다고 보는(또는 바람직하지 않다고 보는) 재화와 서비스 또는 그 성과를 얻기 위해(또는 피하기 위해) 기꺼이 지불하고자 하는 최대 금액을 말한다. 쉽게 말해서, 사람들이 흔히 시장에서 흥정을 할 때 "얼마면 팔 것(살 것)입니

2 영어 번역으로는 지불의사 또는 지불용의(기존 번역)가 맞을 수 있지만, 그것이 함축하는 개념을 잘 반영하려면 '지불의사금액' 표현이 보다 적절할 것으로 판단된다. 따라서 이 책에서는 기존에 사용되고 있는 '지불용의액' 대신 지불의사금액과 WTP라는 개념 용어를 혼용해서 사용하고 있다.

까"라고 물어보는데, 이러한 질문은 사실상 소비자의 지불의사금액(가격)을 확인하는 것이다.

일반적으로 WTP는 투자사업의 산출물이 지니는 편익의 가치를 측정하는 기준으로 사용된다. WTP는 크게 시장을 통해 측정될 수 있는 것과 그렇지 못한 것으로 구분된다. 통상 사람들이 시장에서 사고파는 재화나 서비스에 부여되는 시장가격은 지불의사금액과 동일하다. 예를 들어, 사람들이 서로 다른 A, B, C 서비스를 두고 A 서비스에 높은 가격을 지불한다는 것은 그것이 다른 서비스에 비해 자신의 복지를 더 향상시켜 줄 것이라고 생각하기 때문이다. 이것은 달리 말해서, A 서비스 가격은 사람들이 자신의 소득을 기꺼이 지불하고자 하는 의사를 표현할 만큼 충분한 가치를 지닌다는 사실을 수용하고 있음을 암묵적으로 의미한다.

지불의사금액 개념과 유사한 것으로 수용의사금액(willingness to accept: WTA) 개념이 있다. 수용의사금액은 재화나 서비스를 포기하는 대신 받고자 하는 최소한도 금액을 말한다. 경제이론상으로는 WTP와 WTA는 동일해야 한다. 하지만 실제로 관측된 행태는 다르게 나타나는 경향이 있다. 통상 WTP 추정치보다 WTA 추정치의 값이 더 큰 것으로 관측된다. 이것은 아마도 사람들이 동일한 재화나 서비스를 두고 가치평가를 할 때, 자신이 보유하지 않는 것에 대해 지불하고자 하는 금액보다 자신이 보유하는 것을 포기할 때 보상 받기를 원하는 금액을 더 높이 평가하는 행태에서 비롯되는 것으로 이해된다. 이러한 이유로 비용편익분석에서는 WTP를 보편적으로 사용한다.

■ 소비자 이득(잉여)과 지불의사금액

투자사업의 편익가치를 측정하는 대원칙인 WTP는 소비자 이득(잉여)(consumer surplus) 이론에 근거한다. 소비자 이득은 시장의 수요곡선과 시장가격에 의해 결정된다. 소비자 이득은 완전경쟁 시장에서 소비자가 재화와 서비스를 획득하기 위해 최대로 지불할 용의와 의도를 갖는 가격과 실제로 자신이 지불한 금액 간의 차이로 정의된다.

예를 들어, 나는 보통의 식빵을 5,000원을 주고 기꺼이 살 생각이 있는데 시장에서 형성된 가격(수많은 소비자와 공급자가 밀고 당기는 가운데 형성된 가격임)이 3,000원이라고 가정해 보자. 이 경우 나는 사실상 2,000원의 득을 보는 셈이고, 이는 나의 소비자 이득이 된다. 이때 만일 만 명의 소비자가 나와 같은 의향을 가졌고, 또 다른 만 명은 4,000원의 지불의사를 가졌다고 가정하면, 소비자 이득은 총 3,000만 원이 된다((2,000원×만 명)+(1,000원×만 명)=3,000만 원). 다만, 이것은 독자의 이해를 돕기 위해 가장 단순화한 예시이고, 실제 소비자 이득은 수요곡선의 모양과 가격 등에 의해 구체적으로 산정된다(이 책의 성격을 고려하여 이론적인 설명은 생략한다. 다만, 관심 있는 독자는 경제원론 책을 점검해 보기 바란다). 이론적으로 말해서, 비용편익분석의 최종 결과이자 투자사업의 사회복지 영향을 측정하는 순편익(net benefits)은 소비자 이득과 동일하다. 그러므로 비용편익분석을 주도하는 기본 이론은 소비자 이득이고, 그것을 구체적으로 뒷받침해 주는 것은 WTP이다. 바로 이러한 이유로 인해 편익의 금전적 가치를 측정할 때, 사람들이 WTP의 추정(시장재의 경우 통상 재화와 서비스의 시장가격, 비시장재의 경우 특정한 방법을 통해 추정된 가치)에 집착하게 된다.

이들과 다른 개념으로 특정 공공재의 공급을 위해 일정한 금액을 기꺼이 기부하고자 하는 기부의사금액(willingness to donate: WTD)이 있다. 비용편익분석에서는 WTP와 WTD를 다르게 취급한다.

시장이 왜곡되지 않고 정상적으로 가동될 경우 재화와 서비스의 시장가격은 기회비용(비용 측면)과 지불의사금액(편익 측면)을 반영한다. 그러므로 만일 추정하고자 하는 모든 비용과 편익의 항목이 정상적인 시장재와 연관되어 있다면, 관련 재화와 서비스의 시장가격을 이용해서 금전적 가치를 측정할 수 있다. 그러나 시장이 왜곡되거나 시장가격이 존재하지 않는 비시장재(재화와 서비스)의 경우에는 특별한 방법을 통해 기회비용과 지불의사금액을 객관적으로 추정해야 한다. 시장 왜곡의 대표적인 예로는 독과점 체제가 형성되거나 정부가 정책적으로 가격을 통제·보조하는 상황을 거론할 수 있다. 비시장재의 지불의사금액(WTP) 추정에 대하여는 조금 뒤에서 설명할 예정이다.

■ 시장가격과 잠재가격

비용과 편익의 항목이 경쟁시장에서 거래되고 있는 재화나 서비스와 직접 관련될 경우 시장가격 정보를 활용하면 된다. 그러나 시장이 가동되고 시장가격이 형성되더라도 그것이 비정상적이고 왜곡된 것이라면, 진정한 가치(참된 가격)로 조정해서 사용해야 한다. 예를 들어, 시장의 경쟁 체제가 약화되거나 허물어진 상태에서의 가격(독점, 과점 가격)이나 정부의 각종 규제나 통제 및 보조금 정책에 의해 정책적으로 가격이 설정된 경우가 그에 해당한다. 그리고 신규 기업의 참여를 막는 각종 불공정(비경쟁) 행위에 의해 가격이 담합되거나 의도적으로 낮게 조정되는 것도 왜곡된 시장가치이다.
이러한 상황에서는 진정한 가치를 추정해야 하는데(시장가격의 조정), 이때 사용되는 것이 잠재가격(shadow price) 개념이다. 잠재가격(재화와 서비스, 노동의 가격(임금), 외환시장 가격(환율) 등)을 추정하는 방법은 이론과 실무적으로 상당히 까다로우므로 이 책에서는 그에 관한 내용은 생략하기로 한다.

7. 비용과 편익의 가치 측정 방법

앞서 살펴본 비용과 편익의 가치 유형은 비용과 편익을 구체적으로 측정하는 방법론의 선택 문제와 직결된다. 지난 수십 년에 걸쳐 정립된 비용과 편익의 가치 측정 방법(valuation methods)은 크게 시장에서 거래되는 재화와 서비스의 가격을 직접 활용하는 것과 그렇지 않은 것으로 대별된다(구체적인 방법론은 계속 진화 중에 있다). 전자의 경우 가치 측정에 별다른 문제가 없다. 이에 대하여는 앞서 기회비용과 지불의사금액에 관해 논하면서 충분히 설명하였다. 반면에 후자, 즉 측정하고자 하는 사업의 비용 및 편익과 관련된 재화와 서비스를 거래하는 시장이 존재하지 않는 경우에는 문제가 있다. 그동안 전문가들은 이를 타개하기 위해 다양한 방법론을 개발해 왔는데, 그것은 대체로 다음의 몇 가지 접근 방법으로 구분된다(이와 관련된 구체적인 내용은 조금 뒤에서 설명한다).

첫째, 사업의 산출물과 유사하거나 연관성이 있는 재화와 서비스가 거래되는 관련 시장(related market) 또는 대리 시장(surrogate market)을 발견해서 그 정보를 적극적으로 활용하는 방법이다.

둘째, 사업의 산출물을 다루는 실제 시장은 존재하지 않지만 그것을 가장 잘 묘사해 주는 가정적(가상적)인 시장(hypothetical market)을 만든 다음 그것을 통해 원하는 가치 정보를 도출하는 방법이다. 이 방법은 통상 통계 기법에 의해 무작위로 선정된 사람들을 대상으로 정교한 설문조사를 실시한다.

셋째, 현재 분석하고자 하는 사업의 편익을 산정하는 조건과 특성이 과거에 분석된 사업과 매우 유사할 경우 과거의 편익가치 정보를 활용하는 방법, 즉 편익이전 방법이다.

넷째, 다양한 실험적 방법들이 있다. 여기에는 사회적 실험(social experiment) 방법, 선택 모델링 방법(choice modelling method) 또는 선택실험(choice experiments) 방법, 가치 측정 게임(valuation game), 옥션(경매) 게임(auction game), 웰빙 가치 측정(wellbeing valuation) 등이 있으며, 현재도 연구 발전 중에 있다. 예를 들어, 사회적 실험 방법은 일정한 틀과 조건을 전제로 무작위로 선정한 일군의 서로 다른 집단(실험그룹(treatment group), 통제그룹(control group))을 대상으로 그에 반응하는 사람들의 행태(의사표현 등)를 관찰해서 WTP를 추정하는 접근을 취한다.

이상에서 언급한 내용을 체계적으로 정리한 것이 〈그림 5-3〉에 수록되어 있다.

〈그림 5-3〉 비용편익분석 관련 주요 가치평가 방법

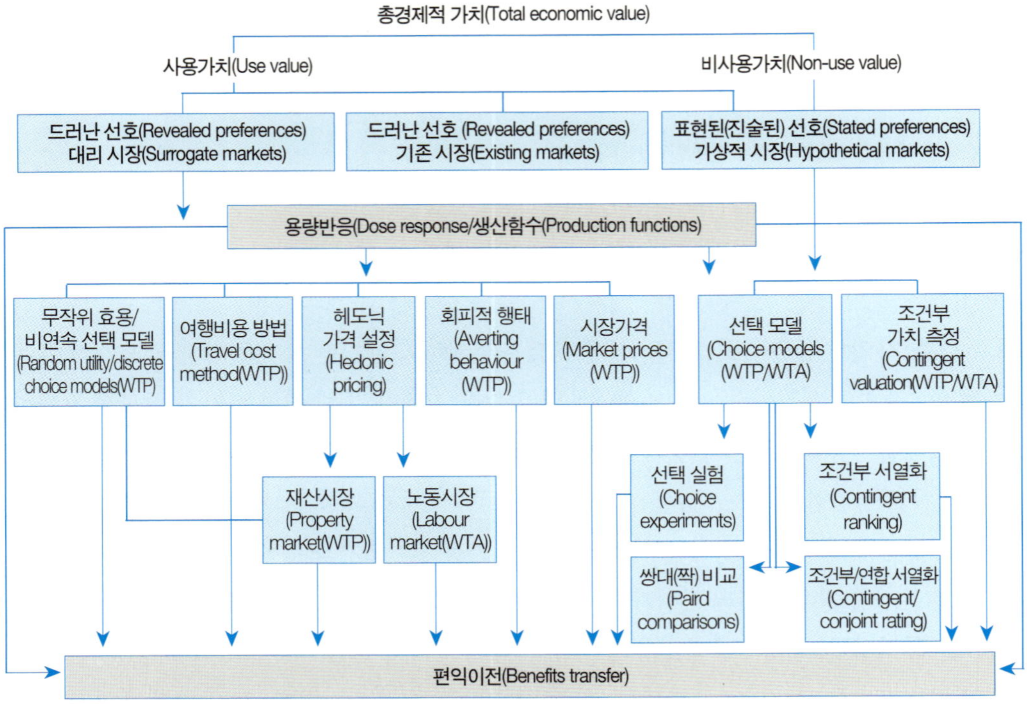

자료: Pearce, Atkinson, and Mourato(2006); European Commission(2014: 323)에서 재인용.

1) 재화와 서비스의 시장이 존재할 경우(시장재)의 가치 측정

사회복지 영향을 측정하는 과정에서 재화와 서비스를 다루는 직접적 시장이 존재할 경우 비용편익분석은 시장 정보를 이용하면 된다. 구체적으로 수많은 사람들이 지불행위를 통해 자신이 기꺼이 부여하는 가치(즉, 시장에서 거래되는 가격을 수용하고 돈을 지불하는 가치), 즉 시장가격을 사용해서 비용과 편익의 가치를 측정하면 된다. 앞서 언급한 바와 같이 정상적인 시장에서 형성된 재화와 서비스의 가격은 지불의사금액과 동일하다.

실제로 비용과 편익의 가치를 측정할 때 가장 많이 사용되는 것은 시장가격이다. 예컨대, 건설 공사에 사용되는 각종 자재의 비용은 실제 시장에서 거래되는 가격을 적용해서 산정한다. 노동과 관련된 비용(인건비)은 노동시장에서 형성되는 노동의 가격, 즉 임금을 적용해서 추정한다. 그리고 사업에 필요한 토지를 매입할 경우 시장에서 거래되는 토지가격을 사용해서 비용을 추정한다. 다만, 토지는 일반 재화와 달리 거래가 빈번하지 않아서 객관적인 시장가격을 산정하기가 다소 어렵다. 이로 인해 우리나라에서는 시장가격에 근접하는 공시지가 등이 활용되고 있다.

그런데 현실적으로 시장가격은 장소나 시점에 따라서 조금씩 들쭉날쭉 한다. 예를 들어, 같은 아이스크림이라고 하더라도 편의점에서 구입하는 것과 슈퍼마켓이나 대형 마트에서 구입하는 가격이 다르고, 때로는 시점(예컨대, 계절, 성수기, 세일기간)에 따라 차이가 난다. 하지만 이와 같은 미세한 차이는 비용편익분석에서는 그다지 중요하지 않다. 그럼에도 불구하고 분석의 혼란을 방지하고 일관성을 유지할 목적으로 많은 경우 시장가격을 기초로 하는 표준가격(예컨대, 조달청 단가 등)이 사용된다.

비용편익분석의 대상이 되는 재화와 서비스를 거래하는 직접적 시장은 존재하지 않지만 그와 유사하거나 밀접한 연관성을 지니는 시장(이를 관련(또는 연관) 시장(related market) 또는 대리시장(surrogate market)이라고 함)이 형성되어 있는 경우도 있다. 이 경우 그곳에서 형성되는 시장가격을 활용할 수 있다. 이에 대하여는 조금 뒤에서 설명된다.

현실적으로 비용과 편익의 가치를 측정하는 과정에서 관련 시장이 없는 경우도 많다. 이것은 곧이어 설명될 비시장재의 경우(가치를 측정하고자 하는 재화나 서비스를 다루는 시장(직접적 시장, 간접적 시장(관련 시장, 대리 시장)) 자체가 존재하지 않는 경우)인데, 이때는 특별한 방법을 통해 가치를 추정해야 한다. 지금부터는 이와 관련된 내용에 대해 설명하고자 한다.

■ 시장 영향, 비시장 영향

공공투자사업의 비용과 편익 항목 중에는 오래전부터 시장에서 화폐가치(재화와 서비스의 시장가격, 즉 금액)로 측정되어 오던 것이 있는가 하면, 그렇지 못한 것도 있다. 통상 전자를 '시장 영향'(market impact), 그리고 후자를 '비시장 영향'(non-market impact)이라고 말한다. 환경재나 심미적 편익이 가미되는 사업은 거의 대부분 후자에 속한다. 실제로 비용편익분석에서 다루는 비시장재의 대다수가 환경재와 관련이 있다고 말해도 과언이 아니다(비시장재는 통상 비사용가치의 특성을 지니지만, 예외적으로 사용가치와 연계되는 경우도 있다).

예를 들면, 투자사업이 상당한 수준의 환경오염을 유발할 것으로 예상될 경우 그와 관련된 사회적 비용이 얼마나 될 것인지에 대한 정보를 시장을 통해 입수하기는 어렵다. 그 이유는 시장에서 관련 현상이 거래되거나 가격(환경오염비용)이 형성되고 있지 않기 때문이다. 비슷한 현상은 대규모 전염병 예방 프로젝트를 추진하는 경우에도 나타난다. 예방사업을 통해 많은 사람들이 질병의 고통과 사망 사태로부터 구제될 수 있는 것은 분명하다. 하지만 기존의 시장에서는 이러한 서비스를 거래하지 않을 뿐 아니라 관련된 사회적 편익 영향을 화폐적으로 다루지 않는다.

미찬가지로 투자사업의 편익이 생명의 안전성이나 수명과 관련이 있는 경우, 시간의 가치나 삶의 여유(여가) 그리고 어메니티(amenity)와 관련이 있는 경우, 극단적으로 희귀생물 보전과 관련된 경우 등은 하나같이 시장에서 거래되는 재화나 서비스가 아니다. 그 외에 교육 투자, 사회적 가치가 높은 문화·예술·체육 투자, 안전 및 보안 관련 투자, 자연·생태계 보호 투자 분야에서도 유사한 현상이 관측된다. 이와 같은 비시장 영향과 관련된 가치 측정은 기존의 시장 정보를 통해 사회적 비용과 편익을 산출할 수가 없다. 구체적으로, 특별한 방법을 통해서만 지불의사금액을 추정할 수 있다.

2) 재화와 서비스의 시장이 존재하지 않을 경우(비시장재)의 가치 측정

(1) 기본 인식

정부가 제공하는 공공재 중에는 관련 시장이 존재하지 않아 시장가격을 알 수 없는 경우가 매우 많다. 예를 들면, 국방, 치안, 외교, 사법, 공공질서, 재해·재난예방, 공공보건, 등대 등이 그에 해당한다. 이와 비슷한 현상은 공공투자사업의 비용과 편익의 금전적 가치를 파악하는 경우에도 나타난다. 대표적인 예로, 투자사업의 산출물(재화, 서비스, 시설)이 환경재(environment goods)와 관련이 있거나, 심미적이고 심리적인 특성을 반영하는 경우를 지적할 수 있다.

일반적으로 재화나 서비스 중에서 일반 시장에서 거래되지 않는 것을 비시장재(non-market good)라고 말한다. 이들은 당연히 시장가격이 없다(즉, 공공투자사업의 산출물이 비시장재일 경우 시장가격 정보는 이용이 불가능하다). 대표적인 예로 맑은 공기와 맑은 물(즉, 대기오염과 수질오염)은 그것을 다루는 시장이 없는 비시장재이다.

통상 시장이 존재하지 않을 경우, 즉 비시장재에 대하여는 시장가격 이용 방식 대신 다소 까다롭고 복잡한 특별한 절차(비시장 평가 절차(non-market evaluation procedure))를 통해 재화와 서비스의 지불의사금액(WTP)이나 지불수용금액(WTA)을 추정한다. 이때 말하는 특별한 방법은 크게, ① 드러난(나타난) 선호 방법(revealed preference methods), ② 표현(진술)된 선호 방법(stated preference methods), ③ 편익이전 방법(benefit transfer method)의 세 유형으로 구분된다. 그 외에 다양한 방법이 있지만, 아직은 이론과 실제 양면에서 충분한 신뢰성을 확보하지 못한 가운데 연구 개발 중에 있다. 여기에는 선택 모델링 방법(choice modelling method) 또는 선택 실험(choice experiments) 방법, 가치 측정 게임(valuation game), 옥션(경매) 게임(auction game), 웰빙 가치 측정 (wellbeing valuation) 방법 등이 있는데, 뒤에서 간단히 설명된다.

이상에서 제시한 방법론 중에서 비용편익분석의 이론과 실제(실무) 양면에서 기반과 성과가 확실히 정립된 것은 드러난 선호 방법과 표현된 선호 방법 두 유형이다(이들은 투자사업의 사회복지 영향을 측정하는데 필수적인 WTP의 추정 방법으로서 충분한 인정을 받고 있다). 편익이전 방법을 비롯하여 나머지 다양한 방법들은 아직은 기반이 다소 튼튼하지 못한 상태에서 그 나름의 유용성을 갖고 자리매김을 하고 있는 중이다. 여기에서 드러난(나타난) 선호 방법, 표현(진술)된 선호 방법, 편익이전 방법에 대해 먼저 핵심만 간단히 언급하면 다음과 같다(구체적인 내용은 조금 뒤에서 설명된다).

첫째, 드러난(나타난) 선호 방법은 재화와 서비스에 대한 직접적 시장은 없으나 만일 그와 관련된 시장(관련·유사·대리 시장)이 존재할 경우, 그곳에서 전개되는 사람들의 경제적 행태나 형성되는 가격을 잘 관찰해서 그로부터 WTP를 추정하는 접근을 취한다.

둘째, 표현(진술)된 선호 방법은 실제 가동되는 시장이 없는 상태에서 가정적(가상적) 시장 (hypothetical market)을 만든 다음 그것을 중심으로 관측되는(나타나는) 사람들의 반응을 토대로 WTP를 계량적으로 추정하는 접근 방법이다.

셋째, 편익이전 방법은 현재 분석하고자 하는 사업의 편익을 산정하는 조건과 특성이 과거에 분석된 사업과 매우 유사할 경우 과거의 편익가치 정보를 활용하는 접근이다.

이상의 접근 방법에 대해 독자들이 제대로 이해하려면 부득이 조금 까다로운 경제이론(개념)에 대해 설명해야 한다. 이는 비시장재와 관련된 가치 측정 문제를 보다 명확히 알기 위해서는 기본적으로 습득해야 할 개념이다. 구체적으로, 사람들(소비자들)이 재화와 서비스(유형·무형, 심미적·심리적 대상 모두를 포함)에 대해 자신의 소비 선호(의사, 의향, 기호, 경향)와 가치평가를 어떤 방식으로 표현하는지에 관한 것인데, 주요 내용은 다음과 같다.

(2) 드러난(나타난) 선호, 표현(진술)된 선호

투자사업의 영향, 즉 비용과 편익의 가치를 측정하는 방법은 크게 다음의 두 형태로 구분될 수 있다. 하나는 무수한 소비자들이 시장에서 생산되고 소비되는 재화와 서비스에 대해 자신의 선호를 직접 나타내는 행태를 관측해서 그 정보를 활용하는 방법(revealed preference methods)이다. 또 다른 하나는 선택(선정)된 소수의 가상적 소비자들이 진짜 시장이 아닌 가상적 시장(전문가들이 분석 목적을 위해 글이나 말로서 묘사한(표현한) 시장)에서 자신의 선호를 표현(진술)한 내용을 관찰하고 그 정보를 활용하는 방법(stated preference methods)이다. 다만, 실무적으로는 양자를 혼합한 방법이 사용되기도 하지만, 이 책에서는 그것을 별도의 접근 방법으로 분류하지 않는다.

기존 문헌에서는 대체로 전자를 '현시선호 접근법', 그리고 후자를 '진술선호 접근법' 등으로 표현하고 있다. 그러나 이 책에서는 독자의 이해를 돕고, 본래의 영문 개념과 의미에 조금 더 충실하고자 다른 명칭을 고안해서 사용하고자 한다. 그것은 '드러난(나타난) 선호(revealed preference) 방법'과 '표현된(진술된) 선호(stated preference) 방법'이다(이하에서는 주로 '드러난 선호 방법'과 '표현된 선호 방법'을 사용하기로 한다). 이에 대해 조금 부연 설명하면 다음과 같다.

먼저, '드러난 선호' 또는 '나타난 선호'란 의미는, 무수한 소비자들이 다양한 시장(마트, 편의점, 전통시장, 백화점, 홈쇼핑, 해외 직구, 각종 서비스 시장 등)에서 각종 물건과 서비스를 구매할 때, 소비자들은 그것을 선호(좋아하고 원해서 선정한다는 의미임)할 뿐 아니라 이미 지불한 금액(시장가격)을 통해 제품의 금전적 가치를 암묵적으로 인정하고 나타내었다는 것을 뜻한다. 다시 말해서, 무수한 사람들이 시장에서 결정된 가격을 받아들이고(사실은 자신도 불특정 다수와 함께 가격의 결정 과정에 미미하나마 영향을 미쳤음), 자신이 원하는 재화와 서비스를 구매하였다는 것은 기꺼이 그 가격을 재화와 서비스의 가치로서 자신이 인정(평가)한다는 의미이다.

현실적으로 어떤 소비자도 시장에서 자신의 선호나 제품의 가치를 외치거나 제시하지 않는다. 하지만 수없이 많은 사람들이 매일 생활필수품을 구입하면서 가격을 지불하는 순간 사실상 그에 대한 선호와 가치를 겉으로 드러내어 인정한 셈이다(생활필수품의 경우 아마도 우리나라 전체적으로는 매일 수백만 명이 자신의 WTP를 드러내고 있는 것과 마찬가지이다). 즉, 시장을 통해 해당 제품의 거래가 이루어질 때(제품의 선정과 가격 지불), 이미 그 가치는 금액으로 인정되고 수용되었다는 말이다. 그러므로 드러난 선호 방법은 사람들이 실제 시장에서 실제 소비 행동(행태)을 통해 직접 선택하고 결정(선호 결정(preference choice))한 결과에 기반을 두고 지불의사금액을 추정한다는 의미이다.

이러한 사실을 인식하면서 이 책에서는 기존의 '현시 선호'라는 다소 어려운 표현 대신 '드러난 선호' 또는 '나타난 선호'라는 표현을 쓰고자 한다. 부연하면, 드러난 선호란 시장에서 무수한 소비자들이 시장경제 활동을 통해 드러내고 보여준 선호와 가치평가(가격 수용)의 의미를 함축한다. 드러난 선호 방법의 가장 큰 강점은 시장에서 수많은 사람들이 실제로 결정한 결과를 반영한다는 데 있다. 반면에 가장 큰 약점은 방법론의 기반이 되는 행태적 가정(behavioral assumption)을 검증하기가 어렵다는 것이다.

드러난 선호와 대비되는 개념으로 말이나 글(예컨대, 설문 응답)로서 선호와 가치를 표방하는 '표현된 선호' 또는 '진술된 선호'가 있다. 이것은 드러난 선호와 달리 재화와 서비스의 시장과 시장가격이 없는 비시장재의 WTP를 추정할 목적으로 고안된 개념이다. 편익의 가치를 측정하는 대원리가 소비자 이득(잉여)에 기반을 둔 WTP라는 점은 앞에서 강조한 바이다. 그러므로 투자사업이 창출하는 편익의 가치를 측정하기 위해서는 반드시 소비자의 지불의사금액, 즉 WTP에 대한 정보를 알아야만 한다. 앞서 다룬 드러난 선호는 정상적인 시장기구가 작동하는 상태에서 투자사업이 산출하는 재화와 서비스가 시장재일 때 WTP(이 경우 시장가격과 동일함)를 추정하는 이론적 기반이 된다.

이상의 내용을 종합하면, 재화와 서비스가 거래되는 직접적 시장이 존재할 경우 사람들이 그에 대해 부여하는 가치는 시장가격이 된다. 그 이유는 사람들이 부여하는 재화와 서비스의 가치가 알게 모르게 시장가격을 통해 직접 드러났기 때문이다.

그러나 시장에서 거래되지 않는 재화와 서비스(즉, 비시장재)의 경우 사람들이 자신의 선호나 가치평가를 드러낼 수 있는 기구나 공간 또는 방법이 없다. 왜냐하면 시장과 같은 공적 거래 장소나 대화의 공간이 만들어져 있지 않기 때문이다. 이러한 경우에는 없는 시장을 마치 있는 것처럼 그럴듯하게 하나 만들어 준 다음 그 가상적 공간에서 엄선된 사람들로 하여금 자신이 의도하거나 평가하는 WTP를 표출하도록 유도하는 접근을 할 수밖에 없다.[3]

이러한 접근을 앞서 언급한 '드러난(나타난) 선호'와 대비시켜 소비자 개인으로 하여금 직접 자신의 선호에 관한 의사를 표현(진술)하도록 유도한다는 의미에서 '표현된(진술된) 선호'라고 말한다. 표현된 선호 방법은 일정한 기준에 의해 선정된 사람들을 대상으로 가상적 시장과 관련된 설문을 제시한 다음 응답자로 하여금 자신의 선호(또는 가치평가)를 다양한 질문에 대응해서 표현하도록 유도하는 기본 틀을 갖고 있다.

3 조금 성격은 다르지만, 이것은 현재 수없이 많은 사이버 공간(cyber space)에서 전개되는 다양한 활동을 체계적으로 관찰해서 목표(목적)로 하는 사회적 현상(또는 지표, 지수 등)을 진단하고 측정하는 것에 비유할 수 있다.

두 접근 방법은 각자의 기능과 장점을 지니면서 또한 대비되는 뚜렷한 차이점을 갖고 있다. 두 접근 방법 간에 존재하는 두드러지는 차이는 다음과 같다.

① 드러난 선호 방법은 실제 시장 정보를 이용하는데 비해 진술된 선호 방법은 인위적으로 만든(말이나 글 등으로 표현한) 가상적 시장에서 추출되는 정보를 이용한다.

② 드러난 선호 방법은 WTP의 추정에 관여되는 사람(소비자)의 수가 불특정 다수로 수없이 많은 반면 표현된 선호 방법은 그에 관여되는 사람의 수가 통계적으로 선정된 소수에 불과하다. 전자는 현실 시장에서 직접 참여(활동)하는 무수한 경제 주체(소비자)가 드러낸 확정적 정보(예: 가격 정보)를 활용한다. 이에 비해 후자는 인위적으로 만든 무형의 시장(가상적 시장)에서 통계적으로 선발된 소수의 가상적·잠재적 소비자가 설문조사 등의 방식에 참여해서 반응하는 추정적·제한적 정보를 활용한다.

③ 드러난 선호 방법은 WTP의 추정이 비교적 단순한 반면 표현된 선호 방법은 통계 및 계량 기법 등 다소 복잡한 수단과 절차를 거쳐야 WTP를 추정할 수 있다.

④ 드러난 선호 방법은 사용가치를 추정하는 데 국한된다. 이에 비해 표현된 선호 방법은 비사용가치의 추정을 위해 개발되었지만, 사용가치를 추정하는 데도 사용될 수 있다. 오늘날 가상적 시장을 중심으로 분석하는 표현된 선호 방법은 비사용가치를 측정하는 대표적인 방법으로 자리매김을 하고 있다.

(3) 비시장재의 지불의사금액(WTP) 추정(편익 추정)

앞서 언급한 바와 같이, 비시장재의 편익가치를 측정하는데 필수적인 WTP를 추정하는 방법은 크게, ① 드러난 선호 방법, ② 표현된 선호 방법, ③ 편익이전 방법, ④ 기타 방법으로 구분된다.

먼저, 드러난 선호 방법은 재화와 서비스가 시장에서 거래되고(즉, 시장가격이 존재하고) 사용가치의 특성을 지니는 경우에 가장 많이 사용되고, 예외적으로 비시장재의 가치를 측정하는 데도 사용된다. 드러난 선호 방법이 비시장재의 가치 측정에 사용되는 경우는 사업의 비용과 편익의 가치를 측정해 줄 수 있는 직접적 시장은 없으나, 그와 비슷한 시장이 존재할 때이다. 이를 관련(연관) 시장 또는 대리 시장이라고 말하는데, 이에 대하여는 조금 뒤에서 설명한다.

요약하면, 드러난 선호 방법은 직접적 시장이 존재하거나(시장재 대상), 아니면 그와 관계가 있는 관련 시장이나 유사·대리 시장이 명확히 존재하고 시장가격 정보가 이용 가능할 때(비시장재 대상) 사용할 수 있다.

다음으로, 표현된 선호 방법은 투자사업의 산출물을 다루는 시장 자체가 없다는 사실을 인정하고 출발한다. 동시에 이 방법은 비용과 편익의 가치 측정에 있어서 시장이 얼마나 유용하고 필요한 것인지에 대해 분명히 인식하고 접근한다. 이는 표현된 선호 방법이 분석의 목적을 충족하기 위해 가장 그럴듯한 인위적 시장을 만들고, 그것을 중심으로 파악되는 사람들의 행태적 반응에 집중하는 사실이 말해 준다.

구체적으로, 소비자(사람들)로 하여금 투자사업의 산출물을 가장 잘 묘사(설명)해 주는 현실감 있는 가공의 상태, 즉 가정적(가상적) 시장(hypothetical market)을 만들어 준 다음 그것을 통해 사람들이 일반 시장에서 재화와 서비스의 선호와 가치를 평가하는 것과 비슷한 방식으로 WTP를 추정한다. 즉, 분석자가 WTP를 추정하기 위해 가상적 시장을 중심으로 체계적으로 구조화한 설문에 대해 조사 대상자가 반응하는 주관적 가치평가 정보를 가지고 WTP를 추정하고자 시도한다. 이 방법은 시장을 통해 이미 드러나고 확인된 선호가치가 아니고, 조사 대상자의 반응적 표현(진술)을 통해 나타난 선호에 초점을 맞추고 통계와 계량 기법으로 가치를 추정하는 것을 핵심으로 한다.

마지막으로, 사회적 실험이란 가상적 시장(환경)을 만들어 WTP를 추정하는 점에서는 표현된 선호 방식과 비슷하지만, 사람들로부터 WTP를 도출하는 과정과 방법(주요 가정, 구조화, 질문 방식 등)에 있어서 상당히 다르다.

이상에서 기술한 내용은 투자사업의 비용·편익과 관련된 가치 측정을 사람들의 선호(preference)에 초점을 두고 다루었다. 이것을 재화의 특성과 유형, 즉 시장재와 비시장재의 관점에서 재정리하면 다음과 같다. 일반적으로, 비시장재의 수요와 편익을 추정하는 방법은 크게 관련 시장 활용 방법(related market methods)과 가상적 시장 방법(hypothetical market methods)으로 구분될 수 있다(편익의 추정이 있으려면, 그 기반이 되는 수요에 대한 추정이 선행되어야 한다).

관련 시장 활용 방법은 해당 사업과 직·간접적으로 연관성을 지니는 시장에서 나타나는 소비자의 행태를 관찰해서 WTP를 도출하는 기법이다. 여기에는 크게 재산가치 접근법(헤도닉 가격 설정(hedonic pricing)), 여행비용(travel cost) 방법, 회피행태비용(averting behaviour) 등이 있다.

가상적 시장 방법은 현실 시장은 잊어버리고 비용편익분석의 편익가치를 추정할 목적으로 새로운 가상적인 시장(가공의 시장)을 구축한 다음 그것을 중심으로 WTP를 추정하는 접근이다. 여기에는 조건부 가치 측정(contingent valuation method: CVM), 선택 모델화 방법(choice modelling method 또는 선택 모델(choice model)이라고 함)이 있다. 지금부터는 이들 방법론에 대해 설명하고자 한다.

재산가치 접근법: 헤도닉 분석 방법

헤도닉 분석(Hedonic analysis) 방법은 현재 시장에서 거래되고 있는 재화(주로 자산 관련 재화 특히, 주택자산)의 가격과 그와 관련되는 주요 특성(속성)을 관측해서 분석한 결과를 토대로 편익가치를 추정하는 기법이다. 이것은 시장 정보를 활용한다는 점에서 드러난 선호 방법에 속한다.

예를 들면, 자동차의 가격이 성능, 연비(에너지 효율), 내구성, 디자인 변수에 의해 결정된다고 가정해 보자. 그런데 성능과 연비와 내구성 변수는 객관적인 정보가 있어서 각 특성 변수가 가격에 미치는 영향을 계량적으로 측정할 수 있다. 즉, 각 특성 변수가 지니는 암묵적 가격(implicit price)을 통계·계량적 기법을 통해 분석해 낼 수 있다. 반면에 디자인 변수는 그와 달리 관측 정보를 확보하기가 어렵다. 이때 제시된 세 특성 변수가 각각 자동차 가격에 실제로 얼마나 영향을 미치는지를 계량적으로 파악할 경우 나머지 가격 영향 정보를 토대로 디자인의 가치를 추정할 수 있다(이는 매우 단순화한 예시임을 유의하기 바람).

이와 비슷한 접근이 비시장재를 공급하는 투자사업의 편익 산정에 응용될 수 있다. 이는 헤도닉 분석의 요체이다. 헤도닉 분석의 출발점은 분석 대상 사업이 제공하는 공공재의 가치(가격)가 '몇 가지 중요한 특성'(bundle of characteristics)의 함수라는 점이다. 함수라는 것은 공공재의 가격이 몇 가지 중요한 특성 변수에 의해 결정된다는 것을 의미한다. 헤도닉 분석의 대표적인 예로는 주택가격의 변동 상태를 이용하여 환경적 가치를 도출해 내는 접근을 거론할 수 있다. 핵심은 주택가격의 행태적 특성을 객관적으로 분석한 다음 그 결과를 가지고 환경의 가치 또는 환경적 삶의 질(environmental amenity)에 대한 가치를 측정하는 계량 분석에 있다.

일반적으로 주택의 가격은 몇 가지 특성 변수에 의해 결정된다. 관련 문헌에서 흔히 제시되는 특성 변수로는 구조적 특성 요인(예컨대, 방의 개수, 욕실 수, 층수), 입지 요인(교통 편리성, 학교(학군)), 환경 요인(이웃 환경, 공공서비스 수준, 전망, 공원, 대기 질·소음, 범죄율)이 있다. 헤도닉 분석 방법은 기본적으로 주택가격이 이들 특성 변수(실제 계량 분석 모형에서는 변수 조정이 가능함)와 구체적인 함수 관계에 있다고 전제하고 분석한다.

특성 변수들이 확인되면 헤도닉 분석은 각 특성 변수(요인)가 주택가격에 구체적으로 얼마나 영향을 미치는지에 대해 계량 모델을 선정해서 파악한다. 이러한 분석을 하는 목적은 각 특성별 한계 지불의사가격(marginal willingness to pay)을 추정하는 데 있다. 이와 관련된 계량 분석 모형에 대한 설명은 이 책의 수준을 넘어서기 때문에 생략하기로 한다.

헤도닉 분석은 통상 재산 시장(property market)을 중심으로 비시장재의 가치(예컨대, 각종 소음(교통, 항공기, 공장), 대기오염, 수질오염, 매립지 근접성 등에 대한 비용과 편익의 가치)를 추정할 때 활용된다. 예를 들어, 다른 조건이 일정하다고 가정할 때, 쓰레기 매립장에 가까운 주택은 그로부터 멀리 떨어져 있으면서 근린공원에 근접한 주택에 비해 일반적으로 가격이 훨씬 저렴하다. 헤도닉 분석 방법에서는 이때의 가격 차이가 다름 아닌 사회적 편익의 차이에서 비롯된다고 인식한다. 이러한 접근은 환경의 가치 추정 외에도 안전(범죄율 등), 공원, 좋은 학군 등 비시장재의 가치 추정에 이용될 수 있다.

헤도닉 분석 기법은 주택가격 이외에도 노동시장의 임금 특성에 주목해서 편익과 비용을 측정하는 경우에도 활용된다. 흔히 제시되는 예로는 업무의 위험성(사고, 사망 발생 가능 등)과 관련된 사회적 비용과 편익을 추정하는 경우이다. 그 핵심은 동일한 업무에도 불구하고 상당한 임금격차가 발생하고 있다면, 그 차액은 다름 아닌 업무 위험성에 대한 사회적 비용이라는 것이다.

헤도닉 분석 방법은 나름대로의 논리적 합리성과 실용성을 지니지만, 실제 적용 과정에서는 다음과 같은 문제점이 나타난다(따라서 이에 대해 크게 유의해야 한다).

첫째, 제대로 된 분석을 위해서는 가계(household)단위의 다양한 미시 데이터가 이용 가능해야 하는데, 현실적으로 이 문제를 극복하기가 어렵다.

둘째, 분석의 골격이 되는 재화의 가격과 그것을 결정하는 특성 변수 간의 함수 관계가 시간과 상황에 따라 달라질 수 있는 문제가 있다. 예컨대, 앞서 예시한 자동차 가격에서 디자인이 차지하는 영향력이 크게 달라지거나, 아니면 특성 변수 자체가 분석 모형에서 제외되는 경우이다. 전자는 시대의 흐름이 실용성으로부터 패션과 감성 중시로 전환되는 경우이다. 후자는 자동차의 동력이 기름 의존 방식에서 전기, 수소 등 새로운 에너지원으로 바뀌면서 연비(에너지 효율성)가 더 이상 자동차의 가격을 결정하는 요인으로 작용하지 않을 때 그러하다.

셋째, 특성 변수가 각각 독립적이면서 종합적으로 자산의 가격에 영향을 행사해야만 헤도닉 분석의 틀과 논거가 성립되는데, 현실적으로 이에 대해 의문이 제기된다.

여행비용 방법

여행비용 방법(travel cost method)(또는 여행경비 방법)은 시간과 비용에 관한 각종 자료를 분석하여 재화와 서비스 또는 산출물과 관련된 드러난 가치(revealed value)를 측정하는 방법이다. 여행비용 방법은 비시장재 중에서도 특히, 각종 환경 및 관광 자원(예컨대, 위락시설, 관광 명소, 역사 유적지 등)과 관련된 사회적 편익과 비용을 측정할 목적으로 개발되었다. 이 방법의 논리적 출발점이자 핵심은, 사람들이 많이 찾는 관광지나 역사 유적지의 가치는 결국 개인이 해당 장소를 방문하는데 소요된 총비용으로 평가될 수 있다는 것이다. 즉, 사이트 방문비용을 개인의 지불의사금액(WTP)으로 간주하고, 그것을 편익의 가치 측정에 활용하겠다는 것이다.

일반적으로 여행비용 방법에서 중요시 하는 것은 다음의 두 가지이다. 즉, ① 주어진 기간 중 방문 수, ② 비용에 대한 객관적인 구분(금전적 지불경비, 소요 시간에 대한 금전적 가치 등)이다.

방문비용은 단순히 입장료를 의미하지 않는다. 그것은 출발지로부터 최종 목적지에 접근할 때까지 소요된 제반 경비(교통비, 식사비, 숙박비, 입장료, 소요 시간 가치 등)를 의미한다. 상식적으로 생각할 때, 비교적 합리적인 추론처럼 보인다. 예를 들어, 어떤 사람이 경주를 관광 목적으로 방문하려면 시간과 여러 가지 경비가 소요된다. 이 경우 이 사람은 방문하려는 경주의 관광 대상이 적어도 자신이 투입하는 시간과 경비 이상으로 가치가 있다고 생각하고 여행에 나설 것이다. 따라서 소요 시간과 제반 경비를 관광지의 사회적 편익을 평가하는 데 활용해도 큰 무리가 없을 것이다.

여행비용 방법은 합리성을 지니면서도 다음과 같은 문제를 안고 있다. 첫째, 사람들이 관광지나 역사 유적지를 방문할 때 특정 장소 한 곳만 방문하지 않고 여러 장소를 방문(중간 경유, 최종 목적지에서의 다른 부차 방문 등)하는 경향이 있다. 예를 들어, 서울에서 경주의 역사 유적을 방문하고자 출발을 하면서 중간에 영주(부석사), 안동(도산서원, 하회마을)을 경유한 다음에 최종 목적지인 경주를 방문하는 경우를 생각해 보면 된다. 이 경우 경주라는 역사·관광 사이트에 대한 개인의 지불의사금액을 산출하는 여행비용 방법은 과다 추정(부정확한 편익 추정)을 할 가능성이 매우 높다.

둘째, 여행비용 방법은 현상적으로 특정 장소(site)보다 그곳을 포함하는 전체 지역과 관련된 사회적 편익과 비용을 추정하는 경향이 있다. 이 또한 과다 추정의 위험성을 내포한다. 앞서 예시한 경주를 다시 언급해 보자. 만일 석굴암과 관련된 지불의사가격을 추정하기를 원하고 여행경비 방법을 사용하였다고 가정해 보자. 그리고 실제로 분석에 활용된 소비자의 상당수가 석굴암뿐 아니라 경주지역의 다양한 역사 유적과 관광 명소를 동시에 방문하였다고 하자. 이 경우 석굴암 방문(접근) 목적의 비용과 나머지 지역의 방문에 소요된 비용을 엄격히 분리해서 산정해 내기가 어렵다. 따라서 여행비용 방법은 분석 대상(분석지역)이 완전히 독립적이면서 총체성(완전성)을 지니지 않고 복합적·연계성을 지닐 경우 정확한 분석 결과를 도출하기가 어렵다.

셋째, 환경 및 관광 등과 관련된 직접 소비편익만 반영하고, 공공재의 비사용가치(non-use value)에 대한 편익은 반영하지 못하는 한계가 있다. 예컨대, 일반인에게 일부 개방된 자연 생태 보호지역(습지, 조류 관찰지역, 갯벌 등)의 사회적 편익을 추정하면서 여행비용 방법을 사용하는 경우이다. 이 경우 방문자를 중심으로 한 편익만 반영되고, 그 지역의 높은 존재가치를 인정하여 의도적으로 방문을 하지 않는 사람들의 편익은 고려되지 않는 문제(즉, 편익의 과소 추정 문제)가 발생한다. 부연하면, 앞서 살펴본 각종 존재가치, 자선적 가치(이타적 가치, 유증가치) 등이 전혀 반영되지 않는 문제가 있다.

관련 시장 또는 대리 시장

비시장가치에 대한 정보를 직접 측정하기 어려울 경우 투자사업의 영향과 매우 비슷한 재화와 서비스가 거래되고 있는 다른 현실 시장의 가격 정보를 활용해서 비용과 편익을 측정할 수 있다. 이러한 접근을 관련 시장(related market) 방법 또는 대리 시장(surrogate market) 방법이라고 말하며(문헌에 따라서 다양한 형태로 표현되고 있으나, 이 책에서는 기본적으로 '관련 시장 방법'으로 표현하고자 함), 드러난 선호 방법에 속한다. 그 이면에는 기본적으로 시장에서 형성되는 가치(가격)가 진정한 가치에 근접한다는 전제 내지 신뢰가 깔려 있다.

관련 시장 활용 방법은 비용편익분석의 대상이 되는 재화와 서비스를 거래하는 직접적 시장은 없으나 그와 유사하거나 밀접한 연관성을 지니는 시장(여기에는 대리 시장, 유사 시장, 대체재 시장 등 몇 가지 형태가 있음)이 존재할 경우 그곳에서 형성되는 시장가격을 활용하는 접근 방법이다.

예를 들면, 정부의 교육훈련 프로그램이 강화되면서 소득이 증가하는 등 노동생산성의 향상이 이루어질 경우, 교육훈련의 편익가치를 노동시장의 생산성 영향가치와 연계해서 추정하는 사례이다. 비슷한 예로 해양오염에 따른 산호초(coral reefs) 훼손의 가치를 수산물 시장의 생산량 감소와 연계시키는 경우를 들 수 있다. 즉, 어획량이 줄어든 만큼 시장에서의 금전적 가치(수산물 판매량 감소 금액)가 감소된 것을 사회적 비용으로 간주하는 것이다. 아마도 이웃 일본에서 발생한 '후쿠시마(福島) 원전 사태'가 초래한 사회적 비용 중 일부도 이와 비슷한 접근을 통해 산출할 수 있을 것이다. 즉, 과거에 풍성하였던 인근지역의 농수산물(특히, 수산물)이 수년간 외부로 판매되지 못하는 상황(시장 판매량 감소)을 시장가치로 측정해서 사회적 비용을 추정하는 접근이다. 이들은 외부의 영향에 대한 가치 변화를 생산 및 생산성 변화의 관점에서 측정하는 사례이다. 공공음용수의 안전성과 질에 대한 가치를 시중의 생수가격으로부터 일정 수준 추정할 수도 있다.

지금부터는 관련 시장 방법에 속하는 몇 가지 유형에 대해 간단히 설명하고자 한다.

회피(또는 방어적) 행태 방법

관련 시장 방법과 연관해서 완화 경비(mitigate expenditures), 방어적 경비(defensive expenditure), 회피 행태 방법(averting or defensive behaviour method), 대체재 가격(substitute prices), 대체경비, 대리 시장 가격(surrogate market prices) 등 다소 복잡한 여러 가지 유사 개념들이 사용되고 있다. 간단히 말해서, 이들의 핵심은 비록 시장에서 다루는 재화와 서비스는 아니지만(즉, 비시장재) 그와 매우 유사한 것을 다루는 시장이나 대체재가 있다면, 그 시장가격을 최대한 합리적으로 활용하는 데 있다. 이러한 접근이 가능한 이유는 사람들이 부여하는 재화와 서비스의 선호와 가치가 비록 간접적 시장이라고 할지라도 시장가격을 통해 직접 드러났기 때문이다(독자들은 직접적 시장이 존재할 경우 재화와 서비스의 가치가 가격이고, 이것은 사람들이 자신의 선호를 분명히 표현한 결과라는 사실을 다시 한번 상기하기를 바란다).

어떤 투자사업이 심한 소음을 유발한다고 가정해 보자. 소음은 사회적으로 분명한 마이너스(부) 편익(disbenefit, 즉, 사회적 비용)이다. 그런데 그것이 실제로 얼마의 비용이 될 것인지에 대하여는 알 길이 막연하다. 이때 사람들이 도로교통 소음방지용 특수 이중창(double glazed windows)을 설치하는 것에 주목하고, 그 설치비용을 소음의 사회·경제적 가치로 간주하는 접근 방법을 고려해 볼 수 있다. 이 경우 소음방지용 이중창을 설치하는데 소요된 경비를 소음을 줄이기 위한 완화 경비 또는 소음으로부터 자기를 방어하기 위한 방어적 경비로 간주할 수 있다. 이러한 경비는 실제 시장가격 정보를 통해 파악할 수가 있다. 이것은 사람들이 특정 비시장재에 대한 노출(예컨대, 소음 등 각종 환경오염)을 피하기(모면하기) 위해 시장재를 구입하는 행태에 주목하고, 그 시장재의 가격을 통해 비시장재 가치의 일부를 반영하는 시도이다. 조금 적나라하게 표현하면, 소비자들이 '나쁜 비시장재의 위험'으로부터 자신을 보호할 목적에서 가장 자신에게 적절한 시장재를 구입하는 행태에 초점을 맞추고 있다. 이러한 상황에서 완화경비나 방어적 경비, 회피비용은 비시장재(도로교통 소음 차단(부재))에 대한 대체재(substitute goods)가 되는 셈이다. 비슷한 사례로는 지진 예방·보호 장치 비용을 들 수 있다.

이상에서 기술한 내용과 유사한 일련의 소비자 선호 행태에 초점을 두고 가치평가를 하는 것을 회피 행태(평가) 방법(averting behaviour (evaluation) method)이라고 표현한다. 이것은 사람들이 어떤 비시장재를 회피할 목적으로 어떤 대상(재화나 서비스 등)에 특정한 비용을 지불하고 있는 행동(행태)을 관찰해서 비시장재의 가치를 측정하는 방법이다. 이때 사람들이 행하는 행동과 관련된 제반 비용은 사람들이 일부러 시간을 내고 각종 필요한 제약조치(예컨대, 특정 물건, 서비스 구입, 시설 장치 등)를 취하는 데 대한 금전적 가치로 추정된다.

이와 같이 소음이라는 환경 공해가 시장에서 거래되지 않아서 실제 가치를 알기 어려울 때 그것을 실질적으로 추정해 볼 수 있는 시장재의 가치를 활용하는 것을 관련 시장 방법 또는 대리 시장 방법이라고 한다.

이러한 접근은 일견 합리성이 있지만, 다음과 같은 점에서 문제와 한계가 있다. 첫째, 특수 이중창의 가격을 그대로 소음의 사회적 비용으로 수용할 경우 실제 가치보다 과소 또는 과대 추정될 가능성이 있다. 과소 추정은 그것이 최소한의 방어적 조치만을 비용으로 반영할 뿐 창문을 여닫는 기회와 자유를 제약한다는 면에서 그러하다. 반면에 과대 추정은 이중창으로 인해 생겨나는 에너지 절약효과나 실내 환경이 보다 아늑해지는 편익을 산정하지 않는다는 점에서 그러하다. 즉, 많은 경우 완화경비, 방어적 경비, 회피비용은 공동 생산물(joint products)과 연계되어 있다. 앞서 언급한 특수 이중창의 경우 소음방지뿐 아니라 실내 난방(에너지 절약)이라는 제품효과를 동시에 생산해 낸다.

둘째, 개인과 기업은 환경적 변화에 대응할 때 한 가지 이상의 회피 행태를 취하는 경향이 있는 점도 접근의 한계로 지적된다.

셋째, 둘째 내용과 연관해서 사람들이 특정 비시장재에 대한 노출을 회피하기 위해 시장재를 구입하는 행태에 주목하는 접근은 비시장재 가치의 전부가 아닌 일부를 반영하는 시도일 수 있다는 지적이다.

그러므로 실제로 관련 시장가격을 비용편익분석에 활용할 경우 보다 세심한 점검과 조치가 이루어져야 한다. 다만, 이런저런 논란에도 불구하고 만일 비용과 편익을 시장기구를 통해 측정하기가 어려울 경우 과다·과소 추정의 우려가 없다면 이러한 접근을 취하는 것도 합리적이다.

대체비용(경비)

투자사업이 실시되면서 때로는 중요한 가치를 지니는 기존의 재화나 서비스가 상실되는 경우가 생긴다. 예를 들면, 도로, 터널 등 각종 인프라 구축사업이 추진되는 과정에서 자연경관이 훼손되거나 환경오염이 발생하는 경우이다. 비슷한 사례로는 간척사업이나 댐 건설로 인해 동식물 서식지가 위협을 받거나 유적 및 문화재가 이전을 해야 하는 경우, 그리고 지역개발로 인해 자연위락 환경(구역)이 상실되는 경우를 거론할 수 있다. 이는 실제로 비용이 나가는 것은 아니지만(물론 일정한 회복조치를 취해야 할 경우 향후 비용이 들 것임) 사회복지 측면에서는 크나큰 경제적 손실로 간주된다. 이러한 현상을 사회적 비용이라고 말하기도 하고, 편익이 늘어나지 않고 오히려 줄어든다는 의미에서 '부(마이너스)의 편익'이라고도 말한다.

중요한 문제는 이와 같은 사회적 비용을 어떻게 측정할 것인가이다. 비용편익분석에서는 이러한 문제를 해결하는 하나의 방법으로 지역사회가 사업 실시 이전에 향유하였던 사회복지 상태를 회복하는 수준의 보상을 해주는 것, 즉 대체비용(replacement costs) 관점에서 접근하고 있다. 예를 들어, 지역개발사업이 추진되는 과정에서 그동안 여러 모로 유용하게 존재해 왔던 자연위락 환경이 사라진다고 가정하자. 이 경우 개발에 따른 긍정적 편익과 자연위락 환경의 손실에 따른 부정적 편익 양자를 사회복지 차원에서 비교하여 어느 것이 더 바람직한지를 파악할 필요가 있다. 이때 사용되는 개념이 대체비용이다. 만일 지역사회가 자연위락 환경의 가치를 50억 원으로 평가하고 지역개발의 가치를 70억 원으로 평가한다면, 평균적 개념에서 지역개발사업을 실시하는 합리성이 있다.

그러나 대체비용을 산정하는 과정에서 사업의 실시와 관련된 유·무형 존재의 상실이나 손실을 모두 포괄할 수 있을지에 대한 의문이 남는다. 위의 사례를 두고 이야기를 하자면, 자연위락 환경의 가치를 제대로 평가할 수 있는지의 문제이다. 극단적으로는 사업의 실시로 인해 파괴 또는 상실된 유·무형 존재 중에는 시장가치로 평가할 수 없는 것이 포함될 수 있다. 이때 그에 대한 가치평가는 개인과 그룹 또는 지역사회 입장에서 각기 다르게 나타날 것이다. 예를 들어, 개인의 일기나 기록 수첩, 앨범, 각종 애착물, 지역사회의 상징적 기억물(추억의 장소, 수백 년 되는 고목)이나 만남의 장소나 구심점들은 금전적 가치로 평가할 수가 없고, 더구나 객관적 가치평가는 사실상 불가능하다.

비용편익분석의 한계는 '진정한 가치'를 측정할 수가 없는 비용과 편익의 가치를 사회과학적 방법을 총동원해서 측정하고자 할 때 결국 벽에 부딪힐 수밖에 없다는 데 있다.

3) 가상적 시장 활용 방법: 표현된 선호 방법

(1) 개요

지금까지는 비시장재의 사회복지 영향(비용, 편익)을 측정하는 방법론 중에서 시장 정보(직접적 시장, 관련 시장 등)를 토대로 접근하는 것들에 대해 살펴보았다. 이들은 기본적으로 소비자들이 재화나 서비스에 대해 자신이 평가하는 가치, 즉 선호를 직접 드러내는 방식(드러난(나타난) 선호 방법)을 토대로 WTP를 추정한다. 독자들은 재화가 거래되는 직접적 시장이 존재할 경우 무수한 사람들이 자신이 원하는 재화를 구입하면서(즉, 물건의 가격을 지불하면서) 자기도 모르게 이미 자신의 WTP를 드러내었다는 사실을 상기하기 바란다.

그러나 지금부터 기술하고자 하는 시장은 가공의 시장, 가상적 시장, 가정적 시장이고(이후 '가정적 시장'으로 통일해서 표현함), 그것을 활용하는 가정적 시장 방법(hypothetical market methods)에 관한 내용이다. 가정적 시장이 제시된 배경에는 투자사업 중에는 편익가치의 측정에 필수적인 WTP를 추정할 수 있는 직접적·간접적 시장이 전무한 것들이 있어서 무엇인가 새로운 대안을 고안할 필요성이 강하게 자리하였다. 이때 많은 전문가들이 고민 끝에 고안해 낸 대안이 가정적 시장을 잘 만든 다음 그것을 통해 소비자의 WTP를 추정하는 방법이다.

가정적 시장을 활용할 경우 기존의 시장 정보는 무시되고, 소비자는 분석자가 설계한 가정적(가상적) 시장 속에서 자신의 선호를 직접 표현하게 된다. 드러난 선호가 시장에서 관측되는 불특정 다수에 의한 가치평가인데 비해 표현된 선호는 분석자가 선정하는 소수의 통계적 샘플에 의존하는 가치평가(WTP 추정) 방법이다. 전자는 정보 수집에 별다른 비용이 소요되지 않지만, 후자는 비용을 투자해야만 정보를 입수할 수가 있다. 가정적 시장 방법은 크게 조건부 가치 측정 방법(contingent valuation method), 선택 모델화 방법(choice modelling method), 사회적 실험 방법으로 구분된다. 지금부터는 이들에 대해 기술하고자 한다.

가정적 시장 방법은 조사(주로 설문조사) 방식을 통해 사람들이 가상적인 미래 시장에서 어떠한 가치평가 행태를 보일지에 대해 체계적으로 관찰하고 그로부터 WTP를 도출하는 접근을 한다. 방법의 기본 구조는 크게, ① 투자사업의 투입·산출·성과 등을 묘사해 주는 가정적 상황(구체적으로, 가정적 시장의 운영과 관련된 주요 내용)을 체계적으로 설계하는 단계와, ② 그것을 통계 기법에 의해 선정된 사람(모집단에 기초한 과학적 샘플)을 대상으로 직접면담 방식 등을 통해 편익 측정에 필요한 WTP를 추정하는 단계로 구성된다.

가정적 시장 방법이 활용하는 중요한 수단은 잘 구조화된 설문지이다. 설문지 속에는 먼저, 투자사업의 산출물 내지 성과가 거래되는 것으로 가정하는 시장에 대한 적절한 묘사가 있어야 한다. 그리고 가정적 시장에서 설문 응답자가 분석 대상 사업의 편익에 대한 가치(즉, WTP 관련 가치)를 제대로 표현(진술)할 수 있도록 질문사항을 체계적으로 구성해야 한다. 이러한 기본 조건이 정비되면, 무작위로 추출된 사람들을 대상으로 각기 다른 재화의 공급 수준에 대해 자신의 최대 지불의사금액을 물어 나가면서 WTP를 추정한다. 가정적 시장 방법은 제시된 질문에 대한 응답자의 답변(선호 표현)을 통계·계량적으로 분석해서 편익의 가치를 추정하기 때문에 질문의 내용을 체계적이고 정교하게 구조화하는 것이 매우 중요하다.

오늘날 가정적 시장 방법은 비시장재를 대상으로 가치를 측정하는 방법론 중에서 가장 유용한 것으로 평가된다. 이 방법의 장점은 유연성과 확장성에 있으며, 비사용가치를 내포하는 비시장재와 관련된 사실상 거의 모든 가치평가(편익의 특정)에 활용될 수 있다.

(2) 조건부 가치 측정 방법

조건부 가치 측정 방법(contingent valuation method: CVM)은 통상 서베이(조사)를 통해 직접적으로 개인의 재화와 서비스에 대한 동등가치(equivalent value), 즉 WTP 또는 보상가치(compensating value), 즉 WTA를 추정하는 방법이다. 조금 구체적으로 언급하면, 이 방법은 통계적으로 선정된 소수의 사람들(통계 모수를 기반으로 선정된 샘플)을 대상으로 시장에서 거래되지 않는 어떤 재화나 서비스를 확보(또는 회피)하기 위해 얼마의 금액을 지불할 것인지에 대한 의향(즉, WTP)을 정교한 설문조사를 통해 추정하는 기법이다. 조건부 가치 측정 방법이라는 명칭이 의미하는 것처럼, 이 기법은 특정한 특성 내지 조건에 따라서 가치평가가 이루어지는 특징이 있다. 예를 들면, 개인의 건강 상태나 환경시스템이 개선되는 것을 가정할 때 그에 따른 지불의사금액, 또는 반대로 개인의 건강 상태가 악화되거나 환경시스템이 손상되는 것을 가정할 때 그에 따른 지불수용금액을 측정한다.

CVM은 환경재와 관련된 가치평가를 할 때 가장 보편적으로 사용되고 있으며, 사실상 가장 효과적이고 유용한 기법으로 인정되고 있다. 현재로서는 분석 주체가 사전 점검(pre-test)을 토대로 조사 방법을 정교하게 설계할 경우 이보다 더 나은 방법을 찾기 어렵다고 해도 과언이 아니다(다만, 국내에서는 과도하게 CVM에 의존하는 일종의 남용 현상이 관측되는데, 이는 개선되어야 한다).

CVM은 1960년대 초에 개발된 이후 다양한 논쟁과 비판을 거친 다음 현재는 가정적 시장을 통해 비사용가치를 측정하는 유력한 방법론으로서 사실상 자리를 굳혔다. CVM의 성패 관건은 조사에 필요한 설문지를 얼마나 정교하고 합리적으로 만드는지, 그리고 모집단과 샘플을 얼마나 공정하고 객관적으로 선정하는지에 달려 있다. 그 이유는 현재 존재하지 않는 가정(가상)의 미래 시장을 설문 응답자가 제대로 이해하지 못한다면, 질문사항을 아무리 정교하게 만들더라도 그로부터 입수되는 정보는 사실상 무용지물이 되기 때문이다.

이는 모집단과 샘플이 불공정하고 비객관적으로 선정될 경우에도 마찬가지이다. 예를 들어, 사업에 따른 편익의 수혜 영역(영향권)과 수혜자가 경상북도에 국한되는데도 불구하고 전국을 대상으로 샘플을 선정하는 경우이다. 마찬가지로, 모집단이 한강 수계지역의 특정 인구 그룹으로 확인되었음에도 불구하고 전체 수도권과 강원 및 경북 지역의 인구를 대상으로 샘플을 선정하는 경우이다.

가정적 미래 시장이 잘 설명된 다음에는 선정된 설문 응답자들로부터 편익가치 산정의 기초가 되는 WTP 정보를 체계적이고 일관성 있게 추출해 내는 작업이 진행된다. 이 과정에서는 재화나 서비스에 대한 설문 응답자의 선호 의사와 가치평가가 집중적으로 조사된다. 이때 재화와 서비스의 양 또는 질을 조금씩 변화시키면서 개인의 선호를 금전적 가치(금액)로 평가해 나가는 접근이 이루어진다.

CVM의 설문 응답자(샘플)는 일정한 기준에 의해 모집단으로부터의 무작위 추출(random selection) 방식으로 선정된다. 모집단이란 투자사업이 창출하는 편익을 향유하게 될 것으로 예상되는 특정 인구 그룹(가구 또는 개인)을 말한다. 예를 들어, 환경적 영향이 전국적일 경우(미세먼지, 기후변화 등) 모집단은 전 국민이 된다(통상 전국의 가구가 대상이 되지만, 지불수단에 따라 개인이 될 수 있다). 이와 달리 다목적댐 건설 과정에서 발생하는 국지적 생태 변화나 환경오염의 경우 모집단은 그보다 훨씬 작은 지역단위의 인구 그룹이 될 수 있다.

샘플이란 모집단의 특성을 가장 잘 반영하는 선정된 소수의 정예 인구 집단을 말한다. 실제로 전체 모집단을 일일이 조사하면 가장 정확한 정보가 도출되지만, 이를 위해서는 막대한 시간과 비용이 소요된다. 이러한 문제를 최소화하면서 모집단의 특성(여기서는 선호와 가치평가에 대한 인식 및 정보)을 최대한 반영할 수 있는 통계 과학적 인구 구성이 다름 아닌 샘플이다. 만일 모집단이 정확하게 식별된다면, 그것을 모체로 하는 샘플의 수와 구성(예컨대, 1,000명, 연령·소득·성별·직업·지역 등)은 통계적 기법에 의해 체계적으로 정리될 수 있다.

CVM을 진행하는 과정에서 가장 중요한 것은 가상적인 상황 속에서 설문 응답자들이 반응하는(표현 또는 제시하는) 지불의사금액(WTP)에 관한 정보이다. 만일 WTP가 합리적으로 추정되었다면, 이것을 모집단이 특정 재화나 서비스(예컨대, 멸종 동식물, 미세먼지, 기후변화)에 대해 갖는 평균적 가치평가로 간주할 수 있다. 그리고 이것을 토대로 총가치(편익)를 추정한다.

CVM 기법은 내부적으로 매우 다양하다. 특히, CVM의 관건이 되는 지불의사금액에 관한 정보를 설문 응답자로부터 체계적으로 유도해 내기 위해 다양한 기법이 개발되어 있다. 현재 가장 보편적으로 활용되고 있는 것으로는 지불카드 방법(payment card method)과 양분선택 방법(dichotomous-choice method)이 있고, 그 외에 입찰 게임(bidding game), 개방형 질문(open-ended question) 방법 등이 있다.

지불카드 방법은 WTP 추정과 관련된 가치평가 금액을 여러 구간으로 구분한 자료를 제시하면서 설문 응답자로 하여금 지불할 의사가 있는 금액과 그렇지 않은 금액에 대해 분명히 표시 또는 표현하도록 요구하는 접근을 취한다. 양분선택 방법은 설문 응답자에게 추정하고자 하는 재화나 서비스의 특정 가격(예컨대, 5,000원) 또는 일정한 범위의 가격(예컨대, 5,000~7,000원)을 제시하면서 설문 응답자로 하여금 '예/아니오'(yes/no) 또는 '있음/없음'(with/without)의 이분법 방식으로 응답하도록 요구하는 기법이다. 이것은 현재 이론과 실제 양면에서 가장 보편적이면서 신뢰성을 확보하는 방법으로 평가되고 있다.

입찰 게임은, 먼저 특정한 가치평가 금액을 제시한 다음 그것을 상하로 계속 조정해 나가면서 설문 응답자로 하여금 진정한 WTP를 표현할 수 있도록 유도하는 방법론이다(독자들은 시장에서 이루어지고 있는 경매나 입찰을 연상해 보면 될 것이다). 개방형 질문 방식이란 문자 그대로 특정한 가격이나 조건을 제시하지 않은 상태에서 설문 응답자로 하여금 마음속으로 생각하는 가치평가 의사를 자유롭게 표현하도록 허용하는 접근 방식이다(이 경우 당연히 응답자 간에 가치평가 금액의 편차가 심할 가능성이 매우 높다. 독자들은 앞서 기술한 입찰 게임의 상황과 연상해서 비교해 보면 금방 알 수 있을 것이다).

예를 들어, 맑은 공기나 설악산 국립공원의 사회적 편익가치를 자유롭게 금액으로 표현하라고 요구할 경우 응답된 금액은 천차만별일 가능성이 매우 높다. 이는 비록 비용편익분석에서 요구하는 가치평가 금액이 사람들이 일상 대화 속에서 부담 없이 말하는 금액과 다르다는 점(즉, 설문 응답자가 세금 등 금전적으로 부담의 의무를 지니는 가치평가 금액이라는 점)을 인식하고 감안하더라도 그렇다. 참고로 입찰 게임 방식과 개방형 질문 방식은 방법론이 안고 있는 여러 가지 문제와 한계로 인해 실제로는 잘 활용되지 않는다.

CVM의 조사 방법으로는 직접 대면조사를 비롯하여 우편·전화 방식, 인터넷 활용 방식 등이 있다. 가장 좋은 것은 얼굴과 얼굴을 맞대고 직접 조사를 하는 방식이지만(물론 이 방식은 다른 조사 방법에 비해 비용과 시간이 더 많이 소요된다), 기술진보와 생활 방식 변화 등에 따라 더 나은 방법이 나타날 수 있다.

그 외에 비용편익분석에서 CVM을 사용해야 할 경우 고려해야 할 주요 요소로는 지불 수단과 방법(세금, 부담금, 기부금 등의 선택적 제시), 지불기간(예: 1년, 3년, 5년), 설문 부수(예: 500부, 1,000부), 소득제한 문구의 공지, 무응답자 처리 문제 등이 있다. 이에 대한 내용은 생략하기로 한다.

조건부 가치 측정 방법은 비시장재와 연관된 무형의 가치를 측정할 때 가장 많이 활용되는 기법이다. 그 이유는 CVM이 미시경제 이론과 탄탄한 통계적 분석 기반을 갖고서 지속적으로 발전해 온 데 있다. 아마도 또 다른 이유는 비시장재의 가치를 측정하는 방법 중에서 사실상 비용 효과적이면서 신뢰할 만한 방법이 거의 없기 때문일 것이다.

조건부 가치 측정 방법의 핵심이면서 실제 분석 상황에서 결코 놓쳐서는 안 되는 것은 가정적 시장을 쉽고도 정확히 묘사해 주고 응답자의 선호를 객관적으로 끄집어낼 수 있는(WTP 도출) 설문지를 체계적으로 구조화하는 작업이다. 그런데 우리나라에서는 종종 CVM을 실시하면서 그러한 기본적이면서 가장 중요한 작업을 소홀히 해서 결과적으로 좋은 방법을 오용하거나 남용하는 현상을 빚어내고 있다. 외국의 경우 CVM은 주로 환경재의 가치평가에 집중적으로 사용되는 경향이 있다. 그런데 우리나라에서는 환경 분야 외에 사회·문화·복지 등 지나치게 광범위한 영역에서 CVM이 사용되고 있다. 적어도 필자의 눈에는 'CVM의 오·남용 현상'으로 보인다.

끝으로, 조건부 가치 측정 방법을 둘러싸고 전개되는 일반적인 문제와 논쟁 사항에 대해 간단히 언급하면 다음과 같다.

CVM에 대한 비판론의 상당 부분은 소위 'CVM 바이어스(편의, 편중)'(CVM bias) 문제를 중심으로 제기된다. CVM 바이어스 문제란, CVM에 의해 추정되는 결과(재화와 서비스의 가치 측정)와 실제 가치 간에 차이가 발생하는 것을 말한다. 이것은 CVM 자체의 방법론(이론, 원리, 가설 등)에서 비롯되는 문제가 아니고, CVM을 논리적·체계적으로 분석하는데 필수적인 기본 요소들(정확한 가상 시장 설정, 설문 구조화(체계, 내용, 논리적 일관성, 통계적 활용성 등))이 충실히 정비되지 않는 데서 비롯되는 문제이다.

그중에서도, 특히 가설적 기반(hypothetical foundation)과 관련된 문제가 가장 심각하다. 이것은 설문 응답자가 가정적 시장과 그 속에서 전개되고 요구되는 가치 측정의 대상(재화나 서비스의 특성)에 대해 정확히 이해하지 못하는 부족(오해, 임의적 생각(상상) 등)에서 비롯된다. 쉽게 말해서, 설문 응답자들이 설문의 핵심 내용을 충분히 이해하지 못하거나 숙지하지 못하는 상태에서 설문조사에 응하기 때문에 나타나는 문제이다.

이러한 문제가 발생하는 원인을 조금 구체적으로 살펴보면 다음과 같다. 그것은 분석자가 충분히 상황을 잘 기술하지 못하는 경우, 설문 응답자가 여러 가지 요인으로 상황을 잘못 이해하는 경우, 양자가 복합적으로 작용하는 경우가 있고, 그 외에 응답자로부터 WTP를 유도해 내는 설문지 구조화의 부실, 응답자의 심리적 상태 불안전성 및 비일관성 등 다양하다.

일반적으로 거론되는 조건부 가치 측정 방법(CVM)의 바이어스 형태는 다음과 같다(김동건, 2012: 139~144).

① 일반적 서베이 바이어스(general survey bias): 설문과 관련된 표본 추출 과정에서의 문제(모집단의 선정과 모집단으로부터의 표본 추출 과정에서 나타나는 객관성과 합리성 부재 문제)를 비롯하여 과도한 무응답자 문제, 질문자의 공정한 입장 견지 부족 등으로 인해 생겨나는 현상을 말한다.

② 가설성 바이어스(hypotheticality bias): 설문이 응답자로 하여금 가치 측정 대상에 대해 정확히 이해할 수 없도록 하거나(오해, 임의적 생각(상상) 등), 전체적으로 조사 주체가 의도하는 설문의 내용을 정확히 이해하지 못하는 데서 비롯되는 편의를 말한다. 가설성 바이어스 문제는 CVM 조사에서 가장 결정적인 문제로 간주된다. 쉽게 말해서 극단적이지만, 조사자는 태양에 대해 묻고 있는데 응답자는 달을 생각하면서 대답하는 문제이다.

③ 중립성 바이어스(neutrality bias): 설문의 내용이 중립적이지 못하여 응답자로 하여금 일종의 선입견을 갖도록 유도하는 문제를 말한다.

④ 판단 바이어스(judgement bias): CVM은 비시장재를 대상으로 가치를 측정하기 때문에 설문 응답자가 합리적인 결정을 했는지에 대해 점검할 방법이 없다(시장재의 경우 시장가격 정보가 있어서 자신의 의사결정에 대한 잘못을 알 수 있고, 따라서 향후 조정이 가능하다). 다만, 자신의 결정(판단)이 잘 한 것인지 아니면 잘못한 것인지에 대한 판단상의 바이어스만이 논의의 대상이 된다.

⑤ 정박점 바이어스(anchoring bias): 응답자가 대상 재화에 대한 새로운 정보가 생겼음에도 불구하고, 이를 인지하지 못한 채 과거 시점의 환경과 정보에 머물고 있는(정박해 있는) 결과 잘못된 판단을 하는 것을 말한다.

⑥ 출발점 바이어스(starting point bias): 조사 주체가 응답자에게 제시하는 최초의 가격이 응답자의 가치평가에 큰 영향을 미칠 수 있는 설문 구조화를 의미한다. 예를 들면, 누가 처음에 나오는지와 누가 최후에 나오는지에 따라 동일한 사람이라도 평가를 달리 받을 수 있는 것과 유사하다.

⑦ 체화(體化)된(또는 기존 인식) 효과 바이어스(embedding effect bias): 응답자가 가치평가의 대상이 되는 재화나 서비스 자체에 집중해서 설문에 응답을 하기보다(가치를 평가하기보다) 그것이 상징하거나 대표하는 다른 재화나 서비스를 상상하면서 가치평가를 하는 것을 말한다. 예를 들면, 멸종위기의 동물에 대한 가치를 물어보는데 응답자는 동물 자체에 집중하기보다 좋은 환경, 옳은 일 등에 자신의 관심을 집중해서 가치를 평가하는 경우이다. 이는 응답자가 갖고 있는 기존의 인식이나 몸과 생각에 베여 있는 사고의 틀에서 비롯된다.

⑧ 질문순서 바이어스(order effect bias): 응답자에게 비교하는 평가 대상 중 어느 것을 먼저(나중에) 물어보느냐에 따라 발생하는 오류를 의미한다.

⑨ 비실천(비이행) 바이어스(non-commitment bias): 응답자들이 실제로 자신이 직접 재화나 서비스를 구입하거나 구체적으로 돈을 지불하는 것도 아닌 상태에서 굳이 대상 재화의 가치를 낮게 잡을 필요가 없는 경향에서 빚어지는 현상을 의미한다.

⑩ 무응답 바이어스(non-response bias): 표본은 통계적으로 모집단의 특성을 반영하여 선정되는데, 계속해서 무응답자(현상)가 많아질 경우 모집단의 특성을 반영하지 못하고 왜곡하는 설문 결과가 도출될 수 있다. 이와 관련해서 나타나는 현상을 의미한다.

⑪ 예/아니오 발언 바이어스(yes/nay(no) saying bias): 설문 응답자가 주관적으로 좋고 나쁜 감성을 발동하여 응답하는 바이어스를 말한다.

끝으로, 전략적 행태에 대해 언급하고자 한다. 이는 응답자가 의도적으로 가치평가 정보를 왜곡시키는 것을 말한다. 전형적인 전략적 행태로는 공공재의 무임 승차자 문제(다른 사람이 공공재의 가격을 지불할 것이므로 그 가치를 높이 평가하는 현상)를 지목할 수 있다. 전략적 행태는 앞서 언급한 CVM 바이어스들이 방법론의 구조와 실천 과정에서 발생하는 속성적 편의와 차이가 난다.

(3) 선택 모델링 방법 또는 선택 실험

선택 모델링 방법(choice modelling method, 또는 선택 실험(choice experiments) 방법)은 CVM과 마찬가지로 서베이 기법이며, 양자는 유사하다. 따라서 선택 모델링 방법은 표현된 선호 방법에 속한다. 이 방법의 핵심은 응답자에게 분석 대상이 되는 재화의 속성(attributes)과 속성의 수준에 대한 정보를 제공하면서 응답자의 선호를 도출해서 WTP를 추정하는 데 있다.

조건부 가치 방법과 비교할 때, 설문 응답자에게 보다 다양한 선택지(재화의 속성과 수준, 기타 정보)를 제공하고, 또한 그와 관련된 순위를 정하도록 요구하는 점에서 크게 차이가 난다. 이는 기본적으로 응답자에게 여러 가지 시나리오(상이한 수준의 속성(특성)을 조합한 시나리오, 아니면 상이한 유형의 서비스 공급(풍경, 생물의 종 다양성 등))와 함께 각 조합별 재무적(금전적) 가치를 제시하고 그중에서 선택하도록 요구한다. 그리고 그에 대한 반응 정보를 가지고 WTP를 추정한다.

선택 모델링 방법은 통상 조사 대상자로 하여금 사전에 정해진 몇 개의 옵션 중에서 선택할 것을 요구한다. 이때 모든 옵션은 공통의 속성 집합(common set of attributes)에 속하면서(즉, 공통적인 특성을 지니면서) 동시에 각각의 옵션은 속성(특성)의 수준에 따라 상호 차별화된다. 이러한 상태에서 각 속성과 가격 간의 상충 관계(trade-offs)를 상호 비교 분석하면서 금전적 가치를 추정하는 접근을 한다.

선택 모델링 방법의 성공 관건은 기본적으로 CVM과 동일하다. 그것은 추정하고자 하는 재화와 서비스에 대한 가정적 시장 환경을 가장 적절히 묘사(반영)해 주고, 또한 그것을 토대로 선호와 가치 정보(WTP)가 체계적으로 도출될 수 있도록 설문지를 정교하게 구조화하는 일이다. 이를 위해서는 설문 구조화 단계에서 많은 노력을 기울여야 하며, 특히 설문 내용(문항)을 구체화하기에 앞서 광범위한 사전 점검(pre-testing)을 하는 것이 중요하다.

선택 모델링 방법은 다음과 같은 장점을 지닌다. 첫째, 변화가 다차원인 상황에서 보다 유연하게 대응할 수 있는 역량을 갖고 있다. 둘째, 설문 대상자에게 다양한 선택지를 제공함으로써 응답자들이 여러 가지 선택을 할 수 있는 공간적 개방성을 일정 수준 열어 준다(다양한 지불금액에 대해 평가 대상 재화에 대한 선호를 표현할 수 있도록 해준다).

(4) 편익이전

편익이전(benefit transfer)은 비시장재 중에서도 특히, 환경재(재화와 서비스)의 가치평가에 사용되는 방법 중 하나이다(편익이전은 가치이전(value transfer)이라고도 한다). 핵심은 현재 분석하고자 하는 사업의 편익을 산정하는 조건과 특성이 과거에 분석된 사업과 매우 유사할 경우 과거의 편익가치 정보(단위당 편익가치)를 활용하는 데 있다. 부연하면, 현재 사업이 과거 사업과 여러 면에서 유사하다는 것이 명확하다면 관련 정보를 최대한 활용하자는 것이 편익이전 방법의 취지이다. 이때 전제는 과거 사업이 현재 사업의 훌륭한 비교 준거 내지 벤치마크(benchmark)로서 활용될 수 있는 점이 인정되어야 하고, 또한 현재 분석 대상의 편익 산정에 큰 애로가 있어야 한다는 사실이다. 편익이전은 조건만 맞는다면 드러난 선호 방법에 의한 분석 결과와 표현된 선호 방법에 의한 분석 결과 어느 것이라도 활용할 수 있다.

편익이전 기법은 세부적으로 다음의 세 가지 유형으로 구분된다. 첫째 유형은 기존의 연구 결과를 수정·보완 없이 그대로 활용하는 것이다. 둘째 유형은 일정한 조정을 가한 다음 지불의사금액을 추정하는 것이다(이를 가치이전이라고 한다). 셋째 유형은 지불의사가격함수 이전(willingness-to-pay-function transfer)이라고 하는데, 기존 분석에서 활용하였던 편익 또는 가치 함수를 전환하는 다소 까다로운 기법이다.

편익이전은 비시장재의 수요와 편익가치를 추정하는 과정에서 합리적인 방법과 자료의 이용이 매우 어려울 때 부득이 의존하는 방법이다. 이 경우 국내 사례가 있으면 좋겠지만, 그렇지 않을 경우 적절한 외국 사례를 활용할 수 있다. 후자의 경우 풍부하고 다양한 자료와 정교한 기법을 활용한 사례일 필요가 있다(국가 간에 존재하는 여러 가지 환경적 차이를 감안할 때 특히 그러하다).

편익이전 기법을 사용할 경우 결정적으로 중요한 전제는 현재의 분석 대상 사업과 편익이전 기법을 적용하고자 하는 과거의 분석사업이 인문·사회·경제적 환경과 조건, 공급서비스의 질과 양, 수혜 대상 등에 있어서 사실상 거의 동일하거나 유사해야 한다는 것이다. 사실, 이것은 매우 엄격한 조건이다. 소위 아바타는 아니더라도 적어도 과거의 상황이 현재 상황의 대리 조건(proxy condition) 수준은 되어야 한다는 것을 뜻한다. 구체적으로, 기존(과거)의 편익 측정에 사용된 변수가 지금 분석하고자 하는 편익의 대리 변수(proxy variables)로서 적합해야 한다.

그뿐 아니라 과거의 분석이 매우 정교한 논리와 분석 방법 그리고 충실한 자료를 토대로 이루어진 양질의 분석(quality analysis)이었음이 확인되어야 한다. 만일 기존의 연구(분석) 결과를 현재의 분석 대상 사업과 대조해 본 결과 비교의 동질성과 객관성이 충분히 인정되지 못하다면, 편익이전 기법의 사용은 심각한 추정 오류를 유발한다. 그러므로 편익이전 기법을 활용하려면 과연 어디까지가 신뢰할 만한 편익이전의 가치인지에 대해 객관적으로 판단할 수 있어야 한다. 그리고 제3자의 관점에서도 충분히 수용 가능해야 한다.

일반적으로 지적되는 편익이전 기법의 문제와 한계는 다음과 같다. 첫째, 편익이 과대·과소 평가되거나 왜곡될 가능성이 있다. 일반적으로 비시장재의 편익 측정은 까다롭고 논란의 여지가 많다. 만일 적절한 대상을 발견해서 편익이전 기법을 사용할 수 있다면 그러한 문제는 상당 부분 해소된다. 그런데 현실적인 문제는 정말 딱 맞는 적절한 과거 사례를 발견하기가 쉽지 않다는 것이다. 과거 사례가 현재 분석 대상과 어떤 면(속성, 기준, 환경 및 조건)에서 구체적으로 유사한지를 객관적으로 제시하기가 어렵고, 또한 그러한 사례를 찾기가 결코 만만치 않은 것이 현실이다. 특히, 편익을 측정할 수 있는 조건과 내용의 유사성을 명확히 파악하기가 어렵다. 독자들의 이해를 돕기 위해 부연 설명하면 이렇다. 우리가 흔히 비슷한 사람(모습, 사고, 행동 등)이라고 이야기를 하지만, 실제로 두 사람을 몇 가지 기준과 조건에 비추어 꼼꼼히 살펴보기 시작하면 정작 여러 면에서 차이가 있음을 발견할 수 있다.

실제로 비용편익분석을 해보면 사업의 특성과 환경이 비슷해 보여도 세부적으로 따지고 들어가면 차이가 나는 경우가 비일비재하다. 이것은 특히, 비시장재의 경우 심하다. 일견 유사 사례처럼 보이지만, 상황(사회·경제·환경적 배경과 인식, 인구 특성과 구조), 세부 상태, 질적 상태, 선호, 보완재·대체재 유무 등을 점검해 보면 상당한 차이가 발견되는 경우가 흔하다. 한마디로 유사 사업인지의 여부를 점검하는 과정 또한 결코 쉬운 일이 아니다. 여기에는 과거 사업의 초기 점검 환경과 내용에 대한 세부적 검토를 포함하여 사회적 비용과 편익의 산정에 대한 절차와 과정과 수단(방법론, 자료 등)에 대한 정밀한 점검이 포함된다. 당연히 현재 분석 대상 사업의 인문·사회·경제·지리적 환경을 비롯하여 환경적 상태(환경의 질)와 과거 분석 대상 사업 간에 객관적인 비교 점검 작업이 요구된다.

종합적으로, 편익이전은 비시장가치 부문이 중요한 역할을 하는 상황에서 매우 예외적이거나 부득이한 상황에서만 의존할 수 있는 기법이다. 따라서 편익이전 기법을 활용할 경우 당연히 세심한 주의와 신중을 기해야 한다. 그 사용은 확실한 유사 사업이 존재하고 편익의 측정 과정과 결과가 공신력을 확보하는 경우에 한해 허용되어야 한다. 이때 선행의 유사 사례(즉, 벤치마크 대상)가 전문가 사회와 공공부문에서 정당성과 공정성을 인정받는 것이어야 함은 두말 할 필요가 없다. 편익이전 기법을 사용하면 당연히 비용과 시간이 절약된다. 그러나 충분한 조건이 정비되지 않을 경우 절약의 장점은 오히려 독이 된다.

끝으로, 편익이전 기법은 드러난 선호 방법이나 진술된 선호 방법과 다른 차원의 접근 방법임을 강조하고자 한다. 그러나 이것도 따지고 보면 과거의 편익 분석 결과가 드러난 선호 방법이나 진술된 선호 방법 중 한 가지를 사용했을 가능성이 높기 때문에 그들로부터 완전히 유리된 것은 아니라고 말할 수 있다.

(5) 기타

가치 측정 게임

가치 측정 게임은 비교적 최근에 개발된 것으로 표현된 선호 방법에 속한다. 이는 응답자로 하여금 특정한 성과(outcome)에 대한 가치를 평가하도록 요구하면서 그것을 시장가치가 알려진 재화나 서비스와 비교해 나가는 접근을 핵심으로 한다. 이 방법은 특히, 비사용가치(예컨대, 자신감 변화, 생물종 존재 등)를 평가하는 데 유용한 것으로 알려져 있다.

가치 측정 게임은 참여자로 하여금 금전적 가치를 평가하도록 요구하는 점에서 앞서 기술한 선택 실험과 유사하다. 그러나 가치 측정 게임은 때로 참여자들이 재화와 서비스의 금전적 가치를 제시하기보다 다른 사항, 예컨대 사업의 핵심 특성(key characteristics)에 초점을 두는 특징을 지닌다. 이를 위해서는 핵심 특성이 사업의 특정한 성과와 명확히 비교될 수 있도록 설문을 구조화하는 것이 중요하다.

옥션(경매) 게임

경매 게임은 참여자로 하여금 가격을 제시하도록 하고 그것을 통해 성과(또는 재화와 서비스의 상이한 특성)에 대한 WTP 또는 WTA를 추정(확인)한다. 이때 가격의 제시는 대화가 없이도 가능하며, 경매는 개인이 아닌 그룹별로 진행될 수도 있다.

웰빙 가치 측정

웰빙 가치 측정 방법(또는 주관적 웰빙 가치 측정(subjective wellbeing valuation) 방법이라고도 함)은 비시장재와 관련이 있는 특정한 정책이나 투자사업이 사회적 웰빙(복지)에 미치는 직접적 영향을 파악하는 데 중점을 둔다. 통상 웰빙 중에서도, 특히 전체 삶의 만족도(life satisfaction)와 관련된 영향을 분석하는 데 초점을 맞추고, 그와 관련된 가치를 측정하는 경향이 있다.

웰빙 가치 측정 방법의 핵심은 특정의 비시장재가 제공되었을 때 그것이 유발하는 삶의 만족도를 계량경제 기법을 사용해서 추정한 다음 이를 소득이 삶의 만족도에 미치는 효과를 추정한 값과 결합해서 금전적 가치를 도출하는 데 있다(NSW, 2017: 34; Social Value International, 2015: 23). 이러한 접근을 통해 도출된 정보는 정책 결정권자로 하여금 정부의 개입(정책, 투자사업 등)이 사회의 웰빙에 미치는 보다 광범위한 영향에 대해 깊이 생각할 수 있도록 만들어 준다. 아울러 분석 결과는 비시장재가 내포하는 상대적 가치에 대해 보다 나은 아이디어를 제공함으로써 정책과 투자사업의 사회복지 영향에 부여되는 암묵적 가치(implicit value)에 대해 한층 더 깊이 살펴보도록 촉구한다. 이 방법은 최근에 개발되고 있는 사회적 영향(Social Impact), 사회적 가치 측정(Social Value Assessment(Measurement)) 방법과 유사하다.

사고 실험

사고 실험(Thought Experiments)은 전문가의 정교한 추측(calibrated guess)을 토대로 정책결정에 유용한 판단 준거를 제시하는 방법이다. 이것은 편익의 계량적 가치를 측정하는 것이 불가능한 경우에 접근되는 방법이며, 특정한 값, 즉 점 추정치(point estimates)를 제시하지 않고 전문가의 추측에 의한 추정을 일정한 신뢰구간(confidence intervals)의 범위 값으로 제시한다. 이러한 점에서 사고 실험은 민감도 분석(sensitivity analysis)과 유사한 면이 있다.

8. 비시장재 가치 측정 방법의 일반적 사용원칙

지금까지 기술한 내용을 유념하면서 여기에서 비시장재와 관련된 비용과 편익의 가치를 측정하는 방법을 사용할 때 일반적으로 고려해야 할 원칙을 정리하면 다음과 같다(NSW, 2017: 36~40).

첫째, 표현된 선호 방법에 의해 지불의사금액(stated preference WTP)을 도출할 경우 조사(설문조사 등)를 통해 도출된 추정치가 다음과 같은 내용을 포함하고 있음을 입증할 수 있어야 한다. 이를 위해서는 튼튼한 확인(입증) 절차(validation procedures)가 마련되어야 한다.

① 응답자가 실제로 지불하려는 상황에서 나타날 수 있는 것과 유사하다.

② 드러난 선호 검증(revealed preference tests) 시에 나타날 수 있는 것과 유사한 반응(응답) 현

상이 관측되어야 한다.

③ 건전한 경제원리에 부합해야 한다. 예컨대, 설문 대상자가 응답하는 지불의사금액은 가계소득과 표현된(진술된) 선호에 따라 달라져야 한다. 그리고 응답자들이 예산과 소득에 제약이 있다는 사실을 분명히 인식하면서 설문 내용에 반응(대답)해야 하며, 아울러 대체재(재화와 서비스) 간의 선택이 가능하도록 설문을 구조화해야 한다.

④ 기존에 객관적으로 인정된 튼튼한 연구 결과와 조사 설계를 적극적으로 반영한다.

⑤ 모든 WTP 추정(특히, 비사용가치의 경우)에 대하여는 유효성(적합성) 점검(validity tests)을 해야 한다. 이것을 통과하지 못한 추정치는 아깝더라도 사용하지 않아야 한다.

둘째, 비용편익분석에 사용된 WTP 측정치는 가능하면 개인적 사용가치(private use value)와 그 외의 다른 가치를 구분해서 파악해야 한다. 이것은 WTP 측정 과정에서 흔히 발생하는 편익의 이중 계산 문제를 피하기 위해서이다.

셋째, 총 WTP 측정(aggregate WTP measure)이 개인적 사용가치나 옵션가치와 분리될 수 없는 비사용가치를 포함할 경우, 비용편익분석은 그에 대해 분명히 언급해야 한다. 이 경우 유효성 점검은 총 WTP 측정치가 통계적으로 어느 정도 설명력(설득력)을 지니는지에 대해 파악해야 한다.

넷째, 공공재 소비(투자사업 공공재)와 관련된 WTP는 비용편익분석 대상 기간 전체에 걸쳐 발생하는 편익을 측정해야 한다. 예컨대, 초기 등 일부 특정 기간에 국한해서 편익을 산정해서는 안 된다.

다섯째, WTP 측정과 관련하여 실제로 많이 발생하는 현상은 다음과 같은 각종 중복 계상(추정) 문제인데, 이들을 최대한 차단해야 한다.

① 특히, 문화·자연·환경 자산과 관련하여 다양한 범주의 비사용가치와 개인 옵션가치를 구분하거나 서로를 분리해서 추정하기가 매우 힘든 상황을 극복해야 한다.

② 주요 자연(천연) 자산이나 환경 자산의 경우 비사용가치를 주된 편익으로 간주하게 되는데, 이 문제에 대해 최대한 객관적으로 다루어야 한다.

③ 주된 가치가 사용과 관련해서 발생하는 건축 자산(built assets)의 경우 전체는 아니더라도 대부분의 편익은 민간부문의 사용가치 정보를 토대로 금액을 산정할 수 있다. 예를 들어, 종합운동장, 문화·위락시설 등이 그러하다. 하지만 상황에 따라서는(이러한 경우

가 아니라면) 비용편익분석의 접근 과정과 절차의 유효성(적합성)을 입증할 수 있는 확실한 내용이 기술되어야 하는데, 이 경우 그에 대해 최대한 객관적으로 다루어야 한다.

여섯째, 민간부문(개인)의 옵션가치에 대한 긍정적 평가는 고려하지 않는 것이 바람직하다. 그 이유는 다음과 같다. 먼저, 옵션가치는 대체 서비스나 자산이 전혀 없는 경우 등 매우 예외적인 상황에 제한해서 반영하는 것이 합리적이고, 다음으로 미래의 사용이 불확실할 경우 민간부문의 옵션가치는 부정적일 가능성이 크며, 마지막으로 특정 분야(특히, 문화·위락서비스)의 경우 모든 민간 지출이 기회비용을 포함하기 때문이다.

일곱째, 비사용가치와 관련된 편익의 추정치가 필수적으로 요구되는 적합성 점검을 충족하지 못할 경우 그것을 주된 편익의 추정치로 사용해서는 안 된다. 다만, 그것은 민감도 분석에 포함시켜 활용할 수는 있다.

여덟째, 편익이전 방법은 일반적으로 추정치가 다음의 조건 내지 속성을 포함할 경우 유용하게 활용될 수 있지만, 그렇지 못할 경우에는 사용하지 않아야 한다.

① 확고한 기존의 유사·비교 사업(특성, 부지 조건, 사업 환경, 영향 대상) 기반
② 확립된 경제이론에 부합
③ 종합성, 정확성, 신뢰성을 담보하는 데이터 기반
④ 튼튼하고 타당한 측정 방법 기반
⑤ 편익이전 방법 활용의 적정성
⑥ 일관성과 비교 가능성을 지니는 WTP 추정(과정 및 결과)
⑦ 주요 속성(인구 규모, 인구 밀도, 교육 수준(성취도), 사회인구 특성 등) 차이의 적절한 통제 조정

■ 종합

비시장재의 가치평가는 비용편익분석 과정에서 가장 어렵고 전문적인 지식을 필요로 하는 분야이다. 동시에 분석에 적용되는 논거와 가정, 사용 자료와 방법, 그리고 해석과 판단 등을 둘러싸고 적지 않은 논란이 수반되는 영역이다. 그러므로 비시장적 가치평가를 적용할 때는 그 대상이 무엇이고, 왜 반드시 이러한 접근을 해야 하는지에 대해 명확한 논거와 정당성을 구비해야 한다. 아울러 가치평가를 하는 과정에 사용되는 논거와 가정 그리고 사용 자료와 방법론에 대한 정합성과 합리성이 확보되어야 한다.

비시장재 가치 측정 방법을 사용할 경우 다른 조건이 동일하다면 드러난 선호 방법이 표현된 선호 방법보다 더 신뢰성을 가진다. 따라서 일반적으로 더 선호된다.

제 6 장

비용편익분석과 사회적 할인율, 위험 및 불확실성, 최종 분석 결과

1. 미래가치의 할인: 사회적 할인율
2. 비용편익분석과 위험 및 불확실성
3. 비용편익분석의 최종 결과

1. 미래가치의 할인: 사회적 할인율

1) 개요

비용편익분석에서 측정하는 비용과 편익은 한두 해가 아니고, 적어도 10~30년의 장기적 관점에서 파악되는 것들이다. 이와 관련하여 비용편익분석은 다음의 문제를 해결해야 한다. 그것은, 첫째 먼 미래의 다양한 시점에서 발생하는 여러 가지 비용과 편익을 어떻게 하면 대다수 사람들이 수긍할 수 있는 합리적 금액으로 추정할 것인지에 대한 문제와, 둘째 추정된 미래의 가치를 어떤 방법을 통해 합리적인 현재가치로 평가할 것인지에 대한 문제이다. 전자에 대하여는 앞에서 충분히 기술하였다. 후자는 편익과 비용의 미래가치를 현재의 화폐가치로 환산하는 문제로서 통상 사회적 할인율(social discount rate)이라는 인위적인 이자율 수단을 통해 처리하고 있다. 사회적 할인율을 사용하는 배경에는 비용편익분석이 순현재가치 개념을 중요시하는 원칙이 자리한다.

사회적 할인율은 공공투자사업이 가깝고 먼 미래(약 20~30년 기간)에 제공할 재화 및 서비스와 관련된 비용과 편익의 미래가치를 현재가치로 계산해(할인해) 주는 일종의 '환산 이자율', '시간 할인율'이다. 한마디로 이는 서로 다른 기간 간에 시간의 금전적 가치를 비교할 수 있도록 해주는 매개체이다. 쉽게 말해서, 내가 10년 후에 연봉 1억 원을 벌게 되는데, 이것을 오늘 현재의 가치로 환산하면 얼마가 되는지를 객관적으로 산정해 주는 수단이 할인율이다. 그런데 이것은 나 개인의 관점에서이고, 사회적 할인율은 사회 전체 또는 국민(국가) 전체의 관점에서 미래의 금전가치를 오늘 현재의 금전가치로 환산해 주는 수단이다. 예를 들면, 도로사업이 완공된 후 30년 기간 중에 발생하는 총비용과 총편익이 각각 800억 원, 1,000억 원으로 추정되었다고 할 때, 이것을 현재의 화폐가치로 평가하면 과연 얼마가 될 것인지를 정하는 기본 규칙 또는 기준이 할인율이다. 그렇다면 국민경제와 사회 전체의 관점에서 바라보는 시간의 가치는 어떻게 결정되는 것이 합리적인가? 이에 관한 경제이론의 설명은 조금 뒤에서 기술된다.

공공투자사업에 사회적 할인율을 적용하지 않는다면 미래의 가치가 크게 부풀려지거나 축소될 수 있어서 사업에 대한 객관적인 판단을 하기가 어렵다. 극단적으로는 실컷 비용편익분석을 잘 하고 나서 최종 결과를 도출하고 해석하는데 결정적인 문제와 오류가 발생한다. 이러한 현상은 단일사업보다 분석기간을 달리하는 복수의 사업을 비교·점검할 경우에 더 큰 문제와 애로로 작용할 것이다.

사회적 할인율은 기본적으로 재화와 서비스의 가치(비용·편익 포함)가 먼 미래보다 현재나 현재에 가까운 미래일수록 더 크다는 것을 전제로 한다. 이는 지극히 상식적이다. 이에 대하여는 독자들이 은행에 돈을 맡기면 왜 이자수입을 받게 되는지, 그리고 채권의 이자율이 5년 만기보다 30년 만기의 경우가 왜 더 높은지에 대해 조금만 생각해 보면 쉽게 이해가 될 것이다. 예를 들어, 10년 후에 1,000만 원으로 평가된 비용과 편익을 5년 후나 현재의 가치로 환산한다면 1,000만 원보다 적을 것이 분명하다. 이것은 독자가 은행에 1년, 3년, 5년의 정기예금을 하면 정기예금 기간이 길수록 자신이 맡긴 예금보다 더 큰 금액을 만기에 받게 되는 것을 상상해 보면 된다. 마찬가지로 은행으로부터 5년 상환 조건으로 1,000만 원을 빌렸을 때를 가정해 볼 수 있을 것이다.

쉽게 말해서, 대부분의 사람들은 동일한 재화와 서비스에 대해 미래의 소비보다 현재의 소비를 높이 평가한다. 그 이유 중 하나는 현재의 소비는 당장 이용이 가능하지만, 미래의 소비는 위험과 불확실성으로 인해 지금보다 가치가 떨어질 가능성이 크다고 생각하기 때문이다. 극단적으로는 전쟁이나 천재지변으로 인해 소비 자체가 불가능할 수 있는 위험도 있다(박스 참조).

■ 사회적 할인율: 현재의 확실성과 미래의 불확실성

비용편익분석은 사업의 착수 시점부터 먼 장래에 이르기까지 발생할 것으로 예상되는 중요한 비용과 편익(주요 비용과 편익의 항목별 화폐가치의 총합)을 포착한 다음 그것을 현재의 가치로 환산하는 기본 틀을 갖고 있다. 따라서 비용편익분석을 하는 과정에서는 항상 미래의 가치를 현재의 가치로 연결시켜 주는 장치(즉, 가치환산 장치)가 필요하다. 이것을 할인(율) 장치라고 말한다. 이때 할인은 국가(국민)와 사회 전체의 관점에서 현재와 미래의 가치를 종합적으로 비교할 수 있는 잣대이어야 하므로 그것을 통상 사회적 할인(율)(social discount rate)이라고 한다.

사회적 할인율은 미래의 위험과 불확실성을 반영하는 장치이다. 그리고 기본적으로 미래의 가치를 현재의 가치보다 낮게 평가하고 있다. 그 이유는 근본적으로 위험성과 불확실성(개인의 사망 가능, 사회의 퇴보, 물가 상승, 전쟁과 분쟁 발생 등) 문제에 있다. 정확한 비유는 아니지만, 서양 속담에 "오늘의 달걀 하나가 내일의 닭 한 마리보다 낫다"거나 "내 손에 든 새 한 마리가 숲 속의 새 두 마리보다 낫다"라는 표현은 현재의 확실한 이득(또는 소비)이 미래의 불확실한 큰 이득보다 더 값어치가 있음을 시사한다.

그런데 미래 시점과 현재 시점 간의 화폐가치 차이를 결정하는 이자율(할인율)을 구체적으로 어떤 수준으로 정할 것인지에 대하여는 견해와 논의가 분분할 수 있다. 앞서 기술한 도로사업을 예로 두고 현재가치를 개인에게 물어보면 아마도 각자가 다른 답을 내어놓을 가능성이 높다. 어떤 사람은 편익의 가치를 800억 원으로 크게 낮추어 평가할 수도 있고, 어떤 사람은 950억 원으로 평가할 수도 있을 것이다. 매우 예외적이겠지만, 혹자는 1,000억 원 이상으로 평가할 수도 있을 것이다(이 경우는 현재의 소비보다 미래의 소비를 훨씬 높이 평가하고, 미래를 매우 낙관적으로 보는 입장이라고 말할 수 있다). 이와 같이 각 개인마다 다른 할인율을 갖고 있을 경우 그것을 공공투자사업의 미래가치를 현재가치로 환산하는 잣대로 활용할 수가 없다. 특정한 할인율이 정부의 정책이나 공공사업의 의사결정의 주된 수단으로서 활용되려면, 적어도 국가와 사회 단위에서 공통적으로 적용될 수 있는 수준으로 설정되어야 한다.

요약하면, 사회적 할인율은 공공투자사업이 수십 년에 걸쳐 유발하는 미래의 비용과 편익의 화폐적 가치를 현재의 화폐적 가치로 환산하는 기준(또는 매개체)으로서 이론과 실제에 기반을 두고 설정되고 있다.

2) 사회적 할인율의 이론적 기반

사회적 할인율은 크게 시간선호(time preference)와 자본의 기회비용(opportunity cost of capital)이라는 두 이론에 기반을 두고 있다.[1]

먼저, 시간선호란 사회는 미래의 소비보다 현재의 소비를 더 선호한다는 것을 말한다. 이론적으로는 경제가 성장하는 사회에서는 동일한 만 원의 한계소비 가치가 미래의 어떤 시점에서보다 오늘 더 가치가 있다는 것을 의미한다. 정확하지는 않지만 쉽게 말해서, 10년 후에 5만 원을 가지고 외식을 한다고 가정할 때 그것이 주는 효용이나 만족감의 현재가치는 적어도 5만 원보다 작다는 것이다. 그런데 그것이 얼마나 작을지에 대하여는 일정한 기준을 적용해서 판단할 수 있는데, 이때 공적으로 사용되는 것이 사회적 할인율이다. 앞서 예시한 바와 같

1 엄밀히 말하면, 가중자금비용(weighted costs of funds)이란 또 다른 개념의 이론이 있는데, 이것은 독자적인 이론이기보다 시간 선호와 자본의 기회비용 두 이론을 접목한 것이다. 이것은 공공투자 지출이 궁극적으로 소비와 투자를 얼마나 대체하는지를 반영할 목적으로 시간선호율과 자본의 기회비용에 대해 가중치를 부여해서 접근한다.

이, 한계소비 가치는 각 개인마다 상이하며, 극단적으로는 미래의 한계소비 가치를 현재보다 더 높이 평가하는 개인도 존재할 수 있다. 이러한 현상을 일정한 기준에 의해 사회적으로 평준화시킨 것이 사회적 할인율이다.

다음으로, 사회적 할인율은 사회 전체가 보유하는 자원(공공자원+민간자원)의 기회비용을 장기적 관점에서 반영하는 수단으로서 인식한다. 따라서 사회적 할인율은 그것을 보장해 주는 수준에서 결정되어야 한다. 이러한 입장에서 보면 사회적 할인율은 일종의 장기 파라미터(parameter)로서 자본이 지니는 기회비용의 장기 경험적 벤치마크(benchmark)에 근거하여 조정된다. 따라서 일정한 주기를 두고 적정 할인율을 검토, 조정하는 것이 바람직하다.

주지하다시피 사회적으로 자원은 무한하지 않고 희소하다. 그리고 주어진 자원의 사용을 필요로 하는 사업은 공공, 민간을 통틀어 무수히 많다. 특히, 정부는 주어진 예산 자원(예산 제약)을 가지고 서로 경합하는 무수한 재정사업들 중에서 적절한 대상을 선택해야 한다. 이 경우 공공자본의 기회비용이란 정부가 어떤 예산을 자본투자사업에 사용하면 그 금액만큼 다른 용도에 사용할 수 있는 재정 자원이 줄어드는데, 이때 희생된(줄어든 금액만큼 그 다음으로 필요한 어떤 사업이 추진되지 못하고 희생됨) 다른 차선의 사업이 지니는 가치를 의미한다(독자들은 앞에서 설명한 기회비용 개념을 자본 사용에 적용해 보면 이해가 될 것이다). 쉽게 말해서, 공원 건설사업과 문화회관 건설사업이 경합 상태에 있는 것으로 가정할 때 만일 지방자치단체가 공원 건설사업을 추진하기로 결정하였다면, 이때 공원 건설사업의 자본 기회비용은 공원 건설사업 때문에 추진이 무산된 문화회관 건설사업이 된다.

그런데 자본의 기회비용 범위를 공공부문과 민간부문을 총망라하는 전체 사회(국가) 자원 개념으로 확대해 보면, 정부가 투자사업에 사회적 자원을 사용할 경우 그만큼 민간부문에서 투자될 수 있는 자금이 줄어드는 현상을 관측할 수 있다. 이 경우 자본의 기회비용은 이 과정에서 희생된 민간부문의 사업이 지니는 가치가 된다. 이러한 관점에 입각한다면 정부가 추진하는 공공투자사업은 적어도 민간사업이 통상 확보하는 투자수익률을 달성할 수 있어야 하고, 이러한 기준이 사회적 할인율을 설정하는 준거가 되어야 한다. 즉, 사회적 할인율은 정부가 특정 자본투자사업에 자원을 사용할 경우 그로 인해 희생된 차선의 다른 자원 사용 용도가 지니는 경제적 가치를 평가하는 데 사용된다. 이때 자본의 기회비용은 정부 내부(각종 공공투자 간의 경합)뿐 아니라 정부 외부, 즉 민간부문과의 비교 차원에서 산정된다.

일반적으로 사회적 할인율은 시간선호 이론에 근거하는 경우보다 자본의 기회비용에 근거하는 경우가 더 높게 설정되는 경향이 있다. Harrison에 의하면[2] 근년에 이루어진 다양한 할인율 관련 연구 결과, 시간선호에 의한 사회적 할인율은 1~5% 수준으로 비교적 낮게 나타난 반면 자본의 기회비용에 입각한 사회적 할인율은 5~15%의 상대적으로 높은 수준인 것으로 나타났다(NSW, 2017: 45).

끝으로, 사회적 할인율의 수준 설정과 관련하여 그것을 상대적으로 낮게 설정하는 것이 합리적이라는 주장과 상대적으로 높이 설정하는 것이 합리적이라는 주장이 대립한다. 전자는 공공투자사업이 현재와 미래 세대의 복지에 기여하는 공공서비스와 긍정적 외부효과를 창출하는 공익성을 높이 평가해서 사회적 할인율이 민간기업의 투자판단 이자율(예컨대, 시장이자율)보다 낮게 적용되는 것이 합리적이라는 관점에 근거한다. 예를 들어, 사회적 할인율이 크게 낮다(높다)는 것은 현재가치와 미래가치 간에 큰 차이가 없다(있다)는 것을 의미한다.

후자는 국가자원(공공 및 민간 자원)의 효율적 이용에 초점을 두는 자본의 기회비용 관점에 입각하고 있다. 그에 따르면 공공투자사업에 투자되는 재원(국민 세금을 재원으로 실시됨)의 기회비용은 동일한 금액이 민간부문에 투자되었을 때 예상되는 수익률(자본투자수익률)보다 더 높아야 하므로 사회적 할인율은 높게 설정하는 것이 합리적이라는 주장이다.

3) 사회적 할인율과 관련된 주요 쟁점

사회적 할인율을 적용할 경우 고려해야 할 중요한 세 가지 이론적 이슈들이 있는데, 그것은 다음과 같다(NSW, 2017: 43~45).

① 분야, 부문, 사업에 따라 사회적 할인율을 달리 적용할 것인가?

② 사회적 할인율에 위험 조정(risk adjustment)이 포함되어야 하는가?

③ 사회적 할인율은 분석기간의 경과와 더불어 감소되어야 하는가?

첫째 물음과 관련하여 결론부터 말하자면, 사회적 할인율은 분야, 부문과 관계없이 모든 정책 및 대상 사업에 동일하게 적용되어야 한다. 그 이유는 만일 분야나 사업에 따라 상이한

2 M. Harrison(2010).

사회적 할인율이 적용된다면 그것은 분야나 사업에 따라 사회적 기회비용에 차이가 난다는 것을 의미하기 때문이다. 예를 들어, 사회복지 부문의 사업과 환경부문 사업, 교통부문 사업 간에 적용되는 사회적 할인율이 다르다면, 각각의 추정된 편익과 비용의 현재가치에 대한 평가와 해석이 달라진다. 이것은 왜곡된 정보를 제공하며, 일관적인 판단과 의사결정을 어렵게 만들고, 정책결정에 혼선을 초래한다. 다만, 일각에서는 분야와 부문별 특성 차이를 감안할 때 사회적 할인율을 달리 적용할 필요가 있다는 주장도 한다.

둘째 물음에 대하여는 사회적 할인율은 모든 분야, 부문, 사업 등에 영향을 미치는 '체계적인 위험'(systematic risk)만을 반영해야 하는 것으로 정리할 수 있다. 체계적인 위험이란 모든 정책과 사업에 영향을 미치는 거대한 사회적·총체적 위험을 의미하며, 불가피하고 분산이 불가능한 시장 위험(market risk)의 특성을 지닌다. 예컨대, 2008년의 세계 금융위기나 대규모 자연재해, 전쟁 발발 등이 그에 해당한다. 가깝게는 2020년 3월 현재 진행 중인 신종 코로나 바이러스의 대유행 감염증(COVID-19)도 체계적인 위험 요인에 속할 수 있다.

만일 투자사업과 관련된 특정한 위험(즉, 비체계적인 위험으로 예컨대 지역의 주력 산업 위기, 인구 급감 등)을 고려해서 사회적 할인율을 조정한다면, 정책결정에 혼란과 왜곡이 초래된다. 그 이유는 사회적 할인율이 비용과 편익의 현재가치를 위험의 함수가 아닌 시간의 함수로 바꾸면서 궁극적으로 사업의 성과와 결과에 왜곡을 초래하기 때문이다. 다만, 시간과 위험이 완전한 상관관계를 이룰 때는 그러한 접근도 가능하다.

현실적으로, 대부분의 지방투자사업들은 크고 작은 투자 위험성을 안고 추진된다. 이때 각 사업 간에 존재하는 위험성의 수준과 내용의 차이는 비용과 편익을 산출하는 과정에서 반영하는 것이 적절하고, 사회적 할인율을 조정(예컨대, 차등적 적용)해서 해결할 성질은 아니다. 그리고 특정 사업이 안고 있는 위험성은 민감도 분석 등 다양한 방법을 통해 비용과 편익 산정에 반영시키는 것이 합리적이다.

셋째 질문에 대하여는 사회적 할인율은 분석기간 전체에 걸쳐 안정적이어야 한다고 답할 수 있다(즉, 동일한 할인율의 적용). 이것은 사회적 할인율이 장기적 관점에서 자본의 기회비용을 반영하는 측면에서 특히 그러하다. 만일 사회적 할인율이 분석기간의 후반으로 갈수록 감소한다고 하면(예컨대, 사회적 할인율이 처음 20년은 5%, 마지막 10년은 4%), 자본의 장기 기회비용이 미래의 시점으로 가면 갈수록 더 떨어진다는 것을 의미한다. 물론 그러한 현상이 실제로 나타날 수도 있다. 하지만 이 경우 그것을 뒷받침해 주는 사회적 할인율 이론 및 논거가 새로 개발되어야 한다.[3]

4) 사회적 할인율은 국가마다 다르다

사회적 할인율은 국가에 따라 다르다. 연방국가의 경우 때로는 국가 내 지역 간에도 다른 현상이 관측된다. 이것은 전 세계적으로 저금리 현상이 지배하는 오늘날 각국의 금리가 상당히 다른 현상을 생각해 보면 조금도 이상하지 않다. EU나 일본과 같이 제로 금리를 유지하는 국가가 있는가 하면(심지어 일부 국가는 마이너스 금리를 운영하고 있음), 현재도 5% 이상의 높은 시장이자율이 작동되는 국가들도 적지 않다.

같은 나라에서도 사회적 할인율은 일정 기간을 두고 변하며, 동일한 시점에서도 사회적 할인율은 국가 간에 차이가 난다. 사회적 할인율이 시장이자율을 의미하는 것은 아니지만, 적어도 사회적 할인율의 변동 경향과 크기는 시장이자율의 변동과 비슷하게 움직인다. 이것은 고금리(저금리)가 장기간 지속되는 상황에서는 사회적 할인율도 높은(낮은) 수준을 갖게 된다는 것을 말한다.

그 이유는 무엇일까? 그것은 각국의 정치·사회·경제·역사적 배경의 차이에서 비롯되며, 각종 주요 경제 퍼포먼스(성장, 고용, 소득, 이자율, 환율 등), 국가와 국민의 미래에 대한 인식과 관점(낙관, 비관, 중립 등) 등과 밀접한 관련이 있다. 이는 동 시대에 동일한 지구상에 존재하면서도 국가별로 이자율의 차이가 크게 나타나고 있는 현실을 상기할 수 있을 것이다.

참고로 우리나라의 사회적 할인율은 2018년부터 과거 오랫동안 사용해 오던 5.5%를 폐지하고 그 대신 1.0% 인하한 4.5%를 채택하였는데, 이 또한 저금리 현상과 무관하지 않다. 다만, 시장이자율이 사회적 할인율의 결정에 중요한 영향 요인인 것은 맞지만, 그것이 유일하거나 전체를 지배하는 요인은 아니다(앞서 언급한 시간선호와 자본의 기회비용을 상기해 보기 바람). 현재도 선진국들 간에는 사회적 할인율을 2~3% 수준에서 운영하는 나라들이 있는가 하면 7% 이

3 정부의 대형 공공투자사업 가운데서 세대 간 형평(intergenerational equity)과 같이 매우 긴 기간에 영향을 미치는 사업의 경우 감소형 사회적 할인율을 취할 수도 있을 것이다. 그러나 이러한 접근은 비용편익분석의 효율성 준거나 자본의 기회비용 이론에 부합하지 않는 문제가 있다.

상의 비교적 높은 수준으로 운영하는 국가들이 존재한다.

2. 비용편익분석과 위험 및 불확실성

1) 개요

비용편익분석은 공공투자사업이 안고 있는 미래의 위험과 불확실성(risk and uncertainty)에 대하여도 다룬다. 통상 투자사업 자체가 내포하는 각종 위험 요소나 불확실성에 대하여도 다루지만, 그보다는 분석의 과정과 방법 및 최종 결과를 도출하는 문제와 관련되는 위험과 불확실성에 더 큰 중점을 둔다. 구체적으로 비용과 편익을 측정하는 과정에서 설정하는 주요 가정과 조건, 각종 추정 방법론의 적용과 관련하여 불가피하게 발생하는 위험과 불확실성을 최소화시키고자 노력한다.

대표적인 예로 바로 앞에서 다룬 사회적 할인율의 적용과 관련된 위험성과 불확실성을 완화하려는 시도를 지적할 수 있다. 사회적 할인율은 통상 일군의 전문가와 정책 결정권자들에 의해 정해지며, 그 나름의 논거와 합리성을 지닌다. 하지만 그것이 미래와 현재의 시간가치 차이나 자본의 장기적 기회비용 등을 온전히 반영해 주는 것인지에 대하여는 사실 누구도 확신을 줄 수 있거나 장담할 수가 없다. 따라서 현재 적용 중인 사회적 할인율을 절대적인 판단 기준으로 삼고 비용편익분석을 할 경우 최종 분석 결과(예컨대, 비용편익비율)가 참 값(진정한 사회복지 영향)으로부터 벗어날 수 있는 가능성을 배제할 수 없다.

현실적으로 미래의 편익과 비용을 현재의 가치로 환산하는 수단인 사회적 할인율을 어떤 수준으로 적용하는지에 따라 사업의 실시 타당성이 직접적인 영향을 받는다. 예를 들어, 사회적 할인율을 5%로 적용할 경우와 7%로 적용할 경우를 비교하면, 그 사이에 상당수 사업들의 타당성 당락 결정(있음, 없음)이 달라질 수 있다. 즉, 경제성이 있던 사업이 없는 사업으로 바뀔 수 있다. 예컨대, 우리나라의 공공투자사업에 적용해 오던 사회적 할인율은 지난 10여년간 5.5%를 유지해 오다가 최근(2018년)에 국가재정사업과 지방투자사업 모두 4.5%로 인하되었는데, 이로 인해 전보다 많은 사업들이 경제성을 인정받을 수 있는 가능성이 높아졌다. 이는 한마디로 경제적 타당성의 통과 문턱이 낮아진 것을 의미한다.

이 경우 새로운 사회적 할인율의 적정성 논의는 별개로 치더라도 동일한 사업이 바로 직전 타당성 분석(조사)에서 경제성이 조금 부족(예컨대, 비용편익비율 0.95)한 것으로 판정되었으나 새로운 사회적 할인율이 적용되면서 경제성이 있는 사업(예컨대, 비용편익비율 1.05)으로 바뀌는 다소 모순된 현상이 나타날 수 있다. 이것은 시장의 금리가 0.5%나 1% 오르고 내림에 따라 수많은 기업들이 수익을 창출하는 주체로 변하거나 손해를 보는 주체로 전락하는 현상에 비유할 수 있다. 즉, 기업의 성과와 경영의 본질은 바뀌지 않았지만, 기업의 차입비용에 대한 부담이 증가(감소)함에 따라 기업의 경영실적이 결정적으로 영향을 받는 현상이다. 이와 같이 지방자치단체가 수행하는 자본투자사업도 사회적 할인율을 어떤 수준으로 책정하는지, 그리고 그것이 어떻게 변화하는지에 따라서 비용편익비율(값) 1을 중심으로 포진한 사업들이 타당성 있음과 없음의 영역을 넘나들게 되는 현상이 나타난다.

이러한 상황을 감안하여 경제성 분석 결과에 결정적인 영향을 미치는 중요한 가정이나 전제, 기준, 원칙 등이 백퍼센트의 신뢰성과 완전성을 확보하지 않는 한, 그와 관련해서 발생할 수 있는 분석 결과의 오류 위험성을 완화시키는 조치가 필요하다. 즉, 일정한 수준의 변동(완화) 장치를 부여하여 분석 수단과 방법이 의도하지 않거나 또는 역량 부족으로 인해 발생할 수 있는 위험성 오류를 최소화하는 것이 바람직하다. 이에 대하여는 바로 다음 항에서 다룬다.

■ 사회적 할인율의 적정성과 위험성

사회적 할인율이 이론적 기반을 갖고 여러 가지 요인을 감안하여 선정되고 있지만, 그것이 실제로 옳은지에 대하여는 누구도 장담할 수가 없다. 이러한 상황에서 만일 공적으로 선정된 사회적 할인율(단일의 값으로 예컨대, 5.0%)을 기준으로 상·하의 일정한 범위 값(예컨대, 4~6%)을 적용한다면, 비용편익분석 결과는 일정한 범위 값을 갖게 된다. 이 경우 어떤 사업은 범위 값 중 최소, 최대 아니면 중간 값에 따라 사업의 실시에 관한 긍정적, 부정적 신호를 갖게 된다.
이와 같이 단일의 분석 값 외에 범위 값을 함께 제시해 줌으로써 정책 결정권자의 판단 시야를 넓혀 주고 사업의 수행과 관련된 위험성을 상당 수준 인지할 수 있도록 도와준다. 예를 들어, 경제성 분석에 공식 사회적 할인율을 적용했을 때 비용편익비율이 1.0에 조금 못 미치지만, 비경제성 분석(정책적 분석 등)에서 긍정적인 평가가 많고 또한 범위 값에서 비용편익비율이 1.0을 넘을 경우 사업을 긍정적으로 판단해 볼 수 있는 길이 열릴 수 있다.

2) 위험 및 불확실성 완화 장치

비용편익분석을 실시할 때 위험 및 불확실성 요소를 종합적으로 관리하는 방법으로는 시나리오 분석과 민감도 분석(sensitivity testing) 기법이 가장 많이 활용되고 있다. 그 외에도 필요에 따라 몬테 카를로 분석(Monte Carlo analysis), 다기준 분석(multi-criteria analysis), CGE 분석(CGE analysis), 메타평가 방법을 비롯하여 다양한 실험 분석과 질적 분석이 활용된다.

민감도 분석은 마치 약방의 감초처럼 비용편익분석에서 가장 보편적으로 사용되는 위험관리 기법이다. 이는 비용과 편익의 측정 기반이 되는 핵심 가정과 조건(예컨대, 사회적 할인율)을 일정한 범위에서 유연하게 변동시켰을 때 그에 대해 비용편익분석의 최종 결과(예컨대, B/C ratio, 순현재가치)가 어떻게 변화되는지를 객관적으로 파악하는 것을 핵심으로 한다. 예를 들면, 비용편익비율(B/C ratio)이나 순현재가치에 결정적인 영향을 미치는 사회적 할인율을 5% 기준에서 상·하로 1~2% 변화시켰을 때(6%, 7%; 4%, 3%) 비용편익비율과 순현재가치가 어떤 수준으로 변화되는지를 점검하는 것이다. 이렇게 해줌으로써 단일 값으로 산정되는 비용편익분석의 최종 결과(예컨대, 비용편익비율 1.2, 순현재가치 100억 원 등)가 안고 있는 추정의 위험성과 불확실성을 감안하고 완화하는 결과가 나타난다. 이러한 결과는 정책 결정권자들이 정책판단을 할 때 보완적 정보로서 크게 기여한다.

주지하다시피, 사회적 할인율을 높이면 높일수록 투자사업의 미래가치가 떨어져서 사업의 타당성을 인정받기가 점점 더 어려워진다. 반면에 사회적 할인율을 낮추면 투자사업의 미래가치가 높아져서 사업의 타당성을 인정받기가 조금씩 나아진다. 특히, 비용편익분석을 실시한 결과 사업의 경제성을 인정받는 경계치(B/C ratio 1)에 근접한 투자사업들은 사회적 할인율이나 핵심 가정에 조금만 변동이 주어지더라도 사업의 실시 타당성 판단 추(錐)가 좌우로 흔들려 인정, 불인정의 영역을 오갈 수 있다.

2018년부터 우리나라의 사회적 할인율이 기존에서 1% 인하가 되었는데, 이러한 조치로 인해 과거 타당성 심사에서 탈락되었던 사업 중 일부는 사업의 내용과 조건이 조금도 변하지 않고서도 심사를 통과하는 이변이 생기게 되었다. 이러한 조치는 장점과 단점, 그리고 단기와 장기의 경제적·재정적 파급효과 면에서 다양한 긍정적·부정적 영향을 초래할 것이다. 한 가지 분명한 사실은 만일 지방자치단체가 이것을 자신에게 유리한 상황으로 인정하고 투자사업을 안일하고 방만하게 추진할 경우 사회적 할인율 인하조치는 향후 적지 않은 문제를 유발할 것이다. 따라서 정부는 사회적 할인율을 어떤 기준과 원칙에 의해 적정 수준을 설정하고, 어떤 조건과 상황에서 그것을 조정해야 할지를 객관적으로 판단할 수 있는 역량과 기구(위원회 포함)를 구비해야 한다.

미래의 가치와 현재의 가치를 비교(또는 미래가치의 현재가치 환산)할 때 물가 상승을 배제한 불변(실질)가격을 사용하고, 또한 사회적 할인율의 일정한 범위 값을 사용하는 것은 비용편익분석이 완벽하게 통제하지 못하고 있는 위험성과 오류를 완화시키기 위해서이다. 그 외에 수요의 추정이나 편익의 추정 과정에서 중요한 가정을 할 때도 하나의 특정 가정치를 적용하기보다 그것을 전후로 하는 범위의 가정을 적용할 때 추정의 오류나 위험이 줄어들 수 있다.

위험과 불확실성을 점검하고 기본적인 대응조치를 취하는 목적은 분석 결과가 과다·과소 평가되어 잘못된 정책판단 정보를 주지 않도록 하는 데 있다. 비용편익분석과 관련하여 흔히 제기되는 비판 중 하나가 지나친 '낙관론 바이어스(편의, 편중)'(optimism bias)이다. 이것은 미래의 편익은 과대평가하고 비용은 과소평가하는 경향 내지 행태를 의미한다. 현실적으로 이 문제가 발생하는 주요 원인 중 하나가 사업과 관련된 위험 및 불확실성을 과소평가하는 데 있다. 구체적으로 분석 과정에서 위험 및 불확실성의 핵심 요인과 내용이 무엇이고, 또한 그것을 어느 정도 수준으로 인식(수용)하는지에 따라 사업의 경제성이 인정될 수도 부인될 수도 있다. 그러므로 비용과 편익을 추정하고 측정하는 과정에서 위험 요소를 명확히 파악하고, 그것을 체계적으로 통제 관리할 수 있는 역량과 수단적 장치를 강구해야 한다.

종합적으로 민감도 분석은 비용편익분석에서 미래의 비용 및 편익과 관련하여 의도하지 않거나 예상치 못한 위험성과 불확실성이 개입될 가능성을 인식하여 일정한 판단의 유보적, 유연적 공간을 두는 목적(용도)으로 사용된다. 민감도 분석은 비용과 편익을 추정하는 과정에서 결정적인 역할을 하는 핵심(주요) 가정 또는 파라미터(parameters)를 일정 범위에서 조절해 봄으로써 보다 유연한 의사결정 정보를 입수할 수 있도록 도와준다.

비용편익분석의 위험성을 완화하는 방법으로 가끔 시나리오 분석이 활용된다. 이것은 특히 중대한 미래의 불확실성이 존재할 때 사용되는 기법으로, 소위 '만일(에) 분석'(what if analysis)의 유형에 속한다. 일반적으로 시나리오 분석은 투자사업의 성공 여부에 중대한 영향을 미치는 기술적, 경제적, 정치적 불확실성을 체계적으로 탐색할 수 있는 방식으로 전개된다. 예를 들면, 남한과 북한 간에 공고한 협력과 공조가 전제되어야만 투자사업이 성공할 수 있다든지, 아니면 고도의 핵폐기물 처리 기술이 개발되어야만 사업이 성공할 수 있는 경우 관련 시나리오를 체계적으로 구상해서 분석하는 것이다. 그리고 투자사업이 '저비용, 저위험' 형태로 제안되거나, '고비용, 고위험' 형태로 제안되었을 경우 그와 관련된 불확실성을 체계적으로 점검하는 시나리오 분석을 할 수 있다. 시나리오 분석을 할 때 유념해야 할 것은 항상 관련된 비용과 위험성을 비례적으로 다루어야 한다는 사실이다.

몬테 카를로 분석은 분석 결과에 중요한 영향을 미치는 변수들이 상당한 수준의 불확실성을 지닐 때 사용되는 유용한 기법으로, 시뮬레이션에 기반을 두는 위험관리 모델이다.

3. 비용편익분석의 최종 결과

비용편익분석의 목적은 궁극적으로 공공투자사업이 중·장기적으로 사회복지에 미치는 영향을 비용과 편익을 추정해서 사업의 경제적 타당성을 확인하는 데 있다. 분석의 최종 결과, 즉 퍼포먼스(performance)는 단순 명확한 단일의 수치 값으로 나타난다. 그것은 비용편익비율(Benefit-Cost Ratio: BCR), 순현재가치(Net Present Value: NPV), 내부수익률(Internal Rate of Return: IRR)에 관한 값인데, 통상 비용편익비율이 가장 보편적으로 활용된다. 조금 뒤에서 설명되지만, 비용편익비율과 순현재가치 지표는 사회적 할인율이 주어졌을 때, 사업비용의 현재가치가 편익의 현재가치보다 클 경우 경제성이 인정되는 논리적 구조를 갖고 있다. 내부수익률은 개념과 접근이 이들과 조금 다르다.

많은 경우 비용편익비율을 주된 성과지표(분석 값)로 제시하면서 순현재가치를 보완적으로 제시한다. 내부수익률도 매우 유용한 성과지표이지만, 통상 필요한 경우만 제시된다. 이들은 투자사업의 사회복지 영향, 즉 순편익(net benefits)에 대한 정보를 제공하는 점에서 공통성을 지닌다. 참고로 내부수익률은 중·소규모 투자사업과 사업성과가 초기에 두드러지는 사업에 유리한 경향이 있다.

여기에서 비용편익분석의 최종 결과를 보여 주는 대표적인 성과지표 – 즉, 비용편익비율, 순현재가치, 내부수익률에 대해 간단히 설명하면 다음과 같다(구체적인 내용과 공식에 대한 설명은 제3부에서 기술하고 있으므로 그것을 참조하기 바람).

① 비용편익비율(BCR 또는 B/C ratio): 비용의 현재가치(분모) 대비 편익의 현재가치(분자) 비율로 정의된다. 정의에 의해 비용편익비율이 1보다 클 경우(즉, 비용의 현재가치가 편익의 현재가치보다 큼) 사업의 경제성이 인정된다.

② 순현재가치(NPV): 총편익의 현재가치와 총비용의 현재가치 간의 차이를 의미한다. 즉, 총편익의 현재가치에서 총비용의 현재가치를 뺀 것을 말한다. 따라서 투자사업의 순현재가치가 플러스 값을 가질 경우(즉, 비용의 현재가치가 편익의 현재가치보다 클 경우) 사업의 경제성이 인정된다.

③ 내부수익률(IRR): 순현재가치 값을 제로로 만드는(제로가 될 때 요구되는) 할인율, 즉 편익의 현재가치와 비용의 현재가치가 일치되는 율('break-even rate')을 의미한다. 이러한 정의에 따르면 내부수익률이 사회적 할인율보다 클 경우 사업의 경제성이 인정된다.

종합적으로 주어진 사회적 할인율하에서 NPV>0이거나, BCR>1일 경우 투자사업의 경제적 타당성은 인정된다. 이것이 함축하는 바는 사업 실시로 인한 미래의 총편익이 총비용보다 커서 사업을 실시할 경우 사회복지가 향상된다는 의미이다. 즉, 막대한 재정을 투입해서 사업을 실시하더라도 그로 인한 국민경제와 사회복지 영향이 충분한 가치로 그것을 보상해 준다는 의미이다. 만일 다수의 사업을 두고 우선순위를 결정할 경우에는 NPV>0이거나 BCR>1인 사업 중에서 그 수치가 가장 큰 순으로 우선순위가 결정된다.

끝으로 비용편익분석이 최종적으로 성과지표를 산출한 다음에는 주요 과정과 분석 결과를 압축적으로 정리한 요약표를 만들어 두는 것이 매우 유용하다. 그 속에는 비용편익비율 결과(단일 값, 범위 값) 외에 기준 사례(base case), 주요 대안(options), 주요 민감도 분석 결과 그리고 핵심 결과 등이 체계적으로 수록되어야 한다.

■ 비용편익분석의 최종 결과(성과지표)

비용편익분석은 하나의 수치(비용편익비율, 순현재가치, 내부수익률)를 끄집어내기 위해 중요한 가정을 하고 다양한 데이터와 방법론을 이용하는 고민과 노력을 한다. 학생과 운동선수는 끊임없이 노력하고 다양한 방법과 과정을 통해 좋은 결과를 얻고자 애를 쓴다. 이것은 결국 학생의 학교 성적이나 운동선수의 시합 결과(성적)로 나타난다. 흔히 점수나 기록 등수로 표현되는 것과 비슷하다. 예를 들어, 어떤 학생의 국어, 영어, 수학 점수를 합계해서 평균을 낸 결과 평균 80점에 전교 50등으로 판명된 것이나 100m 기록이 10.3초에 전체 5위로 판명된 것과 유사하다.

비용편익분석 또한 이와 비슷하게 점수나 등수를 매길 수가 있다. 분석 결과 최종적으로 산출되는 성과(퍼포먼스), 즉 비용편익비율, 순현재가치, 내부수익률을 토대로 다수 사업의 등수를 매기는 것이 가능하다.

제 7 장

비용편익분석의 주요 실천적 이슈

여기서는 비용편익분석을 하면서 실제로 부딪히는 몇 가지 중요한 실천적 이슈에 대해 기술하고자 한다. 그것은 구체적으로 분석기간을 비롯하여 비용편익분석에 포함되어야 할 주요 항목과 포함되지 말아야 할 주요 항목에 관한 사항들이다.

1. 분석기간: 투자사업의 시계

비용편익분석에서 비용과 편익을 산정하는 기간 문제는 매우 중요하다. 이를 흔히 투자사업의 시계(time horizon) 문제라고 한다. 시계 문제가 중요한 이유는 기간을 어떻게 설정하는지에 따라 비용과 편익의 크기가 달라지고, 사업의 성과가 영향을 받기 때문이다. 시계 문제에 대한 정답은 없고, 합리적인 답은 있다. 그것은 투자사업이 유발하는 주요 비용과 편익을 모두 포착할 수 있는 충분한 시간이면서 가능한 투자사업의 내용연수(즉, 수명)와 일치시키는 접근이다.

우리나라에서는 일부 예외(철도사업 등)를 제외하고 중앙·지방재정투자사업 모두 30년을 표준적인 분석 시계로 사용하고 있다. 다른 나라의 경우 사업의 특성에 따라서 10~20년 기간을 채택하기도 한다. 이것은 기업이 3~5년 또는 길어야 10년 내외의 단·중기 시야에서 투자의 비용과 수익을 비교 점검하는 것과는 크게 다르다.

분석 대상 기간은 정부의 정책 프로그램과 투자사업에 따라 차이가 있을 수 있지만, 통상 20~30년 정도면 충분히 합리적인 것으로 간주된다. 예를 들어, 사업에 포함되는 각종 고정자산의 수명이 길지 않거나 사업의 비용과 편익이 초기 10년 이내에 거의 집중될 경우에는 반드시 20~30년의 긴 기간을 분석 대상으로 설정할 필요가 없다. 이러한 관점에서 볼 때, 건설 후 3~5년 이내에 분양이 완료되는 좋은 입지의 산업단지나 공공택지 개발사업의 경우 상부 건축물이 편익산정 대상임을 감안하더라도 비용편익분석의 대상기간을 조금 조정할 필요가 있다.

기술진보가 빠르게 진행되는 분야의 투자사업(예컨대, ICT 관련 투자사업)의 경우 분석기간의 설정이나 비용과 편익의 분석에 있어서 기존 방식과 다른 새로운 인식과 접근이 필요하다. 이 경우 사업의 수요가 빠르게 변화할 가능성이 있고, 이것은 비용과 편익 양쪽에 영향을 미친다. 이러한 상황에서 지나치게 긴 분석 시계를 갖게 될 경우 비용과 편익의 추정 오차가 크게 확대되는 문제가 생기고, 결과적으로 분석의 정확성과 신뢰성이 떨어진다. 이에 대하여는 독자들이 핸드폰(mobile phone)이 처음 도입되었을 때와 그 후 빠르게 진행되는 기술진보와 함께 새로운 기능과 형태의 스마트폰이 개발되면서 수요와 소비자 만족(질과 양)이 얼마나 급속히 변화하였는지를 생각해 보면 감이 잡힐 것이다.

일반적으로 사업의 분석기간이 길어질수록 편익과 비용의 추정이 어려워져 예측의 객관성이 떨어진다. 마찬가지로 미래에 발생할 비용과 편익을 현재가치로 환산하는 사회적 할인율의 합리성도 떨어진다. 이러한 사실을 인식할 때, 현재 우리나라에서 일반적으로 적용하고 있는 '30년 시계'를 조금 조정할 필요가 있다. 구체적으로 30년을 기준으로 하되, 사업의 유형과 특성에 따라 분석기간을 20년 내외로 단축시키는 방안을 적극적으로 검토할 필요가 있다. 어떤 의미에서는 20~30년 기간도 상당히 길게 설정한 바가 없지 않다. 대체로 말해서, 핵심 사회간접자본이나 국가 복지 프로그램과 같이 세대 간 중첩성을 갖는 대규모 국가 프로젝트(세대를 넘어 활용되는 공공재를 생산하는 투자사업)는 기본적으로 30년 분석 시계를 유지하는 것이 합리적이다. 반면에 사업과 관련된 대부분의 비용과 편익이 10~20년 기간 중에 발생하는 사업에 대하여는 20년 시계를 설정하는 것이 합리적이다.

끝으로 현재 우리나라에서는 실제로는 편익과 비용이 분석기간 중에 연도별로 달리 나타남에도 불구하고 그것을 편의적으로 매년 균등한 값으로 안분하여 비교하고 있는데(사업의 유형과 수요에 따라 일부 예외가 있음), 이에 대한 개선이 필요하다. 현재와 같은 방식하에서는 대다수 사업의 경우 사실상 분석기간을 30년 시계로 설정하든 아니면 20년 시계로 설정하든 상관없이 B/C 값에는 본질적인 영향이 주어지지 않는다. 다만, 일부 사업의 경우 자산의 잔존가치 등은 시계 설정에 따라 다소 영향을 받을 수 있다.

2. 물가 상승을 배제한 실질가격 반영

다양한 방법을 통해 추정한 비용과 편익의 가치는 경상가격으로 다루어서는 안 되고, 반드시 물가 상승을 배제한 실질가격(불변가격)으로 다루어야 한다. 그래야만 현재와 30년 내외의 미래가치를 공정한 토대 위에서 비교 분석을 할 수가 있다. 사실, 미래의 물가가 어떤 수준으로 등락을 거듭할지는 알 수가 없다. 다만, 현재 상태에서 이용 가능하면서도 가장 합리적인 자료와 방법을 활용해서 최선을 다할 뿐이다. 비용과 편익의 가치를 실질가격으로 산정하는 데는 통상 소비자물가지수가 사용된다.[1]

3. 투자사업(계획)과 각종 대안 간 비교

이 책의 앞에서 '사업을 이런 방식으로 꼭 해야 하는가?'라는 이슈에 관해 언급한 바 있다. 이것은 현재 제시된 사업 추진 방식 외에 다른 적절한 선택 가능성(options), 즉 대안이 있는지에 대해 점검할 필요가 있음을 강조한다. 아울러 이는 실시하려는 사업의 비교 대상(준거)을 제대로 발견해서 양자를 비교한 후에 사업의 실시 정당성을 확보할 것을 요구한다. 통상 사업을 실시할 경우와 실시하지 않을 경우(현상 유지)를 비교하는 접근을 하지만, 그렇지 않은 경우도 있다. 여기서는 이 문제에 대해 조금 상세히 설명하고자 한다.

비용편익분석은 때로 특정 사업이 실제로 실시될 경우(정부 개입이 있는 경우)에 일어날 상황(이것을 'with' 상황이라고 함)과 실시되지 않았을 경우(정부 개입이 없는 경우)의 상황(이것을 'without' 상황이라고 함)을 상대 비교하는 접근을 해야 한다. 통상 전자를 현재 계획 중인 투자사업을 실시할 경우, 즉 '사업 실시 경우' 또는 '사업 수행 경우'('with the project')라고 말한다. 그리고 후자를 사업을 실시하지 않는다고 가정할 경우, 즉 '사업 미실시 경우' 또는 '사업 미수행 경우'('without the project')라고 말한다. 이는 정부가 계획 중인 투자사업이 없다고 가정하고 현재 있는 상태가 미래에도 계속 연장될 경우 사회복지가 어떤 변화와 영향을 받을 것인지에 대해 중점적으로 살펴본다.

그리고 양자를 비교 분석하여 사회복지를 조금이라도 더 향상시켜 주는 쪽의 손을 들어

1 참고로 시장에서 거래되는 재화 중 곡물, 가축, 오일, 각종 원자재 등의 경우 미래 시장(예: 선물시장)이 형성되어 있다. 그러나 혹 사업 중에서 비용과 편익이 신뢰할 만한 미래 시장이 형성된 재화나 서비스와 관련이 있다고 하더라도 해당 시장가격을 활용하는 것은 적절하지 않다. 그 이유는 대부분의 미래 시장이 장기적 가치를 반영하지 못할 뿐 아니라 비용과 편익 전체 항목을 일관성 있게 포괄해 주지 못하기 때문이다.

준다. 그 이유는 재정의 효율적 사용과 국민 세금의 금전적 가치(VFM)를 확보하기 위해서이다. 쉽게 말해서 정부가 고민해서 사업을 계획하고 국민의 세금을 사용해서 기껏 사업을 추진했는데, 그 결과가 사업을 실시하지 않았을 경우보다 사회복지 영향 면에서 못하다면 그것은 잘못된 정책결정이자 세금낭비가 된다.

비용편익분석은 앞서 언급한 내용을 토대로 하는 유·무 원칙 또는 있음·없음 원칙(with-without principle)에 입각해서 투자사업을 기본(기초) 사례(base case)를 포함한 다양한 선택지(option)와 비교하는 시도를 한다. 기본 사례란 지방자치단체가 새로운 정책이나 사업을 추진하지 않을 경우, 즉 현재의 정책이나 상태가 변하지 않고 그대로 계속되는 상태(현상 유지 상태) 하에서의 비용과 편익에 대한 추정을 의미한다. 따라서 기본 사례는 정부가 추진하고자 하는 사업에 대한 기준점 내지 비교 준거가 된다. 일반적으로 기본 사례는 '정책 변화 없음' 시나리오를 핵심으로 한다. 예컨대, 계획된 유지·보수 및 사용을 통한 지속적인 서비스의 질적·양적 공급을 뜻한다.

기본 사례가 잘 정립되면, 특정 투자사업을 포함하여 다양한 대안의 비용과 편익에 대한 추정 결과를 상호 비교할 수가 있다. 그리고 그 결과를 가지고 사업의 실시 정당성 내지 타당성 여부를 확인할 수 있다. 일반적으로 기본 사례(사업 미실시 경우)가 추정하는 비용과 편익은 통상 점증적 변화(incremental change)의 특성을 지니는 반면 사업 실시 경우에 추정되는 비용과 편익은 점증적 변화보다 동태적 변화 등 다양한 양상을 보인다.

공공투자사업을 실시할 때, 기본 사례를 비교 검토의 대상으로 설정한다는 것은 사업 실시와 반대되는 상황, 즉 사업을 하지 않는 상황 또는 현재 있는 상황(즉, 현상 유지 상태)을 도전 과제로 던지는 것에 비유할 수 있다. 궁극적으로는 두 개의 상황, 즉 사업을 실시할 때와 실시하지 않을 때를 비교해서 최종적으로 정책판단을 하도록 유도한다. 이때 비교의 핵심은 만일 투자사업을 꼭 추진해야 한다면 적어도 사업 실시 경우가 사업 미실시 경우보다 사회복지 차원에서 더 바람직하다는 것을 입증하는 데 있다.

흔히 사업 미수행 전제를 사업 수행에 반(역행)하는 것으로 인식하여 '반대 사실 기준선 시나리오'(counter-factual baseline scenario)라고 말한다. 반대 사실 기준선 시나리오는 지방자치단체가 추진하려는 투자사업이 없다고 가정할 때, 미래의 상황이 어떻게 전개될 것인지를 예측하는 데 중점을 둔다. 이때 미래 상황이란 비용과 편익에 의한 사회복지 영향과 변화를 의미한다.

만일 현재 계획 중인 사업보다 다른 대안이 동일한 비용으로 사회복지를 더 높여 주거나 아니면 보다 적은 비용으로 동일한 수준의 사회복지를 달성할 수 있다면, 대안의 선택이 합리적이다. 예를 들어, 정부가 사업을 실시할 때보다 실시하지 않는 현재 상태가 미래에도 계속 유지되는 것이 사회복지 면에서 바람직한 것으로 예측된다면, 사업 추진안보다 대안(즉, 현상 유지 방안)의 선택이 합리적이다. 이때 '현상 유지 방안(조건)'은 정부가 투자사업을 실시하는 정당성과 합리성을 판단할 수 있는(또는 입증해 줄 수 있는) 비교 준거, 즉 기준선(baseline)이 된다(문헌에 따라서는 기준선 대신 기준 사례(base case)라고 표현하기도 한다).

예컨대, 지방자치단체가 추진하는 도로 신설사업에 대해 생각해 보자. 이 경우 기본 상태는 계획된 도로가 없는 현재 상태가 된다. 현재 상태가 지속되기까지는 한편으로 통행량 분산 등 각종 교통 불편을 완화하려는 지방자치단체의 노력이 있었고, 또 다른 한편으로는 각종 불편과 교통사고 문제를 감내하는 현상도 일부 있었다고 가정해 보자. 이러한 상태에서 지방자치단체가 길이 10Km의 4차선 도로를 신설하는 사업을 추진하려는 예를 들어 보자. 이 경우 계획된 도로사업의 순편익이 기본 상태(지방자치단체의 현상 유지 노력, 일부 교통 불편 현상)에서 예상되는 순편익보다 커야만 사업 실시에 대한 최소한의 정당성을 얻을 수 있고, 나아가 도로사업의 미래 편익과 비용을 비교하여 순편익이 발생해야만 사업을 추진할 수 있다.

책의 앞부분에서 언급한 다리 건설 예를 들어 설명해 보면, 다리가 건설되었을 때 추정되는 비용과 편익(사업 추진 경우)을 기준 사례(즉, 다리가 없는 현재 상태)의 비용및 편익과 객관적으로 비교 평가하는 것이다. 비슷한 예로서 기존의 쓰레기 소각시설이 있는 상태에서 지방자치단체가 새로운 시설을 건설하는 경우를 가정해 보자. 오래된 소각장 시설을 폐기한 다음 대규모 소각장을 신설하는 정책(신규 사업)과 현재 가동 중인 시설을 적절히 유지·보수하는 방식을 최대한 활용하는 경우(기본 사례)를 사회복지 영향 관점에서 비교해 보는 것이다.

전자의 경우 비용편익분석을 통해 일련의 비용과 편익을 산정하고 또한 최종 결과를 도출해 낸다. 후자의 경우 편익은 지금까지 있었던 것과 큰 차이가 없는 가운데 비용은 매년 유지·보수에 따른 금액이 추가적으로 소요된다. 이 경우 미래의 총비용은 일정한 가정을 토대로 추정해야 한다. 이때 만일 시설 확장을 계획한다면 편익과 비용 양면에 변동이 있을 것이다. 종합적으로 양자의 비교를 통해 비용·편익의 관점에서 우월한 정책이 최종적으로 선택

된다. 이와 유사한 사례는 지방자치단체 청사 건립, 도서관 신축 등 기존의 시설이 존재하고 서비스가 공급되고 있는 상태에서 그와 유사한 새로운 시설의 건립이나 서비스 제공을 시도할 경우 심심찮게 발견된다.

상황에 따라서는 기본 사례가 아무것도 하지 않는 시나리오('do nothing' scenario), 또는 최소한의 조치만 하는 시나리오('do minimum' scenario, '최소 사업 시행')인 경우가 있다. 전자는 현재의 상태에서 아무런 재정지출이나 노력을 하지 않는 것을 의미한다. 후자는 기존 시설이나 서비스가 법령상 요건을 충족하는 정도로만 유지될 수 있도록 최소한도의 투자나 노력을 하는 것을 의미한다.

사업 미실시 경우(현재 상태 유지)와 관련하여 BAU(Business As Usual)라는 개념이 있는데, 이것은 다음과 같다. 만일 지방투자사업이 현재 지역에는 전혀 존재하지 않는 사업(예컨대, 완전히 새로운 형태의 도시기반시설이나 공공서비스, 신형 자산 구입)일 경우, 사업 미실시 시나리오는 '운영 없음'이 될 수 있다. 이와 달리 해당 투자사업이 기존에 운영 중인 도시기반시설이나 서비스의 수준을 향상시키는 것이라면(추가적 기능 보강 수반), 사업 미실시 시나리오는 '현행 시스템의 유지 가동'이 될 수 있다. 이것을 영어로는 BAU라고 표현하며, 현상 유지(일상적 운영 또는 기존 운영)의 의미를 갖는다(쉽게 표현하자면, '늘 해오던 대로 운영'한다는 의미이다).

모든 투자사업은 어떤 형태로든 기존(현재) 상태에 크고 작은 변화를 초래한다. 예를 들면, 도로사업을 하게 되면 기존의 공간 구조와 주거 환경 그리고 지역경제와 주민의 활동 방식 등에 변화가 생겨난다. 이 경우 신규 도로사업의 비교 대상이 될 수 있는 것은 일차적으로 그 사업이 없는 현재의 상태가 된다. 그리고 매년 일정한 유지관리비용을 투자하면서 사용 중에 있는 오래된 시청사를 허물고 신청사를 건립하거나 노후되고 용량이 부족한 환경관리시설(예: 쓰레기 소각시설)을 새로운 시설용량으로 교체하려고 한다면, 그것이 지금 상태보다 복지 측면에서 우월하다는 것을 입증해야 한다. 이때 BAU는 기존의 유지관리 활동(관련 비용을 포함한 행정업무 등)과 관련된 것이 된다. 이 경우 신규 사업의 비용·편익을 기존 상태의 비용·편익과 비교해서 사업의 실시 여부를 판단할 수 있다.

만일 현재도 주민의 일상생활이나 지역경제에 별다른 불편이나 문제가 없는 상태에서(기존에 역사가 있는 비포장 길이 있다고 가정함) 새로 도로를 개설하려고 한다면, 이는 불필요할 뿐 아니라 실시될 경우 세금낭비가 될 가능성이 크다.

종합적으로 BAU는 정부의 투자결정이 기존 상태와 비교할 때 과연 세금을 효율적으로 사용하는 것인지, 사회복지를 더 높일 수 있는 것인지 등을 판단할 수 있는 비교 기준이 된다. 이때 기존 상태란 신규 사업의 경우 동일 내지 유사한 사업이 전혀 없는 상태가 될 수 있고, 또한 있는 상태가 될 수 있다. 후자의 경우(현재 진행 중인 사업이나 상태가 있는 것으로, 예컨대 유지·보수를 통해 기존 서비스 공급(사업)이 지속되는 경우) 현재와 비교하여 사업의 규모나 내용 및 성질을 바꿀 때 과연 그것이 기존에 비해 비용·편익 면에서 우월한 것인지를 판단한다.

실제에 있어서 BAU를 선택할지 아니면 'do-minimum' 접근을 선택할지의 문제는 구체적인 사례와 경우에 따라 달라질 수 있다. 만일 불확실성이 강하게 존재할 경우에는 통상 BAU 접근을 취하는 것이 합리적이다. 만일 'do-minimum' 접근이 반대 시나리오로 채택될 경우 편익과 비용이 불합리하게 과대·과소하게 포함되지 않도록 시나리오를 튼튼히 구성해야 한다. 실제로 어떤 시나리오 접근 방법을 취하는지에 따라 비용편익분석의 결과가 달라지므로 그 선택은 합리적이고 신중히 이루어져야 한다.

여기서 한번 더 강조하고자 하는 것은, 기본 상태 접근은 사업의 실시 전과 후를 비교하는 것이 아니라는 점이다. 만일 사업의 실시 전후를 비교한다면 때로는 사업의 실시 후에 발생하는 사회복지 영향이 순수하게 해당 사업으로 인해 나타나는 것인지를 판단하기 어려운 문제가 생길 수 있다. 즉, 사업 실시 이전부터 존재하였던 현상이나 요인에 기인하는 편익이 사업 실시로 인해 생겨나는 편익과 뒤섞여 나타날 수가 있다.

끝으로 모든 투자사업에 대해 사업을 실시할 경우와 하지 않을 경우(with, without 경우)를 비교할 필요는 없다. 국가와 지역단위에서 지금까지 없었던 새로운 인프라를 구축하거나 사회복지와 관련된 다양한 신규 투자사업에 대하여는 그 자체만을 대상으로 비용편익분석을 하면 된다. 그러나 기존에 가동 중이고 공급 중에 있는 인프라나 서비스가 있거나, 그와 유사한 것들이 존재할 경우에는 사업 자체에 대한 비용편익분석은 물론 현재 상태 유지라는 기본선에 대한 비용편익분석도 해야 한다. 즉, 사업 실시 경우와 하지 않을 경우를 비용편익분석 차원에서 점검해야 한다. 일반적으로 예산이 많이 들고 논란의 소지가 있는 사업에 대하여는 기본적으로 'with-without 상황 비교'를 하는 것이 바람직하다.

■ 가정경제와 사업 실시 경우, 사업 미실시 경우(기본 사례)

독자들의 이해를 돕기 위해 보충적인 예를 들면 다음과 같다. 우리 가정에서 사용하는 물건들을 조금씩 수선해서 향후 몇 년간 사용하는 것(기본 사례 또는 사업 미실시 경우)과 그것을 버리고 새로운 물건을 사는 것(사업 실시 경우)을 비교하여 궁극적으로 어느 선택이 우리 가정의 복지에 유익한지를 판단하는 것과 비슷하다. 비슷한 예로, 현재 운행 중인 자동차를 조금씩 유지·보수하면서 앞으로 5년 이상 타는 방안(기본 사례)과 새로운 차를 구입하는 방안(사업 실시 사례)을 가정의 복지(비용과 편익 비교) 면에서 비교해서 나은 방안을 선택하는 것을 들 수 있다(이에 대한 정답은 없다. 각자가 자신의 여건과 선택을 비교해서 가정복지의 향상을 주는 것이 무엇인지를 판단해 보자).

■ 기본선 시나리오 비교 시 관건

투자사업을 실시할 경우와 실시하지 않을 경우(반대 사실 기본선 시나리오)를 비교하는 비용편익분석을 할 때, 핵심은 계획된 사업의 전체 수명기간에 발생할 현금흐름을 예측하는 데 있다. 통상 반대 사실 기본선 시나리오의 경우 비용과 편익은 기존 상태 유지에 소요된 최근 몇 년간의 현금흐름(수입, 지출(비용)) 자료를 토대로 예측된다. 이 과정에서는 투자사업과 관련된 각종 비용과 편익이 모두 포함되어야 한다. 이때 해당 투자사업의 편익 수혜자는 지금까지와 동일하게 다루는 것이 합리적이다. 그렇지 않을 경우 편익의 왜곡 내지 자의적 분석에 휘둘릴 수 있다. 끝으로 비용편익분석은 두 가지 시나리오(사업 실시, 사업 미실시) 각각의 현금흐름을 분석한 결과를 가지고 최종 판단을 한다.

■ 때로는 투자사업을 하지 않는 것이 사회복지에 더 유익하다

어떤 공공투자사업이라도 그것이 실시되면 그에 따른 사회적 비용과 편익이 발생한다. 그 과정에서는 득을 보는 주체와 손해를 보는 주체가 생긴다. 그런데 만일 총영향(총체적 비용과 편익의 비교에 입각한 총영향)이 사회적 복지를 향상시키는 것이라면, 거시적으로 현재의 상태(즉, 사업 추진 부재 상태)를 개선하는 모양이 되어 해당 투자사업을 추진하는 합리성과 정당성이 인정된다. 물론 이때 개별적·미시적 득실 문제가 발생하지만, 비용편익분석은 사회 전체 관점에서의 복지 향상에 중점을 두고 접근한다.

이때 중요한 사실은 비록 특정 투자사업이 사회적으로 순편익을 창출한다고 하더라도 그것이 과연 현재 상태가 지속될 경우 예상되는 사회복지 수준보다 더 나은 것인지에 대해 객관적으로 판단해야 한다. 일견 없었던 다리나 도로가 신설되면 적어도 지역(주민)이 여러 가지 혜택을 보게 되어 당연히 현재 상태보다 사회복지가 증가하는 것으로 인식될 수 있다. 이때 사람들이 쉽게 간과하는 것은 사회적 비용 측면이다.

사회복지와 편익은 결코 공짜가 아니다. 사회복지의 증진을 위해서는 막대한 국민 세금(비용)이 소요된다. 그러므로 이것이 사회복지 측면에서 진정 의미가 있으려면, 첫째 다리의 건설 및 운영과 관련되는 총비용과 총편익을 비교한 결과 순편익이 있어야 하고, 둘째 그것이 기존의 현상 유지 시나리오의 순편익보다 더 커야 한다. 이때 만일 기존의 현상 유지 시나리오(현재는 다리가 없어 일부 주민이 조금 불편을 겪기는 하지만, 우회도로가 있어서 매년 유지·보수를 잘해 주면 주민생활에 큰 지장이 없다고 가정함)의 비용편익분석 결과가 다리 건설사업의 비용편익분석 결과보다 더 양호하다면, 현상 유지 선택이 다리 신설 선택보다 사회복지 차원에서 더 바람직하다.

4. 가치평가에 관한 주요 실질적 이슈

1) 외부효과

외부효과(externalities)는 어떤 재화나 서비스가 시장을 경유하지 않고 제3자에게 좋거나 나쁜 효과를 유발하는 것을 말한다. 좋은 외부효과를 학술적으로는 긍정적 외부효과(positive externality), 나쁜 외부효과를 부정적 외부효과(negative externality)라고 한다. 예를 들어, 교육, 건강서비스, 과수농장과 양봉, 커피 가게(커피 향), 가로수, 전염병 예방 백신, 좋은 뉴스 등은 대표적인 긍정적 외부효과이고, 환경오염, 소음, 악취, 생활환경(쾌적성) 악화, 온실가스 배출(greenhouse gas emission), 가짜뉴스, SNS상의 악플, 불필요한 전단지 등은 대표적인 부정적 외부효과이다.

일반적으로 비용편익분석에서는 외부효과를 적극적으로 반영하지 않는다. 그 이유는 과대·과소 추정의 오류를 막기 위해서이다. 그러나 만일 특정 투자사업이 명백히 외부효과를 유발하고 또한 그로 인한 사회복지 영향이 중요하고 유의미하다면, 그것을 추정해서 비용과 편익에 적절히 반영해야 한다. 특히, 부정적 외부효과가 존재하는 사업의 경우 분석 주체는 외부효과가 정확히 무엇이고, 그것이 사업의 비용에 내부화되었는지, 그리고 명확히 사회적으로 유의미한 부의 편익을 초래하는 것인지에 대해 객관적으로 확인해야 한다.

현재 EU(유럽연합)에서는 타당성 분석 시 대상 사업이 세계적으로 민감한 온실가스 배출과 관련이 있는지를 파악하고 있다. 이것은 외부효과를 적극적으로 반영하는 시도로 간주된다. EU에서는 만일 온실가스 배출 관련성이 확인될 경우 영향의 범위와 크기 등을 측정하고, 그것을 시장가치(가격)와 연계시켜 비용을 계산하도록 조치한다. 그리고 필요할 경우 주요 변수를 활용해서 민감도 분석을 실시한다.

2) 토지, 기존 건물과 시설의 처리 문제

공공투자사업을 수행할 때, 정부가 보유하고 있는 토지나 건물 또는 시설이 사용되는 경우가 적지 않다. 이들은 비용에 포함시켜 분석해야 한다. 그 이유는 비록 정부 소유 자산(재산)

이지만, 그것을 투자사업에 사용하는 순간 다른 용도로 사용될 수 있는 선택성과 가치가 상실되기 때문이다. 이때 상실된 가치를 금전적으로 평가해서 사업비용에 포함시키는 것은 비용편익분석의 대원칙인 기회비용 원리에 부합한다.

예를 들어, 투자사업에 사용하려는 보유 건물이 오랜전부터 자치단체 내부적으로 주민복지센터로 활용되는 것이 최적이라는 판단이 있었다면, 그 활용 가치가 건물의 기회비용이 될 것이다. 마찬가지로 보유 건물이 법적으로 시장에 매각이 가능하거나 민간의 활용이 가능한 것이라면, 자산(시설) 매각에 따른 수익이나 최고의 공공 수익사업을 하였을 때 얻을 수 있는 수익이 기회비용으로 산정될 것이다. 이렇게 산정된 기회비용은 비용편익분석의 비용에 포함되어야 한다. 다만, 정부가 보유하는 토지라 할지라도 그 사용에 여러 가지 법적 제약(용도, 고도, 매각 규제 등)이 있기 때문에 그것을 감안한 기회비용의 산출이 필요하다. 현실적으로 토지의 경우 정부의 공시가격이나 시장가격이 기회비용을 반영하는 것으로 간주된다(이에 대하여는 제3부에서 다루고 있다).

3) 지가 상승

토지가치의 상승과 관련된 편익은 비용편익분석에서 제외된다. 그 이유는 토지가치의 상승에 따른 혜택은 소비자 이득(잉여)이나 생산자 이득(잉여) 등 여러 가지 경로를 통해 이미 반영되었기 때문이다. 즉, 토지가치 상승을 비용편익분석에 포함시킬 경우 편익을 과도하게 잡아 주는 문제가 발생한다. 일반적으로 토지가치의 상승은 여러 가지 복합적 요인에 의해 일어난다. 예를 들어, 도심 재개발, 규제 완화(각종 용도, 밀도, 기타 활용), 신규 인프라 투자, 교육환경 개선, 기타 정부 정책 등이 그에 해당한다.

다만, 매우 예외적인 상황에서는 토지가치 상승분을 비용편익분석에 포함시킬 수 있다. 그것은 이론적으로 명확한 근거가 있고, 지가 상승이 다른 요인이 아닌 투자사업 하나에 의해서만 영향을 받은 것이 확실한 경우이다.

4) 재정(자금)이전: 조세와 보조금, 이자상환 등

일반적으로 조세와 보조금(taxes and subsidies)은 비용과 편익의 산정 대상에서 배제한다. 이들은 속성상 경제 주체 간의 금전적 이전이어서 국가재정의 총량이나 사회복지의 상태에 변화를 초래하지 않기 때문이다(즉, 국가와 사회 자원총량의 증감에 영향을 주지 않는다). 다만, 매우 예외적이지만 만일 조세나 보조금이 소비자의 지불의사금액(WTP)의 일부일 경우 이들은 WTP 추정가치의 일부가 된다.

경제성 분석과 달리 재무성 분석에서는 조세와 보조금을 각각 비용과 수익으로 반영해야 한다. 사업의 수행과 관련하여 사업 주체가 정부에 세금을 내야 하거나, 아니면 정부로부터 보조금을 받게 될 경우 이것은 사업의 수익과 비용에 직접적인 영향을 미치기 때문이다. 사업 주체의 입장에서는 세금을 낼 경우 비용이 증가하고(그 결과 제품과 서비스의 단가가 인상됨), 보조금을 받을 경우 비용이 감소한다(제품과 서비스의 단가가 인하됨).

중앙정부가 지방자치단체에 국고보조사업을 위해 보조금을 지원해 줄 경우 그것을 받는 지방자치단체의 입장에서는 분명히 수입이 늘어난다. 하지만 국가재정 전체로 보면 수입은 늘어나지 않은 상태에서 단순히 중앙정부 주머니에서 지방자치단체 주머니로 자금이 이전된 것에 불과하다. 이때 만일 지방의 수입을 국가 전체의 수입에 포함시킨다면 이중 계산이 된다. 이와 마찬가지로 지방자치단체 간, 그리고 지방자치단체 내부 간의 재정이전(예컨대, 전입금, 전출금)도 단순한 자금이전이어서 비용편익분석에서는 제외된다(독자들 중에서 재정을 담당하는 공무원들은 정부재정 통계에서 '총계'와 '순계'의 차이를 잘 알고 있을 것이다).

지불이자도 원칙적으로는 비용편익분석에 포함되지 않는다. 이자비용이 포함되지 않는 이유는 비용편익분석에서 사용되는 할인율(추정되는 미래의 비용과 편익을 현재가치로 전환하는 이자율)이 이미 자본 자원이 투자사업을 위해 장기적으로 사용된 것을 반영하고 있기 때문이다. 같은 이유로 이자비용 외에 자본배당금 등 각종 자본수익(capital charge)도 비용편익분석에서 제외된다. 그 외에 기여금이나 선물(gifts), 사회보장기여금(social security payments)도 경제 주체 간의 자원이전 성격을 지니기 때문에 비용편익분석에서 제외된다.

5) 광역적 경제 영향

광역적 경제 영향(wider economic impacts: WEIs)은 통상 중요한 교통 및 도시개발 프로젝트와 관련해서 활용된다. 예를 들어, 교통 분야의 경우 광역적 경제 영향에 관한 분석은 통행시간 절약을 전통적인 비용편익분석에서 정상적으로 포착할 수 없을 때 사용된다. 이 경우 주로 고려되는 것은 집적 경제, 경쟁 향상 효과(편익), 산출물 가치 향상, 경제적 복지 편익인데, 그것은 다음과 같다(NSW, 2017: 60).

① 집적 경제(agglomeration economies): 다른 기업에 비해 더 많은 선택과 지식 및 기술 접근성을 제공함으로써 고용, 투입, 노동시장의 집적 효과(고밀도 연계)를 통해 생산성 향상을 이루는 편익을 말한다.

② 경쟁 향상 편익(benefits of increased competition): 더 나은 교통수단을 통한 경쟁 향상 효과를 의미한다.

③ 산출물 가치 향상(value of increased output): 그동안 불완전한 상태로 가동되던 교통 및 수송 시장을 이용하던 산업이 새로운 교통시설의 출현과 더불어 산출물 가치가 증가하는 것을 뜻한다.

④ 경제적 복지 편익(economic welfare benefits): 노동참여 증가, 노동시간 연장 또는 고생산성 직업으로의 노동력 이동 등을 통한 노동공급 향상이 창출하는 편익을 의미한다.

광역적 경제 영향을 계량화하려는 시도는 주로 집적 경제에 따른 산출물 증가를 측정하는 데 초점을 두고 있다. 그러나 광역적 경제 영향은 가급적 비용편익분석의 편익 산정에는 포함시키지 않는 것이 바람직하고, 다만 중요한 참고 정보로서 활용할 필요가 있다. 그 이유는 편익의 과다 산정 등 분석의 편의를 방지하기 위해서이다. 참고로 현재 국내에서는 이상에서 언급한 광역적 경제 영향을 반영하지 않고 있다.

6) 잠재가격

잠재가격(shadow price)이란 재화와 서비스의 시장가격을 알 수 없거나(시장가격 정보가 이용 불가능하거나) 시장가격이 있더라도 그것이 왜곡되었을 때 실제 시장가격을 추정한 것을 말한다. 즉, 진정한 가치, 실질적 가치를 뜻한다. 예를 들어, 정부가 쌀 생산 농가에 대해 대규모 보조금을 지급한 결과 생산가격이 낮아져서 시장가격이 실제보다 떨어졌을 경우, 이때의 가격은 정상적인 수요와 공급에 의한 가격과 다르다. 마찬가지로 정부가 특정한 생산품에 대해 다른 나라에 비해 과도한 규제적 조세를 부과할 경우, 이때 시장에서 형성되는 가격은 실제 가격과 차이가 난다. 만일 비용편익분석에서 이와 같은 재화와 서비스의 가격을 적용할 경우 실제 편익 및 비용과 괴리가 발생한다. 이 경우 비용 또는 편익을 산정할 때 시장가격 대신 잠재가격을 추정해서 적용해야 한다.

일반적으로 잠재가격을 추정해서 사용해야 할 경우는 다음과 같다.

① 정부의 조세와 보조금으로 인해 제품의 실제 생산비용과 가격 간에 큰 차이가 생길 경우

② 사업 추진에 투여되는 노동과 자본의 기회비용이 시장에서 통용되는 임금비용이나 자본비용보다 상당히 낮게 책정되어서, 그것을 액면 그대로 반영하면 전체 비용이 크게 영향을 받아 왜곡될 가능성이 높은 경우

7) 기술적 타당성(technical feasibility), 환경 지속 가능성

비용편익분석을 실시하면서 경제성 분석과 재무성 분석 이외에 기술적 분석이나 환경 지속 가능성(environmental sustainability)에 대한 분석을 해야 하는 경우도 있다. 이러한 시도는 보통의 사업에는 불필요하지만, 대형 투자사업이면서 기존에 없었던 새로운 기술을 도입하거나 환경적으로 민감한 사안과 결부되는 문제가 있을 경우에는 적극적으로 실시할 필요가 있다. 만일 이러한 필요성을 인식하고 기술적 분석이나 환경성 분석을 실시한 결과 투자사업에 심각한 문제가 있는 것으로 판정이 난다면 설혹 경제성 분석 결과가 양호하더라도 이 사업은 실시되지 않는 것이 바람직하다.

5. 표준비용 산정

1) 간접비용

투자사업과 관련되는 간접비용(overheads)(행정비용, 교통비, 관리감독비용, 전산통신비용 등)은 그것이 사업수행에 고려할 만큼 충분한 규모가 된다면 비용편익분석의 비용에 반영하는 것이 합리적이다.

2) 남은(잔존) 비용(residual value)

투자사업 중에는 주요 자산을 포함하는 경우가 많다. 이와 관련하여 비용편익분석 기간이 완료되는 시점에서 자산의 가치를 어떻게 금전적으로 처리할지가 문제가 된다. 현실적으로 비용편익분석 기간과 사업이 보유하는 자산의 경제적 수명이 일치하지 않는 경우가 적지 않게 발생한다. 만일 분석기간이 끝나는 시점에서 자산의 가치가 제로(또는 무시할 만한 소액 가치)가 된다면 문제가 없다. 하지만 그 당시 상당한 금전적 가치를 지닌다면 그것은 남은(잔존) 가치(residual/scrap value)로 처리해서 편익에 포함시켜야 한다. 요약하면, 비용편익분석의 대상 사업이 분석완료 시점에서도 여전히 시장에서 매각될 수 있는 실질적 가치를 지니는 자산을 보유한다면, 그에 대하여는 '남은(잔존) 가치 편익'('residual value benefit')으로 처리하는 것이 합리적이다.

3) 매몰비용

매몰비용(sunk cost)은 투자사업이 실시되기 이전에 발생한 비용을 의미한다. 비용편익분석에서는 이것이 앞으로 추진될 투자사업의 비용과 무관한 것으로 인식하고 비용에 반영하지 않는다. 부연하면, 사업 추진 이전에 이미 지불된 모든 과거 비용은 비용편익분석의 대상에서 배제한다.

4) 감가상각비용(depreciation charge)

비용편익분석에서는 감가상각(depreciation)을 비용으로 간주하지 않는다. 그 이유는 비용편익분석의 대원칙인 기회비용 원칙에 맞지 않기 때문이다. 감가상각은 회계 기법(장부)상 처리일 뿐 실제로 자본의 지출이나 경제적 자원의 이동을 수반하는 것이 아니기 때문이다. 비용편익분석은 경제적 자원의 실질적인 이동이 있고, 또한 그것이 사회복지에 영향을 줄 경우에만 비용 내지 편익으로 계상한다.

■ 비용편익분석과 감가상각

감가상각은 회계적 개념으로 지방자치단체가 보유하고 있는 고정자산의 취득비용을 자산의 내용연수 기준으로 매년 비용으로 처리(상각)해 나가는 것을 의미한다. 이렇게 처리하는 이유는 장래에 고정자산의 수명이 다했을 때 별도의 추가적인 비용 부담 없이 동일한 자산을 미래에 확보하기 위한 미래 준비적 관점에서이다. 가정의 예를 들면, 자동차 구입에 상당한 비용이 소요되기 때문에 현재 사용하는 자동차의 구입(취득)비용(예컨대, 3,000만 원)을 수명 10년 기간 중에 매년 300만 원씩 비용으로 인식하여 별도의 계좌에 적립해 두는 것이다. 이 경우 10년 뒤 차량이 노후화되었을 때, 별도의 목돈을 마련하지 않고도 비슷한 수준의 차량을 구입해서 사용할 수가 있다. 다만, 기업의 경우 감가상각에 해당하는 비용을 별도의 계좌에 자금으로 처리하지 않고, 매년 재무보고 시 손익계산서의 비용 항목에 그것을 포함시키는 회계적 접근을 한다. 기업의 성과는 총수익에서 총비용을 뺀 순수익(또는 이윤)을 극대화하는 데 있으므로 감가상각을 통해 비용을 처리한다는 것은 그만큼 경영을 보수적으로 한다는 것을 의미한다.
그러나 비용편익분석에서는 감가상각을 비용으로 간주해서는 안 된다. 그 이유는 비용편익분석에서는 고정자산의 취득에 대해 처음 취득가격 전체를 한번에 비용으로 처리하기 때문이다. 그보다 더 중요한 것은 감가상각은 기회비용 원리에 부합하지 않는다는 사실이다.

5) 감모상각

감모상각(depletion)은 감가상각과 유사하지만, 다음의 측면에서 뚜렷이 구분된다. 감모상각은 통상 천연광물자원과 같은 추출자원에 대해 적용되는 회계적 개념이다. 일반적으로 천연자원은 추출비용이 매우 많이 들고, 계속 캐낼 경우 자원이 고갈될 수 있는 특성을 지니는데, 이를 감안하여 일종의 자원 사용에 대한 기회비용의 성격을 반영하는 것이 감모상각이다. 따라서 감모상각을 적용해야 할 상황이 존재한다면 그것은 비용편익분석에 반영되어야 한다. 지금까지 우리나라의 타당성 분석 사례 중에서 감모상각 개념을 적용한 경우는 없었다.

6) 예비비

일반적으로 비용편익분석에서는 예비비를 비용 항목에 포함시킨다. 예비비는 사업의 추진 과정에서 예상하지 못했던 사태(예컨대, 유가 급등에 따른 물품가격 인상, 특수 지질이나 필요 제품 및 서비스의 확대 등에 따른 공사비 증가, 정부 규제에 의한 비용 인상 등)에 대비하는 비상금의 성격을 갖는다. 만일 계획하고 예상한 공사비용이 그대로 소요되었다면 나중에 예비비는 사용되지 않고 남는다.

한편 향후 예상되는 물가 상승을 감안하여 미리 예비비를 설정해 둘 수 있지만, 이것은 예비비에 포함되지 않는다. 그 이유는 앞서 강조한 바와 같이, 비용편익분석은 기본적으로 경상가격이 아닌 불변가격, 즉 실질가격(장래의 물가 상승을 고려하지 않는 가격) 기준으로 실시되기 때문이다.

예비비와 관련해서 조금 미묘한 문제가 다음과 같은 경우 발생한다. 예를 들어, 사업의 특성상 예비비가 활용될 가능성이 매우 낮은데(물론 이에 대해 예단하기는 쉽지 않다), 비용편익분석 결과 B/C 값이 1.0에 조금 못 미치는 것으로 나타났다고 가정하자. 이러한 상황에서 예비비를 제외할 경우 사업 타당성이 양호한 영역으로 전환될 수 있다. 그 이유는 편익은 가만히 있는 상태에서 비용이 줄어들기 때문이다.

끝으로 예비비를 총비용의 어느 정도로 책정해야 할 것인지의 문제이다. 이에 대한 과학적 정답은 없다. 대체로 말해서, 총비용의 5~10%를 설정하면 무난할 것으로 간주된다. 현재 국가와 지방자치단체의 타당성 조사에서 적용하고 있는 예비비 기준은 주기적으로 조정될 필요가 있다.

6. 기타 가치평가 관련 함정(valuation pitfalls)[2]

비용편익분석의 가치평가와 관련하여 다음의 경우에 대해 주의하지 않을 경우 자칫하면

2 NSW(2017: 62~63).

과대 또는 과소평가의 오류를 범할 가능성이 있다.

① 특히, 표현된(진술된) 선호 방법과 관련하여 다음의 경우 편익이 이중적으로 산정될 수 있다. 구체적으로 본질적인 자산가치 외에 다른 가치를 추가적으로 반영하는 경우(예컨대, 지가 상승), 투자사업을 통해 새로 공급되는 재화와 서비스가 다양한 대체재를 갖는 경우(예컨대, 기존 시설이 충분히 활용되지 않아 여유 공급역량이 있는 상황에서 동일한 영역에 투자가 이루어질 경우),[3] 그리고 사회 속에 공존하는 상이한 그룹 사이의 편익 분배를 추정할 경우 등이다.

② 편익이 아닌 것을 편익으로 착각하는 경우이다. 대표적으로 단순한 고용 증가를 경제적 편익으로 간주하는 사례가 그에 해당한다. 이에 대하여는 본문 여러 곳에서 언급한 바가 있다. 핵심은 투자사업에 따른 고용 증가가 과거 실업 상태 내지 저실업 상태(underemployed)에 있었던 사람이 신규로 고용이 되거나, 아니면 생산성 증가를 통한 실질임금 향상과 연계된 것이 아니라면 경제적 편익으로 인정할 수 없다는 것이다. 따라서 기존 노동력의 공간적 이동에 의한 지역의 고용 및 소득 증가는 사회 전체의 관점에서 파악되는 사회복지의 순증(net increase)으로 간주될 수 없고, 당연히 사회적 편익이 아니다.

그 외에 투입산출 분석(input-output analysis)에 의한 다양한 경제적 효과(고용, 소득, 산출물, 부가가치 등)나 승수효과(multiplier effect)에 의한 경제적 효과는 비용편익분석이 다루는 직접적 편익에는 포함되지 않는다. 이들은 투입과 산출에 대한 경제적 관계를 계량적으로 보여줄 뿐, 투자사업의 직접적인 사회복지 영향을 체계적으로 제시하지 못하고 있다. 아울러 이들은 기회비용 관점에 입각해서 접근하지 않고 있다.

③ 추정 바이어스(편의, 편중)(estimation bias): 다양한 국제적 연구들이 편익과 비용의 추정에 체계적인 바이어스(systematic bias)가 있는 것을 확인해 주고 있다. 대표적으로 주요 투자사업의 비용이 과소평가되거나 수요예측이 과도하게 높이 나타나는 경향을 지적한다. 특히, 사회간접자본과 관련된 투자사업의 경우 편익에 대하여는 지나치게 낙관적인 반면 시간과 비용에 대하여는 과소평가를 하는 경향이 적지 않게 관측된다.

3 예를 들면, 현재 공공 위락시설이 존재하는 상태에서 정부가 새로운 공공 위락시설을 만들 경우(양자는 대체재 관계를 형성함) 제한된 가계 소득을 감안할 때, 시설을 활용하는 수요자와 수혜자의 편익은 분산될 수밖에 없다.

제 8 장

비용편익분석 관련 주요 이슈와 쟁점

1. 경제성 분석의 한계와 새로운 조화
2. 분배 분석, 사회적 가치
3. 투자사업과 사회복지 영향의 범위
4. 가치 측정과 추정(예측) 오차 문제
5. 비용과 편익 추정의 애로: 사업 복합성 등
6. 비용편익분석과 현재 세대, 미래 세대 이슈
7. 공공투자사업의 공채(지방채) 발행과 재원
8. 일반 상식과의 차이

부록

1. 경제성 분석의 한계와 새로운 조화

비용편익분석은 매우 유용한 의사결정 지원수단이지만 한계를 지닌다. 가장 큰 한계는 비용편익분석이 경제적 효율성에 치중하고 있는 점이다. 이는 비용편익분석이 정책의 결정에 영향을 미치는 유용한 수단은 될 수 있으나, 최종 결정을 좌우하는 유일한 수단이 될 수 없음을 시사한다. 특히, 비용편익분석에 비판적인 사람들은 비용편익분석이 특히 소득재분배 등 중요한 사회적 형평 및 가치 문제를 도외시하고 있음을 크게 힐난한다. 이에 대해 비용편익분석 이론가들은 분배와 형평성 이슈는 기본적으로 가치판단을 전제로 하고 필요로 하기 때문에 이들을 반영하는 것은 비용편익분석의 원칙과 정신에 부합하지 않는다는 입장을 취한다.

정부가 국민의 세금을 사용하여 대형 투자사업을 할 때 경제적 관점에서의 비용과 편익을 중요시해야 하는 것은 분명하나, 그 외에도 사회적 형평(사회계층 간에 존재하는 수직적·수평적 형평 문제, 남녀 젠더 형평(gender equity), 사회복지 등) 관점, 사회정의 관점, 국민 통합 및 공감 관점 등 다양한 효과를 종합적으로 고려할 필요가 있다. 다만, 모든 정부지출에 대해 그와 같은 다면적 관점과 특성을 비교 분석할 필요는 없다.

정부의 존재와 정책결정의 중요한 원리는 경제성, 즉 효율성(efficiency) 외에 형평성(equity)이 있다. 정부의 정책과 사업에 따라서는 때로는 효율성에 치중해야 하는 것이 있고, 때로는 형평성에 치중해야 하는 것이 있다. 그리고 양자의 적절한 밸런스를 필요로 하는 경우도 있다. 예를 들어, 올림픽이나 월드컵과 같은 주요 국제행사의 유치 문제를 경제적 효율성에만 의존해서 결정할 수 없다. 마찬가지로 국가 발전을 도모하는 과정에서 경제적 효율(경제성장)에만 집중하고, 심한 지역 간 격차 현상을 도외시하는 정책을 구사할 수는 없다.

특히, 사회적·정치적 타당성은 형평성 관점과 분배적 영향을 고려하는 데 중점을 둔다. 이를 위해서는 사업 실시에 따른 편익이 정확히 누구에게(계층, 집단, 그룹, 개인 등) 얼마만큼의 영향이 주어지는지에 대한 방대한 정보(관련 미시 데이터 등)와 사실이 요구된다. 이는 매우 복잡하고 어려운 작업이며, 많은 시간과 비용을 필요로 한다. 이것은 어떤 면에서 비용편익분석의 정체성과 분석 영역을 명확히 해주는 동시에 한계를 명확히 해준다.

다소 논란의 여지가 있지만, 미국이 최초로 유인 우주선을 통해 인간 달 착륙의 역사적

신기원을 이룬 것은 경제적 비용과 편익보다 측정하기 어려운 비시장성 편익이 훨씬 더 컸기 때문일 것이다. 현재 국가적으로 원전시설 폐지와 태양광 시설 확대, 사회복지 지출 팽창과 SOC 축소 등을 둘러싼 논란이 심하다. 이러한 현실을 인식하면, 경제적 효율성을 반영하는 사회복지와 형평성(계층·소득·세대 간)·안전·환경 등 사회적 가치를 반영하는 사회복지(편익) 양자를 적절히 조화시키는 의사결정 기법이 절실히 요구된다. 그러나 아쉽게도 아직은 '경제적 효율성과 형평성'(economic efficiency and equity) 이슈를 아울러서 객관적인 화폐가치로 비교해 주는 탁월한 방법론은 없다. 이와 같은 사실은 비용편익분석이 정부지출의 합리성과 타당성을 점검해 주는 정책 분석 기법으로서 불완전성을 지니고 있음을 시사한다.

예를 들면, 특정 투자사업이 경제적으로 매우 양호한 분석 결과가 나타났음에도 불구하고 동 사업을 추진할 경우 지역 간에 심각한 경제·사회적 격차 문제가 발생할 것으로 예상된다면, 비용편익분석 결과에만 의존하는 정책결정은 할 수가 없다. 마찬가지로 중요한 사회적 가치(social value) 문제가 걸려 있는 투자사업을 두고 그것을 반영하지 않고 비용편익분석을 한다면, 분석 결과는 최선의 정책결정 정보와는 크게 동떨어질 것이다.

이러한 현상은 앞으로 비용편익분석이 이론과 실제 양면에서 어떤 주제와 영역으로 한 단계 더 도약해야 할지에 대해 시사하는 바가 크다. 공공투자사업이 국(주)민의 세금을 가장 경제적으로 사용해야 하는 것은 틀림없지만, 또한 그 못지않게 국가와 지역공동체의 형평과 지향 가치를 향상시키는 형태로 사용되는 것이 매우 중요하다. 전자는 경제적 측면에서의 사회복지 증진을 추구하는 것이라면, 후자는 사회적·정치적 사회복지 증진을 추구하는 것이라고 말할 수 있다.

가상적이지만 만일 국민의 대다수가 국가 자존심과 미래 비전을 향상하는 차원에서 '유인 우주선 달 착륙' 사업을 원하고 있다면, 이것은 경제성 분석의 결과에 의해 구속을 받는 사안은 아닐 것이다. 경우에 따라서는 국민경제와 사회 전체의 복리 증진에 영향을 주는 편익을 어떻게 정의하고 합리적으로 산정하는지에 의해 경제성 분석 결과만으로도 사업의 실시 결정이 날 수도 있다. 다만, 현재까지는 이러한 사업의 편익 산정 과정에서 편익의 실체와 내용 그리고 산정 방법 등이 충분히 개발되지 못해서 그와 관련된 사회복지 영향이 제대로 포함되지 못하고 있을 뿐이다.

종합하면, 정부의 정책과 투자사업 결정은 경제적 효율성을 매우 중요시하되, 목적과 특성에 따라 사회적 형평성(social equity)과의 합리적 조화를 모색하는 것이 필요하다. 이를 위해서는 경제적 효율성과 형평성을 측정하는 범위와 내용 및 방법론을 한층 밀도 있게 개선해야 한다.

2. 분배 분석, 사회적 가치

비용편익분석은 사업의 실시에 따른 분배효과에 대하여는 원칙적으로 다루지 않는다. 이는 단독사업이든 아니면 복수의 사업을 대상으로 하든 마찬가지로 적용된다. 그러나 현실적으로 분배와 관련된 이슈는 정부가 정책을 시행하는 과정에서 항상 신경을 쓰는 문제이다. 예컨대, A 사업을 실시한 결과 부유층의 삶에 보다 유익한 효과가 발생하는 반면 빈곤층의 삶에는 그러한 효과가 나타나지 않는다면, 아마도 이 사업은 수행되지 못하거나 수행되더라도 정책 조정이 불가피할 것이다.

만일 해당 사업이 자원의 분배 측면을 중시하는 것이라면 투자사업의 분배적 영향을 분석해야 한다. 정부가 실시하는 투자사업 중에는 특히, 사회적 형평과 공정 그리고 소득분배와 관련된 사항을 내포하는 것들이 있다. 그리고 사업의 목적이 분배와 지역격차 문제를 교정하는 것임을 분명히 천명하는 경우도 있다. 이들에 대하여는 비용편익분석을 실시하는 과정에서 투자사업이 내포하는 분배 관련 분석(distributional analysis)을 추가적으로 진행해야 한다. 이때 비용과 편익의 분배적 요소는 최대한 발굴하고, 가치판단 요소는 최소화시키는 접근이 필요하다.

이러한 접근은 전통적인 비용편익분석의 방법론 틀 안에서 심층 분석을 하는 방식으로 이루어질 수도 있고, 아니면 비용편익분석의 틀을 벗어나 새로운 의사결정 틀 속에서 모색될 수도 있다. 어떤 접근 방법을 취하는 것이 합리적인지는 사업의 목적과 특성 등을 보고 개별적으로 판단해야 한다. 다만, 중요한 것은 어떤 방식으로 어떤 정보를 정책 결정권자에게 제공하는 것이 국민의 세금을 가장 효율적이고 형평적으로 사용할 수 있을지에 대해 고민하고 접근하는 마인드와 자세이다.

비슷한 맥락에서 새로운 정부가 공공부문 개혁 차원에서 중요한 공공 정책과 사업을 추진할 경우에도 비용편익분석과 함께 분배 관련 분석을 병행할 필요가 있다. 그 이유는 특정 정책이나 사업이 비용편익분석 면에서는 훌륭한 결과(예컨대, 순편익 발생)를 받았더라도, 계층 간 분배, 발전 격차, 그리고 중요한 사회적 가치 측면에서 문제가 있는 결과를 수반할 수 있기 때문이다.

정부의 정책과 재정지출사업은 기본적으로 효율과 형평의 잣대를 동시에 적용한다. 이것은 민간부문이 개인과 기업의 이익에 초점을 맞추고 효율성 잣대만 적용하는 것과는 본질적으로 다르다. 특히, 정부의 재정지출사업이 형평성 문제로부터 완전히 자유로운 것이 확실하지 않다면, 형평성 잣대와 분석(분배 분석, 격차 분석 등)을 적용하는 균형 있는 접근이 필요하다. 이러한 점이 바로 정부와 기업이 왜 다른지를 명확히 말해 준다.

■ 비용편익분석이 분배 분석에 소극적인 이유

비용편익분석이 사업의 분배적 효과를 다루는 데 있어서 소극적 입장을 취하는 이유는 대체로 다음과 같다.

① 분배와 관련된 분석은 기본적으로 가치판단을 필요로 하기 때문에 자칫하면 정책의 결정이 주관적 편견에 빠져들 수 있다.

② 분배 분석이 체계적으로 이루어지기 위해서는 다양한 분야의 미시 정보(micro data/information)가 필요한데, 현실적으로 이것을 완벽하게 구비해서 분석하기가 매우 어렵다. 실제로 자원 및 소득재분배 문제를 제대로 다루려면, 사업 실시 결과 누가 얼마만큼의 득을 보고(소득계층, 집단, 지역, 남녀 등 형평과 관련되어 세분화된 주체), 누가 얼마만큼의 손해를 보았는지에 대해 질·양 및 분포에 대한 미시적 정보가 요구된다. 아울러 이와 관련하여 영향권과 수혜자의 소득 내지 경제적 환경에 대한 다양한 정보가 필요하다.

③ 위의 이유와 관련하여 분배 분석을 제대로 하려면 관련 자료와 정보의 수집과 분석에 많은 인력과 비용이 소요되는데, 현실적으로 이 문제를 극복하기가 어렵다.

정부의 정책은 경제적 효율성 외에 사회·정치적 요소(사회적 형평과 정의, 균형발전, 젠더 형평(gender equity), 국민 공감 및 사회적 화합, 인권, 안전, 환경, 삶의 질)를 고려하여 결정된다. 특히, 이들이 당대의 중요한 사회·정치적 이슈라면, 비용편익분석은 그와 관련된 비용과 편익을 가능한 최대한 산정해 내어야 한다. 만일 이러한 시도가 결여된다면, 비용편익분석은 의사결정의 부분적 판단수단에 그칠 것이다. 그 이유는 많은 경우 정치가와 정책 결정권자의 결정이 경제적 합리성보다 사회·정치적 합리성에 더 큰 비중을 두는 경향이 있기 때문이다.

정부가 실시하는 정책과 사업은 경제성 관점에서 보는 사회복지 영향만으로 결정되지 않는다. 물론 경제성 관점은 계량화 무기(장점)를 바탕으로 많은 경우 중요한 의사결정 기반으로 작용한다. 하지만 때로는 사회적 형평과 공정, 환경 민감성, 지역격차와 균형발전, 국가 또는 공동체 연대(national solidarity) 등의 요인들이 투자사업의 의사결정을 주도해야 하는 상황이 발생한다. 예를 들어, 어떤 사업이 국민(지역주민)의 대다수가 진심으로 원하는 것임에도 불구하고 사업의 경제성이 확보되지 않는다고 해서 이를 무조건 기각할 수는 없다. 이 경우 국(주)민 숙원이라는 사회적 가치(social value)를 보다 정교하게 점검·분석해서 그것을 합리적인 편익의 가치로 산정한다면 그 결과는 이를 고려하지 않는 전통적 비용편익분석 결과와 크게 다를 것이다.

마찬가지로 정부가 추진하고자 하는 특정 사업이 본원적으로 소득분배와 지역균형발전을 도모하는 정책 목적을 지닌다면, 비용편익분석 과정에서 이들이 구체적으로 분석되거나 아니면 정책결정 단계에서 그와 관련된 계량적·질적 분석 결과가 균형 있게 반영되어야 한다. 때로는 비용편익분석 결과보다 사회적 가치를 반영하는 분석 결과가 한 단계 높은 의사결정 정보로서 작용되는 것이 합리적일 경우도 있다. 예를 들면, 사회 안전망(social safety net) 구축 차원에서 실시하는 각종 사회복지 프로그램이나 소위 보편적 복지(기초 교육, 국민 기본소득), 선별적 복지(저소득층, 소외계층 복지) 등이 그에 해당한다. 이와 성격은 조금 다르지만, 지역주민이 진정으로 바라는 소위 '숙원사업'(이 경우는 현재와 같이 지방자치단체들이 오·남용하는 개념과 다른 대다수 지역주민이 원하는 1~2개 사업을 의미함)의 경우도 지역의 사회적 가치를 반영하는 것으로 인식해서 기존의 비용편익분석의 틀을 벗어나는 정책결정을 할 필요가 있다.

따라서 비용편익분석을 실시할 때, 해당 사업이 분배 문제나 지역격차 문제 등 주요 사회적 가치와 관련된 이슈를 내포하고 있는지를 사전에 점검하는 절차를 거치도록 하는 방안을 적극적으로 검토할 필요가 있다. 핵심은 만일 투자사업이 사회 형평성과 사회적 가치 관점에서 상당한 의미가 있거나 중대한 영향과 결과를 함축하고 있는 것으로 판단될 경우, 비용편익분석 내에서 그것을 적극적으로 소화하거나 아니면 별도의 분석을 실시해야 한다는 것이다.

3. 투자사업과 사회복지 영향의 범위

현실적으로 지방투자사업의 수요와 편익의 영향권은 대부분 해당 행정구역이나 그보다 조금 넓은 광역(지역)단위에 제한되고 있다. 이러한 사실을 인식한다면 편익의 가치를 추정할 때, 사업의 목적과 특성에 따라 우리나라 전체를 포괄하는 사회복지보다 조금 협소한 '지역 및 광역단위의 사회복지'에 입각해서 접근하는 발상의 전환이 필요하다(이는 물론 논란을 불러 일으킬 수 있는 이슈이다).

사실, 이 문제는 이론적으로 다소 까다로운 면이 있지만 현실적인 측면에서 매우 중요한 과제이다. 예컨대, 미국, 캐나다, 호주, 독일과 같은 거대 연방국가의 경우 사회복지의 관점을 항상 연방정부나 전체 국민경제와 사회 수준에서만 적용할 수 없을 것이다. 그렇지 않을 경우 주정부 단위에서 많은 사람들의 지지를 받는 매우 훌륭한 사업들이 연방단위(전체 국민경제 단위)의 사회복지 기준에 의해 타당성을 인정받지 못할 수가 있다.

예를 들어, 기후변화 대책사업, 우주개발사업, 국방 및 안보 관련 사업, 국가 차원의 사회적 가치(형평, 공정, 기회 균등, 기타 기본권 관련 가치)를 주된 목적으로 하는 공공투자사업들은 분명히 전체 국민의 관점에서 다루어야 할 사회복지 이슈와 밀접한 관련이 있다. 그러나 그 외의 많은 투자사업에 대하여는 지역(연방국가의 경우 주) 또는 그 이하 공간에 속하는 주민의 사회복지 증진 문제에 실질적인 관심과 중점을 두는 것이 합리적이다. 그러므로 우리나라의 경우 편익을 산정할 때, 첫째 국가와 국민경제 차원에서의 사회복지를 염두에 두는 경우와, 둘째 지역사회와 지역경제 차원에서의 사회복지를 염두에 두는 경우로 이원화해서 접근할 필요가 있다.

실제로 타당성 분석의 대상이 되는 수많은 지방투자사업들이 1차적이고 직접적 목표로 삼는 수혜지역과 수혜자의 대부분이 자치단체 행정구역이나 그보다 조금 확장된 지역공간과 거주민·기업이라는 사실을 인식할 필요가 있다. 이러한 사실을 인식한다면, 거창하게 국민경제와 범사회적 관점에서의 사회복지 증진을 경제성 분석(비용편익분석)의 금과옥조와 같은 기준 잣대로 사용하는 문제는 다각도에서 재점검되고 조정되어야 할 필요가 있다.

만일 특정 지역(또는 권역)을 기반으로 대규모 산업단지가 조성되면서 적어도 지역의 기준(입장)에서 볼 때, 향후 수백 명, 수천 명의 신규 고용(타 지역으로부터의 이전 고용)이 창출될 것이라고 가정해 보자. 그런데 현재의 비용편익분석 기준에서는 이러한 지역의 고용 창출은 지역 간·공간적 이전으로 간주하여 국민경제와 사회복지에 영향을 주는 편익에 포함시키지 않는다.

이러한 접근 방식에는 문제가 있다. 이것은 현행 비용편익분석이 마치 국가 내 제로섬게임(zero-sum game)의 유형으로 간주(즉, 고용 증가 지역의 고용 및 소득 증가, 다른 지역의 고용 및 소득 감소의 상쇄)하는 것이나 마찬가지이다. 이 경우 사실상 지역 간의 선의의 경쟁이나 창의적 경쟁을 도모할 필요성과 합리성은 상실된다. 순수한 자본과 노동의 새로운 가치 창출에만 집착해서 그것만을 지방투자사업의 경제성 분석에 백퍼센트 적용한다면, 지역의 입장에서 바라보는 사회복지는 과연 무엇을 의미하는지에 대한 의문을 불식시키기 어렵다. 이것은 현행 타당성 분석(경제성 분석)이 안고 있는 딜레마이자 매우 중요한 과제이다.

비용편익분석에서 다루는 사회복지 편익을 국민경제와 전체 사회의 긍정적 영향에 지나치게 엄격히 국한시킬 경우 지방자치와 재정분권 그리고 지역 간 경쟁이 함축하는 참된 의미와 유용성은 크게 위축될 수밖에 없다.

4. 가치 측정과 추정(예측) 오차 문제

비용편익분석은 현재 실시하는 사업의 미래가치를 비용과 편익으로 구분하여 측정한다. 이때 사업의 총비용은 사업의 실시에 투입되는 비용에 사업 완공 후 사업 생애 전체에 걸쳐 발생하는 유지관리비용을 합쳐서 산출된다. 현재와 미래의 비용은 모두 추정된 금액이다. 추정된 금액은 가깝고 먼 미래의 시점이 도래하였을 때 실제로 발생하는 비용과 차이가 날 수밖에 없다(이는 독자들이 연초에 금년 중 지출될 주요 생활비용을 예측한 것과 연말에 실제 지출된 비용을 비교해 보거나, 아니면 향후 5년간 소요될 주거관리비용을 예측한 것과 5년 후에 실제로 지불된 주거관리비용을 비교하는 경우를 가정해 보면 쉽게 이해가 될 것이다). 잘 수행된 비용편익분석은 추정된 금액과 실제 발생비용 간에 차이가 크지 않은 것이고, 잘못 수행된 비용편익분석은 그 차이가 심한 것이다.

그런데 예측과 관련하여 항상 발생하는 문제는 현재 시점에서 전혀 체험해 볼 수 없는 미래의 상태에 대해 그 정확성이나 오차의 크기를 논할 수 없다는 점이다. 이것은 모든 예측 기법이 지니는 근본적 한계이다. 다만, 근년에 각종 데이터 마이닝(data mining) 기법, 예측 방법의 역량, 그리고 IT가 발전하면서 그러한 한계가 점점 줄어들고 있는 점은 고무적이다.

그리고 예측오차를 줄이는 좋은 방법 중 하나는 주요 사업에 대해 사후적(ex-post) 비용편익분석을 주기적으로 실시하는 것이다. 다양한 사후적 비용편익분석이 이루어지고 그 경험이 축적될 경우 어떤 점에서, 어떤 요인으로 인해 예측과 실제 간에 오차가 벌어지는지에 대해 체계적이고 논리적으로 진단할 수가 있다. 진단 결과는 향후 비용편익분석 과정에 예측오류의 위험성을 피하거나 완충시킬 수 있는 방안을 마련하도록 해주어 궁극적으로 예측의 정확성을 높여 주는 데 기여한다. 그런데 중요한 문제는 비용편익분석 기관과 정책 결정권자들이 사후적 비용편익분석에 대해 지나치게 무관심하고 소홀히 하고 있는 점이다.

5. 비용과 편익 추정의 애로: 사업 복합성 등

추정에 있어서 중요한 것은 이론과 가설 그리고 기존에 수용되고 있는 연구 결과와 경험을 양질의 데이터와 접목시키는 접근이다. 이러한 접근을 하는 과정에서 때로 편익의 추정에 어려움을 겪는다. 그 대부분은 사업의 독특성과 분석에 필요한 양질의 자료 미비에서 비롯되며, 때로는 기법과 방법론의 미비도 한 몫을 한다.

예를 들어, 최근에 와서 지방투자사업들이 복합화, 비정형화 되는 경향이 많아졌다. 이는 전통적인 투자사업의 형태와 다른 것으로 편익 산정에 고민거리와 애로를 초래하고 있다. 구체적인 사업 사례에 따라 다르지만, 대체로 기존 방식과 조금 다른 편익 산정 접근을 요구한다. 대표적으로 복합청사 건설의 경우를 들 수 있다. 과거에는 지방자치단체 청사가 공무원 조직의 업무활동 공간으로서의 기능과 위상을 지녔다. 그러나 최근에는 그러한 전통적 기능 외에 주민편의시설, 시민과 행정의 만남의 공간, 문화예술 공연, 그리고 나아가 수익 창출 공간 등 복합적인 기능이 추가되는 추세이다. 비슷한 사례로 지방자치단체가 종합 복지회관을 건설하면서 그 속에 실내 수영장, 건강보건센터, 어린이집, 여성인력개발센터, 평생학습관 등 서로 다른 용도의 시설을 복합적으로 건설하는 경우를 언급할 수 있다.

이와 같이 다양한 기능과 목적을 지니는 새로운 투자시설에 대해 다룰 경우 그와 관련된 미래의 사회적 편익 추정은 과거와 다른 접근을 필요로 한다. 다양한 기능과 시설이 첨가된 만큼 다양한 수요자와 다양한 편익이 예상되기 때문이다. 이러한 경우 사업의 주된 기능과 사회복지 영향(다수 수혜자 관련 영향)을 중심으로 편익을 산정하면서 보완적으로 부차적인 기능 및 영향과 관련된 편익을 산정하는 접근이 합리적이다. 그러나 주도적인 기능과 수혜자가 없는 경우에는 각 시설과 기능별로 분리해서 편익을 산정한 다음 전체 관점(거시 연계성 관점)에서 종합하는 접근이 합리적일 것이다.

이때 한 가지 유념해야 할 것은 아무리 복합적 기능을 갖춘 사업이라 하더라도 그것이 거시적·종합적 관점에서 하나의 완결된 단일사업이 아니라면 비용편익분석은 실시될 수 없다는 사실이다. 이 경우 사업을 분리해야 하고, 분리된 사업에 대해 각각의 비용편익분석을 실시하는 것이 바른 접근이다.

6. 비용편익분석과 현재 세대, 미래 세대 이슈

일반적으로 비용편익분석은 현재 세대의 사회복지와 웰빙 증진에 초점을 둔다. 하지만 사업에 따라서는 미래 세대의 사회복지가 충실히 반영되어야 하는 경우도 있다. 예를 들면, 대형 투자사업을 하면서 거액의 지방채를 발행하는 경우이다. 이 경우 미래 세대가 향유하고 부담해야 할 편익과 비용은 물론 미래 세대의 세금 부담에 관한 사항도 구체적으로 다루어져야 한다. 그 이유는 장기 지방채의 경우 현재 세대가 아니라 미래 세대가 세금을 통해 채무 자금을 변제해야 하기 때문이다.

그러나 현실적으로 볼 때, 현재 세대가 미래 세대의 복지 상태를 고려한다고 하더라도 그것은 어디까지나 현재 세대 위주의 관점과 지불의사금액(willingness to pay)을 반영할 경향이 크다. 이것은 마치 부모가 자녀의 미래를 배려하고 염려하더라도 그것은 어디까지나 부모의 관점과 생각에서 비롯되는 현상과 비슷하다.

7. 공공투자사업의 공채(지방채) 발행과 재원

공공투자사업의 재원은 기본적으로 국민의 세금으로 조달된다. 하지만 사업의 특성과 필요에 따라 정부보유 자산의 매각, 보조금, 공채 발행(국채, 지방채), 민간자금 활용 등 보완적 수단도 적극적으로 활용된다. 일반적으로 선진국의 지방자치단체들은 대규모 투자사업을 추진할 때 지방채를 적극적으로 활용하는데, 그 이유는 세대 간 형평성(intergenerational equity) 문제 때문이다.

만일 대규모 투자사업의 비용을 전부 예산(세금)으로만 충당한다면, 그만큼 국민의 복지를 위해 사용될 수 있는 예산이 줄어든다(예컨대, 교육, 사회복지, 건강, 안전, 환경 관련 예산). 이 경우 현재 세대는 줄어든 예산만큼의 공공서비스 혜택을 보지 못한다. 반면에 미래 세대는 세금 부담 없이 지금 추진되는 투자사업의 혜택을 보게 된다. 이와 달리 만일 투자사업의 소요비용 전부(또는 대부분)를 공채 등 예산 외의 자금으로 충당한다면, 현재 세대는 줄어든 예산이 없는 만큼 비용 부담은 하지 않는다. 반면에 미래 세대는 지금 추진되는 투자사업의 서비스 혜택도 보지만, 앞 세대가 발행한 공채에 대한 세금 부담(원리금 상환에 필요한 세금 부담)도 안게 된다. 그러므로 장기에 걸쳐 비용과 편익을 수반하는 대규모 공공투자사업을 실시할 경우 세대 간 형평성을 보장하는 차원에서 적절한 수준의 공채 발행이 필요하다. 일부 지방자치단체(장)가 '우리는 지방채 제로(무)'라고 자랑하는 것은 반드시 그럴 만한 일은 아니다.

현실적으로 지방투자사업 재원은 지방자치단체의 자체 재원을 중심으로 지방채 발행자금, 이전재정(중앙정부 등의 보조금), 민간자금 등 다양한 방식을 통해 조달된다. 구체적인 재원조달(자금 조합) 방식은 지방자치단체의 사정과 단체장의 정치·정책적 판단, 경제 및 재정 상황, 그리고 사업의 특성 등에 의해 결정된다. 그런데 여기에는 자치단체장의 현명한 판단이 수반되기도 하지만, 때로는 편협한 정치적·이기적 판단이 한 몫을 한다.

지방투자사업을 실시하는 데 있어서 어떤 재원조달 방식을 택하는 것이 좋은지에 대한 명답은 없다. 만일 재정 사정이 단·장기적으로 매우 양호한 것으로 평가된다면 자체 재원만으로 투자사업을 실시할 수도 있다. 하지만 사업의 수행에 따른 비용과 편익이 장기간에 걸쳐 발생한다면, 자체 재원에 일부 지방채를 혼합하여 재원을 조달하는 것이 합리적이다. 앞서 언급한 바와 같이, 지방채 수단은 세대 간 형평성 관점에서 보다 공평하기 때문이다.

이와 관련하여 유념해야 할 점은 어떤 재원(또는 재원 조합)을 사용하는지에 따라 세대 간 형평성 문제를 비롯하여 재정의 효율성, 건전성, 책임성에 주어지는 영향이 크게 달라진다는 것이다. 특히, 대규모 민간자금에 의존할 경우 순수한 공공자금만을 사용할 때와 달리 민간 자원의 위축 현상(구축효과, crowding out effect) 등 민간시장에 왜곡이 나타나 거시 경제에 부정적인 파급효과가 생긴다.

8. 일반 상식과의 차이

투자사업(예컨대, 지방산업단지 건설)으로 인해 단순히 지역의 고용이 늘어나고 경제가 활성화될 것으로 예측되는 것은 편익에 반영되지 않는다. 사실, 이 점은 관계 공무원을 포함하여 많은 사람들을 의아하게 만든다. 이는 특히, 다수의 공무원들이 전문기관이 주관하는 타당성 분석 과정과 결과를 설명하는 회의에 참석하면서 크게 의문을 갖는 대표적인 이슈 중 하나이다. 지방자치단체가 추진하려는 사업이 분명히 지역경제에 도움을 주고 고용을 확대할 것으로 예상되는데, 왜 이들이 지역의 복지 향상(즉, 편익 증진)에 기여하는 요인으로 간주되지 않는지에 대해 의문을 제기한다(때로는 불만을 표출한다).

결론적으로 말해서, 이러한 주장은 비용편익분석의 근간이 되는 이론과 전제에 부합하지 않는다. 비용편익분석 이론에서 강조하는 사회복지 향상이란, 국가와 범사회적 관점에서의 편익과 관련되는 것으로 국지적(특정 지역) 관점에서의 편익이 아니다. 즉, 특정 사업이 국민경제와 사회적 차원에서 새로운 고용 창출과 부가가치 증진을 유발할 경우에만 그것을 편익으로 간주하고, 다른 지역에서 이미 활동 중에 있는 노동력이나 자본이 지역(새로운 산업단지 현장)을 옮겨서 새로운 둥지를 트는 것은 국민복지의 향상과는 무관하다는 것을 의미한다. 이와 같은 국토 공간 내의 공간적 이전 현상은 사회 전체로 보면 사실상 후생 상태에 변화가 없는 제로섬게임과도 같다.

문제의 요점은 비록 투자사업이 지역의 고용 증가나 경제 활성화에 기여하고 지역의 재정에 유익한 결과를 가져다 준다고 해서 그것이 사회복지 증진을 의미하는 것은 아니라는 사실이다. 투자사업의 실시 결과 완전히 새로운 고용이 창출될 때 비로소 국민경제나 사회적 관점에서 복리가 증진된다는 것이다. 이러한 사실을 미루어 볼 때, 일자리 창출, 지역경제 활성화가 반드시 사회적 편익을 유발하는 것은 아니다. 비용편익분석이 측정하고자 하는 총영향은 정부의 투자사업으로 인해 특정 지역의 일자리가 창출되고 지역경제가 활성화되었는지를 판단하는 데 있지 않다. 그것은 무엇보다도 예산사업이 사회복지 향상에 기여하는지를 판단하는 데 중점을 둔다.

그렇다면 일자리 창출이나 지역경제 활성화는 사회복지 증진과 관계가 없다는 의미인가? 상식적으로 생각하면, 이들은 단연코 사회복지와 무관하지 않다. 핵심은 비용편익분석에서 중요시하는 인식의 관점과 원칙은 특정 사업으로 인해 완전히 새로운 일자리가 창출되어야만 비로소 사회복지가 향상된다는 것이다. 만일 투자사업을 실시한 결과 전국적으로 존재하지 않았던 새로운 고용이 창출되거나 고용의 질과 생산성이 향상되는 등 실질적인 직접적 효과가 발생할 경우는 다르다. 이들은 비용편익분석의 과정(특히, 편익산정)과 결과(성과지표)에 반영된다. 이러한 이유로 타당성 분석을 하는 과정에서는 소위 신규 노동력을 창출하는 '유효 수요'가 어느 정도인지를 파악하고, 그것을 토대로 편익을 산출하려고 크게 애를 쓰는 현상이 관측된다.

일반적으로 투자사업의 지역경제 활성화(파급효과)를 측정하기 위해 승수효과(multiplier effect) 분석이나 투입산출 분석(Input-output analysis)의 결과가 사용된다. 하지만 그것은 비용편익분석의 직접적 편익 요소로 간주되지 않는다. 그 이유는 이들 기법은 분석 과정에서 투자로 인한 새로운 노동력의 창출이나 지역경제의 순증분에 대한 사항을 명확히 구분하지 않고 거시적 변화 결과만 제시하기 때문이다. 이러한 이유로 현재 지방투자사업의 타당성 분석에서는 투자사업의 지역경제 파급효과를 직접 편익의 산정 과정에 반영하지 않고 일종의 참고자료 형식으로 투입산출 분석 결과를 첨가한다. 마찬가지로 투자사업에 따른 각종 간접적 효과(예컨대, 고용이전 효과)나 다소 막연하고 광범위한 각종 효과(지역경제 성장, 조세 및 재정수입 증가 등)는 비용편익분석의 성과지표 산정에 반영되지 않는다.

사실, 지방자치단체가 편익의 산정에 포함시키는 것이 마땅하다고 제시하거나 주장하는 대부분은 간접적 효과이거나 다소 모호하고 광범위한 효과들이다. 실제로 이들을 따지고 보면, 대부분 국가 공간상의 이전 및 재배분 효과의 성격을 지니고 있고, 많은 경우 직접 효과에 암묵적으로 포함되어 있다. 만일 이들을 편익효과로서 산정한다면, 사업의 편익이 중복되어 과도하게 산정되는 오류가 발생한다. 즉, 실제로 사업이 기여하는 사회복지보다 더 많은 평가 점수가 주어져 자칫 세금낭비가 초래될 수 있다.

그러므로 비용편익분석을 하는 과정에서는 어디까지가 사업을 통해 예상되는 직접적인 국민복지 증진(순편익 효과)이고, 어떤 부분이 간접적인 효과인지에 대해 명확하게 구분하는 일이 매우 중요하다. 만일 이것을 제대로 정리하지 못하면 편익이 과도하게 평가되거나 이중계상되는 문제가 발생하고, 최종 분석 결과(성과지표)가 왜곡된다.

하지만 실제 상황에서는 사업에 따른 직접적 편익을 구체적이고 명확히 파악하기 어려운 모호한 영역(grey area)이 존재하고, 편익의 가치를 산정하기 어려운 문제가 발생한다. 이를 최소화하기 위해서는 지방투자사업을 평가할 때, 사업의 목표와 예상 및 기대효과에 대해 보다 명확히 파악할 수 있어야 한다. 아울러 직접적 편익을 보다 엄격히 점검할 수 있는 보다 세밀하고 신뢰 가능한 수단과 방법 그리고 적절한 정보를 확보하는 것이 필요하다. 이 과정에서는 가능한 계량적 방법을 사용하도록 노력하되, 그것이 어려울 경우 정교한 질적 평가를 통해 문제를 극복해야 한다.

끝으로, 이상에서 기술한 내용 중 일부는 얼핏보아 조금 앞에서 다룬 사항(3. 투자사업과 사회복지 영향의 범위)과 다소 상충되는 것처럼 여겨질 수도 있는데, 넓게 보면 그렇지 않다. 독자들은 두 부분이 각각 설명의 포인트와 강조점을 달리하고 있음을 이해할 필요가 있다. 그리고 기술된 내용들이 비용편익분석의 이론적 관점과 현실적 관점 간의 괴리에 관한 이슈와 시각을 다루고 있는 점도 이해할 필요가 있다.

부록

1. 비용편익분석과 관련이 있는 각종 분석 기법

비용편익분석과는 성격이 조금 다르지만, 정부의 투자사업 결정에 도움을 주는 보완적 분석 기법들이 몇 가지 있다. 구체적으로 언급하자면, 재무성 분석(Financial Analysis), 비용효과 분석(Cost Effectiveness Analysis: CEA), 재정 영향 분석(Fiscal Impact Analysis), 경제적 영향 분석(Economic Impact Analysis), 사회적·환경적 영향 분석(Social/Environmental Impact Analysis)을 거명할 수 있다. 이 중에서도 재무성 분석은 비용투자 분석과 상당 부분 유사한 특성과 내용을 지니는데, 그에 대한 자세한 내용은 제3부에서 다루고 있다.[1]

다만, 한 가지 강조할 필요가 있는 것은 각 기법이 고유의 기능과 장점을 지니지만 결코 비용편익분석을 대체할 수 없다는 점이다. 다시 말해서, 비용편익분석의 대상 사업에 위의 방법론을 적용하였을 경우 사업의 실시 여부를 단독으로 판단하기 어렵다. 예외적이지만, 비용편익분석이 문제와 한계를 노정하는 투자사업의 영역에 한해 이들을 적절히 활용할 경우 보다 합리적인 의사결정 정보(즉, 비용편익분석의 보완적 정보)를 도출할 수 있는 유용성이 있다. 지금부터는 이들 기법에 대해 간단히 소개하고자 한다.

2. 비용효과분석

비용효과분석(cost effectiveness analysis: CEA)은 주어진 재정 투입(input)을 했을 때 그것이 어떠한 사회·경제적 산출물(output) 내지 효과(성과)를 유발하는지 파악하는 기법으로 유용한 정보를 제공한다. 간단한 예로, 총 500억 원의 비용이 소요될 것으로 예상되는 투자사업을 실시했

1 지난 10여 년 동안 공공투자사업 등 정부의 개입에 따른 영향을 평가하는 시도가 점증하였는데, 그것은 총비용과 세금의 금전적 가치(value for money)를 측정하는 데 중점을 두었다. 이때 세금의 금전적 가치란, 투자사업 등 정부 개입의 효율성을 의미하고 측정한다. 대표적인 측정 방법으로는 비용효과분석(CEA), 비용편익분석(CBA), 비용효용분석(Cost-Utility Analysis: CUA), SROI(Social Return on Investment), 순위 상관관계(rank correlation), 기초(기본) 자원 분석(basic resource analyses)이 사용되고 있다(E. D. Brown and J. C. Tanner, 2019: 1).

을 때, 주민의 안전도가 현재보다 2배 향상된다든지 아니면 사망률이 절반으로 줄어든다든지 등에 대한 성과를 보여 준다. 그러나 이것은 비용편익분석과 같이 사업으로 인해 미래에 얼마의 사회적 편익이 창출될 것인지에 대한 정보는 제공하지 못한다.

비용효과분석은 비용편익분석과 달리 사회적 편익을 구체적으로 측정하지 않는다. 따라서 투자사업에 소요되는 총비용과 총편익을 비교하는 과정도 없고, 그 결과 사회복지가 어떻게 변화되는지에 대한 정보도 생성되지 않는다. 즉, 비용효과분석은 정부지출에 따른 사회복지 측면의 순편익 또는 순영향(net impact)을 측정하지 않는다. 따라서 비용효과분석은 경제적 효율성을 판단하는 정책결정 과정에서 비용편익분석을 대체하는 수단으로서 활용될 수가 없다.

정상적으로 비용편익분석이 진행될 수 있는 상황에서 만일 비용효과분석 정보가 추가적으로 제시된다면, 그것은 보완적 의사결정 정보로서 유용하게 활용될 수 있다. 그런데 이 경우 비용과 시간이 추가적으로 소요된다. 그러므로 반드시 필요한 상황이 아니라면 비용효과분석을 병행해서 실시할 필요는 없다.

그러나 현실적인 이유로 사업의 편익가치를 직접적으로 측정하는 것이 매우 어렵거나 실제로 불가능할 경우 비용편익분석 대신 비용효과분석을 사용할 수 있다. 예를 들어, 신종 바이러스 감염증(COVID-19) 예방 프로그램 등 보건복지 분야의 주요 정책이나 주요 교육사업의 타당성을 판단할 때, 비용효과분석은 상당히 유용하고 효과적이다. 그리고 복수의 사업들이 비슷한 수준의 편익을 유발하는 상황에서 비용효과분석 정보가 제공될 경우, 이는 정부가 대안을 선택하는 데 특급 도우미가 될 것이다(대안선택의 보완적 수단으로 기능).

비용효과분석은 통상 산출물 한 단위당 비용(cost per unit of output) 정보를 생성한 다음 그것이 가장 비용 효율적인 경우(산출물 한 단위당 비용이 가장 적은 경우)를 우선적으로 타당한 것으로 인정한다(앞서 언급한 바와 같이 편익에 대한 객관적인 가치 측정은 없음). 예를 들면, 국립공원 야영장을 건립하였을 경우 캠핑 1박당 40,000원, 그리고 경관지역에 케이블카를 설치할 경우 왕복요금 10,000원이라는 산출물 단위비용이 산정된다.

3. 재무성 분석

재무성 분석(Financial Analysis/Feasibility)은 투자사업이 미래에 유발할 것으로 추정되는 수입(수익)과 지출(비용)의 총액을 비교하여 수지타산을 측정하는 기법이다. 쉽게 말해서, 재무성 분석은 사업을 실시했을 때 모든 비용을 다 제하고 이익을 남길 수 있는지(또는 손해를 보지 않을지)를 판단하는 데 그 목적이 있다. 따라서 재무성 분석은 사업이 미래에 창출할 것으로 추정되는 모든 비용과 수익의 시계열 흐름, 즉 현금흐름(cash flow)을 분석하는 데 에너지를 쏟는다.

재무성 분석의 핵심은 전체 사업기간(사업의 실시와 예상되는 운영기간, 예컨대 20년, 30년) 중에 필요한 비용과 수익의 현금흐름(현금의 유입, 유출)이 전체 기간과 주요 기간별로 수익성을 보장하는 수준으로 원만히 진행되는지의 여부(순수익 창출 여부)를 판단하는 데 있다.[2] 한마디로 재무성 분석은 비용편익분석과 달리 국민경제나 사회 전체의 복지 영향(welfare impact)에는 전혀 관심이 없고, 사업 자체가 영속할 수 있고 수익을 남길 수 있는지에만 관심이 있다.

이러한 사실을 인식할 때, 사업 실시에 따른 사회복지 증진 여부를 측정하는 경제성 분석과 재무성 분석은 확실히 다르다.

만일 재무성 분석 결과 투자사업이 흑자(적자)를 보는 것으로 나타났다면 이 사업은 적어도 지방자치단체의 재정에 경제·재정적으로 이득(손해)을 주는 것으로 판단할 수 있다. 그러나 반드시 기억해야 할 사실은 재무성 분석 결과 양호한 판정을 받은 사업이라고 하더라도 사회복지 증진에 기여하지 못하는 경우가 적지 않고, 반면에 양호하지 않은 판정을 받은 사업 중에서도 사회복지에 기여하는 경우가 있다는 점이다. 지방투자사업 중 가장 바람직한 것은 경제성 분석 결과와 재무성 분석 결과가 모두 양호한 경우이고, 최악의 경우는 경제성 분석 결과와 재무성 분석 결과가 모두 불량한 상황이다. 다만, 지방투자사업 중에서 재무성 분석을 실시해야 할 대상은 그렇게 많지 않다. 그 이유는 일반 기업과 달리 지방자치단체가 실

2 예를 들어, 투자사업 중에는 완공 후 초기에는 수익이 전혀 없거나 조금 뿐인 경우가 적지 않은데(이 경우 투입된 비용에 비해 수익이 현저히 낮아 해당 사업은 마이너스 수익(큰 손실)을 기록함), 만일 이 시기만을 고려한다면 사업의 재무성은 큰 문제에 직면한다. 그러나 그 후에 초기의 손실을 만회하고 계속해서 수익이 비용을 넘어서는 상황이 예상된다면, 이 프로젝트는 전체적으로 수익성이 있는 것으로 간주된다.

시하는 사업의 대다수가 공공재이거나 공익성이 있는 재화와 서비스를 생산하기 때문이다. 예를 들어, 산업단지나 공공주택 건설 등 공공성과 수익성을 함께 도모하는 사업에 대하여는 재무성 분석이 필요하다.

비용편익분석과 마찬가지로 재무성 분석에서도 분석 결과를 최종적으로 반영하는 성과 지표가 있다. 현재 각국이 보편적으로 사용하는 것으로는 수익성(이윤 가능성) 지표(Profitability Indicator: PI)를 언급할 수 있다.

재무성 분석에 사용되는 방법은 몇 가지 있는데, 가장 보편적으로 사용되는 것은 현금흐름 할인 방법(Discounted Cash Flow: DCF)이다. 이 방법을 사용할 경우 분석 대상은 사업의 수행과 관련해서 발생하는 직접적 현금흐름(즉, 현금 유입과 현금 유출)이다. 회계의 기본 원칙은 크게 현금주의(cash basis) 방식과 발생주의(accrual basis) 방식으로 구분된다. 현금주의 회계는 현금(자금)이 실제로 들어오고 나갈 때만 회계장부에 각각 수입과 지출로 계상한다. 이와 달리 발생주의 회계는 현금의 유입과 유출뿐 아니라 실제로 경제적 자원(economic resources)의 이동이나 경제적 효과를 유발하는 재무행위(예컨대, 신용(외상)으로 물품을 구입하는 경우, 보유하는 자산의 감가상각비, 수선충당금, 퇴직충당금 등)에 대하여도 회계 처리하는 것을 핵심으로 한다.

재무성 분석은 현금흐름만을 다루기 때문에 현금의 유입과 유출이 없는 항목들은 분석에서 제외된다. 예컨대, 사업의 추진 과정에서 예상하지 못한 비용 요소를 충당할 목적으로 일정한 비율(금액)로 할당해 둔 예비비와 충당금, 기타 실질적인 현금의 유입·유출과 무관한 회계 항목들이 그에 해당한다. 이 점은 비용편익분석이 사업의 사회·경제적 비용을 산출하는 과정에서 기회비용 개념을 적용하는 것과 본질적으로 다르다(예: 감가상각비, 조세와 보조금 등 제외).

끝으로 통상 경제성 분석과 재무성 분석 간에는 비용 측면에서는 크게 차이가 나지 않는다. 반면에 편익(경제성 분석)과 수익(재무성 분석)의 분석 측면에서는 큰 차이가 난다. 그 이유는 사회복지 관점에 입각한 편익 개념과 현금 유입에만 치중하는 경제적 수익 개념 간에 본질적인 차이가 있기 때문이다. 재무성 분석과 관련된 내용은 제3부에서 자세히 설명하고 있으므로 독자들은 그때 충분히 이해할 수 있을 것으로 기대한다.

4. 재정 영향 분석

재정 영향 분석(Fiscal Impact Analysis)은 투자사업이 지방재정의 수입과 지출에 어떤 영향을 미치는지를 분석하는 기법이다. 분석의 핵심은 미시적으로 재정의 수입과 지출이 얼마만큼 변화될 것인지(금액, 전체 재정변수 대비 비율 등)를 파악하는 데 있고, 그 결과 거시적으로 재정의 건전성과 지속 가능성에 어떤 영향이 주어질 것인지를 분석하는 데 있다. 예를 들어, 관광투자사업이 실시될 경우 각종 관광활동이 증가하면서 재정수입(조세, 사용료 등)이 늘어날 것으로 예상된다. 이때 늘어난 수입이 기반시설이나 행정서비스와 관련된 추가적 비용을 충당하고도 남을 것인지에 대해 점검하는 것이 미시적 분석이다. 그리고 미시적 분석 결과(재정의 수입과 지출의 변화)를 토대로 지방자치단체의 재정 건전성과 중·장기 지속 가능성에 어떤 영향이 있을 것인지를 계량적으로 점검하는 것이 거시적 분석이다.

재정 영향 분석을 체계적으로 수행하기 위해서는 무엇보다도 투자사업으로 인해 재정수입이 확충될 수 있는 활동과 항목이 무엇인지에 대해 명확히 파악해야 한다. 그리고 이것을 토대로 향후 늘어날 것으로 예상되는 조세수입과 사용료·부담금을 추정해야 한다. 물론 이 과정에서는 재정수입의 요인과 경로에 대해 체계적으로 점검해야 한다. 아울러 사업 실시 결과 새롭게 추가될 행정서비스와 각종 시설의 수요가 무엇이고, 얼마의 재정이 소요될 것인지에 대해 객관적으로 추정해야 한다. 마지막으로 이들을 금전적 가치(금액)로 계산해서 사업 실시에 따른 재정 영향을 종합적으로 판단한다.

앞서 살펴본 재무성 분석은 투자사업과 관련된 미래의 수입(수익)과 지출(비용)을 비교 평가해서 사업의 수익성(채산성) 여부를 판단하는 데 있다. 이와 달리 재정 영향 분석은 투자사업이 유발하는 지역경제(고용, 성장 등) 파급효과와 신규 재정지출 수요를 통해 지방자치단체의 수입과 지출이 어떤 영향을 받는지에 대해 분석하고, 나아가 그것이 재정의 건전성, 안정성, 지속 가능성에 어떤 영향을 주는지에 대해 종합적으로 판단하는 데 중점을 둔다.

5. 경제적 영향 분석

경제적 영향 분석(Economic Impact Analysis)은 특정 투자사업이 지역경제에 미치는 영향을 측정하는 기법이다. 예를 들어, 지방자치단체가 관광투자사업을 실시하였을 때, 그것이 지역경제에 얼마나 기여하는지를 화폐단위로 측정하는 것이다. 경제적 영향 분석을 하기 위해서는 투자사업이 매출액·생산량, 부가가치, 소득, 고용, 자산가치 등 생산 측면에서 지역경제에 어떤 영향을 미치는지에 대해 객관적으로 파악하고 그것을 화폐가치로 측정해야 한다. 관광투자로 인해 지역을 찾는 관광객이 늘어날 경우 소비가 촉진되면서 지역의 고용과 생산이 증가하는 경제효과가 생겨날 것이다. 경제적 영향 분석은 투자사업이 유발하는 이러한 일련의 소비, 생산, 고용, 자산 가치 등의 변화 현상을 객관적인 방법론을 통해 금전적 가치(즉, 금액)로 산출하는 기법이다. 경제적 영향 분석은 흔히 승수효과(multiplier effect)를 통해 측정되는데, 이 경우 승수의 값을 어떻게 도출할 것인지가 관건이 된다.

만일 경제적 영향 분석을 사후적으로 실시한다면, 과거 관광투자사업이 없었을 때의 지역경제 상태와 투자사업을 실시한 이후의 지역경제 상태를 체계적으로 비교할 수가 있다(물론 사전적으로 관광투자사업이 없는 현재 상태와 관광투자사업을 실시할 경우를 비교하는 '사업 실시 대 사업 미실시 분석'(with vs. without analysis)을 할 수 있다). 이 경우 사후적 분석 수단과 방법을 통해 지역의 투자사업에 관한 보다 탄탄한 경제적 영향 분석 모델을 구축할 수 있는 기반이 형성된다.

6. 사회적 가치 반영 분석 기법

현재까지는 이론과 실제(국제 관행, 실무 등) 면에서 사회적 가치(social value)를 측정하는 하나의 정립된 방법론은 없다. 여기서는 참고 목적으로 향후 공공투자사업의 타당성 분석에 직·간접적으로 활용(조정 및 보완적 개발을 통한 활용)될 수 있는 방법론에 대해 간단히 소개하고자 한다.

앞서 언급한 비용효과분석 방법이나 다기준 분석(multi-criteria analysis) 방법은 사회적으로 중요한 투자사업에 한해 비용편익분석 결과를 보완해 주는 중요한 정책판단 정보를 제시해

준다. 그 외에 사회적 가치와 그 영향을 다루는 기법도 앞으로 상당히 유용하게 사용될 것으로 예상된다. 이들은 지금까지 공공부문에서보다도 민간부문에서 더 활발히 개발되어 왔는데, 주요 기법은 다음과 같다(Ivy So and Alina Staskevicius, 2015).

① 사회적 투자수익(Social Return on Investment: SROI): 사회적 편익을 감안하는 투자 기대수익(대가)을 측정함.

② 논리 모델(Logic Model(Theory of Change): 투입(input), 활동(activities), 산출물(output), 성과(outcome), 영향(impact) 간의 연계 체인을 분석함.

③ 사회적 가치판단 기준/점수표(Social Value Criteria/Scorecards): 사업의 미션과 최종 목적 및 결과에 대한 전략 수행을 측정하는 데 중점을 둠.

④ 각종 유사 실험 내지 실험적 방법(Quasi-Experimental and Experimental Methods: RCT, Historical baseline, Difference in difference 등): 다양한 방식의 사회적 실험(설문, 대면조사 등)을 통해 사회적 가치를 측정함.

이상에서 언급한 방법 중에서 사회적 투자수익(SROI) 기법을 제외한 나머지는 투자사업의 사회복지적 편익을 직접 측정하지 않는 점에서 비용편익분석과 본질적으로 다르다. 특히, 분석을 통해 측정되는 효과와 성과가 비록 계량적 정보를 제공하기는 하지만, 많은 경우 금전적 가치 정보를 제공하지 않는 점에서 비용편익분석과 차원이 다르다(단, SROI는 예외임).

사회적 가치, 사회적 성과(social outcome), 사회적 영향(social impact)을 측정하는 방법론 중에서 사업의 상대적 중요성을 계량적 정보를 가지고 비교하는 방법을 소개하면 다음과 같다(〈부표 8-1〉 참조). 사업이 갖는 상대적 중요성을 계량화하는 방법은 크게 화폐적 가치로 측정하는 방법론과 비화폐적 가치로 측정하는 방법론으로 구분된다. 전자에 속하는 대부분의 기법은 현재 우리나라의 투자사업 타당성 분석(LIMAC, PIMAC)에서 적극적으로 활용되고 있다(단, choice experiment 기법은 제외). 반면에 후자의 기법은 국내에서 거의 사용되지 않거나 매우 예외적으로 사용되고 있다. 만일 앞으로 분석에 필요한 자료와 정보의 이용 가능성이 확대되고 특히 질적·미시적 정보에 대한 접근성이 높아진다면, 후자의 방법도 적극적으로 활용해서 보다 정확한 의사결정 정보를 도출하는 것이 바람직하다. 다만, 이 경우 민간부문에서 접근하는 목적과 관점을 공공부문에 적합하도록 조절, 개선해서 활용해야 할 것이다.

현실적으로, 사회적 가치를 사회과학적 방법론에 입각해서 깊이 있게 분석·점검할 필요

〈부표 8-1〉 사회적 성과의 상대적 중요성 측정에 대한 계량적 접근 방법

화폐적(monetary)	비화폐적(non-monetary)
Revealed Preference Cost-based approaches State Preference -Choice Experiments(Valuation/Auction Game 포함) Benefit Transfer Wellbeing Valuation Hybrid Stated Preference/Wellbeing Valuation	QALY(삶의 유지·개선 성과 목적) DALY(삶의 유지 성과 목적) Visual Analogue Scale Points Based and similar weights Multi-Criteria Analysis Most Significant Change Rankings and weightings Capability approaches Choice Modelling: Contingent ranking and rating, and paired comparisons

자료: Socal Value International(2015: 20).

가 있는 '사회적 가치 평가 대상 사업'은 일정한 조건을 갖춘 소수의 사업에 국한되는 것이 합리적이다.

7. 민간부문의 사회적 가치 영향 측정 기법 검토

민간부문에서는 근년에 '영향투자'(impact investment)의 중요성이 부각되면서 기업투자의 재무적·사회적 대가(financial and social return)를 측정해서 경영에 활용하려는 시도가 활발히 전개되고 있다. 이러한 시도는 다양한 주제와 방법론을 촉진시켰지만, 아직은 완전히 전체를 주도하는 절차나 방법론이 정립되지 못하고 있는 상태이다. 현재 민간투자가 유발하는 사회적 가치 영향을 추정하는 주요 관행과 방법론에 대해 개략적인 개념을 소개하면 〈부도 8-1〉과 같다.

이상에서 언급한 상이한 목적의 네 유형의 영향투자 분석 기법은 기본적으로 다음의 핵심 내용을 포함한다.

① 기대 수익(대가)(expected return): 투자사업으로 인해 기대되는 사회적 편익과 비용을 현재가치로 할인하여 평가하는 접근 방법이다. 이들이 최종적으로 생성하는 성과지표

〈부도 8-1〉 측정 목적(Measurement Objectives)에 따른 측정 방법론

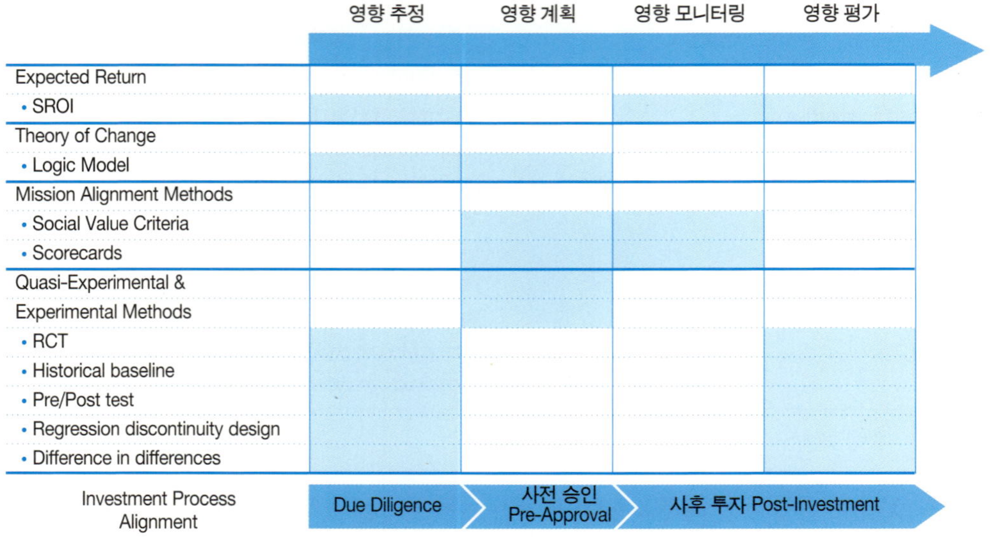

자료: Ivy So and Alina Staskevicius(2015: 6).

로는 SROI, BCR(Benefit Cost Ratio), ERR(Economic Rate of Return)이 있다(Ivy So and Alina Staskevicius, 2015: 5).

② 변화 이론과 논리 모델(Theory of change and logic model): 투자사업이 의도하는 사회적 영향의 과정을 설명하는 데 중점을 둔다. 그중에서 논리 모델은 조직, 각종 개입(intervention), 또는 프로그램의 변화 과정과 상태를 분석하는 데 보편적으로 사용된다. 핵심은 투입으로부터 활동, 산출, 성과 그리고 최종적으로 영향에 이르는 과정을 객관적으로 점검해서 보여 주는 데 있다.

③ 미션 설정(조정) 방법(Mission alignment methods): 사업의 미션과 궁극적인 목적을 구현하는 전략의 집행 상태를 측정하는 데 중점을 둔다. 대표적인 예로서 핵심 성과 매트릭스(key performance metrics)를 관리·감독하는 사회적 가치 기준 및 점수 카드(score cards)를 지적할 수 있다.

④ 실험 및 유사 실험 방법(Experimental & quasi experimental methods): 현상 유지(status quo)에 대비되는 개입(예컨대, 투자사업 실시)의 영향을 파악하기 위해 무작위 통제를 시도하거나

〈부도 8-2〉 사회적 가치 영향 점검: 결과 체인(results chain)

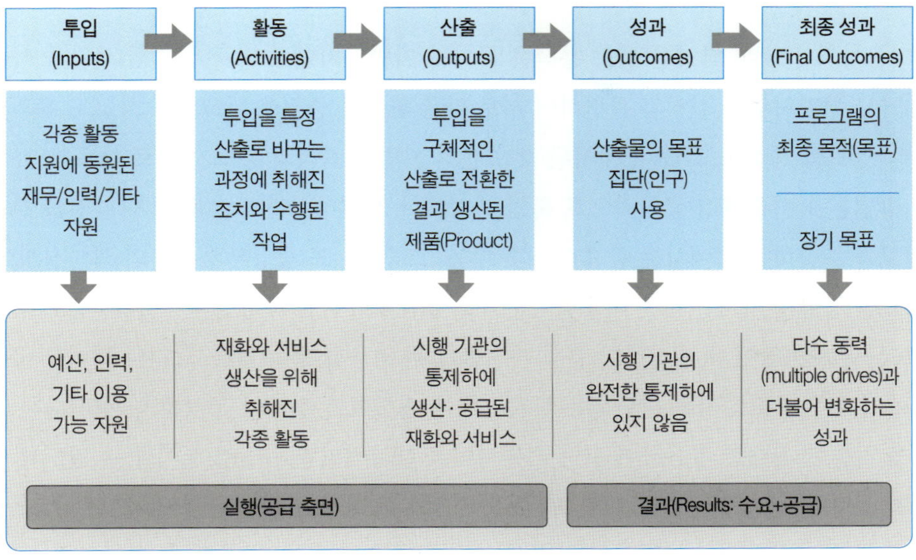

자료: Paul J. Gertler et al.(2011: 25).

개입이 없는 상태(counter-factual)를 상정하는 일종의 사후적 사실 평가(after-the-fact evaluations)에 해당한다.

이상의 방법들은 모두 투자사업의 전 과정에 일률적으로 적용될 수 있는 종합적 역량을 구비하지 못하고 있다. 따라서 사업의 목적과 과정을 고려하여 그에 가장 적합한 방법(각 방법의 목적과 장점을 고려)을 적절히 사용하는 것이 바람직하다.

〈부도 8-3〉 정책 및 투자사업의 전형적인 논리(typical program logic)

자료: NSW(2017: 8).

8. 종합

지금까지 살펴본 다양한 영향 분석은 국가나 지방자치단체가 국(주)민의 세금을 사용하는 대규모 투자사업의 실시와 관련하여 서로 다른 관점과 중점을 두고 중요하고도 유의미한(유용한) 정보를 제공하고 있다. 제시된 각종 분석 기법은 목적과 용도가 서로 다르지만, 객관적인 방법론을 사용해서 궁극적으로 특정 사업이나 정책이 추진되어야 할지 말지를 결정하는 정보를 도출하는 점에서는 공통적이다. 다만, 그중에서도 공공투자사업의 의사결정에 가장 중요한 영향을 미치는 것은 비용편익분석을 중심으로 하는 타당성 분석 결과 정보이다.

모든 투자사업에 대해 다양한 분석 기법을 모두 적용할 수는 없다. 그러나 적어도 국민의 관점에서 매우 중요하다고 판단되는 투자사업에 대하여는 경제성 분석뿐 아니라 다른 분석 기법을 가능한 최대한 활용하여 보다 객관적이고 합리적인 의사결정에 이를 수 있도록 해줄 필요가 있다. 이러한 사실을 인식할 때, 현재 경제성 분석과 정책적 분석에 국한된 국가 예비타당성 분석과 지방재정 투자사업 타당성 분석을 주요 사업에 한해 재정 영향 분석, 경제적 영향 분석 등으로 확대 적용하는 정책 전환을 할 필요가 있다.

제2부 지방재정 투자심사제도 이해와 실제

제9장 지방재정 투자심사제도 이해

제10장 지방재정 투자심사제도 실제

제 9 장

지방재정 투자심사제도 이해

1. 지방재정 투자심사제도 개요

1) 지방재정이란?

'지방재정'(local public finance)에 대한 전반적인 제도를 담고 있는 「지방재정법」의 제정 목적은 "지방자치단체[1]의 재정 및 회계에 관한 기본 원칙을 정함으로써 지방재정의 건전하고 투명한 운용과 자율성을 보장함을 목적으로 한다"(「지방재정법」 제1조, 1963. 11. 11 제정)라고 규정되어 있다. 「지방재정법」에 제시하고 있는 '지방재정'이란 "지방자치단체의 수입·지출 활동과 지방자치단체의 자산 및 부채를 관리·처분하는 모든 활동을 말한다"(「지방재정법」 제2조)라고 정의하고 있다. 또한 재정 운영의 기본 원칙을 담고 있는 「지방자치법」에서는 "지방자치단체는 그 재정을 수지균형의 원칙에 따라 건전하게 운영하여야 한다"(「지방자치법」 제122조)는 건전재정 운영의 원칙을 담고 있다.

■ 지출 효율성 없는 재정 확대는 독이다

…

재정지출의 효율성이 뒷받침되지 못하면 밑 빠진 독에 물 붓기, 현금 뿌리기식 복지지출 남발로 재정 건전성과 효율성 두 가지를 모두 놓치고 있다.

자료: 서울경제신문(2019. 11. 1), 「사설」.

이러한 「지방재정법령 및 지방자치법」에 근거한 지방재정 관리제도는 크게 예산편성 이전 단계와 이후 단계로 구분할 수 있다. 예산편성 이전 단계로는 '중기지방재정계획 수립, 재정 영향 평가, 지방재정 타당성 조사 및 투자심사제도 및 예산편성 기준' 등이 있다. 예산편성 이후의 재정관리제도는 '결산 및 재정공시, 재정분석 진단, 통합공시, 행정사무감사' 등의 절차가 관련 법령에 따라 진행된다.

1 지방자치단체의 종류에 따른 구분은 「지방자치법」 제2조 및 제3조에 따라 다음과 같이 표기한다.
- 특별시, 광역시, 특별자치시, 도, 특별자치도: 시·도 또는 광역지방자치단체
- 시, 군, 자치구: 시·군·구 또는 기초지방자치단체

〈표 9-1〉 지방재정 관리제도 주요 내용

예산편성 이전			
중기지방 재정계획	재정 영향 평가	지방재정 타당성 조사 및 투자심사	예산편성 기준

예산편성 이후			
결산 및 재정공시	재정분석 진단	통합공시	행정사무 감사

2) 투자심사란?

'투자심사제도'란 「지방재정법」 및 「지방자치법」의 제정 취지와 정의에서 제시하고 있는 지방재정의 건전한 운영을 유지하기 위한 제도로 지방자치단체의 살림살이인 예산을 계획적·효율적으로 운영하기 위하여 도입되었다. 지방자치단체에서 공약사항, 주민 요구사항, 지역 일자리 창출 사업 등 다양한 형태로 발생하는 지방재정투자사업에 대하여 사업을 시행하기 이전에 해당 사업의 필요성과 타당성 등을 심사하여 불요불급한 사업의 시행으로 인한 예산낭비를 예방할 목적으로 운영되고 있다.

지방재정 투자심사제도 운영 취지

1. 사업 타당성 사전 분석·평가 ⇒ 중복·낭비 억제 및 부실화 사전 예방
2. 국가계획·정책과 지방재정계획의 연계 ⇒ 지방재원의 효율적·계획적 운용
3. 적정 투자사업 심사·선정 ⇒ 집중적 재정지원 및 적기 완료 도모

지방재정 투자심사는 일정 금액 이상의 주요 투자사업과 행사성 사업을 대상으로 실시한다. 주요 투자사업 및 행사성 사업의 추진 형태는 크게 예산을 편성하여 진행하는 사업과 예산은 편성하지 않지만 지방자치단체 공유재산 등을 출자하여 사업을 진행하는 형태로 구분할 수 있다.

그중에서 지방자치단체 예산에 편성하여 집행을 수반하는 경우에는 예산편성 이전에 종합적인 심사를 실시한다. 반면에 예산편성 없이 현물만 출자하는 사업은 사업시행 전에 사업의 필요성 및 사업계획의 타당성에 대해서도 심사한다.

〈표 9-2〉 지방재정투자사업 추진 형태별 구분

사업 추진 형태	투자심사 대상 여부	투자심사 시기	심사기관
예산편성 (예산사업)	심사 대상	예산편성 이전	총사업비 규모별 대상 기관
예산 미편성 (비예산사업)	심사 대상	사업시행 이전	공유재산 등 현물출자 금액을 포함한 총사업비 규모별 대상 기관

즉, 기초지방자치단체인 시·군·구와 광역 지방자치단체인 시·도가 추진·실시하고자 하는 일정 금액 이상의 사업은 예산편성과 현물출자 이전에 투자심사를 완료해야 한다. 만약 투자심사 과정을 고의 또는 과실로 미실시하였거나 투자심사를 실시하였지만 재검토, 부정적 결정 등으로 심사를 통과하지 못한 사업에 대해 예산을 편성하거나 사업을 추진하게 되면 「지방재정법령」 위반사항이 됨에 따라 지방자치단체에서는 사업계획 단계에서부터 사전절차의 진행에 누락하는 일이 없도록 주의해야 한다.

또한 지방재정 투자심사제도는 국가 중·장기 발전계획과 지방자치단체 중기재정계획, 그리고 사업별 재정투자계획을 연계함으로써 지방자치단체의 한정된 재원이 꼭 필요한 곳에 계획적이고 합리적으로 사용하도록 유도하는 정책 기능을 지닌다. 지방자치단체가 주요 투자사업을 수행하는 기본 절차는 〈그림 9-1〉과 같다.

〈그림 9-1〉 지방재정투자사업 추진절차

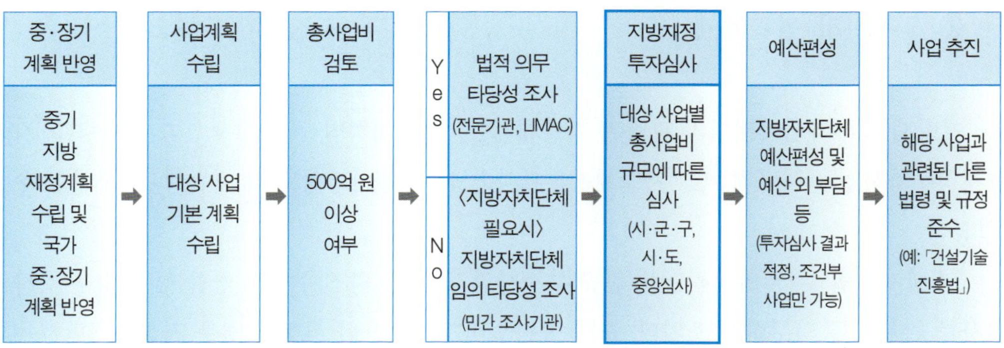

2. 투자심사제도 역사

1) 투자심사 변화

지방재정을 대상으로 하는 공적 투자심사제도는 1992년도에 도입되었다. 최초 도입된 1992년 3월 당시에는 「지방재정법 시행령」에 공식적인 명칭은 지방재정 '투·융자심사'로 규정되었고, 이는 2014년 5월까지 22년간 사용되었다. 2014년에 「지방재정법」이 개정되면서 '투·융자심사'제도는 '투자심사'로 변경되어 현재까지 운영되고 있다.

제도변경 사유로는 투·융자제도는 투자와 융자에 대한 심사로 구분되는데, 운영 과정에서 융자에 대한 심사는 별도로 실시되지 않고 지방재정투자사업에 대한 심사가 대부분을 차지하였기 때문이다.

〈그림 9-2〉 지방재정 투자심사 용어 변화 과정

지방재정 투·융자심사		지방재정 투자심사
1992. 3. 30 ~ 2014. 5. 27	⇨	2014. 5. 28 ~ 2020. 4월 현재

2) 투자심사 법령체계

지방재정 투자심사제도와 관련된 법령체계는 「지방재정법」, 「지방재정법 시행령」, 「지방재정투자사업 심사규칙」 및 「지방재정투자사업 심사 및 타당성 조사 매뉴얼」로 구분할 수 있다.

「지방재정법」은 지방자치단체 신규 투자사업 및 예산 외 의무부담 등을 하는 경우 투자심사를 거치도록 의무화하고 있다. 또한 총사업비가 500억 원 이상인 경우 지방자치단체는 행정안전부 장관이 지정한 전문기관에서 타당성 조사를 받은 후 투자심사를 이행하도록 규정하고 있다. 이에 따라 행정안전부 고시에서는 「지방재정법」 제37조 제2항의 규정에 따른

이것이 궁금합니다!

Q 행정안전부 장관, 시·도가 실시하는 투자심사(의뢰심사)에 대한 법적 근거가 있는가?
행정안전부 장관은 시·도와 기초 시·군·구 사업에 대하여, 시·도는 기초 시·군·구 사업에 대하여 1995년부터 투자심사(의뢰심사)를 실시하고 있는데 「지방재정법」에 근거 없이 실시하고 있는 것이 아닌지?

A 「지방재정법령」 체계상 적법하고 정당한 절차임.
〈2018년, 법제처 행정법제국 법제관, 국회 행안위 입법조사관의 종합의견〉

- 「지방재정법」 제37조(투자심사)는 투자심사를 받아야 하는 지방자치단체의 의무사항을 규정하는 것으로, 지방자치단체 의무사항에 대한 이행(심사)을 누가 할 것인지에 대해서는 「지방재정법 시행령」 제41조에 규정하고 있는 것이 지방재정법령 기본 체계입니다.
  ※ 「지방재정법」에서는 법 제정 목적인 '건전재정 운영'을 위한 지방자치단체 권리가 아닌 의무사항을 규정
- 그러므로 지방자치단체장이 「지방재정법」에서 규정한 의무이행으로 투자심사 대상 사업의 심사를 의뢰(신청주의 원칙)함에 따라, 행정안전부 장관 또는 시·도지사가 투자심사를 실시하고 의견을 제시하는 것은 현행 법령체계상 정당하고 적법한 절차입니다.
  ※ 「지방재정법 시행령」에서는 지방자치단체장이 법 의무이행 대상 금액과 그 이행 요구시 누가 심사할 것인가를 규정

- 「지방재정법」 제37조(투자심사) 사업을 추진하는 기관(지방자치단체장)의 의무규정
  - 지방자치단체장은 대통령령이 정하는 바에 따라 필요성과 타당성을 심사하여야 한다.
- 「지방재정법 시행령」 제41조(재정투자사업에 대한 심사) 투자심사 대상 범위 및 투자심사기관 명시
  - 행정안전부령이 정하는 규모 이상의 투자사업에 대해서는 지방자치단체의 장의 의뢰에 의하여 행정안전부 장관 또는 시·도지사가 투자심사를 하고 그 의견을 제시
- 「지방재정투자사업 심사규칙」 제3조(투자심사의 구분 등) 자체심사, 시·도 의뢰심사, 중앙의뢰심사 대상 및 금액 범위를 구체적으로 명시

타당성 조사 전문기관으로 「한국지방행정연구원 육성법」에 의해 설립된 '한국지방행정연구원'을 지정하고 있다.

「지방재정법 시행령」은 투자심사의 대상이 되는 기준금액을 제시하고 있다. 이것은 「지방재정법」에 규정한 지방자치단체 투자심사의 의무이행에 대한 내용을 담고 있다. 즉, 일정한 규모 이상의 투자사업에 대해서는 지방자치단체장이 신청하여 행정안전부 장관 또는 광역시·도지사가 투자심사를 진행하고 의견을 제시할 수 있도록 규정하고 있다(〈표 9-3〉 참조).

행정안전부 부령인 「지방재정투자사업 심사규칙」에서는 투자심사의 대상·기준 등에 관하여 필요한 사항, 지방재정 투자심사 대상 금액별 심사기관, 투자심사 기준, 심사 구분, 심사 절차 등 투자심사 및 타당성 조사에 대한 세부 내용을 규정하고 있다. 행정안전부 부령의 제

〈표 9-3〉 지방재정투자사업 관련 법령체계와 주요 내용

구분	주요 내용
「지방재정법」 (제37조, 제37조의2) 〈사업시행 지방자치단체 의무사항 명시〉	• 지방재정 투자심사 의무화 (지방자치단체 신규 사업 및 예산 외 의무부담 등) • 총사업비 500억 원 이상 전문기관 타당성 조사 의무화 (특징) 지방자치단체 의무사항을 규정한 것으로, 그 의무의 이행 여부는 지방자치단체의 판단사항임. ⇒ 의무 불이행시 법령위반 책임(감사원 감사, 〈부표 10-3〉 참조)
「지방재정법 시행령」 (제41조) 〈지방자치단체 의무 범위〉 〈행정안전부 장관 및 시·도지사의 심사의무〉	• 광역지방자치단체인 시·도의 투자심사 대상 사업 - 총사업비 40억 원 이상의 신규 투자사업 - 총사업비 5억 원 이상의 신규 투자사업으로서 홍보관 사업 - 총사업비 3억 원 이상의 공연·축제 등 행사성 사업 • 기초지방자치단체인 시·군·구 및 자치구의 투자심사 대상 사업 - 총사업비 20억 원 이상의 신규 투자사업 - 총사업비 3억 원 이상의 신규 투자사업으로서 홍보관 사업 - 총사업비 1억 원 이상의 공연·축제 등 행사성 사업 (특징) 지방자치단체 의무이행을 전제로 그 의무이행의 대상이 되는 구체적인 사업 유형별 심사 대상 금액 정의 • 지방자치단체의 장의 의뢰에 의하여 행정안전부 장관 또는 시·도지사가 투자심사를 하고 의견 제시 (특징) 행정안전부 장관, 시·도지사의 심사 의무사항을 규정 ⇒ 기본 원칙은 지방자치단체 의뢰에 의해 심사 기능이 작동되고 의뢰한 사업을 심사하지 않는 것은 심사기관이 법령을 위반하는 것이 됨.

정 근거로는 「지방재정법 시행령」 제41조(재정투자사업에 대한 심사) 제6항(투자심사의 기준 그 밖에 투자심사에 관하여 필요한 사항은 행정안전부령으로 정한다)에 근거하고 있다.

「지방재정투자사업 심사 및 타당성 조사 매뉴얼」은 지방재정 투자심사와 타당성 조사에 대한 세부 내용과 투자심사 및 타당성 조사에 필요한 세부 서식, 작성 방법 등에 대한 내용을 상세하게 담고 있다. 동 지침의 근거로는 「지방재정투자사업 심사규칙」 제14조(세부 기준 등)에 따라 "투자심사 및 타당성 조사에 필요한 세부 사항은 행정안전부 장관 또는 지방자치단체의 장이 따로 정할 수 있다"라고 규정되어 있다(〈표 9-4〉 참조).

3) 제도 변화의 모습

지방재정 투자심사에 대한 제도 변화를 이야기할 때 가장 먼저 관심을 보이는 사항은 아

〈표 9-4〉 지방재정투자사업 관련 심사규칙, 지침 및 고시 주요 내용

구분	주요 내용
「지방재정투자사업 심사규칙」(부령)	• 지방재정 투자심사에 대한 세부 내용 - 투자심사의 대상·기준 등에 관하여 필요한 사항 규정 - 투자심사 대상 금액별 기관 (중앙심사: 시·도 300억 원, 시·군·구 200억 원 이상 사업) - 투자심사 기준, 심사 구분, 심사절차 등에 대한 상세 내용 • 지방재정 타당성 조사에 대한 세부 내용 - 타당성 조사의 절차·방법 및 수수료 납부절차 등에 관하여 필요한 사항 규정 - 타당성 조사 전문기관 - 타당성 조사 절차, 계약, 조사 방법, 재조사에 관한 사항 (사업 편익의 창출, 투자자 수익의 창출, 지역균형발전, 안전 및 환경개선 정도 등 정책적 필요성 등)
「지방재정투자사업 심사 및 타당성 조사 매뉴얼」(지침)	• 지방재정 투자심사 및 타당성 조사에 대한 세부 내용 • 투자심사, 타당성에 대한 상세한 제도 설명 및 작성 방법 등 • 투자심사 및 타당성 조사에 필요한 세부 서식 등
행정안전부 고시	• 총사업비 500억 원 이상 신규 사업에 대한 타당성 조사 전문기관(재검토 기한 3년) - 「지방재정법」 제37조 제2항의 규정에 따른 타당성 조사 전문기관은 「한국지방행정연구원육성법」에 따라 설립된 한국지방행정연구원으로 함.

마도 심사 대상 금액일 것이다. 그리고 연도별로 투자심사 및 타당성에 대한 세부 내용이 어떻게 변천해 왔는지에 대한 것도 중요한 관심사일 것이다.

총론적인 차원에서 살펴보면, 제도 변화는 큰 틀에서 지방분권과 지방자치단체의 자율성을 강조한 시기에는 심사 대상에 대한 지방자치단체의 권한이 확대하는 방향으로 개편되었다. 반면 지방재정의 낭비, 방만 운영에 대한 내용이 언론, 국회, 시민단체 등에서 지적되거나 제기되었을 경우에는 지방자치단체 자율성을 축소하는 방향으로 개편되었다.

〈표 9-5〉 중앙투자심사 대상 금액 변화 과정

(단위: 억 원)

구분 (중앙심사 기준)	2001. 4. 6~2008. 8. 13		2008. 8. 14~2013. 6. 4		2013. 6. 5~2017. 12. 31		2018. 1. 1~2020. 4월 현재	
	광역 지방자치단체	기초 지방자치단체	광역 지방자치단체	기초 지방자치단체	광역 지방자치단체	기초 지방자치단체	광역 지방자치단체	기초 지방자치단체
일반투자사업	200	200	300	300	200	100	300	200
변동금액(폭)	0	0	+100	+100	-100	-200	+100	+100

중앙투자심사 대상이 되는 일반투자사업을 기준금액으로 살펴보면 다음과 같다. 2001년

에는 광역 지방자치단체와 기초지방자치단체 모두 200억 원 이상이었다. 그 후 2008년에는 광역 및 기초지방자치단체 모두 300억 원 이상을 중앙투자심사 대상으로 정해졌다가, 2013년에는 광역지방자치단체 200억 원, 기초지방자치단체 100억 원으로 하향 조정되었다. 2017년에는 지방재정 분권과 자율성 강화 차원에서 광역 및 기초지방자치단체에 대한 투자심사 대상 금액이 각각 100억 원씩 상향되어 지방자치단체에서 심사하는 사업 대상이 증가되었다.

지방재정 투자심사제도의 변화는 크게 1990년대, 2000년대, 2010년대로 구분하여 살펴볼 수 있다.

〈그림 9-3〉 지방재정 투자심사기관별 체계도

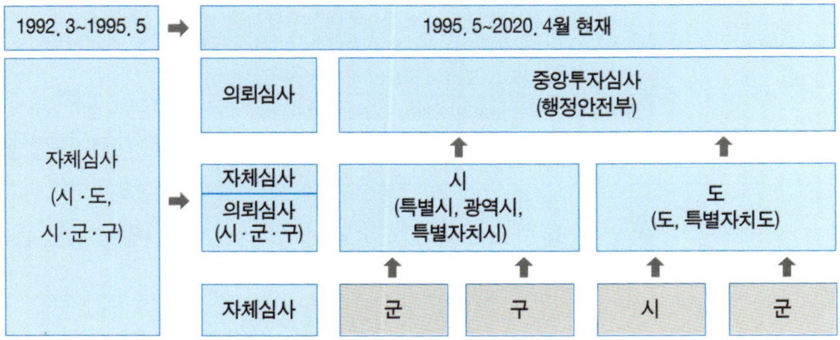

먼저, 1990년대는 투자심사제도의 출발 및 태동기이다. 구체적으로 1992년 3월에는 「지방재정법 시행령」에 지방재정 투·융자제도에 대한 조문의 신설과 함께 같은 해 8월에는 「지

1990년대	「지방재정법 시행령」에 의한 투 · 융자심사제도 운영 시작과 「지방재정법」 근거 마련

- 「지방재정법 시행령」 제30조(1992. 3. 30 조문 신설)
  - 지방자치단체의 장은 재정투·융자사업에 관한 예산을 편성하고자 하는 경우에는 내무부령이 정하는 바에 의하여 그 사업의 필요성, 계획의 타당성 등에 대한 심사를 해야 함.
- 「지방재정투·융자 심사규칙」 제정(1992. 8. 6)
- 「지방재정법」 제30조(1994. 12. 22 조문 신설)
  - 지방자치단체장은 투·융자사업에 대해서는 심사 결과를 기초로 예산을 편성해야 함.
- 「지방재정법 시행령」 제30조(1995. 5. 16 개정)
  - 심사 대상 사업 구체화, 지방자치단체의 장은 시·도지사 또는 행정자치부 장관에 심사의뢰

방재정투·융자 심사규칙」이 제정되었다. 1994년 12월에는「지방재정법」에 투자심사제도에 대한 근거 내용이 최초로 신설되었다. 1995년 5월에는「지방재정법 시행령」 개정으로 총사업비 금액에 따라 기초지방자치단체인 경우 시·도에 의뢰하고, 기초지방자치단체 및 시·도인 경우에는 중앙(행정안전부)에 의뢰하여 투자심사를 받도록 제도개선이 이루어졌다. 이 시행령 개정은 보다 객관적이고 공정한 투자심사가 이루어질 수 있도록 하는 것으로 사업을 추진하는 지방자치단체가 실시하는 자체심사가 아닌 상급기관(시·도 또는 중앙)에서 의뢰심사를 실시하는 것을 주요 골자로 하고 있다.

2000년 초부터 2010년 이전까지는 투자심사제도에 대한 심사위원회 구성, 심사 대상 사업의 명확화, 투자심사를 실시하기 전에 타당성 조사에 대한 사항을 구체적으로 명시하고 있다. 또한 민선 지방자치단체장의 출범과 함께 지방재정의 낭비 사례로 지적되어 온 행사성

2000년대	심사위원회, 대상 사업 명확화, 타당성 조사, 행사성, 청사 심사 강화

- 「지방재정법 시행령」 제30조의2, 제30조의3(2001. 9. 15 개정)
  - 중앙심사위원회(15인 이내), 지방심사위원회(15인 이내) 설치
- 「지방재정투·융자사업 심사규칙」(행정자치부령, 2001. 4. 6 개정)
  - 시·군·구 10억 원 이상 ~ 30억 원 미만, 시·도 20억 원 이상 ~ 200억 원 미만, 중앙심사 200억 원 이상
- 「지방재정법 시행령」 제41조, 제43조, 제44조(2005. 12. 30 전부 개정)
  - 시·군·구 공연·축제 등 행사성 사업 대상 확대(총사업비 10억 원 이상 → 총사업비 5억 원 이상)
  - 총사업비 500억 원 이상 사업은 투자심사 의뢰 전 타당성 조사 의무화
  - 건축 관련 투자사업 타당성 조사 대상 한도 상향(50억 원 이상 → 100억 원 이상)
- 「지방재정투·융자사업 심사규칙」(행정자치부령, 2006. 3. 14 개정)
  - 시·군·구 행사성 사업의 총사업비별 심사기관 구분(5억 원~10억 원 시·도 의뢰심사, 10억 원 이상 중앙심사)
- 「지방재정투·융자사업 심사규칙」(행정안전부령, 2008. 8. 14 개정)
  - (일반사업) 시·군·구 10억 원 이상~50억 원 미만, 시·도 20억 원(서울 30억 원) 이상~300억 원 미만, 중앙심사 300억 원 이상
  - (행사사업) 시·군·구 5억 원 이상~10억 원 미만, 시·도 10억 원 이상~30억 원 미만, 중앙심사 30억 원 이상
- 「지방재정투·융자사업 심사규칙」(행정안전부령, 2009. 2. 9 개정)
  - 전액 자체재원으로 시행하더라도 지방자치단체 본청 및 의회청사 신축사업은 상급기관 투·융자심사 의무화(시·군·구 → 시·도, 시·도 → 중앙)
- 「지방재정법 시행령」 제41조(2009. 11. 2 개정)
  - 시·도 및 시·군·구 투·융자심사 기준금액 상향 조정(시·도: 20억 원(서울 30억 원) 이상 → 40억 원 이상, 시·군·구: 10억 원 이상 → 20억 원 이상)

2010년대	행사성 · 홍보관 · 청사건립 사업 심사 강화, 타당성 전문기관 지정

- 「지방재정법 시행령」 제41조, 제44조(2010. 12. 20 개정)
  - 행사성 사업 투자심사 강화: 시·도 10억 원→5억 원 이상, 시·군·구 5억 원 →3억 원 이상
- 「지방재정투·융자사업 심사규칙」(행정안전부령, 2010. 12. 31 개정)
  - 행사성 사업 범위 구체화(시·도: 10억 원 이상~30억 원 미만 → 5억 원 이상~30억 원 미만, 시·군·구: 5억 원 이상~10억 원 미만 → 3억 원 이상~5억 원 미만)
  - 청사신축사업은 투자심사 의뢰시 리모델링 가능 여부에 대한 검토서 첨부 의무화
- 「지방재정법」 제55조의4(2011. 3. 8 조문 신설, 2012. 1. 1 시행)
  - 재정위기단체로 지정된 지자체의 재정투자사업에 관한 예산편성 제한
- 「지방재정법 시행령」 제41조, 제65조의4(2011. 9. 6 개정 및 조문 신설)
  - 홍보관 건립사업에 대한 투자심사 대상 범위 확대(총사업비 시·도 5억 원 이상 또는 시·군·구 3억 원 이상)
  - 재정위기단체의 재정투자사업 예산편성 규모 구체화(시·도 40억 원, 시·군·구 20억 원 이상)
- 「지방재정투·융자사업 심사규칙」(행정안전부령, 2011. 9. 29 개정)
  - 홍보관 건립사업 심사 범위 구체화(시·군·구 심사: 3억 원 이상~5억 원 미만, 시·도 심사: 5억 원 이상~30억 원 미만, 중앙심사: 30억 원 이상)
- 「지방재정투·융자사업 심사규칙」(안전행정부령, 2013. 6. 5 개정)
  - 기준금액 상향(시·도: 300억 원 이상 → 200억 원 이상, 시·군·구: (시·도 심사) 50억 원 이상~300억 원 미만 → 40억 원 이상~100억 원 미만, (중앙심사) 300억 원 이상 → 100억 원 이상
  - 전액 자체재원 사업 중 상급기관 의뢰심사 대상 확대(지방자치단체 본청 및 의회청사 신축사업 → 지방자치단체 청사 신축사업, 문화·체육시설 신축사업, 시·군·구 → 시·도, 시·도 → 중앙)
- 「지방재정법」(2014. 5. 28 개정 및 조문 신설, 2014. 11. 29 시행)
  - 용어변경(투·융자심사 → 투자심사)
  - 심사 대상에 예산안 편성 외에 채무부담 행위 등 예산 외의 의무부담 포함
  - 총사업비 500억 원 이상 신규 사업은 전문기관으로부터 타당성 조사 의무화
  - 지방재정투자심사위원회는 위원장은 민간위원 중 위촉, 민간위원 75% 이상 위촉
- 「지방재정투자사업 심사규칙」(행정자치부령 2014. 11. 28 개정 및 조문 신설, 2014. 11. 29 시행)
  - 재심사 기준을 기존 50% 이상 증가한 사업에서 30% 이상 증가한 사업으로 확대하되, 500억 원 이상 사업에 대해서는 산식에 따라 산출된 금액 이상 증가한 사업은 재심사
  - 투자심사 제외 사업에 소하천 정비사업 등 4개 사업 추가
  - 타당성 조사 제출 서류, 절차, 타당성 조사 및 재조사 제외 대상 등 추가
- 「지방재정투자사업 심사규칙」(행정자치부령 2015. 12. 24 개정 및 조문 신설, 2015. 12. 24 시행)
  - 인구 100만 명 이상 대도시 자체심사 기준 상향 조정(40억 원→100억 원 미만)
  - 투자 재심사 및 타당성 재조사 대상에 감사원이 감사 결과에 따라 요청하는 사업 포함
  - 사업 추진 단계별로 핵심 정보를 관리하여 추진 경과를 평가하는 투자사업이력관리제도 도입
  - 타당성 조사 기간, 비용, 방법 등 상세 내용 규정
- 「지방재정투자사업 심사규칙」(2016. 3. 30 개정·시행) 투자심사 의뢰서 반려 근거 명확화
- 「지방재정법 시행령」 및 「지방재정투자사업 심사규칙」(2016. 6. 30 개정·시행)

- 시·군·구의 행사성 사업 자체심사 기준 하향: 3억 원~5억 원 → 1억 원~3억 원
- 시·도의 행사성 사업 자체심사 기준 하향 (당초) 5억 원~30억 원 → 3억 원~30억 원

• 「지방재정투자사업 심사규칙」(2017. 12. 29 개정·시행)
  - 기준금액 상향 조정: 시·도: 200억 원 이상 → 300억 원 이상, 시·군·구: (시·도) 40억 원 이상~100억 원 미만 → 60억 원 이상~200억 원 미만, (중앙) 100억 원 이상 → 200억 원 이상
  - 투자심사 '일자리 창출' 항목 신설, 지방자치단체 신규 투자사업에 대한 직접고용 및 간접고용 인원 등을 객관적으로 산출하여 투자심사시 고용효과를 검토

• 「지방재정투자사업 심사규칙」(2019. 5. 17 개정·시행), 투자심사 제외 대상 사업 확대
  - 「지역보건법」 보건소, 「지방소방기관 설치에 관한 규정」 소방서 및 119안전센터의 건축사업
  - 국제행사개최계획의 사전심의·조정을 위한 위원회로서 행정안전부 장관이 정하여 고시하는 위원회의 심의 결과 타당성이 인정된 사업
  - 법률 제6655호 「국토의 계획 및 이용에 관한 법률」 부칙 제16조 제1항 제1호에 따른 도시계획시설의 부지로 되어 있는 토지의 매입사업
  - 「산업입지 및 개발에 관한 법률」에 의한 국가산업단지 재생사업
  - 「도시재생 활성화 및 지원에 관한 특별법」에 의한 도시재생사업

사업에 대한 투자심사 기능을 처음으로 도입하게 된다. 지방자치단체 청사 또한 호화청사 논란이 계속되면서 공공청사에 대한 투자심사 기능이 강화되는 제도개선 과정을 거치게 된다.

2010년대에는 투자심사에 대한 중요성이 더욱 강조되면서 제도 전반에 대해 더욱 내실 있는 운영을 모색하였다. 무엇보다도 행사성 사업과 홍보관 건립사업, 공공청사 건립사업은 투자심사 과정과 절차를 더욱 강화하는 방향으로 제도가 개선되었다. 또한 총사업비 500억 원 이상 사업에 대한 타당성 조사가 의무화되었지만(2005년), 사업을 시행하는 지방자치단체가 임의적으로 용역기관을 선정하여 수행함에 따라 조사 내용의 신뢰성에 많은 문제가 발생하게 되었다. 이에 대해 감사원은 감사에서 타당성 조사 내용에 대한 여러 가지 형태의 왜곡 사례를 지적하였다. 대표적인 왜곡 사례로는 OO지방자치단체 문화예술회관의 경우 유료관광객 수요를 과다하게 반영하여 편익을 부풀려 경제성을 분석한 결과 B/C 1.06으로 산출되었으나 감사원에서 재분석을 실시한 결과 B/C 0.21로 나타났다(세부 내용 〈부표 10-3〉 참조). 이러한 문제점을 해결하기 위해 2015년부터 지방재정법령에 근거하여 행정안전부 장관이 타당성 조사 전문기관을 지정하여 조사를 실시하도록 제도개선이 되었다.

왜! 예산편성을 하지 않는 공유재산의 가격을 총사업비에 포함하는가?

'공유재산'이란 지방자치단체의 부담, 기부채납(寄附採納)이나 법령에 따라 지방자치단

■ 「공유재산 및 물품관리법」 제4조(공유재산의 범위)

① 공유재산의 범위는 다음 각호와 같다.

1. 부동산과 그 종물(從物)
2. 선박, 부잔교(浮棧橋), 부선거(浮船渠) 및 항공기와 그 종물
3. 공영사업 또는 공영시설에 사용하는 중요한 기계와 기구
4. 지상권·지역권·전세권·광업권과 그 밖에 이에 준하는 권리
5. 다음 각목의 어느 하나에 해당하는 권리(이하 "지식재산"이라 한다)
   - 가. 「특허법」·「실용신안법」·「디자인보호법」 및 「상표법」에 따라 등록된 특허권, 실용신안권, 디자인권 및 상표권
   - 나. 「저작권법」에 따른 저작권, 저작인접권 및 데이터베이스 제작자의 권리 및 그 밖에 같은 법에서 보호되는 권리로서 같은 법 제53조 및 제112조 제1항에 따라 한국저작권위원회에 등록된 권리(이하 "저작권등"이라 한다)
   - 다. 「식물신품종보호법」 제2조 제4호에 따른 품종보호권
   - 라. 가목부터 다목까지의 규정에 따른 지식재산 외에 「지식재산 기본법」 제3조 제3호에 따른 지식재산권. 다만, 「저작권법」에 따라 등록되지 아니한 권리는 제외한다.
6. 주식, 출자로 인한 권리, 사채권·지방채증권·국채증권과 그 밖에 이에 준하는 유가증권
7. 부동산신탁의 수익권
8. 제1호 및 제2호의 재산으로 건설 중인 재산

자료: 국가법령정보센터(http://www.law.go.kr, 2020. 1).

체 소유로 「공유재산 및 물품관리법」 제4조 제1항 각호의 재산을 말한다(「공유재산 및 물품관리법」 제2조, 정의).

앞에서 살펴본 바와 같이 2015년까지는 지방재정 투자심사는 지방자치단체 예산편성을 하는 투자사업에 대하여 적용하였다. 그러나 2016년부터 제도개선이 되어 지방자치단체 공유재산을 기반(제공)하여 사업을 추진하는 경우에도 사업시행자(지방자치단체 또는 민간), 예산편성 여부에 관계없이 공유재산 가격을 총사업비에 포함하고 있다.

■ 「지방재정투자사업 심사 및 타당성 조사 매뉴얼」상 공유재산 관련 내용(2015. 12)

지방자치단체 공유재산을 기반으로 사업을 추진하는 경우 사업시행자, 예산편성 여부에 관계없이 해당 공유재산의 가격(「부동산 가격공시 및 감정평가에 관한 법률」 제11조에 따른 해당 토지의 개별 공시지가로 하며, 해당 토지의 개별 공시지가가 없으면 같은 법 제9조에 따른 표준지 공시지가를 기준으로 하여 산출한 금액을 의미함. 단, 관련 법령 또는 계약에 따라 개별 공시지가 또는 표준지 공시지가보다 낮은 가격으로 한 경우 그 가격을 포함함)을 총사업비에 포함시켜야 한다.

자료: 지방재정 365(http://lofin.mois.go.kr).

지방재정 투자심사에서 공유재산을 총사업비와 투자심사 대상에 포함시키는 이유는 자치단체 재산의 활용방안에 대한 적정성을 공유재산 사용 이전에 심사하여 낭비적 요소를 사전에 차단함과 아울러 기회비용을 고려하기 위해서이다. 즉, 공유재산이 일단 특정 시설로 확정하여 사용하게 되면 향후 그 재산은 다른 용도로 활용하거나 매각 등을 통해 지방자치단체가 수익으로 활용할 수 있는 기회가 사라지기 때문이다(공유재산 개발 사례는 제10장 「지방재정 투자심사제도 실제」에서 소개).

지방재정 투자심사제도는 규제사무인가?

일명 규제라고 불리는 행정절차의 간소화를 위한 노력들은 모든 정부에서 지속적으로 추진되어 오고 있다. 이명박 정부에서는 "전봇대 뽑기"를 규제 개혁의 상징처럼 내세웠고, 박근혜 정부에서도 "손톱 밑 가시 뽑기"라는 이름으로 강도 높은 규제 개혁이 진행되었다.

■ 「행정규제기본법」 제2조(정의)

"행정규제"(이하 "규제"라 한다)란 국가나 지방자치단체가 특정한 행정 목적을 실현하기 위하여 국민(국내법을 적용받는 외국인을 포함한다)의 권리를 제한하거나 의무를 부과하는 것으로서 법령 등이나 조례·규칙에 규정되는 사항을 말한다.

문재인 정부에서도 "규제 프리존", "규제 샌드박스" 등 여러 가지 형태로 진행되고 있다.

지난 2018년에 이어 2019년 들어 지방자치단체가 각종 규제제도 개선 과제로 제출하는 사례를 살펴보면, 행정절차의 간소화와 빠른 사업 추진을 위하여 '지방재정 투자심사와 타당성 조사'의 생략을 요구하는 과제가 다수 제출되었다. 사업을 추진하는 지방자치단체 입장은 단지 행정절차를 단축한다는 관점에서는 '협의 및 승인 과정'이 생략됨에 따른 시간·비용이 발생하지 않기 때문에 규제로 생각할 수 있다. 그러므로 지방재정 투자심사제도에 대해서도 규제 차원의 문제로 접근하고 제도개선을 요구하고 있다. 이러한 요구에 대하여 지금까지 '타당성 조사 및 투자심사'를 규제사무로 볼 것인지에 대해서는 다양한 의견들이 있다.

다음은 지난 정부에서 '지방재정 투자심사제도'가 규제사무인가에 대한 논의가 진행되었다. 그 논의 과정을 통해 '타당성 및 투자심사제도'는 규제사무에 포함되지 않는다는 결론을 내리게 되었다. 다만, 행정절차의 신속한 추진을 위하여 '수시접수 및 수시심사·조사'를 강화하여 실시하도록 제도개선이 추진되었다(2017년).

■ 기획재정부 예비타당성조사와 행정안전부의 투자심사·타당성 조사가 규제사무인가?

- 배경: 이명박 정부 출범 이후 (일명) 전봇대 규제의 상징처럼 언론에 보도된 전남 영암 대불산업단지 사례를 계기로 행정기관 사전절차에 대한 개혁과제 심의
- 주관 부처: 국무총리실, 기획재정부, 산업통상자원부
- 관련 부처: 기획재정부, 행정안전부
- 검토과제: 기획재정부(예비타당성조사제도), 행정안전부(투자심사·타당성 조사제도)
- 결론: 규제사무의 대상은 아니다. 다만, 기관 요구시 가급적 신속하게 처리(fast track)
  - 예비타당성조사 및 지방재정 투자심사 절차는 사업 추진을 결정하기 위한 중요한 절차이며, 예측하지 못한 불필요한 사업이 진행되었을 경우 오히려 재정을 낭비할 소지가 많을 수 있어 타당성 조사, 투자심사제도 자체를 절차적인 규제사무로 보기는 어렵다.
  - 공사 착공 전에 아무리 급하더라도 설계를 하지 않고 토목, 건축공사를 시작할 수 없는 것처럼, 사업을 확정하기 전에 그 사업의 필요성, 규모의 적정성, 사업비 확보 등에 대한 검증절차는 필수적인 절차로 볼 수 있다.
- 조치사항: 지방재정 투자심사제도에 대한 행정안전부 수시심사 적극 진행 및 제외사업 협의
  - 「지방재정투자사업 심사규칙」에 명시된 규정에 의하여 수시심사제도를 활용하여 자치단체사업 추진시 '국고보조금 반영, 예산편성' 등 추진 시기를 고려하여 수시심사 이행
  - 또한 투자사업의 필요성 및 타당성에 대한 심사를 중앙부처에서 각종 위원회 등을 통해 의사결정 과정이 합리적으로 결정되었다면 행정안전부 장관과 협의하여 심사 제외(국토교통부 도시재생사업 등)

■ 규제관련회의 이후 주요 조치사항(「지방재정투자사업 심사 및 타당성 조사 매뉴얼」 개정)

① 수시 투자심사 강화 주요 내용
  - 행정안전부 장관 및 시·도지사는 정기 심사 이외에 투자심사 대상 사업의 수요에 따라 수시심사를 실시할 수 있음.
  - (대상) 고용위기지역 등의 일반투자사업, 지역일자리사업, 생활 SOC 확충사업, 2단계 심사 사업 등
    * (고용위기지역(고용노동부 지정), 산업위기대응특별지역(산업통상자원부 지정), 특별재난지역(행정안전부 지정)

② 수시 타당성 조사 강화 주요 내용
  - 고용위기지역 등의 일반투자사업, 지역전략산업, 대규모 일자리 창출 사업 및 경제성 분석 실익이 낮은 사업은 「사업계획 적정성 검토」 수행
  - 「사업계획 적정성 검토」에서는 경제성 분석을 생략하고, 사업 유형에 따라 사업계획서 검토, 재무성 분석, 정책적 타당성 분석 등을 수행함.

자료: 지방재정 365(http://lofin.mois.go.kr).

3. 투자심사 대상

지방자치단체가 어떤 사업을 추진하고자 할 때 그 사업이 투자심사의 대상이 되는지, 아닌지를 사전에 확인하는 것은 예산부서 또는 해당 업무를 추진하는 사업부서에서 가장 중요하게 살펴야 할 내용이다. 투자심사 대상은 지방자치단체 재정, 즉 예산이 편성되고 일정한 회계절차를 거쳐 지출되어 행정 목적을 달성하는 행위로 지방자치단체 주머니에서 돈이 나가는 것은 모두 해당된다. 아울러 지방자치단체가 소유하고 있는 공유재산의 출자 등 부담이 되는 모든 행위 또한 지방재정 투자심사 대상이 된다.

〈표 9-6〉 지방자치단체 재정(재산)부담 형태에 따른 투자심사 대상

지방자치단체 부담 형태	사업비 구성	투자심사 대상 여부	투자심사 시기
지방재정(예산편성)+ 공유재산	재정+공유재산+ 민간자본 등	투자심사 대상 (1992년부터)	예산편성 전 및 공유재산 출자 전
공유재산	공유재산+민간자본 등	투자심사 대상 (2016년부터)	공유재산 출자 전

이를 좀 더 행정적 의미로 설명하면, 지방자치단체 세출예산의 세부 사업 예산에 해당되는 투자성 사업, 행사성 사업 및 현물이 출자(투자)되는 사업으로서 당해연도 또는 다음 회계연도에 시행하고자 하는 사업으로 총사업비가 일정 규모 이상인 신규 투자사업이 투자심사의 대상이 된다.

지방자치단체 공무원들이 사업비 검토 과정에서 흔히 부딪히는 어려움은 총사업비에 어떤 것들이 포함되느냐의 문제이다. 총사업비에는 공사비, 보상비, 시설부대비, 장비구축·구입비, 설계비, 감리비, 입찰공고비, 제세공과금, 예비비 등 투자사업 및 행사성 사업과 관련된 모든 경비가 포함되어야 한다.

또한 공공시설물 건축과 함께 운영에 기본적으로 소요되는 물품 등은 총사업비에 포함해야 한다. 예를 들어, 공공시설물 중 시설 운영을 위해 준공 및 개관 이전에 구입이 필요하다고 계획하여 예산편성이 되어야 할 '도서관의 도서구입비', '미술관의 미술품 구입비' 등 건립하는 시설의 본래 기능과 목적을 달성하기 위한 준비금도 반드시 총사업비에 포함시켜야

한다.

특히, 지방자치단체가 공유재산을 기반으로 사업을 추진할 경우에는 사업을 시행하는 주체가 누구인지와 지방자치단체 예산서에 예산을 편성하는지 여부와 관계없이 해당 공유재산의 가격을 총사업비에 포함하여 사업을 진행하는 것이 '지방재정법령 및 투자심사 관련 규정'에서 정하고 있는 기본 취지임을 고려하여야 한다.

이것이 궁금합니다!

Q 지방자치단체 또는 민간에서 추진하는 사업 중 지방자치단체는 토지(공유재산)만 부담하고 일체의 재정적 부담이 없는 경우에도 투자심사 대상이 되는지?

A 투자심사 대상이 됩니다.
투자심사 대상은 지방자치단체가 예산을 투입하거나 재산부담을 하는 경우, 그리고 예산 외 의무부담이 있는 경우 모두를 포함하고 있습니다. 그러므로 지방자치단체 공유재산을 기반으로 사업이 추진되는 경우에도 동 사업 추진 주체와 관계없이 지방재정 투자심사의 대상이 됩니다.

지방자치단체에서 자주 질문을 하고, 각종 감사에서 지적되고 있는 투자심사 대상이 되는 '1개 사업'이란 어떤 것인가?

지방자치단체에서 동일한 목적으로 시행하는 사업으로서 전체 사업에 대한 사업계획이 하나의 계획으로 수립된 경우 1개의 사업으로 정의할 수 있다. 사업계획이 하나로 수립된 이후 단위사업별로 별도 실시설계를 발주하여 각각의 사업을 시행하는 경우에는 단위사업 전체를 1건의 사업으로 심사하는 것이 타당하다. 예를 들어, 100km 도로건설사업의 경우 빠른 사업 완공 또는 지방자치단체 재정 여건 및 사전절차 이행 여부 등에 따라 10km씩 10개 공구로 나누어 발주할 수 있다. 이 경우 실시설계를 별도로 발주하면 실시설계는 10개 개별 사업으로 이루어질 수 있지만 타당성 조사, 투자심사 등 사전 행정절차는 1개의 사업으로 실시되어야 한다(이와 관련된 이론적 내용은 제1부를 참고하기 바람).

이것이 궁금합니다!

Q 복지타운 건립사업 추진시 한 지구 내에 복지관, 문화회관, 미술관, 도서관, 체육관을 수립하는 마스터플랜 내에서 1단계 사업은 1~5년 내, 2단계 사업은 6~10년 내 추진할 계획인 경우 하나의 마스터플랜에서 1개의 사업지구라도 1단계, 2단계 사업을 분리할 수 있는지?

A 사업기간, 건축물의 구조 등을 고려하여 건축물이 독립시설로 구분되고 사업 추진 시기가 명확하게 나누어지는 경우에는 개별 사업으로 분리하여 사업 추진이 가능할 것으로 판단됩니다.
다만, 이 경우 주의할 사항은 필지 구분, 시설물 기능별 구분(복지시설, 문화시설)하여 사업을 추진할 필요성, 타당성 조사 대상 금액, 투자심사 대상 금액 등을 종합적으로 고려할 필요가 있다. 또한 지방자치단체 스스로 판단하기보다는 향후 감사 등에 대비하여 시·도, 행정안전부로부터 유권해석을 받은 후 실시하는 것이 바람직할 것이다.

또한 지방자치단체의 사업 추진을 위한 사업계획이 어떻게 수립되었는지, 사업 추진 시기 등을 고려하여 객관적으로 판단해야 한다. 이 경우 주의할 사항은 사업 추진 부서가 다르거나 사업비를 지원하는 기관이 여러 곳(중앙부처 또는 시·도, 민간단체 등)인 경우라도 사업주관기관과 투자심사의 대상을 개별 사업으로 보는 것과는 상관이 없다는 점이다. 지방자치단체들이 주로 범하는 오류는 동일한 사업지구 내에서 유사한 목적으로 사업 추진이 되는 경우에도 지방자치단체 내 사업 추진 부서가 둘 또는 셋으로 나뉘어 사업시행이 됨에 따라 각각 개별 사업으로 간주한다는 것이다. 이는 지방재정 투자심사제도를 규정하고 있는 법령 및 제도 취지를 잘못 이해하고 적용하는 사례이므로 지방자치단체 사업 추진 과정에서 주의 깊게 살펴보아야 할 것이다.

이것이 궁금합니다!

Q 문화시설, 보훈회관, 도서관 등 복합건물을 신축하는 사업으로, 관련되는 중앙부처는 문화체육관광부(체육), 국가보훈처(보훈회관), 문화체육관광부(도서관), 과학기술정보통신부(미디어센터) 등으로 구분되어 있다. 중앙부처에서 지원되는 국비의 경우 국비지원 비율, 지원 방식 등이 달라 지방자치단체 내에서도 사업 추진 부서가 구분됨에 따라 문화·체육 관련 부서, 보훈 관련 부서, 도서관 관련 부서 등으로 구분되므로 동 사업의 경우 각각의 사업을 개별 사업으로 추진이 가능한 것인지?

A 국비가 지원되는 중앙부처, 국비지원 비율, 지방자치단체 추진 부서 등이 다양하게 나눠지는 형태만을 보고 '1개 사업' 또는 '개별 사업'으로 구분하는 기준이 될 수 없습니다. 동일한 부지에 기능이 상호 연계되는 경우라면 1건의 사업으로 추진되어야 하므로 투자심사 및 타당성 조사를 1개 사업으로 진행하여야 한다.

4. 투자심사 사업 유형별 구분

투자심사 대상은 보는 시각에 따라 여러 가지 사업 유형으로 구분할 수 있다. 현행 지방재정법령에서는 투자심사 대상이 되는 사업의 유형을 '일반투자사업', '행사성 사업', '홍보관 사업', '청사 신축', '문화·체육시설 건립'과 '채무부담행위' 등 크게 여섯 가지 사업 유형으로 구분할 수 있다.

사업 유형을 이렇게 세부적으로 구분하는 이유는 투자심사 의뢰서 작성 방법이 다르고 동일한 사업비 경우라도 사업 유형별로 투자심사를 실시하는 기관이 다르게 구분되기 때문이다. 즉, 총사업비가 동일하고 지방자치단체의 자체재원으로 구성되는 경우라도 사업 유형에 따라 자체심사의 대상이 될 수 있고, 의뢰심사의 대상이 될 수도 있다.

- 자체심사란?
  - 지방재정투자사업에 대하여 사업을 추진하는 지방자치단체가 스스로 심사하는 것(사업 추진 지방자치단체 = 투자심사기관)
- 의뢰심사란?
  - 지방자치단체 투자사업에 대해 다른 기관(시·도, 행정안전부)이 심사하는 것(사업 추진 지방자치단체 ≠ 투자심사기관)

1) 일반투자사업

일반투자사업은 지방재정 투자심사에서 가장 많이 나타나는 형태이다. 일반투자사업은 여섯 가지 사업 유형 중 '행사성 사업', '홍보관 사업', '청사 신축', '문화·체육시설 건립'과 '채무부담행위' 등에 포함되지 않는 경우가 이에 해당된다.

통상 지방자치단체 세출예산서의 투자사업비가 이에 해당되며, 예산을 편성하는 지방자치단체가 사업시행 주체가 아닌 경우라도 실질적으로 지방재정 투자사업비로 지출되는 결과가 수반되는 사업을 포함한다.

구체적으로, 지방자치단체의 재정지출을 통하여 부동산의 취득, 부동산의 형태·형질 변경, 부동산의 구조 변경, 시설물의 설치 또는 구축, 동산을 취득·변형하는 일체의 사업과 이에 부속되는 사업을 말한다. 연구개발(R&D)사업 등 부동산·동산과 비교할 때 그 실체는 없으

〈표 9-7〉 투자심사 유형별 세부 사업 형태 및 심사 구분

투자심사 유형	세부 사업 형태	복합시설 기준*	심사 구분(예: 총사업비 500억 원)[2]	
			자체재원	자체+의존재원
일반투자사업	도로, 공원, 환경 관련 사업, 관광개발사업, 복지 관련 사업 등		자체심사	중앙심사
문화·체육사업	「문화예술진흥법」의 문화시설 「체육시설의 설치·이용에 관한 법률」의 전문체육시설	75% 이상	시·군·구→시·도 시·도→중앙	중앙심사
행사성 사업	행사, 공연, 축제, 공청회, 설명회, 교양강좌, 기념행사, 보고회 등		중앙심사	중앙심사
홍보관 사업	홍보관, 전시관, 체험관, 기념관 등	75% 이상	중앙심사	중앙심사
청사신축사업	지방자치단체 소속 직원이 사무용으로 사용할 건물과 부대시설	25% 이상	시·군·구→시·도 시·도→중앙	중앙심사
채무부담행위 등 사업(일반투자사업의 경우)	도시개발사업, 택지개발사업 등		자체심사	중앙심사

주: * 복합시설 기준은 다른 시설 용도와 복합적으로 건립되는 경우 해당 투자사업 유형으로 분류하기 위한 비율을 의미함.

나 지방재정 투자로 인하여 성과를 기대하는 사업도 여기에 포함된다.

일반투자사업의 가장 큰 특징은 총사업비의 규모(예: 500억 원)와 관계없이 사업비 100%를 지방자치단체 자체재원으로 사업을 추진하는 경우에는 의회심사기관(시·도, 행정안전부)에 의한 의뢰심사 없이 지방자치단체가 스스로 실시하는 투자심사, 즉 자체심사로 진행한다는 것이다.

2) 문화·체육시설 사업

문화·체육시설은 「문화예술진흥법」 제2조 제1항 제3호의 '문화시설'과 「체육시설의 설치·이용에 관한 법률」 제5조의 '전문체육시설'을 말한다. 심사의뢰 사업 내용에 사회복지, 장애인복지시설 등 다른 시설이 일부 포함된 복합시설물의 경우 문화·체육시설이 총면적의

2 지방재정 투자심사에서 지방자치단체 자체재원과 의존재원 구분(「지방재정 투자사업 심사 및 타당성 조사 매뉴얼」)
- 자체재원: 지방비, 지방교부세(보통, 특별, 부동산, 소방 안전), 조정교부금(보통, 특별), 민간자본 중 지방자치단체 세입 예산 편성 후 지방자치단체가 직접 사업을 시행한 금액
- 의존재원: 국비, 시·도비, 지방채 등

- 「문화예술진흥법」

제2조(정의) ① 이 법에서 사용하는 용어의 뜻은 다음과 같다.

1. “문화예술”이란 문학, 미술(응용미술을 포함한다), 음악, 무용, 연극, 영화, 연예(演藝), 국악, 사진, 건축, 어문(語文), 출판 및 만화를 말한다.
2. “문화산업”이란 문화예술의 창작물 또는 문화예술 용품을 산업수단에 의하여 기획·제작·공연·전시·판매하는 것을 업(業)으로 하는 것을 말한다.
3. “문화시설”이란 문화예술 활동에 지속적으로 이용되는 다음 각목의 시설을 말한다.
   가. 「공연법」 제2조 제4호에 따른 공연장 등 공연시설
   나. 「박물관 및 미술관 진흥법」 제2조 제1호 및 제2호에 따른 박물관 및 미술관 등 전시시설
   다. 「도서관법」 제2조 제1호에 따른 도서관 등 도서시설(일반투자사업으로 분류)
   라. 문화예술회관 등 공연시설과 다른 문화시설이 복합된 종합시설
   마. 예술인이 창작활동을 영위하기 위한 창작공간으로서 다중이용에 제공되는 시설 또는 예술인의 창작물을 공연·전시 등을 하기 위하여 조성된 시설
   바. 그 밖에 대통령령으로 정하는 시설

- 「체육시설의 설치·이용에 관한 법률」

제5조(전문체육시설) ① 국가와 지방자치단체는 국내·외 경기대회의 개최와 선수 훈련 등에 필요한 운동장이나 체육관 등 체육시설을 대통령령으로 정하는 바에 따라 설치·운영하여야 한다.

② 제1항에 따른 체육관은 체육, 문화 및 청소년 활동 등 필요한 용도로 활용될 수 있도록 설치되어야 한다.

③ 제1항에 따른 체육시설의 사용을 촉진하기 위하여 지방자치단체는 「공유재산 및 물품관리법」, 그 밖의 다른 법률의 규정에도 불구하고 그 사용료의 전부나 일부를 대통령령으로 정하는 바에 따라 감면할 수 있다.

자료: 국가법령정보센터(http://www.law.go.kr).

75% 이상을 자치하면 사업 전체를 문화·체육시설로 분류하여 투자심사를 받아야 한다. 다만, 「문화예술진흥법」 제2조 다목의 「도서관법」 제2조 제1호에 따른 도서관 등 도서시설은 일반투자사업으로 분류하여 투자심사 등 절차를 거쳐야 한다. 그리고 총사업비는 부지 매입비, 시설 건립비용 및 시설 내 설치하는 각종 시설물 설치비용 등을 포함해서 산정해야 한다.

또한 문화·체육시설의 경우 기존 공원지역 및 그린벨트 지역 내 설치가 가능한데 이 경우 가급적 명확히 필지를 분할하여 사업을 진행하는 것이 바람직할 것이다. 다만, 필지를 분할하지 않고 사업을 추진하는 경우의 부지에 대한 사업비 산정은 해당 시설 및 부대시설 등을 포함하여 총면적을 산정한 후 공시지가 등 객관적인 자료를 활용하여 사업비를 산정해야 한다. 지방자치단체에서 사업의 기본 계획 작성시 이러한 공유재산 사업비 산정에 대해서도 상세하게 작성하여 사업 추진 과정에서 오류를 최소화할 필요가 있다.

3) 행사성 사업

행사성 사업은 지방자치단체가 예산을 편성하여 실시하는 각종 행사 관련 사업을 의미한다. 여기에는 사업의 시행 주체별로는 지방자치단체 직접사업, 시민단체 등 민간사업비 지원을 통한 간접사업 방식 등 사업 추진 방식은 다양하게 나타난다. 또한 사업의 추진 시기에 있어서도 일정한 시점에 1회성 행사로 개최되는 경우와 연중 12회 이상 지속적·반복적으로 개최되는 경우도 있다. 행사성 사업은 시·군·구민의 날 행사, 공연, 축제, 문화행사, 위로·위문행사, 공청회, 설명회, 보고회, 체육대회, 교양강좌, 기념행사, 국제행사 등 다양한 명칭과 형태로 구분될 수 있다. 그러나 이러한 구분과 관계없이 행사성 사업으로 분류하여 관련 절차를 이행해야 한다.

〈표 9-8〉 행사성 사업에 대한 투자심사제도 변화 내용

심사기관	2005. 12. 30 개정	2010. 12. 31 개정	2016. 6. 30 개정
중앙 (시·도, 시·군·구 의뢰심사)	10억 원 이상	30억 원 이상	30억 원 이상
시 · 도(시·도 자체심사, 시·군·구 의뢰심사)	5억 원~10억 원 미만	5억 원~30억 원 미만	3억 원~30억 원 미만
시·군·구(자체심사)	–	3억 원~5억 원 미만	1억 원~3억 원 미만

지방재정 365 시스템에 공개된 2018년 지방자치단체 행사성 사업은 총 315건에 2,847억 원을 부담하는 반면, 수익은 288억 원으로 총부담액 대비 10.1%를 보이고 있다. 총원가 규모가 큰 행사는 창원세계사격선수권대회, 광주비엔날레, 부산국제영화제, 부산원아시아페스티벌, 전남 국제수묵화 비엔날레 순으로 나타났다.

행사성 사업의 총사업비는 시설물·구조물 등을 설치·구축하는 경비와 각종 행사 개최를 위하여 지출되는 경상경비 등 행사에 필요한 일체의 경비를 심사 대상에 포함하여 산정해야 한다. 다만, 전국체육대회, 올림픽, 월드컵, 아시안게임 등 국가 주관 행사로서 지방자치단체에서 개최되는 행사는 투자심사를 받지 않아도 사업 추진이 가능하다.

행사성 사업 제도개선에 이런 과정도 있었다. 국비 10억 원 이상 행사성 사업은 왜! 기획재정부, 행정안전부가 중복으로 심사를 하였는가? 이 문제는 과거에는 중복심사를 실시하였

이것이 궁금합니다!

Q ○○지방자치단체입니다.
우리 지방자치단체에서는 지역의 문화·예술 향상 차원에서 매월 문화공연 행사를 실시하고 있습니다. 주제는 민요, 판소리, 현대음악, 고전음악 등 여러 개의 장르를 계절적 수요와 상황에 맞게 운영하고 있습니다. 매월 1회 개최시 약 2천만 원 정도 소요됩니다. 이로 인하여 매월 개최되는 행사를 단위 행사로 간주하고 투자심사를 받지 않아도 되는 것은 아닌지?

A 유사한 문화행사에 대해 매년 연초 1개의 기본 계획을 수립하고, 행사 개최를 매월 하는 것으로 확정한 경우로 판단됩니다. 문의하신 사업계획이라면 연간 총사업비가 2억 4천만 원이 소요되는데, 기초지방자치단체는 총사업비 1억 원 이상의 경우 투자심사를 완료 후 사업 추진을 하도록 지방재정법령에 규정되어 있습니다. 그러므로 동 사업의 경우 자체 투자심사를 실시한 후 예산편성 절차를 거쳐 추진되어야 할 것입니다.

〈그림 9-4〉 전국 행사·축제 개최 추이

(단위: 백만 원, 건)

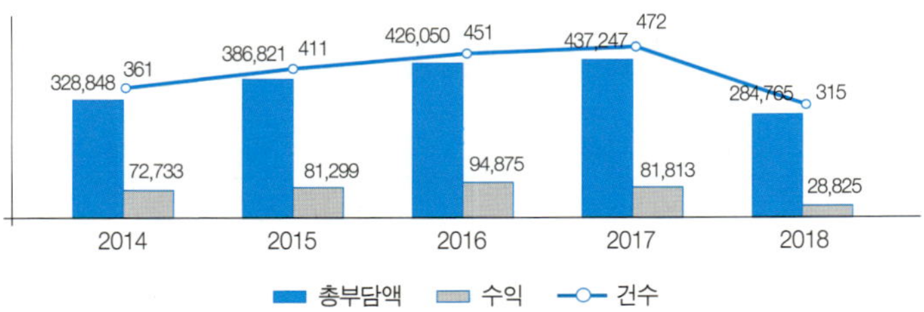

〈그림 9-5〉 행사·축제 수익 Top 10

자료: 지방재정 365(http://lofin.mois.go.kr).

으나 최근에 제도개선이 이루어진 내용이다.

그동안 중앙부처에서 국비 10억 원 이상이 지원된 사업으로 기획재정부 '국제행사심사위원회' 심사를 통과한 사업에 대해 행정안전부의 '중앙투자심사위원회'가 다시 심사를 실시함에 따라 지방자치단체의 행정력 낭비가 초래된다는 의견이 적지 않게 제기되었다. 이에 대해 행정안전부에서는 2017년 12월 투자심사제도 개선안을 마련하여 다른 부처 심사와 투자심사와의 중복을 방지하기 위하여 '국제행사심사위원회' 심의를 완료한 사업은 지방투자심사에서 제외할 수 있도록 제도개선을 추진하였다.

그러나 법령 및 부령 개정의 행정절차인 '법제처 법령심사 과정'에서 법제처는 기획재정부 국제행사 심사와 별도로 행정안전부 투자심사 기능을 유지하도록 심사의견을 제시하였다.

- 법제처 법령개정안 심사의견
  - 법제처의 중앙투자심사 기능 유지 사유는 기획재정부에서 실시하는 국제행사심사위원회는 「국제행사관리지침」(기획재정부 훈령 제311호)으로 제도 운영을 하고 있으나, 행정안전부 중앙투자심사위원회는 「지방재정법」 제37조, 동법 시행령 제41조, 「지방재정투자사업 심사규칙」(행정안전부 부령)으로 운영되고 있다.
  - 그러므로 행정안전부의 법령에 따라 운영되는 제도를 기획재정부 훈령으로 운영되는 제도로 대체하는 것은 법령체계 등 종합적으로 판단할 때 타당하지 않다는 의견을 제시하여 법령 개정안이 보류되었다.

2019년 지방자치단체의 건의를 통해 동 내용에 대한 제도개선이 추진되었다. 최종적으로 2019년 4월 「지방재정투자사업 심사규칙」이 개정됨에 따라 '기획재정부 국제행사심사위원회'에서 심의를 받으면 '지방재정투자심사위원회' 심사는 받지 않고 사업 추진이 가능하도록 개선되었다.

〈표 9-9〉 국제행사 관리지침 주요 내용(기획재정부 훈령, 2016. 11. 24 일부 개정 시행)

◆ 대상 사업

- 중앙행정기관, 광역자치단체(광역지방자치단체와 기초지방자치단체가 공동으로 주관하는 국제행사 포함)가 10억 원 이상의 국고지원을 요청하는 국제행사
  - * 국제행사: 5개국 이상의 국가에서 외국인이 참여하고 외국인 참여비율이 5% 이상(총참여자 200만 명 이상은 3% 이상)인 국제회의·체육행사·박람회·전시회·문화행사·관광행사 등

◆ 국제행사심사위원회(이하 위원회)의 심사 대상 및 원칙

- 위원회의 심사 대상은 10억 원 이상의 국고지원을 요청하는 국내·외에서 개최하는 국제행사로 심사요구 당시 국제기구 등에 유치 신청이 되지 않은 행사
  - 7회 이상 국제행사 심사를 거쳐 국비(10억 원 이상)를 지원받은 국제행사는 원칙적으로 심사 대상에서 제외

〈표 9-9〉 계속

- 주관기관은 위원회 심사 이후, 국제기구 등에 유치의향서를 제출하거나 관련 홍보활동을 추진
  - 행사 유치 또는 홍보 추진 이후 심사를 요청한 경우, 주관기관은 사유서(기관장 서명)를 위원회에 제출
  - 위원회는 사유서를 검토하여 주관기관에 불가피한 사정이 있다고 판단하는 경우 해당 국제행사를 심사 대상으로 포함
  - 위원회가 불가피성을 인정하지 않아 심사 대상으로 포함하지 않은 국제행사의 주관기관에 대해 불이익 처분을 할 수 있음.
    * (1회 위반) 주의 통보
    (2회 위반) 해당 주관기관의 국제행사에 대해 향후 1년간 국고지원 배제
    (3회 위반) 해당 주관기관의 국제행사에 대해 향후 3년간 국고지원 배제
- 주관기관은 지침(6. 심사 기준)의 심사 기준 항목별로 자체 심사 결과 및 증빙자료 등을 첨부한 행사계획서를 제출
  - 주무부처 및 기획재정부도 지침의 심사 기준 및 세부 항목에 따라 타당성을 심사한 후 그 결과를 위원회에 제출
- 최초 위원회 심사를 받은 후 주기적으로 개최하는 국제행사(예: 비엔날레 등)도 매번 심사를 받아야 함.
- 위원회는 국제행사의 개선·보완 등을 위하여 조건을 달아 의결을 할 수 있으며, 조건 충족시 정부지원 가능

4) 홍보관 사업

홍보관 사업은 지방자치단체에서 어떤 사실이나 제품을 널리 알리기 위하여 설치하는 시설물을 말한다. 지방자치단체별로 '홍보관, 전시관, 체험관, 기념관' 등 다양한 사업명을 사용하고 있으나 세부적인 사업명칭과 관계없이 모두 홍보관 사업으로 분류해야 한다. 다만, '역사적 유물 또는 인물'을 알리기 위해 설치하는 시설물의 경우에는 홍보관 사업에서 제외하고 있다. 최근 생활 SOC 3개년 추진계획과 연계하여 복합화 시설물을 계획하는 경우가 많은데 복합시설물의 경우 홍보관이 총면적의 75% 이상을 차지하면 사업의 전체를 홍보관 사업으로 분류해야 한다.

홍보관 사업의 총사업비는 시설물 건립비용 및 시설물 내 설치하는 각종 홍보물 설치비용 등을 포함하여 산정해야 한다.

5) 청사신축사업

청사신축사업은 「공유재산 및 물품관리법」 제5조 제2항 제1호 및 같은 법 제5조 제2항 제2호의 공용(공공용)재산 중 지방자치단체 또는 지방자치단체 소속 사업소 등이 직접 사무용으로 사용하거나 사용할 건물과 그 건물의 부대시설물을 말한다. 지방자치단체 공공청사와 다

이것이 궁금합니다!

Q 지방자치단체 사업 중 청사신축사업을 구분해야 하는 이유가 무엇이고, 또한 청사신축사업에 포함되지 않으면 투자심사를 받지 않아도 되는지?

A 첫째, 청사를 구분하는 이유는 청사신축사업의 경우 전액 지방자치단체 자체재원으로 사업을 추진하더라도 상급기관의 투자심사를 받아야 하기 때문입니다(예를 들어, 시·군·구 사업은 시·도 심사, 시·도 사업은 중앙심사).
둘째, 만일 청사신축사업으로 분류되지 않으면 해당 사업은 일반투자사업으로 분류되어 총사업비 규모, 의존재원 여부 등에 따라 관련 법령에 의해 해당 기관에서 투자심사를 받은 다음에 사업을 추진해야 합니다.

른 시설물이 포함되는 복합시설물의 경우 청사면적이 차지하는 비율이 총면적의 25% 이상이 되면 전체를 청사로 간주하여 청사 기준으로 투자심사를 받아야 한다.

신축 시설은 「건축법 시행령」 제2조 제1호에 따라 건축물이 없는 대지나 기존 건축물이 철거되는 대지에 새롭게 건축물을 축조하는 것을 의미한다. 또한 건물을 새롭게 취득하여 청사로 사용하는 것과 기존 청사 총면적의 30% 이상 증축하는 것은 신축으로 판단하여야 하며, 신축에 해당하지 않는 사업은 일반투자사업으로 분류하여 투자심사 등의 법적 절차를 거쳐야 한다. 다만, 사무용이 아닌 거주용 목적의 시설인 관사, 기숙사, 게스트하우스, 청사 외부의 직원 수련시설 등은 청사의 범위에서 제외하고 있다. 그리고 총사업비는 부지매입비, 청사 건립비용 및 청사 내 설치하는 각종 시설물 설치비용 등을 포함하여 산정해야 한다.

6) 지방의회 의결사업

지방재정 투자심사제도는 매년 지방재정의 여건을 반영하여 많은 변화를 거듭해 왔는데, 그중 중요한 것으로 '채무부담행위', '보증채무부담행위', 「지방자치법」 제39조 제1항 제8호에 따른 '예산 외의 의무부담' 등 지방의회 의결을 요청하는 사업에 관한 제도개선을 이야기할 수 있다. 구체적으로 채무부담행위 등 지방의회 의결사업은 지방자치단체 예산서에 편성되지 않은 사업이라 할지라도 사업시행 과정에서 지방재정에 부담이 될 우려가 있어 투자심사 절차를 거치도록 개선되었다(2014년 5월 지방재정법 개정).

동 제도개선으로 2018년 말 기준으로 새롭게 지방재정 투자심사 대상이 되는 금액은 채

2018년 말 지방채무 총괄: 24조 5,422억 원(전년 대비 7,524억 원 감소, △2.98%)

- 지방채: 24조 4,800억 원(99.75%)
  - 발행 4조 667억 원, 상환 5조 279억 원
    ※ 고금리 지방채에 대한 저금리 차환액(1,938억 원 제외시) 약 3.9조 원 발행, 4.8조 원 상환
- 채무부담 행위액: 252억 원(0.1%, 부산, 광주 남구, 안산시, 영덕군)
- 보증채무이행 책임액: 377억 원(0.15%, 태백시)

[부채규모 톱 10]

(단위: 백만 원)

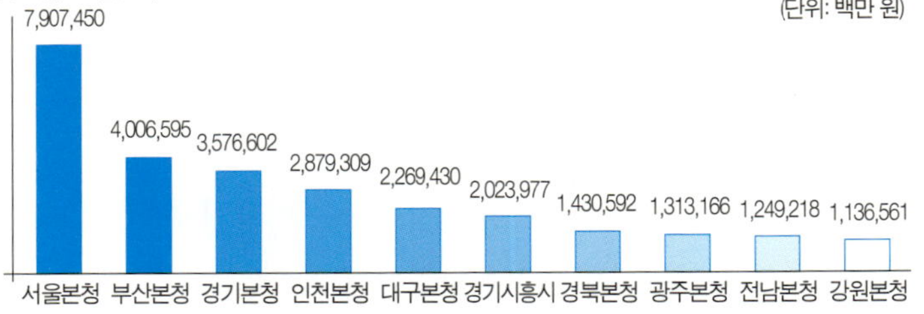

자료: 지방재정 365(http://lofin.mois.go.kr).

무부담 행위액이 252억 원, 보증채무이행 책임액이 377억 원으로 나타나고 있다.

지방의회 의결사업의 중앙투자심사 사례에서 살펴보면 지방자치단체의 지역경제 활성화를 목적으로 'OO산업단지', 'OO농공단지' 등 조성사업을 시행하면서 특수목적법인(Special Purpose Corporation: SPC)을 설립하는 경우이다. 이 경우 지방자치단체는 일정 부분 지분에 참여하고 미분양시 책임을 지는 협약을 체결하면서 지방자치단체 부담이 발생하게 된다. 사업이행 후 분양이 100% 완료되는 경우에는 미분양에 따른 지방자치단체 책임이 발생하지 않지만, 미분양시에는 지방자치단체의 협약을 체결한 지분율의 크기만큼 미분양 용지에 대한 구입 또는 할인매각에 따른 손실을 떠안게 됨에 따라 지방재정에 어려움이 가중될 수 있다. 2018년 이전까지만 하더라도 특수목적법인을 설립하고 법인설립에 참여하는 민·관 협약 체결시 지방자치단체 참여지분 비율이 20%라 하더라도 미분양에 따른 모든 책임을 지방자치단체가 지도록 협약을 체결하는 경우도 흔히 발견할 수 있었다. 지방재정 투자심사 과정을 거치면서 지방자치단체가 불합리하게 재정부담 요인으로 작용했던 비합리적인 협약체결 내용이 많이 개선되는 효과도 있었다.

여기에는 어떤 제도개선의 이유가 있는 것일까?

1995년에 민선 지방자치단체장 체제가 출범된 이후 지방자치단체별로 지역경제 활성화

■ '예산 외 의무부담' 관련 중앙투자심사 사례

• (투자심사 의뢰사업 A 유형) 미분양 매입확약

A 단체는 「도시개발법」에 의해 ○○사업을 추진하는 과정에서 특수목적법인을 설립하고 20%의 지분을 보유해서 사업에 참여하면서 향후 조성된 택지가 미분양될 경우 그것을 지방자치단체가 100% 구입하는 행태로 사업계획을 수립하여 투자심사를 의뢰하였음.

• (투자심사 의뢰사업 B 유형) subordinated loan

B 단체는 「도시개발법」에 의해 ○○사업을 추진하는 과정에서 특수목적법인(Special Purpose Corporation: SPC)을 설립하고 30%의 지분을 보유해서 사업에 참여하면서 매입확약은 아니지만 subordinated loan(후순위 대출)으로 초기 자금을 조달하는 방식으로 사업계획을 수립하여 투자심사를 의뢰하였음.

※ subordinated loan(후순위 대출): 미분양이 30% 이하로 발생하게 되더라도 실제 지방자치단체 매입확약 비율은 미분양 용지의 100%가 매입확약이 발생하게 됨.

• (심의 결과) 재검토

지방자치단체 지분 참여비율을 고려하여 최소한의 수준으로 지방자치단체의 미분양 매입확약을 체결하고, 인근 지방자치단체 분양 사례 등을 고려하여 동 산업단지 분양, 입주업체 수요조사 등을 토대로 사업계획을 재수립할 필요가 있음.

를 위한 산업단지, 주택용지 공급 등 다양한 사업이 적극적으로 추진되었다. 이 과정에서 지방자치단체 재정과 민간자본이 결합되는 사업 중에는 지방자치단체가 직접 사업비는 부담하지 않더라도 사업 완공 이후 미분양 토지의 매입의무 등에 대한 보증 방식으로 사업에 참여하는 사례가 적지 않게 나타났다. 문제는 이러한 접근이 지방재정에 심각한 압박과 부담을 초래하였다는 사실이다. 사업 참여 방식에서 일정한 기준이 없었던 결과로 일부 지방자치단체는 과도하고 무분별하게 사업을 추진하였고, 이때 발생한 의무는 결국 주민의 세금으로 대

■ 토지 리턴제

토지환매조건부 매각(土地還買條件附賣却)이라고도 하며, 계약 후 일정 기간이 경과되어 매수자의 요청이 있는 경우 계약금을 포함한 수납원금을 되돌려 주는 제도임.

토지 매수자가 매매계약이 끝나고 일정 기간 후 환매(리턴)를 원하면 판매자가 계약보증금은 원금으로, 계약보증금 외의 납부액은 원금에 이자를 더해 반환해 주는 매매 방식을 말한다. 한국토지주택공사가 2011년에 시행하였는데, 당시 부동산 경기 변화에 따른 위험부담을 줄일 수 있어 인기를 모았다. 그러나 이 제도가 지방자체단체 산하의 도시공사에 경영난을 가중시킨다는 지적이 계속되어 왔다.

실제로 인천도시공사는 2012년 당시 영종하늘도시, 청라지구의 토지를 이 방식으로 매매했다가 매수자 리턴 요청에 따라 토지 원금 3,689억 원에 이자 310억 원을 되돌려 준 바 있다.

자료: 시사상식사전(https://terms.naver.com, 2019. 6).

체해야 하는 상황을 유발하였다.

이를 보완하기 위하여 투자심사의 대상에 재정투자사업에 대한 예산안 편성 외에 채무부담행위, 보증채무부담행위, 「지방자치법」 제39조 제1항 제8호에 따른 예산 외의 의무부담과 관련된 지방의회 의결도 포함하여 심사를 하도록 조치가 취해졌다.

채무부담행위에 해당되는 사업은 「지방재정법」 제44조에서 규정한 요건을 충족하는 사업이고, 보증채무부담행위는 「지방재정법」 제13조에서 규정한 요건을 충족하는 사업이다.

예산 외 의무부담은 「지방자치법」 제39조 제1항 제8호에서 규정한 요건에 해당하는 것으로 '미분양 부지에 대한 지방자치단체의 매입확약', 즉 '책임분양', '토지 리턴제 확약' 등과 같이 향후 지방자치단체의 재정부담이 될 가능성이 크다.

5. 투자심사 제외사업

1) 제외사업 유형

앞에서 살펴본 바와 같이, 지방자치단체 예산이 편성되거나 의무부담이 있는 사업 중 일정 금액 이상의 사업은 모두 지방재정법령에 따라 투자심사의 절차를 밟아야 한다. 그러나 다음과 같은 사업들은 투자심사에서 제외하여 지방자치단체가 사업을 즉시 추진하도록 운영되고 있다.

우선 소방장비, 119 구급장비 및 소방용 헬기 구입 사업, 「공유재산 및 물품관리법」에 따른 공유재산의 대체 취득, 사업비 전액이 민간자본 또는 외국자본인 사업,[3] 총사업비의 80% 이상이 국가에서 지원한 재원인 사업은 제외하고 있다. 그리고 재해·재난복구 등 기능 복원을 목적으로 하는 사업, 부동산·동산의 취득·변경 등이 미수반되는 단순 개·보수 및 소모품 교체사업, 국가 주관 행사로서 지방자치단체에서 개최되는 행사성 사업, 사업비 전액이 민간

3 민간자본 또는 외국자본에 대하여 지방자치단체가 「지방재정법」 제13조 및 제44조에 따른 '보증채무부담행위'와 '채무부담행위' 또는 「지방자치법」 제39조 제1항 제8호에 따른 '법령과 조례에 규정된 것을 제외한 예산 외 의무부담'을 한 경우는 투자심사 대상에 포함한다.

이것이 궁금합니다!

Q 지방자치단체에서 도시재생사업 추진시 「지방재정투자사업 심사규칙」 제3조에 의거 중앙부처의 장이 아닌 지방자치단체가 직접 행정안전부와 협의하여 제외사업으로 추진할 수 있는지?

A 지방자치단체가 직접 제외사업으로 추진할 수 없습니다. 동 규칙 제3조에 따르면 "부처 간 협의를 거친 사업으로 행정안전부 장관과 협의를 거친 사업" 으로 규정되어 있습니다. 이는 부처 간 협의를 거친 사업은 도시재생사업 등 투자심사 제외사업에 대한 국가적 종합계획, 총괄적인 관리, 사업비 지원, 별도 위원회 심의 등이 중앙부처 차원에서 종합적으로 실시되므로 소관 중앙부처 주관으로 협의가 이루어져야 합니다. 그러므로 지방자치단체에서 사업 추진 소관 중앙부처와 협의하여 필요한 절차가 진행되어야 할 것입니다.

자본으로 이루어진 사업도 제외하고 있다.

이 밖에도 〈표 9-10〉에서 제시한 사업들은 투자심사를 받지 않고도 필요한 사업비를 예산편성하고 사업을 추진할 수 있다. 지방자치단체가 법적, 의무적으로 시행해야 할 사업이거

〈그림 9-6〉 부처 협의 및 의무적 시행사업에 대한 심사제외 업무 흐름도

◆ 근거: 「지방재정투자사업 심사규칙」 제3조(투자심사의 구분 등)

부처 간 협의를 거친 사업이나 의무적으로 시행하는 사업으로서 행정안전부 장관과 협의를 거친 사업

◆ 부처 간 협의를 통한 심사제외 사례

- 대상 사업: ○○지역 도시재생사업 또는 행복주택 건설사업
- 진행절차

국토교통부 도시재생특위 심의의결 (후보지 선정협의회 심의) ➡ 제외 요청 (국토교통부 → 행정안전부) ➡ 제외 검토 및 통보 (행정안전부 → 국토교통부)

◆ 법령에 의한 의무적 시행사업

- 대상 사업: 「도시 및 주거환경정비법」에 따른 주택개발사업의 임대주택 의무매입사업
- 진행절차

법령에 따라 의무적 시행사업 확인 ➡ 제외 요청 (해당 지방자치단체 및 업무소관 중앙부처 → 행정안전부) ➡ 제외 검토 및 통보 (행정안전부 → 해당 기관)

〈표 9-10〉 투자심사 제외 대상 사업 목록(「지방재정투자사업 심사규칙」 제3조 제2항 제2호 가목 관련)

사업명	관계 법률 및 소관 부처
1. 경지정리사업	「농어촌정비법」(농림축산식품부)
2. 일반농산어촌개발사업	「농어촌정비법」(농림축산식품부)
3. 배수개선사업	「농어촌정비법」(농림축산식품부)
4. 농어촌 생활용수 개발	「농어촌정비법」(농림축산식품부) 「수도법」(환경부)
5. 밭기반정리사업	「농어촌정비법」(농림축산식품부)
6. 국가지방관리 방조제 개·보수	「농어촌정비법」(농림축산식품부)
7. 지적재조사 사업	「지적재조사에 관한 특별법」(국토교통부)
8. 지역개발사업	「지역 개발 및 지원에 관한 법률」(국토교통부)
9. 국도대체우회도로	「도로법」(국토교통부)
10. 국가지원 지방도 정비	「도로법」(국토교통부)
11. 철도건널목 개량사업	「건널목개량촉진법」(국토교통부)
12. 광역상수도사업	「수도법」(국토교통부, 환경부)
13. 어촌종합개발사업	「어촌·어항법」(해양수산부)
14. 민간투자사업심의위원회의 심의 대상인 민간투자사업	「사회기반시설에 대한 민간투자법」(기획재정부)
15. 산업단지개발사업·산업단지재생사업 (국가산업단지로 한정한다)	「산업입지 및 개발에 관한 법률」(국토교통부)
16. 「외국인투자촉진법」에 따른 심의사업	「외국인투자촉진법」(산업통상자원부)
17. 재해위험개선지구 정비사업 및 하천 정비 (소하천 정비사업 포함)	「자연재해대책법」(행정안전부) 「하천법」(국토교통부) 「소하천정비법」(행정안전부)
18. 문화재 보수·정비 및 복원사업	「문화재보호법」(문화체육관광부)
19. 지방공사·공단 및 출자·출연기관 설립사업	「지방공기업법」(행정안전부) 「지방자치단체 출자·출연기관의 운영에 관한 법률」(행정안전부)
20. 수도권 대기환경 개선사업	「수도권 대기환경 개선에 관한 특별법」(환경부)
21. 수도정비기본계획 또는 하수도정비기본계획 반영 사업	「하수도법」(환경부) 「수도법」(환경부)
22. 도시재생사업(도시재생특별위원회의 심의를 거친 도시재생 활성화 계획에 따라 시행하는 사업으로 한정한다)	「도시재생 활성화 및 지원에 관한 특별법」(국토교통부)

나 중앙 부·처의 장이 행정안전부 장관과 사전 협의 등을 통해 일부 제외할 수 있는 법적 근거를 마련해 두고 있다.

2019년 5월에 개정된 「지방재정투자사업 심사규칙」(시행 2019. 5. 17, 행정안전부령 제119호)에 의하면, 지방자치단체의 투자사업 중 보건소, 소방서 및 119안전센터 건축사업과 2000년 7월

1일 이전에 결정·고시된 도시계획시설의 부지로 되어 있는 토지의 매입사업 등을 투자심사 대상 사업에서 제외하여 지방자치단체의 투자사업에 대한 심사의 효율성을 높이고 신속한 예산편성을 지원하려는 것으로 개선되어 시행되었다.

이 밖에도 「지방재정투자사업 심사 및 타당성 조사 매뉴얼」에 의해서도 기타 심사제외 사업으로는, ① 재해·재난복구 등 기능복원(원상복구)을 목적으로 하는 사업, ② 부동산·동산의 취득·변경 등이 미수반되는 단순 개·보수 및 소모품 교체사업, ③ 국가 주관 행사로서 지방자치단체에서 개최되는 행사성 사업, ④ 사업비 전액이 민간자본(외국자본)과 국비로 이루어진 사업, ⑤ 「사회기반시설에 대한 민간투자법」에 따른 사업으로 기획재정부 민간투자사업심의위원회 심의 대상이 아니나, 2013년 6월 4일까지 동법 제8조의2에 따른 민간투자 대상사업의 지정 관련 주무관청의 심의위원회 심의를 완료한 사업의 경우이다. 이들 사업의 경우에는 별도 지방재정 투자심사 절차 없이 사업 추진이 가능하다.

한번 투자심사 제외사업은 영구적으로 제외사업인가? 투자심사 제외사업으로 지정된 경우라도 일정 기간 단위로 제도 운영 상황에 대한 종합적인 재검토가 필요하다. 왜냐하면 소관 중앙부처에서 당초 제외사업에 포함될 때 제안했던 국비지원 비율, 사업 확정절차의 객관성 및 운영 과정, 지방자치단체의 사업수행 및 지방비 사용의 효율성 등에 대한 내용들이 시간이 흐름에 따라 변경되었거나 불합리성과 문제점을 노출할 수 있기 때문이다. 특히, 소관 중앙부처에서 사업 확정시 투자심사에 준하는 사업규모 적정성, 재원확보계획, 시설의 경우 건립 후 운영 주체, 지방재정 부담의 적정성에 대한 충분한 사전 검토가 되었는지에 관한 운영 사례를 분석하는 것이 중요하다. 이를 통해 제외사업으로 계속 연장할 것인지 아니면 투자심사 대상 사업에 신규로 포함되어야 할 것인지에 대한 판단이 가능해진다.

좀 더 세부적으로 살펴보면, 현재 운영되고 있는 투자심사 제외사업은 지방자치단체 재정에 다음과 같은 위험요소도 포함하고 있다. 「지방재정투자사업 심사규칙」 제3조 제2항 제2호 가목과 관련한 '투자심사 제외 대상 사업 목록' 중 '지역개발사업'(「지역개발 및 지원에 관한 법률」,[4] 국토교통부)에 의한 경우 지방자치단체의 성장동력을 창출하고 자립적 발전을 도모하기 위하여 실시계획을 승인받아 지역개발사업 구역에서 시행하는 사업이다. 그러나 동 사업

4 「지역개발 및 지원에 관한 법률」에 정의된 "지역개발사업"이란 지역의 성장동력을 창출하고 자립적 발전을 도모하기 위하여 동법 제23조에 따라 실시계획을 승인받아 지역개발사업구역에서 시행하는 사업을 말한다.

의 경우 지역개발사업 구역 내 총사업비 규모, 부담 주체, 특정 시설 조성 주체 또는 조성 후 운영비 부담 주체 등에 있어 실시계획 승인을 받을 당시 구체화되지 않고 추진될 경우 향후 지방자치단체 재정책임으로 떠넘겨질 수 있다는 우려를 안고 있다.

2) 제외사업 특징

지방재정 투자심사 제외사업의 내용을 살펴보면 다음과 같은 특징을 확인할 수 있다. 첫째, 지방자치단체의 재정 운영의 방만, 낭비성 사업의 성격과 상대적으로 관련성이 적은 사

어떻게 생각하세요?

(교복, 학교급식, 각종 사회복지수당 무상복지 예산편성 사전 검토 절차가 있는지?)

최근 일부 언론 등에서 지방재정 건전화를 이야기하면서 지방자치단체마다 비법적 또는 법정 경비라고 하더라도 법정 범위를 벗어나서 집행하고 있는 사례들을 지적하는 경우가 많다. 수혜를 받는 주민의 입장에서는 더 많은 금액과 혜택을 보기를 원하겠지만, 지방자치단체 재정 입장에서는 경상비 성격의 고정비용이 증가하여 지방재정이 악화될 우려가 있다는 것이다.

국가와 지방자치단체가 일정 규모 이상의 사회복지비를 지출하게 되는 경우, 그것은 「사회보장기본법」에 따라 국무총리 직속으로 설치된 '사회보장심의위원회'에서 심의를 받는다. 이제는 매년 큰 폭으로 증가하는 가운데 자치단체별로 무분별하게 집행되는 사회복지비에 대해 보다 적절한 심의 역할이 이루어지고 있는지에 대해 체계적으로 점검해야 할 것이다. 아울러 이를 보완하기 위하여 타당성 조사 또는 투자심사 기능 등이 추가로 검토되어야 할 것이다.

…

경기, 충남 등 여러 지자체들은 무상급식, 무상교복, 무상수업 등 무상복지 홍보에 열을 올리고 있다. 소득수준을 안 따지고 균등하게 제공하는 보편적 복지는 정부 재정의 지속 가능성을 훼손할 우려가 높다. 전남 함평군은 관내 농어가에 연 120만 원씩 수당을 주는 조례안을 의결해 함평군 가구의 절반 가까이 혜택을 받을 것이라니 과도한 복지라는 논란을 피하기 어렵다.

넉넉하지 않은 지방재정으로 무상교육, 청년수당, 출산장려금, 노인수당 등을 지급하는 사례가 속출하니 이로 인한 재정 악화의 부담은 자식들에게 고통스러운 멍에가 될 수밖에 없다. 지자체마다 복지예산의 증가 속도가 너무 빠르다. 서울 중구·강동구·마포구는 이달부터 중·고교 신입생에게 교복비를 지원한다. 문제는 같은 학교에 다니는데 사는 동네가 달라 교복비 지원을 못 받는 학생이 생긴다는 점이다. 예를 들어, 강동구 소재 고등학교에 입학한 신입생 중 강동구에 사는 학생이 아니면 지원을 못 받는다. 한 현역 구청장은 "이 좁은 나라에서 어느 동네에 사느냐에 따라 복지 혜택이 달라지는 건 말이 안 된다"고 지적했다. 불평등과 소외감을 해소하기 위해 꺼내든 보편적 복지가 오히려 주민 간 복지 불평등을 낳는 어처구니없는 상황이 벌어지는 것이다.

최근 사석에서 만난 다른 구청장은 "유권자의 표심을 겨냥한 포퓰리즘"이라고 단언한 뒤 "나는 그렇게 따라갈 생각이 없지만 다른 지역의 복지 경쟁이 가열되면 우리 주민들의 불만이 커질 테니 걱정스러운 게 사실"이라고 토로했다. '선심성 현금 살포'의 전염병이 확산되면 결국은 동반 몰락할 것이라는 게 많은 지자체장들의 고민이다.

…

자료: 매일경제신문(2019. 3. 11).

이것이 궁금합니다!

Q 노인, 청소년, 아동 등 사회복지 관련 지원사업은 왜 투자심사에서 제외하고 있는지?

- 최근 사회복지비용이 크게 증가하는 가운데 수혜 계층은 당연히 환영하고 있습니다. 그러나 한번 신설되는 수당은 대상을 확대하는 가운데, 지속적 지출이 뒤따르므로 이를 고려할 경우 체육관, 도서관 등의 건설비와 운영비용보다 훨씬 비용부담이 크게 소요됩니다.
- 또한 필요한 곳에 사용되는 선의의 지출로도 보이지만 지방자치단체장의 공약에 의한 선심성 지원에 대한 논란도 끊임없이 제기되는데 이런 사업들은 왜 투자심사를 진행하지 않는지요?

A 지방재정법령에 의한 「지방재정투자사업 심사 및 타당성 조사 매뉴얼」에 따르면 사업 성격이 재정투자로 수반되지 않는 지원금, 장려금 성격의 사업은 제외하도록 규정하고 있습니다. 따라서 각종 사회복지 차원의 사업은 투자심사 대상 사업에서 제외하고 있습니다.

- 또한 이들 사업은 보건복지부의 '사회보장심의위원회'에서 사업의 필요성에 대한 별도 심사를 거친 후 사업 추진이 가능하도록 규정되어 있습니다.
- 다만, 질의하신 내용과 같이 투자사업으로 수반되지는 않지만 지원금액이 계속 증가하고 있고, 사회보장심의위원회의 제한적 기능 등을 고려하면 비록 지원금, 장려금 성격의 사업이라 하더라도 그 타당성과 지원규모, 기간, 대상 등에 대한 면밀한 검토가 필요하다는 의견도 제시되고 있습니다.

업이다. 둘째, 단편적인 사업보다는 지방자치단체 내에서 지속적, 반복적으로 계속사업의 형태로 추진된다. 셋째, 대부분의 사업이 국고보조 비율이 높은 특징을 보인다. 넷째, 소관 중앙부처에서 사업 확정 과정, 즉 사업의 필요성, 타당성에 대한 내용을 살펴보고 최종적으로 사업 추진 여부를 결정한다.

6. 투자심사 시기

투자심사는 해당 사업을 지방자치단체 예산에 편성하기 위한 사전절차이므로 예산편성 전에 완료되어야 한다. 언제 예산에 편성하여 본격적인 사업을 시작하느냐가 투자심사의 시점을 결정하는 관건이 된다. 일반적인 투자사업의 경우 사업계획의 수립 이후부터 사업 내용, 추진 방법, 재원계획 등이 확정되어 기본 설계 용역이 이루어지기 전까지 투자심사가 실시되어야 한다. 통상 이 단계에서 사업 기획 및 사업 구상을 위한 사전 용역 또는 사업계획 용역 등을 통해 사업 목적, 규모, 추진체계 및 소요예산이 구체화된다. 기본 설계를 생략하는 경우에는 실시설계 용역 전까지 심사를 의뢰하여 투자심사 완료 후 투자심사 의견을 반영하여 관련 설계용역비를 계상해야 한다.

지방자치단체의 행사성 사업의 경우 투자심사는 사업계획 수립 이후 사업시행을 위한 예산편성 전까지 실시해야 한다. 매년 또는 격년제로 개최되는 반복적인 행사성 사업의 경우에는 매년 투자심사를 실시하는 것이 아니라, 3년마다 심사를 실시하면 된다. 다만, 동일한 행사성 사업이 직전 투자심사를 받은 금액과 비교하여 20% 이상 증액된 경우에는 3년 이내라도 추가 심사 이후에 예산편성 등의 절차를 거쳐 사업을 추진해야 한다. 다만, 행사성 사업 중에서 중앙부처에서 국비 10억 원 이상의 금액을 지원받아 사업을 시행하는 국제행사는 기획재정부의 '국제행사심사위원회' 심사를 거친 경우에 별도 지방재정 투자심사는 제외할 수 있도록 제도가 개선되었다(2019. 5).

이것이 궁금합니다!

Q 지방재정 투자심사의 의뢰 및 심사완료 기한 등 구체적인 일정은 법적으로 규정되어 있는지, 아니면 심사기관에서 임의적으로 심사를 진행하는지?

A 정기심사의 의뢰 기한 및 심사완료 기한이 지방재정법령에 의해 명시되어 있습니다.
지방재정 투자심사 일정은 지방재정법령의 위임으로 제정된 「지방재정투자사업 심사규칙(부령)」 제4조(투자심사의 절차 등)에 심사의뢰 기한 및 심사완료 기한이 구체적으로 규정되어 있습니다.
통상, 지방자치단체 및 정부의 각종 위원회 심사 일정은 법령 등에 구체적으로 규정하고 있는 경우는 보기 드문 사항이나, 지방재정 투자심사는 예산편성 전 중요한 사전절차이므로 지방자치단체 재정 운영의 안정성과 예측 가능성을 고려한 사항으로 판단됩니다.

투자심사 정기심사 일정(제도개선, 2018년 1월 1일부터 시행)

구분	정기심사 의뢰 기한 (시·군·구 → 시·도) / (시·도 → 중앙)	심사완료 기한
제1차	1월 15일 / 1월 31일까지	3월 31일까지
제2차	4월 15일 / 4월 30일까지	6월 30일까지
제3차	8월 15일 / 8월 31일까지	10월 31일까지

※ 심사완료 기한은 부득이한 경우 40일 범위 내에서 연장할 수 있음.

※ 필요시 정기심사와 별도로 특정한 접수·심사 기한이 없는 수시심사는 연중 가능

7. 투자심사기관 및 심사 유형

1) 투자심사기관은?

지방재정 사업에 대한 투자심사는 사업의 성격 및 총사업비 금액에 따라 시·군·구 및 시·도의 자체심사, 시·도 및 중앙 의뢰심사의 두 가지 유형으로 구분된다.

자체심사는 사업을 추진하는 지방자치단체, 시·군·구 또는 시·도가 스스로 심사하는 제도이고, 의뢰심사는 일정 금액 이상의 사업 기준에 의해 상위 지방자치단체 또는 중앙정부가 심사하는 제도이다. 구체적으로 기초지방자치단체인 시·군·구 사업의 경우 시·도 또는 행정안전부가 심사하고, 시·도 사업의 경우 행정안전부가 심사를 실시하게 된다. 이와 같은 자체심사와 의뢰심사를 포함하여 투자심사를 실시할 수 있는 기관은 지방자치단체와 행정안전부를 포함하여 총 244개가 있다.

〈표 9-11〉 지방재정 투자심사기관 현황

심사 구분	심사기관		심사 대상(일반투자사업 기준)
계	244개 기관(자체심사: 243개, 의뢰심사: 18개)		
자체심사	17개	시·도	40억 원~300억 원 미만 사업, 전액 자체재원 사업
	4개	4시*	20억 원~200억 원 미만 사업, 전액 자체재원 사업
	222개	71시·82군·69구	20억 원~60억 원 미만 사업, 전액 자체재원 사업
의뢰심사	17개	시·도	222개 시·군·구 60억 원~200억 원 미만 사업
	1개	행정안전부	17개 시·도 300억 원 이상 사업 226개 시·군·구 200억 원 이상 사업

주: * 인구 100만 명 이상 기초지방자치단체(4개): 수원, 용인, 고양, 창원.

(1) 자체심사

가) 시·군·구

기본적으로 사업비 전액을 지방자치단체 자체재원으로 충당하는 경우, 즉 내 돈으로 내가 하고 싶은 사업을 하는 경우에는 다른 기관이 개입해서 심의하는 절차 없이 해당 지방자치단체 스스로가 실시하는 자체심사만으로 충분하다. 다만, 시민단체, 언론, 국회 등에서 그동안 적지 않게 비판적으로 지적해 온 지방자치단체 청사신축사업, 문화·체육시설 신축사업에 대하여는 예외규정을 두고 있다.

〈표 9-12〉 지방재정 투자심사 대상 사업의 심사기관

의뢰기관	심사기관	총사업비 금액별 대상 사업
시·군·구	자체심사 (시·군·구)	• 20억 원 이상~60억 원 미만 신규 투자사업 • 1억 원 이상~3억 원 미만 공연·축제 등 행사성 사업 및 홍보관 건립사업 • 20억 원 이상 전액 자체재원인 신규 투자사업

자료: 지방재정 365(http://lofin.mois.go.kr, 지방재정 타당성 조사 및 투자심사 매뉴얼 자료 재구성).

시·군·구가 실시하는 자체심사 기준은 총사업비 20억 원 이상에서 60억 원 미만의 신규 투자사업과 1억 원 이상 3억 원 미만 공연·축제 등 행사성 사업 및 홍보관 건립사업, 20억 원 이상 사업비 전액이 자체재원인 신규 투자사업이 해당된다. 즉, 지방자치단체 청사신축사업, 문화·체육사업 등 일부 사업을 제외하고 도로건설, 공원조성 등 일반투자사업은 사업비 전액이 자체재원인 경우 총사업비 금액과 관계없이 자체심사로 가능하다.

이것이 궁금합니다!

Q ○○지구 도로 확·포장 사업의 경우 총사업비가 1,500억 원입니다.
사업비는 전액 지방자치단체 재원으로 추진할 계획인데 이 경우 타당성 조사 및 투자심사 절차는 어떻게 되는지?

A 전문기관 타당성 조사 후 자체 투자심사를 진행하면 됩니다.
총사업비 500억 원 이상인 경우 「지방재정법」 제37조 제2항에 따라 전문기관으로 지정된 한국지방행정연구원 지방투자사업관리센터(LIMAC)에서 타당성 조사를 실시해야 합니다.
타당성 조사 완료 후 타당성 조사 내용을 바탕으로 자체 투자심사를 진행하여 추진을 하면 됩니다(전액 지방자치단체 자체재원으로 추진하는 사업이기 때문임).

나) 시·도

17개 광역지방자치단체인 '특별시, 광역시, 특별자치시, 도, 특별자치도'가 실시하는 자체심사는 전액 자체재원인 사업으로 총사업비 40억 원 이상 신규 투자사업을 대상으로 한다. 이와 달리 전액 자체재원이 아닌 사업의 경우 총사업비 40억 원 이상 300억 원 미만인 신규 투

자사업이 자체심사의 대상이다. 재원의 구성과 관계가 없는 사업은 총사업비 5억 원 이상 30억 원 미만인 신규 홍보관 사업과 총사업비 3억 원 이상 30억 원 미만인 공연·축제 등 행사성 사업은 시·도의 자체심사가 가능하다.

〈표 9-13〉 지방재정 투자심사 대상 사업의 심사기관

의뢰기관	심사기관	총사업비 금액별 대상 사업
시·도	자체심사 (시·도)	• 40억 원 이상~300억 원 미만 신규 투자사업 • 3억 원 이상~30억 원 미만 공연·축제 등 행사성 사업 및 홍보관 건립사업 • 40억 원 이상 전액 자체재원인 신규 투자사업

자료: 지방재정 365(http://lofin.mois.go.kr, 지방재정 타당성 조사 및 투자심사 매뉴얼 자료 재구성).

인구 100만 명 이상의 기초지방자치단체인 경우 투자심사에서 예외 제도가 있는가?

기초지방자치단체인 시·군·구의 경우 전액 자체재원이 아닌 사업의 경우에는 총사업비 20억 원 이상 60억 원 미만까지 자체심사가 가능하다. 그러나 해당 관할구역에 전년도 말일 주민등록이 되어 있는 주민 수가 2년간 연속하여 100만 명 이상인 경우에는 총사업비 200억 원 미만까지 자체 투자심사가 가능하다. 이는 100만 명이 넘는 대도시에 대해 특례를 인정하는 것으로 2017년부터 시행하고 있다. 여기에 해당되는 지방자치단체는 수원, 용인, 고양, 창원 등 4개이다(2019년 기준).

이것이 궁금합니다!

Q 「지방자치법」 제2조에 따른 지방자치단체의 종류는 시·군·구로 분류되나, 인구수가 광역지방자치단체인 '제주특별자치도나 세종특별자치시'보다 많고, 울산광역시와 비슷한 100만 명 이상의 시·군·구에 대해 일반 기초지방자치단체와 동일한 심사 기준을 적용하는 것은 불합리하지 않는지?

A 시·군·구의 인구수가 100만 명 이상(해당 관할구역에 전년도 말일 주민등록이 되어 있는 주민 수가 2년간 연속하여 100만 명 이상인 경우) 기초지방자치단체에 대해서는 최근에 별도의 특례를 인정하여 광역지방자치단체의 심사 기준과 동일하게 300억 원까지 자체심사가 가능하도록 제도가 개선되었습니다.

(2) 의뢰심사

의뢰심사는 크게 시·도가 시·군·구의 일정 규모 이상의 사업을 심사하는 것과 '행정안전부'가 시·도와 시·군·구의 일정 규모 이상의 사업을 심사하는 중앙심사로 나누어진다.

가) 시·도

먼저, 시·도가 주관하여 의뢰심사하는 시·군·구 사업 중 전액 자체재원이 아닌 사업 중 총사업비 60억 원 이상 200억 원 미만을 대상으로 한다. 그리고 2개 이상의 시·군·구가 공동으로 추진하는 투자사업의 경우도 동일하게 적용을 받는다. 재원의 구성과 관계가 없는 사업으로는 총사업비 20억 원 이상인 청사 및 문화·체육시설 신축사업, 총사업비 5억 원 이상 30억 원 미만인 홍보관 사업, 총사업비 3억 원 이상 30억 원 미만인 공연·축제 등 행사성 사업이 시·도의 심사 대상이 된다.

〈표 9-14〉 지방재정 투자심사 대상 사업의 심사기관

의뢰기관	심사기관	총사업비 금액별 대상 사업
시·군·구	시·도	• 시·군·구의 60억 원 이상~200억 원 미만 신규 투자사업 • 시·군·구의 3억 원 이상~30억 원 미만 행사성 사업 • 전액 자체재원인 시·군·구의 청사 및 문화·체육시설 신축사업

자료: 지방재정 365(http://lofin.mois.go.kr, 지방재정 타당성 조사 및 투자심사 매뉴얼 자료 재구성).

나) 행정안전부

행정안전부에서 심사하는 중앙투자심사 대상은 재원이 전액 자체재원이 아닌 의존재원을 포함하여 추진하는 사업의 경우에는 시·도의 총사업비 300억 원 이상인 신규 투자사업, 시·군·구의 총사업비 200억 원 이상인 신규 투자사업이 해당된다. 또한 자체재원이냐, 의존재원이냐의 구성과 관계없이 추진하는 시·도의 총사업비 40억 원 이상인 청사 및 문화·체육시설 신축사업, 시·도 또는 시·군·구의 총사업비 10억 원 이상 외국 차관 도입사업 또는 해외투자사업, 시·도 또는 시·군·구의 총사업비 30억 원 이상인 공연·축제 등 행사성 사업과 홍보관 사업이 대상이 된다.

〈표 9-15〉 지방재정 투자심사 대상 사업의 심사기관

의뢰기관	심사기관	총사업비 금액별 대상 사업
시·군·구 또는 시·도	중앙심사 (행정안전부)	• 시·도의 300억 원 이상 또는 시·군·구의 200억 원 이상 신규 투자사업 • 시·도, 시·군·구의 30억 원 이상 행사성 및 홍보관 건립사업 • 전액 자체재원인 시·도의 청사 및 문화·체육시설 신축사업 • 10억 원 이상 외국차관 도입 또는 해외투자사업

자료: 지방재정 365(http://lofin.mois.go.kr, 지방재정 타당성 조사 및 투자심사 매뉴얼 자료 재구성).

지금까지 투자심사기관을 살펴보았는데, 요약하면 시·군·구 자체심사, 시·도 자체심사 그리고 시·군·구 의뢰심사(특별시·광역시·특별자치시·도·특별자치도가 주관하는 심사), 중앙정부 심사(특별시·광역시·특별자치시·도·특별자치도, 시·군·구 의뢰심사)로 구분할 수 있다.

2017년도 한 해 동안 기관별로 전체 심사는 4,851건에 49조 8,285억 원이다. 심사 결과는 "적정", "조건부", "재검토" 및 "부적정·반려" 등이며, 세부 심사 결과는 〈표 9-16〉과 같다.

〈표 9-16〉 기관별 자체심사와 의뢰심사 결과(2017년)

구분		총계	적정	조건부	재검토	부적정·반려	미승인
건수	계	4,851	2,170	2,230	385	66	9.3%
	중앙	592	52(8.8%)	370(62.5%)	153	17	28.7%
	시·도	1,063	340(21.2%)	1,006(62.8%)	209	48	16.0%
	시·군·구	2,656	1,778(66.9%)	854(32.2%)	23	1	0.9%
금액(억 원)		498,285	110,953	298,798	70,840	17,694	

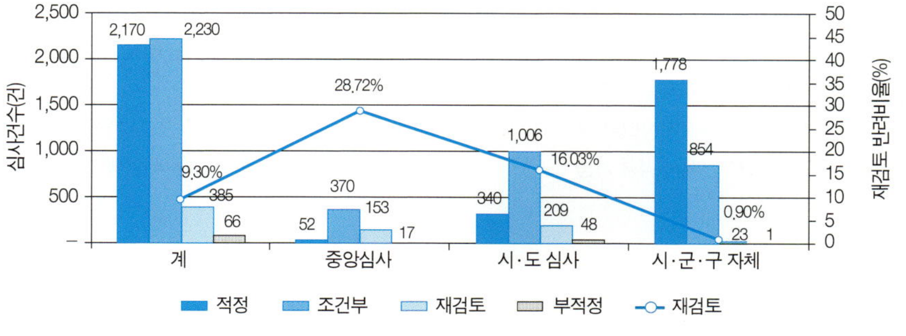

자료: 2018년 시·도 순회교육 자료(행정안전부, 지방투자사업관리센터 공동주체).

어떤 지방자치단체에서는 '자체심사' 무용론을 제시하기도 하는데?

앞에서 살펴본 바와 같이 지방재정 투자심사제도는 1992년 「지방재정법 시행령」에 근거를 두면서 처음 시작되었다. 2019년을 기준으로 볼 때 27년 동안 시행된 비교적 역사가 지속된 제도이다.

그러나 일부 지방자치단체 예산부서 및 지방재정 학자는 지방자치단체의 제도 운영 과정에서 나타나는 '투자심사위원회 구성 및 운영', '심사의 객관성과 공정성', '심사 결과' 등에 대해 문제점을 제기하고 있다. 그 무엇보다도 심사 결과 시·군·구인 기초지방자치단체의 재검토 비율이 0.9%라는 지극히 낮은 통계를 두고 자체심사의 기능 및 역할에 의문을 제기한다. 여러 언론에서 제기하는 사항들, 예컨대 지방자치단체장의 공약사항 이행, 특정 지역주민의 민원 관련 사업은 자체심사를 통해 점검하는 데 한계가 있다는 것이다. 매년 개최되는 '지방재정 투자심사 및 타당성 조사' 관련 지방자치단체 순회교육 과정에서 경험하는 바인데, 지방자치단체 공무원 스스로가 제도 운영 과정에 대한 문제점을 제기하면서 모든 자체심사를 시·도 또는 행정안전부의 의뢰심사로 전환하자고 제안하는 경우도 있다.

이와 달리 대다수 지방자치단체장은 지역사업은 해당 지역에서 가장 잘 알고 있으므로 자체심사를 통해 자기 결정 권한을 행사하는 것이 마땅하다고 주장한다.

〈표 9-17〉 지방재정 투자심사 자체심사에 대한 찬·반 의견

찬성	반대
• 민선 자치제 실시 20년이 경과됨에 따라 지방자치단체 자율성 강화 차원에서 스스로 결정권 부여 • 주민의 접점에서 수요자 주민의 요구사항을 가장 잘 이해하고 많이 아는 것은 결국 해당 지방자치단체임. - 필요한 주민에게 필요한 인프라 시설 공급 가능 • 지방자치단체 내 언론, 시민단체, 지방의회 등 자체 감시 및 사전 행정절차적으로 심의기관에서 검증 가능	• 언론, 감사원 등 지방자치단체 재정 운영 지적 사례를 살펴볼 때 주요 사업에 대한 객관적인 외부 기관 검증 필요 • 선거에 의해 당선되는 지방자치단체장은 특정 지역 주민 또는 이해관계 단체 등에 어느 정도 유리한 혜택 부여 가능성 상존(의사결정 비합리성) • 설계비, 일부 부지매입비 등 초기 재정투입만 가능하다면 지방자치단체장 임기 내 착공에 행정력 집중 현상 발생(우선순위 아닌 경우) • 건립사업의 경우 시설 완공 후 계속 유지·보수비용이 지속적으로 소요되므로 기본 계획 수립시 신중한 접근 필요 - 사업의 효과성, 유지관리 소요비용 등 개별 사업에 대한 검증 등 자체 필터링 기능 한계

일반적으로 제기되는 자체심사 확대론과 무용론에 대한 '찬·반 의견'은 〈표 9-17〉의 내용으로 압축될 수 있다. 지방자치단체는 이러한 사항들을 투자심사제도 운영 과정에서 잘 살펴보고 객관적, 중립적이고 지방자치단체의 건전한 재정 운영이 될 수 있도록 보완·발전해야 할 것이다.

2) 투자심사 유형은?

(1) 최초 심사

최초 투자심사는 「지방재정법」 제37조 및 「지방재정법 시행령」 제41조에 따라 지방자치단체에서 사업계획 수립 후 예산편성 전에 「지방재정투자사업 심사규칙」 등에 따라 특정 사업에 대하여 처음으로 그 필요성과 타당성을 심사하는 제도이다. 지방재정 투자심사 대상 사업의 대부분을 차지하고 있다.

〈표 9-18〉 지방재정 투자심사 유형에 따른 구분

구분	조건	비고
최초 심사	예산편성 및 사업시행 전 처음으로 사업의 필요성 및 타당성 심사	사업규모 및 사업비 적정성, 사업비 확보 가능성, 유지관리비용 등 시설 운영 효율성 등
2단계 심사	최초 투자심사시 조건부 추진 의견으로 2단계 심사를 받도록 규정한 경우	사업규모 및 사업비 증가가 우려되거나 투자심사 조건의 이행 사항에 대한 추가 확인이 필요한 경우
재심사	장기간 사업 미추진, 사업비 증가	3년간 미추진, 30% 이상 사업비 증액, 재원계획 변경, 사업위치 변경 등

(2) 2단계 심사

2단계 심사는 '지방재정투자심사위원회'에서 최초 투자심사시 별도 조건으로 투자심사를 한 번 더 실시하도록 부여한 사업을 대상으로 적용되는 제도이다. 통상 실시설계 이후 총사업비 변경 또는 사업계획 조정 등이 예상되는 경우 계약체결 또는 재정지출 이전에 투자심사 조건의 이행 여부를 한 번 더 심사한다. 2단계 심사 조건에 따라 실시설계 완료 후 2단계 심사에 임하는 사업의 경우 공사비, 보상비 등 사업 추진에 소요되는 경비에 대해서는 예산편성을 할 수 있고, 공사계약과 관련 없는 설계비, 보상비 등에 대한 집행은 가능하다.

다만, 특정 조건을 이행한 다음 2단계 심사를 받아야 하는 사업의 경우는 해당 조건 충족과 함께 2단계 심사를 완료한 이후 사업비를 집행할 수 있다.

〈표 9-19〉 지방재정 투자심사 2단계 심사 사례

- (사례 1) A 지방자치단체의 ○○문화예술회관 조성사업
  지방자치단체 문예예술회관 조성사업 추진시 실시설계 과정에서 부지면적, 공연장, 기타 부대시설 규모에 대한 검토가 예상되고, 면적이 축소되고 총사업비 조정이 예상되는 경우
  ⇨ 실시설계 완료 이후 한 번 더 심사를 받도록 투자심사 결과 조건에 명시하여 2단계 심사 대상 사업으로 결정
- (사례 2) B 지방자치단체 ○○도시개발사업
  지방자치단체가 민간사업자와 특수목적법인을 설립하여 도시개발사업을 추진하는 경우, 지방자치단체 부담이 되는 지분 참여비율 및 미분양 매입확약 등 주요 내용에 대한 변동성과 공사 완공 후 미분양의 우려가 있는 경우
  ⇨ 지분 참여비율 및 미분양 매입확약 등 주요 내용에 대한 세부적인 계약을 체결하고, 인근 지방자치단체 분양 사례 등을 고려하여 동 산업단지 분양, 입주업체 수요조사를 통해 분양 가능성 입증 필요조건을 명시하여 2단계 심사 대상 사업으로 결정

(3) 재심사

투자사업에 대한 재심사는 최초 투자심사 결과 '적정이나 조건부 추진'으로 결정되어 설계비, 보상비 등 예산을 편성할 수 있는 절차를 거친 이후 장기간 사업이 미추진, 사업비 증가 등의 사유가 발생하여 동일한 사업에 대해 다시 심사하는 것이다.

재심사 사업 대상의 사유는 크게 다음의 여섯 가지이다.

첫째, 사업비 증가이다. 투자심사 후 총사업비가 당초 심사금액 대비 30% 이상 늘어난 사업이다. 총사업비가 500억 원 이상인 경우에는 총사업비 증가금액을 별도 계산식에 따라 산정한 금액을 초과하는 경우 재심사 대상이 된다. 다만, 총사업비 증가액에는 투자심사 후 물가상승분 및 손실보상비 증가분은 제외하되, 토지면적, 연장, 연면적 등 사업규모의 변경과 당초 보상 대상 수량의 변경이 없는 부분에 한한다. 여기에서 종종 논란이 되는 것은 지방자치단체가 타당성 조사를 회피하려는 목적으로 총사업비를 500억 원 미만으로 투자심사를 의뢰하고 투자심사 통과 후 사업 추진 과정에서 500억 원 이상으로 증액하여 사업을 추진하는 경우이다. 이런 경우를 예방하기 위하여 총사업비가 500억 원 이상으로 증가하는 경우에는 30% 이상으로 증가하지 않더라도 타당성 재조사 및 투자심사의 재심사를 받도록 하고 있다.

둘째, 지방채 발행계획의 변경이다. 최초 지방재정 투자심사에서는 지방채 발행계획이 없었으나 이후 지방채를 발행하여 사업을 추진하는 것으로 재원조달계획이 변경된 경우가 이에 해당된다. 다만, 당초 지방채 발행계획이 없었더라도 지방채를 발행하는 것으로 재원조달계획이 변경된 사업은 자체재원의 50% 범위에서 지방채 발행을 인정하고 있다(2019. 11). 예를 들어, 자체재원이 100억 원인 사업의 경우 50%인 50억 원 이상의 경우에만 재심사 대상이 된다. 또한 당초 지방채 발행계획이 있던 사업이라면 지방채 발행계획의 30% 이상 추가 지방채를 발행하고자 하는 경우에도 재심사 대상이 된다.

지방자치단체 재원조달 방안 중 지방채의 기능

1. 재원조달 기능
   - 지방자치단체가 대규모 자본적 지출이 요구되는 사업이나 자연재해 등으로 상당한 재원이 필요한 경우 지방채 발행 가능
2. 적자재정 보전 기능
   - 재정적자가 누적되어 지방재정에 압박을 줄 때 이를 보전하는 수단으로 이용
   - 높은 이자율로 기 발행된 지방채를 저리 지방채로 차환발행 가능
3. 세대 간 부담의 공평화 기능
   - 지하철·도로·상하수도 등과 같은 내구적 공공재의 편익은 미래 세대에 배분
   - 시설비용을 지방채 재원으로 활용할 경우 편익과 비용의 세대 간 불공평한 측면 해소 가능

자료: 한국의 채권시장(한국거래소, www.krx.co.kr).

셋째, 사업이 지연되는 경우이다. 투자심사 이후 다음 연도부터 3년간 사업시행이 이루어지지 않았거나 미추진된 사업이 이에 해당한다. 3년 동안 사업이 시행되지 않았다는 것은 '사업계획, 주민갈등, 재원 확보' 등 다양한 지역사회 문제가 있었음을 의미한다. 이 경우 국가계획과의 중복성, 사업비 증액, 사업량 및 재원 변경 등 여러 가지 사항을 다시 심사한다. 대부분의 재심사 대상은 여기에 해당된다. 이는 처음부터 사업계획이 구체적이지 않거나 사업 추진 여건이 조성되지 않았음에도 무리하게 투자심사를 진행한 결과 정상적인 사업 추진이 어려운 사업들이 대부분이다. 결국 해당 지방자치단체 행정력을 낭비하는 결과를 초래한다는 측면에서 타당성 조사 및 투자심사 등 일련의 절차를 거치기 전에 사업 추진 여건을 충분히 고려하여 신중한 계획 마련이 필요하다.

넷째, 재원계획의 변경이다. 당초 전액 자체재원으로 추진하였으나 투자심사 이후 국비, 민간자본 등으로 재원조달계획이 변경되어 투자심사기관이 자체심사에서 의뢰심사로 변경

〈표 9-20〉 지방재정 투자심사 재심사 사례

• A~B구간 지방도 개설공사 … 3년간 미추진으로 재심사
- 고속도로, 국도 등의 계획이 없어 지방도 개설을 계획하여 타당성 조사 및 투자심사 완료 이후 대규모 사업비를 확보하지 못하여 장기간 추진되지 못함.
- 2018년 기준으로 3년이 경과하여 총사업비 500억 원 이상인 사업의 재추진을 위하여 투자심사를 진행하기 위하여 전문기관의 타당성 조사를 실시하게 됨.

⇨ (타당성 조사 및 투자심사 재심사 결과)
- 지방도 개설공사가 지연되고 있는 사이 지방도 개설구간 인근 노선에 고속도로 및 국도가 완공됨에 따라 당초 지방도 사업계획은 국가계획으로 추진한 고속도로 및 국도사업과 중복성 있는 것으로 조사 결과 나타남.
- 결국 투자심사에서 국가계획과의 중복성 등 사업 필요성이 상실됨에 따라 재검토 결정이 이루어지면서 타당성 조사에 따른 비용과 투자심사 재심사 행정력 낭비 발생 초래가 발생함.

된 사업이다. 다만, 투자사업의 예산이 편성되어 추진하고 있는 사업은 전액 자체재원의 비중이 총사업비의 90% 이상인 경우 재심사를 제외하고 있다. 즉, 국비, 민간자본 등 자체재원이 아니라 총사업비의 10% 미만까지는 재심사 대상에 포함하지 않아도 된다.

이것이 궁금합니다!

Q ○○시는 총사업비 1,000억 원을 전액 자체재원인 지방비 100% 사업으로 계획하였으나, 추진하는 과정에서 국비 90억 원을 확보하였다. 최종적으로 국비 90억 원, 지방비 910억 원으로 재원조달계획이 변경된 경우 재심사 대상이 되는지?

A 재심사 대상이 되지 않습니다. 투자심사 이후 재원계획이 변경되었더라도 총사업비 기준으로 자체재원 비중이 90% 이상인 경우에는 재심사 대상에서 제외할 수 있습니다. 다만, 최초 사업계획 수립시 관련 법령에 따라 국비지원이 가능한 경우인지, 투자심사 이후 국비지원이 가능한 사업으로 변경된 경우인지 등에 대한 검토가 필요할 것입니다.

다섯째, 사업부지 변경이다. 투자심사 의뢰서에 계획되었던 읍·면·동의 위치와 다르게 사업이 추진되는 경우가 여기에 해당된다. 다만, 도로·철도 등 일부 구간 변경, 건축물 사업부지를 당초 심사의뢰한 위치와 동일한 읍·면·동 구역 내에서 일부 변경된 경우에는 재심사 대상에서 제외할 수 있다.

마지막으로, 감사 결과 재심사를 요청하는 사항이다. 감사원이 감사 결과에 따라 지방재정에 미치는 영향이 중대하여 재심사를 요청하는 사업이 이에 해당한다. 지방자치단체의 사

이것이 궁금합니다!

Q ○○시 총사업비 500억 원 도로사업입니다. 당초 사업계획의 노선계획은 동일하나, 도로폭을 축소하여 사업을 추진할 경우 '재심사' 대상이 되는지?

A 재심사 대상이 되지 않습니다. 당초 계획했던 도로 노선의 변경 없이 단순하게 도로폭만 조정되었다면 재심사를 받지 않아도 축소된 노선으로 사업 추진이 가능합니다. 다만, 도로사업의 경우 사업이 장기간 소요됨에 따라 3년 이상 경과로 인한 재심사 대상 여부는 추가 검토가 필요합니다.

업 추진 상황을 종합적으로 고려하여 감사원의 감사 결과 해당 지방자치단체에 처분을 통해 투자심사에서 '재심사'를 받은 후 사업 추진 여부를 결정하는 것이 필요하다는 경우이다.

그런데 여기에는 어떤 제도개선의 이유와 과정이 있었을까? 제도개선 이유는 감사원에서 지방자치단체 감사 과정에서 잘못된 행정절차로 인하여 지방자치단체 재정상의 손실이 발생했을 경우에는 해당 공무원에 대한 징계 및 변상 책임과 아울러 지방자치단체의 지방교부세 감액 등의 처분을 내리게 된다. 그러나 대상 사업이 이러한 감액 처분 등에는 해당되지 않으나, 심사 대상 금액에 따른 심사기관 오류, 동일 사업을 2개 이상으로 분리하여 각각 투자심사를 실시하는 경우에는 관계 법령에서 규정한 적정 기관에서 심사를 받도록 조치할 필요가 있다는 측면에서 감사원 요구에 의해서 제도개선이 되었다.

〈표 9-21〉 지방재정 투자심사 제도개선 사례

감사 결과 재심사 요청 사업에 대한 개선은 어떻게 진행되었는지?
• 제도개선 시기: 2015. 12. 24(「지방재정투자사업 심사규칙」 개정) • 제도개선 요구: 감사원 → 행정안전부 • 제도개선 사유 ① 감사원이 지방자치단체 재정 분야를 감사하는 과정에서 투자심사제도를 제대로 이행하지 않고, 지방자치단체 스스로 사업계획 수립시에는 사업비를 축소하여 사전 행정절차 이행 후, 사업 추진 과정에서 사업비를 증액하는 사례 발생 ② 또한 하나의 사업을 2개 이상으로 분리하여 추진함에 따라 총사업비를 나누는 결과를 초래하여 타당성 조사 회피하고, 시·도 또는 행정안전부 의뢰심사 대상을 자체심사로 실시하는 등 제도 운영상 부작용 사례 발생

재심사의 심사 시기는 실시설계가 확정되면서 총사업비가 증가한 경우 계약체결 또는 사업시행 이전에 심사를 실시해야 한다. 계약체결은 1개의 사업이라도 '본 공사계약, 용역계

약, 토지보상계약, 자재 납품계약' 등으로 다양한 형태로 나타날 수 있다. 여기서 말하는 계약체결은 부대 계약은 제외하고 '본 공사계약'을 말하는 것이다. 또한 실시설계 확정 후 설계변경으로 총사업비가 증가된 경우는 변경 부분의 시공 이전에 심사를 완료해야 한다.

이것이 궁금합니다!

Q 왜 기성대가 10% 이상 또는 총사업비 25% 이상 지출이 완료되는 경우 재심사를 제외하는지?

A 총사업비 집행 기준으로 기성대가 10% 이상 또는 총사업비 25% 이상 집행하는 사업의 경우 지방재정 투자심사의 본래 목적, 즉 사업시행 여부에 대한 판단을 하는 의미가 없어 재심사 대상에서 제외하고 있습니다.

다만, 도로·건축물 등의 시설사업은 기성대가가 10% 이상인 경우, 그리고 기타 사업은 총사업비의 25% 이상이 지출된 경우는 재심사 대상에서 제외할 수 있다. 즉, 현행 규정상 도로·건축물 등 시설사업에 포함되지 않는 도시개발·공원조성·산단조성 등 기타 사업은 토지보상비로 총사업비의 30% 이상을 집행하였다면 재심사 대상에서 제외된다는 것이다. 여기서 주의할 점은 총사업비가 재심사 기준으로 증가 시점과 총사업비 25% 이상 또는 기성대가 10% 이상 집행한 시점에 대해 사전에 충분한 검토가 이루어져서 재심사 대상 사업이 재심사를 받지 못하고 사업이 마무리되는 경우가 발생하지 않도록 관리해야 한다.

이것이 궁금합니다!

Q 사업비가 30% 증가하여 재심사 대상이나, 재심사를 받지 못한 상황에서 사업비 집행이 총사업비 기준 30% 이상 초과되는 경우 재심사를 받은 효과가 있나요?

A 당초 재심사 대상 사업이 그 후 집행액 증가로 재심사에서 제외되었다고 해서 해당 사업이 투자심사(재심사)를 받은 효과를 갖게 된다고 말할 수 없습니다. 단지, 재심사를 받지 않는 사업으로 분류되는 것입니다. 왜냐하면 동 사업의 경우 총사업비가 30% 증가하여 재심사 대상이 되었으면 즉시 재심사를 요청하여야 합니다. 결국, 사업 추진 부서에서 재심사를 받지 않는 결과를 초래한 경우이기 때문입니다. 재심사 기준이 되는 시점과 사업비를 집행한 시점, 집행한 금액을 살펴보고 최종적으로 판단해야 합니다.

제 10장

지방재정 투자심사제도 실제

1. 투자심사의 기준

지방재정 투자심사 기준은 다음에서 보는 바와 같이 크게 아홉 가지로 구분할 수 있다. 일반적으로 지방자치단체에서 투자심사 의뢰서 작성시 주로 아래 박스 내용 중 ④, ⑤, ⑦, ⑧의 심사 기준에 대한 설득력 있는 자료 작성에 취약한 모습을 보이고 있다. 그러므로 사업계획 작성시 이러한 투자심사 기준에 대한 작성 방법의 이행, 특별한 관심과 세부적인 검토가 필요하다.

① 국가 장기계획과 부합성
② 자체 중 · 장기 지역계획 등과의 연계성
③ 총사업비 산정 · 재원 구분
④ 소요자금 조달 및 원리금 상환능력
⑤ 경제성 · 재무성 분석
⑥ 사업의 필요성 및 시급성
⑦ 주민 숙원 · 수혜도 및 사업요구도
⑧ 사업규모 · 사업비의 적정성
⑨ 지역주민 · 시민단체 의견수렴

1) 사업 추진 주체, 국가계획과 부합하는가?

사업 추진 주체는 지방자치단체에서 직접 시행하는 것인지, 아니면 민간에서 추진하는 사업인지에 따라 투자심사 기준이 전혀 다르게 적용된다. 국가사무에 대하여 지방자치단체에서 추진해야 할 사업인 경우 지방재정을 부담해야 할 근거가 있는지에 대한 사전 제도적

사업 성격 및 연계성	
• 지방자치단체 사업인가? • 국가 또는 민간사무인 경우 재정부담 또는 지원 근거가 있는지 또는 가능한지? (「지방재정법」 제17조 및 「시행령」 제32조)	〈point〉 지방자치단체 사무인지, 국가사무인지? • 지방자치단체 사무가 아닌 경우 • 국가사무일 때 구체적인 지방재정 부담 근거가 없는 경우 • 민간출연금 지급시 법령에 출연 근거가 없는 경우 → 부적정 사업으로 결정 가능
• 국가 장기계획 경제·사회 정책과의 부합성 또는 정부 역점시책 사업과 연계성?	〈point〉 • 각종 국가 중·장기 계획에 포함되어 있는지? • 대통령 공약사항 등 포함 여부?

검토가 있어야 한다. 또한 국토종합개발계획, 국가균형발전 5개년 계획 연계성과 국가 경제·사회발전계획 수립시 동 계획과의 연계성, 각 중앙 부·처가 추진하는 주요 시책사업과의 연계성을 살펴보아야 한다.

■ 중앙투자심사 사례

A 지방자치단체는 256억 원으로 온천을 활용한 의료관광서비스 사업의 추진계획을 수립하여 자체 기본 계획 및 자체 연구용역을 수립 완료 후 중앙투자심사를 신청하였음.

- 사업 내용: 주변 민간에서 온천시설을 건립하여 운영하고 있는데 지방자치단체에서 재정사업으로 온천을 활용한 치유 등 의료산업과 관광을 복합적으로 추진계획

〈결과〉 부적정

- 동 사업은 공공부문(지방자치단체)에서 실시할 사업이 아니고, 필요하다면 민간 분야에서 추진하는 것이 타당하다는 의견으로 부적정 심사 결과 통보

자료: 지방재정 365(http://lofin.mois.go.kr 재구성).

2) 중·장기 지역계획 및 지방재정계획과의 연계성은?

지방자치단체의 신규 투자사업이 계획적으로 추진되기 위해서는 지방자치단체의 각종 중·장기 계획과의 연계가 가장 기본적인 요소 중의 하나일 것이다. 이는 지방자치단체장이 즉흥적이고 비계획적으로 사업을 추진하지 않고 중·장기적인 계획하에서 사업이 추진될 수 있도록 사전에 관련 계획에의 반영 여부를 검토하는 데 핵심이 있다.

중·장기 계획과의 연계성	
개별 법률에 의한 지역단위 계획과의 관련성?	〈point〉 • 지역종합개발계획, 수도·하수도정비 기본 계획, 연안정비 기본 계획, 광역교통개선대책 등 정부계획에 구체적으로 반영되어 있는지 확인
중기지방재정계획 반영 여부?	〈point〉 • 중기지방재정계획 미반영시 원칙적으로 재검토 또는 반려 조치 필요 • 반영 못할 특별한 사유가 있는지? (국가정책사업의 계획 변경, 연도 말에 긴급히 결정된 사업 및 국회 심의 과정에 추가된 사업과 같이 사정 변경 또는 예측하지 못한 사업인지 여부)

■ 중앙투자심사 사례

- **(사례) 중기지방재정계획에 미반영하고 투자심사 의뢰**
  A 단체 등 다수의 지방자치단체들이 매년 10월에 실시되는 마지막 정기심사에서 5년 단위로 실시되는 '중기지방재정계획'에 사업을 반영하지 않는 상태로 지방재정 투자심사를 의뢰하였음.
- (심사 과정) 지방자치단체에서 중기지방재정계획에 반영하지 않았다는 것은 사업계획이 사전에 충분한 검토 없이 즉흥적으로 추진되었다는 것을 보여 주는 바람직하지 않은 형태이므로, 사전 접수단계에서 반려 등 조치 필요
  반면, 지방자치단체 중기지방재정계획이 지방자치단체의 내부 상황에 따라 매년 1회 실시 또는 추경시마다 연동성 계획으로 수립하는 경우 등 다양하게 나타나고 있고, 동 계획은 지방의회 의결사항이 아닌 사항 등 고려 필요
- **(심사 결과) 조건부 추진**
  중앙투자위원회 심사 결과 지방자치단체의 중기지방재정계획에 반영을 조건으로 제시함. 이와는 별도로 지방자치단체 사업 추진시 중기지방재정계획에 반영 후 세부계획을 마련하여 추진하도록 집중 교육을 실시하고 있음(매년 지방자치단체 권역별 순회교육).

예를 들면, '지역종합개발계획', '도시교통정비기본계획' 등 개별 법률에 의한 지역단위 계획과의 관련성, '중기지방재정계획'에의 포함 여부를 심사하게 된다. 그런데 대부분 지방자치단체 사업부처 실무 공무원들은 이것을 다른 행정절차보다 상대적으로 중요하지 않게 생각하는 경향이 있다. 그 이유 중 하나는 비록 '중기지방재정계획'이 지방자치단체 내에서 작성하여 지방의회에 제출되는 계획이지만 예산편성 과정에 비해 상대적으로 관심을 받지 못하기 때문이다.

왜! 지방자치단체가 스스로 수립하는 '중기지방재정계획' 반영이 중요한가? 지방자치단체가 스스로 수립한 '중기지방재정계획'은 지방의회 의결사항도 아니고 매년 지방의회에 제출되면 수립이 완료되는 행정절차이다. 그럼에도 불구하고 투자심사 전에 이것을 꼭 반영해야 하는 이유가 무엇인지에 대해 지방자치단체의 사업 추진 부서에서 적지 않게 의문을 제기한다.

이에 대한 답은 다음과 같다. 지금까지 진행되어 온 '투자심사위원회 심의 과정'을 살펴볼 때, 지방자치단체 내에서 중·장기 계획을 수립하여 추진하는 사업은 사전 행정절차, 사업의 필요성·타당성 측면에서 어느 정도 검증된 사업이자 준비되어 온 사업이다. 반면 중기재정계획에도 반영되지 않은 사업은 지방자치단체장, 의원, 특정 단체 등 정치적 요구에 의해 사업이 조급하게 계획되면서 중·장기 계획에 반영된 사업에 비해 상대적으로 비효율적인 것

으로 나타난다. 그러므로 이러한 사업들이 추진이 될 경우 예산낭비, 운영비 증가 등으로 연계될 수 있는 우려가 많다.

3) 총사업비 산정의 객관성 및 재원의 구분은 맞게 산정되었는가?

지방재정투자사업을 계획·추진하는 경우 사업부서 또는 예산부서, 투자심사 실무부서에서 볼 때 총사업비에 대한 적정성이 자주 이슈화되고 있다.

여기에서 한 가지 궁금증이 생길 수 있는데, 그것은 지방자치단체 예산 중 어디까지 자체재원으로 볼 것인가의 문제이다. 지방자치단체 재정 분야에서 근무한 공무원은 비교적 쉽게 구분하지만, 사업을 추진하는 부서 공무원은 〈표 10-1〉 재원 구분, 자체재원 구분, 투자심사 기관 등의 구분에 있어서 어려움을 나타내고 있다.

사업 타당성 검토 등	
총사업비 산정은 적정한가?	〈point〉 • 객관적인 기준을 토대로 총사업비를 산정하였는가? ※ 건축비는 공식적인 자료 또는 어떤 객관적인 자료를 활용하였는가? - (과소) 투자심사 이후 사업비가 과도하게 증가함에 따라 재심사 우려 - (과대) 충분한 사업비 규모에 맞게 설계(실외 의관 및 실내 인테리어 호화)됨에 따른 예산낭비 우려 ※ 부지(매입)비 산정시 공유재산의 경우 가격(공시지가)을 포함하였는가? - 국·공유지 매입, 민간 부지에 대한 보상 배율은 적정하게 산정되었는가? ※ 박물관, 도서관 등 시설 개관시 소요되는 물품구입비 등은 포함되었는가?

지방재정 투자심사에서 자체재원으로 포함하는 범위는 해당 지방자치단체에서 부과·징수한 지방세, 세외수입, 기금 등이 있다. 다만, 지방자치단체 스스로 거두어들인 수입은 아니지만 상급기관에서 해당 지방자치단체에 재정을 이전하는 '보통·특별·부동산 교부세, 소방안전 교부세 및 보통·특별 조정교부금'은 자체재원으로 포함된다. 비록 지방자치단체 스스로 거두어들인 돈은 아니지만 행정안전부 및 시·도에서 재정 이전시 사업 목적이 지정되지 않고 지방자치단체가 자율적으로 판단하여 사용이 가능한 재원이라는 특징이 있어 자체재원으로 구분하고 있다. 일부 특정 목적으로 교부되는 특별교부세·특별조정교부금 등의 경우에도 사업 목적을 지방자치단체가 원하는 사업을 신청하여 교부됨에 따라 자체재원으로 구분하고 있다.

〈표 10-1〉 지방자치단체 재원의 구분과 투자심사 구분

재원 구분	재원 자주성	투자심사시 재원 구분	투자심사기관 (예: 300억 원 일반사업)
지방자치단체 지방세, 세외수입, 기금(지역개발기금 제외)	자주성	자체재원	자체심사
지방교부세, 특별교부세, 부동산 · 소방안전교부세, 조정교부금, 특별조정교부금	자주성	자체재원	자체심사
민간자본(지방자치단체 세입계상 후 지방자치단체 추진시)	특정 목적	자체재원	자체심사
국고보조금(균형발전특별회계 포함), 국가기금, 시·도비 보조금	특정 목적	의존재원	의뢰심사
민간자본 (민간 직접 시행)	특정 목적	의존재원	의뢰심사
지방채 (지역개발기금)	특정 목적	의존재원	의뢰심사
지방채 (공공기금, 모집공채 등)	특정 목적	의존재원	의뢰심사

이것이 궁금합니다!

Q A 지구 도로건설 실시에 소요되는 총사업비는 300억 원이고 재원은 지방비 200억 원, 특별교부세 50억 원, 특별조정교부금 50억 원으로 구성되는데, 이 경우 전액 자체재원으로 판단할 수 있는지?

A 전액 자체재원으로 판단할 수 있습니다. 재원 중 지방교부세 및 조정교부금은 중앙 또는 시·도로부터 이전되는 재원의 성격이지만, 지방자치단체가 특정한 사업으로 신청 및 교부를 받아 사용하는 자주재원과 마찬가지이므로 투자심사에서는 자체재원으로 구분하고 있습니다.

그러나 상급기관에서 특정 목적이 확정되어 통보되는 '국고보조금, 국가기금', 시·도비 보조금은 지방자치단체의 자율성이 없는 재원이므로 의존재원으로 분류하고 있다.

또한 사업 추진 방식에 따라 재원의 성격이 달라지는 '민간자본'에 대해서도 지방자치단체 사업을 추진하는 부서에서 많이 궁금해 한다. 특정 사업에 있어 민간이 부담하는 사업비 일부 또는 전부를 지방자치단체 예산에 편성하여 사업을 추진하는 경우 재원의 성격을 어떻게 판단해야 할 것인가에 고민이 있다. 이때 자체재원의 판단 기준이 되는 것은 지방자치단체 세입에 반영되어 지방자치단체 주관으로 추진되는 경우에는 자체재원으로, 반면에 민간이 민간자본의 일부를 부담하는 형태로 추진하는 경우에는 의존재원으로 구분하면 된다.

이것이 궁금합니다!

Q A 도(道)에서 ○○지구 대규모 산업단지 개발사업을 실시하는 데 소요되는 총사업비는 2,000억 원이고 재원은 지방비 1,500억 원, 지역개발기금 자금에서 500억 원으로 구성되는데, 이 경우 전액 자체재원으로 판단할 수 있는지?
참고로 지역개발기금 자금은 A 도에서 기금으로 관리하는 자금입니다.

A 전액 자체재원으로 판단할 수 없습니다. 지역개발기금 500억 원은 지방채를 발행하여 사업을 시행하는 것으로 판단하여야 합니다.
왜냐하면 현재 도에서 각종 인·허가, 계약, 자동차 신규 및 이전 등록시 지역개발채권 등 지방채를 발행하고 발행된 지방채는 지역개발기금으로 관리하고 있습니다. 그러므로 지방자치단체 내 자금이라 할지라도 회계 간 전출 등 특정 사업으로 사용하는 경우에는 지방채를 발행한 것으로 재원 구분을 명확히 하여야 합니다. 지역개발기금은 현재는 지방자치단체가 내 돈처럼 보관하고 있지만, 채권 만기 도래시(통상 5년) 지방자치단체는 원금과 약정 이자를 합하여 상환해야 합니다.

마지막으로 지방채를 어떻게 볼 것이냐에 따라 두 가지 의견이 있을 수 있는데, 재원의 차입을 시·도의 내부거래인 지역개발기금을 활용하는 경우와 외부 정부자금 또는 금융기관(공모공채)을 통해 자금을 마련하는 경우로 구분할 수 있다. 외부 정부자금 및 금융기관을 통한 공모공채를 지방채로 보는 데는 이견이 없다. 다만 지방자치단체(시·도)에서 첨가소화의 방법으로 발행되는 '지역개발기금'에 대해서는 일부 자체재원으로 판단하는 경우가 있다. 많은 실무 공무원들이 내부거래의 자금인 점을 고려하여 지방채 발행사업으로 분류하지 않는 오류를 범하고 있다. 지역개발채권은 「지방공기업법」에 따라 지방자치단체로부터 면허·허가·인가를 받는 자 또는 지방자치단체에 등록을 신청하거나 신고하는 자에게 의무 매입하는 것이다. 일정 기간이 지나면 지방자치단체가 채권자에게 상환을 해야 하는 채무이다. 그러므로 지역개발채권을 발행하여 조성된 기금을 지방자치단체 특정 사업에 융자(내부거래)를 받아 추진하는 경우에는 당해 기금은 지방채로 판단해야 한다.

이것이 궁금합니다!

Q 지방자치단체에서 세입예산으로 사업비가 부족할 경우 부족 재원은 얼마든지 지방채를 발행하여 사업을 시행할 수 있는지?

A 특정 사업의 추진을 위해 부족재원의 일부는 지방채를 발행하여 사업을 추진할 수 있습니다. 이 경우 총사업비의 몇 % 이내의 지방채라고 규정적으로 명시되어 있지는 않습니다. 또한 각 지방자치단체는 매년 지방채 발행한도액(산정 기준)을 산정받게 되는데 이 한도액 범위 내에서는 지방자치단체의 필요한 사업에 별도 승인 없이 활용이 가능합니다. 다만, 예산 대비 채무비율(예산규모에 대비한 지방채무 규모)이 25%를 초과할 경우에는 재정 '주의' 단체, 40%를 초과할 경우는 재정 '위기' 단체로 지정됨에 따라 채무비율 관리에 주의가 필요합니다.

〈참고〉 지방채 발행 한도액 산정 기준

구분		시·도, 인구 100만 이상의 대도시	시·군·구
총한도액(A+B)	기본한도액(A)	[경상일반재원 − (채무잔액+BTL 임차료+우발채무 50%)] × 10%	
	대도시 특례	기본한도액의 10% 추가	
	별도 한도액(B)	지역개발채권·도시철도채권 발행액+차환액+지역일자리사업 +장기미집행 도시계획시설	

4) 사업에 소요되는 재원의 조달과 원리금 상환능력은 있는가?

투자심사시 국고보조사업 해당 여부와 지방자치단체 부담비율의 적정성에 대해 심사를 한다. 이는 국가에서 보조되는 사업임에도 불구하고 해당 중앙부처에 사업규모, 사업 내용 등 심사를 받지 않고, 지방자치단체 자체재원으로 추진하는 잘못을 예방하는 차원에서 점검한다. 이 과정에서는 지방비 부담의 확보능력, 지방채 발행요건 해당 여부 및 원리금 상환능

재원조달계획 등	
재원조달계획은 적정한가?	〈point〉 • (민간자본) 민간자본 확약서 등 구체적인 투자계획을 확인 ※ 많은 경우 민간자본 대상 및 투자액을 사업진행 과정에서 확정하는 것으로 추진하다가 민간자본 확보가 원활하지 않으면 지방비로 재원계획을 변경하여 추진하는 경향이 있으므로 사전 재원확보계획에 대한 정확한 판단이 필요함. • (국비) 관련 법령에 의거 지원 사례가 있는지 여부 및 정부 사업부처와 사전 협의 여부 확인 ※ 일부 지방자치단체의 경우 관련 법령에 따라 시설비의 일부를 지원받을 수 있는 경우에도 관계 부처와 사전 협의를 하거나 국고보조금은 신청하지 않고 전액 지방비 재원으로 추진하고 있음. • (지방채) 지방채 발행 대상 사업인지 여부. 재원 중 지방채 포함시 신규 지방채 발행에 따른 채무비율, 지방채 상환능력, 지방채 발행 한도액 내의 가능성 등에 대한 고려 필요

력, 민자 확보시 민간자본 투자계획의 구체성 등에 대한 심사가 중점적으로 진행된다.

일부 지방자치단체에서는 국비 보조사업 대상임에도 해당 중앙부처와 협의 또는 국비 요구 없이 전액 지방자치단체 재원으로 추진하는 사례가 발생하고 있다. 이는 지방재정 투자심사에서 충분히 검토가 이루어져야 할 사항이다. 그 이유는 지방자치단체가 사업의 성격을 잘못 이해하거나 재정을 알뜰하게 꾸려나가지 못하는 것을 사전에 방지하여 건전한 재정 운영을 유도하기 위함이다.

중앙정부에서 국비지원이 가능한 사업의 경우에도 일부 지방자치단체는 왜 전액 지방비인 자체재원으로 사업을 추진하려는 것일까? 많은 궁금증을 유발하게 한다. 핵심적인 이유는 외부 심사의 간섭 없이 자기가 하고 싶은 사업을 관철하여 추진하고 싶기 때문이다. 우선 청사건립, 문화·체육시설 설치 등 일부 사업을 제외하고 일반투자사업에 100% 자체재원으로 추진하게 되면 투자심사시 총사업비 규모에 관계없이 자체심사로 가능하다. 이 경우 상위기관에 의한 의뢰심사에서 '재검토', '부적정' 등 퇴짜를 맞을 가능성을 원천적으로 배제하는 것이 가능하다. 그리고 국비와 시·도비 신청은 절차적으로 번거로움과 신청 후 쉽지 않는 예산 확보 노력이 필요하다. 여기에 추가로 국비 등이 확보되어 사업 추진이 완료되면 그 후 집행에 대한 정산절차, 감사 등 각종 후속 조치 등이 따른다. 한마디로 이들이 번거롭고 귀찮고 때로는 부담스럽다는 것이 그 이유이다. 실제로도 적지 않은 사업 추진 부서들이 지방자치단체 자체예산 100% 사업으로 추진하거나, 국비, 시·도비 등 외부로부터 재정지원을 받아서 하거나, 아니면 지방채 발행을 통해 사업을 추진하거나 별 차이가 없다는 안일하고 무관심한 입장을 취하고 있다. 이러한 입장은 지방자치단체 내 재정 운영 총괄부서의 입장과 차이가

■ 중앙투자심사 사례

- **국고 확보 가능한 사업을 100% 지방자치단체 지방비와 지방채 발행으로 추진**
  A 광역지방자치단체는 'OOO 문화시설 건립사업(310억 원)'을 추진하면서 개별 법령에 따라 국비 20억 원을 지원받을 수 있는 사업임에도 100% 지방비와 지방채 발행으로 재원계획을 수립한 후 지방재정 투자심사 의뢰
  〈사유(사업부서): 지방자치단체 내 예산부서에 사업비 요구시 재원 확보 가능〉
- **(심의 결과) 재검토**
  관련 중앙부·처와 'OO 문화시설 건립사업'에 대한 사업규모, 국비 확보, 사업 추진 시기 등 구체적인 사업계획을 협의한 후 사업계획 및 재원계획을 확정하여 재상정 필요

날 뿐 아니라 주민의 세금을 효율적이고 효과적으로 사용하는 것과는 거리가 멀다.

5) 경제성 및 재무성 분석 결과는?

경제성 및 재무성 분석은 신규 투자사업이 시행될 경우 그것이 지방자치단체에 미치는 지역사회와 국민복지에 미치는 영향(경제성)과 해당 투자사업 자체의 수지 상태(재무성)를 분석하는 것이다. 현재 총사업비 500억 원 이상의 신규 투자사업에 대해서는 행정안전부 장관이 지정한 전문기관에서 의무적으로 타당성 조사를 이행해야 한다. 타당성 조사와 관련해서는 제3부에서 자세히 기술하고 있다.

사업 타당성 검토 등	
타당성 조사 시행(의무적 대상 사업) - 타당성 조사 기관의 적정성?	〈point〉 • 타당성 조사가 한국개발원(PIMAC), 한국지방행정연구원(LIMAC), 지방공기업평가원, 기타 민간 용역기관 등 어느 기관에서 수행하였는지? • 총사업비 500억 원 이상 사업의 경우 행정안전부 장관이 지정한 전문기관에서 타당성 조사를 실시하지 않았을 경우 반려 또는 재검토 대상이 됨. • 법적으로 타당성 조사 의무 대상 사업이 아닌 사업에 대하여 자체 타당성 조사를 실시한 경우 타당성 조사 내용에 대해 타당성 조사 지침을 준용하여 조사가 되었는지 검증 필요
경제적 타당성이 있는가? 또는 재무적 수익성이 있는가?	〈point〉 • 비용편익분석에서 비용이 과소 산정되었는지, 편익이 과다 산정되었는지 구체적인 내역 등 확인 필요 ※ 재무적 수익성이 있는 경우 민간자본 유치 가능성 검토

하지만 총사업비 500억 원 미만 사업의 경우 지방자치단체들이 사업계획 또는 기본 계획을 수립하기 위하여 공신력 있는 기관의 도움 없이 임의로 타당성 분석을 실시하는 사례들이 적지 않다. 이때 주의할 사항은 경제성·재무성 분석을 하는 경우 '한국지방행정연구원 지방투자사업관리센터'에서 규정하고 있는 타당성 조사를 위한 일반지침을 준용해야 한다는 것이다.

그러나 지방자치단체에서 임의로 실시하는 대부분의 타당성 조사들이 이러한 규정을 준용하지 않고 실시되고 있는 것이 현실이다. 각 지방자치단체는 부득이 자체 용역을 발주하는 경우, 발주단계부터 면밀히 점검해서 이러한 오류가 발생하지 않도록 각별히 주의해야 한다.

〈표 10-2〉 투자심사 의뢰서의 주요 내용(비용편익분석) 왜곡 사례

지자체	사업명(총사업비)	왜곡 내용
○○시	○○문화예술회관 건립사업(419억 원)	문화체육관광부 통계에 따른 전국 평균 유료관객 수는 26천 명인데도 합리적 근거 없이 123천 명으로 반영하는 등 편익을 부풀린 경제성 분석 결과(B/C 1.06)를 의뢰서에 작성 · 제출**(재분석 결과 B/C 0.21)**
○○시	화물자동차 공영차고지 조성사업 (121억 원)	화물자동차 휴게소가 없는데도 운전자의 여가가치 상승 편익 등 179억 원을 계상하여 편익을 부풀린 경제성 분석 결과(B/C 1.62)를 의뢰서에 작성 · 제출**(재분석 결과 B/C 0.19)**
○○시	○○체육문화센터 및 수영장 건립사업 (191억 원)	주 이용자인 ○○동 인구(7,615명)가 아닌 도심권역 인구 전체(141,207명)를 기준으로 산정한 운영수지 결과(연간 39백만 원 수익)를 의뢰서에 작성 · 제출**(재분석 결과 연간 531백만 원 손실)**
○○군	○○동 ○○ 치유센터 조성사업 (59억 원)	시설규모가 축소되었는데도 편익은 그대로 두고 비용만 축소하여 산출한 경제성 분석 결과(B/C 1.00)를 의뢰서에 작성 · 제출**(재분석 결과 B/C 0.80)**
○○군	국제○○힐링파크 조성사업 (150억 원)	문화체육관광부 통계에 의해 검증된 유료관광객 수는 1,189천 명인데도 무료관광객을 포함한 1,617천 명을 반영하는 등 입장료 수입을 부풀린 경제성 분석 결과(B/C 1.30)를 의뢰서에 작성 · 제출**(재분석 결과 B/C 0.65)**
○○시	○○ 스포츠파크 확장사업 (381억 원)	일시적인 전지훈련 및 대회유치 수요를 연중 수요로 추정하는 등 수입을 부풀린 운영수지 결과(연간 3억 원 이상 수익)를 의뢰서에 작성 · 제출 **(재분석 결과 연간 2억 원 이상 손실)**
○○시	○○문화센터 · 도서관 건립사업 (350억 원)	문화센터의 유료공연 개최 횟수를 과다 계상(인근 성산아트홀보다 95회 많은 132회로 산정)하는 등 편익을 부풀린 경제성 분석 결과(B/C 1.17)를 의뢰서에 작성 · 제출**(재분석 결과 B/C 0.12)**
○○군	○○ 농어촌 테마공원 조성사업 (170억 원)	건설비용을 편익에 반영하는 등 편익을 부풀린 경제성 분석 결과(B/C 1.22)를 의뢰서에 작성 · 제출**(재분석 결과 B/C 0.33)**
○○시	조선왕조역사 문화공원 조성사업 (640억 원)	경제성 분석기간은 예비타당성조사 지침 등에 따라 30년을 적용해야 하는데도 60년을 적용하여 편익이 과다 산정된 경제성 분석 결과(B/C 1.00)를 의뢰서에 작성 · 제출**(재분석 결과 B/C 0.67)**
○○시	교육 · 문화센터 건립사업(535억 원)	경제성 분석에서 제외해야 하는 간접적 편익(건설단계 부가가치 유발효과 318억 원)을 계상하는 등 편익을 부풀린 경제성 분석 결과(B/C 0.66)를 의뢰서에 작성 · 제출**(재분석 결과 B/C 0.28)**
○○군	○○○ 어드벤처 레포츠개발 청소년 수련지구 조성사업 (167억 원)	이용객 수 과다 추정 및 편의시설 수입을 부풀린 경제성 분석 결과(B/C 1.08)를 의뢰서에 작성 · 제출**(재분석 결과 B/C 0.69)**
○○군	○○○ 테마파크 조성사업 (288억 원)	할인율(5.5%)을 적용하면서 연차별로 감소하는 값을 적용하여야 하는데도 20년간 일률적으로 1.055를 곱하는 등 편익이 과다 추정된 경제성 분석 결과(B/C 1.03)를 의뢰서에 작성 · 제출**(재분석 결과 B/C 0.86)**
○○시	동부권 체육시설 건립사업 (1,055억 원)	용지보상비를 비용에서 누락하여 산정한 경제성 분석 결과(B/C 1.27)를 의뢰서에 작성 · 제출**(재분석 결과 B/C 0.87)**

자료: 감사원(http://www.bai.go.kr).

6) 사업의 필요성 및 시급성은 있는가?

사업의 필요성 및 시급성 점검은 투자사업이 지방자치단체 내 다른 사업보다 시급히 추진해야 하는 사유 또는 필요성이 있는지, 주요 현황 및 수요 추세 등 사업의 성격 분석 및 예상 수요에 대해 집중적으로 살펴보는 심사 항목이다. 해당 지방자치단체의 인구구조, 미래 인구 추계, 관광객 수요, 주민의 공공시설 사용 성향 등을 고려한 객관적인 수요예측을 통한 적정 사업규모와 시설 공급이 계획되었는지를 검토하는 것이 관건이다.

사업의 시급성	
타 사업보다 시급히 추진해야 하는 사업인가?	〈point〉 지방자치단체 내 예산편성 및 사업 추진 우선순위 중 어느 위치에 속해 있는가?
반드시 올해(내년)에 착수해야 하는 사업인가?	〈point〉 상급기관 승인, 사업 영향 평가 등 사전절차 이행 여부, 연관사업 추진 상황 등 고려

7) 주민 숙원·수혜도 및 사업요구는 어느 정도인가?

주민 숙원·수혜도 및 사업요구 정도에서는 사업에 대한 주민의 사업요구 정도, 사업의 시행으로 인해 수혜를 받는 지역 및 주민 수, 사업에 대한 주민들의 시설활용 비율 등을 주로 점검한다. 사업요구 정도는 지방자치단체의 사업목표치와 비교하여 사업성과의 수준을 측정하는 데 초점을 둔다. 예를 들면, 도로포장률, 인구증가율, 상·하수도 보급률 등이 그에 해당한다. 일자리 창출 효과는 신규 사업 추진으로 인해 유발되는 직접·간접고용효과를 계량적으로 제시하는 것이다. 현재 고용노동부에서 제시하는 고용효과 자료를 활용하여 산출하고 있다.

〈그림 10-1〉은 2019년 6월에 통계청[1]에서 발표한 '장래 인구 특별 추계' 결과이다. 지방자

1 통계청에서 2017년 인구주택총조사(등록센서스) 결과 인구 변동 요인을 가정하고, 향후 30년, 50년 장래 인구 전망 결과는 다음을 참조.
- 장래 인구 특별 추계(시도편 2017~2047년), 통계청 보도자료(2019. 6. 26), 〈부표 10-8〉.
- 장래 인구 특별 추계(2017~2067년), 통계청 보도자료(2019. 3. 27), 〈그림 10-1〉.

주민 수혜도 및 필요성 등	
사업 편익이 어떤 주민에게 영향을 주는 사업인가?	〈point〉 • '수혜 주민 수 / 전 주민 수'로 계량화 점검 ※ 문화·체육시설 등 사업 유형에 따라 객관적인 수혜 주민을 산정하여 작성
기초생활수급권자 또는 노인·장애인 등 사회적 약자를 대상으로 하는 사업인가?	〈point〉 • 복합시설 건립시 사회적 약자에 대한 편리성 증진, 일반인의 출입동선 및 이용시설을 구분하는 계획은 수립하고 있는가?
지역경제에 미치는 영향이 큰 사업인가?	〈point〉 • 타당성 조사시 분석을 의뢰하여 영향도 내지 지역경제 파급효과를 객관적으로 분석
일자리 창출을 위한 사업인가?	〈point〉 • '직접·간접고용 효과'로 계량화 점검 (사업 추진 및 운영단계로 구분 작성)
시설용도 등이 기존 시설과 중복되지 않는가? (국가·지방·민간시설 등)	〈point〉 • 이미 설치되었거나 계획된 시설인지에 대한 확인 필요 • 지방자치단체의 모든 시설을 대상으로 한 유사 시설 여부를 점검해 보았는지? ※ 누락 시설에 대한 재조사를 실시하여 철저한 분석 및 필요성 분석 필요 ※ 자료 작성시 많은 오류가 발생하고 있음.

〈그림 10-1〉 장래 인구 특별 추계(2017~2067) 결과

- (총인구) 2017년 현재 5,136만 명에서 증가, 2028년 5,194만 명을 정점으로 감소, 2067년 3,929만 명(1982년 수준)에 이를 전망
  - 인구 정점은 저위 추계(낮은 출산율-기대수명-국제순유입) 가정시 2019년으로 당겨지고, 고위 추계 가정시 2036년까지 늦춰질 것으로 전망
- (인구성장률) 2029년부터 마이너스로 전환, 2067년에는 -1.26% 수준

〈총인구 및 인구성장률, 1960~2067년〉

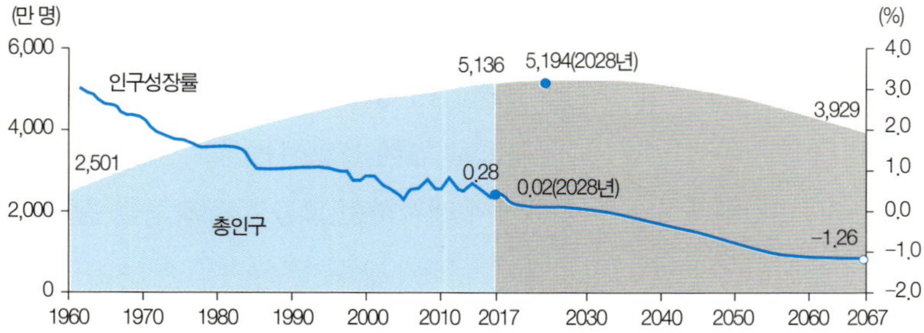

자료: 통계청 국가통계포털(http://kosis.kr, 2019. 3. 27).

치단체에서는 동 자료 및 〈부표 10-8〉에 제시된 '2017~2047 인구 추계' 자료를 활용하여 장래에 '수혜 주민 수' 산정시 참고하여 객관적인 자료를 제공하는 것이 투자심사와 사업 추진 과정에서 정당성을 더할 수 있다.

8) 사업규모와 사업비는 적정한가?

사업규모와 사업비의 적정성에 대한 점검은 지방자치단체의 투자사업 시행과 관련하여 수혜 인구, 유사 또는 같은 조건의 사업 등과 비교 분석하여 사업규모와 사업비가 객관적인 기준을 토대로 적정하게 산출되었는지에 대해 중점을 두고 확인한다.

아울러 사업의 장래 수요 추세 등 발전 전망을 종합적으로 고려하여 분석이 이루어졌는지에 대하여도 중점적으로 검토한다. 사업계획 단계에서 사업규모에 대한 판단이 잘못되어 과도하게 공급될 경우 이는 향후 운영비, 관리비 등 유지비용 증가로 이어지고 그 결과 지방재정에 큰 부담이 될 수 있다. 지방자치단체 공공시설 운영에 대한 정보는 '지방재정 365'에 지방자치단체 이용인원, 건립비용, 운영비용, 운영수익, 순수익 등으로 구분하여 공개되어 있다.

지방자치단체 공공시설은 운영상 손실 발생이 당연하다?

사업 타당성 검토 등	
사업규모는 적정한 수준인가?	〈point〉 • 개별 법령 등에서 규정하는 규모를 파악 • 규모의 규정이 없는 경우 인근 지방자치단체 또는 유사 지방자치단체 수준과 비교 • 미래 인구 변화 추이 등 고려
운영비용 산정은 적정한가?	〈point〉 • 수혜 인구, 유사 사업과 비교 • 수익 창출, 운영인력 적정성, 운영수지 적자분에 대한 해결방안 점검 ※ 운영수지 적자금액을 지방자치단체에서 모두 충당할 것인가? ※ 통상 지방자치단체 실무부서는 건립단계에 많은 행정력을 집중하고, 운영단계 수지에 대해 구체적으로 예측하는 데는 상대적으로 소홀히 하는 경우가 있음. - 실무 및 위원회 심사 과정에서 정확한 검증 필요
연차별 지방비 부담액이 지방자치단체 재정 여건 범위 내 충당 가능한 수준인지 여부?	〈point〉 • 전체 예산 중에서 고정적 지출경비, 주요 사업비 비중, 계속사업 등을 제외하고 가용재원으로 지방비 확보가 가능한지 사업비 비중 고려

지방자치단체가 건설하는 주요 공공시설에 대해 건립 후 운영적자가 발생하는 문제를 두고 찬·반 의견이 분분하다. 여기에서 말하는 공공시설은 지방자치단체가 운영·관리하는 청사, 예술회관, 박물관, 체육관, 도서관 등을 의미한다. 먼저, 적자 발생이 불가피하다는 찬성 입장에서는 다음의 사항들을 주장한다. 공익성 시설은 시장성이 없는 시설로서 수익을 기대하기 어려우며, 무엇보다도 주민 편의 증진, 복지 증진, 삶의 만족도 향상을 위한 사업이다. 공공의 본래 기능이 주민의 복지 향상에 있으므로 이들은 모두 주민의 세금으로 충당하는 것이 합리적이다.

운영적자에 대해 반대하는 입장은 대체로 국가 또는 행정에서 의무적으로 공급해야 하는 시설은 '업무청사, 보건소, 소방서, 경찰서' 등 국민에게 기본적인 서비스를 제공하는 시설과 국민의 생명과 재산을 지키는 것에 제한되어야 한다는 견해를 갖고 있다. 이러한 시설(공공시설 운영 현황에 분류되지 않는 필수 시설)과 달리 공공시설 운영 현황에서 제시되고 있는 시설들은 문화, 복지 차원에서 제공되는 시설로서 필수 행정서비스를 제공하는 것이 아니므로 운영수지는 가능한 적자가 되지 않는 것이 바람직하다. 이를 위해서는 사회적으로 허용될 수 있는 범위에서 이용료·사용료의 현실화를 도모해야 한다.

이와 비슷한 쟁점들은 지방자치단체 내에서 끊임없이 제기되고 있고, 때로는 사회적 쟁

■ ○○지방자치단체 공무원의 솔직한 이야기

- 어느 사업부서 공무원이 중앙투자심사 재검토 이후 재검토 사유 및 보완방향에 대해 행정안전부 설명을 듣고 느낀 점을 진솔하게 이야기한 내용
  → 계획수립 및 설계단계에서 시설관리 및 유지비용의 최소화를 위한 노력이 필수적이고 중요한 과정으로 효율적인 시설 건립을 위해서 계획수립 과정에서 충분한 내용을 담아서 설계단계에서 구체화하는 것이 꼭 필요
- 사업 추진 실무부서 담당공무원은 현재 상황 중심에서 판단함에 따라 건립 후 활용방안, 유지·보수비용에 대해서는 상대적으로 관심 대상이 약하므로 적극적인 검토에 한계가 있는게 현실임.
- 지방 공무원의 근무 특성상 현재 맡고 있는 업무는 1~3년 내 순환보직으로 이동하게 됨에 따라 유지관리비용은 시설완공 후 후임자가 고민할 사항이라는 생각을 갖는 경우가 많음.
- 특히, 운영비는 지방자치단체 직영, 민간 또는 공사·공단에 위탁하는 경우 소요예산을 신청하면 시설이 존재하는 한 예산부서는 운영비를 줄 수밖에 없다는 것
  - 설령, 운영비가 삭감되거나 축소 편성될 경우 시설 운영 기관장과 지방자치단체장 간의 정무적 판단으로 해결할 영역으로 인식되는 것이 일반적임.
- 그러므로 시설 운영에 관해서는 실무부서 담당자는 특별한 고민의 대상이 되거나 고민할 문제가 아니라는 것이 다수의 생각들로 나타나고 있음.

점으로 부각되기도 한다. 무엇보다도 각 지방자치단체는 주민에게 제공되어야 할 최소한의 필요 시설에 대한 정의, 적정 추가 시설 공급량, 시설 운영관리의 효율성에 대한 객관적인 기준과 목표를 설정한 다음 공공시설 투자에 착수해야 한다.

현실적으로 많은 지방자치단체들이 모든 공공시설에 대한 건립, 운영 상황에 대한 정보나 통계자료를 체계적으로 작성하지 않고 있을 뿐 아니라, 작성할 수 있는 근거조차 명확하

〈표 10-3〉 2017년 지방자치단체 공공시설 운영 현황

시설명	운영 방식	건물 면적(m^2)	관리 인력	연간 이용인원	건립 비용	비용	수익	순수익 (백만 원)
광주문화예술회관	직영	47,087	57	207,065	22,792	22,792	923	-21,869
인천문화예술회관	직영	43,313	47	212,899	22,747	22,747	1,490	-21,258
울산문화예술회관	직영	27,078	258	403,801	15,433	15,433	1,367	-14,066
서울역사박물관	직영	20,883	259	1,788,452	14,006	14,006	806	-13,199
서울한성백제박물관	직영	19,423	134	744,639	12,776	12,776	273	-12,503
서울시립미술관	직영	13,433	144	1,818,375	11,972	11,972	1,164	-10,809
경기군포중앙도서관	직영	12,268	64	1,291,333	10,611	10,611	27	-10,584
대전예술의전당	직영	41,965	88	212,525	12,674	12,674	2,327	-10,347
서울월드컵경기장	위탁	58,552	미기재	887,619	9,650	9,650	19	-9,631
대구오페라하우스	위탁	17,269	32	82,720	9,623	9,623	935	-8,688
부산광역시립미술관	직영	22,826	50	603,366	8,379	8,379	170	-8,209
부산 영화의전당	위탁	54,335	48	953,361	12,530	12,530	4,442	-8,087
대전시립연정국악원	직영	10,873	21	47,986	8,196	8,196	244	-7,952
경기화성나래울 화성시복합복지타운	위탁	18,384	103	808,724	10,403	10,403	2,550	-7,853
한밭종합운동장	위탁	62,755	61	796,736	8,262	8,262	1,255	-7,007
부산문화회관	위탁	44,009	57	249,987	9,371	9,371	2,586	-6,785
대구콘서트하우스	직영	26,794	22	137,013	6,754	6,754	1	-6,753
대구미술관	직영	21,701	65	205,106	6,474	6,474	156	-6,318
인천 미추홀도서관	직영	13,099	43	674,370	6,302	6,302	21	-6,281
청주시립도서관	직영	5,370	62	530,728	6,073	6,073	5	-6,069
충남백제문화단지	직영	26,015	80	606,732	6,804	6,804	854	-5,951
대구문화예술회관	직영	24,124	86	603,681	6,532	6,532	593	-5,939
대구스타디움	직영	139,771	44	428,627	5,960	5,960	504	-5,456

자료: 지방재정 365(http://lofin.mois.go.kr), 순손실 상위 50억 원 이상 시설을 기준으로 재구성하였음.

지 않은 상태이다. 당초에는 특정 목적으로 공공시설이 건립되지만 그 기능이 쇠퇴하게 되면 다른 용도로 전환하여 사용하는 것이 쉽지 않다는 사실을 인식해야 한다. 이러한 시설이 계속해서 증가하면 지방자치단체 재정에서 고정비용이 차지하는 비중이 높아져 재정 경직성과 부담이 커진다.

현재 행정안전부의 지방재정통합 공개 시스템인 '지방재정 365'에는 시·도 17개, 기초자치단체인 75개 시, 82개 군, 69개 구의 전국 243개 지방자치단체가 보유하는 대규모 생활 SOC 시설 737개소에 대한 정보가 공개되어 있다. 그에 따르면 2017년 결산 기준으로 전체 시설의 88%인 649개소에서 연간 7,655억 원의 손실이 발생하고 있다. 이러한 현상이 발생하는 이유는 당초 생활 SOC 시설 건립시에는 국·도비가 지원되지만 건립 후에 소요되는 인건비, 유지비 등 고정비용은 지방자치단체가 재정으로 충당해야 하는데 그중 상당수가 운영적자를 보고 있기 때문이다.

〈표 10-3〉은 '지방재정 365'에 공개되어 있는 지방자치단체 공공시설 운영 현황 중 순손실 50억 원 이상 시설 현황에 대하여 재구성한 것이다.

9) 기타 지역주민, 시민단체 등 의견수렴은?

지역주민과 시민단체에 대한 의견수렴 절차는 수요자인 해당 주민의 의견 반영, 주민과의 협업, 소통 차원에서 중요한 절차이다. 이 과정에서는 법령 등 제도적 제약성, 즉 중앙부처

은평 자원순환센터 사업 현황

〈시설건립 추진 경과〉
- 2000년 10월: 폐기물 압축시설 결정
- 2004년 2월: 진관동 76-40 일대 도시개발(지하 폐기물 압축시설, 지상 체육공원)
- 2006년 12월: 지하 폐기물 압축시설 → 폐기물적환장 및 자원회수시설
- 2008년 8월: 종합환경센터 추진
(음식물 시설 100톤, 폐기물 압축 180톤, 재활용 30톤)
- 2013년 10월: 광역재활용시설 계획(부분 지하화)
- 2014년 2월: 서대문·마포구 참여
- 2017년 8월: 중앙투자심사 완료
(부분 지하화, 재활용 150톤, 생활폐기물 옮겨싣기 140톤)
- 2018년 9월: 부분 지하화→완전 지하화 용역 추진 중

지역주민, 시민단체 의견수렴 등	
주민, 전문가 등 의견수렴	〈point〉 • 화장장, 소각장, 쓰레기 매립장 등 주민 기피시설의 경우 공청회 등 의견수렴 절차의 이행 여부를 반드시 확인 • 지방자치단체 간 경계지역에 위치한 경우 인근 지방자치단체, 지방자치단체 주민에 대한 의견수렴 여부 확인 ※ 사업 추진 과정에서 민원발생, 소송제기 등에 따른 사업지연과 사업비 증가 우려
사업 추진 과정에서의 위험성 (환경파괴, 주민 반대 등)	〈point〉 • 공공사업이 난개발 사업으로 추진되는 등 주변 환경 변화에 부정적인 영향을 유발하는 데 대한 환경단체 등 반대 의견 유무 확인 ※ 대규모 국책사업에 따른 터널공사, 지역개발을 위한 곤돌라 사업(케이블카) 등을 추진하는 과정에서 환경단체의 반대로 인해 추진 과정에서 사업이 중단되어 예산낭비가 발생하는 사례가 적지 않음.
법적 제약사항	〈point〉 • 법령상 제약사항이 있는 경우 부적정 조치 ※ 문화재 보호, 공유수면 보호구역, 산림보호 구역 등으로 사용허가가 불가함에도 사전 검토 없이 사업계획을 수립하여 실시설계를 하는 등 예산낭비 사례가 적지 않게 발생

또는 상급기관 승인, 재정 영향 평가 실시 등 사업시행에 필요한 사전절차 이행 여부에 대해서도 살펴본다.

또한 법적 의무사항은 아니지만 주민 기피시설이나 환경단체의 반대가 예상되는 시설인 경우, 관련 단체 및 인근 주민들의 의견수렴 절차와 이행 여부 등을 확인하여 사업 추진 과정에서 발생할 수 있는 문제점을 사전에 점검해서 조치할 필요가 있다. 특히, 최근 들어 법적·제도적 절차를 정상적으로 준수하여 진행하는 사업 중에서도 주변 지역주민의 반대에 부딪쳐 사업을 제대로 추진하지 못하는 사례들이 늘어나고 있는 현상을 주목해야 한다.

2. 투자심사 자료 작성 및 심사 과정

투자심사 절차는 지방자치단체 사업계획 수립, 실무심사 실시, 투자심사위원회 심사 등으로 크게 구분할 수 있는데, 이에 대해 기술하면 다음과 같다.

첫째, 지방자치단체 사업계획 수립은 단위사업별 계획수립, 기초심사 자료의 작성, 투자심사 자료의 작성으로 세분화된다. 둘째, 실무심사 실시는 투자심사 대상 사업에 대한 사전

〈그림 10-2〉 지방투자사업의 심사 과정과 주요 내용

구분	주요 내용
지방자치단체 사업계획 수립	• 단위사업별 계획 수립 • 기초심사 자료의 작성 • 투자심사 자료의 작성
• 실무심사 - 자체심사는 예산부서 - 의뢰심사는 시·도, 행정안전부	• 대상 사업의 사전 이행절차 준수 여부 - 중기재정계획 반영 여부 - 500억 원 이상 타당성 조사 이행 여부 • 재원확보계획 가능성 검토 - 사업주관 부처(부서) 의견 조회하여 재원확보계획 - 자체재원 확보 가능성 - 지방채 발행계획의 적정성 • 민간자본에 대한 사전 검증절차 이행 - 민간자본 확보계획에 대한 적정성 사전 검토
지방재정투자심사위원회 심사	• 필요시 현장점검 병행 실시 • 필요시 전체 위원회 실시 전에 분과위원회 심사 • 전체 위원회 심사 (민간위원 75% 이상 구성, 위원장 민간위원 중 호선)

절차 이행, 재원확보계획 가능성 검토, 민간자본에 대한 사전 검증절차 이행 등의 절차로 진행된다. 셋째, 투자심사위원회 심사는 지방자치단체 내·외부의 인력으로 구성된 위원회가 실시하는 것으로 통상 개별 사업의 실시(통과) 여부를 확정한다. 일반적으로 위원회는 위촉위원(민간) 75% 이상으로 구성되며 위원장은 외부 위원 중에서 호선(互選)된다. 위원회는 필요시 현장 방문을 통해 사업을 점검 확인하며, 분과위원회 심사와 전체 위원회 심사로 구성된다. 일부 지방자치단체의 경우 분과위원회(소위원회) 심사 없이 전체 위원회에서 모든 사업을 심사하는 경우도 있다.

1) 개별 사업의 계획 수립은?

신규 투자사업을 추진하기 위해서는 먼저 사업계획을 수립해야 한다. 이것은 사업 추진 주관부처인 지방자치단체 내 사업 주무실·과 또는 사업소에서 사업 추진 방침이 확정되었을 경우 가장 먼저 진행해야 할 절차이다. 사업계획은 주사업과 부대사업으로 구분하여 구체적으로 작성해야 한다.

예를 들어, 사업 추진에 대한 기초공사, 골조공사, 내장공사, 토지매입, 조경, 설계 등 비교적 세부적으로 구분해서 계획을 수립해야 하며, 이렇게 해야만 총사업비를 객관적으로 산정할 수 있다. 또한 사업 추진 계획은 입안부터 준공에 이르는 전 과정을 추진단계별로 구분 작성해야 한다. 특히, 기초계획 수립, 기본 설계, 사업승인(협의) 또는 영향 평가, 실시설계, 입찰공고 및 계약, 공사의 추진단계를 포함하여 기술심사 부서의 자문의견을 구체적으로 기술하여 작성하는 것이 중요하다.

〈표 10-4〉 지방자치단체 청사 신축시 검토사항

- 사업의 기본 계획 수립시 지방자치단체 청사의 경우 다음 사항을 별도로 검토한 다음 신축사업의 필요성에 대한 추가 설명을 기본 계획서에 첨부해야 함.
  ① 리모델링(remodeling) 가능 여부 검토
    - (대상) 시·도, 시·군·구 본청, 읍·면·동 또는 의회 청사 신축사업
    - (방법)
      · 총사업비 500억 원 이상인 사업은 행정안전부가 고시한 타당성 조사 전문기관의 타당성 조사시 검토
      · 총사업비 500억 원 미만인 사업은 자체적으로 리모델링 가능 여부를 검토하되, 객관성·공정성이 담보될 수 있도록 타당성 조사 기준을 준용 점검
    - (내용) ① 청사시설 및 부지 현황, ② 물리적 여건(안전진단 등), ③ 환경 여건(주변 환경 및 법률상 제약 등), ④ 경제적 여건(신축 및 리모델링시 총사업비 비교), ⑤ 기타(기존 시설 활용방안)
  ② 주민센터(읍·면·동 사무소) 신축시 고려사항
    - (면적) 공무원 정원, 주민 문화공간 등을 고려하여 면적을 정하되, 사무공간 및 주민 문화공간은 최근 3년간 신축한 해당 자치단체의 주민센터(읍·면·동 사무소) 평균 규모를 고려하여 초과하지 않도록 신축
    - (공사비) 조달청 공공시설물 유형별 공사비 분석 자료를 고려하여 가급적 그 범위를 초과하지 않도록 비용 산정

2) 기초심사 자료 작성은 어떻게 하는가?

사업 추진 주관부서는 투자심사의 토대가 되는 기초자료를 작성해야 한다. 이 과정은 사

업의 전반적인 방향을 설정하는 것으로 지방재정투자사업의 실시와 관련하여 매우 중요한 과정이라고 말할 수 있다.

먼저, 타당성 조사 의무 이행 대상에 관한 이행 여부를 살펴보고, 중기지방재정계획 반영 여부를 확인한 다음 필요한 조치를 해야 한다. 다음으로, 사업계획서 기재사항의 누락 또는 객관적인 기준을 토대로 작성되었는지의 여부를 확인한 다음 보완해야 한다. 마지막으로, 사업규모의 적정성, 사업시행의 타당성 등을 중점적으로 검토하고 자체 투자 방침을 정하여 투자 우선순위를 부여한다. 이때 사업규모, 공법 등 기술사항, 사업비, 재원조달계획, 시설운영계획(조직, 관리·운영비 등) 등에 대해서도 면밀한 검토가 이루어져야 한다.

이것이 궁금합니다!

Q 관광객에 대한 객관적인 수요는 어떤 방식으로 조사해야 하는지?

A 관광객 수요의 경우, 문화체육관광부 관광지식정보 시스템을 통해 확인할 수 있습니다. 동 시스템에서는 전국 지방자치단체별 주요 지점에 대한 월별, 내국인·외국인 관광객, 유료입장객, 무료입장객 등 다양한 형태의 정보를 제시하고 있습니다. 다만, 주의할 것은 지방자치단체별 주요 지점에 대한 관광객 수를 단순 합산하여 산정하면 오류가 생긴다는 점입니다. 그 이유는 1인이 하루 동안 여러 관광 장소를 방문할 경우 1인이 3인에서 6인까지 합산되어 방문객 수가 왜곡될 수 있기 때문입니다.

지방자치단체들이 자주 반복하는 작성 오류는 총사업비, 사업규모 등에 대한 객관적 자료 없이 지역 인구수만을 고려하여 공급량을 산정하는 경우이다. 그리고 재원조달계획에서 과도한 자체재원이 소요됨에도 지방자치단체장 공약사업이라고 해서 사업계획만 수립하면 예산부서에서 매년 요구한 금액을 지원해 줄 것이라는 잘못된 판단도 흔히 한다. 이와 같은 오류와 오판으로 인해 재원조달계획이 구체적·현실적이지 못하여 사업이 적기에 완공되지 못하고 수년째 표류하여 재심사 대상이 되는 경우도 적지 않다.

기초심사 자료 작성시 가장 많이 발생하는 문제는 시설 운영 및 수익 창출에 대한 구체적인 계획과 전망이 미흡하거나 아예 없는 것이다. 무엇보다도 건립 준비단계에서는 기본 계획이나 건립에 대한 내용을 중심으로 작성하고 운영 및 수입 창출 문제는 향후 건립이 완공된 이후 고민할 사항이라는 안일한 사고방식이 자리하고 있다. 그런데 계획단계, 설계단계에서 운영과 관리, 수익성에 대한 계획을 구체적으로 작성하여 포함하지 않으면 건립 이후에는 달리 방법이 없는 경우가 자주 발생한다. 이것은 한마디로 주민의 세금이 비효율적이고 무책임하게 사용되는 결과로 귀결된다.

이것이 궁금합니다!

Q 문화·체육, 공연장 등에 대한 수요는 어떤 방식으로 조사해야 하는지?

A 문화·체육시설에 대한 제도적 규정은 문화체육관광부의 「체육시설의 설치·이용에 관한 법률 시행규칙」 제2조 및 별표에 규정되어 있습니다. 여기에는 지방자치단체 종류별 시설면적, 규모 등이 제시되어 있습니다. 예를 들어, 생활체육시설로 수영장을 건립할 경우 25m×8레인 이하로 제한하여 제시하고 있습니다. 또한 도서관의 경우에도 봉사인원에 대한 기준이 제시되어 있습니다. 다만, 공연장 시설의 경우에는 규모, 좌석 수 등에 대해 구체적으로 규정되어 있지 않습니다. 따라서 각 지방자치단체는 관할구역 내 유사 시설의 최근 3년 정도의 수요, 연간 운영실적, 운영수지, 미래 인구 변화 추이, 유사 지방자치단체 운영실적 등을 종합적으로 검토한 결과를 토대로 적정 규모를 제시하여야 합니다.

3) 투자사업 심사자료 작성은?

사업 추진 주관부서에서 투자사업 심사에 필요한 서류를 제출하는 경우 내용, 규격 등을 완비하여 심사부서에 제출해야 한다. 이때 심사부서는 제출서류가 누락되었거나 제출 내용이 부실하여 정상적인 심사가 곤란하다고 판단할 경우 심사의뢰 서류를 반려 조치할 수 있다. 예를 들어, 「지방재정법 시행령」 제41조에 규정된 타당성 조사, 사업계획 수립 등 사전절차를 미이행한 사업은 반려 조치된다.

지방재정 투자심사 의뢰서는 제시된 서식과 작성원칙에 의하여 간결하게 작성하되, 통계자료 등을 인용하여 충분한 뒷받침이 되도록 작성해야 한다. 기준 단가 등 수치가 필요한 사항에 대하여는 구체적인 근거자료를 제시하고, 참고자료를 인용하는 경우 해당 자료를 반드시 첨부하여 증명해야 한다.

이때 특히 주의할 사항은 계량적으로 표현하는 경우에도 확실한 증거나 객관적이고 설득력 있는 통계와 지표를 토대로 작성해야 한다는 것이다.

〈표 10-5〉 투자심사 의뢰서 작성 서식, 일부 예시

<table>
<tr><td rowspan="2">사업명</td><td colspan="5" rowspan="2">○○○○ 체육센터 건립사업
(일반 회계)</td><td rowspan="2">분류</td><td colspan="2">분야</td><td colspan="2">부문</td></tr>
<tr><td colspan="2">문화</td><td colspan="2">문화</td></tr>
<tr><td>담당자</td><td colspan="10">서울특별시 ○○구 / 체육청소년과 홍길동(사무실, 02-200-2000, 010-200-2000/ KIM@korea.kr)
단체장 김수영, 부단체장 김볼링, 문화체육국장 김탁구, 체육청소년과장 강탁구, 체육시설계장 홍길순</td></tr>
<tr><td>관련 기관</td><td colspan="10">문화체육관광부, 체육청소년과/체육청소년과장 ○○○, 체육업무담당 ○○○(000-999-1234)</td></tr>
<tr><td rowspan="8">기본 현황 ☆</td><td rowspan="2">전체 인구</td><td rowspan="2">일반 회계 예산규모</td><td rowspan="2">당해연도 가용재원</td><td rowspan="2">채무 현황 및 비율</td><td rowspan="2">동 사업 수지 전망</td><td rowspan="2">동 사업 수혜 주민</td><td colspan="4">동 사업 고용효과(명)</td></tr>
<tr><td>구분</td><td>합계</td><td>사업 추진</td><td>향후 운영</td></tr>
<tr><td rowspan="2">325천 명</td><td rowspan="2">8,000억 원
* 당초예산</td><td rowspan="2">200억 원</td><td rowspan="2">50억 원
(0.1%)</td><td rowspan="2">△10억 원</td><td rowspan="2">50,000명</td><td>직접</td><td>140</td><td>120</td><td>20</td></tr>
<tr><td>간접</td><td>500</td><td>350</td><td>150</td></tr>
<tr><td colspan="3">사업확정 절차</td><td colspan="2">중기 반영 여부</td><td>사업완료 후 운영 주체</td><td colspan="4">국비재원</td></tr>
<tr><td>공모확정
(2018.10.10)</td><td colspan="2">사업계획 수립
(2017.10.10)</td><td colspan="2">2017.12 반영</td><td>지방자치단체 직접운영</td><td colspan="4">국비(시·도 자율 균특)</td></tr>
<tr><td colspan="10">사업진행 단계(투자심사 의뢰시점)</td></tr>
<tr><td colspan="10">타당성 조사 중( ), 타당성 조사 완료(○), 기본 설계 중( ), 기본 설계 완료( ), 실시설계 중( ), 실시설계 완료( )</td></tr>
</table>

1. 사업개요

가. 추진 목적: 주민 생활체육시설 건립으로 주민 복지 증진 및 건강생활 …

나. 시행 근거: 체육시설 설치에 관련 법률 제○조

다. 시행 주체: 서울특별시 ○○구

라. 사업위치: 서울특별시 ○○구 ○○동 ○○○번지

마. 사업기간: 2019. 1 ~ 2021. 12

바. 사업량: 부지 8,000m², 건물 8,500m²(수영장 25m×7레인, 체육관 …)

사. 총사업비: 억 원

(단위: 억 원)

구분	계	기투자(실집행)	Y(확보액)	Y+1(확보액)	Y+2(확보액)	Y+3 이후(확보액)
계	350	0	100(100)	70	180	
국비	50	( )	( )	10	40	
시·도비	10	( )	( )	10		
시·군·구비	240	( )	100(100)	50	90	
지방채	50	( )	( )		50	
민간자본		( )	( )			
기타		( )				

〈그림 10-3〉 지방자치단체 주요 사업 중 사업 추진이 지연된 사례

◆ 평택 브레인시티 내 성균관대 유치 '백지화'

〈사업 추진 경과〉

1. 타당성 조사, 투자심사(재검토) → 재정사업에서 민간사업으로 변경

2. 평택도시공사 사업으로 추진 → 성균관대학교 사이언스 파크 → 성균관대학교 브레인시티 불참

자료: 매일경제신문(http://news.mk.co.kr).

◆ 구리 월드디자인시티(GWDC) 사업 장기 표류

- 구리시가 구리 월드디자인시티(GWDC)와 관련해 용역비, 출장비, 외국인 투자 방문비 등 8년간 총 105억 원을 지출
  - 구리시 57억 8,200만 원, 구리도시공사 47억 5,100만 원 집행

〈사업 추진 경과〉

1. 국토교통부 중도위 조건부 가결, 타당성 조사, 투자심사(재검토)

2. 외자유치에 대한 법적 구속력이 입증되지 않아 사업 추진 지연

자료: 기호일보(http://www.kihoilbo.co.kr).

4) 실무심사 과정은?

기초심사 자료작성 및 투자심사 의뢰서 서식에 의해 작성된 내용을 토대로 지방재정 투

자심사위원회 심사에 앞서 재원조달 능력과 사업 타당성 등의 기본 항목을 점검하는 사전 실무심사를 실시해야 한다.

실무심사는 투자심사 담당부서가 주관하여 진행하며, 통상 투자심사 부서, 사업 추진 부서 공무원, 공공투자관리센터 등 자체적으로 실무투자심사위원회를 구성하여 운영하는 경우도 있다.

실무심사는 사전 심사항목별 조서를 바탕으로 관계 공무원의 전문적인 판단과 경험에 의해 주요 사항을 점검한다. 위원회 심사 이전에 실시해야 하며, 실무심사의 과정에서 사업규모, 추진시기 및 재원조달계획 등에 있어 사업 타당성을 결(缺)한 것이 명백하다고 판단되는 때에는 해당 지방자치단체 또는 사업부서에 반려 조치하여 보완하도록 요구해야 한다. 이것은 지방자치단체가 낭비성 사업을 추진하는 것을 방지하는 효과가 있다.

이때 중점적으로 고려해야 할 사항은 투자심사 없는 예산편성 및 사업시행 여부, 중기지방재정계획 반영 여부, 재원조달 가능성, 사업비 산정의 적정성 여부, 기타 사업의 타당성·적정성 등에 관한 내용이다. 이와 같이 사전절차 및 관계기관 협의가 미미한 사업은 투자심사를 통과하여 사업이 일부 진행되더라도 결국 정상적인 절차로 진행되지 못하고 도중에 사업이 중단되거나 장기 표류하여 지방재정을 더욱 어렵게 만드는 요인으로 작용할 수 있다.

5) 투자심사 전·후의 중앙 부·처 역할은?

(1) (심사 전) 국비 지원액·시설규모 적정성 판단 및 사전절차 확인

지방자치단체 사업 중 중앙투자심사 대상인 경우 행정안전부는 국비를 지원하는 관련 중앙 부·처 및 주요 인·허가 등과 관련되는 부·처에 의견 조회를 실시한다. 이 경우 중앙 부·처에서는 국가 중·장기 계획 반영 여부 및 국비 지원액, 향후 지원 가능성에 대한 의견을 행정안전부로 통보하고, 회신 받은 행정안전부는 이를 반영하여 심사를 진행한다. 아울러 개별 사업에 대한 사업계획의 적정성, 시설규모 적정성 및 투자계획에 대한 의견도 포함하여 의견 조회를 실시한다. 또한 중앙 부·처에서 국비를 직접 지원하는 사업은 아니지만 사업 추진 관련 중앙 부·처의 인·허가 사항인 경우 그 인·허가 등의 계획에 대해서도 의견을 듣고 심사를 진행한다.

이것이 궁금합니다!

Q 문화체육관광부 등 해당 중앙부처에서 공모사업으로 확정되는 경우에도 사전 「지방재정법령」에 따른 투자심사를 받아야 하는지요?

A 사업 추진 중앙부처에서 공모사업을 추진하는 경우에도 일정 금액 이상의 경우 투자심사 대상이 됩니다. 지방재정 투자심사 제외사업은 「지방재정투자사업 심사규칙 및 매뉴얼」에 규정되어 있으나 공모사업에 대한 내용은 규정되어 있지 않습니다.

과거 일부 지방자치단체에서 중앙부처 공모사업으로 확정되는 경우 지방재정 투자심사 대상에서 제외해 줄 것을 요구한 바 있었으나, 부처 공모사업 심사와 투자심사는 제도도입 취지 및 사업에 대한 검토 내용이 근본적으로 다르므로 현재 별도 제도를 유지하고 있습니다.

다만, 부처에서 공모, 내부 검토 등을 거쳐 총사업비 중 국비지원 비중이 80% 이상인 경우 2018년 1월 1일부터 제도를 개선하여 투자심사를 면제하고 있습니다. 이는 지방자치단체 의견을 반영하여 개선된 사항입니다.

지방자치단체에서 자체심사 또는 의뢰심사를 실시하는 경우에도 심사 기관별로 관련 부서에 국비지원 대상 여부, 지방비 확보 가능성, 각종 행정절차에 대한 사전이행 가능성에 대한 내용을 확인한 후에 심사가 진행된다.

결국, 개별 사업에 대한 심사 진행은 관련 업무를 담당하는 관련 중앙 부·처 또는 지방자치단체 내 관련 사업부서 및 예산부서의 사전 검토의견이 중요한 역할을 한다.

(2) (심사 후) 투자심사 이행 여부 확인?

지방자치단체 생활 SOC 등 각종 투자사업 추진시 관련 중앙부처 국비지원, 인·허가 등 행정절차 지원·협의 등 적지 않는 과정을 거쳐야 한다. 기본적으로 사업을 주관하는 중앙부처에서 국비를 지원하기 위해 정부 예산안 확정을 위한 공모, 사업신청, 검토, 각종 평가위원회 등 다양한 형태를 통해 심층 검토하여 확정한다. 정부의 살림살이를 총괄하는 기획재정부

〈표 10-6〉 정부 예산편성 기준에 명시된 지방재정 투자심사 관련 내용

신규 보조사업 분야
• 지방이양사업 및 보조금법상 지원 대상 제외사업(「보조금 관리에 관한 법률 시행령」 별표 2)은 요구 불가 • 당해 사업이 「지방재정법」 제37조에 의해 지방재정 투·융자사업 심사를 받은 사업인 경우, 심사 결과를 예산요구서에 첨부 • 신규 자본보조사업은 법령에 특별하게 규정하고 있는 경우를 제외하고는 원칙적으로 국고보조율은 50% 이하로 검토

자료: 기획재정부(2019b).

〈표 10-7〉 국가균형발전특별회계 예산안 편성지침에 명시된 지방재정 투자심사 관련 내용

사전 행정절차 이행

- 부지 확보, 각종 영향 평가, 지방재정 투자심사 등 사전 행정절차 미이행 사업은 원칙적으로 신청 불가
  - 다만, 2019년 중 사전 이행절차 완료 등 집행 가능성 입증시는 신청 가능
- 문화 · 체육시설 신규 사업 요구시 시설별 운영계획서 작성·제출
  - 공립박물관·공립미술관 건립 사업은 관련 법령에 따라 문화체육관광부 설립 타당성 사전 평가를 거친 후 요구

〈작성서식: 2020년 신규 사업 사전절차 이행 여부〉

내역사업명	2020년 예산(안)	부지 확보	각종 영향평가	지방재정 투자심사	비고
계					
▪ ▪					

자료: 기획재정부(2019c).

예산안 편성지침에 따르면 「지방재정법」 제37조에 의해 지방재정 투자심사를 받은 사업의 경우 심사 결과를 예산요구서에 첨부하도록 하고 있다.

또한 '국가균형발전특별회계' 예산안 편성지침에 따르면 사전절차 이행조건으로 지방재정 투자심사를 미이행한 사업은 원칙적으로 신청을 할 수 없도록 규정하고 있다. 이로 인해 일부 부처의 경우 지방재정 투자심사 대상 사업이나 사업계획 등이 확정되지 않아 투자심사 시기 미도래인 사업에 대해서도 투자심사 결과를 요구하는 경우도 발생하고 있다. 이 경우 지방자치단체에서는 대상 사업의 사업계획을 확정하여 투자심사 절차를 '국가균형발전특별회계' 편성 전까지 완료하거나, 만일 사업계획이 확정되지 못하였다면 다음 연도에 추진하는 것이 바람직할 것이다. 무리하게 사업을 진행할 경우 자칫 부실한 사업계획으로 일부 국비재원이 확정되더라도 사업 추진 과정에 계획 변경 등 여러 가지 어려움이 발생할 수 있다.

6) 민간자본에 대한 사전 검증절차는?

지방재정 투자심사 의뢰서에 작성된 투자사업 재원 중 일부가 민간자본으로 조달되는 경우 민간투자 유치 가능성을 확인하기 위하여 민간투자자에 대한 객관적인 검증을 실시해야 한다. 이때 민간자본이 포함된 모든 투자사업은 「민자유치 확약서」 또는 「민자유치 계획서」를 투자심사 의뢰시 제출하도록 조치해서 판단의 기본 자료로 활용할 수 있다.

구체적으로, 총사업비 중 민자투자 예정액이 투자자 1인 기준 50억 원 미만인 경우 실무심사 부서에서는 「민자유치 확약서」 또는 「민자유치 계획서」를 정밀하게 검토해야 한다. 이때 민자유치 가능성 여부는 ① 유치 가능, ② 유치 곤란, ③ 판단 곤란 등으로 분류하여 투자심사위원회에 상정한다. 또한 총사업비 중 민간투자 예정액이 투자자 1인 기준 50억 원 이상인 경우에는 실무심사에서 ① 적정(평점 60점 이상), ② 불투명(60~40점), ③ 확보 곤란(40점 미만)으로 분류하여 심사위원회에 상정한 다음 재원조달 가능성에 대한 판단을 한다.

이 경우 총사업비 부담액 주체가 개인인 경우 다음 평가표에 따라 평가를 실시하여 자금조달 능력을 공정하게 판단해야 한다. 증빙서류는 행정기관에서 발급한 납세필증 등을 토대로 작성한 다음 납세액을 재산 가액으로 환산하여 투자사업 부담계획과 비교한다. 불량거래자 등록관계는 신용정보회사 등에서 발급한 개인사용정보 조회표 등을 통해 확인한다.

지방자치단체 지방재정 투자심사 자료 중 민간자본은 대부분 법인 자본인 경우가 많다. 투자심사 의뢰서의 재원조달계획에 민간자본 투자금액이 법인인 경우는 신용평가기관의 신

〈표 10-8〉 민간자본 투자의향서 평가표(개인용, 예시)

구분	기준	평가배점	평점	비고
계		100점	85	〈point〉 실무심사 결과 85점 이상으로 적정 의견 제시
종합부동산세 및 재산세 납부 실적 (70점)	• 당해 투자 상당액의 200% 이상 • 당해 투자 상당액의 150~200% 미만 • 당해 투자 상당액의 100~150% 미만 • 당해 투자 상당액의 50~100% 미만 • 당해 투자 상당액의 0~50% 미만 • 당해 투자 상당액의 0 미만	(70) (65) (60) (55) (50) (45)	55	
불량거래자 등록 여부(30점)	• 불량거래자로 미등록시 • 불량거래자로 등록시	(30) (0)	30	

※ (사례) 김한국 씨는 ○○사업에 1억 원을 투자하기로 하고 종합부동산세와 재산세로 매년 5천만 원을 납부하고 있고, 불량거래자가 아님.

〈표 10-9〉 민간자본 투자의향서 평가표(법인용, 예시)

구분	기준	평가배점	평점	비고
계		100점	80	〈point〉 실무심사 결과 80점 이상으로 적정 의견 제시
부채비율 (25점)	• 자본금 대비 200% 미만 • 자본금 대비 200~300% 미만 • 자본금 대비 300~400% 미만 • 자본금 대비 400% 이상	(25) (20) (15) (10)	15	
자본금 (25점)	• 당해 투자금액의 200% 이상 • 당해 투자금액의 100~200% 미만 • 당해 투자금액의 50~100% 미만 • 당해 투자금액 미만	(25) (20) (15) (10)	20	
투자실적 (국내 · 외) -1회 투자금액 중 가장 큰 규모 (25점)	• 당해 투자금액의 300% 이상 • 당해 투자금액의 200~300% 미만 • 당해 투자금액의 100~200% 미만 • 당해 투자금액의 100% 미만 • 투자실적 없음	(25) (20) (15) (10)	20	
불량거래 등록 여부 (25점)	• 불량거래 미등록기관 • 불량거래자로 등록기관	(25) (0)	25	

※ (사례) 한국 기업은 ○○사업에 100억 원을 투자함. 한국 기업의 부채비율은 자본금 대비 400% 미만, 자본금 150억 원, 투자실적: 210억 원, 불량거래 미등록기관.

용조사 결과 또는 공인회계사가 확인한 재무제표 등을 토대로 작성해야 한다. 불량거래자 등록 관계는 법인신용정보 조회서 또는 기업신용정보 조회서 등을 통해 확인한 다음 법인에 대한 평가를 실시해야 한다.

■ 이렇게 추진하면 지방자치단체 살림 정말 어려워져요!

〈산업단지 개발시 민간투자 및 지방자치단체 미분양 부지 매입보증 사례〉

- 2008년 11월 5일: ○○ 일반산업단지 조성 개발계획 수립
- 2009년 3월 31일: 타당성 조사 분석
- 2009년 5월 21일: ○○산단 조성사업 투·융자심사 완료
  - 사업비: 3,000억 원(국비 450억, 시비 5억, 민자 2,545억)
- 2013년 2월 24일: SPC〈○○산단(주)〉설립
  - 자본금 1억 원(지방자치단체 20% 출자 20백만 원, ○○건설 외 4개사 80%)
- 2013년 3월 28일: 최초 금융약정 체결(○○시 미분양용지 매입확약)
  → 분양총액: 2,831억 원, 분양률: 44.3%
  → 대출잔액(2018년 12월 말 기준): 1,890억 원(지방자치단체 부담)

일반적으로 지방자치단체가 민간자본을 활용하여 지역개발사업을 추진할 경우 주의해야 할 사항은 다음과 같다. 무엇보다도 민간법인에 대한 투자의향서 평가표와 함께 지방자치단체 재정에 과도한 부담이 되지 않도록 사업계획 단계에서 상세하게 각종 조건을 확인하는 것이 중요하다.

실제 A 지방자치단체에서는 'OO지역 산업단지 개발'시 민간자본이 사업비 1,500억 원 전액을 부담하기로 하고 사업을 시행하였다. 그러나 미분양이 발생할 경우 지방자치단체에서 미분양분을 100% 매입하는 것으로 확약(협약체결)하였는데, 이는 결과적으로 지방자치단체 재정에 큰 부담을 초래하였다.

7) 지방재정투자심사위원회 심사 과정은?

투자심사 의뢰서에 의한 실무심사가 마무리되면 다음으로 심사안건은 「지방재정법」 제37조의2에 따른 투자심사위원회의 심사를 거쳐야 한다. 심사안건은 전문분야별로 해당 위원에게 배분하되 심사의 객관성 확보를 위하여 사업 1건당 2인 이상에게 배분한다. 그리고 실무심사 자료, 도면, 기타 필요한 자료는 심사개최일 이전에 참석하는 위원에게 제공하여 사전 검토가 가능하도록 조치한다.

또한 위원회 심사시에는 대상 사업 중 쟁점사업 또는 심사의뢰서에 객관적인 사실 확인이 추가로 필요한 경우가 생기는데, 이에 대하여는 추가심의 대상 사업으로 선정하여 조치할 필요가 있다. 이때 조치란 관련 사업부서가 참석해서 대상 사업에 대한 설명을 하도록 기회를 제공하는 것이 핵심인데, 이를 통해 사업을 잘못 이해해서 판단하는 사례가 발생하지 않도록 예방하는 효과가 나타난다.

최종 심사 결과는 원칙적으로 회의에 참석한 위원들의 합의를 통하여 결정하되, 의견 일치가 되지 않는 경우 참석한 위원들의 다수결에 의해 결정하는 것이 합리적이다.

투자심사위원회 위원은 공무원, 교수, 회계사 등 15인 이내로 구성하며, 민간위원 중심으로 운영하도록 규정되어 있다.[2] 위원 중 공무원은 지방의회 의원을 위촉에서 배제하고 전체

---

2 「지방재정법」 제37조의2(지방재정투자심사위원회).

위원 중 4분의 1 이내로 구성해야 한다. 위원의 임기는 3년 이내로 하되 1회에 한해 연임이 가능하며, 투자사업과 직접 관련이 없는 부서의 공무원은 위원 위촉에서 제외한다.

이것이 궁금합니다!

Q 투자심사위원회 위원 중 지방의회 의원을 구성할 수 있는지 여부와 구성되는 경우 공무원으로 구분되는지 민간인으로 구분되는지 여부?

A 투자심사위원회 구성에 대해서는 「지방재정법」 제37조의2, 지방재정투자사업 심사 및 타당성 조사 매뉴얼 등에 규정되어 있습니다. 동 규정에 의하면 지방의회 의원은 위원회 구성에서 배제되어야 하며, 따라서 투자심사위원회 구성에 있어서 공무원 또는 민간인 자격으로 포함될 수 없습니다.

전체 위원회를 총괄하는 위원장은 민간위원 중에서 위촉하고, 민간위원은 도로, 사회복지, 지역개발, 산업 등 분야별 전문가들로 고르게 구성하는 것이 바람직하다.

투자심사위원회 운영과 관련하여 지방자치단체가 자주 범하는 오류는 민간위원 위촉비율을 준수하지 않는 경우와 위원회 위원 중 지방의회 의원을 위촉하는 사례이다. 지방의회 의원은 의회 기능에 속하는 예산심의 과정에 참여하여 최종 예산안을 의결하는 절차 등을 수행하기 때문에 투자심사위원회 위원으로 참여하는 것을 원칙적으로 배제하고 있다. 그러므로 지방자치단체는 지방재정투자심사위원회를 구성할 때 관련 법령에 따라 기준을 좀 더 엄격하게 적용하고 관리해야 할 것이다.

8) 최종 결정은?

투자심사 결과에 대한 종합적인 최종 결정은 심사자료, 실무심사, 민간자본 검증을 토대로 투자심사위원회가 실시한다. 위원회에서 판단하는 최종 결정의 판정 기준은 「지방재정투

---

① 투자심사에 관한 지방자치단체의 장의 자문에 응하기 위하여 지방자치단체의 장 소속으로 지방재정투자심사위원회를 둔다. 다만, 지방재정투자심사위원회의 기능을 담당하기에 적합한 다른 위원회가 있고 그 위원회의 위원이 지방재정 또는 투자심사에 관한 학식이나 전문성을 갖춘 경우에는 조례로 정하는 바에 따라 그 위원회가 지방재정투자심사위원회의 기능을 대신할 수 있다.
② 지방재정투자심사위원회의 구성·운영에 관하여는 제32조의3 제2항부터 제5항까지의 규정을 준용한다. 이 경우 "지방보조금심사위원회"는 "지방재정투자심사위원회"로 본다.

〈표 10-10〉 투자심사 결과에 대한 구분 기준(「지방재정투자 심사규칙」 제5조 관련)

- 적정: 사업의 타당성이 인정되므로 예산 반영 및 정상 추진이 가능한 사업
- 조건부 추진: 사업의 타당성은 인정되나 선행 절차 이행 등 조건 충족 후 추진해야 할 사업
- 재검토: 사업의 규모·시기·재원조달 대책·채무상환계획 등을 종합적으로 재검토하여 다음 심사시 재상정할 수 있는 사업
- 부적정: 사업의 타당성 결여로 추진해서는 안 되는 사업
- 반려: 사업 추진 시기, 규모 및 재원조달계획 등에 있어서 명백히 타당성을 결여한 사업, 통계자료 왜곡, 허위자료 작성, 경제성·재무성 분석 오류, 쟁송 중 사업 등

〈그림 10-4〉 지방자치단체의 투자심사 진행절차

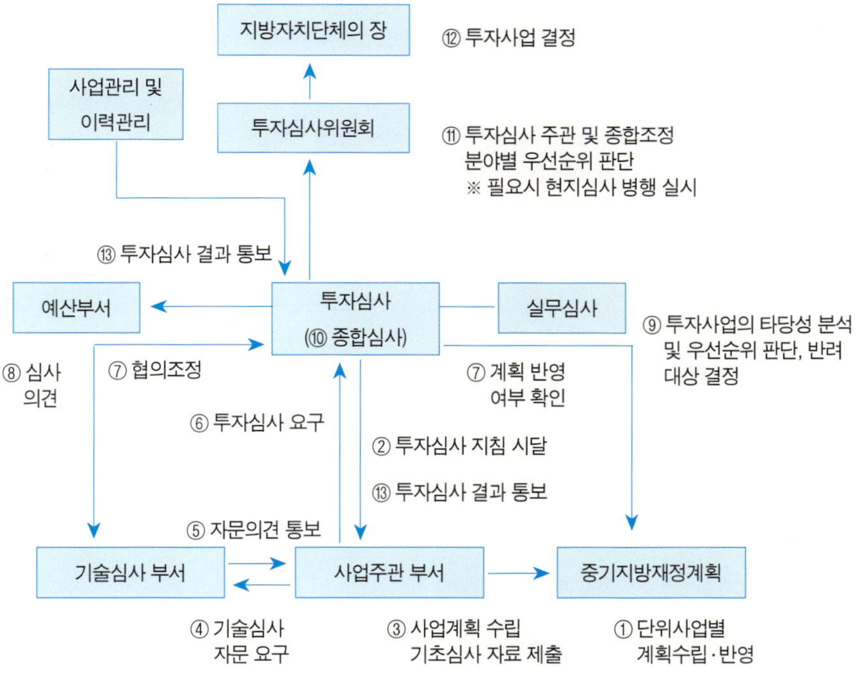

자료: 지방재정 365(http://lofin.mois.go.kr).

자 심사규칙」(행정안전부 부령)에 따라 '적정', '조건부 추진', '재검토', '부적정', '반려' 등 5가지 유형으로 구분된다. '적정' 및 '조건부 추진' 의견의 경우는 예산편성, 설계 등의 정상적인 사업 추진이 가능하다. 반면, '재검토', '부적정', '반려' 의견으로 결정된 경우에는 사업

■ 지방교부세 감액 근거(「지방교부세법 시행령」)

제12조(교부세의 반환 또는 감액) ① 법 제11조 제2항에 따른 지방자치단체가 법령을 위반하여 지나치게 많은 경비를 지출하였거나 수입 확보를 위한 징수를 게을리한 경우와 그에 따른 교부세의 감액 또는 반환금액의 범위는 다음 각호에 따른다. 1. (생략), 2. 「지방재정법」 제37조에 따른 투자심사를 받지 아니하거나 투자심사 결과를 따르지 아니하고 재정투자사업에 지출한 경우: 투자심사를 받지 아니하거나 투자심사 결과를 따르지 아니하고 지출한 금액 이내

이것이 궁금합니다!

Q 감사원 감사 및 정부합동 감사시 재정 감액 가능성 있는 지적에 대한 지방자치단체의 대응 방안?

A 감사원 감사 및 정부합동 감사 등 각종 외부 감사는 법령에 근거하여 객관적인 사실을 기준으로 감사를 실시함에 따라 잘못된 행정행위에 대해서는 면책을 피할 수 없겠지만, 재정상 손해 문제를 두고 이견이 있거나 논쟁의 소지가 있는 안건은 다음과 같이 대응할 필요가 있습니다.

① 재정상 조치 부분은 감사 확인서 초안 작성 과정에서 객관적인 사실을 토대로 설득력 있는 근거를 제시하는 등 적극적인 대응 필요(감사 당시 재정상 조치는 신분상 조치에 비해 민감도가 약함)

※ 통상 피감사자는 개인적인 신분상 조치에 면책 등에 전력 대응함에 따라 재정상 조치는 상대적으로 소홀히 할 수 있고, 향후 어떤 조치로 이어질지에 대해 피감사자가 알 수 없는 경우도 있음.

② 재정상 조치 가능성이 있는 사항에 대해 지방자치단체 내 감사 총괄부서, 예산 총괄부서 등과 협의하는 등 지방자치단체의 행정력을 동원하여 자료 제시 등 공동대응 필요

■ 지방자치단체 재정에서 10억 원이란 어떤 의미가 있을까?

최근 토지보상비 증가 및 건설단가 상승으로 지방자치단체 공공시설 건립사업은 100억 원 이상의 사업이 많아지고 있다. 그러나 지방자치단체 재정에서 10억 원이란 지방세인 주민세(10,000원 기준)로 10만 가구가 납부하는 금액이고, 1일 800만 명이 사용 가능한 수돗물의 가격이다. 그만큼 큰 규모의 금액인 것이다.

- 우리 재정에서 10억 원이란, 어느 정도 큰 규모의 돈인가?
  - ① 10억 원 = 10만 가구가 납부하는 1년 주민세 총액(주민세 가구당 10,000원 기준)
    - 10만 가구란 1인 가구 3인 기준으로 했을 때 30만 명이 부담하는 금액
    - 30만 명의 인구란 전국 기초지방자치단체 226개 중 50개 지방자치단체만 30만 명 이상의 인구규모
  - ② 10억 원 = 지방자치단체 공무원 16명을 연간 고용할 수 있다(평균임금 6,200,000만 원 기준, 2018년)
  - ③ 10억 원 = 1일 8,134,049명이 사용 가능한 수돗물 값(원/m^3 = 683원/ 1일 평균 180 l 사용 기준: K-WATER 자료)

추진 절차를 진행할 수 없다.

이상에서 언급한 조건을 위반하여 사업이 추진되다가 감사원 감사, 정부합동 감사 등에

서 적발될 경우 공무원의 개인적인 신분상 조치가 취해지는 것은 물론, 지방교부세 배분에서 감액처분이 됨에 따라 지방자치단체 재정에 적지 않는 손해가 발생한다. 특히, 지방교부세 감액처분을 받은 지방자치단체는 감액 재원을 배분할 때 우선적으로 제외됨에 따라 지방교부세 추가 배분에서도 손해를 입게 되어 결국 이중으로 지방재정에 피해가 발생하게 된다.

3. 투자심사 이후의 사업관리

1) 사업 관리제도란?

지금까지 투자심사의 기본 계획 수립, 의뢰서 작성, 투자심사위원회 심사 등 심사 관련 절차에 대해 살펴보았다. 한편, 이들 외에도 당초 계획했던 재원조달계획, 환경 문제와 문화재 발굴에 대한 대응, 산업 등 관련 법령에서 요구하는 사전절차 이행 등 법적인 행정절차에 대해 점검할 필요성이 있다. 이것을 사후평가라고 한다. 이것은 지역주민 찬반, 중요한 민원·갈등 이슈에 대한 대응과 같은 비법적 절차가 투자심사를 마친 다음에 문제없이 순항하고 있는지에 대해 점검하는 것으로 투자사업제도 전반에 걸쳐 매우 중요한 절차이다.

일반적으로 지역주민과 밀접한 도서관, 체육관, 수영장 등 생활밀착형 SOC 사업의 경우에는 재원조달이 당초 계획대로 확보되면 크게 문제없이 진행되었다. 그러나 생활폐기물 매립시설, 소각시설, 화장장 설치와 같은 사업은 사업 추진이 본격화되면서 인근 주민이 반대하는 경우가 적지 않게 발생하였고, 그 결과 사업이 장기 표류하는 사태로 이어지고 있다. 이들 사업의 경우 사전 의견수렴 절차 등 일련의 적합한 과정을 거쳐서 기본 계획을 수립하고는 있으나 사업이 진행되면서 이해관계자의 집단행동, 소송 등으로 확대되는 경우가 적지 않다. 따라서 지방자치단체는 정해진 절차 준수 외에도 다양한 사전 준비절차를 마련하고 세심한 노력과 대응책을 마련할 필요가 있다. 대규모 산업단지 개발사업은 분명한 단지 개발 목적을 갖고 추진되어야 한다. 특히, 민간기업과 연계하여 개발사업을 추진하는 경우 지방자치단체 재정에서 부담할 사항과 개발계획 완료 후 미분양, 공사비 등에서 지방자치단체가 추가로 재정부담을 해야 하는 금액이 어느 정도 되는지에 대해 분명한 사전 검토가 필요하다.

■ 투자심사 결과 사후평가 주요 평가 항목 예시

- 예산 반영률(예산반영 건수·예산액/적정 심사 건수·금액)
- 미심사 사업 예산 반영률(미심사 건수·금액/당해연도 예산총액)
- 재검토, 부적정 사업 예산 반영률(예산반영 건수·금액/심사 건수·금액)
- 조건부사업 조건 이행률(조건이행 건수·금액/조건부사업 수·금액)
- 2단계 심사 이행 여부(2단계 심사 대상 건수·금액)
- 총사업비 30% 이상 증가 사업 재심사 이행 여부(재심사 대상 건수, 금액)

사후평가는 지방재정투자사업에 대해 투자심사 이후 사업이 정상적으로 추진되는지에 대해 점검하는 정책 확인 과정 내지 수단이다. 이 과정에서 만일 사업이 정상적으로 추진되지 못하고 있는 것이 발견되면 추진 과정에서 어떤 문제점이 있는지에 대해 상세히 점검하고 그에 대한 대책을 마련하고 보완하도록 조치해야 한다.

특히, 이때 다루어지는 상세 문제점에 대한 분석은 기본 계획 수립과 투자심사 과정에서 좀 더 상세하게 점검되어야 할 내용을 발굴함으로써 향후 투자심사의 내용과 수준을 한 단계 발전시키는 중요한 환류 기능을 할 것이다.

■ 투자심사 사후평가 근거(「지방재정투자 심사규칙」 제9조 관련)

제9조의2(투자심사의 사후평가 등)

① 행정안전부 장관은 지방자치단체로부터 의뢰받아 심사한 투자사업에 대하여, 시·도지사는 자체심사 및 시·군·구로부터 의뢰받아 심사한 투자사업에 대하여, 시·군·구는 자체심사한 투자사업에 대하여 매년 1회 이상 예산 반영률 및 사업 추진 상황 등을 점검하여 투자심사의 적정성 여부에 대한 평가를 하여야 한다.

② 지방자치단체의 장은 각호에 따른 투자사업의 심사, 심사 후 사업 추진 및 추진 완료 후 운영의 각 단계별로 그 추진 상황에 관한 정보를 기록·관리함으로써 사업 추진 과정을 관리(이하 "투자사업 이력관리" 라 한다)하고, 사업단계별로 사업비 투입 현황, 사업 내용, 운영손익 등을 평가하여 사업지연 및 중단, 운영손실 등이 발생한 경우 사업별로 관리계획을 수립하여야 한다.

1. 제37조 제2항에 따른 총사업비 500억 원 이상 사업의 경우
2. 제3조 제1항 제3호에 따른 중앙의뢰심사 대상인 사업의 경우

③ 행정안전부 장관은 효과적인 투자사업 이력관리를 위하여 필요한 세부 사항에 관한 지침을 작성하여 지방자치단체에 통보할 수 있다.

④ 제1항의 평가 또는 제2항의 투자사업 이력관리를 위하여 행정안전부 장관은 지방자치단체의 장에게, 시·도지사는 시장·군수 또는 구청장에게 해당 투자사업의 추진 상황 등 관련 자료의 제출을 요청할 수 있으며, 지방자치단체의 투자심사제도 운영에 대하여 조언·권고할 수 있다.

투자심사 결과에 대한 평가는 매년 1회 실시한다. 중앙투자심사 대상 사업은 행정안전부, 시·도 투자심사 대상 사업은 해당 투자심사를 실시하였던 시·도, 그리고 시·군·구 심사 대상 사업은 해당 시·군·구에서 각각 실시한다.

이때 중점을 두는 세부 점검사항으로는 예산 반영률, 미심사 사업 예산 반영률, 재검토·부적정 사업 예산 반영률, 조건부사업 조건 이행률 등이 있다. 그리고 평가 대상은 최근 3년간 실시되었던 투자심사 대상 사업이다.

평가 결과 투자심사 결과를 반영하지 않고 예산을 편성하고 집행한 지방자치단체의 경우 「지방교부세법령」에 따라 행정안전부에서 재정 페널티 등 조치를 취하기 때문에 지방교부세 교부금액에서 재정상 감소가 초래될 수 있다는 점에 유의해야 한다.

2) 투자사업 이력관리제도란?

투자사업에 대한 사후관리제도 중 주요 사업에 대해서는 이력관리를 실시하고 있다. 동

〈표 10-11〉 지방재정투자사업 이력관리 주요 절차

〈1단계〉 핵심 정보 입력(투자사업 단계 및 단계별 핵심 정보, 사업 추진 부서)

투자심사 완료 전	심사 완료 후(준공 전)	심사 완료 후(준공 후)
〈사업 준비〉 - 사업책임자 - 투자심사 및 사업 내용 - 타당성 조사 결과 - 투자심사 결과 등	〈사업 추진〉 - 사업책임자 - 일정, 사업비 투입 현황 - 지방채 발행 현황 - 사업계획 변경 현황	〈사후관리〉 - 관리책임자 - 자산, 운영 방식, 관리인력 등 - 수익, 연간 이용 현황, 관리비 등 - 지방채 상환 현황 등

〈2단계〉 1차 자체평가(사업 추진 지방자치단체 예산부서)

구분	1차 평가 내용
사업비	① 최근 사업비 투입 후 6개월 이상 예산투입이 없는 사업
	② 계획 대비 재원별 사업비 투입계획이 10% 이상 변동 사업
	③ 계획 대비(투자심사의뢰서) 용도별 사업비 투입계획이 10% 이상
사업 내용	④ 계획 대비 실제 사업 내용 및 물량, 면적, 목적 등이 변경된 경우
사업기간	⑤ 최종 투자심사의뢰서 대비 공사완공 연도가 변경된 경우
기타	⑥ 사업비 투입, 지방채 발행 후 중단된 사업, 민원·소송 사업 ⑦ 감사원 지적 사항, 투자심사 조건 이행 여부 확인 필요 사업 등

〈3단계〉 2차 평가(행정안전부)

제도는 2016년부터 운영하고 있다. 2019년 현재 이력관리 대상 사업으로는 중앙투자심사에서 '적정' 또는 '조건부'로 결정된 사업으로 총사업비 500억 원 이상 투자사업과 전액 자체재원으로 총사업비 500억 원 이상 사업 중 시·도, 시·군·구의 자체 투자심사에서 '적정' 또는 '조건부 추진'으로 결정된 사업이 해당된다.

투자사업 이력관리제도의 도입 취지는 투자심사 완료 후 투자사업의 핵심 정보에 대한 이력을 관리하고, 이를 평가하여 재정손실 등이 예상되는 사업을 골라내어 체계적으로 향후 관리계획을 수립하는데 있다(핵심 정보 입력 사례 〈부표 10-7〉 참조).

기본 절차로는 사업 추진 해당 지방자치단체에서 핵심 정보를 입력하고 지방자치단체 스스로 1차 평가를 이행한 후 행정안전부로 자료를 제출한다. 2차 평가는 행정안전부와 「지방재정법」 제37조에 의해 전문기관으로 지정된 한국지방행정연구원 지방투자사업관리센터(Local Investment Management Center: LIMAC)가 주도해서 심층평가를 실시한다. 2차 평가가 완료되면 그 결과를 토대로 행정안전부 중앙투자심사위원회에서 관리계획 수립 대상을 결정하여 해당 지방자치단체로 통보한다. 그 후 해당 지방자치단체는 대상 사업에 대한 관리계획을 수립하여 행정안전부에 제출해야 한다. 그리고 제출된 관리계획은 다시 중앙투자심사위원회에서 검토하여 필요시 추가 보완 등 조치를 취할 수 있다.

〈표 10-12〉 대규모 투자사업 진행 상황 공개자료 현황

- 대상: 총사업비 500억 원 이상 사업
- 사업 주요 정보: 사업 분야, 사업명, 투자심사 주체(중앙투자심사 또는 자체투자심사) 및 투자심사 시기, 총사업비, 기 집행액, 사업 진행단계 등

대규모 투자사업 진행 현황

(단위: 천 원)

시도	자치단체	분야	투자사업명	투자심사 주체	투자심사 시기	차수	총사업비 (투자심사의뢰시)	총사업비 (사업추진시)	국비 (사업추진시)	거점형태 ('19. 12월 기준)	진행상황	비고(지연사유, 특이상황)
서울특별시	본청	일반공공행정	노후역사 환경개선 사업(냉방)	중투심	2018	3	107,300,000	38,180,000	11,454,000	24,817,000	'19. 11 공사발주 '19. 11 공사계약(예정)	당초 투심의뢰 3개역 중 1개역 추진 중 (2개역 사업예산 미확보로 유보)
서울특별시	본청	국토 및 지역개발	장기미집행 도시공원 실효 대비 공원용지 보상	중투심	2018	3	1,906,900,000	1,906,500,000		576,400,000	19년 장기 미집행 공원 보상 추진 중 20년 장기 미집행 공원 보상예산 편성 중	
서울특별시	본청	국토 및 지역개발	영동대교 지하공간 복합개발사업	중투심	2018	1	716,600,000	718,600,000	9,500,000	17,000,000	기본 설계 진행 중	
서울특별시	본청	수송 및 교통	서울 동부간선도로 확장	중투심	2013	1	269,800,000	410,805,000	92,128,000	310,306,000	도봉지하차도 및 확장구간 방음벽 공사 중(공정률 80%)	민원 해소를 위한 사업계획 변경으로 준공 지연
서울특별시	본청	공공질서 및 안전	소방행정타운 건설사업	자체성	2013	1	220,354,000	234,838,518	-	172,450,185	공사 중(공정률 90%)	

자료: 지방재정 365(http://lofin.mois.go.kr, 2019. 12. 31).

4. 자주 발생하는 기초자료 작성의 불성실 및 오류 유형

지방자치단체에서 투자심사 사업계획을 수립하여 제출되는 절차는 중앙투자심사 대상 사업의 경우 지방자치단체 사업부서 기초자료 작성, 시·군·구 예산부서 1차 검토, 시·도 예산부서 2차 검토를 거쳐 최종적으로 행정안전부에 제출된다.

현실적으로 행정안전부에 제출된 기초자료 중에는 불성실하게 작성된 경우가 적지 않다. 가장 흔히 발견되는 사항은 '문화·체육시설' 및 '산업단지 조성사업'에서 통계자료의 오용과 잘못된 계량적 수치를 적용하는 것이다. 또한 관광객 수요 추정, 운영수지 전망, 체육시설 적정 기준 적용 등에서도 심심찮게 오류가 발생하고 있다.

〈표 10-13〉 투자심사 기초자료 작성시 발생하는 주요 불성실 및 오류 유형

- 투자심사 제출 시기의 오류: 기본 계획 전, 공모 확정 전
  ※ 2018년 10월 심사, ○○시는 11월 기본 계획 수립예정인 사업을 심사의뢰
  ※ 2018년 8월 심사, ○○국가 공모 대상 사업을 공모 선정 전에 투자심사 의뢰
- 투자심사 의뢰서의 객관적인 수요 추정 오류
  ※ 문화·체육시설, 관광시설 등 이용객 수요가 중요한 시설을 설치할 경우 지방자치단체의 객관적인 현재 수요를 토대로 산정 필요(예, 문화체육관광부 관광지식정보시스템)
- 자체 타당성 조사 오류
  ※ 총사업비 산정(각종 부담금, 보상금, 예비비 누락), 편익 과대산정, 할인율 오류, 분석기간 오류 등
- 타당성 조사에 대한 오류
  - 「지방재정법」이 규정하는 타당성 조사는 사업 추진 여부를 결정하기 위해 실시하는 사전적인 조사를 의미함.
  - 「건설기술진흥법」 등 기타 법령의 타당성 검토는 사업 추진 단계에서 총사업비를 정확히 산출하기 위한 절차임.
  ※ 2018년 2월 ○○지방자치단체는 「건설기술진흥법」에 의해 타당성을 완료하였으므로 「지방재정법」에 의한 타당성 조사 제외를 요청함.

이러한 오류 사례는 지방자치단체의 행정력을 낭비하고, 지방자치단체 스스로 사업을 지연시키는 결과로 이어질 수 있다. 따라서 지방자치단체 실무부서에서는 최초 기본 자료 작성, 통계자료 작성에 특별한 관심과 주의를 기울여야 할 것이다.

1) 문화·체육 관련 사업의 자료 불성실은?

지방자치단체가 시설 건립사업을 추진할 때 일반적으로 고려할 사항은 시설면적, 위치, 중복성 등 여러 가지가 있다. 앞서 언급한 바와 같이, '지방재정 365'에 공개된 지방자치단체 공공시설 운영 현황에 의하면 공공시설 중에서 매년 적자를 보는 시설들이 적지 않다.

그중에서도 특히 문화·체육시설의 재정적자 문제가 심각한 것으로 파악된다. 따라서 각 지방자치단체는 향후 신규 시설을 건립하고자 하는 경우 지방자치단체 내, 인근 및 전국 지방자치단체의 동일 또는 유사 시설에 대한 현황을 면밀히 분석한 다음 지역의 재정 상황과 수요에 적정한 규모의 시설을 목표로 삼아야 한다.

이와 관련하여 세부적인 작성요령을 살펴보면 다음과 같다. 먼저, 위치에 대한 부분은 기존 시설들과 건립을 계획 중인 당해 시설과의 직선거리를 기재하여 지리적으로 건립 필요성과 중복성에 대한 사전 검토를 실시해야 한다. 다음으로, 운영 주체는 지방자치단체 직영인 경우 직영기관, 위탁을 하는 경우에는 위탁기관명, 민간시설인 경우 '민간'으로 기재하여 시설 건립 후 운영단계에 대한 판단자료를 제시해야 한다. 그리고 동 사업수행으로 인한 수익성 여부는 최근 연도 연간 결산 결과 당기순이익 또는 손실액을 기재하여 파악하며, 이와 관련하여 해당 사업 건립시 지방재정에서 부담할 재원규모에 대하여도 제시해야 한다.

〈표 10-14〉 관내, 인근 지방자치단체 동일 및 유사 시설 조사 현황(서식, 예시)

구분	시설명 (건축연도)	총사업비 (억 원)	규모	위치	운영 주체 및 방법	연간 이용자 수(명)			필요시설 및 면적(m^2)	수익성
						무료	유료	과부족		
관내	○○문예 회관(2011)	600	지상 3층, 65,000m^2	10.2km	위탁 (○○재산)	2,000	20,000	5,000	공연장, 대연습실 (2,500석)	연간 10억 원 보조금
	○○센터 (2021)	1,500	지하 1층, 지상 5층, 16,179m^2	1.5km	위탁 예정 (건립 중)	30,000	50,000	-	공연장 (1,200석)	보조금 지급예정
인근	○○문화재 전수회관(2009)	200	지하 1층, 지상 1층, 1,620m^2	25.7km	위탁(○○ 문화재단)	36,000	5,000	-	야외 실내 공연장(200석)	연간 500백만 원 보조금
	○○전통관 (2014)	250	지하 1층, 지상 5층, 3,367m^2	45.4km	위탁 (○○재단)	15,000	5,000	-	교육장, 공연장 (146석)	연간 250백만 원 보조금

2) 산업단지 조성사업의 자료 불성실은?

〈표 10-15〉 산업단지 조성사업 조사 현황(서식, 예시)

<table>
<tr><th>구분</th><th>내용(작성 예시)</th></tr>
<tr><td rowspan="3">인근
공단 등
분양실적
및 전망</td><td>① ○○○ 일반산업단지
- 분양규모: 1,381,455m^2(산업시설용지)
- 분 양 률: 97.8%(분양기간: 2009. 11 ~ 2016. 7)
- 분양가격: 9,080억 원 / m^2당 800천 원</td></tr>
<tr><td>② ○○ 일반산업단지
- 분양규모: 314,555m^2(산업시설용지)
- 분 양 률: 100%(분양기간: 2015. 12 ~ 2017. 5)
- 분양가격: 3,597억 원 / m^2당 1,144천 원</td></tr>
<tr><td>※ ○○○ 산업단지
- 분양규모: 148,189m^2(산업시설용지)
- 분양예정가격: 1,867억 원 / m^2당 1,261천 원</td></tr>
<tr><td>조성원가의
적정성</td><td>(단위: m^2, 백만 원)
<table>
<tr><th>사업명</th><th>투자심사의뢰사업</th><th>① ○○일반산단</th><th>② ○○일반산단</th></tr>
<tr><td>규모</td><td>267,464</td><td>2,251,145</td><td>524,233</td></tr>
<tr><td>총사업비</td><td>227,414</td><td>1,363,000</td><td>354,446</td></tr>
<tr><td>보상비</td><td>107,930</td><td>865,600</td><td>176,808</td></tr>
<tr><td>공사비</td><td>59,701</td><td>340,700</td><td>85,178</td></tr>
<tr><td>기타</td><td>59,783</td><td>156,700</td><td>92,460</td></tr>
</table>
※ 심사 대상 사업 조성단가: m^2당 1,202천 원, 분양단가: m^2당 1,261천 원(①산단 800천 원, ②산단 1,144천 원)</td></tr>
<tr><td>당해 사업에
대한
수요 조사
실시 내용</td><td>○ 기존조사
- 조사기간: 2016년 5월 ~ 2016년 10월(1~3차)
- 조사 결과: 총 181개 업체 입주 희망
※ 분양희망면적 546,120m^2(산업시설용지 대비 369%)
○ 추가조사
- 조사기간: 2018년 7월 ~ 2018년 8월(4차)
- 조사 결과: 총 39개 업체 입주 희망(135,868m^2)</td></tr>
<tr><td>기타
참조사항</td><td>○ 산업시설용지 계획면적 대비 약 460%로 수요 충분
<table>
<tr><th rowspan="2">구분</th><th colspan="3">면적(m^2)</th><th colspan="3">업체 수</th></tr>
<tr><th>합계</th><th>지역업체</th><th>국가산단</th><th>합계</th><th>지역업체</th><th>국가산단</th></tr>
<tr><td>합계</td><td>681,986</td><td>423,308</td><td>258,678</td><td>220</td><td>136</td><td>84</td></tr>
<tr><td>1차</td><td>150,414</td><td>104,133</td><td>46,281</td><td>27</td><td>19</td><td>8</td></tr>
<tr><td>2차</td><td>98,348</td><td>98,348</td><td>–</td><td>57</td><td>57</td><td>–</td></tr>
<tr><td>3차</td><td>297,357</td><td>124,629</td><td>172,728</td><td>97</td><td>36</td><td>61</td></tr>
<tr><td>4차</td><td>135,867</td><td>96,198</td><td>39,669</td><td>39</td><td>24</td><td>15</td></tr>
</table></td></tr>
</table>

현재 지방자치단체들은 지역경제 활성화, 일자리 창출 등의 목적으로 다양한 형태의 산업단지를 조성하고 있다. 꼭 필요한 산업단지 조성사업은 추진되어야 하겠지만 분양수요가 부족한 산업단지 조성사업은 지방자치단체 재정에 부담이 되고 주민의 세금을 낭비하는 결과를 초래한다. 지방 산업단지 투자사업과 관련해서는 지방자치단체 공영개발 방식이나 SPC 건립을 통해 사업을 추진하는 방식을 막론하고 다음 사항에 대한 작성 및 분석을 충실히 이행할 필요가 있다.

산업단지 조성사업에 대한 분양실적 및 전망을 다룰 때 지방자치단체 관내 인근지역 공단·산단 분양실적을 구체적으로 기재해야 한다. 만일 이들이 기존 사업의 분양 완료 또는 동 사업시행 중에 완료가 예상되는 경우 신규 산업단지 조성사업의 수요 등 그 필요성을 객관적으로 제시해야 한다.

또한 조성원가의 적정성을 기재할 경우 인근지역 조성원가와의 비교표를 구체적으로 작성하여야 하고, 인근지역이 없는 경우 타지역 조성원가와 비교하여 상대적 경쟁력(경제성)을 입증하는 자료로 제시해야 한다.

무엇보다도, 산업단지 조성시 고려해야 할 가장 중요한 항목은 건립시 분양에 문제가 없는지에 대한 사항이다. 이와 관련해서는 입주수요 조사 대상(분양희망 면적, 업종, 현재 위치, 면담자 등)을 기재한 명단을 첨부(붙임)하고 전화, 방문설문 등 조사 방법을 기록하여 제시해야 한다.

3) 관광객 수요 추정 오류?

지방자치단체가 추진하는 관광지 개발사업은 사업부지, 콘텐츠 등 대규모로 진행하는 경우가 많다. 사업 추진의 필요성과 수요를 추정할 때 객관적인 자료를 토대로 작성되어야 하는 것은 가장 필수적이다. 그런데 심각한 문제는 지방자치단체의 기본 계획 수립(통상 자체 용역을 발주하여 외부 용역회사에서 작성)에 포함된 자료나 지방자치단체 실무부서에서 기본 계획을 수립하는 과정에서 사용되는 관광객 수요 추정에 치명적인 오류나 착오가 발견되는 사례가 빈번하다는 점이다. 이는 두 가지 측면에서 살펴볼 수 있다. 하나는 외부 용역회사에서 경제성 분석 등 각종 분석에서 사업의 타당성을 입증할 자료를 제시하기 위해 과장된 수요를 추정하는 것이다. 또 다른 하나는 기본 계획을 총괄하는 실무부서에서 용역회사 보고서가 분석 제시한 내용을 검증 없이 그대로 인용하여 투자심사 의뢰서를 작성하는 것이다. 무엇보다도 중요한 것은 기본 계획을 수립하는 지방자치단체 실무부서가 지방자치단체 유사 시설 수요 추정 및 인근 지방자치단체 유사 시설에 대한 객관적인 수요를 토대로 명확한 자료 작성의 근거를 제시하여 수요 추정의 적정성을 입증해야 하는 점이다. 대부분의 오류는 지방자치단체 입장객 조사지점 산정시 모든 시설을 더하거나 유사 시설을 더하여 총량으로 제시하는 데서 발생한다.

〈표 10-16〉 시·도별 관광객 입장객 조사지점 현황

시·도별	합계(건)	유료입장객 조사지점	무료입장객 조사지점
합계	2,142	1,428	714
서울특별시	19	17	2
부산광역시	10	7	3
대구광역시	27	12	15
인천광역시	53	24	29
광주광역시	45	7	38
대전광역시	18	12	6
울산광역시	39	14	25
세종특별자치시	5	5	0
경기도	343	288	55
강원도	252	206	46
충청북도	157	85	72
충청남도	162	104	58
전라북도	171	103	68
전라남도	340	207	133
경상북도	289	183	106
경상남도	180	128	52
제주특별자치도	32	26	6

자료: 문화체육관광부 관광지식정보시스템(https://www.tour.go.kr).

문화체육관광부 '관광지식정보시스템'에서 제공하는 지방자치단체별 특정 지역에 대한 관광객 수요 정보를 적절히 활용하되, 지역의 상황에 맞추어 적절히 감안하여 사용할 필요가

〈표 10-17〉 지방자치단체 주요 관광지별 관광객 현황(예시, 인천광역시)

군·구	관광지	구분	총계(2018. 1~ 2018. 12)		
			계	내국인	외국인
인천광역시 중구	송월동화마을 트릭아트스토리	유료	41,373	41,373	
	씨사이드파크 레일바이크	유료	120,517	120,517	
	연안부두 유람선	유료	304,321	251,346	52,975
	영종역사관	유료	12,376	12,376	
	월미도 유람선	유료	316,438	297,413	19,025
	인천개항장 근대건축전시관	유료	63,761	62,709	1,052
	중구생활사전시관	유료	41,290	41,290	
	짜장면박물관	유료	184,623	142,096	42,527
	무의도	무료	323,228	323,228	
	인천대교기념관	무료	26,072	24,852	1,220
	인천학생과학관	무료	131,778	131,778	
	한국이민사박물관	무료	194,792	193,998	794
동구	수도국산달동네박물관	유료	103,191	101,871	1,320
	실감콘텐츠체험관 탐	유료	18,369	18,369	
	작은미술관	무료	4,255	4,255	
미추홀구	송암 미술관	무료	17,153	17,153	
연수구	가스과학관	무료	71,013	71,013	
	가천박물관	무료	13,235	13,235	
	인천상륙작전기념관	무료	190,202	156,207	33,995
	컴팩스마트시티	무료	115,373	115,373	
남동구	소래역사관	유료	43,190	43,106	84
	소래철교	무료	708,042	708,042	
부평구	부평아트센터	유료	100,634	100,634	
	기후변화체험관	무료	40,371	40,371	
	부평역사박물관	무료	98,176	98,176	
	안전체험관	무료	43,024	43,024	
	인천나비공원	무료	338,188	338,188	
계양구	인천어린이과학관	유료	607,483	607,483	
서구	검단 선사박물관	무료	38,520	38,520	
	녹청자박물관	무료	39,891	39,891	
	세어도	무료	4,166	4,166	
강화군	강화갯벌센터	유료	4,632	4,632	
	강화석모도 미네랄 온천	유료	267,592	267,592	
	강화역사박물관	유료	180,426	180,286	140
	강화자연사박물관	유료	147,869	147,847	22
	강화전적지 5개소	유료	507,370	502,639	4,731
	강화평화전망대	유료	244,402	242,244	2,158
	강화화문석문화관	유료	20,054	20,037	17
	마니산	유료	177,589	177,381	208
	석모도 자연휴양림	유료	35,338	35,338	
	옥토끼우주센터	유료	147,141	147,141	

〈표 10-17〉 계속

군·구	관광지	구분	총계(2018. 1~ 2018. 12)		
			계	내국인	외국인
강화군	함허동천	유료	101,287	101,287	
	강화 농경문화관	무료	15,446	15,446	
	강화관광플랫폼	무료	34,731	34,731	
	강화나들길(1~8코스)	무료	474,891	474,891	
	소창체험관	무료	18,360	18,360	
옹진군	대청면	무료	20,256	20,256	
	덕적면	무료	99,963	99,963	
	백령면	무료	110,154	110,154	
	북도면	무료	388,841	388,841	
	연평면	무료	22,433	22,433	
	영흥에너지파크	무료	111,840	111,289	551
	자월면	무료	122,999	122,999	

자료: 문화체육관광부 관광지식정보시스템(https://www.tour.go.kr).

있다. 조사 내용은 개별 관광지에 대한 입장객 자료이며, 지방자치단체 또는 특정 지역의 관광객 총량으로 사용할 수 없다는 내용을 공지하고 있다는 사실을 분명히 인지해야 한다.

4) 운영수지 전망의 오류?

투자심사 자료 작성시 운영수지 전망은 필수 서식의 한 부분으로 제시되어 있다. 그런데 이와 관련하여 적지 않은 문제가 관측되고 있다. 구체적으로 유료 시설 이용료가 있는 시설의 경우 방문객 작성시 객관적인 자료보다는 비용에 상응하는 수입을 맞추기 위해 터무니없는 데이터가 제시되고 있다. 또한 단가 적용에 있어서도 지방자치단체 공공요금 관련 조례 및 규정, 인근 지방자치단체 유사 시설 사례 등을 참고하여 객관적인 기준을 제시해야 함에도 불구하고 그것을 지키지 않는 사례가 발생하고 있다. 그런데 실제로 오류가 발생하는 대부분은 기준과 근거 없이 높은 단가를 적용하여 향후 운영단계에서 사용료·이용료 등을 현실화할 수 없는 자료를 작성해서 제시하는 경우이다.

이러한 오류는 사업 추진 부서 실무자들이 자료의 중요성을 느끼지 못한 점과 향후 운영단계까지 2~3년의 시간이 남아 있기 때문에 비용과 수익의 객관화가 쉽지 않고, 또한 계획단

〈표 10-18〉 지방자치단체 수지 전망 작성 현황(예시, ○○지방자치단체)

(단위: 백만 원)

구분		2022년	2023년	2024년	2025년
수입(A)	계	675.0	688.2	701.7	715.5
	대관수입(행사)	7.1	7.2	7.4	7.5
	대관수입(동계훈련)	114.6	116.8	119.1	121.4
	대관수입(주민생활체육)	403.2	411.2	419.2	427.4
	임대시설	150.1	153.0	156.0	159.2
지출(B)	계	262.7	267.8	273.0	278.4
	생활체육인건비	100.8	102.8	104.7	106.8
	판매관리비	161.9	165.0	168.3	171.6
손익(C=A-B)		412.3	420.4	428.7	437.1

〈수시 전망시 자주 발생하는 오류〉

1. 수입 항목의 과대 계상 문제: 대부분 플러스 손익이 발생하도록 인위적인 단가 및 일수 적용
   ⇒ (단가) 지방자치단체 조례, 규칙 등에 의한 공공요금 기준 또는 유사 시설 공공요금을 적용하여 산출 필요
   ⇒ (일수, 사용인원) 시설 운영 가능일수, 실제 유사 시설의 지방자치단체 운영일수를 고려하여 산정하고, 사용인원은 유사 시설운영 현황, 주변 인구 등 고려 필요
2. 지출 항목의 축소 계상: 시설 운영의 직·간접 경비 등 인원 및 관리비 축소
   ⇒ 지방자치단체 유사 시설 운영 사례(직영, 위탁 운영) 등을 참고하여 실제 소요비용을 동 시설면적을 고려하여 산정
   ※ 자료 인용시 ○○시설을 왜 인용하였는지, 그 자료를 토대로 적정 단가 적용은 적정한지 설명하여 객관적인 자료의 신뢰성 확보 필요

자료: 지방재정 365(http://lofin.mois.go.kr), 「지방재정 타당성 조사 및 투자심사 매뉴얼」 자료 재구성.

계에서는 불필요하다고 생각하는 데서 그 원인을 찾을 수 있다.

5) 총사업비 산정시 오류?

총사업비 산정은 투자심사 대상 여부, 심사기관과 관련되는 매우 중요한 절차이다. 그럼에도 불구하고 실무적으로는 사업비 산정시 총사업비 오류 부분이 많이 발생하고 있다. 우선, 토지보상비 산정에 있어서 단순히 공시지가로 산정함에 따라 감정가 산정 및 실제 보상이 될 경우 많은 차이가 발생하게 된다. 또한 공사비 산정에 있어서도 표준품셈 등 객관적인 자료를 기초로 작성하지 않아 차이가 발생하고 있다.

특히, 실무에서 자주 발생하는 오류는 예비비를 포함해야 하는 사업규모[3]인데 예비비를

이것이 궁금합니다!

Q 총사업비 산정이 왜 중요한가?

A 총사업비 산정 과정에서 가장 오류가 많이 발생하는 내용은 보상비 산정시 토지보상 배율 및 시설비의 축소 적용과 예비비 누락이다. 객관적인 자료 미확인 등으로 총사업비 산정이 잘못되었을 경우 사업 추진 과정에서 사업비 과다 증가에 따라 타당성 조사부터 다시 시작하여 투자심사 재심사, 투자심사기관 변경이 이루어질 수 있다. 변경된 심사 과정에서 재검토 결정시 사업 추진이 불가능함에 따라 결국 사업 추진이 제대로 될 수 없다. 이는 자칫 지방자치단체 예산낭비 사례로 연계될 수 있는 우려가 있으므로 당초 사업비 산정시 객관적인 기준에 따라 산정해야 합니다.

제외하는 경우, 그리고 시설의 운영을 위해 기본적으로 갖추어져야 하는 필수 품목들에 대한 사업비를 반영하지 않는 사례들이다. 예를 들면, 도서관의 경우 도서관 운영 및 유지를 위한 장서 구입비, 전시관·박물관의 기능 유지를 위한 전시 유물, 물품 구입비 등 기본적으로 소요되는 사업비를 누락하는 경우이다. 총사업비가 올바르지 않게 산정되는 경우 사업 추진 과정에서 사업비 총액이 30% 이상 증가하거나 당초 지방채 발행계획이 없었던 사업이 추가 지방채를 발행하는 사업으로 변경되는 경우가 가끔 발생한다. 이 경우 지방재정 투자심사를 다시 받거나 투자심사기관이 자체심사에서 의뢰심사로 심사기관이 변경될 수 있다. 이는 여러 면에서 사업 리스크와 행정비용을 증가시키는 원인으로 작용한다.

그런데 총사업비를 산정하는 과정에서 지방자치단체 내에서 사업 추진 부서와 예산 총괄 부서(투자심사) 간에 입장 차이가 있을 수 있다. 사업 추진 부서는 총사업비가 확정되면 건축비, 실내·외 인테리어 비용, 시설 내 물품구입 등 비용 설계를 예산절감 측면보다는 시설 고급화에 우선을 두고 사업비 전액을 사용하려는 경향이 있다. 반면 예산 총괄 부서에서는 사업 추진 부서의 예산절감 노력이 담보될 수 있도록 사업비 총액의 합리적인 조정·축소에 중점을 둘 수 있다. 지방자치단체 내에서도 이러한 동전의 양면 같은 입장 차이가 있을 수 있는 점을 고려하여 사업 초기단계에서 총사업비를 합리적이고 객관적으로 산정할 수 있는 다양한 방안을 마련해야 한다(제10장, 5. 투자심사와 재정 건전성에 도움이 되는 정보 마당 참조).

---

3 지방재정투자사업 심사 및 타당성 조사 매뉴얼(2019. 5)에서 규정한 예비비 근거.
총사업비에 예비비(공사비+보상비+설비비+용역비+제세공과금의 10%) 등 투자사업 및 행사성 사업과 관련된 모든 경비를 포함하되, 예비비는 예비비를 포함하여 총사업비 500억 원 이상인 사업에 대해 적용하며, 실시설계가 완료되어 상세한 비용자료를 활용할 수 있는 경우에는 제외 가능함.

6) 시설적용의 오류?(전문체육시설인지? 생활체육시설인지?)

지방자치단체 투자심사 대상 사업 중 최근에 가장 크게 증가하고 있는 것이 체육시설이다. 그중에서도 수영장 시설은 주민들의 선호도가 매우 높다는 이유로 실내체육관 건립시 포함하는 사례가 증가하고 있다. 이때 많은 논쟁이 되는 것은 수영장 시설의 규모에 대한 문제이다. 「체육시설의 설치·이용에 관한 법률」에 따르면 전문체육시설의 설치에 대하여 다음과 같이 정의하고 있다. 먼저 시·도의 경우 국제경기대회 및 전국 규모의 종합경기대회를 개최할 수 있는 체육시설이다. 시·군의 경우 시·군 규모의 종합경기대회를 개최할 수 있는 체육시설이다. 그러므로 관련 법률에서는 '전문체육시설'과 '생활체육시설'을 명확히 구분하고 있다.

〈표 10-19〉 「체육시설의 설치·이용에 관한 법률 시행규칙」 제2조(전문체육시설의 설치 기준)

구분	설치 기준				
	구분		① 혼합형	② 소도시형	③ 중도시형
시설 종류	적용 기준		군지역 또는 인구 10만 명 미만인 시	인구 10만~15만 명인 시	인구 15만 명 이상인 시
수영장	경기장 규격		3급 공인	3급 공인	2급 공인
	수영조 규격	길이	50m 또는 25m	50m 또는 25m	50m
		폭	21~25m	21~25m	21~25m
		레인 수	8~10레인	8~10레인	8~10레인
	관중석 수		–	–	300석

그러나 일부 지방자치단체에서는 수영 동호회 회원들의 요구사항을 반영하여 일반 주민보다는 동호회 활동을 목적의 생활체육인을 위한 전문시설 규모 이상을 요구하는 경우가 적지 않다. 만일 전문체육시설 건립을 계획한다면 '국제경기대회'나 '전국 규모 대회', '종합경기대회' 개최를 확정한 결과를 제시해야 한다. 그렇지 않을 경우 일반 주민이 보편적으로 이용할 수 있는 최소한의 '생활체육시설'의 형태로 추진되어야 한다.

2019년 4월 관계부처 합동으로 '생활 SOC 추진 3개년 계획'을 수립하였다. 동 계획은 국민 생활과 밀접한 소규모 시설과 복합시설을 건립하여 국민의 삶의 만족도를 제고하는 데 중점을 둔다. 종합적으로 향후 시설 운영의 효율성, 관리·운영비 손실 최소화 등을 감안하여 시설 건립을 적정 규모로 추진하는 것이 바람직하다.

7) 공유재산 활용시 지방비 부담액 추정 오류?

지방자치단체에서 투자사업에 대한 재원을 마련하는 방법은 자체 재원, 시·도 및 중앙 의존재원, 지방채, 민간자본 등 여러 가지 방법이 있다. 때로는 지방자치단체가 재정을 투입하지 않고 공유재산을 기반(제공)으로 민간에 위탁개발의 형태로 사업을 추진하는 경우도 있다. 이것은 사업규모, 총사업비 등을 고려할 때 지방자치단체의 재정부담이 과중하기 때문일 것이다. 그러므로 자체세입 재원이 부족한 경우와 의존재원이 확보되지 못한 경우 지방투자사업은 '지방채 발행'과 '민간자본'을 고려해 볼 수 있다.

■ 지방자치단체 공유재산을 활용한 개발 사례

〈사례 1〉 ○○○복합공영주차타워 건립사업은 지방자치단체에서 공유재산(공시지가 34억 원)을 활용하여 ○○○○공사를 통해 공영주차장 457면과 근린생활시설을 복합으로 조성하는 사업을 추진

〈사례 2〉 ○○○복합청사 건립사업은 지방자치단체에서 공유재산(공시지가 72억 원)을 활용하여 ○○○○공사를 통해 연면적 8,530m²의 지상 5층 건물을 조성하는 사업을 추진

○○○ 복합공영 주차타워 건립	부지면적 2,756m², 연면적 20,044m²(지하 2층, 지상 7층) 근린생활시설 6,008m², 주차장 457면	총사업비 338억 원 (공유재산 34, 민간부담 304)
○○○ 복합청사 건립사업	부지면적 3,212m², 연면적 8,530.95m² (지상 5층/지하 1층)	총사업비 277억 원 (공유재산 72, 민간부담 205)

자료: 지방재정 365(http://lofin.mois.go.kr).

이 경우 지방채 발행으로 인한 이자부담·상환조건과 민간자본으로 인한 비용부담액에 대한 조건을 명확히 구분하여 판단해야 한다. 지방채 발행을 통한 사업 추진이 향후 지방재정에 부담이 적은 데도 재정부담이 큰 민간자본을 활용하여 사업을 진행하는 오류를 차단해야 한다. 가끔 지방자치단체장이 지방선거를 의식하여 지방재정의 채무총액과 채무비율은 늘리지 않고 재정적으로 불리한 민간자본을 적극적으로 활용하는데, 이는 실제로 미래 세대에게 재정부담을 가중시키는 정책적 오류가 된다. 이에 대해 주의 깊게 살펴보아야 할 것이다.

〈표 10-20〉 지방채 발행과 민간자본 사업시행시 지방자치단체 부담액 비교 서식(안)

지방채 발행 (지방채 발행시 차입선별 조건)		민간자본 투자 (수탁기관과 위·수탁 협약조건)		비고
내용	조건 및 금액	내용	조건 및 금액	
총사업비	400억 원	총사업비	400억 원	
금리조건	3.5%	건축원가	%	
상환기간	5년 거치 10년 상환	관리수수료	%	
기타 비용		자금 조달금리	%	
총소요비용		총소요비용		조달비용 비교

※ 2017년 A 지방자치단체 투자사업 분석 결과(사례): 민간자본으로 사업 추진 결정

⇒ OO지방자치단체 자체분석 결과 위탁개발시 이익은 17억 원 추산([1] - [2])

[1] 지방채 발생시 총비용: 425억 원

[2] 민간자본 투자 총비용: 408억 원(① - ②)

① 민간자본 투입에 따른 지방자치단체 부담

- 개발수수료: 건축원가 5%, 관리수수료: 재산가액의 0.5%
- 자금 조달금리: 3%, 20년간 위탁 운영

② 민간자본에 따른 지방자치단체 수입: 임대수입

8) 자체 타당성 조사 보고서 오류?

지방자치단체에서 추진하는 사업 중「지방재정법」제37조의 규정에 따라 의무적으로 타당성 조사를 받아야 하는 것은 총사업비 500억 원 이상 투자사업이다. 즉, 500억 원 미만 사업에 대하여는 타당성 조사가 의무화되어 있지 않다. 그런데 지방자치단체들은 기본 계획 수립을 위한 용역과 병행하여 타당성 조사를 실시하는 경향이 있다. 이와 달리 법적 의무사항은 아니지만 중앙 부·처의 국고보조사업에 대한 공모신청을 위한 사전절차로서 타당성 조사를 의뢰하는 경우가 있다.

이와 같이 법적 의무사항은 아니지만 지방자치단체의 필요에 의해서 임의적으로 실시하는 일명 '자체 타당성 조사'에 대한 철저한 검증이 필요하다. 가장 대표적으로 발생하는 오류 유형은 결과 값(B/C≥1.0)을 임의로 조정하기 위해 '비용 축소', '수요과다 산정', '편익 항목에 포함되지 않는 편익 추정' 등 문제가 다양하게 나타나고 있다. 이러한 오류에 대해 타당성

■ 이런 심사(의견)도 있었다

- 의뢰 내용: 투자심사 의뢰서 주요 내용에 자체 타당성 보고서 내용을 대부분 인용하여 활용함에 따라 오류 내용을 그대로 제출
  - (예시: 공연시설) 지방자치단체 인구는 5만 명인데 1회 유료 공연 입장객은 3만 명
- 결과: 반려 또는 재검토
  (투자심사위원) 투자심사 의뢰서로 제출은 법적인 심사서류임. 잘못된 내용으로 제출된 서류로 심사 · 판단 어려움(반려 또는 재검토 의견)
  (감사원) 지방자치단체 자체 타당성 조사 오류 내용을 적발하여 투자심사 조치 요구(〈부표 10-3〉 참조)
  ※최근 중앙투자심사 경향은 오류 수정을 조건으로 제시하고 조건부 추진으로 의견 제시

용역을 수행한 민간 책임연구원에게 세부 내용을 문의한 결과, 지방자치단체 담당공무원의 요구에 따른 것이란 입장을 제시하는 경우도 있었다. 더욱 심각한 것은 지방자치단체에서 작성하는 '지방재정 투사심사 의뢰서'의 주요 내용의 대부분 여백을 '자체 타당성 오류 보고서'의 내용으로 채운다는 것이다. 이러한 오류를 예방하기 위해서는 일부 시·도에서 운영되고 있는 '자체 타당성 검증절차' 및 '투자심사 의뢰서 내용검증'에서 시·도에 설립된 지방공공투자관리센터, 투자심사 담당부서 등의 사전 검토를 통해 철저하게 검증하는 절차가 선행되어야 할 것이다.

5. 투자심사와 재정 건전성에 도움이 되는 정보 마당

지방자치단체에서 투자사업에 대한 계획을 수립할 때 여러 가지 요소들이 있지만 가장 중요한 사항 중의 하나는 객관적인 수요 추정과 이에 맞는 공급의 적정성을 판단하는 것이다. 그 이유는 꼭 필요한 수요에 맞게 공급이 이루어진다면 주민에게 만족을 주면서 향후 운영·관리에 있어서 지방자치단체 비용부담이 증가하는 우려도 그만큼 줄어들기 때문이다.

이와 관련하여 지방자치단체에서 기본 계획을 수립하고 자체 심사 과정에서 재정 건전성에 조금이나마 도움이 되고 자료 작성의 객관성과 신뢰성을 얻을 수 있는 각종 검색 사이트를 다음과 같이 소개하고자 한다. 특히, 이들 사이트는 앞에서 살펴본 여덟 가지 불성실 및 오류 유형에 대한 사전 검증시 투자심사 및 타당성 조사 전문가가 아닌 지방자치단체의 사업

추진 실무부서 및 투자심사 담당자도 쉽게 접근이 가능하다.

아무쪼록 지방자치단체가 주요 사업의 첫 단추인 기본 계획을 수립하는 과정에서 비용과 수요를 합리적으로 추정하여 건실한 사업 추진을 도모할 수 있도록 적극적으로 활용하여 건전재정 운영의 기틀을 마련해야 한다.

〈표 10-21〉 지방재정 투자심사와 관련되는 정보 검색 사이트 현황

검색 사이트	주요 확인 가능 내용 및 활용 방법	운영 주체
관광지식정보시스템 (https://www.tour.go.kr)	• 지방자치단체 주요 지점별 관광객 현황 - 월별 유료, 무료 관광객 현황 - 월별 내국인, 외국인 관광객 현황 • 활용 방법 지방자치단체 주요 시설에 대한 수요예측 및 시설 운영에 따른 수입 산정시 객관적인 입증 가능	문화체육관광부 한국문화관광연구원
산업입지정보센터 (https://www.industryland.or.kr)	• 산업단지 개발계획에 대한 현황 - 산업단지에 대한 고시공고, 분양공고 등 • 활용 방법 지방재정 투자심사시 비교적 사업비가 큰 산업단지 개발사업에 대한 타당성 및 투자심사의 누락 여부를 사업목록으로 추적관리 가능	국토교통부 국토연구원
지방재정 365 지방재정통합공개시스템 (http://lofin.mois.go.kr)	• 지방자치단체 공공시설물 운영 현황 - 주요 공공시설물의 건립, 운영 방식, 면적, 관리인력, 건립비용, 운영수익, 운영비용, 순손익 등 • 활용 방법 지방자치단체 내 유사 공공시설에 대한 검토시 투자심사 의뢰서 작성의 적정성 검토, 운영손익 추정시 이용객의 객관적인 수요가 반영되었는지 검토 가능 ※ 문화예술회관 신규 건립계획 수립시 현 유사 시설은 운영적자가 매년 50억 원 발생하고 있는데 신규 시설은 지역 내 수요는 동일한 상황에서 매년 10억 원 운영이익이 발생하는 것으로 계획수립, 운영수지 작성에 심각한 오류 가능성 제기	행정안전부
체육시설의 설치·이용에 관한 법률 시행규칙 (http://www.law.go.kr)	• 체육시설 등에 대한 설치 기준 제시 - 전문체육시설의 설치 기준을 제시(별표) • 활용 방법 지방자치단체 주요 체육시설 건립계획 수립시 전문체육시설, 생활체육시설을 구분하여 시설규모 확정시 적용 ※ 체육회, 협회, 시민단체 등에서는 건립계획 수립시 가급적 규모 확대를 요구함에 따라 동 규정에 의한 합리적인 시설면적 적용 불가피성을 설명하여 과다한 시설면적 운영에 따른 비용 발생 최소화 가능	문화체육부

〈표 10-21〉 계속

검색 사이트	주요 확인 가능 내용 및 활용 방법	운영 주체
고용노동부 '고용영향평가' 가이드라인 (http://www.moel.go.kr)	• 지방자치단체 투자사업에 대한 고용효과 분석 • 활용 방법 투자사업 추진으로 직접고용, 간접고용을 사업 추진 단계에서 객관적인 기준으로 산출 ※ 운영단계 고용인력은 지방자치단체 시설건립 후 실제 운영인력 등을 고려하여 작성	고용노동부
총사업비 산정 지방재정투자사업 타당성 조사 수행을 위한 일반지침 (http://limac.krila.re.kr/) 예비타당성조사 수행을 위한 일반지침 수정·보완 연구 (http://pimac.kdi.re.kr/) 각 시·도 공공투자관리센터의 총사업비 관리지침(개별)	• 투자사업에 대한 타당성 조사 일반지침 및 총사업비 산정 방식 제공 • 활용 방법 지방재정투자사업에 대한 공사비 및 보상비 등 총사업비 산정시 객관적인 기준 산정할 수 있는 가이드라인 ※ 투자심리 의뢰서에 건축비, 보상비는 어느 기준이 적합하여 OO지침을 준용하여 산정하였는다는 등으로 객관성 확보 필요	LIMAC PIMAC 시·도공투센터

6. 투자사업을 바라보는 다양한 시각들과 최근 동향

1) 지방자치단체와 지방의회

(1) 지방자치단체장

인구 3만 명~5만 명 정도 규모의 시·군에서 10년 이상의 장기적인 시계를 갖고 계획적이고 단계적인 사업 추진을 한다면 어떨까? 바람직하지만 현실은 그렇지 못하다. 흔히 지방자치단체장은 공약사항, 주민 요구사항 등 사업 추진을 위해서 절차적 간소화, 자체심사 범위 확대가 필요하다고 주장한다. 그 핵심은 주민과 가까운 지방자치단체가 지역주민이 필요로 하는 사업에 대해 가장 잘 파악하고 있다는 것이다. 또한 그 이면에는 사업의 타당성, 운영의 효율성보다는 주민의 요구도, 주민을 위한 사업 등 사업의 목적성에 입각하여 지역에서 필요한 사업의 추진 여부를 판단하는 것이 합리적이라는 발상도 담겨 있다.

그리고 행정안전부나 시·도에서 행한 의뢰심사 결과(기본 계획 부실, 재원대책 미흡, 규모 과다, 민간 영역 사업, 사전 행정절차 등의 사유) '재검토', '부적정' 판정이 날 경우 주민 필요에 의한 지방자치단체 사업 추진 의지를 상급기관이 가로막는다고 생각하고 의뢰심사제도 자체의 문제점으로 돌리는 경향도 나타나고 있다. 그뿐 아니라 일부 지방자치단체장은 장기적인 계획보다는 일시적이고 즉흥적이고 빠른 사업효과가 나타나도록 사업계획을 마련하여 추진하도록 지시 또는 독려하고 있다.

이 모든 것들은 지방재정의 효율성과 건전성, 나아가 국(주)민 세금의 경제적 가치에 문제가 발생하는 현상이다. 일부 언론에서도 지방재정의 낭비적 사례들을 지적하는 적지 않는 보도를 하고 있다(〈부표 10-6〉 참조).

(2) 지방자치단체 사업 추진 공무원

2017년 기준으로 매년 5천여 건의 지방재정투자사업에 대한 심사가 진행되고 있다. 「자치단체별 정원조례 및 시행규칙」에 의하면 지방자치단체 전체 공무원 정원은 330,884명이다. 이 중 지방재정 투자심사와 타당성 조사 제도를 이해하고 사전 진행절차를 철저히 준비하고 이행하는 비율은 어느 정도일까?

지방재정투자사업이 어떻게 계획되었는지에 따라 자료 작성 및 대응방안이 몇 가지 형태로 나타난다. 먼저, 사업이 중기지방재정계획에 반영되어 단계적이고 연차적으로 추진되는 경우 사전준비, 사업비 확보계획, 필요성 등의 측면에서 계획적인 준비 과정을 거치면서 사업이 추진된다. 그러나 지방자치단체장의 공약사항, 급한 지시 등에 의해 사업이 조급히 추진되는 경우에는 사전 계획된 사업에 비해 상대적으로 자료의 미흡, 오류, 과대평가, 사업 위험과 불확실성(risk and uncertainty) 문제 등을 많이 내포한다. 이 경우 가장 심각하게 발생되는 문제점은 투자심사 자료 등 관련 내용의 작성 및 투자심사 대응에서 불성실로 이어진다는 것이다.

이것은 사실상 지방자치단체의 사업 추진 부서에서 가장 많이 호소하는 애로이자 어려움이다. 객관적인 필요성, 타당성 등 제도적 접근보다는 기관장의 관심 또는 지시에 따라 사업이 계획되면서 주민의 복지 증진이나 호감도가 크게 떨어지는 사업이 관련 부서에 떨어(할당)지는 것이 현실이다.

(3) 지방의회

지방의회는 의결권, 행정사무 감사 및 조사권, 서류제출 요구권, 선거권, 자율권, 청원의 심사·처리권 등을 중심으로 법적 권능(권한과 기능)을 보장받고 있다. 이를 토대로 지방의회는 집행부를 견제하고 지방자치단체의 의사결정에 관한 권한, 집행기관을 견제·감시하는 권한, 의회의 의사를 표명하는 권한, 의회의 조직 및 운영에 관한 자율적 권한을 행사한다.

「헌법」 제118조 ① 지방자치단체에 의회를 둔다.

「지방자치법」 제36조(의원의 의무) ① 지방의회 의원은 공공의 이익을 우선하여 양심에 따라 그 직무를 성실히 수행하여야 한다.

② 지방의회 의원은 청렴의 의무를 지며, 의원으로서의 품위를 유지하여야 한다.

③ 지방의회 의원은 지위를 남용하여 지방자치단체 · 공공단체 또는 기업체와의 계약이나 그 처분에 의하여 재산상의 권리·이익 또는 직위를 취득하거나 타인을 위하여 그 취득을 알선하여서는 아니 된다.

지방의회 활동 중에서 지방재정투자사업에 대한 내실 있는 추진을 촉구하는 사례가 적지 않다. 예를 들면 전라북도 도의회는 공공시설에 대한 유지관리비용이 매년 증가하는 것을 우려하여 "지방자치단체 재정을 갉아 먹는 공공건축물 통제방안"을 제시하였다. 또한 공공시설에 대한 유지관리 실태조사, 투자심사 강화 등을 제안하기도 하였다.

■ 지방재정 투자심사 강화를 위한 시행규칙 제정 촉구 내용

전라북도 의회 본회의 ○○의원 발언 내용(2018. 1. 17)

본 의원은 재정투자심사 강화 촉구 내용으로 도정 질문을 2차례나 했습니다. 그만큼 재정투자심사 강화가 매우 절실하다고 판단하고 있기 때문입니다. 잘 아시다시피 전라북도 14개 시·군의 재정형편은 매우 열악합니다. 자체재원으로 공무원 인건비도 충당 못하고 매칭할 예산이 부족하여 국·도비 사업마저 포기하는 사례가 빈번합니다. 지금 상황에서 재정 건전성을 향상시키려면 자체재원을 획기적으로 늘리든지 아니면 소비성 지출을 지방정부 스스로 줄여 가는 방법밖에는 없습니다.

이에 본 의원은 지사께서 약속한 도 및 시·군의 공공건축물의 현황 및 유지관리 실태 DB 구축과 전라북도 공공투자관리센터 개설·운영을 촉구하는 바이며 전라북도 재정 건전성 향상을 위한 공공건축물 현황 파악 및 활용 조례 제정에 도지사의 권한사항이라며 전라북도가 조례 제정을 반대만 할 게 아니고 도지사의 권한을 도지사의 당연한 책무로 생각하고 받아들여 본 의원이 발의한 조례의 목적과 취지를 충분히 이해하고 받아들여 그 내용들을 전라북도 시행규칙으로 제정하여 공공건축물 현황 및 유지관리 실태조사 서식과 심사절차 매뉴얼에 따라 지방재정 투자심사를 강화하여 전라북도 및 시·군의 공공건축물 신축 억제 및 유지관리비 절감방안을 마련해 주실 것을 강력히 촉구한다.

자료: 전라북도 의회(www.assem.jeonbuk.kr).

경기도 의회는 "지방재정 건전성 강화 특별위원회"를 구성하여 활동하고 있다. 의회는 지방재정 건전성 강화를 위해 지방자치단체의 현재 상황을 직시해야 한다면서, 중앙정부로부터 재정독립뿐만 아니라 각종 제도적인 측면에서도 중앙정부와 지방자치단체가 대등한 입장에 있어야 한다고 주장하였다. 또한 재정분권을 위해 지방의원들과 학계, 주민들이 함께 모여 지방분권을 위해 노력하고 관련 현안과 이슈를 공론화하는 활동을 하고 있다.

강릉시 의회는 투자사업에 있어서 중기지방재정계획은 중요한 절차이므로 그것을 누락하는 사업이 없어야 한다고 강조하였다. 그리고 지방재정 투자심사제도를 활용해 불필요한 예산낭비를 예방하는 사전절차의 중요성을 강조하고 실제 심사에서 적용하고 있다.

■ 지방재정 투자심사제도를 통한 지방재정 낭비 막아야

강릉시 의회 내무복지위원회 ○○의원 발언 내용(2017. 12. 5) *

강릉시 의회는 '제263회 정례회'를 열고 각 상임위원회별로 내년도 당초 예산안을 심사했다.
○○의원은 "중기지방재정계획은 중요한 절차이므로 누락되는 사업이 없어야 하고, 지방재정 투자심사제도를 적극 활용해 불필요한 예산낭비를 사전에 막아야 한다."

자료: 강릉시 의회(www.gncl.go.kr).

2) 시·도 공공투자관리센터

(1) 설립 근거 및 주요 기능

시·도는 지방자치단체 조례 또는 자체 지침에 의해 공공투자관리센터를 설립·운영하고 있다. 센터의 명칭은 시·도의 특성에 따라 '공공투자관리센터', '공공투자분석센터', '공공투자센터', '공공투자평가센터'(이하 '공공투자관리센터'라 한다) 등 여러 가지 형태로 사용되고 있다. 특별히 「지방재정법령」이나 '투자심사지침' 등에서 설립 근거와 의무를 규정하고 있지는 않다. 그러나 '공공투자관리센터' 설립 후 직원채용, 기관 운영, 기본 과제 수행 등에 지방자치단체의 예산이 투입됨에 따라 지방자치단체 조례 등을 통해 설립 근거를 두고 있다. 현재 전국 11개 시·도에 10개의 공공투자관리센터가 설립되어 총 16개 팀에 80여 명으로 운영되고 있다(2019년 12월 기준).

〈그림 10-5〉 공공투자관리센터 설립 전·후 투자심사제도 절차

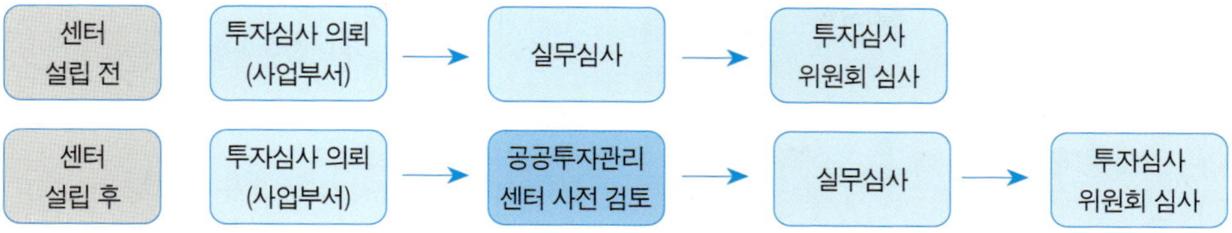

〈표 10-22〉에서 알 수 있듯이 시·도의 공공투자관리센터는 지방자치단체 투자사업의 효율적 관리를 통해 무분별한 재정투자를 억제하고, 합리적인 의사결정을 위한 보완 장치로서 역할을 한다. 센터의 공통적인 주요 기능으로는 공공투자사업의 타당성 조사, 지방재정 투자심사 대상 사업의 사전 검토, 민간투자사업의 타당성 분석 등이 있다. 그중에서도 가장 중요한 기능은 연간 1,000건 이상의 시·도(2017년 기준 1,063건)에서 실시하는 투자심사 자료를 사전에 검토하여 실무심사, 투자심사위원회 심사에 도움이 되는 객관적인 판단자료를 제공함으로써 의사결정의 효율성과 합리성을 향상시키는 데 있다.

〈표 10-22〉 시·도별 공공투자관리센터 설립 현황 및 주요 기능

시·도	센터명 (소속)	조직 (인원)	설립 연도	관련 조례	주요 업무 내용
서울	공공투자관리센터 (서울연구원)	4팀 (25명)	2012. 5	○	타당성 조사 재정투자심사 대상 사업의 사전 검토 민자사업의 타당성 분석, 적격성 조사·업무지원 등
부산	공공투자관리센터 (부산발전연구원)	2팀 (9명)	2013. 9	○	공공투자사업의 타당성 조사 민자사업의 타당성 분석, 적격성 조사·업무지원 타당성 조사 및 검토 등과 관련된 연구·교육 등
대구 경북	공공투자평가센터 (대구경북연구원)	1팀 (4명)	2015. 6	-	투자사업 타당성 분석, 서비스산업 건축도시계획, 민간투자사업 교통수요, 사업 타당성 분석
인천	공공투자관리센터 (인천연구원)	1팀 (3명)	2018. 12	○	공공투자사업의 타당성 조사 지방재정 투자심사 대상 사업의 사전 검토 민간투자사업의 타당성 분석 등
울산	공공투자센터 (울산발전연구원)	1팀 (6명)	2015. 12	-	재정사업 타당성 조사 지원 신규 국책사업 발굴을 위한 사전 검토 민간제안사업 적격성 조사 사전 검토 등

〈표 10-22〉 계속

시·도	센터명 (소속)	조직 (인원)	설립 연도	관련 조례	주요 업무 내용
경기	공공투자관리센터	3팀 (12명)	2018. 8	○	타당성 조사 재정투자사업의 사전 검토 민자사업의 타당성 분석, 적격성 조사·업무지원 등
충북	공공투자분석센터 (충북연구원)	1팀 (4명)	2012. 2	-	예타 사업 추진 지원(사업 타당성 분석) 예타 강화에 따른 대응논리 개발 및 연구 신규 국책사업 발굴·유치를 위한 선제적, 통합적 대응체계 구축
충남	공공투자관리센터 (충남연구원)	1팀 (5명)	2017. 5	-	투자심사 대상 사업 타당성 검토 및 검증 자체 투자심사사업의 타당성 조사, 재조사 재정사업의 발굴 및 진행 지원 민자사업의 타당성 및 적격성 분석 등
경남	공공투자관리센터 (경남발전연구원)	1팀 (6명)	2014. 12	○	투자심사사업 타당성 검증 재정·민자사업 추진에 대한 자문, 평가 지원 예타 사업 사전 타당성 분석·자문 재정·민자사업 관련 연구 및 교육 등
제주	공공투자관리센터 (제주연구원)	1팀 (6명)	2016. 10	○	타당성 조사 투자심사 대상 사업의 사전 검토 민자사업의 타당성 분석, 적격성 조사·업무지원 타당성 조사 및 검토 등과 관련된 연구·교육 등

(2) 분석 사례

여기서는 시·도의 공공투자관리센터가 담당하는 가장 중요한 기능(지방자치단체에서 실시하는 지방재정 투자심사 자료에 대한 분석)과 관련된 사례에 대해 살펴보고자 한다. 실제 내용은 개별 공공투자관리센터의 특성, 지방자치단체의 요구 내용에 따라 다르게 나타날 수 있으나, 여기서는 주로 지방재정 투자심사 자료의 기본 내용을 토대로 세부 검토 항목을 분석한 사례를 중심으로 기술하고 있다. 이들은 크게 사업계획 및 규모 검토 등 6개 대분류와 48개 세부 검토 항목으로 구분할 수 있다. 이들 내용에 대한 오류 여부, 적용 사례의 적정성, 과대 또는 과소 계상 등 다양한 내용들을 종합적으로 점검하여 기초자료를 제공한다. 시·도의 투자심사시 공통적인 분석 사례를 참고하여 지방자치단체의 특성에 맞게 세부 항목을 추가해서 분석을 할 경우 매우 유용한 투자심사의 기초자료로 활용될 수 있다.

〈표 10-23〉 투자심사 대상 사업에 대한 공공투자관리센터 분석(사례)

<table>
<tr><td colspan="4">사업명: OOOO 산업단지 개발사업</td></tr>
<tr><td>구분</td><td>세부 검토 항목</td><td colspan="2">비고</td></tr>
<tr><td colspan="4">A. 사업계획 및 규모의 적절성 검토</td></tr>
<tr><td rowspan="3">사업계획 및 규모 검토</td><td>① 시설규모가 수요에 기반하여 적정하게 산정되었는가?
유사 사례와 비교하여 적정성을 검토하였는가?</td><td>●</td><td>• 수요기반 시설규모 제시(전체 시설 중 일부 시설)
• 유사 사례는 컨셉만 참고</td></tr>
<tr><td>② 시설배치계획이 합리적으로 제시되었는가?</td><td>○</td><td>• 기본 계획에서 현황을 분석하여 시설배치계획 수립</td></tr>
<tr><td>③ 입지 여건에 대한 분석이 이루어졌는가?
(법적, 기술적, 사회적 제약 요인 검토)</td><td>○</td><td>• 기존 시설을 활용하여 세부 시설 입지</td></tr>
<tr><td rowspan="2">분석 범위</td><td>④ 사업의 영향권, 이해관계자, 편익수혜자를 합리적으로 설정하였는가?</td><td>×</td><td>• 해야 하는 데 안함</td></tr>
<tr><td>⑤ 대안 및 시나리오 설정이 합리적으로 이루어졌는가?</td><td>–</td><td>• 해당 없음</td></tr>
<tr><td colspan="4">B. 비용 추정(19개 항목 세부 분석)</td></tr>
<tr><td colspan="4">C. 수요 추정(4개 항목 세부 분석)</td></tr>
<tr><td colspan="4">D. 편익 추정(3개 항목 세부 분석)</td></tr>
<tr><td colspan="4">E. 경제성 분석(8개 항목 세부 분석)</td></tr>
<tr><td colspan="4">F. 재무성 분석(9개 항목 세부 분석)</td></tr>
<tr><td colspan="4">〈(필요시) 항목별 추가 세부 분석〉
• 유사 시설에 대한 인근 시설 비교 또는 다른 지방자치단체 유사 시설 비교
• 적정 단가에 대한 객관적인 자료(조달청 단가 등)</td></tr>
</table>

3) 사업 관련 중앙 부·처

지방자치단체에서 추진하는 다양한 사업 중에는 사업의 추진 전·후 단계에서 법령, 제도, 재정지원과 연계 차원에서 관련 중앙부처와 사업 추진에 대한 협의를 해야 하는 사항이 발생한다. 통상 국토개발, 문화·체육 관련 사업을 중심으로 그 필요성과 빈도가 자주 발생하고 있다. 업무소관 관련 중앙부·처는 크게 다음의 세 가지 측면에서 검토를 하는 경향이 있다.

첫째, 국비지원 가능성이다. 지방자치단체는 국비지원 보조(율) 또는 다른 경로를 통해 국비지원이 가능하다고 보고 사업계획을 수립하지만, 실제 관련 중앙부처의 상황은 그렇지 않은 경우가 적지 않다. 관련 중앙부처 입장에서는 특정 사업에 대한 국비지원 의견은 향후 사업 추진시 재정당국(기획재정부)과의 협의를 거쳐야만 실질적인 지원이 뒷받침될 수 있으므로 그 이전에는 객관적인 기준을 토대로 지원규모 및 가능성을 제시할 수밖에 없다.

둘째, 사업규모의 적정성이다. 지방자치단체가 투자사업을 추진할 때 규모의 적정성은

〈그림 10-6〉 중앙부처와 지방자치단체 간 각종 허가절차(예시, 오색삭도 사례)

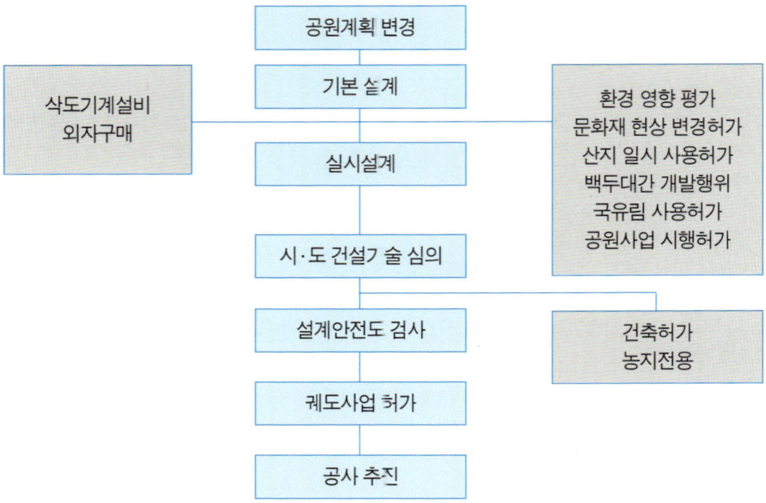

향후 운영단계의 유지관리비용을 고려할 때 가장 중요한 요소이다. 지방자치단체는 실무자의 의지와 관계없이 기관장의 공약사항, 지역 내 특정 회원 등에 의해 본래의 사업 목적과 이용자의 목적에 맞는 시설보다 크게 건립하려고 계획하는 경우가 많다. 그런데 해당 중앙부처에서는 시설 건립시 일반 주민이 이용할 시설인지, 전문인력이 이용할 시설인지에 대한 규정을 갖고 있고, 이에 대한 명확한 기준을 제시하고 있다. 그러므로 지방자치단체는 선불리 사업을 과다하게 계획해서 적정 규모 이상의 중앙정부 지원을 받으려고 애쓰지 말아야 한다.

셋째, 사업 추진과 관련된 법적 절차에 대한 승인이다. 지방자치단체가 추진하는 모든 사업이 여기에 해당되지는 않지만, 각종 인·허가, 사전협의제도 등 중요한 정책결정 사항은 중앙부처에서 실시하고 있다. 때로는 환경부, 문화체육관광부, 문화재청, 산림청 등 사업의 성격에 따라 동일한 사업에 대해 여러 개 관련 부처와 협의를 거쳐서야 하는 경우가 많다. 특정 사업에 대해서는 중앙부처 간에도 이해를 달리하는 경우도 발생한다. 지방자치단체는 이러한 점을 감안하여 때로는 전략적으로 접근할 필요가 있다.

〈표 10-24〉 인·허가 추진 현황 및 최근 동향(예시, 오색삭도 추진 현황)

〈설악산 오색 케이블카 예정지〉

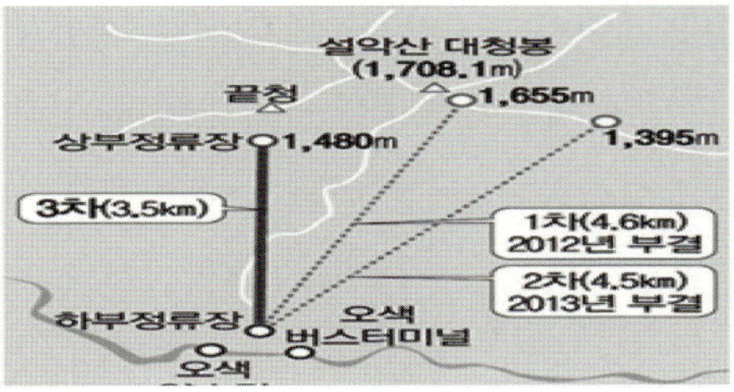

〈설악산(오색) 케이블카 추진 일지〉

1995년	강원도 양양군 오색-대청봉 간 케이블카 추진
2004년	환경부, '케이블카 제한' 국립공원 지침 개정
2012~2013년	양양군 시범사업 사업신청→환경부 부결
2015년 8월	국립공원 위, 오색 케이블카 조건부 승인
2018년 3월	환경정책제도개선위, '허가 전면 재검토'

〈최근 동향〉

① 양양군, 설악산 오색 케이블카 적폐청산위 권고 '반발'(이뉴스투데이, 2018. 3. 26, http://www.enewstoday.co.kr)

지난 23일 환경부 적폐청산위원회(환경정책제도개선위원회)가 설악산 오색 케이블카와 관련 환경부에 '허가를 재검토하고 환경 영향 평가도 부동의 처리하라'고 권고한 것에 대해 양양군이 강하게 반발하고 나섰다.

설악산 오색 케이블카 사업은 특정 정부에서 즉흥적으로 추진된 사업이 아니라 지난 20년 동안 각계각층의 의견을 수렴하는 등 사회적 합의를 통해 이루어진 사업이며 국정조사 및 행정심판위원회에서도 검증을 받은 정상적인 사업이므로 '적폐사업'으로 치부하는 것은 어불성설이라는 입장이다.

② 오색 케이블카 24년 … 정권따라 '보전-개발' 가치 달라 표류(서울경제신문, 2018. 12. 3, https://www.sedaily.com)

오색 케이블카는 23년 전인 1995년 오색리에서 설악산 끝청봉을 잇는 케이블카 건설계획에서 출발한다. 지자체의 추진계획은 환경단체의 반발에 직면했고 오랜 기간 헛돌다 2012~2013년 2년 연속 양양군의 케이블카 시범사업 신청을 환경부가 부결하며 건설이 힘들 것이라는 분위기가 퍼졌다. - 중략 - **특히 정권 교체 이후 환경단체의 입김이 세지며 기존 정책결정이 뒤바뀌는 점은 정부 신뢰를 떨어뜨린다는 비판도 제기된다.** 정부의 한 고위관계자는 "환경에 대한 합리적인 우려는 당연히 고려해야 하지만 더 좋은 개선방향을 고민하기도 전에 시도조차 가로막히는 것 같아 안타깝다"고 말했다.

③ '4년 전 허가' 설악산 오색 케이블카 끝내 무산(매일경제신문, 2019. 9. 17, https://www.mk.co.kr)

2015년 조건부 승인 받고도 文정부 들어 적폐로 규정 환경부 최종 부동의 결정

40여 년간 찬반 논란을 겪어 온 설악산 오색 케이블카 사업이 사실상 백지화되자 강원 지역 사회가 크게 반발하고 있다. 강원도와 양양군은 사업 추진 의지를 굽히지 않고 행정심판 등 대응책 마련에 착수했다. 환경부 원주지방환경청은 16일 설악산 오색 케이블카에 대한 '부동의' 의견을 강원도와 양양군 등에 통보했다. - 중략 -

사업이 사실상 백지화되면서 생태계 파괴 등을 이유로 사업에 반대해 온 환경단체는 환영하는 목소리를 내고 있는 반면 관광산업 활성화를 기대해 온 시민사회단체 등은 즉각 반발했다. 강원도와 양양군은 환경부가 부동의 결정을 내린 데 난색을 표시하며 행정심판 등 법적 대응을 검토할 방침이다.

4) 국가재정을 총괄하는 기획재정부

2019년 예산 기준으로 중앙정부와 지방자치단체 및 지방교육청의 예산 상황을 살펴보

면, 세입 면에서는 국가예산과 지방예산 비중은 54.5% 대 45.5%이나, 재정사용액 면에서는 중앙정부 38.5%, 지방자치단체 및 지방교육청이 61.5%로 지방이 약 6 대 4로 많이 집행하고 있다. 국가재정의 60% 이상이 지방에서 사용되고 있음을 감안하면 지방재정의 건전성, 책임성과 추진하는 사업의 타당성에 대한 사전 검토가 심도 있게 이루어져야 할 필요가 있다. 이러한 상황을 인식하고 '국가균형발전특별회계' 예산안 편성지침(기획재정부)에서는 지방재정 투자심사 등 사전 행정절차를 이행하지 않은 사업은 원칙적으로 국고지원을 신청하지 못하도록 규정하고 있다.

〈표 10-25〉 2019년 중앙정부와 지방자치단체 예산액과 재정사용액 현황

구분	중앙정부	지방자치단체 및 지방교육청		
		계	지방자치단체	지방교육청
예산액	362조 원(54.5%)	301조 원(45.5%)	230조 원(34.8%)	71조 원(10.7%)
재정사용액	191조 원(38.5%)	306조 원(61.5%)	231조 원(46.4%)	75조 원(15.1%)

자료: 지방재정 365(http://lofin.mois.go.kr).

다만, 정부는 최근에 국가경제 활성화 및 경기부양을 위하여 공공부문 재정지출 확대 기조를 채택하였다. 이와 관련해서 기획재정부는 각 중앙부처와 합동으로 생활밀착형 SOC 사업을 발굴하고 3대 분야 10대 투자과제를 선정하여 발표하였다. 국민 여가 및 건강 활동 분야, 지역 일자리 및 활력제고 분야, 생활안전 및 환경 분야 등이다. 지방자치단체 신청 등을 통해 소관 부처에서 사업을 확정하여 2019년부터 본격적으로 추진되고 있다. 또한 지역별 주요 사업에 대한 예비타당성조사의 면제를 통한 행정절차의 간소화를 추진하고 있다.

〈지방재정 투자심사 및 예비타당성조사 면제사업 현황〉

① 2009년 4대강 사업 추진과 예비타당성 관련 「국가재정법령」 개정

예비타당성조사는 「국가재정법」에 따라 세금낭비를 막자는 차원에서 1999년에 도입되었다. 총사업비 500억 원 이상이면서 국가 재정지원 규모가 300억 원 이상인 사업을 대상으로 실시된다. 현재 기획재정부 산하 '한국개발연구원 공공투자관리센터'(Public Investment Management Center: PIMAC)가 경제성·정책성·지역균형발전 등을 고려하여 사업타당성을 판단한

〈그림 10-7〉 생활밀착형 SOC 확대 추진계획

3대 분야 10대 투자과제

분야	10대 투자과제	주요 투자사업	규모
여가·건강 활동	① 문화·체육시설 등 편의시설 확충	• 국민체육센터(160개소) • 노후 공공도서관 리모델링(50개소) • 전통시장 시설 현대화(450개소) 및 주차장 신규 조성(45개소)	1.1조 원
	② 지역 관광 인프라 확충	• 지방 박물관 내 어린이 박물관 설치(7개소) • VR·AR 체험존(19개 시설)	0.6조 원
지역 일자리·활력 제고	③ 취약지역 도시재생	• 노후 주거지 도시재생 추진(168개소)	1.5조 원
	④ 농어촌 생활 여건 개선	• 어촌뉴딜(70개소) • 군단위 LPG 배관망 지원(7개 군) • 도서지역 식수원 개발 지원(110개소)	1.3조 원
	⑤ 스마트 영농 확산	• 스마트팜 혁신밸리(4개소) • 스마트 축산 ICT 시범단지(2개소)	0.1조 원
	⑥ 노후 산단 재생 및 스마트 공장	• 노후 산단 재생(펀드 조성 2,500억) • 정부지원 스마트 공장(2,100개)	0.7조 원
생활 안전·환경	⑦ 복지시설 기능 보강	• 지역아동센터 환경 개선(1,200개소) • 지역거점 공공병원 기능 보강(41개소)	0.4조 원
	⑧ 생활안전 인프라 확충	• 노후 공공임대주택 시설 개선(500억 원) • 전통시장 화재알림시설 설치(2.5만 개)	2.3조 원
	⑨ 미세먼지 대응 강화	• 도시바람길 숲(10개소) • 미세먼지 차단숲(60ha) • 수소 충전 인프라(30개소)	0.2조 원
	⑩ 신재생에너지 시설 확충	• 공공기관 유휴부지 활용 태양광 보급(609개소) • 주택 태양광 지원(9.4만 호)	0.6조 원

자료: 기획재정부(http://www.moef.go.kr), 지역밀착형 생활 SOC 확충방안, 2018. 8. 27.

다. 다만, 일부 사업에 한하여 예비타당성조사가 면제되고 있다. 「국가재정법」에 따르면 지역균형발전, 남북교류협력 등에 필요한 사업은 예비타당성을 거치지 않을 수도 있다. 이명박 정부에서 실시되었던 4대강 사업이 예비타당성조사를 면제받고 시행된 대표적인 사례이다. '4대강 사업'과 관련하여 당시 기획재정부는 2009년 3월 예비타당성조사 면제 대상에 '재해예방사업'을 추가하도록 「국가재정법 시행령」을 개정한 뒤 4대강 준설, 보 건설 등 사업의 예비타당성조사를 일괄 면제하여 사업을 시행하도록 하였다.

〈표 10-26〉 예비타당성조사 관련 「국가재정법령」 개정 현황(4대강 사업 추진 전후)

2013. 12. 31 이전	시행령 → 법	2014. 1. 1 이후
• 「국가재정법 시행령」 제13조(예비타당성조사) ② 제1항에도 불구하고 다음 각호의 어느 하나에 해당하는 사업은 예비타당성조사 대상에서 제외한다.〈개정 2009. 3. 25〉 6. 재해예방·복구 지원, 시설 안전성 확보, 보건·식품 안전 문제 등으로 시급한 추진이 필요한 사업		• (개정 후) 「국가재정법」 제38조(예비타당성조사) ② 제1항에도 불구하고 다음 각호의 어느 하나에 해당하는 사업은 대통령령으로 정하는 절차에 따라 예비타당성조사 대상에서 제외한다.〈신설 2014. 1. 1〉 10. 지역균형발전, 긴급한 경제·사회적 상황 대응 등을 위하여 국가 정책적으로 추진이 필요한 사업으로서 다음 각목의 요건을 모두 갖춘 사업. 이 경우 예비타당성조사 면제사업의 내역 및 사유를 지체 없이 국회 소관 상임위원회에 보고하여야 한다. 가. 사업 목적 및 규모, 추진방안 등 구체적인 사업계획이 수립된 사업 나. 국가 정책적으로 추진이 필요하여 국무회의를 거쳐 확정된 사업

자료: 국가법령정보시스템(http://www.law.go.kr) 예비타당성조사 관련 내용 재구성.

하지만 4대강 사업을 포함한 예비타당성조사 면제를 둘러싸고 많은 비판이 일어나자 정부와 국회는 이후 예비타당성조사 제외사업에 대한 근거를 개정하였다(2014. 1). 구체적으로 그동안 「국가재정법 시행령」에 근거하던 내용을 「국가재정법」 제38조로 변경하였다. 이는 예비타당성조사 실시 대상 및 면제 대상을 직접 법률에 규정하는 등 과거 예비타당성조사제도의 운영상 나타난 일부 미비점을 개선·보완한 것이다. 예비타당성조사 대상 및 면제 대상을 직접 법률에 규정하고, 면제 대상의 내역 및 사유를 국회에 제출하도록 함으로써 예비타당성조사제도 운영 과정에서 행정부의 자의적인 집행을 방지하고 투명성과 실효성을 제고하고자 하는 것이 국가재정법령 개정 사유로 제시되었다(「국가재정법」 제34조 제15호 신설, 제38조 제1항, 제38조 제2항 및 제71조 제7호 신설).

② 2019년 지역균형발전 차원의 주요 국책사업 예비타당성 면제 추진 동향

대통령 직속 국가균형발전위원회에서는 지방자치단체 주요 현안 사업 중 예비타당성조사 면제사업에 대한 신청을 받았다. 동 신청 사업을 대상으로 "예타조사 면제는 지역의 혁신성장과 일자리 창출을 돕기 위해 추진"할 예정이며, "지역경제 파급효과가 큰 사업을 우선적으로 고려하여 2019년 상반기 안으로는 최종 선정할 예정"으로 추진해 왔다(동 사업은 2019년 초에 확정되었으며, 그 내용은 뒤에서 기술하고 있다). 균형발전위는 "선정 사업은 국가균형발전 5개년 계획(2018~2022)에 반영할 계획"이라고 덧붙였다.

■ 지자체별 2019년 예비타당성 면제 요청 사업

(단위: 원)

지역	사업	금액
서울	동부간선도로 확장	4,100억
인천	GTX-B(광역급행철도) 건설 사업	5조 9,000억
	강화–영종 평화고속도로 사업	7,400억
부산	부전역 복합환승역	1조 2,000억
	경부선 청도 지하화	2,700억
대구	대구산업선 철도	1조
	대구 도시철도 3호선 혁신도시 연장 건설	6,900억
광주	인공지능 기반 과학기술 창업단지 조성	1조
	광융합산업 맞춤형 제조혁신 플랫폼 구축	8,000억
대전	도시철도 2호선 트램 산업	8,000억
	4차산업 특별시 대전	2조 3,000억
울산	울산외곽순환고속도로 사업	1조 2,000억
	울산 공공병원 건립 사업	2,500억
세종	KTX 세종역 설치	1,320억
	세종–청주 고속도로	8,013억
경기	전철7호선 도봉산포천선 연장(옥정~포천)	1조 391억
	신분당선 수원 호매실 연장	1조 1,169억
강원	제2경춘국도 건설	8,613억
	제천–영월 고속도로	1조 1,646억
충북	충북선 철도 고속화(청주국제공항–충주–제천)	1조 4,500억
	중부고속도로 남이–호법 연장	1조
충남	충청산업문화철도(보령–조치원)	1조 8,700억
	수도권 철도 천안–독립기념관 연결 사업	2,600억
전북	새만금 국제공항 건설	9,700억
	상용차산업 혁신 성장 및 미래형 산업 생태계 구축	2,343억
전남	완도–고흥 해안관광도로	9,008억
	신안 압해–해남 화원 연도교 사업	4,265억
경북	동해중부선 복선 전철화(포항–동해) 사업	4조
	동해안고속도로(포항–영덕–울진–삼척) 사업	7조
경남	김천–거제 남부내륙철도	5조 3,000억
	부산 제2신항 건설	10조
제주	제주 신항만 건설	2조 8,000억
	제주하수처리시설 현대화 사업	3,800억

최근 5년간 SOC 예비타당성조사 면제 사업규모

(단위: 원, ( )는 건)

구분	규모
2014~2018년	4조 7,333억(35)
2019년 지자체 신청사업	61조 2,518억(33)

자료: 기획재정부(https://joongang.joins.com/).

그러나 예비타당성조사 면제는 이명박 정부 이후 10년 만에 각 지방자치단체 예비타당성 면제사업 선정을 추진하는 것으로, 적게는 수천억 원, 많게는 수조 원 규모에 이르는 사업들 중에서 경제성이 없는 것이 수두룩하다는 의견도 제기되고 있다. 특히, 많은 전문가들이 예비타당성조사 면제에 대해 우려의 목소리를 내고 있다. "예비타당성조사를 거쳐도 예산낭비로 결론 나는 사업이 적지 않은데 예비타당성조사 면제까지 해주는 것은 정부의 선심성 정책이라고밖에 볼 수 없다"고 말하기도 한다. 또한 "예타 사업은 물론 예타 면제사업 추진 과정 실명제를 통해 예산낭비 요소가 있으면 관련 공직자, 정치인의 명단을 공개하고 책임을 묻도록 해야 한다"라는 의견도 제기되었다.

〈언론에서 바라보는 우려 반, 기대 반에서 정책결정 과정으로〉

예비타당성조사 면제 조치와 관련해서 제도의 근본 취지, 과거 일본 및 국내 4대강 사업의 사례 등을 고려할 때 선심성, 나눠주기식 정책으로 변질될 우려가 크므로 신중한 접근이 필요하다는 내용으로 보도가 되고 있다.

〈표 10-27〉 예비타당성 관련 주요 언론보도 내용 발췌

일자별	언론사	제목	검색주소	지면
2019. 1. 10	뉴스엔 뉴스	文대통령 "광역별로 1건씩 예비타당성조사 면제" 최소한 17개 대형 토목 무더기 추진. 4대강 사업비보다 많을 듯	http://www.viewsnnews. com	정치
2019. 1. 13	한겨레	예비타당성조사 면제, 신중한 접근 필요하다	http://www.hani.co.kr/arti/	사설
2019. 1. 20	뉴시스	예비타당성조사 면제는 '달콤한 독약'	http://www.newsis.com/	기자수첩
2019. 1. 24	경향신문	SOC 예비타당성조사 면제, 신중해야 한다	http://news.khan.co.kr/kh_news/	사설
2019. 1. 25	SBS 뉴스	나경원 "총선용 SOC 위해 예비타당성조사 면제"	https://news.sbs.co.kr/ news/	정치
2019. 1. 26	서울경제	文정부의 '예타 면제', 일본 '다람쥐도로' 재연되나/정부, 29일 전국 예타 면제 대상·선정 기준 발표 "90년대 경기부양용 SOC 남발한 日 재연 우려" "총선 앞두고 지역에 선물주는 포퓰리즘" 비판, '토목공사 안한다' 공약 파기 논란도	https://news.sbs.co.kr/news/	정치
2019. 1. 26	한국일보	'선심성 나눠 주기'로 변질된 예비타당성조사 면제	http://www.hankookilbo. com/News	사설
2019. 1. 28	중앙일보	4대강, 영암 F1사업, 예비타당성 안했다가 실패 문재인 정부 예타 면제 이미 29조 경실련 "MB 때보다 규모 늘 수도 지자체별 나눠먹기식 사업 안돼"	https://joongang.joins.com/	사회
2019. 1. 30	조선일보	적폐로 몰다가 꺼내든 '토건 카드'… 22兆 들인 4대강에 육박 [24조 원 예타 면제] 文정부 '예타 면제' 2년간 53조 원 … MB정부 5년치에 근접 이번 23건 중 18건이 SOC 사업, 시민단체도 "토목적폐 자행"	http://news.chosun.com (biz.chosun.com)	정책
2019. 2. 9	조선일보	文, 타당성 조사 무시 24조 원 퍼부은 뒤 타당성 조사 유지 타당성이 없는 사업들이니 타당성 조사를 할 수가 없었을 것이다. 누가 봐도 총선용 매표행위다. 그래놓고 타당성 조사 제도는 유지돼야 한다니 마치 반칙을 수없이 저지른 선수가 "룰은 유지돼야 한다"고 말하는 것 같다.	http://news.chosun.com	사설

〈국무회의 의결로서 예비타당성조사 대상에서 면제사업으로 확정〉

2019년 1월 29일 국무회의에서는 총 23개 사업에 24조 1,000억 원의 신규 투자사업에 대하여 「국가재정법령」에 의한 예비타당성조사 없이 사업 추진이 가능하도록 대상 사업을 확정하여 발표하였다.

■ 지방자치단체별 예비타당성조사 면제사업 현황(2019. 1. 29)

국무회의에서 확정 후 관계부처 합동으로 발표

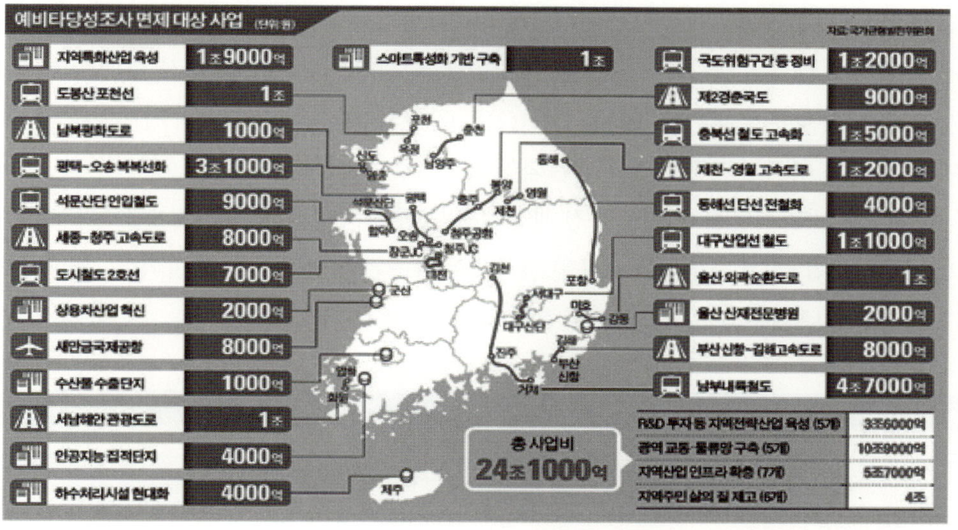

자료: 한국경제신문(www.hankyung.com).

5) 감사원

지방자치단체에 대한 감사원의 감사 활동은 계속 증가하고 있다. 〈표 10-28〉에서 보는 바와 같이, 감사원 제2사무차장 아래에 지방행정감사 2개국을 조직하여 운영하고 있다. 지방행정감사국 아래에는 각각 4개 과가 있고, 각 과별로 개별 지방자치단체 대상을 구분하고 있다. 지금까지 예산 분야에 대한 감사 운영 사례를 볼 때, 지방재정 투자심사 및 타당성 조사에 관한 사항에 대해서도 적지 않은 법령위반 사례가 발생하고 있다. 감사원의 지방자치단체 재정

분야 감사는 지방재정의 건전 운영 측면에서 위한 긍정적인 역할과 순기능이 있다.

세부 분야별 감사 결과는 투자심사를 받지 않고 사업을 추진하는 경우, 투자심사를 실시하였는데 법령이 규정하는 적정 기관에서 받지 않은 경우 등 다양하다. 행사성 사업의 경우에는 세부 경비에 대한 계획 대비 실제 수입금, 관람객 차이, 주요 국제행사 승인심사 내용과 크게 변경된 국제행사 현황을 지적하고 있는 점에 주목할 필요가 있다.

또한 감사원은 지방자치단체가 투자심사를 의뢰하기 위하여 법적 의무사항은 아니지만 기본 계획을 수립하면서 타당성을 병행하여 실시한 사업의 경우 자체 타당성 조사의 비용편익분석 오류 사례를 상세하게 지적한 바 있다. 이와 관련하여 감사원이 비용·편익에 대한 재분석을 실시한 결과를 예시하면 지방자치단체에서 실시한 자체 타당성 조사 결과는 B/C 1.06이었으나, 감사원에서 재분석 결과는 B/C 0.21로 확인되었다. 그 외 다수의 사례에서 타당성 조사 지침 등을 지키지 않은 사례가 발견되었다.

다음은 지방자치단체의 사업 추진 과정에서 「지방재정법」을 위반(지방재정 투자심사를 미실시하였거나 부적정하게 실시)하여 감사원 감사에서 잘못된 행정 사례로 적발되어 지방자치단체 자주재원으로 배분되는 지방교부세 감액 조치를 받은 사례들이다.

〈표 10-28〉 감사원의 투자심사 및 타당성에 대한 감사 유형 및 감사 사례

감사 유형	주요 감사 사례
① 투자심사 미이행	• ○○산업단지 조성사업(총사업비 1,500억 원)
② 투자심사기관 부적정	• ○○역사공원 조성사업 외(중앙심사 대상을 도심사 처리)
③ 투자사업 분리 후 심사기관 부적정 심사	• 분청공원 조성사업(170억 원) – 광역지방자치단체 심사 처리 • 분청사기 문화관 건립사업(282억 원) – 광역지방자치단체 심사 처리
④ 타당성 조사 미이행(회피)	• ○○광역시 대표도서관 건립(498억 원)
⑤ 자체 타당성 조사 왜곡	• 문화예술회관 건립사업(419억 원) B/C 1.06 → 0.21
⑥ 행사성 사업 주요 지표 왜곡	• 광주세계 광 엑스포(1,000억 원→1,686억 원, 사업 내용 확대)

자료: 감사원(www.bai.go.kr) 지방자치단체 감사 결과 공개자료 재편집(내부 내용 부록 참조).

〈표 10-29〉 감사원 조직도 및 지방행정감사국 1·2국의 주요 기능

조직도

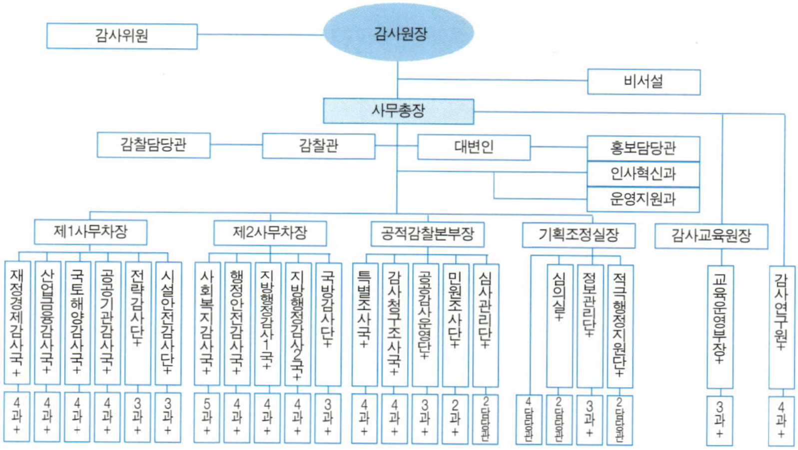

지방행정감사1국

지방행정감사1국장 ○○○ 연락처 (02)2011-2610

1과
과장 ○○○ 전자우편 yej2215@korea.kr
전화번호 (02)2011-2611 FAX (02)2011-2615
1. 서울특별시와 그 하급 지방자치단체 및 그 소속기관에 관한 감사사항
2. 지방자치단체 백서발간
3. 국 소관 감사계획 수립·조정
4. 국 소관 대국회·언론 및 기타 대외기관 협조사항
5. 국 소관 감사 결과 집행관리 총괄
6. 국 소관 감사 대상 기관의 활동에 대한 모니터링 총괄
7. 국 소관 감사 대상 기관의 법령에 대한 입법동향 파악 및 의견표시 총괄
8. 국 소관 감사 대상 기관에 대한 원·국 단위 감사사항 주관
9. 국내 다른 과의 소관에 속하지 아니하는 사항

2과
과장 ○○○ 전자우편 hj0202@korea.kr
전화번호 (02)2011-2621 FAX (02)2011-2625
1. 인천광역시, 강원도와 그 하급 지방자치단체 및 그 소속기관에 관한 감사사항

3과
과장 ○○○ 전자우편 gold2000@korea.kr
전화번호 (02)2011-2631 FAX (02)2011-2635
1. 경기도와 그 소속기관에 관한 감사사항
2. 고양시, 의정부시, 남양주시, 파주시, 구리시, 포천시, 양주시, 동두천시, 가평군과 그 소속기관에 관한 감사사항

4과
과장 ○○○ 전자우편 jjkjs@korea.kr
전화번호 (02)2011-2641 FAX (02)2011-2645
1. 수원시, 성남시, 부천시, 안양시, 안산시, 용인시, 평택시, 광명시, 시흥시, 군포시, 화성시, 이천시, 김포시, 광주시, 안성시, 하남시, 의왕시, 오산시, 여주시, 과천시, 양평군과 그 소속기관에 관한 감사사항

지방행정감사2국

지방행정감사2국장 ○○○ 연락처 (042)481-6700

대전사무소
소장 ○○○ 전자우편 azdegree@korea.kr
전화번호 (042)481-6731 FAX (042)481-6747
1. 대전광역시, 세종특별자치시, 충청북도, 충청남도와 그 하급 지방자치단체 및 그 소속기관에 관한 감사사항
2. 제1호의 관할구역 내에 속하는 국가기관 지방바치단체·공공기관에 대한 민원의 조사 및 처리
3. 국 소관 감사계획 수립·조정
4. 국 소관 대국회·언론 및 기타 대외기관 협조사항
5. 국 소관 감사 결과 집행관리 총괄
6. 국 소관 감사 대상 기관의 활동에 대한 모니터링 총괄
7. 국 소관 감사 대상 기관의 법령에 대한 입법동향 파악 및 의견표시 총괄
8. 국 소관 감사 대상 기관에 대한 원·국 단위 감사사항 주관
9. 국내 다른 과의 소관에 속하지 아니하는 사항

부산사무소
소장 ○○○ 전자우편 3714@korea.kr
전화번호 (051)718-2320 FAX (051)718-2325
2. 인천광역시, 강원도와 그 하급 지방자치단체 및 그 소속기관에 관한 감사사항

대구사무소
소장 ○○○ 전자우편 haseok@korea.kr
전화번호 (053)260-4300 FAX (053)260-4310
1. 대구광역시, 경상북도와 그 하급 지방자치단체 및 소속기관에 관한 감사사항
2. 제1호의 관할구역 내에 속하는 국가기관·지방자치단체·공공기관에 대한 민원의 조사 및 처리

광주광역시
소장 ○○○ 전자우편 baikyt333@korea.kr
전화번호 (062)717-5900 FAX (062)716-5893
1. 광주광역시, 전라북도, 전라남도, 제주특별자치도와 그 하급 지방자치단체 및 소속기관에 관한 감사사항
2. 제1호의 관할구역 내에 속하는 국가기관·지방자치단체·공공기관에 대한 민원의 조사 및 처리

자료: 감사원(www.bai.go.kr).

〈표 10-30〉 감사 지적에 따른 지방교부세 감액 사례: 투자심사 관련(2017~2019)

(단위: 천 원)

회계 연도	지역	자치 단체	감액 대상 금액	감액 금액	위반 지출 내역
2019	서울	양천구	483,000	3,000	생활체육시설 조성 투자심사 부적정
2019	부산	본청	2,462,000	301,000	부산 배경 드라마 제작 지원사업에 대한 투자심사 부적정
2018	충남	예산군	138,000	138,000	예산 황새고향 서식지 환경조성사업 추진 부적정(투자심사 미실시)
2018	경북	구미시	240,000	80,000	축제 사업 예산 편성집행 부적정(투자심사 미실시)
2018	경북	칠곡군	480,000	480,000	북삼오평일반산업단지조성사업 추진 부적정(투자심사 미실시)
2017	서울	서초구	294,000	273,000	우면종합복지센터 건립사업 추진 부적정(투자심사 미실시)
2017	대구	본청	1,647,000	504,000	「만남의 미술관」 건립사업 추진 부적정(투자심사 미실시)
2017	경기	수원시	1,250,000	1,250,000	생태교통 시범사업 투·융자 심사업무 부적정(투자심사 미실시)
2017	경기	안산시	86,000	62,000	일동 주민복지타운 조성사업 추진 부적정(투자심사 미실시)
2017	경기	광주시	191,000	191,000	노후 도로조명 개선 용역사업 추진 부적정(투자심사 미실시)
2017	경기	안성시	580,000	580,000	안성시 복합교육문화센터 건립사업 추진 부적정(투자심사 미실시)
2017	충남	계룡시	228,000	228,000	계룡 하대실 도시개발사업 및 도시 계획도로 추진 부적정(투자심사 미실시)
2017	전남	나주시	127,000	107,000	호혜원 인공습지 조성사업 투지심사 업무처리 부적정(투자심사 미실시)

자료: 지방재정 365(http://lofin.mois.go.kr).

6) 국회

국회는 매년 국정감사, 상임위 업무보고 등을 통해 지방재정의 건전성 제고를 위해 꾸준히 관심을 두고 문제를 제기하고 있다. 이에 대한 국회 활동을 보면, 많은 문제와 요구 사항이 지방자치단체의 살림살이가 낭비와 방만 운영에 이르지 않도록 제도개선을 촉구하고 있음을 확인할 수 있다. 여기에는 지방자치단체 부채 관리, 지방자치단체 호화청사 관리, 지방재정 투자심사제도 개선, 행사축제에 대한 관리, 긴급 재정관리제도 개선 등이 포함된다(지방재정 관련 국회 국정감사 지적 내용 및 조치계획 〈부표 10-4〉 참고).

국회 예산정책처는 전남 F1 국제자동차경주대회, 2013 충주 세계조정선수권대회, 2014 인천 아시아경기대회, 2015 광주 하계유니버시아드대회, 2015 경북 문경 세계군인체육대회, 2018 평창 동계올림픽대회 등 지방자치단체 주요 체육행사에 대한 개최 성과를 분석한 바 있다. 그리고 그 결과를 토대로 지방자치단체주관 국제체육행사가 타당성 분석 내용의 부실을

〈표 10-31〉 국회 예산정책처 국제스포츠행사에 대한 예산낭비 사례 분석

국제스포츠행사에 대한 타당성 조사 부실, 신설 위주의 방만한 시설투자와 사업비 증액으로 예산낭비 심각

- 국회 예산정책처는 「국제스포츠행사 지원사업 평가」 보고서를 통해 정부가 국제스포츠행사를 지원하기 위해 추진하고 있는 사업들의 문제점을 분석하고 정책적 개선방안을 제시
- 국제스포츠행사 지원사업에 대해 평가한 결과
  - 분석 대상인 6개 국제스포츠행사의 타당성 보고서는 모두 경제적 타당성 분석에서 일반적으로 고려하지 않는 간접적 편익까지 포함하여 경제적 타당성을 과장
  - 강원도개발공사는 평창 동계올림픽대회를 유치하는 과정에서 알펜시아 리조트를 건립하여 2012년 말 현재 부채가 1조 215억 원에 이르고, 연간 이자비용만도 500억 원 이상 지출
  - F1 대회는 재원조달 등에 관한 철저한 사전 검증 없이 불리한 조건으로 유치계약을 체결함으로써 대회 개최기간(2010~2016년) 동안 재정수지 총적자는 4,000억 원이 넘을 것으로 예상됨.
  - 인천 아시아경기대회는 신설 위주로 경기장을 확충함으로써 기존 경기장을 개·보수하여 활용하는 경우와 비교할 때 약 1조 505억 원 이상의 예산을 추가 지출할 것으로 추정됨.
  - 특별법 제정 등으로 예비타당성조사 절차 없이 사업이 승인됨에 따라 국제스포츠행사를 지원한다는 취지하에 원주-강릉 철도건설사업과 같이 경제적 타당성이 낮은(타당성 재조사 B/C 비율: 0.287) 사업이 추진됨.
  - 제1아이스하키 경기장을 강릉에 건립한 후 평창 동계올림픽대회 이후 해체하여 원주로 이전하고, 이미 인천에 문학월드컵경기장과 인천축구전용경기장이 있음에도 서구주경기장을 건설하는 등 사후 활용에 대한 고려 미흡
  - 충주 세계조정선수권대회와 문경 세계군인체육대회의 경제적 타당성 조사 부실
    - 국비, 지방비 등 재정보조금 제외할 경우, 467억 원(충주), 431억 원(문경)의 순손실이 예상됨.
- 지자체의 무분별한 국제스포츠행사 유치와 과다한 시설투자로 인한 예산낭비를 억제하기 위해서는, ① 사전 타당성 조사에 관한 분석 틀과 기준을 명시하는 법령 개정을 통해 일관성과 실효성을 확보하고, ② 예비타당성조사의 도입을 적극적으로 검토하며, ③ 사업계획 변경에 대한 정부의 승인심사를 강화하고, ④ 국제스포츠행사 유치 및 준비에 관한 구체적인 가이드라인을 마련하며, ⑤ 기존 시설의 활용과 사후 활용방안 수립을 통해 개최비용을 최소화하도록 유도할 필요가 있음.

국제스포츠행사에 대한 사업비 현황

(단위: 억 원)

구분	총사업비	국비	지방비	자체조달	민자
F1 국제자동차경주대회	10,288	1,001	5,031	1,268	2,988
2013 충주 세계조정선수권대회	993	288	565	140	–
2014 인천 아시아경기대회	22,905	5,039	15,460	2,382	24
2015 광주 하계유니버시아드대회	8,171	2,609	4,330	1,232	–
2015 경북 문경 세계군인체육대회	538	269	161	108	–
2018 평창 동계올림픽대회	89,491	52,104	3,619	16,111	17,657

자료: 국회 예산정책처(www.nabo.go.kr).

비롯하여 예산낭비가 심각한 것으로 문제를 제기하였다. 아울러 예산낭비를 억제하기 위한 대안으로 사전 타당성 조사 실시 및 실효성 확보, 예비타당성제도 도입 적극 검토, 사업계획 변경에 대한 심사 강화, 국제스포츠행사 유치 및 준비 가이드라인 마련, 기존 시설의 활용과

사후 활용방안 수립 등 효율적인 관리, 운영을 위한 5가지 방안을 제시하고 있다.

또한 국회 입법조사처는 '지방의회의 재정 감독권 강화방안'이라는 현안 보고서에서 지방재정의 건전성 강화를 위해서는 지방자치단체의 예산이나 사업 집행에 대한 지방의회의 감시·감독 기능을 강화할 필요가 있다고 주장하였다.

지방의회는 지역주민의 의사를 대변하여 지방자치단체를 견제할 의무와 권한이 있다. 예산 심의와 결산 승인, 행정사무감사 및 조사를 통해 지방자치단체의 재정 현황을 감시·감독하도록 되어 있으나, 현실적으로 노력과 기능이 취약하여 제대로 된 감시와 감독이 이루어지지 않고 있다. 취약한 지방의회의 재정 감독권 강화를 위해 예·결산 심의, 행정사무감사 실효성 제고, 지방의회 독립성과 독립성 강화 등 몇 가지 방안들이 제시되고 있다.

7) 언론

2018년 12월 한국경제신문에서는 "지자체에 돈·권한 대폭 넘겨 … '재정분권'이 복지 포퓰리즘 돈 줄 되나", "지자체 '복지 폭주', 책임·권한 구체적 조정 안해 논란," "존재 이유 묻게 하는 서울시·경기도 거수기 의회," "지자체 현금 살포 경쟁, 복지부가 부동의권 되살려 막아야" 등 지방재정의 건전성에 대한 우려의 목소리를 제시하였다.

〈표 10-32〉 지방재정 관련 주요 언론 보도 내용 발췌

일자	제목	주요 보도 내용	비고
2018. 12.10	재정분권 자격 묻게 하는 지자체들의 '주먹구구 예산 편성'	• 지난해 각 지자체가 편성한 추경은 총 45조 원으로 본예산(약 259조 원)의 17%에 달했다. 추경을 남발해 놓고 정작 필요한 사업에 예산을 집행하지 못해 남은 세계 잉여금만 추경규모와 맞먹는 44조 원에 달하는 기현상 • 한 기초단체 의회에서는 본예산(4,424억 원)과 맞먹는 규모로 편성된 추경안(4,407억 원)이 제출되었는데도 제대로 된 경위 추궁 없이 통과시켜 주기까지 했다. 세금 귀한 줄 모르고 멋대로 써대는 지자체들에 "연방 수준의 분권을 수용할 자격이 있는가"를 묻지 않을 수 없다.	한경 사설
2018. 12.10	2022년 국세 20兆, 지방세로 이전 … 준비 안 된 지자체 '방만한 집행' 우려	• 회계처리 등 재정 전반에 대한 감시·감독 체계가 제대로 갖춰지지 않은 상태에서 이 같은 지방분권 강화는 부작용을 키울 수 있다는 우려가 나온다. 지방자치단체의 방만한 예산 집행만 심화시킬 수 있다는 얘기다. • 지방세는 징수와 집행 체계상 회계처리 상황을 투명하게 살펴보기가 쉽지 않다. 서울 지방소득세만 해도 징수는 25개 구청이 나눠 하지만 세입 예산으로 잡는 곳은 서울시다. 서울시가 각종 교부금 형태로 구청에 재배분한다.	한경

〈표 10-32〉 계속

일자	제목	주요 보도 내용	비고
2018. 12.10	'줄줄 새는' 지방재정 … 시장 집앞에 도로 내고 철거할 건물 고가 매입	• 주먹구구 지자체 살림, 마구잡이 늘린 예산, 황당한 씀씀이, 김제, 시장 후배 업체 물건 구입 … 세종, 아스팔트 공사비 과다 지급, 하루 1.3개 꼴 열린 지역축제 … 흑자 낸 행사는 작년 4곳뿐 • '법령 위반' 지자체 교부금 삭감액, 2014년 181억→작년 489억 껑충 • 지방재정 365에 따르면 지난해 열린 지자체 축제·행사는 472건이다. 전국에서 하루 평균 1.3개의 축제·행사가 개최되고 있음. • 작년 지자체 행사·축제 가운데 흑자는 △전남 곡성군 '곡성세계장미축제' △전남 함평군 '대한민국 국향대전'과 '함평나비대축제' △전남 여수시 '여수거북선축제' 등 네 건에 불과했다. 여수 거북선 축제의 흑자 규모는 100만 원이었다.	한경 *부록 자료
2018. 12.16	지자체에 돈·권한 대폭 넘겨 … '재정분권'이 복지 포퓰리즘 돈줄 되나	• 지자체 '복지 폭주', 책임·권한 구체적 조정 안해 논란 • 자체의 포퓰리즘을 감시할 만한 시스템도 제대로 갖춰져 있지 않다. 지방 살림은 점점 커지는 구조인데 사실상 견제장치가 없어 '방만 재정'이 우려되고 있다. 감사원 등 중앙정부가 모든 지자체를 감시하기에는 한계가 있다. 지방의회도 2020년 총선과 2022년 대선을 앞두고 있어 견제 기능을 강화하는 데 주저할 것이라는 얘기가 나옴.	한경
2018. 12.16	존재이유 묻게 하는 서울시·경기도 '거수기 의회'	• 서울시 의회가 35조 7,416억 원 규모의 내년도 시 예산안 의결, 경기도 의회도 24조 3,731억 원의 예산안 통과. 두 '공룡' 지방자치단체 예산은 다른 15개 광역 지자체와는 비교가 안 될 정도로 많다. 하지만 두 곳 의회 모두 여당인 더불어민주당이 압도적 다수 의석을 차지해 제대로 된 예산심의가 이뤄지지 않았다는 비판이 강하게 제기됨. • 현금살포 방식의 지방 복지사업이 올해 1,000건을 넘어섰다. 지방의회가 이런 것을 걸러줘야 한다. 재정분권의 자질을 묻게 하는 일이 너무 많다. 계속 반복되면 지방분권 자체가 역풍을 맞게 될 것이다. 절제와 균형감각이 절실하다. 지방의회가 감시·견제 기능을 제대로 수행하는 게 그 시작임.	한경 사설
2018. 12.17	지자체 현금 살포 경쟁, 복지부가 부동의권 되살려 막아야	• 지자체가 복지사업을 확대하려면 복지부와 협의를 해야 하는데, 해마다 급증하고 복지부의 견제 기능이 약화돼 지자체의 방만 재정운용을 더욱 부채질할 것이라는 우려 • '재정분권 강화'를 추진하고 있다. 중앙정부의 견제 기능이 약화된 상황에서 곳간에 돈이 들어오면 포퓰리즘은 더 극성을 부릴 것이다. 중앙정부의 견제 기능을 강화할 필요가 있다. 돈과 권한을 줬으면 그에 따른 책임을 묻는 게 당연함.	한경 사설
2019. 1. 10	추태 외유에 세금 줄줄	• ○○○ 행정안전부 장관 "예천군 의회 개탄스러워 … 해외연수 규정 강화" 페북 통해 '의원 출장 사건' 심경 토로, "한두 사람이 지방자치 도루묵 만들어 지방분권 확대·균형 발전 계속 추진" • 김부겸 행정안전부 장관이 경북 예천군 의회 의원들이 해외연수 중 여성 접대부를 요구하고 가이드를 폭행한 사건을 비판하며 지방 의원 해외연수 규정을 강화하겠다고 밝혔다. -중략- • "지방자치권한 확대는 주민의 권리 확대이어야지 지방 의원의 권력 확대여서는 안 된다"고 거듭 강조했다. -중략-	서울 신문
2019. 3. 28	지방재정 감시와 견제 더 강화를	• 역사적으로 행정의 전문성이 무너진 채 융성한 나라는 없다. 때론 융통성이 없어 보이거나 당장의 요구에 부응하지 못해 보여도 늘공의 전문적 판단이 어공의 정무적 판단에 맞서고 그 두 가지 판단이 어우러질 때 비로소 사회가 발전할 수 있다. 요즘처럼 늘공을 적폐청산이라는 미명하에 바람 앞에 등불처럼 흔들리게 해서는 대한민국의 발전을 기대하기 어렵다(세부 내용: 〈부표 10-6〉 참조).	매경

자료: 한국경제신문(https://www.hankyung.com/), 서울신문(http://go.seoul.co.kr/news), 매일경제신문(http://www.mk.co.kr/).

또한 매일경제신문에서도 "'지방재정 감시와 견제 더 강화를' 에서 1995년 지방선거가 부활된 이래 그 역사만큼이나 지방자치가 성숙했을 것이라는 기대는 나라 곳곳에서 어긋난다. 서울과 경기 등 전국 17개 지자체의 내년 예산안은 모두 163조 원에 달하지만, '묻지마' 식의 예산 남용 사례는 어제 오늘의 일이 아니다"라고 지적하였다. 그리고 일본과 미국의 경우를 예를 들면서 예산심의 과정에서 지방의회의 이중 삼중의 통제장치를 갖추어 지방재정에 대한 감시와 견제가 더욱 강화되어야 한다고 주장하고 있다.

중앙지와 지방지, 방송사 등을 막론하고 대부분의 언론들은 2019년 1월 경북 예천군 지방의회 의원 해외연수와 관련하여 다음과 같은 실랄한 비판성 보도를 하였다. 구체적으로 '추태 외유에 세금 줄줄' … 예천군 의회 해외연수비 '1위', "재정자립도는 꼴찌 수준, 해외연수비는 도내 최고 의성·청도는 물론 경주·문경시 의회보다 2배 많아" "해외에서 추태 부리느라 경비 많이 썼나(주민 지적)?"라는 내용들이다. 이러한 언론의 비판과 더불어 지방의회의 해외연수제도에 대한 개선 필요성도 강하게 제기되었다. 이에 대해 행정안전부 장관은 제도개선이 필요하다는 의견을 제시하였다.

〈표 10-33〉 2019년 지방자치단체 세출예산 총계 대비 국외 여비 총액 현황

(단위: 원)

지방자치단체명	세출예산 총계(A)	국외 여비 총액(B)	비율(B/A)
강원 화천군	328,908,354,000	562,500,000	0.17%
전남 구례군	286,700,000,000	450,600,000	0.16%
전남 무안군	485,178,368,000	792,000,000	0.16%
울산 울주군	941,048,800,000	1,314,000,000	0.14%
전남 담양군	352,795,494,000	476,500,000	0.14%
전남 곡성군	365,304,291,000	512,600,000	0.14%
인천 동구	290,306,594,000	378,600,000	0.13%
경북 청송군	331,800,000,000	436,200,000	0.13%
대구 중구	223,642,000,000	262,200,000	0.12%
충남 청양군	354,696,000,000	415,100,000	0.12%

자료: 지방재정 365(http://lofin.mois.go.kr), 10개 지방자치단체 재구성.

8) 국민 예산낭비 감시활동

최근 지방자치와 재정분권 심화로 지방재정 규모가 확대됨에 따라 지방재정의 책임성과 건전성이 요구되고 있다. 이에 따라 지방자치단체 예산에 대한 주민의 참여와 감시를 통해 예산의 낭비를 방지하고 재정의 건전성 강화를 도모하는 제도개선 문제가 더욱 중요한 과제로 대두되었다. 특히, 투자심사가 행정 내부의 절차이행을 통한 건전성 강화방안인 반면에, 국민 예산낭비 감시활동은 주민의 자발적 참여를 통한 외부적 통제라는 측면에서 의미가 있다.

기획재정부는 「국가재정법」 및 「국가재정법 시행령」에 근거하여 「예산·기금의 불법지출에 대한 국민감시 및 예산낭비신고센터의 설치·운영에 관한 지침」을 제정하여 불법지출에 대한 국민감시의 구체적 사항을 아래와 같이 규정하고 있다.

「국가재정법」 제100조(예산·기금의 불법지출에 대한 국민감시) ① 국가의 예산 또는 기금을 집행하는 자, 재정지원을 받는 자, 각 중앙관서의 장(그 소속기관의 장을 포함한다) 또는 기금관리 주체와 계약 그 밖의 거래를 하는 자가 법령을 위반함으로써 국가에 손해를 가하였음이 명백한 때에는 누구든지 집행에 책임 있는 중앙관서의 장 또는 기금관리 주체에게 불법지출에 대한 증거를 제출하고 시정을 요구할 수 있다.

행정안전부는 지방재정법 개정을 통해 예산 불법지출·낭비에 대한 주민감시 근거 규정을 마련(2011. 3. 18)하였다. 그리고 2015년에 행정안전부 지방예산낭비신고센터를 설치하고 '제1기 내 세금 국민감시단(중앙)'을 50명으로 구성하여 현장에서 발생하는 예산낭비 신고, 민원처리 적정 여부 판단, 현장조사 등을 수행하는 전문 감시단을 운영하였다. 2017년도에는 제2기 예산바로쓰기 국민감시단을 245명으로 확대 구성·운영(2017. 12. 13~2019. 12. 12)하였다. 예산낭비 신고건수는 국민감시단 출범(2015. 10) 이후 2019년 6월까지 총 1,552건에 달한다.

「지방재정법」 제48조의2(예산·기금의 불법지출·낭비에 대한 주민감시) ① 지방자치단체의 예산 또는 기금을 집행하는 자, 재정지원을 받는 자, 지방자치단체의 장 또는 기금관리 주체(법령 또는 조례에 따라 기금을 관리·운영하는 자를 말한다. 다만, 「국가재정법」 제8조에 따른 기금관리 주체는 제외한다. 이하 같다)와 계약 또는 그 밖의 거래를 하는 자가 법령을 위반함으로써 지방자치단체에 손해를 가하였음이 명백한 때에는 누구든지 집행에 책임이 있는 지방자치단체의 장 또는 기금관리 주체에게 불법지출에 대한 증거를 제출하고 시정을 요구할 수 있다.
② 지방자치단체의 예산절약 또는 수입증대와 관련한 의견이 있는 자는 해당 지방자치단체의 장 또는 기금관리 주체에게 그 의견을 제안할 수 있다.

③ 제1항 및 제2항에 따라 시정요구 또는 제안을 받은 지방자치단체의 장 또는 기금관리 주체는 대통령령으로 정하는 바에 따라 그 처리 결과를 행정안전부 장관에게 제출하고 시정요구 또는 제안을 한 자에게 통지하여야 한다.
④ 지방자치단체의 장 또는 기금관리 주체는 제1항의 시정요구에 대한 처리 결과에 따라 수입이 증대되거나 지출이 절약된 때에는 시정요구를 한 자에게 제48조에 따른 성과금을 지급할 수 있다.

이러한 가운데 국민감시단이 구성되지 않은 지방자치단체에 대해 주민접점에서 발생하는 다양한 유형의 예산낭비 사례를 신고하고 자체적으로 조사하는 등 활성화 필요성이 대두되었다. 이에 따라 행정안전부에서는 2018년부터 지방자치단체를 대상으로 별도로 '내 세금 국민감시단'을 구성·운영하도록 권고하였다. 현재 17개 전 시·도에서 국민감시단을 구성해서 운영 중이며, 약 900명 이상이 적극적인 감시활동을 펼치고 있다.

〈표 10-34〉 예산바로쓰기 감시단 현황

소속 · 운영	명칭	구성	임기	비고
행정안전부	1기 내 세금 국민감시단	100명	2015. 10 ~ 2017. 10	임기 만료 해산
	2기 예산바로쓰기 국민감시단	245명	2017. 12 ~ 2019. 12	
17개 시·도	예산바로쓰기 시·도 감시단	906명	지자체별 상이	2019. 4 구성 완료

예산바로쓰기 감시단은 지방자치단체 예산에 전문성과 경험, 지식 등을 갖추고 주도적으로 예산낭비 감시 및 신고활동을 무보수, 명예직으로 수행하고 있다. 또한 감시단 존재 자체만으로도 공무원들이 예산을 시행하기 전에 낭비 여부를 한 번 더 고민하도록 유도하는 순

〈표 10-35〉 예산낭비 신고실적(전국)

구분		신고(건)
합계		1,907
1기 (2015. 10 ~ 2017. 10)	소계	942
	국민감시단	152
	일반 국민	790
2기 (2017. 12 ~ 2019. 10)	소계	965
	국민감시단	119
	일반 국민	846

〈그림 10-8〉 예산낭비 신고 처리절차

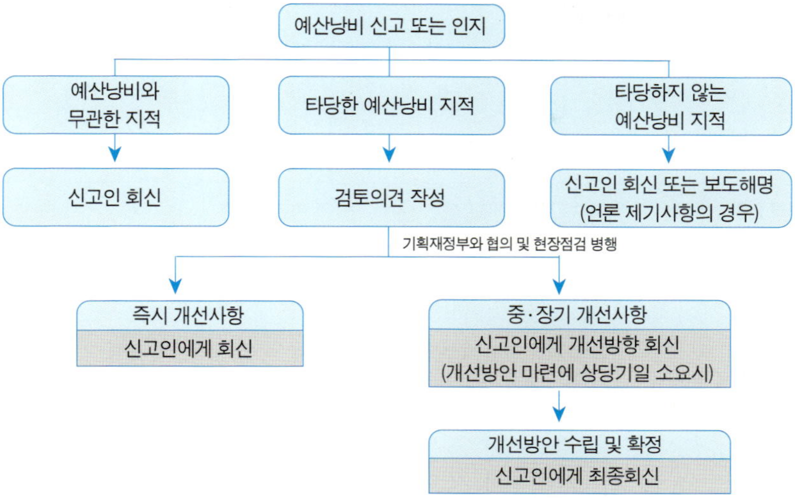

기능이 있다. 무엇보다도 위법한 예산낭비 사례신고 등을 통해 유사 사례의 재발을 방지하고 대책을 강구하도록 촉구하는 주민의 자율적인 통제 기제로 기능할 것으로 기대된다. 특히, 무보수, 명예직으로 봉사활동을 함에 따라 감시단이 주민의 신뢰를 획득하는 지방자치 발전의 새로운 모델을 제시하고 있는 점은 크게 고무적이다.

〈표 10-36〉 예산낭비신고센터 안내문 내용 발췌

- 예산낭비 신고는 민원서비스 통합에 따라 국민권익위원회에서 운영하는 국민신문고(www.epeople.go.kr)를 통해 서비스하고 있습니다(국민신문고 문의: 1600-8172).
  1. 예산낭비신고센터는 국민의 소중한 세금이 낭비되지 않도록 국민 여러분의 의견을 수렴하기 위하여 만들어졌습니다.
  2. 국민 여러분이 생활 속에서 발견하신 예산낭비 사례·예산절감 제안을 예산낭비신고센터에 알려주세요.
  3. 예산낭비 신고 처리 및 제도개선을 통해 국민들이 낸 소중한 세금이 올바로·똑바로·제대로 쓰일 수 있도록 노력하겠습니다.

자료: 국민권익위원회(http://www.acrc.go.kr).

'세금바로쓰기 납세자 운동본부'에서는 2012년 9월 "세금바로쓰기 시민운동"이라는 캐치프레이즈(catch phrase)를 내걸고 현재 다양한 활동을 하고 있다. 이 운동은 정부·지방자치단

〈표 10-37〉 예산낭비신고센터 예산낭비 대응실적(행정안전부)

1. 예산낭비신고센터 운영실적

(단위: 건수)

구분	1월	2월	3월	4월	5월	6월	7월	8월	9월	10월	11월	12월	누계
합계	1	3	–	–	–	6	7	37	12	23	15	12	116
채택	–	–	–	–	–	–	5	3	1	2	3	2	16
미채택	1	3	–	–	–	6	2	34	11	21	12	10	100

2. 채택 사례 처리 현황

민원 요지	조치 현황	비고
개인 위락시설 중앙에 공공화장실 설치비 지원	행정관청에서 화장실 설치 설계용역 중지 조치(관련법 위반 소지가 있음)	예산낭비 신고
야생동물 구조비 예산낭비	기초지방자치단체와 광역지방자치단체 간(광역구조센터) 야생동물 구조비 이중지급을 방지하고 기초지방자치단체가 가까운 광역구조센터를 쉽게 이용 가능하도록 재도개선 조치	예산낭비 신고

3. 미채택 사례 처리 현황

구분	건수	미채택 사례	조치 결과
계	100		
예산낭비와 무관한 신고	50	도로명주소 관련 출장비 제도개선, 급식비 횡령, 대구시청 및 대구시내 7개 구청 감사실 통합 운영 등	국민신문고 이관 처리
타당하지 않은 신고	19	전북 무주군 공원조성, 저소득층 LED 에너지 지원사업, 청라호수공원 그늘막 공사 등	국민신문고 이관 처리
불채택	31	공무원 해외연구 관련 정책, 인도보수작업, 공공기관의 대시민 데이터 이중관리 제안 등	종결 처리

자료: 행정안전부 홈페이지(www.mois.go.kr).

체·공공기관의 예산(세금)낭비와 포퓰리즘 정책을 억제하고, 세금이 투명하고, 책임 있고, 올바르게 쓰여지고 있는지를 감시하고 있다. '세금바로쓰기 학교 운영'과 '정부·지방자치단체·공공기관의 세금낭비와 포퓰리즘 정책 억제를 위한 캠페인'을 주요 활동으로 전개하고 있다.

'함께하는 시민행동'(좋은예산센터)은 2000년부터 '밑 빠진 독상'을 제정하여 선심성 예산배정과 어처구니없는 예산낭비 사례를 선정하고 있다. 상의 이름인 '밑 빠진 독'은 마치 밑 빠진 독에 물을 붓듯이 국민의 혈세가 낭비되고 있는 것을 상징한다. 2000년 8월 '하남 국제환경박람회' 사례를 시작으로 2017년 10월 '제대로 된 검사도 운영도 하지 않는 진주시 음식물류 폐기물 자원화시설' 사례를 37번째 밑 빠진 독상으로 선정하였다.

〈표 10-38〉 예산낭비 원인 및 주요 사례

1. 단계별 예산낭비 원인

단계	예산낭비 원인
예산편성 단계	수요조사 및 경제성 검토를 충분히 하지 않은 채 착수 후 사업중단 등 파행 부처이기주의 및 기관 간 경쟁으로 동일 유사 사업에 중복투자 예산 삭감을 염두에 두고 필요 이상 예산 요구 후 미삭감 예산의 적용
예산집행 단계	계약 방법 등의 검토 불충분 및 불필요한 항목의 포함으로 계약금액 상향 현장확인 및 가격조사 미비로 높은 가격으로 구매 및 부적합 물품 구입 사업 여건 등이 예산편성시와 달라진 변화된 환경을 미반영한 채 사업 추진
사후관리 단계	기존 사업 성과에 대한 평가 미비 상태로 다음 단계 사업이나 유사 사업 추진 예산집행 잔액을 국고에 반환하지 않고 신규 사업이나 기관운영비로 사용 보조금 정산 후 잔여 예산의 국고 미반환

2. 행정안전부 예산낭비신고센터 처리 사례

예산낭비 신고 사례	처리 사례
학교 및 마을 진입교량의 인도 등 변경공사의 예산낭비 사례	주민여론 수렴 등 충분한 타당성 검토없이 공사를 추진하다 원상 복구(250백만 원)
매입한 노후 관광호텔이 최하위 안전등급 판정, 철거 후 신축으로 사업 변경	감사원 지방재정 운용 실태감사 결과 주의 조치(1,150백만 원)
박물관 작품 전시를 위해 예비비를 활용 미술품 구입	미술품 구입은 예비비 제도 취지에 맞지 않아 감사의뢰(500백만 원)
공유재산 용도 변경시 지방의회 승인절차 미이행	「공유재산 및 물품관리법」상 용도 변경시, 지방의회 승인을 거쳐 사업 추진
임대용 상가건물 신축 위해 개인소유 공용버스터미널 보조금 지원	사업 추진 중단 권고 및 감사의뢰(350백만 원)
배우자 동반 해외연수 경비를 포상금으로 예산편성 낭비	예산편성 기준에 따라 국제화 여비로 편성하도록 하고 배우자에게 집행 제외 권고(57백만 원)
건물·토지 매입 후 건물 노후 및 리모델링 비용 과다로 철거	법령 위반(지방의회 미승인), 타당성 검토 미흡으로 판단, 감사의뢰(1,400백만 원)
○○군에서 민간위탁시설 중 일부에 공중화장실 건립 예산 편성	공중화장실 건립을 위한 기준 미충족 및 기반시설에 미해당 설계용역 중단 및 예산 전액 삭감(500백만 원)
환경부와 지방자치단체가 야생생물관리협회의 동일사업에 중복지원	보조금 산정 방법 개선요구 및 과다 집행 소지가 있는 보조금 감사의뢰(152백만 원)
농어촌도로 개설공사 개인소유 토지 과다 편입	설계변경(기존 도로 활용)을 통해 예산 절감(5백만 원)
전철역 주변 자전거 거치대 이용률이 매우 저조	이용률과 위치를 재검토하여 일부 거치대를 활용도가 높은 장소로 이동 조치

〈표 10-39〉 밑 빠진 독상 현황(2000~2017)

2000년부터 밑 빠진 독상 현황
[1번째] 하남국제환경박람회(1999) / 2000-08-18
[2번째] 제일은행에 투입된 공적자금 / 2000-09-18
[3번째] 450여 억의 세금을 낭비하려고 하는 익산보석박물관 / 2000-10-18
[4번째] 천년을 후회할 천년의 문 / 2000-11-18
[5번째] 24조의 공적자금을 휴지로 만든 금융감독위원회 / 2000-12-18
[6번째] 혈세를 쏟아붓는 초정약수 스파텔 / 2001-01-18
[7번째] 시화호방조제 건설에 6,220억 원을 낭비한 건설교통부 / 2001-02-18
[8번째] 밑 빠진 유람선 테즈락호를 운영한 부산시 / 2001-03-18
[9번째] 한송이 무궁화꽃을 피우기 위해 17만 원을 쏟아붓는 행정자치부 / 2001-04-18
[10번째] 5조 이상의 예산낭비 우려! 억만금을 쏟아붓는 새만금개발 농림부 / 2001-05-18
[11번째] 비상하지 않는 전주신공항사업 / 2001-07-18
[12번째] 빚내어 마련한 자기 땅을 사들이는 속초시(청초호 유원지사업) / 2001-08-18
[13번째] 어처구니없는 부산 아시안경기대회 조직위원회 / 2001-09-18
[14번째] 무용지물이 된 국회 전자투표장치 / 2001-10-18
[15번째] 고위공직자 노후보장하는 한국과학기술재단 / 2001-12-18
[16번째] 어처구니없는 직무유기로 근로복지재정 축낸 근로복지공단 / 2002-02-18
[17번째] 쓰레기가 된 음식물쓰레기 감량기기 / 2002-03-14
[18번째] 산업기술재단에 500여 억 원을 부당 지원한 산업자원부 / 2002-05-13
[19번째] 미스코리아대회를 지원한 지방자치단체 / 2002-05-14
[20번째] 원격제어에어컨 지원사업에 헛돈 쓴 한전 / 2002-09-15
[21번째] 전국단위 교육행정정보시스템 / 2002-10-16
[22번째] 공적자금을 눈먼 돈으로 만든 한국산업은행 / 2002-11-17
[23번째] 예산낭비를 노래하는 고양시 〈노래하는 분수대〉 / 2003-03-18
[24번째] 경인운하사업을 진행하는 건교부 / 2003-04-30
[25번째] 서울시 성미산배수지 건설공사 / 2003-10-11
[26번째] (주)중부농산물물류센터 / 2003-10-27
[27번째] 새마을회관 건립비용 지원 / 2003-11-11
[28번째] 3개 정당의 밑 빠진 국고보조금 / 2004-08-11
[29번째] 원주시 원일프라자사업 / 2004-05-18
[30번째] 일제시대에 머물러 있는 국유지 관리실태 / 2004-08-09
[31번째] 서울시 탄천하수슬러지처리장 / 2005-08-17
[32번째] 광명 음식물쓰레기처리장 / 2006-07-12
[33번째] 너무나 손쉬운 공공기관 허위출장 / 2006-08-22
[34번째] 공무원 직급보조비 비과세 / 2007-09-13
[35번째] 주머니 돈이 쌈짓돈? 문화체육관광부 공익사업 적립금 / 2009-06-19
[36번째] 묻지도 따지지도 않는 연로 국회의원 지원금 / 2009-11-24
[37번째] 제대로 된 검사도 운영도 하지 않는 진주시 음식물류 폐기물 자원화시설 / 2017-10-17

자료: 함께하는 시민행동 좋은예산센터(http://goodbudget.kr/blog).

부록

〈부표 10-1〉 숫자로 보는 지방재정 투자심사

숫자	단위	의미	비고
0.5	–	• KDI PIMAC, AHP 예비타당성 통과 기준 - 2019년 4월 30일 이전에는 예비타당성 조사기관에서 분석을 실시하였으나, 2019년 5월 1일부터는 기재부 재정사업위원회에서 실시	기재부 예비타당성 기준
1	억 원	• 시·군·구 기초자치단체 행사성 사업에 대한 투자심사 최소 대상 금액 기준	「지방재정법 시행령」 제41조
	≦1.0	• 예비타당성(타당성)조사에서 경제적 타당성 확보 기준	PIMAC, LIMAC 기준
3	억 원	• 시·도 광역자치단체 행사성 사업에 대한 투자심사 대상 최소 금액 기준	「지방재정법 시행령」 제41조
	년	• 동일한 행사성 사업의 경우 3년에 한 번씩 투자심사 실시 기준 * 20% 이상 증가시 예외	투자심사 매뉴얼
4.5	%	• PIMAC 예비타당성조사, LIMAC 타당성시, 경제성 분석시 사회적 할인율	예비타당성조사 기준
10	억 원	• 외국차관 도입 및 해외투자사업에 대한 중앙투자심사 대상 금액 기준	「지방재정법 시행령」 제41조
	%	• 도로, 건축물 등 시설사업은 기성대가 10% 이상 지출이 완료된 경우 재심사 제외	투자심사 매뉴얼
15	명	• 지방재정투자심사위원회 위원 구성 인원	「지방재정법」 제37조2
20	억 원	• 시·군·구 기초자치단체 일반투자사업에 대한 투자심사 최소 대상 금액 기준	「지방재정법 시행령」 제41조
	%	• 행사성 사업의 경우 사업비 20% 증가시 3년 이내에 재심사	투자심사 매뉴얼
25	%	• 총사업비 25% 이상 지출된 경우 재심사 제외 기준	투자심사 매뉴얼
30	억 원	• 행사성 사업에 대한 중앙투자심사 금액 기준	「지방재정법 시행령」 제41조
40	억 원	• 시·도 일반투자사업에 대한 투자심사 최소 대상 금액 기준	「지방재정법 시행령」 제41조
80	점	• 법인 민간자본 투자의향서 평가표에서 80점 이상인 경우 적정 의견 제시 기준	투자심사 매뉴얼
200	억 원	• 시·군·구 기초자치단체 중앙투자심사 대상 금액 기준	「지방재정법 시행령」 제41조
300	억 원	• 시·도 중앙투자심사 대상 금액 기준	「지방재정법 시행령」 제41조
500	억 원	• 투자심사 전 법적 의무 타당성 조사 대상 금액 기준 ※ 전문기관에서 타당성 조사 실시(2015년부터)	「지방재정법」 제37조

〈부표 10-2〉 지방재정 투자심사 과정에 사용되는 용어

약어	주요 내용
PIMAC	• Public and Private Infrastructure Investment Management Center 공공투자관리센터(한국개발연구원) 「국가재정법」 제8조의2 재정투자사업에 대한 예비타당성조사(총사업비 500억, 국비 300억 원 이상 사업)와 타당성 재조사를 주관 및 민간투자사업을 보다 효율적으로 추진할 수 있도록 사업 추진 과정에서 타당성 및 적격성 조사, 사업제안서 평가, 협상지원 등 직접적인 지원, 사업 추진의 세부 지침 및 정책개발 연구를 통해 사업 예산 당국 및 민간부문에 정책서비스를 제공
LIMAC	• Local Investment Management Center 지방투자사업관리센터(한국지방행정연구원) 「지방재정법」 제37조(행정안전부 고시) 총사업비 500억 원 이상인 신규 사업에 대한 타당성 조사, 타당성 재조사, 타당성 조사 지침 개발 등 투자심사 제도 개선 및 투자심사 운영지원, 투자심사 사후평가에 필요한 조사 및 성과평가, 투자심사 및 타당성 조사 관련 교육, 사업 이력관리, 지방공기업 설립 및 신규 투자사업에 대한 타당성 검토 전문기관 역할 및 민간투자사업기본계획(기획재정부)에 따른 민간투자 전문기관

〈부표 10-2〉 계속

약어		주요 내용
비용보전방식	MRG	• Minimum Revenue Guarantee(최소 운영수입 보장)는 SOC 사업에 민간투자를 유치하기 위한 유인책으로서, 사업시행자의 운영수입이 당초 약정한 추정 수입의 일정 비율에 미치지 못할 경우 사업시행자에게 재정지원을 약속하고 지급하여 주는 보조금
	SCS	• Standard Cost Support(표준비용 보전 방식)는 운영에 필요한 최소 비용을 표준운영비로 정하고, 실제 운임수익 미달시에 차액을 지원하며 운영수입이 비용보다 많은 경우에는 일부 환수 최소 수입보장에 대한 정부의 재정지원이 늘어나면서 기존의 민간투자 사업 방식이 폐지되고 전환된 새로운 방식이며, 기존 최소 수입보장 협약을 맺었던 시행사와도 사업 재구조화를 통하여 비용보전 방식으로 협약을 변경하였다.
	MCC	• Minimum Cost Compensation(최소 비용보전)은 MRG 제도에 따른 정부의 재정부담을 완화하기 위하여 2014년 이후 민간투자사업의 재구조화를 추진하였으며, 사업 운영에 필요한 최소 사업운영비(투자원리금과 운영비)를 기준 운영비로 설정하고, 실제 운영수익이 여기에 못 미치는 경우 정부가 민간사업자에게 그 차액을 보전하는 방식임. ※ 의정부 경전철사업의 새 사업자를 선정시 동일 방법으로 검토되고 있음.
BTO		• BTO(Build-Transfer-Operate(수익형 민간투자사업)는 민간투자회사가 SOC 시설을 건설하여 소유권을 국가나 지방자치단체에 양도하고, 민간투자회사는 일정 기간(통상 30년) 시설관리운영권을 부여받아 운영하는 방식이다. 신분당선(강남-정자) 전철사업, 공항철도, 각종 터널사업 등의 형태로 나타남.
BTO-rs		• Build Transfer Operate-Risk(위험분담형)는 정부가 전체 민간투자금액의 70%에 대한 원리금 상환액을 보전하여 주고, 초과이익이 발생하면 공유하는 방식, 손실이 발생하면 30%까지는 민간사업자가 부담, 30% 이상 손실 발생시 재정지원(GTX-A노선의 사업 형태: 당초 BTO-rs → 변경 BTO, 운영 보조금 2,000억 원 공사비에 선보전 방식으로 변경하여 사업 조기 시행)
BTO-rs		(아래 그림 및 표)

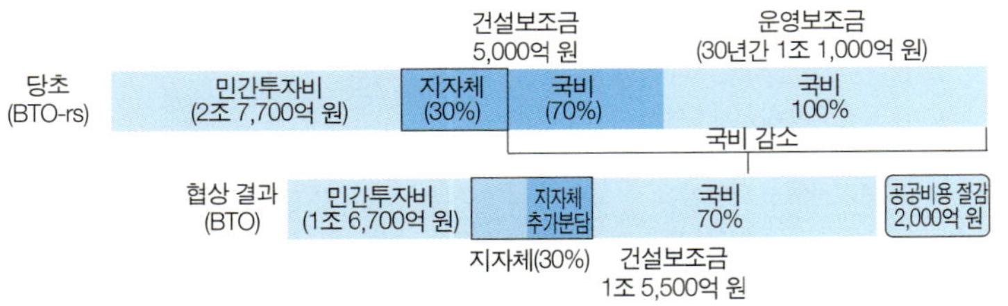

〈GTX - A노선 민자사업 계획안〉

구분		초안(BTO-rs 방식)		변경안(BTO)	
건설사업부		32,200억 원	-	32,200억 원	-
정부건설보조금		5,000억 원	15.53%	15,500억 원	48.14%
민간투자	소계	27,700억 원	86.02%	16,700억 원	51.86%
	민간출자	6,300억 원	19.57%	3,700억 원	11.49%
	민간차입	21,400억 원	66.46%	13,000억 원	40.37%
정부운영비보조금		11,000억 원	-	-	-
총사업비		43,200억 원	-	32,200억 원	-
기본 요금		2,419억 원	-	2,592원	-

〈부표 10-2〉 계속

약어		주요 내용
BTO-a		• Build Transfer Operate-adjusted(손익공유형)는 정부와 민간사업자가 사업시설 투자비와 운영비용을 분담하고, 초과수익이나 손해가 발생하면 공유하는 방식
BOT		• BOT(Build-Operate-Transfer) 방식은 사회기반시설 준공(신설·증설·개량) 후 일정 기간 동안 사업시행자에게 당해 시설의 소유권이 인정되며 그 기간의 만료시 시설소유권이 국가 또는 지방자치단체에 귀속되는 방식
BTL		• BTL(Build-Transfer-Lease, 임대형 민간투자사업) 방식은 사회기반시설의 준공(신설·증설·개량)과 동시에 해당 시설의 소유권이 국가 또는 지방자치단체에 귀속되며 사업시행자에게 일정 기간의 시설관리운영권을 인정하되, 그 시설을 국가 또는 지방자치단체 등이 협약에서 정한 기간 동안 임차하여 사용·수익하는 방식 ※ BTL 사업은 2019년부터 지방자치단체 채무에 합산되어 산정(행정안전부)
투자협정	MOU	• Memorandum of Understanding(양해각서)은 요약 정식 협약 체결 전, 상호간에 이해된 내용을 확인하는 각서
투자협정	IA	• Investment Agreement(투자협정서)는 특정 사업에 투자한 자금의 수익배분 및 투자금 회수에 대해 당사자 간 협정한 내용을 기록한 문서임. 투자협정서에는 투자의 목적과 투자금액, 출자비율 등이 구체적으로 명시되어야 함. • 투자협정서를 작성하기 위해서는 투자금의 규모나 수익률의 배분 등 중요한 항목 작성됨.
젠트리피케이션(gentrification)		• 도심의 낙후지역에 저렴한 임대료를 찾는 예술가 등이 몰려 이 지역에 문화적·예술적 분위기가 형성됨에 따라 지역가치가 상승하자 중상층·상류층들이 유입됨으로써 기존 거주민은 외부로 유출되는 현상 ※ 서울시 일부 지방자치단체에서는 '젠트리피케이션 방지 조례' 제정 운영 중
체비지(替費地)		• 도시개발사업으로 인하여 발생하는 사업비용을 충당하기 위하여 사업시행자가 취득하여 집행 또는 매각하는 토지, 도시개발사업에 필요한 경비에 충당하거나 규약·정관·시행규정 또는 실시계획으로 정하는 목적을 위하여 일정한 토지를 환지(換地)로 정하지 않고 보류지(保留地)로 정할 수 있으며, 그중 일부를 체비지(替費地)로 정하여 도시개발사업에 필요한 경비에 충당
우발채무		• 「지방재정법」 제13조에 따른 보증채무부담행위 및 「지방자치법」 제39조 제1항 제8호에 따른 것(예산 외 의무부담)으로서 보증·협약 등에 따라 지방자치단체 채무 등으로 현실화될 가능성이 있는 것을 말함. - 우발채무 유형: 보증채무 부담행위 및 예산 외 의무부담으로 구분 - 예산 외 의무부담 내용 + 부지매입확약: 지방자치단체가 일정 기간이 지난 시점에 미분양 부지를 매입할 의무를 부담하는 형식으로 채무보증하는 형태 + 토지 리턴: 토지매매계약 해약시 토지매수자에게 매매대금에 대한 조건 없는 반환의무가 부여된 계약 형식 + 기타 유형: 부지매입확약, 토지 리턴 이외에 협약 등에 따라 지방자치단체의 부담으로 현실화될 가능성이 있는 예산 외 의무부담(아래 예시 참조) ≠ 외형은 토지 리턴, 부지매입확약과 유사하나 그 대상이 토지가 아닌 경우(협약 상대방이 리턴권 등 권리행사시 지방자치단체에 시설물 등 매수의무 발생) ≠ 그 외형은 채무부담행위(가용재원이 부족하여 선공사 후 사업비 지급 협약)와 유사하나 부담금액을 확정할 수 없는 경우 ≠ 택지개발사업 등과 관련, 사업비 충당을 위해 민간투자자 등에게 대규모의 선분양대금을 수령한 경우 협약에 따라 일정 사유 발생시 선분양 대금을 반환하여야 하는 경우 등

〈부표 10-3〉 투자심사 관련 감사원 감사 사례

1. 일반산업단지 조성사업 추진시 중앙투자심사 미이행 사례

지방자치단체	사업명	중앙투자심사 미이행 내용
남원시	남원일반산업단지 조성사업	본문 사례 참조
김천시	김천1일반 산업단지 (2단계)조성사업	2009년 12월 1일 김천시 자체재원(총사업비 1,500억 원)만으로 단지 내 각종 시설용지만을 조성하는 것으로 자체심사를 거친 후 2012년 6월 7일 일반산업단지 지정·고시 과정에서 진입도로 등과 같이 국비(480억 원)의 지원을 수반하는 기반시설 설치계획이 포함된 개발계획을 최종적으로 확정하고도, 산업단지 내 시설용지 조성공사와 관련 기반시설 조정공사를 별개의 사업으로 보아 중앙투자심사를 의뢰하지 않은 채 사업 추진
횡성군	우천일반 산업단지 조성사업	2009년 5월 29일 산업단지 내 각종 시설용지 및 진입도로 등과 같이 국비(456억 원)의 지원을 수반하는 기반시설 설치계획이 포함된 개발계획을 수립하여 일반산업단지 지정·고시를 받았고, 2009년 8월 강원도에 중앙투자심사를 의뢰하였으나 군비부담이 없다는 사유로 강원도에서 반려 통보, 2012년 7월 산업단지 내 시설용지 조성을 위해 군비(82억 원)를 부담하는 것으로 확정되어 중앙투자심사 대상에 해당하는데도 총사업비의 변동이 없어 중앙투자심사를 다시 의뢰할 사유에 해당하지 않는다며 중앙투자심사를 의뢰하지 않은 채 사업 추진

2. 단일 투자심사 대상 사업을 개별 사업별로 투자심사를 받은 사례

(단위: 억 원)

지방 자치단체	사업명	총사업비 (국비)	당초 심사 유형	정당 심사 유형	단일 투자사업을 여러 사업으로 나눈 사례
고흥군	덤벙 분청공원 조성사업	170 (102)	도의뢰 심사	중앙 투자 심사	본문 사례 참조
	분청사기 문화관 건립사업	282 (105)	도의뢰 심사		
해남군	해남군 공설 추모공원 조성사업	68 (36)	도의뢰 심사	중앙 투자 심사	단일 기본 계획인 '해남군 공설추모공원 기본 계획'을 수립하고도, 각 단위사업의 소관부처가 보건복지부, 농림축산식품부로 다르다는 등의 사유로 2013년 7월 25일 각각 투자심사를 의뢰하여 승인받은 후, 2개 단위사업의 실시설계는 통합하여 추진
	서남권 광역화장장 건립사업	62 (56)	도의뢰 심사		
창원시	창원산단 근로자 종합복지관 건립사업	30 (15)	자체 심사	시·도 의뢰 심사	동일 부지 내 각 단위사업에 대해 단일 기본 설계를 진행하고도, 소관부처인 문화체육관광부 예산상 내역사업이 다르다는 등의 사유로 2015년에 각각 투자심사를 받은 후 사업 추진
	창원산단 근로자 기숙사 건립사업	25 (12.5)	자체 심사		
제천시	인라인장 조성사업	38 (11)	자체 심사	시·도 의뢰 심사	단일 기본 계획인 '근로자복지타운 조성계획'을 수립하고도, 각 단위사업의 소관부처가 산업통상자원부, 고용노동부로 다르다는 등의 사유로 2016년에 각각 투자심사를 받은 후, 실시설계 및 건축공사는 통합하여 사업 추진
	그라운드 골프장 조성사업	37 (11)	자체 심사		

〈부표 10-3〉 계속

3. 행사성 사업에 대한 사례

○ 행사성 사업의 세부 경비에 대한 계획 대비 실제 수입금 비교

(단위: 억 원)

계획*						실제						차이 (②-①)
계①	입장료	휘장 광고 협찬	기부금 후원금	임대 수입	기타	계②	입장료	휘장 광고 협찬	기부금 후원금	임대 수입	기타	–
3,115	1,770	780	205	142	218	1,918	997	365	281	54	221	△1,197

주: * 국제행사심사위원회 심사시의 계획 기준(이하 동일함).

○ 행사성 사업의 계획 대비 실제 관람객 비교

(단위: 만 명)

구분		심의(A)			실제(B)			차이(B-A)		
		계	내국인	외국인	계	내국인	외국인	계	내국인	외국인
관람객	계	2,452	2,277	175	2,400	2,284	116	△52	7	△59
	무료	579	540	39	1,074	1,021	53	495	481	14
	유료	1,873	1,737	136	1,326	1,263	63	△547	△474	△73

○ 계획과 실제 총사업비 및 수입금 차이

(단위: 억 원)

행사명	행사주관기관	총사업비			수입금		
		계획	실제	차이	계획	실제	차이
합계	–	1,002	1,686	+684	670	212	△458
광주 세계광엑스포	광주광역시	100	394	+294	–	–	–
춘천 월드레저총회	춘천시	404	455	+51	268	14	△254
2010제천국제한방바이오엑스포	제천시	200	283	+83	76	68	△8
2010세계백제대전	충청남도 외 2	199	319	+120	202	107	△95
울산 세계옹기문화엑스포	울산광역시	99	235	+136	124	23	△101

자료: 감사원 홈페이지(http://www.bai.go.kr).

〈부표 10-3〉 계속

○ 주요 사업이 승인심사 내용과 달리 크게 변경된 국제행사 명세

(단위: 억 원)

행사명	심의시 주요 사업		실제 주요 사업		변경사업	
	세부 사업명	예산	세부 사업명	예산	세부 사업명	예산
합계	총사업비	1,002	총사업비	1,686	증가된 사업비	684
광주 세계광 엑스포	총사업비	100	총사업비	394	증가된 사업비	294
	행사장 기반조성 학술발표회 및 이벤트 홍보비 및 바이어 유치 사무처 경상비	35 20 30 15	행사장 조성 및 운영 광엑스포 주제영화관 건립 산업전시 및 컨퍼런스 홍보유치 및 행사운영비 사무처 경상비 빛축제 행사비	218 75 9 41 21 30	행사장 조성 주제영화관 건립 빛축제 행사비 기타	183 75 30 6
춘천 월드레저 총회	총사업비	404	총사업비	455	증가된 사업비	51
	행사장 기반조성 행사운영비 토지매입비	225 95 84	경기장 시설비 행사운영비	168 287	행사운영비	51
2010 제천 국제 한방 바이오 엑스포	총사업비	200	총사업비	283	증가된 사업비	83
	행사장 기반조성 인건비 및 행사설비 행사비 홍보비 경상비	92 20 25 28 35	시설기반조성 공식행사비 운영비 및 인건비 홍보비 경상비	136 48 31 43 25	시설비 전시비 홍보 및 운영비 기타	26 15 20 22
2010 세계 백제 대전	총사업비	199	총사업비	319	증가된 사업비	120
	행사비 기반시설비 홍보비	90 66 43	운영비 행사비 기반시설비 홍보비 기금조성 기타	15 162 27 28 73 14	백제문화제 기금조성 추가 행사비	73 47
울산 세계 옹기 문화 엑스포	총사업비	99	총사업비	235	증가된 사업비	136
	기반시설비 행사비 운영비 홍보비	76 7 7 9	기반시설비 행사비 운영비 홍보비 대행사수수료 기타	105 25 37 25 25 18	기반시설비 이벤트성 행사비 기타	29 99 8

〈부표 10-3〉 계속

4. 지방자치단체 타당성 조사 회피 사례

지방자치단체	사업명	지방투자사업관리센터(LIMAC)의 타당성 조사를 회피한 사례
○○ 광역시	대표도서관 건립사업	○○광역시는 2015년 6월 "○○ 대표도서관 건립사업"에 대한 기본 계획을 수립한 후 2015년 12월 위 사업에 대한 중앙투자심사를 의뢰(총사업비 498억 원, 국비 255억 원)하면서 총사업비에 포함되어야 할 예비비[(공사비+보상비+용역비 등)×10%] 49.8억 원을 누락하여 지방투자사업관리센터의 타당성 조사 없이 '조건부 추진'으로 중앙투자심사 승인을 받음.
○○시	신라역사관 건설사업	○○시는 2016년 8월 "신라역사관 건설사업"에 대한 기본 계획을 수립한 후 2017년 3월 위 사업에 대한 중앙투자심사를 의뢰(총사업비 490억 원, 국비 292억 원)하면서 당초 기본 계획에 누락되었던 예비비를 추가로 반영하게 되자 총사업비 490억 원은 그대로 둔 채 기존 공사비 등 38억 원을 예비비로 변경하여 지방투자사업관리센터의 타당성 조사를 거치지 않은 채 '조건부 추진'으로 중앙투자심사 승인을 받음.
○○시	예술의 전당 건립사업	○○시는 2017년 7월 "예술의 전당 건립사업"에 대한 기본 계획을 수립한 후 2017년 8월 위 사업에 대한 중앙투자심사를 의뢰(총사업비 480억 원, 국비 20억 원)하면서 공연장 건축시 포함되어야 할 무대설치비(216억 원)를 총사업비에서 누락하여 지방투자사업관리센터의 타당성 조사를 거치지 않고 '조건부 추진'으로 중앙투자심사 승인을 받음.
○○ 광역시	제2실내 종합체육관 건립사업	○○광역시는 2015년 4월 "제2실내종합체육관 건립 기본 계획"(총사업비 552억 원)을 수립한 후, 지방투자사업관리센터(LIMAC)가 타당성 조사 결과 경제성이 낮다(B/C 0.158)는 의견을 제시하자 공사비 단가(m^2당, 2,436천 원→2,100천 원)를 축소하여 총사업비 443억 원(국비 128억 원)으로 낮춘 후 지방투자사업관리센터의 타당성 조사를 거치지 않은 채 중앙투자심사를 다시 의뢰하여 '조건부 추진'으로 중앙투자심사 승인을 받음. 이후 2017년 7월 총사업비 598억 원으로 기본설계가 완료된 후 사업 추진 중

5. 지방자치단체 투자심사 회피 사례

단체명	투자심사 회피 사례
○○군	2011년부터 총사업비 711억 원(국비: 84억 원, 군비: 36억 원, 민자: 550억 원, 대물변제: 41억 원) 규모의 "○○○산업단지 조성사업"을 추진하면서 구 행정안전부 투자심사를 누락
○○시	2011년부터 총사업비 111억여 원(국비: 14.5억 원, 도비: 3억 원, 시비: 92.1억 원, 민자: 2억 원) 규모의 '영천 한방·문화지구 도시개발사업'을 추진하면서 경상북도 투자심사를 누락
○○도	'바이오메탄 자동차 연료화 사업'의 경우 2008년 4월 총사업비 172억 원으로 자체투자심사를 거쳐 사업을 추진하다 2010년 1월 총사업비가 314억 원으로 증액되어 구 행정안전부의 재심사를 받아야 했는데도 재심사 없이 사업 계속 추진
○○군	2003년부터 추진한 '○○○관광지 조성사업'의 경우 당초 전액 국비사업(100억 원)이었으나 2004년 8월 지방비 30억 원을 포함, 총사업비가 250억 원(국비: 100억 원, 군비: 30억 원, 민자: 120억 원)으로 변경되어 구 행정안전부 투자심사를 누락
○○군	2010년 총사업비 419억 원[최종 총사업비 1,749억 원(국비·도비: 262억 원, 구 국토해양부: 264억 원, 군비: 391억 원, 민자: 832억 원)] 규모의 '○○○유원지 조성사업'을 추진하면서 구 행정안전부 투자심사를 회피하기 위해 총사업비를 290억 원으로 축소하여 경기도의 심사를 거쳐 사업 추진
	○○군에서 2004년부터 '평화체험특구 조성사업'(총사업비: 570억 원)을 추진하면서 당초 위 사업계획에 없는 야구장 건립사업을 추진하면서 투·융자사업 심사도 하지 않은 채 이를 타당하다고 자체 판단하여 실시협약을 체결하고 2012년 12월 감사일 현재 야구장 부지 조성공사를 진행 중
○○시	2006년부터 총사업비 3,452억 원(시비: 10억 원, 민자: 3,442억 원) 규모의 '○○ 제3지방산업단지 확장사업'을 추진하면서 구 행정안전부 투자심사를 누락

〈부표 10-3〉 계속

5. 계속

단체명	투자심사 회피 사례
○○시	2008년부터 추진한 총사업비 68억 원 규모의 '한산모시 관련 집단시설 및 체육시설 설치사업'의 경우 시설비 23억 원을 제외하고 토지·건물 매입비 45억 원에 대해서만 2008년 10월 자체투자심사 실시 후 사업 추진
○○군	2004년부터 추진한 '예인촌 펜션단지 조성사업'의 경우 총사업비가 당초 45억 원에서 92억 원(국비: 15억 원, 도비: 4억 원, 군비: 6억 원, 민자: 67억 원)으로 증가하였는데도 경상남도 재심사를 누락

6. 지방자치단체 타당성 조사 미이행 현황

(단위: 억 원)

기관	심사 연도	사업명	지방재정 투·융자사업 심사내역					
			심사	총사업비 (심사일 기준)	심사 기관	심사일자	심사시 진행단계	결과
○○도 본청	2007	광탄-광적 간 도로 확·포장공사 (지방도 360호선)	1차	1,000	자체	2007. 4. 26	기본 계획 수립 중	조건부
○○도 본청	2007	선암-봉암 간 도로 확·포장공사 (지방도 375호선)	1차	620	자체	2007. 10. 30	기본 계획 수립 중	조건부
○○도 본청	2008	가평-현리 도로 확·포장공사	1차	2,072	자체	2008. 10. 31	실시설계 완료	조건부
○○도 본청	2008	운천-탄동 도로 확·포장공사	1차	996	자체	2008. 10. 31	실시설계 완료	적정
○○시	2008	우리은행-의왕시계 간 도로개설공사	1차	1,220	중앙	2008. 10. 27	기본 계획 수립 중	재검토
	2009		2차	1,220	중앙	2009. 4. 28	기본설계 완료	조건부
○○시	2009	표교-어농 도로 확·포장공사	1차	1,100	중앙	2009. 10. 20	실시설계 완료	조건부
○○시	2008	유산-매곡 도로 확·포장공사	1차	750	중앙	2008. 5. 14	실시설계 완료	조건부
	2008		2차	750	중앙	2008. 10. 27	실시설계 완료	조건부
	2010		3차	750	중앙	2010. 10. 29	실시설계 완료	조건부
○○시	2011	부발 공공하수처리 시설 설치	1차	500	중앙	2011. 3. 25	기본 계획 수립 중	조건부
○○시	2011	옥정하수처리시설 건설공사	1차	998	중앙	2011. 10. 28	공정 10% 진척	조건부

〈부표 10-3〉 계속

7. 지방자치단체 자체 타당성 조사 왜곡 사례

분석지표	정의	경제성 기준	장점	단점
비용편익비율 (B/C)	장래에 발생될 비용과 편익을 현재가치로 환산하여 편익의 현재가치를 비용의 현재가치로 나눈 값	B/C≥1	• 이해 용이, 사업규모 고려 가능	상호배타적 대안 선택의 오류 발생 가능
순현재가치 (NPV)	사업에 수반된 모든 비용과 편익을 기준연도의 현재가치로 할인하여 총편익에서 총비용을 제한 값	NPV≥0	• 대안 선택시 명확한 기준 제시 • 장래 발생 편익의 현재가치 제시 • 한계 순현재가치 고려	• 이해의 어려움 • 대안 우선순위 결정시 오류 발생 가능
내부수익률 (IRR)	편익과 비용의 현재가치로 환산된 값이 같아지는 할인율	IRR≥r	• 사업 수익성 측정 가능 • 타 대안과 비교가 용이	• 몇 개의 내부수익률이 동시에 도출될 가능성 내재

심사 기관	지자체	사업명 (총사업비)	왜곡 내용
중앙	○○시	○○문화예술회관 건립사업 (419억 원)	문화체육관광부 통계에 따른 전국 평균 유료관객 수는 26천 명인데도 합리적 근거 없이 123천 명으로 반영하는 등 편익을 부풀린 경제성 분석 결과(B/C 1.06)를 의뢰서에 작성·제출**(재분석 결과 B/C 0.21)**
중앙	○○시	화물자동차 공영차고지 조성사업(121억 원)	화물자동차 휴게소가 없는데도 운전자의 여가가치 상승 편익 등 179억 원을 계상하는 등 편익을 부풀린 경제성 분석 결과(B/C 1.62)를 의뢰서에 작성·제출**(재분석 결과 B/C 0.19)**
경기도	○○시	○○○ 체육문화 센터 및 수영장 건립사업(191억 원)	주 이용자인 대부동 인구(7,615명)가 아닌 도심권역 인구(141,207명)를 기준으로 산정한 운영수지 결과(연간 39백만 원 수익)를 의뢰서에 작성·제출 **(재분석 결과 연간 531백만 원 손실)**
강원도	○○시	상동 숲 치유센터 조성사업 (59억 원)	시설규모가 축소되었는데도 편익은 그대로 두고 비용만 축소하여 산출한 경제성 분석 결과(B/C 1.00)를 의뢰서에 작성·제출**(재분석 결과 B/C 0.80)**
전남	○○군	국제에코힐링 파크 조성사업 (150억 원)	문화체육관광부 통계에 의해 검증된 유료 관광객 수는 1,189천 명인데도 무료 관광객을 포함한 1,617천 명을 반영하는 등 입장료 수입을 부풀린 경제성 분석 결과(B/C 1.30)를 의뢰서에 작성·제출**(재분석 결과 B/C 0.65)**
중앙	○○군	○○○ 생태공원 조성사업 (1,494억 원)	본문 참조
중앙	○○시	○○ 스포츠파크 확장사업 (381억 원)	일시적인 전지훈련 및 대회유치 수요를 연중 수요로 추정하는 등 수입을 부풀린 운영수지 결과(연간 3억 원 이상 수익)를 의뢰서에 작성·제출**(재분석 결과 연간 2억 원 이상 손실)**
중앙	○○시	○○문화센터 · 도서관 건립사업 (350억 원)	문화센터의 유료공연 개최 횟수를 과다 계상(인근 성산아트홀보다 95회 많은 132회로 산정)하는 등 편익을 부풀린 경제성 분석 결과(B/C 1.17)를 의뢰서에 작성·제출**(재분석 결과 B/C 0.12)**

〈부표 10-3〉 계속

심사 기관	지자체	사업명 (총사업비)	왜곡 내용
중앙	○○군	○○ 농어촌 테마 공원 조성사업 (170억 원)	건설비용을 편익에 반영하는 등 편익을 부풀린 경제성 분석 결과(B/C 1.22)를 의뢰서에 작성·제출**(재분석 결과 B/C 0.33)**
중앙	○○시	조선왕조역사 문화공원 조성사업 (640억 원)	경제성 분석기간은 예타 지침 등에 따라 30년을 적용해야 하는데도 60년을 적용하여 편익이 과다 산정된 경제성 분석 결과(B/C 1.00)를 의뢰서에 작성·제출**(재분석 결과 B/C 0.67)**
중앙	○○시	교육·문화센터 건립사업 (535억 원)	경제성 분석에서 제외해야 하는 간접적 편익(건설단계 부가가치 유발효과 318억 원)을 계상하는 등 편익을 부풀린 경제성 분석 결과(B/C 0.66)를 의뢰서에 작성·제출**(재분석 결과 B/C 0.28)**
경상 남도	○○군	○○○ 어드벤처 레포츠개발 청소년수련지구 조성사업(167억 원)	이용객 수 과다 추정 및 편의시설 수입을 부풀린 경제성 분석 결과(B/C 1.08)를 의뢰서에 작성·제출**(재분석 결과 B/C 0.69)**
전라 남도	○○군	○○○ 테마파크 조성사업 (288억 원)	할인율(5.5%)을 적용하면서 연차별로 감소하는 값을 적용하여야 하는데도 20년간 일률적으로 1.055를 곱하는 등 편익이 과다 추정된 경제성 분석 결과(B/C 1.03)를 의뢰서에 작성·제출**(재분석 결과 B/C 0.86)**
자체	○○시	동부권(진안) 체육시설 건립사업 (1,055억 원)	용지보상비를 비용에서 누락하여 산정한 경제성 분석 결과(B/C 1.27)를 의뢰서에 작성·제출**(재분석 결과 B/C 0.87)**
	12개	총 14개 사업 (6,020억 원)	

8. **투자심사를 받지 아니하고 집행한 사업**

지자체	사업비 집행 내용	집행액 (백만 원)
○○도	"○○○○ 역사공원 조성사업"(총사업비 355억 원, 국비 61억 원 포함)의 경우 중앙투자심사 대상인데도 2012년 11월 DMZ체험관 리모델링 등 일부 사업에 대해서만 파주시 자체투자심사를 거쳐 3,800백만 원을 지출, 1건의 사업을 2개 사업(역사공원사업, 대체시설사업)으로 분리하여 2014년 7월 각각 자체 투자심사를 거쳐 추진 중	3,800
○○시	"일동 주민복지타운 조성사업"(총사업비 555억 원, 국비 118억 원 포함)의 경우 다목적체육관 등을 건립하는 중앙투자심사 대상인데도 2009년 11월과 2011년 11월 두 차례에 걸쳐 "실시설계 및 부지매입" 등 일부 사업에 대해서만 자체투자심사를 거쳐 실시설계 용역비로 62백만 원을 지출, 사업 여건 악화로 사업 추진 재검토 필요	62
○○시	"○○신도시 해제지역 연계교통망 구축사업"(총사업비 718억 원, 전액 자체예산)의 경우 자체투자심사 대상인데도 투자심사를 받지 아니한 채 보상비 및 용역비 등으로 계 17,438백만 원을 지출한 후 2014년 1월 위 사업의 일부 구간에 대해서만 자체투자심사, 사업타당성이 결여되어 사업 재검토 필요	17,438
○○시	"○○ 하대실 도시개발사업 및 도시계획도로 개설사업"(총사업비 248억 원, 전액 자체예산)의 경우 자체심사 대상인데도 투자심사를 받지 아니한 채 장래 교통량이 적어 불필요한 도로개설을 실시설계 용역비로 228백만 원을 지출, 장래 교통량이 적어 사업 재검토 필요	228
○○군	"○○○○ 일반산업단지 조성사업"(총사업비 3,253억 원)의 경우 중앙투자심사 대상인데도 투자심사를 받지 아니한 채 실시설계 용역비로 2,400백만 원 지출, 실수요자가 80% 이상 확보되지 못하여 사업 추진 불가	2,400

〈부표 10-4〉 지방재정 관련 국회 국정감사 지적 내용 및 조치계획

연도	지적 내용	조치계획
2013	56. 지방자치단체 부채관리시스템 구축할 것	• 시정·처리 결과 - 현재, 지자체, 지방공사 공단, 출자·출연기관의 부채를 개별적으로 산정 관리하고 있으므로, 이에 대한 통합관리 필요 - 통합부채 관리 지방재정 건전성 관리계획 수립 부채관리관 지정 등을 반영한 지방재정법 개정안 국회 제출(2013. 11) • 향후 추진계획 - 지방재정법 개정안 국회심사 대응(2014) ※ 현재 안행위 법안소위 계류 중(2014. 3)
2013	104. 지방재정과 관련하여 지방자치단체 평가시스템 및 지방자치단체 부채관리시스템을 구축하는 방안을 마련할 것	• 시정·처리 결과 - (재정평가) 현재 전 지방자치단체를 대상으로 매년 재정 운영 상황*을 분석하고 평가하는 재정분석제도를 운영 중에 있음. * 재정분석지표체계(총 25개): 건전성(채무비율, 공기업 부채비율 등 9개), 효율성(자체 세입비율 등 6개), 재정 운영 노력(인건비 절감 노력도 등 10개) - (부채관리) 현재, 지자체, 지방공사 공단, 출자·출연기관의 부채를 개별적으로 산정 관리하고 있으므로, 이에 대한 통합관리 필요 - 통합부채 관리, 지방재정 건전성 관리계획 수립, 부채관리관 지정 등을 반영한 지방재정법 개정안 국회 제출(2013. 11) • 향후 추진계획 - 지방재정법 개정안 국회심사 대응(2014. 4) ※ 안행위 법안소위 계류 중(2014. 3)
2013	110. 재정자립도가 낮은 지방자치단체가 호화청사 건설을 비롯한 불필요한 사업수행을 제한하도록 관리·감독을 강화할 것	• 시정·처리 결과 - (현황) 최근 2005년 이후 지자체 본청 신축청사는 27개 지자체임. - (그간 조치사항) 지자체 청사면적 상한 법제화(2010. 8) · 세종시 출범에 따른 청사 기준면적 신설(2013. 6) · 지자체 과대청사 신축방지 및 지방재정 건전성 강화를 위해 신축청사 원가공개 추진 ※ 지자체 청사 리모델링 기관에 대한 특별교부세 지원 등(2011~ 2013, 47개 기관 160억) ※ 원가공개 연구용역 추진(2013. 11) • 향후 추진계획 - 지자체 청사 신축 원가분석(2013. 11~2014. 3) - 지자체 청사 신축 원가공개 기준 마련 및 공개(2014. 6)
2013	116. 지방재정 투·융자심사 대상의 확대, 심사 기준의 합리화, 투·융자심사위원회의 전문성 제고 등 지방재정투·융자제도를 개선할 수 있는 방안을 마련할 것	• 시정·처리 결과 - 「지방재정투·융자사업 심사규칙」(부령) 개정(2013. 6. 5) · 투·융자심사 대상 확대·기획재정부 민간투자심사위원회 심사 대상*이 아닌 민간투자사업의 투·융자심사 대상 포함 * 2,000억 원 이상(BTL 사업 1,000억 원 이상) · 심사 기준의 합리화·의뢰심사 비중 확대*, 청사 및 문화·체육시설의 의뢰심사 의무화 등으로 자체심사시 관대화 경향 방지 * 중앙심사: 300억 원 이상→(광역) 200억 원, (기초) 100억 원 이상 - 「지방재정투·융자사업 심사 매뉴얼」(지침) 개정(2013. 6. 20) · 투·융자심사위원회 전문성 제고·민간위원 비중 1/2 이상 의무화·지방의회 의원 위원 위촉 배제 등

〈부표 10-4〉 계속

연도	지적 내용	조치계획
2015	10. 지방자치단체의 행사·축제 경비가 과도하게 발생하고 있으므로 감시·감독을 보다 철저히 할 것	• 시정·처리 결과 - 지방자치단체의 무분별한 선심성·낭비성 행사축제 개선을 위해 합리적 방안을 검토 중임(2016. 3) • 향후 추진계획 - 개선안 마련 및 의견수렴(2016. 3~4) - 개선안 추진(2016. 4~)
2015	11. 지방자치단체의 행사·축제 경비에 대한 페널티 부여시 도민체전이나 전국체전 등 연례적 행사의 성격을 합리적으로 고려하는 제도적 보완책을 마련할 것	• 시정·처리 결과 - 보통교부세 내 세출효율화 자구노력 항목 중 '행사·축제성 경비 절감'의 경우, 기획재정부가 인정하는 국제행사, 문화체육관광부가 인정하는 행사·축제, 전국체전, 전국 장애인체전은 旣 제외하고 있음. - 도민체전의 경우 다른 행사·축제와의 형평성 및 행사·축제성 경비 절감을 유도하는 제도 취지 등을 종합적으로 고려하여 신중히 검토하겠음. • 향후 추진계획 - 제도의 취지 등을 고려하여 합리적인 개선방안 검토 추진(2016~)
2015	12. 지방자치단체가 스스로 해결할 수 없는 예외적인 재정위기 상황에 대비하여 긴급재정관리제도의 도입을 위한 준비를 철저히 할 것	• 시정·처리 결과 - 긴급재정관리제도 도입 관련 지방재정법 개정안 공포(2015. 12. 29) - 지방재정법 시행령 개정 추진 - 긴급재정관리단체 지정 기준, 긴급재정관리계획 수립 기준·절차 등 - 개정안 마련(~2016. 2), 입법예고(2016. 3~4) • 향후 추진계획 - 지방재정법 시행령 개정(~2016. 6) - 긴급재정관리제도 시행(2016. 6. 30)
2015	13. 지방재정 위기진단시 법정 적립금 및 필수경비를 예산에 산입하지 않는 방식으로 채무비율을 하향 조정할 우려가 있으므로 이에 대한 제도적 개선 방안을 마련할 것	• 시정·처리 결과 - 채무관리 재정지표 개선 위한 지방재정법 시행령 개정(2015. 10. 6 공포, 2019. 1. 1 시행) - 채무 범위에 지급의무가 확정된 BTL 임차료 잔액을 포함. • 향후 추진계획 - 부채를 반영할 수 있도록 위기관리 지표 개선 검토(2016. 2~6)

자료: 대한민국 국회(http://likms.assembly.go.kr) 게시 내용 편집.

〈부표 10-5〉 투자사업 분야·부문별 분류

분야	부문	사업 내용
010 일반공공행정	011 입법 및 선거관리	-
	013 지방행정·재정지원	-
	014 재정·금융	개발을 위한 펀드 조성
	016 일반행정	대외통상교류관, 국제교류협력, 주민센터, 청사신축/증축, 새마을운동/과거사진상규명 등
020 공공질서 및 안전	023 경찰	-
	025 재난방재·민방위	안전체험관, 저류시설, 하천정비
	026 소방	소방서, 소방행사
050 교육	051 유아 및 초중등교육	외국인학교
	052 고등교육	기숙사, R&D센터
	053 평생·직업교육	평생학습원, 행사
060 문화 및 관광	061 문화예술	공연장, 기념관/기념공원, 도서관, 문예회관, 문화타운, 미술관, 박물관, 프로그램(콘테스트/뮤지컬), 행사(비엔날레/엑스포/지역방문의 해)
	062 관광	관광지/유적지(리조트, 사찰, 삭도, 행궁, 해수욕장 등), 생태공원/테마공원, 관광지 기반시설, 전망대, 전시관/컨벤션/센터, 지역특산품 개발(화훼, 복숭아 등), 지역특화 문화상품 개발(아리랑, 공예/도예), 행사
	063 체육	경기장, 대회(레포츠, 생활체육, 세계선수권, 육상경기), 스포츠타운, 야구장, 운동장, 전시관, 체육공원, 체육관, 행사
	064 문화재	문화재 보존/복원, 행사
	065 문화 및 관광일반	문화타운, 전시관, 조형물, 지역특화 문화상품 개발(아리랑, 공예/도예), 행사
070 환경보호	071 상하수도·수질	상수도/생활용수 공급, 식수확보, 오염원저감시설, 정수/하수처리시설, 하수관거/차집관거, 하수슬러지처리시설, 폐수종말처리장, 홍수예방, 환경교육/지원시설
	072 폐기물	폐기물 매립/소각, 재활용센터, 환경교육/지원시설
	073 대기	천연가스자동차, 행사
	074 자연	생태하천 복원, 자연환경 보호(도립공원, 생태경관보전지역, 오염원 저감)
	075 해양	연안정비, 해양과학관
	076 환경보호일반	공원화, 행사, 환경교육/지원시설
080 사회복지	081 기초생활 보장	-
	082 취약계층 지원	병원/의료원(아동, 장애인), 복지관(다문화, 아동, 장애인)
	084 보육·가족 및 여성	복지관(여성), 축제
	085 노인·청소년	노인병원, 복지관(노인), 장사시설/추모공원, 청소년수련관, 축제
	086 노동	-
	087 보훈	평화공원
	088 주택	기존 주택 매입, 임대주택 건설, 재건축
	089 사회복지일반	복지관(주민)
090 보건	091 보건의료	기술/지원센터(양방, 화장품, 한방), 병원/의료원(노인, 어린이, 대학병원, 의료원, 재활병원), 보건소, 클러스터(한방, 의료), 행사(박람회, 엑스포)
	093 식품의약안전	-
100 농림해양수산	101 농업·농촌	농업기술 개발, 도매시장/물류센터, 유기농산업지원단지, 클러스터, 테마공원, 행사
	102 임업·산촌	산림휴양지, 생태공원, 수목원, 클러스터, 행사
	103 해양수산·어촌	관광섬, 항구, 테마공원, 해상공원, 수산식품지원단지, 어시장/유통센터, 양식장, 행사

〈부표 10-5〉 계속

분야	부문	사업 내용
110 산업 · 중소 기업	111 산업금융 지원	펀드 조성(중소기업 지원)
	112 산업기술 지원	센터/장비구축, 연구소/장비구축
	113 무역 및 투자유치	자유무역지역, 전시관/컨벤션, 해외기업 유치
	114 산업진흥·고도화	비즈니스센터(기업지원), 사업화 지원, 산업단지(기업도시특별법, 산학융합단지, 특수업종 첨단산단), 센터/장비구축, 재래시장 활성화, 아파트형공장, 지역거점 연구소 분원, 산단 내 주택단지, 클러스터, 행사(박람회, 비엔날레, 엑스포, 전시회)
	115 에너지 및 자원개발	도시가스, 풍력발전, 수소에너지, 지중화, 클러스터
	116 산업·중소기업일반	사업화 지원, 경제자유구역 연결도로, 직업교육기관
120 수송 및 교통	121 도로	IC 건설, 교량/터널/지하차도, 도로개설, 도로 확·포장, 선형 개량/위험구간 개선, 보행시설, 철도횡단시설
	123 도시철도	공조기 교체, 내진보강/안전시설, 도시철도건설, 소음방지시설, 스크린도어, 역사건설/리모델링
	124 해운·항만	항만배후단지, 항만시설
	125 항공·공항	경비행장
	126 대중교통·물류 등 기타	BIS/BRT, ITS, 공영주차장, 버스공영차고지, 화물차공영차고지, 화물차휴게소, 물류센터, 환승센터/터미널
140 국토 및 지역 개발	141 수자원	정수처리시설, 빗물펌프장, 하수관거, 하수처리장, 하천정비/복원, 슬러지처리시설
	142 지역 및 도시	도시경관, 공원재생/근린공원, 테마공원, 재정비지구 기반시설, 연도교/연육교, 도로, 도시개발사업, 마을조성사업, 역세권, 택지개발사업
	143 산업단지	산단 기반시설(도로/상하수도), 일반산단, 농공단지, 첨복산단, 산단 진입도로
150 과학기술	151 기술개발	산학융합산단/연구단지, 센터/연구소, R&D
	152 과학기술 연구지원	대학원, 센터/연구소, 연구단지
	153 과학기술일반	과학관, 센터/연구소, 연구단지

자료: 지방재정 365(http://lofin.mois.go.kr), 「지방재정 투자심사 및 타당성 조사 매뉴얼」.

〈부표 10-6〉 지방재정 관련 언론 보도 내용

'줄줄 새는' 지방재정 … 시장 집앞에 도로 내고 철거할 건물 고가 매입(한국경제신문, 2018. 12. 10)

주먹구구 지자체 살림(2·끝) 마구잡이 늘린 예산, 황당한 씀씀이

김제, 시장 후배 업체 물건 구입 … 세종, 아스팔트 공사비 과다 지급

하루 1.3개꼴 열린 지역축제 … 흑자 낸 행사는 작년 4곳뿐

'법령 위반' 지자체 교부금 삭감액

2014년 181억 → 작년 489억 껑충

#1. 충남 홍성군은 2015~2018년 지방의회 의원들에게 수십 차례에 걸쳐 규정에 없는 생일축하 및 명절 격려금 명목으로 278만 원 상당의 상품권과 현금을 지급했다. 충청남도 감사위원회는 이 사실을 적발하고 홍성군에 '주의' 조치를 내렸다.

#2. 세종시 감사위원회는 최근 시에 과다하게 지급된 공사비 3,249만 원을 건설사로부터 환수하라고 지적했다. 세종시가 2014년 파손된 도로에 아스콘(아스팔트콘크리트)을 채우는 공사를 맡긴 건설사가 규정보다 얇게 아스콘을 시공했기 때문이다.

지방자치단체가 규정을 무시하거나 손익을 따지지 않고 주먹구구식 사업을 벌여 예산을 낭비하는 사례가 끊이지 않고 있다. 법령 위반 등이 적발되어 깎이는 지자체 교부금이 매년 증가하고 있다. 지방자치단체의 보여주기식 축제와 행사도 재정에 부담을 주는 요인으로 꼽힌다. 지난해 열린 지자체 축제·행사 472건 가운데 흑자는 단 4건에 불과했다. 전국 지자체 축제·행사의 적자규모는 3,554억 원에 달했다.

〈감사 적발로 삭감된 지자체 교부금〉

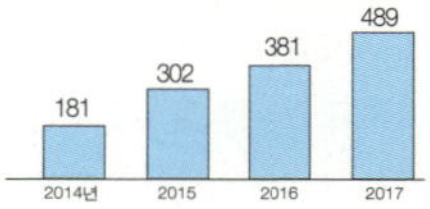

〈지난해 흑자낸 주요 축제 행사〉

자자체	축제 · 행사	순이익
전남 곡성군	곡성세계장미축제	4억 1,000만
전남 함평군	대한민국 국향대전	1억 6,000만
전남 함평군	함평나비대축제	1억 4,000만
전남 여수시	여수거북선축제	100만

전국 축제 행사 현황

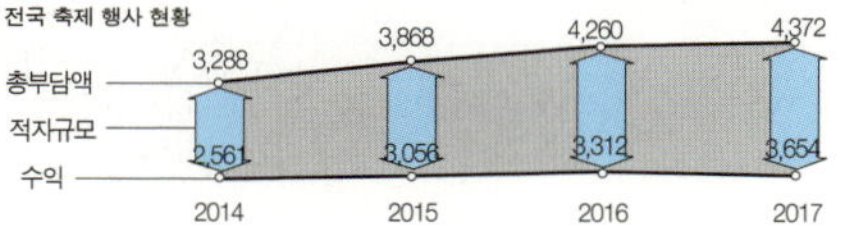

[예산·결산에 모두 '구멍']

10일 행정안전부 지방재정통합공개시스템 '지방재정 365'에 따르면 지난해 삭감된 지자체 교부금은 489억 원이었다. 행안부가 법령을 위반하고 예산을 낭비한 지자체를 대상으로 교부금을 깎은 결과다. 지자체 교부금 삭감규모는 2014년 181억 원에서 매년 늘어나는 추세다.

예산을 낭비하는 지자체의 '황당행정' 사례는 전국에서 속출하고 있다. 공주시는 2012년부터 이듬해까지 운궁-고성 간 도로를 넓히는 공사를 했다. 이 과정에서 특별한 이유 없이 공주시장의 부인이 신축한 주택 앞으로 새 도로를 냈다. 구간을 무단 변경하면서 5억 원가량의 시 예산이 추가로 들었다. 감사원은 이를 적발하고 담당 공무원들에게 징계처분을 내리라고 공주시에 요구했다.

경주시는 2013년 1월 시내 중심가에 자리 잡은 벨루스관광호텔을 46억 원(건물 7억 원, 토지 39억 원)에 사들였다. 노인종합복지관으로 쓰기 위해서였다. 1982년 준공된 노후 호텔이었지만 정밀 안전진단 없이 매입했다. 이후 이 건물은 안전진단 최하 등급(E)을 받아 철거되었다. 경주시는 건물비와 철거비 11억 원을 날렸다.

이건식 전 김제시장은 2009년부터 2013년까지 고향 후배가 운영하는 사료업체로부터 16억 원어치의 가축 보조사료를 사서 관내 축산농가에 무상 지급했다. 특정 사료업체에 특혜를 준 혐의로 기소된 이 전 시장은 지난해 11월 업무상 배임 혐의로 대법원에서 징역 1년 6개월에 집행유예 3년의 확정 판결을 받아 시장직을 상실했다.

〈부표 10-6〉 계속

최진혁 한국지방자치학회장(충남대 교수)은 "지자체가 예산을 어디에 얼마나 썼는지를 보여 주는 재정 결산이 부실하고 사후 검증도 잘 되지 않는다" 며 "지방의회 의원이 지자체장과 같은 당 소속이면 감시와 견제를 하기가 어려운 게 현실" 이라고 말했다.

[지자체 행사·축제 손실 3,554억 원]

지자체가 남발하는 보여주기식 축제와 행사도 지방재정을 축내고 있다. 지역경제 활성화 등 긍정적 측면을 감안하더라도 효율성을 높여야 한다는 지적이 많다.

지방재정 365에 따르면 지난해 열린 지자체 축제·행사는 472건이다. 전국에서 하루 평균 1.3개의 축제·행사가 열린 셈이다. 광역자치단체는 5억 원 이상, 기초자치단체는 3억 원 이상의 사업비가 들어간 축제·행사만을 집계한 결과다.

지난해 전국 지자체 축제·행사의 적자규모는 3,554억 원으로 전년(3,312억 원) 대비 7.3% 늘었다. 2014년 2,561억 원이었던 적자규모는 이듬해 3,000억 원을 넘어서는 등 매년 불어나는 추세다.

작년 지자체 행사·축제 가운데 흑자는 △ 전남 곡성군 '곡성세계장미축제' △ 전남 함평군 '대한민국 국향대전' 과 '함평나비대축제' △ 전남 여수시 '여수거북선축제' 등 네 건에 불과했다. 여수거북선축제의 흑자 규모는 100만 원이었다.

'여수밤바다 불꽃축제' 와 '촉석산성아리아 및 진주대첩 승전 가장행렬' 은 본전치기를 했다. 나머지 466건은 모두 적자를 냈다. 적자폭이 컸던 행사는 '전국체육대회 및 전국장애인체육대회'(216억 원), '부산국제영화제'(63억 원), '2017 ITU 텔레콤 월드'(38억 원) 등이다.

지자체 축제·행사는 관광객 유치와 주민 화합, 문화 진흥 등 보이지 않는 효과가 있는 게 사실이다. 하지만 지자체장이 업적을 과시하고, 정치적 입지를 다지기 위해 적자가 큰 행사를 강행하는 사례도 적지 않다는 지적이다. 최두선 충청남도 감사위원회 위원장은 "민선 자치단체장들이 재선 등을 노리고 인지도를 높이기 위해 축제·행사를 연다는 건 공공연한 비밀" 이라며 "예산낭비 등 부작용이 큰 만큼 행사 비용과 효과를 면밀히 따지고 그 내역을 투명하게 공개하도록 해야 할 것" 이라고 강조했다.

김익환 기자(lovepen@hankyung.com)

〈부표 10-6〉 계속

지방재정 감시와 견제 더 강화를(매일경제신문, 2018. 11. 23 오피니언)

1995년 지방선거가 부활된 이래 그 역사만큼이나 지방자치가 성숙했을 것이라는 기대는 나라 곳곳에서 어긋난다. 핵심은 예산이다. 서울과 경기 등 전국 17개 지자체의 내년 예산안은 모두 163조 원에 달하지만, '묻지마' 식의 예산 남용 사례는 어제오늘의 일이 아니다. 부산 해운대구는 올해 초 해운대 해수욕장에 설치되었던 8억 원짜리 예술작품을 고철과 폐기물로 철거했다. 세계적인 예술가가 만들었다는 작품인데, 공모를 통해 설치한 지 7년 만에 없앴다. 태풍의 영향으로 파손되었기 때문이라는데, 아까운 국민 혈세 8억 원을 헛되이 썼다는 비판에서 자유롭지 못했다. 수년 전 감사원이 호화 청사 건축 문제로 감사를 벌였던 지자체 24곳 가운데 18곳은 재정자립도가 전국 평균에 미치지 못했다. 제 살림 생각하지도 않고 집만 번지르르하게 지으면 된다는 얘기였다. 당장 필요하지도 않고 지자체 규모에도 걸맞지 않은 문화예술회관은 전국 곳곳에서 만들어졌거나 건립되고 있는 상황이다.

'자신들만의' 시각으로 사업 타당성이 검토되고, 지역 국회의원을 부추기고, 당장 안 되더라도 몇 년씩 우기면 된다는 식으로 중앙정부를 몰아붙여 예산을 따내는 사례가 적지 않다.

서로가 경쟁적으로 인공지능(AI)과 전기차, 4차 산업혁명의 중심이 되겠다고 선언한다. 여기에 필요한 예산과 투자를 지속적으로 늘려 가겠다는 청사진을 제시한다. 선택과 집중이라는 전략에서 보면 나라 곳곳에 과도한 중복투자와 중첩된 목표 제시가 혼재해 있다는 것을 부인하기 어렵다.

선거를 통해 선출된 시장·군수들이 자신의 치적을 알리기 위해 눈에 보이는 성과물을 원하고, 또 다른 선거에서 이긴 시장·군수들은 전임자들의 흔적을 지우면서 자신의 공적을 내세우려 하는 의도다.

또 다른 한편으로 무상복지 확대의 '바람'은 대다수 지자체들의 관심 사례다.

현금으로 출산축하금을 챙겨주는 도시가 많다. 어떤 지자체는 아이를 낳을 때 현금 1,000만 원을 주는 사례까지 있다. 하지만 출산축하금을 받자마자 다른 지역으로 이주해 버리는 주민들을 물리적으로 막을 방법이 뚜렷이 보이지 않는다. 한반도 어느 곳에 살든지 심각한 저출산 상황에서 아이를 낳는 사람들을 누구든 격려해 주는 걸 탓하자는 얘기는 아니지만 포퓰리즘 정책의 전형적인 사례라고 할 수 있다.

청소년수당도 그러하다. 서울시교육청이 내년부터 학교 밖 청소년들에게 교육기본수당을 지원하기로 했다는데, 수당 지출 내역을 제대로 점검하는 장치가 마련된 상태에서 이런 조치가 시행되는지는 알 수 없다. 다른 시·도들도 비슷한 제도를 만들고 있는데 수당의 적정성을 꼼꼼하게 따져볼 필요가 있다. 일자리지원 예산도 같은 맥락이다. 직접적인 보조금보다 시장에서 자생적으로 좋은 일자리가 만들어지는 환경을 조성하는 데 지자체의 지원이 집중되는 게 효과적이지 않을까.

선진국은 이미 무상복지 대신 '워크페어'(workfare) 형태로 효율성을 키운 지원책이 더 중시되고 있다. 복지제도를 남용해 개인이 노동 의욕을 상실하거나 무상복지에 의존하는 경향을 개선하기 위해서다. 포퓰리즘성 무상복지는 국민의 정부 의존도를 심화시켜 근본적인 국가경쟁력을 저하시킬 수 있다. 그리스 사례가 대표적이다. 꼭 필요한 곳에 예산이 투입되지 못하고 써야 할 곳에 못 쓰는 예산 남용의 피해는 고스란히 국민 몫이다.

예산은 범용성과 합목적성에 맞아야 한다. 각 항목이 상호 명확한 한계를 지녀야 한다는 예산 한정성의 원칙이다. 기간의 한정뿐만 아니라 질적 한정과 양적 한정에 다소간 예외가 인정된다고 하더라도, 꼭 쓰여야 할 곳에 최대한의 적절성을 갖고 사용되어야 한다. 마치 피가 모세혈관 곳곳에 스며들도록 해야 신체가 건강한 기능과 역할을 할 수 있다는 얘기다.

일본은 국가보다도 지방자치단체에 우선해 내부통제 시스템을 강화하고 있다. 미국은 카운티와 시티, 타운십 등 커뮤니티 세입의 관리인이랄 수 있는 재무관과 회계감사관을 선거선출직으로 정해 놓고 있다. 위원회 조직까지 더해 이중 삼중의 통제 장치를 갖췄다. 지방재정에 대한 감시와 견제가 더욱 강화되어야 한다.

김경도 전국취재부장

〈부표 10-6〉 계속

행정이 무너지고 있다(매일경제신문, 2019. 3. 28 오피니언)

어느 정권 어느 부처에나 '어공'(어쩌다 공무원이 된 정치인)과 '늘공'(늘 공직자였던 직업공무원) 간 긴장관계는 항상 존재해 왔다. 전두환·노태우 정권 때나 김대중·노무현 정권 때도 그랬으며, 이명박·박근혜 정권 때도 마찬가지였다. 지금 문재인 정권도 신재민 사무관이나 김태우 수사관 사례에서 보듯 어공과 늘공 간 긴장관계는 계속되고 있다.

어공은 '정무적' 판단을 하는 집단이다. 늘공은 '전문적' 판단을 내세운다. 어공의 정무적 판단이란 원래 관료적 시야의 한계를 넘어 국가의 큰 그림을 그리고 국민 전체를 생각하는 것을 의미하지만, 최근 우리나라에서는 당면한 선거를 이기기 위해서는 무슨 짓이든 마다하지 않는 정치적 결정이라는 의미로 변했다. 한편 늘공의 전문적 판단이란, 오랜 세월 한 분야에 종사한 직업공무원들의 경험과 지식에 기반한 판단을 의미한다. 어공과 늘공의 긴장관계가 반드시 나쁜 것만은 아니다. 전문적이고 장기적인 국익을 추구하는 늘공의 판단이 무조건 앞서야 한다는 주장도 있지만, 꼭 그런 건 아니다. 때로는 비전문적이고 단기적인 대책이 필요할 때도 있다. 예를 들어, 당장 먹고살기 힘든 국민에게는 장기적 국익을 추구하는 정책이 치명적일 수도 있다. 이분들에게는 먼 미래에 나라가 잘되기만을 기다릴 여유가 없는 것이다. 그래서 어공의 정무적·단기적 판단과 늘공의 전문적·장기적 판단은 적절한 비율로 섞여야 되는 것이다.

역사적으로 우리나라는 산업화와 민주화 과정에서 정무적 판단과 전문적 판단이 잘 어우러져 왔다고 할 수 있다. 특히, 개발연대의 대통령들은 기본적으로 관료집단의 전문적 판단을 존중하면서도 그때그때 적절한 정무적 판단을 버무려 나라의 발전을 이끌어 왔다.

그러나 최근 늘공의 전문적·장기적 판단이 완전히 무너지고 있다. 한마디로 행정이 무너지고 있는 것이다. 정치가 행정을 압도하고 있어 대한민국 발전의 원동력 중 하나였던 정치와 행정 간 견제와 균형이 흔들리고 있는 것이다.

예산권을 쥐고 있으며 부총리가 수장인 기획재정부는, 예산낭비를 막기 위해 만든 예비타당성조사제도를 일거에 무너뜨리면서 무려 24조 원이라는 예타 면제사업을 용인했다. 과거 같으면 균형을 잡았을 늘공의 전문적 판단이 어공의 정무적 판단에 굴복한 것이다.

행정안전부는 '작지만 유능한 정부'라는 정책 기조를 유지해 왔다. 이로 인해 각 부처와 지방자치단체는 정원 1명 늘리기도 무척 힘들었다. 그런데 문재인 정부 들어와서는 공무원 17만 4,000명을 포함해 총 81만 명의 공공 부문 정원을 늘리기로 했고, 아마도 임기가 끝날 무렵에는 당초 목표보다 훨씬 더 많은 공무원이 충원되어 공약 달성에 성공한 몇 안 되는 사례가 될 전망이다. 예산에 이어 공무원 정원에서마저 늘공의 전문적 판단이 어공의 정무적 판단에 무너진 것으로 볼 수 있다.

급격한 최저임금 인상은 또 어떤가. 최저임금은 경제 주체들이 적응할 수 있도록 서서히 인상되어야 한다는 늘공의 지론이 어공의 정무적 판단에 무릎을 꿇고 말았다. 그 처참한 결과는 굳이 말하지 않더라도 최근 고용 동향을 보면 알 수 있다. 이 밖에도 국민연금과 건보 재정의 적자 전환 우려와 탈원전 등 그동안 늘공들이 중심을 잡고 장기적 합리성을 추구하던 사업들이 어공의 정무적 판단에 밀리고 말았다.

역사적으로 행정의 전문성이 무너진 채 융성한 나라는 없다. 때론 융통성이 없어 보이거나 당장의 요구에 부응하지 못해 보여도 늘공의 전문적 판단이 어공의 정무적 판단에 맞서고 그 두 가지 판단이 어우러질 때 비로소 사회가 발전할 수 있다. 요즘처럼 늘공을 적폐청산이라는 미명하에 바람 앞에 등불처럼 흔들리게 해서는 대한민국의 발전을 기대하기 어렵다.

하기야 안보도, 외교도, 사법도, 기업도 무너지고 있는데 웬 행정 타령이냐고 하면 딱히 해줄 말이 더 없기는 하다.

박수영 한반도선진화 재단 대표

〈부표 10-7〉 투자사업 이력관리 핵심정보 입력(사례)

투자심사명 ○○○○ 사업

작성자 | 부서명 건설과 | 연락처

준비단계

사업개요

작성회계연도	2013
지자체	
광역	
기초	
회계	
유형	일반
회계명	일반회계
근거법령	진흥법 제48조(관광홍보 및 관광자원)
분류	
분야	문화 및 관광
부문	관광
시행주체	자치단체
운영주체	관리공단 위탁
사업기간	
사업시작일	2011년 05월 01일
완료예정일	2016년 06월 31일

사업위치

시도	시군구	읍면동

투자심사정보

심사시기 2013 년 03 차
심사유형 중앙의뢰
심사결과 조건부
조건
1 국비지원계획 확정 후 구비 추가 부담 발생시 가용재원 범위에서 우선 편성
2 주차장 면적은 정확한 주차수요를 토대로 규모 조정
3
4
5
6
7

사전절차이행정보

타당성조사 (직접 입력시 업체명기입)
조사기관 직접입력 ○○○○연구원
결과
B/C 1.05
P/I 0.12
기타
의견 적정

사업량, 규모정보

사업량
(공통) 부지면적 15,670 m²

주요 사업내용 건축공사: 12,094.29m²(주차시설, 전시홍보
철거공사: 9,200 m²(카톨릭회관, 근생시설

(해당사항만 입력)
연면적 18,0194 m² 층수 33 층(지하/지상)

도로 길이 km 폭원 차로(왕복)
주택 세대수 세대

환경시설 시설용량 m²(톤)/일
주차관련시설 254 면수
기타 (유형) (단위)

일정(예정)정보

			진행상황
기본 계획	2013 년	08 월	진행중
실시설계	2014 년	06 월	미시행
보상	2014 년	06 월	미시행
공사착공	2014 년	07 월	미시행
공사준공	2016 년	06 월	미시행

총사업비 및 운영비, 운영수입 정보

총사업비 (단위: 백 만원)

구분	금액
공사비	21,450
보상비	9,100
용역비	2,350
운영설비비	
예비비	
기타	
합계	32,900

운영인력 6 명
운영비 309 백 만원/년
(단위: 백 만원)

인건비	운영관리비	유지관리비	기타
146	88	75	-

운영수입 337 백 만원/년
(단위: 백 만원)

사용료	입장료	임대료	기타
299	-	38	-

분양수입 정보(산업단지 등 분양사업일 경우 입력)

분양가격 원/m²
분양면적 m²
분양시점 년 월
분양종료 시점 년 월
(누적분양률 기준, %)

연도	0	1	2	3	4	5	6
분양률							

자원조달계획

연차별 예산편성 내역 (단위: 백 만원)

구분		계	기투자	2013	2014	2015	2016~
국비	문화체육관	11,700	-	-	10,400	500	800
	기타						
지방비	시도비	-	-	-	-	-	-
	시군구비	21,200	400	-	10,400	9,800	800
	지방채						
기타	민간자본	-	-	-	-	-	-
	기타	-	-	-	-	-	-
	예산 외	-	-	-	-	-	-
	합계	32,900	400	-	20,800	10,100	1,600

지방채 조건
기발행액 백 만원
신규발행 백 만원

(단위: 년)

발행연도	거치기간	상환기간	상환시점

〈부표 10-7〉 계속

준비단계(2단계 심사시)

사업개요

작성회계연도
지자체
광역
기초
회계
유형
회계명
근거법령
분류
분야
부문
시행주체
운영주체
사업기간
사업시작일 년 월 일
완료예정일 년 월 일
사업위치

시도	시군구	읍면동

투자심사정보

심사시기 년 차
심사유형
심사결과
조건
1
2
3
4
5
6
7

사전절차이행정보

타당성조사 (직접 입력시 업체명기입)
조사기관
결과
B/C
P/I
기타
의견

사업량, 규모정보

사업량
(공통) 부지면적 m2
주요 사업내용
(해당사항만 입력)
연면적 m2 층수 층(지하/지상)
도로 길이 km 폭원 차로(왕복)
주택 세대수 세대
환경시설 시설용량 m2(톤)/일
주차관련시설 254 면수
기타 (유형) (단위)

일정(예정)정보 진행상황

기본 계획	년	월	
실시설계	년	월	
보상	년	월	
공사착공	년	월	
공사준공	년	월	

총사업비 및 운영비, 운영수입 정보

총사업비 (단위: 백 만원)

구분	금액
공사비	
보상비	
용역비	
운영설비비	
예비비	
기타	
합계	

운영인력 명
운영비 - 백 만원/년

(단위: 백 만원)

인건비	운영관리비	유지관리비	기타

운영수입 - 백 만원/년

(단위: 백 만원)

사용료	입장료	임대료	기타

분양수입 정보(산업단지 등 분양사업일 경우 입력)

분양가격 원/m2
분양면적 m2
분양시점 년 월
분양종료 시점 년 월 (누적분양률 기준, %)

연도	0	1	2	3	4	5	6
분양률							

자원조달계획

연차별 예산편성 내역 (단위: 백 만원)

구분		계	기투자		1	2	3~
국비	(부처명)	-					
		-					
		-					
	기타	-					
지방비	시도비	-					
	시군구비	-					
	지방채	-					
기타	민간자본	-					
	기타	-					
	예산 외	-					
합계		-	-	-	-	-	-

(단위: 년)

지방채 조건
기발행액 백 만원
신규발행 백 만원

발행연도	거치기간	상환기간	상환시점

〈부표 10-7〉 계속

사업명 ○○○○○○ 사업

작성자   부서명 건설과   연락처

추진단계(입력기준: 2018년 말 기준) - 2018년 결산자료 활용

사업량, 규모 정보

사업량
(공통) 부지면적 6,310 m^2

주요 사업내용 지하 주차장 건립: 8,419m^2
상부 공원화 사업: 6,310m^2

(해당사항만 입력)
연면적 8,419 m^2 층수 4/1 층(지하/지상)

도로 길이 km 폭원 차로(왕복)
주택 세대수 세대

환경시설 시설용량 m^2(톤)/일
주차관련시설 212 면수
기타 (유형) (단위)

사업
(변동시)

시도	시군구	읍면동

투자심사 조건 이행 여부

번호	투자심사조건
여부	이행여부 세부내용
1	
	국비 이외 재원은 지방비(시, 구비)에서 우선 편성
2	주차장 면적은 정확한 주차수요를 토대로 규모 조정
	정확한 주차수요를 토대로 규모 조성
3	
4	
5	
6	
7	

일정(실제, 예정)정보

			진행상황
기본 계획	2014 년	02 월	완료
실시설계	2019 년	10 월	진행중
보상	2016 년	10 월	완료
공사착공	2019 년	12 월	미시행
공사준공	2020 년	12 월	미시행

총사업비 및 자체평가 정보

총사업비 (단위: 백 만원)

구분	금액
공사비	13,605
보상비	9,484
용역비	1,711
운영설비비	
예비비	
기타	600
합계	25,400

	평가항목	여부	기재사항
1	최근 사업비 투입 후 6개월 이상 예산투입 없음	×	
2	최종 투자심사의뢰서 대비 사업비 변동	○	
	- 총사업비 10% 이상 변동	○	사업비 축소
	- 재원별 사업비 10% 이상 변동	○	재원 변동
	- 분야별 10% 이상 변동	○	분야별 사업비 변동
	- 채무부담행위/매입확약/신용보증 등 있음	×	
3	최종 투자심사의뢰서 대비 사업내용 변경 있음	○	사업규모 축소
4	최종 투자심사의뢰서 대비 공사완공연도 변경	○	사업시기 변경
5	지방채 발행 이후 중단된 사업	×	
6	사업관련 민원이나 소송/분쟁이 있는 사업	×	
7	감사원 지적사항 및 조치사항 확인 필요 사업	×	
8	투자심사(조건부 승인) 조건이행 여부 확인 필요	×	
9	전년도 중점관리사업 관리계획 이행여부 확인	×	

재원조달계획

연차별 예산편성 내역 (단위: 백 만원)

구분		계	기투자	2013	2014	2015	2016	2017	2018	2019	2020
국비	국토교통부	4,900	-	-	-	200	2,353	2,347			
	행정안전부	600								600	
		-									
	기타	-									
지방비	시도비	12,280					5,000	4,000		3,280	
	시군구비	7,620	400			200	2,000	2,700	2,320		
	지방채	-									
기타	민간자본	-									
	기타	-									
	예산외	-									
	합계	25,400	400	-	-	400	9,353	9,047	2,320	3,880	-

검증

1. 총사업비, 재원조달계획 합계   일치
2. 일정정보(진행상황) 누락   입력완료
3. 자체평가항목 누락   입력완료

검증결과
검증이 완료되었습니다

〈부표 10-8〉 장래 인구 추계(2017~2047)

시도별	인구구조	2025	2028	2030	2040	2045	2046	2047
전국	총인구(명)	51,905,126	**51,941,946**	51,926,953	50,855,376	49,574,038	49,253,490	48,910,639
	남자(명)	25,974,283	**25,968,119**	25,943,315	25,293,158	24,591,253	24,421,458	24,241,349
	여자(명)	25,930,843	**25,973,827**	25,983,638	25,562,218	24,982,785	24,832,032	24,669,290
	인구(명): 15~64세	35,853,375	**34,663,702**	33,947,290	28,649,225	26,578,305	26,101,502	25,620,373
	인구(명): 65세 이상	10,511,160	**12,117,527**	12,979,573	17,223,537	18,329,352	18,566,527	18,787,212
서울 특별시	총인구(명)	9,352,227	**9,234,270**	9,155,502	8,731,396	8,451,145	8,386,694	8,319,771
	남자(명)	4,514,109	**4,448,356**	4,404,754	4,170,874	4,028,877	3,996,878	3,963,629
	여자(명)	4,838,118	**4,785,914**	4,750,748	4,560,522	4,422,268	4,389,816	4,356,142
	인구(명): 15~64세	6,674,895	**6,375,832**	6,190,006	5,138,202	4,753,893	4,667,644	4,580,319
	인구(명): 65세 이상	1,861,987	**2,095,296**	2,219,355	2,826,521	2,980,135	3,014,455	3,047,587
부산 광역시	총인구(명)	3,214,964	**3,152,725**	3,113,235	2,887,377	2,743,209	2,712,701	2,681,696
	남자(명)	1,567,614	**1,533,068**	1,511,434	1,393,456	1,322,063	1,307,287	1,292,342
	여자(명)	1,647,350	**1,619,657**	1,601,801	1,493,921	1,421,146	1,405,414	1,389,354
	인구(명): 15~64세	2,126,503	**2,001,815**	1,939,580	1,565,070	1,419,810	1,387,732	1,356,953
	인구(명): 65세 이상	783,650	**874,218**	911,068	1,070,994	1,089,330	1,095,136	1,099,199
대구 광역시	총인구(명)	2,347,880	**2,308,960**	2,284,059	2,138,365	2,042,714	2,021,806	2,000,239
	남자(명)	1,156,795	**1,135,543**	1,122,119	1,045,899	997,325	986,911	976,215
	여자(명)	1,191,085	**1,173,417**	1,161,940	1,092,466	1,045,389	1,034,895	1,024,024
	인구(명): 15~64세	1,606,240	**1,518,437**	1,468,762	1,174,431	1,068,309	1,045,533	1,023,232
	인구(명): 65세 이상	494,475	**565,153**	600,636	759,159	784,206	789,666	794,027
인천 광역시	총인구(명)	2,990,422	**3,016,819**	3,031,272	3,030,900	2,978,293	2,963,411	2,946,991
	남자(명)	1,501,497	**1,512,079**	1,517,388	1,504,754	1,472,066	1,463,609	1,454,461
	여자(명)	1,488,925	**1,504,740**	1,513,884	1,526,146	1,506,227	1,499,802	1,492,530
	인구(명): 15~64세	2,119,527	**2,059,207**	2,021,879	1,736,289	1,620,929	1,593,578	1,565,987
	인구(명): 65세 이상	550,104	**657,638**	717,798	999,135	1,079,641	1,096,764	1,112,692
광주 광역시	총인구(명)	1,451,797	**1,431,788**	1,418,825	1,339,931	1,287,094	1,275,392	1,263,274
	남자(명)	723,229	**712,985**	706,302	665,522	638,401	632,430	626,248
	여자(명)	728,568	**718,803**	712,523	674,409	648,693	642,962	637,026
	인구(명): 15~64세	1,021,652	**977,790**	950,390	770,018	702,377	688,556	674,123
	인구(명): 65세 이상	260,793	**298,926**	319,706	426,811	452,452	457,214	462,195
대전 광역시	총인구(명)	1,462,379	**1,446,983**	1,438,205	1,385,541	1,344,798	1,335,153	1,325,032
	남자(명)	732,223	**723,509**	718,336	687,785	665,712	660,608	655,289
	여자(명)	730,156	**723,474**	719,869	697,756	679,086	674,545	669,743
	인구(명): 15~64세	1,033,540	**986,194**	958,958	797,203	739,253	726,215	713,389
	인구(명): 65세 이상	269,593	**311,859**	333,882	443,292	471,058	476,975	482,220
울산 광역시	총인구(명)	1,116,754	**1,106,743**	1,098,810	1,034,690	988,816	978,481	967,750
	남자(명)	577,191	**571,270**	566,668	530,905	505,858	500,383	494,762
	여자(명)	539,563	**535,473**	532,142	503,785	482,958	478,098	472,988
	인구(명): 15~64세	789,197	**753,546**	732,116	592,392	538,696	526,845	514,911
	인구(명): 65세 이상	193,026	**231,511**	252,029	337,134	352,154	355,346	358,263

〈부표 10-8〉 계속

시도별	인구구조	2025	2028	2030	2040	2045	2046	2047
세종특별자치시	총인구(명)	424,510	**462,221**	484,497	564,035	587,488	591,259	594,696
	남자(명)	212,988	**231,807**	243,005	283,671	295,403	297,276	298,992
	여자(명)	211,522	**230,414**	241,492	280,364	292,085	293,983	295,704
	인구(명): 15~64세	295,972	**319,330**	333,120	352,585	352,126	350,821	349,111
	인구(명): 65세 이상	49,446	**63,012**	71,645	126,210	152,877	158,910	165,057
경기도	총인구(명)	13,958,914	**14,178,631**	14,293,645	14,387,681	14,139,480	14,067,342	13,987,630
	남자(명)	7,063,120	**7,162,011**	7,211,331	7,211,354	7,061,493	7,020,757	6,976,440
	여자(명)	6,895,794	**7,016,620**	7,082,314	7,176,327	7,077,987	7,046,585	7,011,190
	인구(명): 15~64세	9,940,252	**9,786,386**	9,669,883	8,420,967	7,885,853	7,758,656	7,629,082
	인구(명): 65세 이상	2,378,917	**2,842,622**	3,108,905	4,408,506	4,783,439	4,862,528	4,937,014
강원도	총인구(명)	1,512,667	**1,516,185**	1,519,322	1,513,324	1,487,360	1,480,123	1,472,155
	남자(명)	763,000	**764,340**	765,756	761,345	746,037	742,054	737,771
	여자(명)	749,667	**751,845**	753,566	751,979	741,323	738,069	734,384
	인구(명): 15~64세	980,919	**939,535**	918,898	770,505	718,265	705,794	693,334
	인구(명): 65세 이상	386,674	**442,201**	470,072	613,620	648,758	656,242	663,013
충청북도	총인구(명)	1,653,104	**1,665,957**	1,673,717	1,677,521	1,651,237	1,643,374	1,634,578
	남자(명)	847,210	**854,353**	858,503	859,050	843,680	839,343	834,570
	여자(명)	805,894	**811,604**	815,214	818,471	807,557	804,031	800,008
	인구(명): 15~64세	1,117,747	**1,083,473**	1,064,897	913,026	854,626	840,662	825,935
	인구(명): 65세 이상	357,201	**414,509**	444,582	602,647	645,879	654,690	663,356
충청남도	총인구(명)	2,267,768	**2,300,602**	2,319,756	2,357,312	2,335,599	2,327,430	2,317,884
	남자(명)	1,171,571	**1,189,450**	1,199,524	1,215,670	1,200,733	1,195,793	1,190,162
	여자(명)	1,096,197	**1,111,152**	1,120,232	1,141,642	1,134,866	1,131,637	1,127,722
	인구(명): 15~64세	1,520,813	**1,492,751**	1,474,350	1,293,109	1,214,104	1,194,520	1,174,230
	인구(명): 65세 이상	487,511	**560,866**	603,160	823,859	897,120	912,447	927,141
전라북도	총인구(명)	1,747,329	**1,729,026**	1,718,458	1,654,350	1,606,635	1,595,351	1,583,371
	남자(명)	872,667	**863,339**	858,053	824,479	798,656	792,687	786,392
	여자(명)	874,662	**865,687**	860,405	829,871	807,979	802,664	796,979
	인구(명): 15~64세	1,125,124	**1,073,428**	1,044,211	849,840	781,936	767,170	752,394
	인구(명): 65세 이상	441,117	**490,800**	516,342	651,827	683,327	689,603	695,233
전라남도	총인구(명)	1,732,133	**1,721,260**	1,715,046	1,669,259	1,631,334	1,621,597	1,610,976
	남자(명)	875,334	**870,968**	868,632	846,085	824,505	819,153	813,398
	여자(명)	856,799	**850,292**	846,414	823,174	806,829	802,444	797,578
	인구(명): 15~64세	1,078,573	**1,035,742**	1,010,335	826,435	760,188	745,490	730,149
	인구(명): 65세 이상	475,372	**524,950**	552,153	700,558	739,563	747,122	754,480
경상북도	총인구(명)	2,616,530	**2,600,881**	2,590,531	2,499,246	2,421,159	2,402,529	2,382,729
	남자(명)	1,330,385	**1,323,166**	1,318,373	1,270,560	1,228,216	1,218,391	1,208,058
	여자(명)	1,286,145	**1,277,715**	1,272,158	1,228,686	1,192,943	1,184,138	1,174,671
	인구(명): 15~64세	1,683,977	**1,605,006**	1,561,429	1,270,263	1,162,747	1,138,205	1,113,463
	인구(명): 65세 이상	673,474	**759,842**	804,261	1,018,852	1,063,923	1,073,539	1,082,220

〈부표 10-8〉 계속

시도별	인구구조	2025	2028	2030	2040	2045	2046	2047
경상남도	총인구(명)	3,340,494	**3,331,197**	3,321,405	3,197,504	3,090,213	3,064,695	3,037,575
	남자(명)	1,703,433	**1,698,742**	1,693,626	1,625,553	1,567,140	1,553,739	1,539,661
	여자(명)	1,637,061	**1,632,455**	1,627,779	1,571,951	1,523,073	1,510,956	1,497,914
	인구(명): 15~64세	2,247,102	**2,160,461**	2,112,884	1,728,255	1,577,197	1,542,244	1,508,359
	인구(명): 65세 이상	715,634	**829,026**	885,000	1,166,627	1,230,274	1,244,606	1,256,384
제주특별자치도	총인구(명)	715,254	**737,698**	750,668	786,944	787,464	786,152	784,292
	남자(명)	361,917	**373,133**	379,511	396,196	395,088	394,159	392,959
	여자(명)	353,337	**364,565**	371,157	390,748	392,376	391,993	391,333
	인구(명): 15~64세	491,342	**494,769**	495,592	450,635	427,996	421,837	415,402
	인구(명): 65세 이상	132,186	**155,098**	168,979	247,785	275,216	281,284	287,131

자료: 통계청(국가통계포털, http://kosis.kr/search/search.do).

제3부 지방투자사업 타당성 조사 방법과 실제

제 11 장

타당성 조사의 종류와 개요

1. 타당성 조사의 의미
2. 타당성 조사의 종류
3. 「국가재정법」 예비타당성조사와 「지방재정법」 타당성 조사
4. 「국가재정법」 타당성 재조사와 「지방재정법」 타당성 재조사
5. 공공기관 예비타당성조사와 「지방공기업법」 타당성 검토
6. 「사회간접자본시설에 대한 민간투자법」 적격성 조사(제안서 검토)
7. 「건설기술진흥법」 타당성 조사와 「국가통합교통체계효율화법」 타당성 평가
8. 조세특례 예비타당성평가와 지방세특례 예비타당성조사

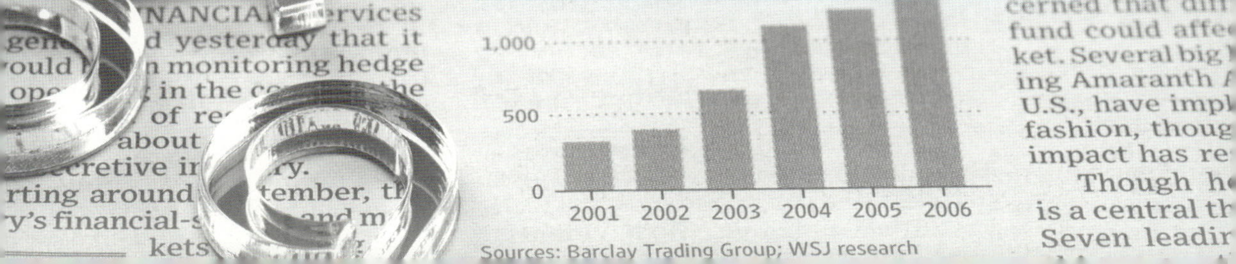

1. 타당성 조사의 의미

최근 들어 예비타당성조사, 타당성 조사, 타당성 평가, 타당성 분석, 타당성 검토 등 '타당성'이 들어간 단어들을 많이 접하게 된다. '타당성'의 사전적 의미는 "어떤 판단이 가치가 있다고 인식되는 일"이다. 따라서 '타당성 조사'는 "어떤 사업을 추진할 필요가 있고 그것이 가치가 있는지를 평가하는 것"으로 해석할 수 있다.

타당성 조사는 「국가재정법」에 따른 예비타당성조사, 「지방재정법」에 따른 타당성 조사, 「건설기술진흥법」에 따른 타당성 조사, 「국가통합교통체계효율화법」에 따른 타당성 평가, 「사회기반시설에 대한 민간투자법」에 따른 적격성 조사(제안서 검토), 「공공기관 운영에 관한 법률」에 따른 공공기관 예비타당성조사, 「지방공기업법」에 따른 지방공기업 타당성 검토 등 다양한 이름으로 수행되고 있다.

이 밖에도 각종 법령 등에서 타당성이라는 용어는 광범위하게 사용되고 있다. 그러나 본 책에서 다루고자 하는 타당성 조사의 개념과 가장 유사한 깊이와 범위를 갖는 타당성 평가는 위에서 언급한 7개 정도로 볼 수 있다.

■ 타당성 조사

- 일반적으로 '타당성'을 평가하는 모든 조사를 의미하는 보통명사로도 쓰이지만, 특정 법령에 따라 수행하는 '타당성 조사'(예를 들면, 「건설기술진흥법」의 타당성 조사, 「지방재정법」의 타당성 조사)를 의미하는 고유명사처럼 쓰이기도 함.
- 타당성 조사 앞에 '예비'라는 단어를 붙이거나, '조사' 대신에 '검토', '평가'라는 단어를 사용하여 용어의 중복을 회피함.
- 「건설기술진흥법」에 따른 타당성 조사와 「지방재정법」에 따른 타당성 조사는 두 제도 모두 동일한 용어를 사용하다 보니, 한때 타당성 조사를 중복으로 수행한다는 문제점이 제기되기도 하였음.
- 그러나 실제로는 「지방재정법」에 따른 타당성 조사는 「국가재정법」에 따른 예비타당성조사와 유사한 기능을 수행하고 있어서 「건설기술진흥법」의 타당성 조사와는 분명한 차별성이 있음.

2. 타당성 조사의 종류

어떠한 투자사업을 추진하기 위해서는 적어도 한 번 이상의 타당성 조사를 거치게 되며, 그 투자사업의 재원구조 및 사업규모 등에 따라 어떠한 법률에 따라 타당성 조사를 받아야 하는지가 정해진다. 다만, 타당성이라는 용어 자체가 매우 광범위하게 사용되므로 혹자는 하나의 사업 추진시에 타당성이라는 용어가 두 번 이상 들어간 조사를 실시한다는 것은 중복이 아니냐는 의문을 제기할 수 있을 것이다.

「국가재정법」에 따른 예비타당성조사의 경우 「건설기술진흥법」에 따른 타당성 조사와 용어상의 오해를 막기 위해 처음부터 타당성 조사 앞에 '예비'라는 단어를 붙여 「건설기술진흥법」의 타당성 조사와 구별하였다. 한국개발연구원, 『총괄백서: 예비타당성조사 어떻게 이루어졌나?』(김재형, 1999)에서는 절차적으로 예비타당성조사 → (본) 타당성 조사[1] → 설계 → 보상 → 착공의 순서로 진행한다고 제시하였다.

또한 내용적인 측면에서 본 타당성 조사는 시설규모 등에 대한 예비설계에 대해 기술적 검토를 중점적으로 수행하고 이 설계안에 기초해서 경제성·재무성 분석을 실시하지만, 예비타당성조사는 기술적 검토 이전에 국민경제적 차원에서 경제성·재무성 분석, 정책적 분석을 통해 사업 추진 여부를 판단한다는 측면에서 차이가 있다고 기술하고 있다. 또한 예비타당성조사를 통해 수집된 각종 자료와 분석 내용이 타당성 조사의 기본 자료로 활용될 수 있기 때문에 중복이 아니며 오히려 기존 타당성 조사의 문제점을 상당히 극복하고 예산 운용의 효율성을 크게 제고할 수 있을 것으로 언급하였다.

「지방재정법」에 따른 타당성 조사 역시 「건설기술진흥법」(이하 「건진법」)에 따른 타당성 조사와 용어는 동일하지만, 사업 추진 확정 이전에 시행된다는 점에서 그 도입 취지와 목적이 예비타당성조사와 유사하다. 「공공기관 운영에 관한 법률」(이하 「공운법」)에 따른 예비타당성조사(일명 '공타'라고 부른다)나 「지방공기업법」에 따른 타당성 검토는 유사한 목적으로 수행된다. 「사회기반시설에 따른 민간투자법」(이하 「민간투자법」)에 따른 적격성 조사도 해당 사업

1 「건설기술진흥법」에 따른 타당성 조사를 예비타당성조사와 구별하여 본 타당성 조사라는 용어를 쓰기도 한다. 줄여서 예타, 본타로 구분하여 부른다.

의 추진 여부와 추진시 재정사업으로 추진하는 것이 유리한지 민간투자사업으로 추진하는 것이 유리한지를 정부 입장에서 분석한다.

다만, 「건진법」에 따른 타당성 조사와 「국가통합교통체계효율화법」(이하 「통합교통체계법」)에 따른 타당성 평가는 앞서 언급한 타당성 조사와는 조금 다르다. 이들 타당성 조사와 타당성 평가는 일정 요건만 갖춘다면 어느 기관에서 수행하여도 무방하며, 사업 추진 여부에 대한 판단이 아니고 기술적 검토를 통한 최적 대안의 도출, 우선순위 결정 등에 주된 활용 목적이 있다.

이러한 특성은 관련 법령 관할 주무부처의 차이에 기인한 것으로 보인다. 「국가재정법」과 「민간투자법」, 「공운법」은 기획재정부 소관 법령이고, 「지방재정법」과 「지방공기업법」은 행정안전부 소관 법령이다. 이들 두 부처는 사업부처가 아니다. 반면 「건진법」과 「통합교통체계법」은 국토교통부 소관 법령으로 해당 부처는 사업부처이다. 사업부처가 아닌 부처에서는 사업의 추진 여부에 관심이 있는 반면 사업부처는 사업 추진시 최적대안, 공기단축 등 잘 추진하는 것에 관심이 있다. 따라서 타당성 조사를 수행할 때에도 각기 중요시 하는 부분이 다른 것이다.

그러나 대부분의 타당성 조사는 기본적으로 경제성 분석과 재무성 분석을 포함하며, 경제성과 재무성을 평가하기 위해서는 사업계획안 설정, 수요 추정, 비용 및 편익 추정, 위험성 관리 등에 관한 내용이 필요하다. 따라서 각기 분석 목적과 분석의 깊이가 다를지라도 진행 과정과 절차는 대체로 유사하다. 비전문가가 볼 때는 진행 과정과 절차가 유사하면 내용도 비슷하다고 판단하여 불필요한 중복이라고 볼 수도 있을 것이다. 그러나 실제 타당성 조사 보고서를 검토하다 보면 진행 과정과 절차보다는 분석의 취지에 따라 그 유사성을 판단하는 것이 합리적이다.

실제로 정부 부처에서는 혹시나 비슷한 목적으로 타당성 조사가 중복 수행됨에 따라 발생하는 문제점, 예를 들면 사업의 지연이나 조사용역비 중복 지급 등의 문제를 최소화하기 위해 상호 조사 면제 조치를 두고 있다.

먼저, 예비타당성조사, 공공기관 예비타당성조사, 민간투자사업 적격성 조사(제안서 검토)를 받은 경우 「지방재정법」 타당성 조사를 면제해 주고 있다. 따라서 한국개발연구원 공공투자관리센터(Public Investment Management Center: PIMAC) 등에서 관련 법령에 따른 조사를 수행한 경

〈표 11-1〉 타당성 조사의 종류

사업 추진 주체	명칭	관련 법령	주요 기능
국가	예비타당성조사	국가재정법	사업 추진 여부를 판단
지방자치단체	타당성 조사	지방재정법	
국가공기업	공공기관 예비타당성조사	공공기관 운영에 관한 법률	
지방공기업	타당성 검토	지방공기업법	
민간투자자	적격성 조사 (제안서 검토)	사회간접자본시설에 대한 민간투자법	
모든 사업 추진 주체	타당성 조사	건설기술진흥법	사업 추진 확정 후 효율적 추진 방안 수립을 위해 수행
	타당성 평가	국가통합교통체계효율화법	

우 한국지방행정연구원 지방투자사업관리센터(Local Investment Management Center: LIMAC)가 실시하는 타당성 조사를 받을 필요가 없다. 마찬가지로, 「지방공기업법」에 따른 타당성 검토는 LIMAC에서 타당성 조사를 받은 경우 다시 지방공기업평가원에서 타당성 검토를 받을 필요가 없다.

사업 추진 이후 본 타당성 조사의 범주에 들어가는 「통합교통체계법」에 따른 타당성 평가와 「건진법」 타당성 조사 역시 「통합교통체계법」 타당성 평가 수행시 「건진법」 타당성 조사를 면해 주고 있다. 다만, 사전적으로 수행하는 예비타당성조사 등과 사업 추진 결정 이후 본 타당성 조사는 구분되므로 절차적으로 둘 다 수행하여야 한다.

3. 「국가재정법」 예비타당성조사와 「지방재정법」 타당성 조사

1) 예비타당성조사

예비타당성조사는 「국가재정법」 제38조 및 동법 「시행령」 제13조에 따라 대규모 신규 투자사업에 대한 예산편성 및 기금운용계획을 수립하기 위하여 실시하는 사전적인 타당성 검증·평가로서 1999년에 도입되었다.

■ 예비타당성조사의 도입 취지

- 1998년 말 공공투자사업의 효율성 제고를 위하여 기획예산위원회(현재의 기획재정부)와 건설교통부(현재의 국토교통부)를 중심으로 '공공사업효율화추진단'을 구성하였음.
- 「건설기술진흥법」에 따른 타당성 조사(1994~1998년) 33건 중 울릉공항을 제외한 32건이 타당성이 있는 것으로 조사되었는데, 이와 관련하여 사업 담당 부처가 타당성 조사를 주관함에 따라 조사 결과의 객관성과 신뢰성에 문제가 발생한다는 지적과 비판이 제기되었음.
- 이에 정부는 1999년에 예비타당성조사제도를 도입하였으며, 해당 사업과 구체적인 이해관계가 없는 제3의 기관으로 하여금 객관적이고 중립적인 조사를 실시하도록 제도적 장치를 마련하였음.

예비타당성조사에 대한 내용은 「예비타당성조사 운용지침」(기획재정부 훈령, 2019. 4. 25 제정)을 중심으로 설명할 예정이므로 보다 자세한 내용은 해당 지침을 참고하면 된다.

> **용어정의!**
>
> **예비타당성조사 운용지침**
>
> - 예비타당성조사 운용지침은 2008년 기획재정부 지침으로 처음 만들어졌음.
> - 2008년부터 2017년까지 총 9번의 지침 개정이 이루어지다가, 2019년에는 예비타당성조사제도의 전면적인 개편사항을 담아 기획재정부 훈령으로 제정하였음.

예비타당성조사 대상 사업은 총사업비 500억 원 이상의 신규 투자사업 중에서 국비가 300억 원 이상 투입되는 사업을 대상으로 기획재정부 장관이 중앙관서의 장의 요구에 따라 또는 직권으로 선정할 수 있다. 기획재정부 장관은 대상 사업 선정 기준에 따라 각 중앙관서의 예비타당성조사 요구 사업을 검토한 후 '재정사업평가위원회'를 거쳐 대상 사업을 선정한다.

예비타당성조사는 기획재정부 장관의 요청에 의해 한국개발연구원(KDI), 한국조세재정연구원(KIPF)이 수행하며, 국가연구개발사업의 경우에는 과학기술정보통신부 장관 주관으로 한국과학기술기획평가원(KISTEP), 과학기술정책연구원(STEPI)에서 수행한다.

■ 예비타당성조사에서의 총사업비

- 총사업비는 사업의 추진에 소요되는 모든 경비를 합한 금액을 말하며, 사업기간의 정함이 없이 계속 추진되는 사업은 5년간의 사업비 합계를 기준으로 함.
- 총사업비는 기존 국유지를 활용하거나 지방자치단체가 부담하는 부지 관련 비용도 포함하여 산정한 부지 관련 비용과 국가 부담분, 지방자치단체 부담분, 공공기관 부담분 및 민간 부담분 등을 포함함.

자료: 기획재정부, 「예비타당성조사 운용지침」 제16조.

> **용어정의!**
>
> **재정사업평가위원회**
>
> - 2019년 5월 1일 「예비타당성조사 운용지침」을 개정하여 기존의 '재정사업평가 자문위원회'를 '재정사업평가위원회'로 변경함.
> - 위원회의 기능
>   1. 예비타당성조사 대상 사업과 면제사업 선정, 조사 방법·수행과 결과에 관한 사항
>   2. 타당성 재조사 및 사업계획 적정성 검토 운영, 조사 수행 및 결과에 관한 사항
>   3. 예비타당성조사 운용지침, 예비타당성조사 수행 총괄지침, 도로·철도·공항·항만·수자원·정보화·기타 재정 등 각 부문별로 예비타당성조사의 수행 방법 및 기준 등에 관한 세부사항을 규정하는 세부지침(이하 "세부지침"이라 한다) 등의 제·개정
>   4. 기타 사업평가 등과 관련해 기획재정부 장관이 필요하다고 인정하여 부의한 사항

예비타당성조사 운용지침에서 소개하고 있는 조사는 예비타당성조사 외에 중·장기 계획 등에 대한 '일괄 예비타당성조사', '사업계획 적정성 검토', '타당성 재조사', '사업계획 적정성 재검토', '시범적 예비타당성조사' 등이 있다. 이들에 대해 간단히 설명하면 다음과 같다. '일괄 예비타당성조사'는 「국도·국지도 5개년 계획」과 같이 해당 계획에 포함된 개별 사업 간에 상호 연계성이 높고 우선순위에 영향을 미칠 가능성이 있는 경우 계획에 포함된 개별 사업들을 대상으로 실시된다.

'사업계획 적정성 검토'는 예비타당성조사 면제사업에 대하여 예비타당성조사 방식에 준하여 재원조달 방안, 중·장기 재정소요, 효율적 대안 등의 분석을 통해 적정 사업규모를 검토하는 것을 말한다. 사업계획 적정성 검토는 비용편익 분석이 아닌 수요 추정을 통한 적정 규모 검토 등이 주된 분석 대상이다.

■ 예비타당성조사 등 수행기관 추가 지정

- 2019년 4월 기획재정부는 예비타당성조사제도 20주년을 맞아 전면 개편사항을 발표하였음.
- 예비타당성조사 수행기관으로 한국조세재정연구원을 추가 지정하여 당장에는 사회복지 및 소득 이전 사업에 대해 예비타당성조사를 수행하도록 하되, 향후에는 SOC 사업까지 공공투자관리센터(PIMAC)와 함께 수행하도록 이원화할 예정이라고 발표하였음.
- 과학기술부에서 주관하는 국가연구개발사업 예비타당성조사도 2019년 하반기에 KISTEP 외에 전문기관을 다원화하여 STEPI로 확장하겠다고 발표하였음.
- 「민간투자법」에 따른 제안서 검토 역시 일정 금액 이하의 사업에 대해서는 PIMAC 외에 민간투자사업 전문기관(기획재정부 장관이 지정한 15개 기관)에서 수행할 수 있도록 민투법 시행령을 개정하였음.

'시범적 예비타당성조사'는 현재 예비타당성조사의 범위 및 요건에도 불구하고 향후 예비타당성조사 대상 분야의 확대 또는 정책적으로 평가가 필요하다고 판단될 경우 실시한다. 이때 사업의 특성을 고려하여 기존과 다른 분석 방법을 적용할 수 있다. '타당성 재조사', '사업계획 적정성 재검토'는 뒤에서 보다 상세히 설명할 예정이므로 여기서는 설명을 생략한다.

각 중앙관서의 장은 예비타당성조사 결과 타당성이 확보된 사업의 추진을 위해 사업의 시급성, 재원 여건, 지방자치단체 협의 등 사업 추진 여건을 감안하여 기획재정부 장관에게 해당 사업에 대한 예산을 요구할 수 있다.

2) 「지방재정법」 타당성 조사

「지방재정법」 타당성 조사는 총사업비 500억 원 이상의 신규 사업에 대한 투자심사 전의 사전절차로서, 행정안전부 장관 주관으로 실시하며 「지방재정법」 제37조 및 동법 「시행령」 제41조의 규정에 따라 2015년에 도입되었다. 타당성 조사 결과는 투자심사시 사업 추진 여부를 심의할 때 중요한 참고자료로 활용된다. 이것은 예타의 분석 결과가 사업 추진 여부를 결정하는 구속력을 갖는 것과 차이가 난다.

■ 「지방재정법」 타당성 조사의 도입 취지

- 투자심사의 사전절차로서 총사업비 500억 원 이상 대형 사업에 대해 타당성 조사를 의무화한 것은 2006년부터임(2005. 12. 30 「지방재정법 시행령」 개정, 제41조 제2항).
- 그러나 2014년 12월 한국지방행정연구원 지방투자사업관리센터가 설립되기 이전에는 지방자치단체가 타당성 조사를 자체적으로 용역기관을 선정하여 의뢰함에 따라 자치단체의 요구가 조사 결과에 그대로 반영되는 등 분석 결과의 신뢰성 및 공정성 문제가 지속적으로 제기되어 왔음.

- 지방자치단체, 돈 안 되는 사업 '경제성' 조작해서 사업진행(2015. 10. 15 기사)
  OO군의 "대나무 생태공원 조성사업" 자체 타당성 조사 B/C=1.1, 감사원 재분석 0.68
  OO의 "농어촌 테마공원 조성사업" 자체 타당성 조사 B/C=1.22, 감사원 재분석 0.33
  OO시의 "문화센터 · 도서관사업" 자체 타당성 조사 B/C=1.17, 감사원 재분석 0.17
- 2008~2015년 2분기까지 중앙투자심사에서 제시된 타당성 조사 결과 기준 88%가 B/C 1.0 이상(2015. 12. 18 행정안전부 보도자료)

- 따라서 엄밀한 의미에서 독립적인 전문기관에서 타당성 조사를 수행하게 된 것은 2015년부터라고 말할 수 있음.

타당성 조사 전문기관은 사업을 직접 추진하는 지방자치단체로부터 독립적인 제3의 기관으로 행정안전부 장관이 한국지방행정연구원을 고시하였으며, 한국지방행정연구원은 타당성 조사 전담기관으로 지방투자사업관리센터(LIMAC)를 설립하였다.

특이할 만한 점은 예비타당성조사가 국비 300억 원 이상이라는 최소 기준을 가지고 있는 반면 「지방재정법」에서는 지방비 투입에 대한 최소 기준이 없고 총사업비 기준만 제시하고 있다는 사실이다.

■ 지방비 최소 기준 관련 이슈

- 현재 기준은 총사업비가 500억 원 이상이라면 지방비가 1억 원만 들어가도 타당성 조사 대상이 되고 있음.
- 특수목적법인(Special Purpose Company: SPC)으로 추진하는 대규모 산업단지 및 도시개발사업의 경우 지방비 투입이 수억 원에 불과하더라도, 미분양용지 매입확약 등 지방자치단체장이 정책적으로 범하는 우발채무 요인으로 인해 자치단체 재정에 위험부담이 커지는 현상이 나타남.
- 따라서 사업 유형 및 지방자치단체의 개별 상황을 고려하지 않은 일률적인 최소 기준 설정은 문제가 될 수 있음.

> **용어정의!**
>
> **지방재정투자사업 심사 및 타당성 조사 매뉴얼**
>
> - 지방재정 투자심사 및 타당성 조사에 대한 세부 내용, 세부 서식 등을 설명하고 있음.

「지방재정법」 타당성 조사에 대한 내용은 「지방재정투자사업 심사 및 타당성 조사 매뉴얼」(행정안전부 지침, 2019. 8 개정)을 참고로 설명할 예정이므로 보다 자세한 내용은 해당 지침을 참고하면 된다.

타당성 조사 대상 사업 선정 과정은 다음과 같다.

지방자치단체가 타당성 조사를 행정안전부에 의뢰하면 행정안전부는 이를 LIMAC에 이관한다. LIMAC에서는 조사의뢰서와 사업계획서를 사전적으로 검토하여 법적으로 조사 대상인지 등을 확인한다. 이후 지방자치단체와 행정안전부가 참석하는 사업설명회를 개최하고 지방자치단체와의 질의응답을 통해 해당 사업이 타당성 조사를 수행할 만큼 사업계획이 구체화되었는지를 검토한다. 이러한 논의 과정을 거친 다음 타당성 조사 대상 사업은 최종적으로 '과제선정위원회'를 통하여 확정된다.

「지방재정법」에 의한 타당성 조사에도 '사업계획 적정성 검토'가 있다. 지역전략산업, 대규모 일자리 창출 사업 및 경제성 분석 실익이 낮은 사업 등이 그에 해당된다. 구체적인 예로서, 노후산업단지 재생 및 도시재생사업, 행복주택 건립(지방자치단체 시행), 환경시설 대보수, 청사신축 등에 대해서는 '사업계획 적정성 검토'를 수행한다. 그러나 「국가재정법」상의 '사업계획 적정성 검토'가 예비타당성조사 면제사업에 대해 이루어지는 것과 달리, 「지방재정법」상의 '사업계획 적정성 검토'는 타당성 조사의 또 다른 유형이라는 점에서 차이가 있다.

한편, LIMAC에서 타당성 조사를 수행하였으나 투자심사에서 승인(적정, 조건부 추진)을 받

〈그림 11-1〉 조사의뢰 이후 진행체계

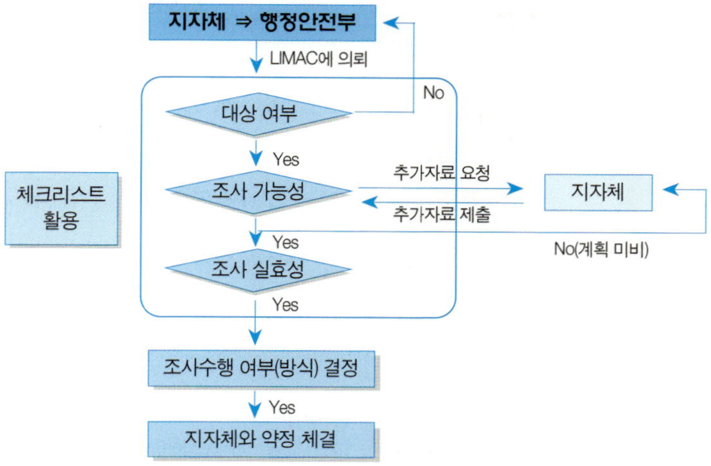

자료: 한국지방행정연구원(2016: 30).

지 못한 사업들에 대해 지방자치단체가 일부 사업계획을 변경하여 타당성 조사를 재의뢰한 경우 '2차 타당성 조사'를 수행할 수 있다. 2차 타당성 조사에서는 기 수행된 타당성 조사를 토대로 사업계획 변경사항 등 분석이 필요한 부분에 한해 수행한다.

■ '사업계획 적정성 검토' 수행 결정

- 「국가재정법」: 예비타당성조사를 면제받은 사업에 대해 '사업계획 적정성 검토'를 수행하므로, 먼저 예비타당성조사를 면제받는 절차가 필요함. 따라서 사업 추진을 전제로 분석함.
- 「지방재정법」: 타당성 조사를 수행하기에 앞서 전통적인 비용편익분석을 포함한 타당성 조사 방식으로 수행할지, 아니면 '사업계획 적정성 검토' 방식으로 수행할지에 대해 결정함. 즉, 타당성 조사의 유형에 속하므로 사업 추진을 전제로 하지 않음.

■ 2차 타당성 조사 사례

- OO산업단지의 경우 지방자치단체의 과도한 매입확약으로 인해 투자심사에서 재검토를 받자, 지방자치단체에서 민간사업자와의 협의를 통해 매입확약을 낮추는 것으로 합의하여 2차 타당성 조사를 의뢰하였음.
- LIMAC에서는 재무성 분석과 재정 여건 분석을 중심으로 짧은 기간 동안 분석을 수행하였고, 이 결과를 토대로 투자심사를 통과하였음.

〈그림 11-2〉 예비타당성조사와 「지방재정법」 타당성 조사 대상

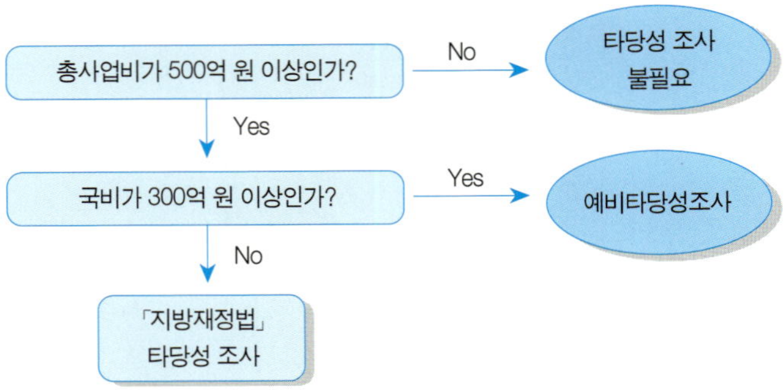

〈표 11-2〉 예비타당성조사와 「지방재정법」 타당성 조사 대상 사업 및 제외사업

「지방재정법」 타당성 조사 대상 사업	예비타당성조사 대상 사업
• 총사업비 500억 원 이상인 투자심사 대상 신규 사업 - 자치단체 실무계획상 총사업비 500억 원 미만의 사업이라도 유사 사업의 단가, 물량규모 등 감안시 총사업비가 500억 원 이상으로 증가될 것이 객관적으로 예상되는 경우 • 「사회기반시설에 대한 민간투자법」의 기획재정부 민간투자심의위원회 대상이 아닌 총사업비 500억 원 이상 민간투자사업	• 총사업비가 500억 원 이상이고 국가 재정지원 규모가 300억 원 이상인 신규 사업 - 건설공사가 포함된 사업 - 정보화 사업 - 국가연구개발사업 • 중기사업계획서에 의한 5년간 재정지출이 500억 원 이상인 신규 사업 - 사회복지, 보건, 교육, 노동, 문화 및 관광, 환경보호, 농림해양수산, 산업·중소기업 분야의 사업
「지방재정법」 타당성 조사 제외사업	**예비타당성조사 제외사업**
• 투자심사 제외 대상 사업 • 「국가재정법」 제38조에 따른 예비타당성조사를 받은 사업 • 「국가재정법」 제38조에 따른 예비타당성조사 면제사업으로 「예비타당성조사 운용지침」 제23조에 의한 사업계획 적정성 검토를 받은 사업 • 「사회기반시설에 대한 민간투자법」 제9조 및 같은 법 「시행령」 제7조에 따라 한국개발연구원 공공투자관리센터의 적격성 조사 또는 제안서 검토를 거친 사업 • 「공공기관의 운영에 관한 법률」 제40조에 따른 예비타당성조사를 받은 사업 • 예비타당성조사 면제사업 중 다음에 해당하는 사업 - 도로 유지·보수, 노후 상수도 개량 등 기존 시설의 효용 증진을 위한 단순 개량 및 유지·보수사업 - 출연 보조기관의 인건비 및 경상비 지원, 융자사업 등과 같	• 공공청사, 교정시설, 초·중등 교육시설의 신·증축 사업 • 문화재 복원사업 • 국가안보에 관계되거나 보안을 요하는 국방 관련 사업 • 남북교류협력에 관계되거나 국가 간 협약·조약에 따라 추진하는 사업 • 도로 유지·보수, 노후 상수도 개량 등 기존 시설의 효용 증진을 위한 단순 개량 및 유지·보수사업 • 재난·복구 지원, 시설 안전성 확보, 보건·식품 안전 문제 등으로 시급한 추진이 필요한 사업 • 재난예방을 위하여 시급한 추진이 필요한 사업으로서 국회 소관 상임위원회의 동의를 받은 사업 • 법령에 따라 설치하거나 추진하여야 하는 사업 • 출연·보조기관의 인건비 및 경상비 지원, 융자사업 등과 같이 예비타당성조사의 실익이 없는 사업

〈표 11-2〉 계속

「지방재정법」 타당성 조사 제외사업	예비타당성조사 제외사업
이 타당성 조사의 실익이 없는 사업	• 지역균형발전, 긴급한 경제·사회적 상황 대응 등을 위하여 국가 정책적으로 추진이 필요한 사업 - 사업의 목적, 규모, 추진방안 등 구체적인 사업계획이 수립된 사업 - 국가 정책적으로 추진이 필요하여 국무회의를 거처 확정된 사업

자료: 「국가재정법」(시행 2020. 1. 1), 「지방재정투자사업 심사 및 타당성 조사 매뉴얼」(2019. 8).

3) 예비타당성조사와 「지방재정법」 타당성 조사는 어떻게 다른가?

예비타당성조사와 「지방재정법」 타당성 조사의 가장 큰 차이는 다음과 같다. 예비타당성조사는 조사 결과에서 사업 추진 여부를 AHP 분석을 통해 판단하는 반면, 「지방재정법」 타당성 조사는 투자심사의 중요한 참고자료로 활용될 뿐 사업 추진 여부는 조사 결과가 아니라 투자심사에서 결정된다는 점이다.

■ 예비타당성조사와 「지방재정법」 타당성 조사의 차이점

- 예비타당성조사에서는 AHP≥0.5인 경우 사업 추진으로 판단함.
- 「지방재정법」 타당성 조사는 타당성 조사에서 사업의 추진 여부 자체를 직접적으로 결정하지 않고, 투자심사위원회에서 본 사업의 추진 여부를 판단할 때 고려해야 할 사항들에 대한 전문성 있는 결과를 최대한 객관적으로 제공하는 역할을 담당하고 있음.

한편, 2019년 4월 예비타당성조사가 전면적으로 개편되면서 AHP 거버넌스 체계는 종전과 달리 기획재정부 산하의 위원회에서 AHP를 수행하는 것으로 바뀌었다. 그렇지만 예비타당성조사가 AHP라는 다기준 분석법을 적용하는 방식은 바뀌지 않았다.

예비타당성조사는 전국에서 시행되는 사업을 대상으로 국비지원 여부를 판단하기 위해 수행하는 것이다.

> 용어정의!
>
> **AHP(Analytic Hierarchy Process: 계층화 분석법)**
>
> - 1970년대 초 펜실베이니아 대학의 Thomas Saaty 교수가 미 국무부의 무기통제 및 군비축소 국면에서 세계적 경제학자, 게임이론 전문가들과 협력작업을 하는 과정에서 의사결정 과정의 비능률을 개선하기 위한 대안의 일환으로 개발한 의사결정방법론임.
> - 간결한 적용절차와 이론적 합리성으로 인해 광범위하게 활용되는 기법의 하나임.
> - 국내에는 2000년 예비타당성조사에 도입되어 현재까지 활용되고 있음.

〈그림 11-3〉 예비타당성조사 수행체계

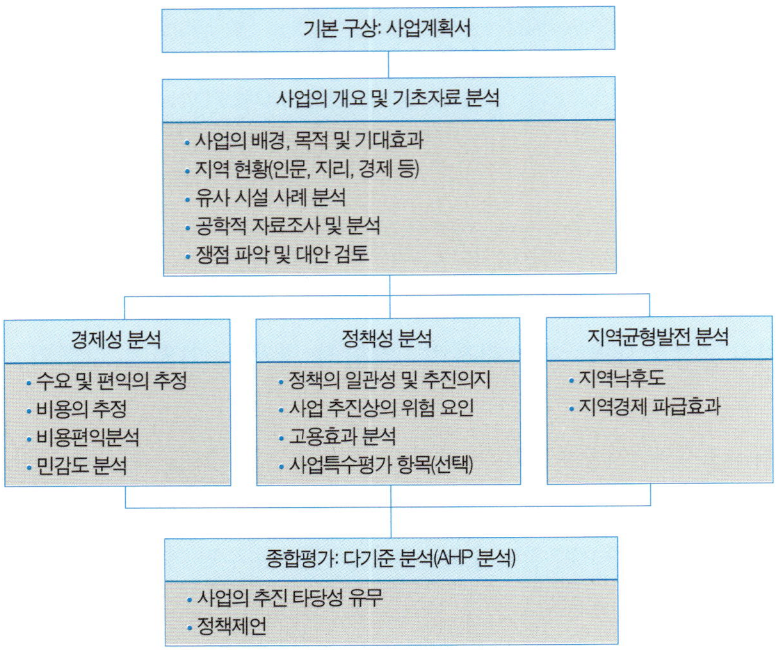

자료: 한국개발연구원(2008: 11).

따라서 사업 추진 여부를 결정하는 종합평가시에 지역균형발전을 별도로 고려하고 있으며, 이는 낙후지역에 대해 일종의 가점을 부여하여 지역 간 불균형 심화를 완화하기 위함이다.

그러나 「지방재정법」 타당성 조사는 각 지방자치단체가 자기 사업을 하면서 한정된 지방재원을 고려하여 주민에게 필요한 사업인지를 판단하는 것이 보다 중요하다. 따라서 지방비 등 재원조달 가능성과 재정 건전성, 그리고 지역주민의 민원 등이 보다 중요한 정책적 타당성의 요소가 된다. 예비타당성조사와 비교해 내용적으로 경제성 분석과 재무성 분석이 포함되는 것은 동일하나, 정책적 분석상의 주요 평가 항목과 AHP 시행 여부가 서로 다르다.

〈그림 11-4〉 「지방재정법」 타당성 조사 수행체계

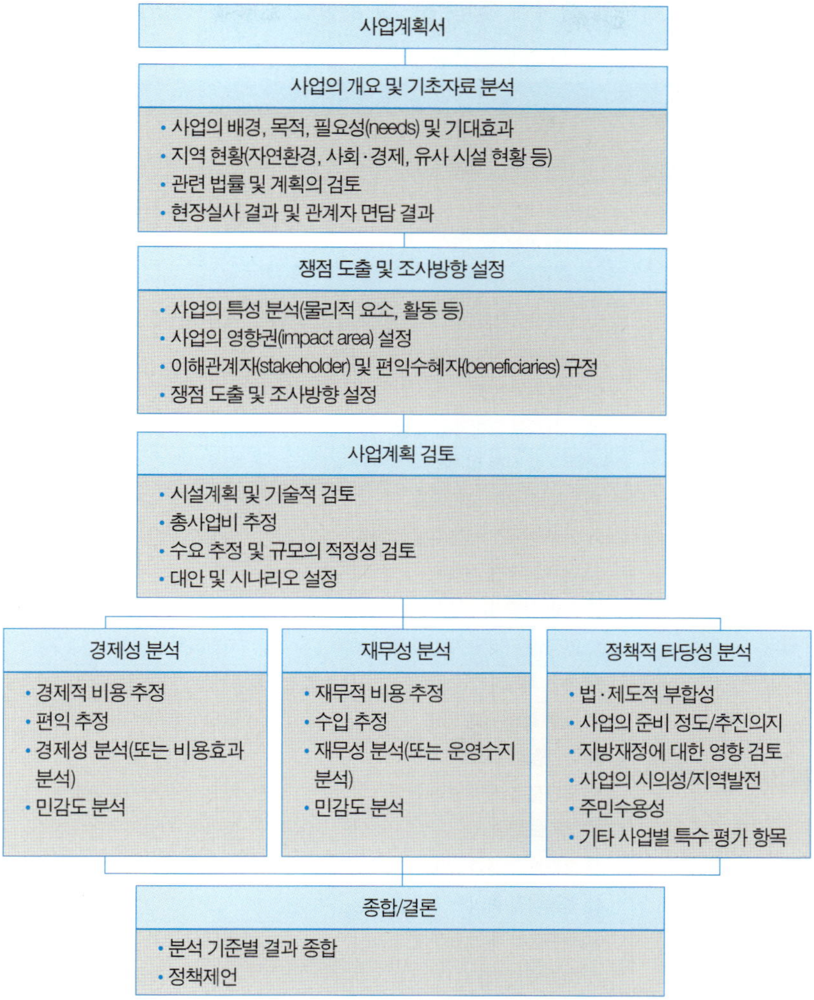

자료: 한국지방행정연구원(2016: 13).

한편, LIMAC의 표준적인 타당성 조사는 6개월 동안 수행되며 그 세부 일정은 다음과 같다. 아래 일정을 보면 지방자치단체로부터 행정안전부를 거쳐 조사의뢰된 사업의 사전 검토부터 최종 결과 통보까지의 매우 빡빡한 일정이 계획되어 있다. 특히, 타당성 조사는 규모 검토→비용 추정→수요 추정→편익 추정→경제성 분석→재무성 분석→정책적 분석 순으로 순차적으로 이루어지기 때문에 분석에 소요되는 일정 시간이 확보되어야 한다.

〈표 11-3〉 「지방재정법」 타당성 조사 수행 표준일정

조사단계	일정	세부 내용	비고
1. 사전 검토	D-30	① 의뢰사업 접수	대상 사업 확인 및 사전 협의
		② 사전 검토	
		③ 사업설명회	행안부, 지방자치단체 참석
		④ 과제선정위원회	행안부, 자문위원 참석
2. 내부 연구진 확정	D-1	⑤ 연구책임자 및 내부 연구진 선정	
		⑥ 검토위원 선정	
3. 약정	D+0	⑦ 추가자료 요청공문 발송	
		⑧ 수수료 산정 및 약정	약정기간 및 수수료 협의
4. 외부 연구진 선정위원회	D+20	⑨ 외부 연구진 모집공고	
		⑩ 외부 연구진 선정위원회 개최	외부 연구진 선정의 공정성과 투명성 제고
		⑪ 외부 연구진 계약	
5. 현장조사 및 관계기관 협의	D+30	⑫ 질의 사항 및 쟁점 도출 회의	
		⑬ 현장방문 및 관계기관 의견청취	지방자치단체 참석
6. 착수 회의	D+40	⑭ 착수 회의	
		⑮ 착수 회의 결과 반영	필요시 추가 자문회의
7. LIMAC 중간점검 회의	D+100	⑯ 중간점검 회의	
		⑰ 중간점검 회의 결과 반영	필요시 추가 자문회의
8. 중간보고	D+120	⑱ 중간보고 회의	행안부, 지방자치단체 참석
		⑲ 중간보고 결과 반영	필요시 추가 자문회의
9. LIMAC 최종점검 회의	D+160	⑳ 최종점검 회의	
		㉑ 최종점검 회의 결과 반영	필요시 추가 자문회의
10. 최종보고	D+180	㉒ 최종보고 회의	행안부, 지방자치단체 참석
		㉓ 최종보고 결과 반영	필요시 추가 자문회의
11. 보고서 출판	D+210	㉔ 최종보고서 가제본	
		㉕ 출판	

주: 색으로 표시된 부분은 행정안전부 또는 지방자치단체가 공식적으로 참석하는 회의를 의미함.
자료: 한국지방행정연구원(2016: 26~27) 수정.

4) 예비타당성조사, 어떻게 바뀌는가?

정부는 예비타당성조사를 도입(1999년)한 이후 지역균형발전 평가 강화 등 지속적으로 제도개선을 하였음에도 불구하고 정책효과가 나타나지 않는다는 비판에 직면하였다. 이에 기획재정부는 2019년 4월에 대대적으로 예비타당성조사제도를 개편하였다. 지금부터는 기획재정부의 보도자료를 재정리하여 예비타당성조사제도 개편사항에 대해 설명하고자 한다.

예비타당성조사 개편은 지역균형발전 평가 강화, 사회적 가치 반영, 복지 등 소득이전사업에 대한 평가체계 마련, 종합평가(AHP) 거버넌스 개편, 예비타당성조사 수행기관 다원화 등 다방면으로 이루어졌다.

(1) 지역균형발전 평가 및 지역 간 형평성 강화

기획재정부는 예비타당성조사에서의 기존 지역균형발전 분석 결과가 다음의 두 가지 문제점을 안고 있는 것으로 판단하였다. 그것은 ㉮ 균형발전 가중치를 지속적으로 상향 조정하였음에도 불구하고 여전히 경제성에 동조되어 그 효과가 뚜렷하게 나타나지 않은 점, 그리고 ㉯ 지역낙후도의 가·감점 방식으로 인해 광역시 등 지방거점도시가 지역균형발전 평가에서 오히려 역차별을 받고 있는 문제점이다.

따라서 기획재정부는 이를 개선하는 방안으로 AHP 분석 틀을 수도권과 비수도권으로 분리하여 각각 평가 가중치를 조정하였다. 비수도권은 지역균형발전을 강화하는 한편 경제성 가중치를 축소하였고, 수도권은 경제성과 정책성만으로 평가하도록 분석 틀을 조정하였다. 단, 수도권 중 접경·도서지역, 농산·어촌 지역은 비수도권으로 분류하되 「수도권 정비계획법」상 과밀억제권역은 수도권으로 분류하였다.

또한 지역낙후도를 가·감점제에서 가점제로 변경하면서, 기존에 감점을 받던 비수도권 광역시(대구, 대전, 부산, 울산, 광주) 등 지방거점도시의 경우 보다 나은 평가를 받도록 조정하였다.

〈표 11-4〉 예비타당성조사 AHP 평가체계 개편 전·후

구분		현행	개편안	
			비수도권	수도권
가중치	① 경제성	35~50%	30~45%	60~70%
	② 정책성	25~40%	25~40%	30~40%
	③ 지역균형발전	25~35%	30~40%	-
	지역낙후도	가·감점제	가점제	-

(2) 사회적 가치 반영

기존의 정책성 분석은 행정·재정적 준비 상황과 일부 사회적 가치만 분석하고 사업을 통해 달성하고자 하는 실질적인 정책효과, 즉 사업을 통한 주민의 삶의 질(생활 여건, 환경, 안전 등)에 대한 개선 여부에 대해서는 충분한 검토가 이루어지지 않았다.

이에 대해 정부는 정책효과를 신설하여 삶의 질에 기여하는 사회적 가치 관련 항목을 반영하였으며, 특히 정책성 분석의 50% 이상을 정책효과에 배분하였다.

■ 사회적 가치 항목 조정

- 일자리(보완): 직접고용효과(현행) + 간접고용효과 등
- 생활 여건(추가): 공공서비스 접근성, 건강·생활불편 개선 등
- 환경성(보완): 부정적 환경영향(현행) + 수질·대기 개선 등 긍정적 환경 영향
- 안전성(추가): 재난·재해 대응 가능성, 안전사고 가능성, 정보 보안 등

(3) 예비타당성조사 종합평가(AHP) 거버넌스 개편

개편 이전의 AHP는 조사기관인 KDI 연구진을 중심으로 수행됨에 따라 B/C에 동조화된다는 우려와 함께 정책적 타당성에 대한 사업 추진 부처의 의견제시 기회도 없다는 불만이 있었다. 이에 기획재정부에서는 '재정사업평가 자문위원회'를 '재정사업평가위원회'로 개편하고, 위원회 산하에 분야별 분과위원회를 구성하여 AHP를 평가하도록 거버넌스를 개편하였다.

각 분과위는 위원회 민간위원, 분석 총괄(PM), 외부 전문가로 구성하고 분과위원장은 위원회 위원 중 선임한다. 분과위에서는 분석 결과 논의 후 AHP를 평가하고, 그 결과를 위원회

로 상정 및 보고하는 시스템이다. 기획재정부는 이러한 개선 내용을 종합하여 〈그림 11-5〉와 같은 AHP 평가체계 개편조치를 발표하였다.

〈그림 11-5〉 AHP 평가체계 개편안

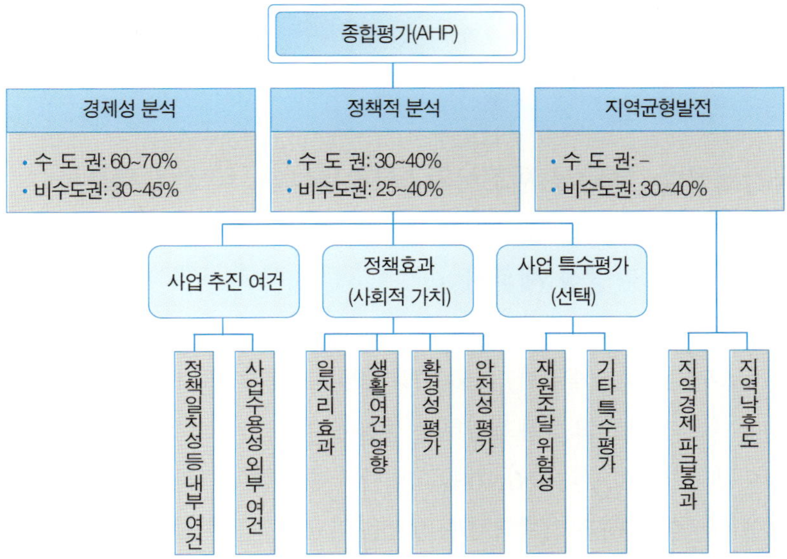

자료: 기획재정부 보도자료(2019. 4. 3).

한편, 기획재정부의 복지·소득 이전 사업 예비타당성조사 평가체계는 기존 방식과 다르게 AHP를 실시하지 않고 평가 항목별로 점검하는 체크리스트 방식으로 변경하였다. 그동안 복지·소득 이전 사업은 특성상 '경제성 분석→AHP 평가→Pass/Fail 결정'의 기존 분석 틀이 적합하지 않다는 지적이 꾸준히 제기되어 왔다. 따라서 이번에 AHP 평가 방식을 버리고 평가 항목별(경제·사회적 환경 분석, 사업설계의 적정성, 비용–효과성) 점검 방식을 도입하기로 결정하였다.

〈표 11-5〉 복지·소득이전 사업 평가 항목

영역	평가 항목
경제·사회 환경 분석	경제·사회 여건 분석, 경제·사회 영향 분석, 재정의 지속 가능성
사업설계의 적정성 분석	사업목표 적절성·시급성, 수혜 대상의 적정성, 추진 방법의 적정성, 전달체계 적절성
비용–효과성 분석	기대효과의 적정성, 비용 추정의 적정성, 비용 대비 효과성

또한 평가 결과의 판정 방식으로, ① 적정, ② 전면 재기획 후 재요구 또는, ③ 조건부 추진의 형태를 채택하였다. 이는 행정안전부의 투자심사위원회 심의 결과와 유사하다.

영역별 100점 평가: ① 3개 모두 85점 이상 → 적정, ② 3개 중 일부 85점 미만이나, 2개 이상이 70점 이상 → 조건부 추진, ③ 2개 이상이 70점 미만 → 재기획 후 재요구

4. 「국가재정법」 타당성 재조사와 「지방재정법」 타당성 재조사

1) 「국가재정법」 타당성 재조사

타당성 재조사[2]는 「국가재정법」 제50조 및 동법 「시행령」 제21조, 제22조의 규정에 따라 사업 추진 과정에서 일정한 요건에 해당하는 사업에 대해 그 타당성을 객관적으로 재조사하는 것을 말한다. 「총사업비 관리지침」 제49조에 따라 총사업비 관리 대상 사업 중에서 타당성 재조사 요건에 해당하는 경우 기획재정부 장관은 타당성 재조사를 시행하며, 주로 PIMAC이 수행한다.

■ 총사업비관리제도

- 도로·철도·항만 등 대규모 SOC 공공건설 사업의 추진 과정에서 총사업비 증가를 엄격히 관리하여 재정지출의 효율성을 제고하기 위하여 1994년에 도입
- 국가의 예산 또는 기금으로 시행하는 대규모 재정사업에 대해 기본설계·실시설계·계약·시공 등 사업 추진 단계별로 변경 요인이 발생한 경우 사업시행 부처와 기획재정부가 협의해 총사업비를 조정하는 제도
- 시행 근거: 「국가재정법」(시행, 2020. 1. 1) 및 동법 「시행령」(시행 2019. 4. 2)

총사업비 관리 대상 사업	관리 대상 제외사업
• 사업기간이 2년 이상으로서 총사업비가 500억 원 이상이고 국비가 300억 원 이상인 사업(사업 추진 과정에서 총사업비 또는 국비가 증액되어 해당 기준을 충족하는 경우 포함) - 건설공사가 포함된 사업, 단 건축사업은 제외	• 국고에서 정액으로 지원하는 사업으로서 사업 추진 과정에서 국가의 재정지원 규모가 증가하지 않는 사업 • 국고에서 융자로 지원하는 사업 • 「사회기반시설에 대한 민간투자법」에 따른 민간투자사업 • 도로 유지·보수, 노후 상수도 개량 등 기존 시설의 효용

2 「국가재정법」 타당성 재조사에 대한 자세한 사항은 기획재정부의 「총사업비 관리지침」 참고.

-정보화 사업 • 중기재정지출이 500억 원 이상인 사회복지, 보건, 교육, 노동, 문화 및 관광, 환경보호, 농림해양수산, 산업·중소기업 분야의 사업 • 건축사업 또는 연구개발사업으로서 총사업비가 200억 원 이상인 사업	증진을 위한 단순 개량 또는 유지·보수사업 • 시설 또는 장비의 구축을 포함하지 않는 연구개발사업

총사업비관리제도에 따른 조사에는 '타당성 재조사' 외에 '사업계획 적정성 재검토', '수요예측재조사', '설계변경 사전 타당성 검토' 등 다양한 이름으로 수행되는 조사들이 있다.

2)「지방재정법」 타당성 재조사

「지방재정법」에 따른 타당성 재조사[3]는 타당성 조사 및 투자심사를 거친 후 사업 추진 과정에서 사업계획이 크게 변동된 경우 타당성 조사 결과의 검증력, 실효성 확보를 위해 시행된다. 통상 타당성 재조사는 투자 재심사가 수반되는 사업을 대상으로 「지방재정투자사업 심사규칙」 제13조에 따라 지방자치단체장의 요청에 의해 타당성 조사 전문기관인 LIMAC에서 수행한다.

〈표 11-6〉 「국가재정법」 타당성 재조사와 「지방재정법」 타당성 재조사 대상 사업 및 제외사업

「지방재정법」 타당성 재조사 대상 사업	「국가재정법」 타당성 재조사 대상 사업
• 당초 투자심사시에는 총사업비가 500억 원 미만이었으나 사업 추진 과정에서 타당성 조사 대상 규모로 증가한 사업 -단, 총사업비가 당초 심사금액 대비 30% 이상 증가되어 재심사 대상에 해당하는 사업 • 심사 당시 총사업비가 500억 원 이상인 경우에는 총사업비 증가액이 아래 계산식에 따라 산정한 금액을 초과하여 증가한 사업 (조사 당시 총사업비–500억 원)×20/100+150억 원 -투자심사 후 물가인상분 및 공익사업의 시행에 필요한 토지 등의 손실보상비 증가분은 총사업비에서 제외하여 산정	• 총사업비 또는 국가의 재정지원 규모가 예비타당성조사 대상 규모에 미달하여 예비타당성조사를 실시하지 않았으나 사업 추진 과정에서 총사업비와 국가의 재정지원 규모가 예비타당성조사 대상 규모로 증가한 사업 • 예비타당성조사 대상 사업 중 예비타당성조사를 거치지 않고 예산에 반영되어 추진 중인 사업 • 물가인상분 및 공익사업의 시행에 필요한 토지 등의 손실보상비 증가분을 제외한 총사업비가 기획재정부 장관과 협의를 거쳐 확정된 총사업비 대비 100분의 10부터 100분의 20까지의 범위에서 기획재정부 장관이 대상 사업의 총사업비 규모에 따라 정하는 비율 이상 증가한 사업 • 사업 여건의 변동 등으로 당해 사업의 수요예측치가 100분

3 「지방재정법」 타당성 재조사에 대한 자세한 사항은 행정안전부의 「지방재정투자사업 심사 및 타당성 조사 매뉴얼」 참고.

〈표 11-6〉 계속

「지방재정법」 타당성 재조사 대상 사업	「국가재정법」 타당성 재조사 대상 사업
- 단, 사업규모 및 당초 보상 대상 수량의 변경이 없는 부분에 한함. • 투자심사 후 다음 연도부터 기산하여 3년 이상 사업 추진이 지연되거나 보류된 사업 • 사업 여건 변동 등으로 해당 사업의 수요예측치가 100분의 30 이상 감소한 사업 • 이 밖에 중복 투자 등으로 예산낭비 소지가 있는 등의 사유로 타당성 재조사를 수행할 필요가 있는 사업 • 감사원의 감사 결과에 따라 감사원이 타당성 재조사를 요청하는 사업	의 30 이상 감소한 사업 • 그 밖에 중복 투자 등으로 예산낭비 소지가 있는 등 타당성을 재조사할 필요가 있는 사업 • 감사원의 감사 결과에 따라 감사원이 타당성 재조사를 요청하는 사업
「지방재정법」 타당성 재조사 제외사업	**「국가재정법」 타당성 재조사 제외사업**
• 부처 간 협의를 거쳐 상위계획 변경 등 외부적인 요인으로 총사업비가 늘어난 사업 • 시급성이 요구되는 사업으로 투자심사 후 총사업비 증가와 관련하여 행정안전부와 협의를 거친 사업 • 사업에 투입된 비용이 도로·건축물 등의 시설사업은 기성대가가 10% 이상인 경우와 기타 사업은 총사업비의 25% 이상인 경우로 사업비 증가의 주요 원인이 법정 경비 반영 및 상위계획 변경 등 타당성 재조사의 실익이 없는 사업	• 사업 내용의 상당 부분이 이미 시공되어 매몰비용이 차지하는 비중이 큰 경우 • 해당 사업의 총사업비 증가의 주요 원인이 상위계획의 변경, 법정 사항의 반영 등에 해당하는 경우 • 지역균형발전, 긴급한 경제·사회적 상황에 대응할 목적으로 추진되는 사업 • 재해예방·복구지원 또는 안전 문제 등으로 시급한 추진이 필요한 사업

자료: 「국가재정법」(시행 2020. 1. 1), 「지방재정투자사업 심사 및 타당성 조사 매뉴얼」(2019. 8).

3) 사업 추진 지연시 「지방재정법」 타당성 재조사를 받는 이유는?

「지방재정법」 타당성 재조사는 투자심사 이후 사업 추진이 3년 이상 지연된 경우 재조사를 받아야 한다. 이는 투자심사 후 다음 연도부터 기산하여 3년간 사업 추진이 지연되거나 보류된 경우 투자 재심사를 받아야 하기 때문이다. 한편, 「국가재정법」 타당성 재조사는 사업 추진 시기 면에서 다소 차이가 난다. 「총사업비관리지침」에 따르면 예비타당성조사 이후 5년이 경과한 경우 수요예측 재조사를 먼저 실시하고, 수요예측 재조사 결과 그 결과가 기존 수요예측치 대비 100분의 30 이상 감소한 사업에 대해 타당성 재조사를 실시한다.

이러한 기간의 차이는 국가사업과 지방사업의 차이를 고려한 것으로 이해된다. 국가사업은 예비타당성조사를 통과하면 국비 투입이 거의 확정적이므로 사업지연의 문제가 크지 않으나 지방자치단체 사업은 투자심사를 통과하여 사업 추진이 결정되더라고 지방비 확보나 민원 등의 제기로 인해 사업지연의 가능성이 크기 때문이다.

실제로 LIMAC에 의뢰된 타당성 재조사 사업은 대부분 장기 미집행 사업들이다. 이들은 실시설계까지 수행하고 일부 진행하다가 중지된 상태에서 사업 재추진을 위해 재조사를 의뢰하는 경우가 많다. 그러다 보니 10년 이상 지연된 사업이 종종 의뢰되고 있다. 이러한 경우 과거에는 경제성이 있어서 추진하던 사업이 재조사 시점에는 인근 경쟁사업의 건립 등으로 경제성이 미확보되는 경우가 발생한다. 또는 과거 최초 투자심사 이후 바로 추진하였다면 적은 사업비로 가능하였을 사업이 차일피일 지연되면서 용지비 등 각종 사업비가 크게 증가하여 경제성이 떨어지는 경우도 많다. 따라서 지방자치단체 사업의 경우 사업 지연시 타당성을 재검증하는 절차가 필요하다. 그러나 일부 사업비가 투입되어 추진하던 사업을 도중에 취소하고 정리하는 것은 지방자치단체나 지역주민, 그리고 분석하는 기관 입장에서도 신규 사업을 추진하지 않는 것보다 어려운 문제이다.

다만 최근 투자심사 이후 설계와 토지보상 등에 소요되는 기간을 고려하면 3년 내에 착공하는 것이 현실적으로 어렵다는 의견과 3년의 기간을 연장해 달라는 지방자치단체의 요구가 제기되고 있다.

4) 타당성 조사와 타당성 재조사는 어떻게 다른가?

타당성 재조사는 기본적으로 타당성 조사와 분석 과정이 동일하다. 그러나 재조사의 시기가 사업 추진 이후인 경우가 많으므로 주요 상황 변화와 기투입된 비용(특히, 매몰비용)의 처리 문제가 기존의 타당성 분석과 크게 다르다. 이미 완료된 설계비, 공사비 등은 해당 사업의 추진을 중단하더라도 비용을 회수할 수 없으므로 경제적으로 매몰비용(sunk cost)으로 처리한다. 용지보상비는 예산상으로는 기집행 사업비로 분류할 수 있으나, 국민경제적 관점에서 해당 토지를 다른 용도로 활용할 수 있음을 고려하여 통상 매몰비용으로 처리하지 않는다.

> 용어정의!
> **매몰비용(sunk cost)**
> • 다시 되돌릴 수 없는 비용. 즉, 투입 이후 회수할 수 없는 비용

다만, 용지보상비와 관련해서 일부 이견이 존재하는 것도 인식할 필요가 있다. 예를 들어, 도로 및 철도 등과 같이 선형사업의 경우 매입한 부지를 다른 용도로 활용하기 어렵다는 이유로 매몰비용으로 처리해 달라는 요구도 있다. 그러나 용지보상비에 대해서는 원칙적으

로 모두 매몰비용으로 반영하지 않고 있다.

한편, 타당성 재조사에서 중요한 것은 처음 타당성 조사 당시의 상황과 재조사 시점에서 사업을 둘러싼 제반 상황이 어떻게 달라졌는지와 사업비 증가 사유가 적정한지에 대한 검토이다. 만약 타당성 재조사 결과 사업의 타당성이 없다고 판단될 경우에는 사업규모의 변경, 사업 추진 시기의 조정 등 사업 추진 전략을 제시할 필요성이 있으며, 심지어는 출구전략을 제시하여야 할 수도 있다.

5. 공공기관 예비타당성조사와 「지방공기업법」 타당성 검토

1) 공공기관 예비타당성조사

공공기관 예비타당성조사는 공기업·준정부기관("공공기관")의 대규모 신규 투자사업에 대한 타당성 조사를 말한다. 이는 공공기관 투자사업의 효율성 제고 및 재무 건전성 확보를 목적으로 「공공기관의 운영에 관한 법률」 등에 근거하여 2011년 상반기부터 시행하였다. 공공기관 예비타당성조사의 대상은 주로 LH, 한국전력, 수자원공사 등 국가 공기업과 신용보증기금, 국민연금공단, 한국농어촌공사 등 준정부기관, 그리고 한국수출입은행 등 기타 공공기관이 추진하는 투자사업이 된다.

각 공공기관의 장은 총사업비 1,000억 원 이상, 국가의 재정지원금액과 공공기관 부담금의 합이 500억 원 이상인 사업에 대해 기획재정부 장관에게 예비타당성조사를 신청한다. 기획재정부 장관은 신청된 계획서를 검토하고 '공공기관 사업 예비타당성조사 자문회의'를 거쳐 예비타당성조사의 실시가 결정되면 PIMAC에서 조사를 수행한다. 예비타당성조사 결과를 토대로 공공기관 예산을 편성하며 이사회 의결을 통해 확정된다.

2) 지방공기업 신규 투자사업 타당성 검토

한편, 2016년 3월부터 국가공기업이 아닌 지방공기업이 일정 규모 이상의 신규 투자사업을 진행하기 위해서는 「지방공기업법」 제65조의3에 따라 사업의 필요성과 사업계획의 타당성 등을 검토하여 지방자치단체장에게 보고한 후 의회의 의결을 받아야 한다. 지방공기업 신규 투자사업 타당성 검토의 대상은 주로 SH공사, 인천도시공사, 경기도시공사 등 지방자치단체 산하 공기업이 추진하는 투자사업이 된다.

「지방공기업법 시행령」 제58조의2에 따르면 광역자치단체 공기업은 총사업비 200억 원 이상, 기초자치단체 공기업은 총사업비 100억 원 이상인 경우 타당성 검토를 시행해야 한다. 이때 공기업 재원 투입의 하한선 기준은 없고 총사업비 기준만 있다. 현재 행정안전부는 타당성 검토 전문기관으로 지방공기업평가원(투자분석센터)과 한국지방행정연구원(지방투자사업관리센터)을 복수로 지정하고 있다.

〈표 11-7〉 공공기관 예비타당성조사와 「지방공기업법」 타당성 검토 제외사업

「지방공기업법」 타당성 검토 제외사업	공공기관 예비타당성조사 제외사업
• 다음의 어느 하나에 해당하는 조사·심사 등을 거쳤거나 제외된 사업 - 「국가재정법」 제38조 제1항에 따른 예비타당성조사 - 「지방재정법」 제37조에 따른 투자심사(해당 공사를 설립한 지방자치단체의 장이 실시한 투자심사에 한정) - 「공공기관 운영에 관한 법률」 제40조 제203항에 따른 예비타당성조사 • 설립 지방자치단체가 각각 다른 2개 이상의 공사가 공통으로 신규 투자사업을 추진하는 경우로서 그중 하나 이상의 공사의 사장이 「지방공기업법」 제65조의3 제1항의 절차를 모두 거치고, 다른 공사를 설립한 지방자치단체의 의회가 별도의 신규 투자사업 타당성 검토를 거치지 아니하기로 동의한 사업 • 「재난 및 안정관리 기본법」 제3조 제1호에 따른 재난의 예방 및 복구지원을 위하여 시급한 추진이 필요한 사업 • 법령에 따라 추진하여야 하는 사업 • 지역균형발전, 긴급한 경제적·사회적 상황 대응 등을 위하여 국가 정책적으로 추진이 필요한 사업으로서 아래의 요건을 갖춘 사업 - 사업 목적 및 규모, 추진 방안 등 구체적인 사업계획이 수립된 사업 - 국가 정책적으로 추진이 필요하여 국무회의를 거쳐 확정된 사업	• 정부예산이 지원되는 사업 중 「국가재정법」 제38조에 따라 예비타당성조사를 실시하는 사업 • 남북교류협력에 관계되거나 국가 간 협약·조약에 따라 추진하는 사업 • 도로 유지·보수, 노후 상수도 개량 등 기존 시설의 효용 증진을 위한 단순 개량 및 유지·보수사업 • 「재난 및 안정관리 기본법」 제3조 제1호에 따른 재난·복구지원, 시설 안전성 확보, 보건·식품 안전 문제 등으로 시급한 추진이 필요한 사업 • 재난예방을 위하여 시급한 추진이 필요한 사업으로서 국회 소관 상임위원회의 동의를 받은 사업 • 법령에 따라 설치하거나 추진하여야 하는 사업 • 지역균형발전, 긴급한 경제적·사회적 상황 대응 등을 위하여 국가 정책적으로 추진이 필요한 사업으로서 아래의 요건을 갖춘 사업 - 사업 목적 및 규모, 추진 방안 등 구체적인 사업계획이 수립된 사업 - 국가 정책적으로 추진이 필요하여 국무회의를 거쳐 확정된 사업

자료: 「지방공기업법」(시행 2019. 12. 3), 「공공기관 운영에 관한 법률」(시행 2019. 7. 1).

3) 지방공기업 타당성 검토와 「지방재정법」 타당성 조사의 관계는?

지방공기업과 지방자치단체가 함께 추진하는 사업은 지방공기업 개정(2019. 12. 3) 이전에는 원칙적으로는 「지방공기업법」에 따른 타당성 검토와 「지방재정법」에 따른 타당성 조사를 모두 받아야 했다. 이에 대한 중복성 문제를 해결하기 위해 행정안전부와 LIMAC, 지방공기업평가원은 협의를 통해 업무를 분장하였다. 즉, 지방공기업이 단독으로 추진하는 투자사업은 지방공기업평가원이 수행하고 지방자치단체와 지방공기업이 함께 추진하는 사업은 LIMAC에서 수행하였다.[4] LIMAC는 행정안전부 장관이 「지방재정법」 타당성 조사와 지방공기업 타당성 검토 전문기관이기 때문에 LIMAC에서 타당성 조사를 수행하면 한 번의 조사로 두 가지 법을 모두 충족하게 된다.[5]

한 가지 유의해야 할 점은 하나의 사업에 대해 지방자치단체의 입장에서 바라보는지 아니면 지방공기업 입장에서 바라보는지에 따라 그 사업이 타당할 수도 있고 아닐 수도 있다는 사실이다. 예를 들어, 산업단지 조성사업에서 지방공기업이 지방자치단체와 함께 해당 사업을 추진할 경우 지방공기업 입장에서는 지방자치단체의 미분양용지에 대한 매입확약은 해당 공기업의 분양위험을 줄여 준다는 점에서 긍정적일 수 있다. 그러나 지방자치단체 입장에서 보면 그것은 우발채무이며 분양위험을 떠안는 것이 되므로 결코 바람직하지 않다. 따라서 누구의 입장에 서서 그 사업을 평가하는가는 매우 중요하다. 이때 중심이 되어야 하는 것은 해당 투자재원이 국민의 세금으로 충당되는 사실과 그것은 궁극적으로 사회복지와 세금의 경제적 가치 향상에 기여할 수 있어야 한다는 원칙이다.

4) 공공기관 예비타당성조사와 지방공기업 타당성 검토는 무엇이 다른가?

공공기관 예비타당성조사는 공공성 평가와 수익성 평가로 이루어지며, 국내사업과 해외

4 현재는 「지방공기업법」 개정으로 「지방재정법」에 따른 투자심사를 거친 경우는 「지방공기업법」 신규 투자사업 타당성 검토가 제외된다.
5 PIMAC는 중앙정부 입장에서, LIMAC는 지방자치단체 입장에서, 지방공기업평가원은 지방공기업 입장에서 사업을 평가한다.
- 물론 지방공기업이 해당 사업의 재원 주체로 포함될 경우 지방공기업의 수익성과 해당 재원을 조달 가능한지, 재무 여건이 어떠한지에 대한 결과를 포함하지만, 기본적으로 지방자치단체와 지방공기업 간의 수익과 위험의 배분이 공평한지를 검토한다.
- 다만, 지방공기업평가원에서는 지방공기업 입장에서 해당 사업의 수익성을 평가하므로 LIMAC의 분석 결과와 지방공기업평가원 분석 결과가 상이할 수 있으며, 기존 사례에서도 이러한 현상이 확인되었다.

〈그림 11-6〉 공공기관 사업 예비타당성조사 수행체계

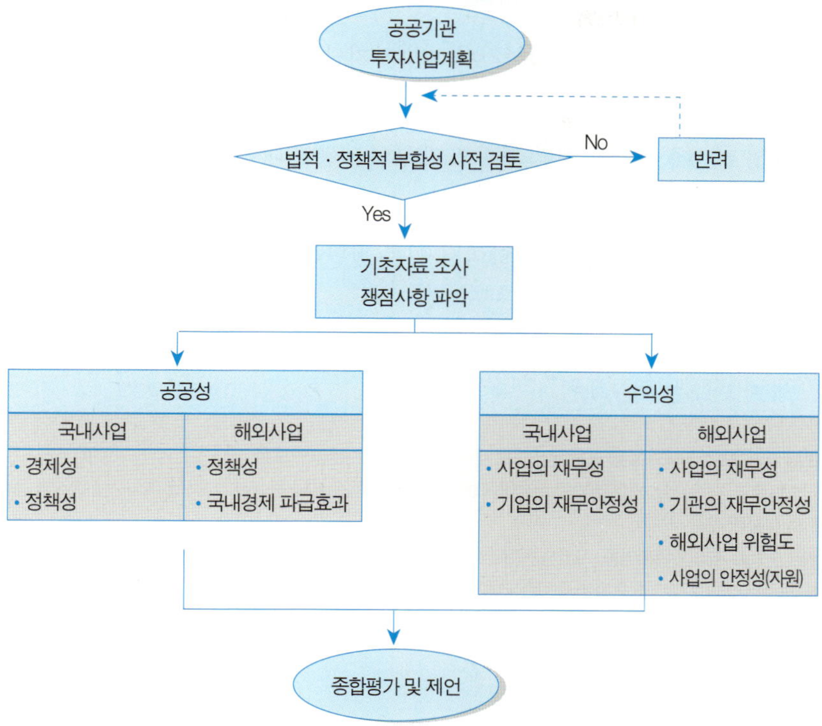

자료: 한국개발연구원(2013a: 48).

사업 간에 평가 항목이 일부 다르다. 국내사업의 공공성 평가에서는 경제성과 정책성을 평가하며, 수익성 평가에서는 재무성과 재무안정성을 평가한다. 이에 비해 해외사업의 공공성 평가에서는 정책성 및 국내경제 파급효과를 평가하며, 수익성 평가에서는 재무성, 재무안정성 외에 해외사업 위험도, 사업의 안전성(자원사업)을 평가한다. 이는 내국민과 직접 관여되지 않는 해외사업의 경우 국민경제적 관점에서 평가되는 경제성 분석이 불필요한 반면 국가위험도 및 환위험 등을 추가로 평가할 필요가 있기 때문이다.

공공기관 예비타당성조사도 공공성과 수익성을 종합하여 AHP를 통해 사업 추진 여부를 평가하고 있으며, 국내사업과 해외사업 간에 공공성과 수익성 가중치를 차별화하고 있다.[6]

6 국내사업: 공공성 40%, 수익성 60%, 해외사업: 공공성 30%, 수익성 70%.

지방공기업의 신규 투자사업 타당성 검토의 경우 조사기관인 LIMAC와 지방공기업평가원 간에 분석 모듈(module)이 동일하지 않다.

LIMAC에서는 지방공기업이 추진하거나 지방자치단체가 추진하거나 기본적으로 타당성 조사의 분석 모듈은 동일하다. 다만, 지방공기업이 추진하는 사업에 대해서는 PIMAC의 공공기관 예비타당성조사에 포함된 해당 기관의 재무안전성에 대한 평가를 추가하고 있다. 이는 근본적으로 투자사업 자체의 타당성은 누가 추진하더라도 다르지 않으나, 재원조달 주체에 따라 필요한 자금조달 역량에 차이가 있어서 이를 판단하려면 지방공기업의 재무적 안정성에 대한 분석이 필요하기 때문이다.

■ 기관의 재무안정성은 어떻게 평가하나?

- 해당 기관의 과거 3년간 재무제표를 검토하여 주요 재무수치 및 재무비율을 검토함.
- 재무수치는 매출액, 매출원가, 일반관리비, 금융비용을 통해 영업이익(손실)을 분석하고 부채총계와 자산총계를 통해 해당 기관의 재무 상황에 대해 제시함.
- 재무비율은 수익성 지표(영업이익률, 자기자본순이익률)와 차입금 상환능력 및 금융비용 지급 여력(이자보상배율, 부채상환계수), 재무레버리지(부채비율, 총차입금 의존도)를 분석함.
- 재무비율의 등급구간을 설정하여 상–중–하로 평가

자료: 한국개발연구원(2013b: 208~209) 참고.

지방공기업평가원의 보고서는 LIMAC 보고서와 평가 항목의 명칭이 일부 다르고, 경제성보다는 재무성을 중요시하고 있다. 해당 공기업의 재무안정성에 대해서는 직전 재무제표를

〈표 11-8〉 지방공기업 신규 투자사업 타당성 검토 수행체계(지방공기업평가원)

대분류	중분류	주요 검토 내용
개발 환경	상위계획	• 상위계획에서 추진하고자 하는 개발방향 검토 • 사업 대상지 입지환경 분석
	법·제도	• 사업과 관련한 법·제도적 검토
시장성	국내·외 경제	• 국내·외 경제의 동향을 거시적·미시적 관점에서 분석 • 국내·외 경제가 사업성에 미치는 영향을 검토
	부동산시장	• 정부의 부동산 정책 및 지침 분석 • 부동산시장의 동향을 거시적 · 미시적 관점에서 분석 • 인근지역 유사 부동산의 공급 현황 및 가격 수준 분석 • 부동산시장 상황이 사업성에 미치는 영향을 종합적으로 검토

〈표 11-8〉 계속

대분류	중분류	주요 검토 내용
기술성	개발기본계획	• 토지이용계획 등 개발 기본 구상과 계획 검토
	수요 추정	• 토지이용계획상 도입 기능별 수요 추정
	총사업비	• 검토 내용을 토대로 총사업비 추정
경제성	편익-비용	• 국민경제적 관점에서 사회적 편익과 비용을 분석하여 경제적 타당성 평가 • 당해 사업에 투자함으로써 국민경제에 부담을 주지 않는지 평가
	B/C Ratio, IRR, NPV	
	민감도	
재무성	수입-비용	• 개별 사업 주체의 관점에서 재무적 수입(현금유입)과 비용(현금유출)을 분석하여 재무적 타당성 평가 • 당해 사업에 투자함으로써 개별 사업 주체의 재무적 건전성을 저해하지 않는지 평가
	PI, FIRR, FNPV	
	민감도	
재원 조달	기채규모 추정	• 필요 기채규모 추정 • 중기재무관리계획 검토 및 재원조달 가능성 분석 • 지방채(공사채) 승인심사 기준에 부합하는지 검토
	지방채 발행	
정책성	사업 추진 필요성·시급성	• 경제성·재무성에서는 검토할 수 없는 정성적 요소(필요성·시급성·정책부합성 등) 분석 • 사업 추진 효과 분석 • 기타 정책적 요소 검토
	정부 정책 부합성	
	지역경제 파급효과	
	지방재정 효과 등	

자료: 지방공기업평가원(2018).

토대로 안정성 지표(유동비율, 부채비율, 이자보상 비율 등)와 수익성 지표(매출액이익률, 사내유보율, 추정사업이익률 등)를 검토하고 있다.

6. 「사회간접자본시설에 대한 민간투자법」 적격성 조사(제안서 검토)

1) 적격성 조사, 제안서 검토, 타당성 분석의 구분

「사회간접자본시설에 대한 민간투자법」 및 「민간투자사업 기본계획」에서는 정부고시사업의 경우 '타당성 분석', 민간제안사업의 경우 '적격성 조사' 및 '제안서 검토'를 통해 타당성 판단(B/C, AHP)과 민간투자사업으로 추진하기 위한 적격성 판단(VFM 유무)을 수행하도록 규정하고 있다.

정부고시사업은 정부 측에서 민간투자사업을 발굴하여 시설사업기본계획을 고시하고 민간사업자를 모집하는 방식이다. 그리고 민간제안사업은 민간사업자가 사업을 발굴하여 정부 측에 민자사업으로 추진하겠다는 의향을 먼저 밝힌 사업을 의미한다.

기획재정부에서는 특히, 민간제안사업을 민간투자사업으로 추진하는 데 대한 절차를 더 엄격하게 관리하고 있다. 민간제안사업의 경우 총사업비 2천억 원 이상은 '적격성 조사'를 수행하고, 2천억 원 미만의 사업에 대해서도 적격성 조사와 유사한 방법으로 '제안서 검토'를 실시한다. 그러나 명칭의 차이만 있을 뿐 타당성 분석, 적격성 조사, 제안서 검토 모두 실질적인 분석 틀은 동일하다.

다만, 2019년 4월에 「민간투자법 시행령」이 개정되면서 2천억 원 미만의 민간투자사업에 대한 제안서 검토를 기존에 PIMAC에서 독점적으로 수행해 오던 것을 기획재정부가 지정한 15개의 민간투자사업 전문기관이 수행할 수 있도록 하였다. 그리고 2천억 원 이상의 사업에 대한 적격성 조사도 기존에는 PIMAC에서만 수행하던 것을 한국조세재정연구원도 수행할 수 있도록 개정하였다.

〈표 11-9〉 타당성 분석, 적격성 조사, 제안서 검토의 구분

<table>
<tr><th colspan="2">구분</th><th>정부고시사업</th><th>민간제안사업</th></tr>
<tr><td rowspan="2">총사업비</td><td>2천억 원 이상</td><td rowspan="2">타당성 분석</td><td>적격성 조사</td></tr>
<tr><td>2천억 원 미만</td><td>제안서 검토</td></tr>
<tr><td rowspan="3">조사
수행기관</td><td rowspan="2">PIMAC,
한국조세재정연구원</td><td colspan="2">총사업비 500억 원 이상, 국비 300억 원 이상</td></tr>
<tr><td colspan="2">BTO 총사업비 2천억 원 이상
BTL 총사업비 1천억 원 이상</td></tr>
<tr><td>민간투자사업 전문기관</td><td colspan="2">그 밖의 사업</td></tr>
</table>

■ 「민간투자법」에 따른 총사업비의 정의

- 동법 「시행령」 제2조의2(총사업비의 산정)에서 보상비는 사업시행을 위한 보상에 드는 비용을 말함.
- 즉, 투자심사에서의 보상비가 시유지 등 공유재산의 공시지가를 포함하는 것과 달리 「민간투자법」에서는 실제 보상에 투입되는 비용만을 의미하므로 사유지 등은 제외됨.
  - 민간투자사업의 총사업비: 조사비, 설계비, 공사비, 보상비, 부대비, 운영설비비, 각종 세금과 공과금, 영업준비금

한편, 총사업비가 500억 원 이상으로 국고지원이 300억 원 이상인 사업을 민간투자사업의 정부고시사업으로 추진하기 위해서는 주무관청의 장이 기획재정부 장관에게 '예비타당

성조사 및 타당성 분석' 대상 사업으로 의뢰한다. 이후 PIMAC에서 「국가재정법」에 따른 예비타당성조사와 「민간투자법」에 따른 타당성 분석을 동시에 수행한다.

민간제안사업은 민간사업자가 제안서를 주무관청에 접수하고 주무관청이 PIMAC에 의뢰한다. 제안사업의 경우에도 물론 제3자 공고를 통해 다른 사업자를 모집하는 절차가 있으며, 최초 제안자에게는 우대점수가 주어진다.[7]

2) 적격성 조사 수행체계

민간투자사업 역시 경제성 분석 및 AHP를 통해 사업 추진의 필요성을 점검한다. AHP 분석 결과 0.5 이상으로 사업의 타당성이 인정된 사업에 대해서는 정부재정사업으로 추진하는

〈그림 11-7〉 적격성 조사(제안서 검토) 수행체계

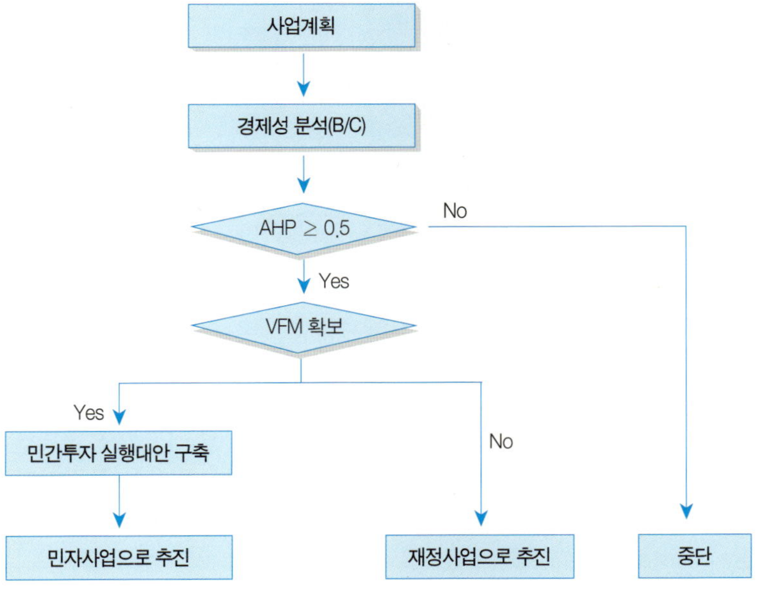

자료: 한국개발연구원(2005: 4)의 그림 재구성.

7 최초 제안자에 대한 우대점수는 적격성 판단(VFM 분석) 결과를 통해 정해진다.

것과 민간투자사업으로 추진하는 것 중에서 어떠한 추진 방식이 정부 측에 유리한지를 분석할 필요가 있다. 이를 적격성 판단(VFM 분석)이라 한다.

즉, 해당 사업의 타당성이 확보될 경우에만 민간투자사업으로의 추진 여부를 판단한다. VFM 분석은 해당 사업을 정부가 추진할 경우(PSC)의 정부 측 비용과 민간이 추진할 경우(PFI)의 정부 측 비용을 비교하는 것으로 민자사업인 경우가 더 적다면 해당 사업은 VFM이 확보된 것으로 볼 수 있다. 즉, 민자사업으로의 추진 타당성이 확보되는 셈이다.

용어정의!

PSC, PFI

- PSC(Public Sector Comparator): 공공조달
- PFI(Private Finance Initiative): 민간투자

〈그림 11-8〉 정량적 VFM 분석 틀

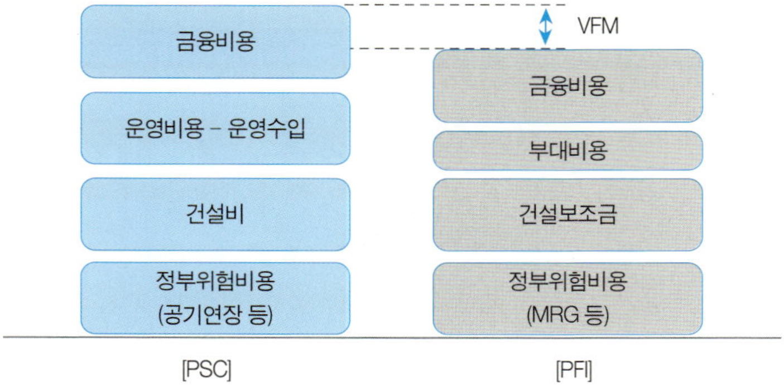

자료: 한국개발연구원(2005a: 49)의 그림 재구성.

만약 VFM이 확보되지 않을 경우 연구진이 다른 민간투자 실행대안을 설정하여 적격성을 재판단하고, 그 결과를 토대로 최초 제안자의 우대점수 비율을 산정한다.

VFM 비율

- VFM= $\frac{PSC-PFI}{PSC}\times 100(\%)$
- 정부부담액 현재가치를 기준으로 판단, VFM≥ 0; VFM 있음 → 민자사업으로 추진

민간투자사업은 앞서 설명한 바와 같이 정부고시사업과 민간제안사업으로도 구분하지만, 추진 방식에 따라 BTO, BTL, BOT, BOO, 그리고 최근 민자사업 활성화를 위해 등장한 손익공유형 BTO(BTO-a), 위험분담형 BTO(BTO-rs) 사업 등 다양한 방식이 존재한다. 추진 방식별로 정부 측과 민간 측의 수익 및 위험 분담이 달라지므로 분석 방법에 일부 차이가 있다. 하지만 기본적인 분석 목적과 분석 범위는 위에서 설명한 바와 같다.

7. 「건설기술진흥법」 타당성 조사와 「국가통합교통체계효율화법」 타당성 평가

1) 「건설기술진흥법」 타당성 조사

「건설기술진흥법」(이하 「건진법」) 제47조에 따른 타당성 조사는 총공사비 500억 원 이상 건설공사에 대해 경제·기술·사회·환경 요인 등을 종합적으로 고려하여 건설공사에 대한 공사비 추정의 정확성과 신뢰도를 높이는 데 그 목적이 있다. 지금까지 살펴본 총사업비가 아니라 총공사비가 기준이 된다는 점을 주의할 필요가 있다.

「건진법」 타당성 조사는 예비타당성조사와 구별하여 본 타당성 조사(약자로 '본타'라고 함)라고도 말한다. 그동안 별도의 조사 지침 없이 시행되어 오다가 2016년 5월에 「건설공사 타당성 조사 지침」이 제정되면서 조사 항목 및 조사방법론이 정립되었다. 해당 지침의 주요 내용은 사업 간 동일 기준을 적용하고 공사비 부당 증가를 막기 위해 공사비 한도액을 설정하는 것이다. 한편, 동법 「시행령」 제81조에서 타당성 조사를 기본 계획 및 기본 설계에 포함하여 수행 가능하도록 허용하고 있어, 결과적으로 「건진법」 타당성 조사는 한정된 예산 내에서 최적의 건설공사 시행방안(설계안, 공법 등)을 마련하여 사업시행시에 예산낭비 요소를 막는 데에 방점을 두고 있다. 이러한 점에서 사업 추진 여부를 판단하는 「국가재정법」 예비타당성조사나 「지방재정법」 타당성 조사와는 수행 목적에 차이가 있다.

결국, 「건진법」 타당성 조사의 목적은 해당 사업의 추진이 국민경제적인 관점에서 필요한지에 대한 판단 여부에 있지 않고, 사업시행이 확정 또는 전제된 상태에서 해당 사업을 수행하는 데 최적의 대안을 찾아 예산을 절감하는 데 있다. 이는 아마도 추진 근거 법령이 예산

편성을 결정하는 재정부처인지 아니면 사업을 추진하는 사업부처인지에 따라 타당성 조사를 수행하는 관점의 차이가 존재하기 때문일 것이다.

따라서 「건진법」 타당성 조사는 총공사비 500억 원 이상의 건설공사에 대해 계획 수립 이전에 수행하도록 되어 있으며, 「지방재정법」 또는 「국가재정법」에 따라 예비타당성조사 혹은 타당성 조사를 수행한 사업의 경우에도 이를 수행하여야 한다.[8] 즉, 「지방재정법」 타당성 조사와 예비타당성조사 수행시점은 해당 사업의 예산편성 이전으로 구체적인 사업 구상 이후 투자심사를 신청하기 이전에 수행하고, 「건진법」 타당성 조사는 예산편성 이후 수행한다.

〈그림 11-9〉 「건설기술진흥법」 타당성 조사 수행체계

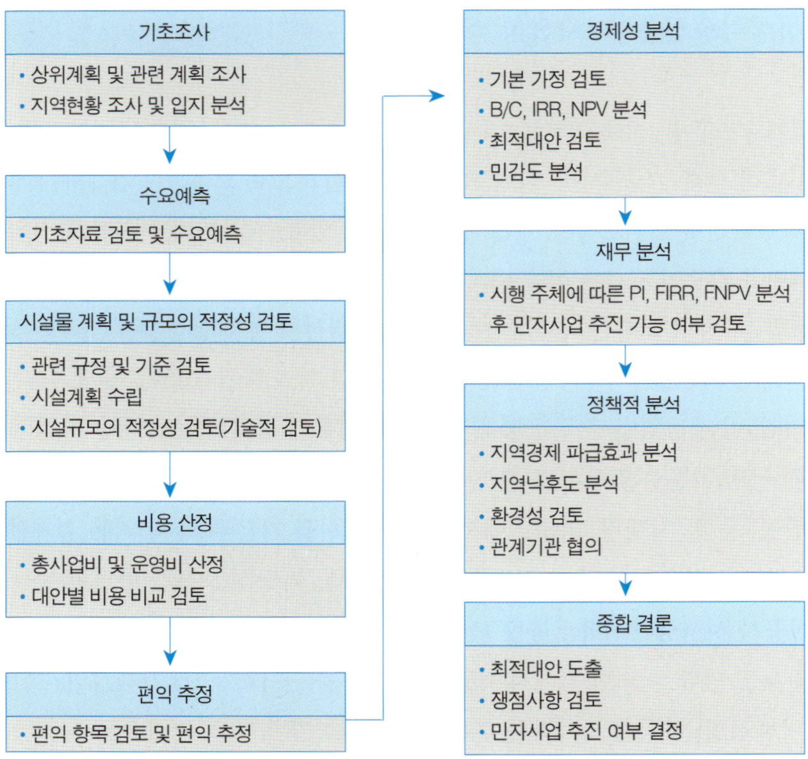

자료: 국토교통부 보도자료(2016. 5. 18).

8 「건설공사 타당성 조사 지침」 제3조(대상 사업 및 시기) 제2항에서 기본 설계 전에 타당성 조사를 실시하여야 한다고 명시하고 있다.

「건진법」 타당성 조사 수행 기관은 「건설기술진흥법 시행령」 제44조에 따라 시·도지사에게 등록된 건설기술 용역업자가 수행한다. 따라서 발주처가 용역기관을 선정하므로 기술적 전문성과 발주처의 의도를 계획에 반영하는 데에는 양호하나, 사업 추진 여부를 판단하는 공정성과 객관성 측면에서는 다소 미흡할 수 있다. 이러한 문제로 인해 사업 추진 여부를 판단하기 위한 예비타당성조사나 「지방재정법」 타당성 조사 등은 발주처로부터 독립적인 전문기관에서 수행하게 된 것이다.

2) 「국가통합교통체계효율화법」 타당성 평가

동일한 국토교통부 소관 법령인 「국가통합교통체계효율화법」(이하 「통합교통체계법」) 제18조에 의거한 타당성 평가는 총사업비 300억 원 이상인 공공교통시설 개발사업에 대해 '교통시설 투자평가지침'에 따라 수행한다. 「통합교통체계법」 타당성 평가도 발주청이 일정 자격요건을 갖춘 업체에게 발주할 수 있으므로 「건진법」 타당성 조사와 유사한 절차로 이루어진다.

「통합교통체계법 시행령」 제17조에 따르면 타당성 평가는 계획 타당성 평가와 본 타당성 평가로 구분된다. 계획 타당성 평가는 국가기간교통망계획, 중기투자계획 등 교통 관련 계획을 수립하기 위하여 해당 계획에 포함될 예정인 공공교통시설 개발사업을 대상으로 실

〈표 11-10〉 「건설기술진흥법」 타당성 조사와 「국가통합교통체계효율화법」 타당성 평가 대상 및 제외사업

「건설기술진흥법」 타당성 조사 대상 사업	「국가통합교통체계효율화법」 타당성 평가 대상 사업
• 총공사비 500억 원 이상의 건설공사	• 총사업비 300억 원 이상인 공공교통시설 개발사업
「건설기술진흥법」 타당성 조사 제외사업	**「국가통합교통체계효율화법」 타당성 평가 제외사업**
• 「국가통합교통체계효율화법」에 따른 타당성 평가 수행 사업 • 재해복구 등 긴급히 시행하여야 하는 건설공사 • 보수·철거 또는 개량을 위한 건설공사 • 보안이 필요한 국방·군사시설의 건설공사 • 해당 건설공사 및 그 시행 과정의 특성상 건설공사의 시행 과정의 조정이 필요하다고 인정되는 경우로서 발주청이 관계 중앙행정기관의 장과 협의하여 정하는 건설공사	• 교통시설의 유지·보수 등 기존 시설의 효용 증진을 위한 단순 개량 및 유지·보수사업 • 재해예방·복구지원 등 긴박한 상황에 대응하기 위하여 시급히 추진할 필요가 있는 사업 • 지역균형발전, 철도망 구축 등 정책적으로 추진할 필요가 있는 사업으로서 관계 행정기관의 장과 협의한 후 법 제106조에 따른 국가교통위원회의 심의를 거쳐 국토교통부 장관이 타당성 평가 대상 사업에서 제외하는 것이 타당하다고 인정한 사업

자료: 「건설기술진흥법 시행령」(시행 2020. 1. 16), 「국가통합교통체계효율화법 시행규칙」(시행 2019. 10. 14).

〈그림 11-10〉 「통합교통체계법」에 따른 본 타당성 평가 수행체계

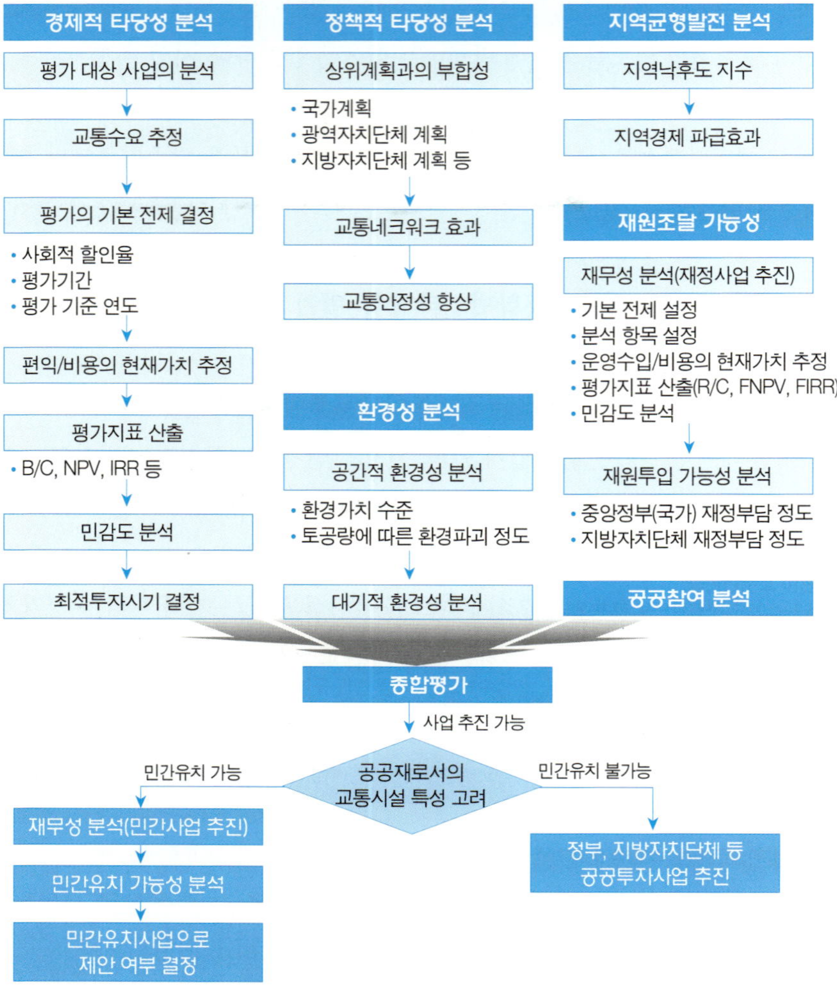

자료: 국토교통부(2017: 15).

시하는 타당성 평가이다. 본 타당성 평가는 개별적인 공공교통시설 개발사업의 기본 설계 전에 해당 개발사업을 대상으로 실시하는 타당성 평가를 말한다.

따라서 교통 관련 중·장기 계획 수립시 사업별 우선순위 및 대안을 설정하기 위해 계획 타당성 평가를 실시하고 이후 개별 사업을 본격적으로 추진할 때 본 타당성 평가를 수행한

다. 일반적으로 우리가 이해하는 타당성 조사는 본 타당성 평가와 유사하게 개별 사업별로 타당성을 분석하는 것이다. 한편, 「통합교통체계법」 타당성 검토를 수행한 경우 「건진법」 타당성 조사가 면제된다.

8. 조세특례 예비타당성평가와 지방세특례 예비타당성조사

1) 조세특례 예비타당성평가

조세특례 예비타당성평가는 「조세특례제한법」 제142조와 동법 「시행령」 제135조에 따라 연간 조세특례 금액이 300억 원 이상의 신규 조세특례 정책에 대해 그 필요성 및 적시성, 기대효과, 예상되는 문제점 등을 평가하는 사전적인 타당성 검증·평가 제도이다. 동 제도는 기획재정부 장관 주관으로 실시하며, 2015년부터 시행되었다.[9]

조세특례 예비타당성평가 대상은 기획재정부 장관이 각 관계 행정기관의 장 등의 요구에 따라 또는 필요하다고 판단될 경우 직권으로 예비타당성평가 대상을 선정할 수 있다. 조세특례 예비타당성평가는 한국조세재정연구원과 한국개발연구원에서 수행하고 있다.

2) 지방세특례 예비타당성조사

지방세특례 예비타당성조사는 「지방세특례제한법」 제181조와 동법 「시행령」 제124조에 따라 연간 지방세특례 금액이 100억 원 이상의 신규 지방세특례 정책에 대해 그 필요성과 경제성, 지역경제 및 지방세수 영향, 조세의 형평성 및 적절성, 예상되는 문제점 등을 평가하는 사전적인 타당성 검증·평가 제도이다. 동 제도는 행정안전부 장관 주관으로 실시하며, 2017년부터 시행되었다.

지방세특례 예비타당성조사는 각 관계 행정기관의 장 등의 요구에 따라 또는 행정안전

9 2015년 도입시기에는 조세특례 예비타당성조사라는 명칭을 사용하다가 2017년 4월 조세특례 예비타당성평가로 명칭을 변경하였다.

〈표 11-11〉 조세특례 예비타당성평가와 지방세특례 예비타당성조사 대상 및 제외사업

「조세특례법」 예비타당성평가 대상 사업	지방세특례 예비타당성조사 대상 사업
• 신규 조세특례로서 연간 조세특례금액이 300억 원 이상인 경우	• 신규 특례안의 감면기간 동안 발생할 것으로 예상되는 지방세 감면 추계액이 100억 원 이상인 경우 - 기존 지방세특례의 내용을 변경하는 경우로서 예상 감면액이 100억 원 이상인 경우
「조세특례법」 예비타당성평가 제외사업	**지방세특례 예비타당성조사 제외사업**
• 경제·사회적 상황에 대응하기 위하여 도입하려는 경우로서 국무회의의 심의를 거친 사업 • 남북교류협력에 관계되거나 국가 간 협약·조약에 따라 추진하는 사항 • 국제대회나 국가행사 등 지원기간이 일시적이고 적용기한이 명확하며 사업의 추진을 위하여 시급히 도입할 필요가 있는 사항	• 경제성장률·고용률 등 주요 경제지표에 있어 국가경제 또는 지역경제에 위기로 인정되는 상황이 발생하는 경우 • 천재지변·국가적 재난사태 등 심각한 자연적·사회적 현안이 발생하는 경우 • 국가 간 협약·조약에 따라 추진하는 사항이나 국제대회나 국가행사 등 국가적 사업의 추진을 위해 한시적 지방세 지원이 요구되는 경우

자료: 「조세특례제한법」(시행 2020. 1. 1), 「지방세특례제한법 시행령」(시행 2020. 1. 15), 「지방세특례 예비타당성조사 운용 기준」(시행 2019. 4. 1).

부 장관 직권으로 조사 대상 사업을 선정할 수 있다. 지방세특례 예비타당성조사는 현재 지방세연구원에서 수행하고 있으나, 「지방세특례 예비타당성조사 운용 기준」(행정안전부 훈령 제79호, 2019. 4. 11)을 개정하면서 조세 관련 기관이나 법인, 학회, 학교, 기타 단체 중에서 행정안전부 장관이 선정할 수 있도록 확대되었다.

3) 조세(지방세)특례 예비타당성평가의 수행체계

조세특례 예비타당성평가와 지방세특례 예비타당성조사 모두 경제성 분석, 정책성 분석, 형평성 분석을 각각 수행하고 AHP를 통한 종합평가를 실시한다.

경제성 분석은 해당 조세(지방세)특례에 따른 국민경제적 효과와 지원 적합성 등을 비용편익분석을 통해 분석한다. 만약 비용편익분석이 적합하지 않다고 판단되는 조세(지방세)특례에 대해서는 해당 조세(지방세)특례 시행에 따른 경제·사회적 파급효과 등을 산출하고, 이를 통해 비용효과분석을 실시한다.

정책성 분석에서는 해당 조세(지방세)특례와 관련된 정책의 필요성과 적시성, 제도 운용

〈그림 11-11〉 조세특례 예비타당성평가 수행체계

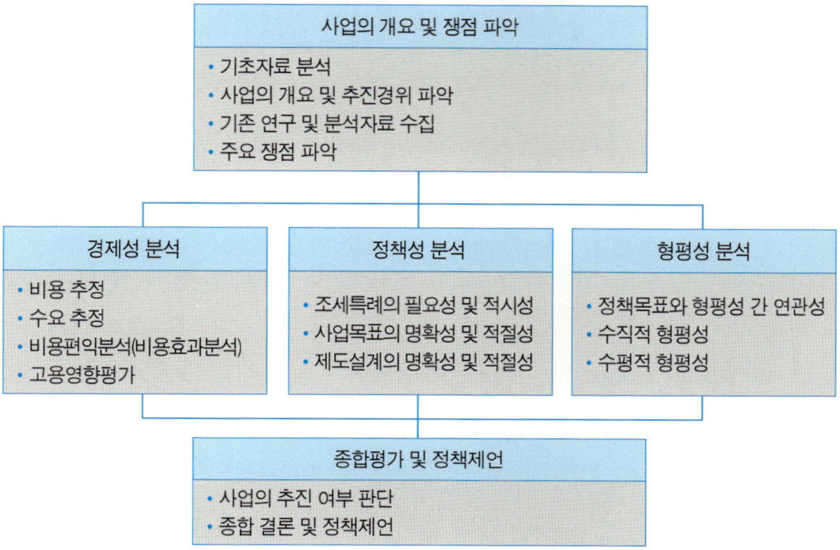

자료: 한국개발연구원(2019: 152).

과 관련된 기대효과 및 예상되는 문제점, 제도별 특수성 평가 등의 평가 항목들을 정량적 또는 정성적으로 분석한다. 형평성 분석은 소득계층 간 소득격차의 변화 및 대·중소기업 간 또는 지역 간 소득 불균형의 변화 등 소득재분배 효과, 낙후지역 등에 대한 파급효과 등을 정량적 또는 정성적으로 분석한다.

각 관계 행정기관의 장 등은 예비타당성평가 결과 타당성이 확보된 조세(지방세)특례의 도입을 위해 기획재정부 장관에게 관련 세법 조항의 개정을 요구할 수 있다. 조세특례 예비타당성평가와 지방세특례 예비타당성조사 간에는 정책적 분석 평가 항목과 AHP의 각 분석 모듈별 가중치 등에서 일부 차이가 있다.

타당성 조사 관련 Q&A

Q 「건설기술진흥법」 타당성 조사를 수행하였는데 「지방재정법」 타당성 조사를 다시 의뢰하여야 하나요? 그리고 「지방재정법」과 「건설기술진흥법」 타당성 조사 중 어느 것을 먼저 진행하여야 하나요?

A 「지방재정법」의 타당성 조사는 「건설기술진흥법」의 타당성 조사와는 타당성 조사의 목적과 내용이 상이하므로 별도로 의뢰하여야 합니다. 원칙적으로 순서는 「지방재정법」에 따른 타당성 조사 수행 이후 투자심사를 거쳐 사업 추진이 확정된 이후에 「건설기술진흥법」에 따른 타당성 조사를 수행하여야 하나, 기타 사유로 인하여 「건설기술진흥법」에 따른 타당성 조사를 먼저 수행한 경우 해당 비용자료를 검토하여 「지방재정법」 타당성 조사에 활용할 수도 있습니다.

Q 지방자치단체와 지방공기업이 공동/위탁/SPC 방식으로 사업을 수행할 경우, 「지방재정법」에 따른 타당성 조사와 「지방공기업법」에 따른 타당성 검토를 모두 수행하여야 하나요?

A 2019년 12월 3일 「지방공기업법」이 일부 개정되면서 「지방공기업법」 제65조의3에서 「지방재정법」에 따른 투자심사를 거쳤거나 제외된 사업은 「지방공기업법」에 따른 타당성 검토에서 제외됩니다. 따라서 「지방재정법」에 따른 투자심사를 거친 경우 「지방공기업법」에 따른 타당성 검토는 수행하지 않아도 됩니다.

Q 타당성 조사를 의뢰하면 바로 타당성 조사를 수행하는 건가요? 만약 그렇지 않다면 그 사유는 무엇인가요?

A 행정안전부에 타당성 조사를 신청한 경우, LIMAC의 사전 검토 → 사업설명회 → 과제선정위원회 등을 거쳐 타당성 조사 시행 여부를 판단하며 그 기간은 약 1개월입니다. 사전 검토 체크리스트는, ① 타당성 조사 대상 여부, ② 조사의 착수 가능성, ③ 조사의 실효성 등 3단계로 구성되어 있습니다. 사업설명회는 지방자치단체와 행정안전부의 참석하에 LIMAC 주관으로 지방자치단체의 사업개요 설명 후 사전 검토 체크리스트를 토대로 한 질의응답 순으로 진행됩니다.

[반려/자진철회 사례]

- 타당성 조사 대상 사업이 아닌 경우(투자심사 제외사업, 단위사업인 경우 등)
- 사업계획 미비/재원조달 계획 불분명
- 사전절차 미수행(전시시설의 경우 산업자원부의 "전시시설 건립의 타당성" 검토를 거치지 않은 사업 등)

Q 예비타당성조사 면제사업도 타당성 조사를 받아야 하나요?

A 예비타당성조사 면제사업이라도 「지방재정투자사업 심사 및 타당성 조사 매뉴얼」의 심사제외 대상이 아니라면, 타당성 조사를 받아야 합니다. 단, 일반적인 타당성 조사를 수행할지, 일부 분석 내용을 제외하는 "사업계획 적정성 검토"를 수행할지 등은 사업별로 차별화하고 있습니다.

Q '사업계획' 용역 완료 전인데 사업계획을 꼭 수립하여야 타당성 조사를 의뢰할 수 있나요? 그리고 사업계획을 수립한다면 어느 정도 수준으로 구체화되어야 하나요?

A 타당성 조사 의뢰시에 제출하는 사업계획은 타당성 조사를 수행할 수 있을 정도로 구체화된 계획을 의미하며, 「건설기술관리법」 등 기타 법령에 따른 절차상의 기본 계획을 의미하지는 않습니다. "타당성 조사를 수행 가능한 사업계획의 구체화" 정도는 사업유형별, 사업 추진 방식별로 다를 수 있기 때문에 일률적으로 제시하기는 어렵지만, 사업의 건설단계뿐만 아니라 건설 이후의 시설운영계획까지 포함해야 합니다.

Q 국·공유지에 사업을 시행할 경우에도 용지보상비를 포함해야 하나요? 그리고 부지(시유지)만 제공하는 사업도 타당성 조사를 받아야 하나요?

A 「지방재정투자사업 심사 및 타당성 조사 매뉴얼」(행정안전부)에 따라 공유재산도 용지보상비에 반영해야 합니다. 단, 토지가격은 개별공시지가 또는 표준지공시지가를 기준으로 제시합니다. 따라서 지방자치단체는 부지만 제공하고 민간사업자가 추진하는 사업이라도 용지보상비가 총사업비 항목에 포함되므로 타당성 조사 대상입니다.

Q 하나의 사업 목적을 위해 여러 개의 세부 사업들을 추진할 경우, 타당성 조사 대상 사업인가요? 만약, 세부 사업별로는 사업비가 500억 원 미만이고, 전체 사업에 대해 500억 원 이상일 경우 타당성 조사 대상인가요?

A 투자심사 및 타당성 조사 대상은 세부 사업의 사업예산에 해당되는 총사업비 기준으로 500억 원 이상인 신규 투자사업을 대상으로 합니다. 이는 시설물의 기능이 상호 연결되거나 또는 연계성이 있는 사업을 말하며, 이 경우 1건으로 기본계획 또는 기본 설계가 수립된 경우를 의미합니다. 특히, 「지방재정법」에서는 시설이 아닌 사업 기준으로 판단하기 때문에 시설별 담당부서가 다르다고 해서 반드시 개별 사업으로 볼 수 있는 것은 아닙니다. 이에 대해서는 사업별로 판단할 필요가 있습니다.

Q 산업단지에서 국고지원시설들의 국비부담분 합계가 300억 원 이상일 경우, 예비타당성조사 대상인가요? 즉, 오·폐수처리시설, 진입도로 등에 대한 국비지원 합계가 300억 원 이상일 경우 타당성 조사가 아니라 예비타당성조사 대상인가요?

A 국비지원 근거 법령은 산업단지 진입도로, 오·폐수 처리시설 등 각 시설별로 다르고, 예산 항목도 별도 관리되고 있으므로 각 시설별로 총사업비 500억 원 이상, 국비 300억 원 이상에 해당하지 않는다면 예비타당성조사 대상 사업은 아닙니다.

〈표 11-12〉 주요 법정 타당성 조사의 비교

<table>
<tr><th>구분</th><th>「지방재정법」 타당성 조사</th><th>「국가재정법」 예비타당성조사</th><th>「건설기술진흥법」 타당성 조사</th></tr>
<tr><td>대상 기준</td><td>• 총사업비 500억 원 이상</td><td>• 총사업비 500억 이상 국비 300억 원 이상</td><td>• 총공사비 500억 원 이상</td></tr>
<tr><td>조사 목적</td><td>• 투자심사의 사전절차로 지방재정 투자사업의 경제적·재정적·정책적 측면의 사업 추진 가능성을 객관적, 중립적인 조사를 통해 분석
• 지방재정의 건전성 및 효율성 제고</td><td>• 대규모 재정사업의 타당성에 대한 객관적이고 중립적인 조사를 통해 재정사업의 신규 투자를 우선순위에 입각하여 투명하고 공정하게 결정
• 예산낭비 방지 및 재정운영 효율성 제고</td><td>• 시행하려는 건설공사에 대하여 계획 수립 이전에 경제, 기술, 사회 및 환경 등 종합적인 측면에서 적정성을 검토
• 한정된 예산 내에서 최적의 건설공사 시행방안을 마련하여 사업시행 시에 예산낭비 방지</td></tr>
<tr><td>수행 단계</td><td colspan="2">• 사업 추진 여부를 판단(투자심사 이전)</td><td>• 사업 추진 확정 이후 기본 계획 수립 이전</td></tr>
<tr><td rowspan="2">분석 방법</td><td colspan="2">• 사업계획 검토 → 기초자료 분석 → 쟁점 도출 → 기술적 검토 및 비용 추정 → 경제성 분석 → 재무성 분석 → 정책적 분석 → 종합 결론</td><td rowspan="2">• 기초조사 → 수요 예측 → 규모 검토→ 비용산정 → 편익 추정 → 경제성 분석 → 재무성 분석 → 정책적 분석 → 종합 결론</td></tr>
<tr><td></td><td>• 분석 방법은 큰 틀에서 동일하나, 예비타당성조사는 타당성 확보 여부 판단을 위한 AHP 분석 수행</td></tr>
<tr><td>조사 결과 활용</td><td>• 투자심사를 위한 판단 근거로 활용
• 대상 사업 추진이 경제적, 재정적, 정책적 등 각종 사회·경제적인 관점에서 타당성을 갖추고 있는지 병렬적으로 제시함.
• 최종 의사결정은 투자심사위원회에서 수행함.</td><td>• 사업시행 여부 판단 및 기관의 예산편성에 활용
• 경제성 분석, 정책적 분석(지역균형발전, 특수지표 등)에 대한 AHP 분석(AHP≥0.5)을 수행하여, 그 결과를 기준으로 대상 사업 타당성 확보 여부를 판단함.</td><td>• 최적대안 도출을 위한 기술적 측면의 타당성 조사로서 기본 계획 수립 시 결과를 반영(혹은 기본 계획과 동시 수행)
• 즉, 사업시행이 확정 또는 전제된 상태에서 해당 사업을 수행하는 데 최적의 대안을 찾아 예산을 절감하는 데 활용</td></tr>
</table>

제 12 장

타당성 조사를 위한 준비단계

1. 타당성 조사 지침의 필요성과 역할
2. 사업계획서의 검토
3. 기초자료 분석
4. 관련 법률 및 계획 검토
5. 현장조사 및 관계자 면담
6. 분석의 단위, 영향권, 편익수혜자 설정
7. 쟁점 도출 및 조사방향 설정

1. 타당성 조사 지침의 필요성과 역할

1) 타당성 조사 지침이 왜 필요한가?

만일 타당성 조사의 결과가 누가, 언제 수행하느냐에 따라 달라진다면 과연 분석 결과를 신뢰할 수 있을까?

사실 비용편익분석, 재무성 분석 등을 통해 산출되는 수치는 기본적으로 미래에 대한 예측치이다. 장래 도로 건설시 해당 도로를 이용하는 차량이 얼마나 될지, 그리고 그들이 새로운 도로를 이용함에 따라 통행시간이 얼마나 단축될지에 대해 그 도로를 짓기 전에 사전적으로 예측한다는 것은 어려운 일이다. 도시개발사업에서 해당 주거시설 용지가 미래 조성 완료된 시점에서 얼마나 분양될지를 미리 예측하기란 또 얼마나 어려운가? 이는 미래 분양 시점에서의 주택시장, 금리 여건 등 많은 요인들에 의해 영향을 받게 되는데, 이러한 장래 상황을 적어도 5~10년 전에 미리 예상하는 것이 가능한 것인가?

이처럼 미래를 예측하기 위해서는 여러 가지 가정과 데이터가 필요하다. 따라서 이러한 가정들이 조사를 수행하는 연구자에 따라 달라지지 않도록 공통된 기준을 제시하고 분석 방법론의 일관성을 유지하기 위해 타당성 조사 전문기관들은 일반지침과 부문별 지침을 제시하고 있다.[1]

타당성 조사를 위한 지침들은 국토교통부, 한국개발연구원 등에서도 제시하고 있다. 국내에서 타당성 조사 지침을 처음 발간한 기관은 한국개발연구원의 예비타당성조사 지침으로 일반지침과 각 부문별 표준지침을 발간하였다. 또한 지침은 투자사업 유형의 변화에 대응하고 분석 기법의 정교화를 위해 일정한 주기로 개정되고 있다.

그 후 국토교통부의 교통투자평가지침, 지방투자사업관리센터(LIMAC)의 지방재정투자사업 타당성 조사 지침, 지방공공투자관리센터의 자체적 사업수행을 위한 지침 등이 발간되었다. 이들은 대체로 공공투자관리센터(PIMAC)의 분석 틀을 기반으로 각자의 상황에 맞게 수

1 일반지침은 사업 유형과 상관없이 모든 부문의 사업에 적용하는 공통의 룰(rule)이고, 부문별 지침은 도로, 주택, 산업단지, 문화시설 등 사업부문별로 수요 및 편익 추정 방법론이 다르므로 각 부문별 타당성 조사 수행시 적용하는 룰이라고 할 수 있다.

〈표 12-1〉 타당성 조사 지침 발간 현황

한국지방행정연구원 지방투자사업관리센터(LIMAC)	한국개발연구원 공공투자관리센터(PIMAC)
• 지방재정투자사업 타당성 조사 수행을 위한 일반지침(2016) • 도로 및 교통부문 타당성 조사를 위한 지침 연구(2015) • 주거 및 상업부문 타당성 조사를 위한 지침 연구(2015) • 공공청사 부문 타당성 조사를 위한 지침 연구(2015) • 문화체육관광 부문 타당성 조사를 위한 지침 연구(2015) • 산업단지 등 산업부문 타당성 조사를 위한 지침 연구(2015)	• 예비타당성조사 수행을 위한 일반지침 연구(1999, 2000, 2001, 2004, 2008) • 도로 및 철도부문 사업의 예비타당성조사 표준지침 연구(1999, 2000, 2001, 2004, 2008) • 수자원부문 사업의 예비타당성조사 표준지침 연구(1999, 2001, 2003, 2008) • 항만부문 사업의 예비타당성조사 표준지침 연구(2000, 2001) • 공항부문 사업의 예비타당성조사 표준지침 연구(2000, 2001, 2014) • 문화·관광·체육·과학부문 사업의 예비타당성조사 표준지침 연구(2000, 2015) • 정보화부문 사업의 예비타당성조사 표준지침 연구(2004, 2013) • 연구개발부문 사업의 예비타당성조사 표준지침 연구(2008) • 기타 비투자 재정부문 사업의 예비타당성조사 및 시범사업 평가 표준지침 연구(2009) • 의료시설부문 사업의 예비타당성조사 표준지침 연구(2012) • 공기업·준정부기관 사업 예비타당성조사 수행을 위한 일반지침 연구(2013) • 공공기관 해외사업 예비타당성조사 수행을 위한 일반지침 연구(2013, 2018)

정·보완하여 개발한 것으로 평가된다. 간단히 말해서, 법적 타당성 조사를 수행하는 기관들은 평가의 객관성과 사업 간 일관성을 위해 지침이나 가이드라인을 작성하고, 이에 따라 타당성 조사가 이루어지도록 관리하고 있다.

2) 지침이 모든 것을 해결해 주지는 않는다

동일한 도로사업이라 할지라도 사업 추진 목적이나 해당 자치단체에 따라 특수성이 존재하기 때문에 모든 사항을 일반화하여 지침으로 제시하는 것은 불가능하다. 따라서 지침은 기본적인 조사의 방향성과 분석 틀은 제시하되, 연구자가 사업별 특성을 반영하여 조정 가능한 운신의 폭은 허용해 주어야 한다. 만약 전혀 운신의 폭, 즉 융통성이 없다면 전문성 측면에서 해당 타당성 조사 결과는 미흡할 가능성이 크다.

이처럼 지침은 평균적인 사업에 대해 표준적인 방법론을 제시할 뿐 사업별 특수성을 모두 반영할 수는 없기 때문에 지침에서 제시한 방법론과 파라미터 등을 무비판적으로 수용하는 것은 바람직하지 않다. 지침에서 제시하는 방법론은 이론적인 측면보다 현실적인 측면에서 선택되었을 가능성이 있다. 예를 들어, 분석을 위한 가정에 대해 전문가들 사이에 이견이 존재할 수 있고, 제시한 방법론이 이론적으로 한계가 있음에도 불구하고 현재 그 방법보다 더 우수한 방법이 존재하지 않거나, 더 우수한 방법이 있음에도 불구하고 시간과 비용의 제약으로 인해 차선으로 선택한 것일 수도 있다. 그러나 다행스럽게도 동일 시기에 작성된 타당성 조사 보고서는 지침에 따라 나름대로 해당 시기에서 가장 나은 방법론을 적용하였을 것이며, 그렇게 수행된 조사 결과 간의 일관성이 존재하므로 각 사업 간 비교시에는 큰 문제가 없을 것이다. 그럼에도 불구하고 가급적 정확한 분석을 위해 최선의 노력을 기울여야 할 것이다.

결국 지침은 전문가의 운신의 폭을 어느 정도 보장하면서 큰 맥락의 일관성과 원칙은 유지하도록 균형을 이루어야 한다. 물론 지침에서 제시한 기준과 상이한 기준이나 방법론을 사용할 경우에는 해당 연구자는 그 사유와 논거를 보고서에 명확히 언급하도록 한다.

3) 타당성 조사 지침의 내용

타당성 조사 결과는 누가 보아도 중립적인 관점에서 공정하게 분석되어야 한다. 무엇보다도 이를 위해서는 사업과 관련하여 체계적이고 전문적인 분석이 이루어져 그 결과의 신뢰성을 확보하는 것이 중요하다. 따라서 연구자는 먼저 타당성 조사 지침에 대한 이해도를 높여야 하고, 유사 사업에 대한 타당성 조사 사례를 많이 공부하여 통찰력과 전문성을 갖추어야 한다.

직접 타당성 조사를 수행하는 연구자가 아니라 타당성 조사 보고서를 검토하고 그 결과를 활용하는 공무원이나 일반 시민의 입장에서도 타당성 조사의 전체 수행체계에 대한 이해가 있어야 해당 보고서를 이해할 수 있다. 이러한 사실을 인식하면서 지금부터는 타당성 조사 지침의 주요 내용에 대해 먼저 소개하고자 한다.

〈그림 12-1〉 타당성 조사 수행체계(재료 준비 → 재료 손질 → 분석 → 종합)

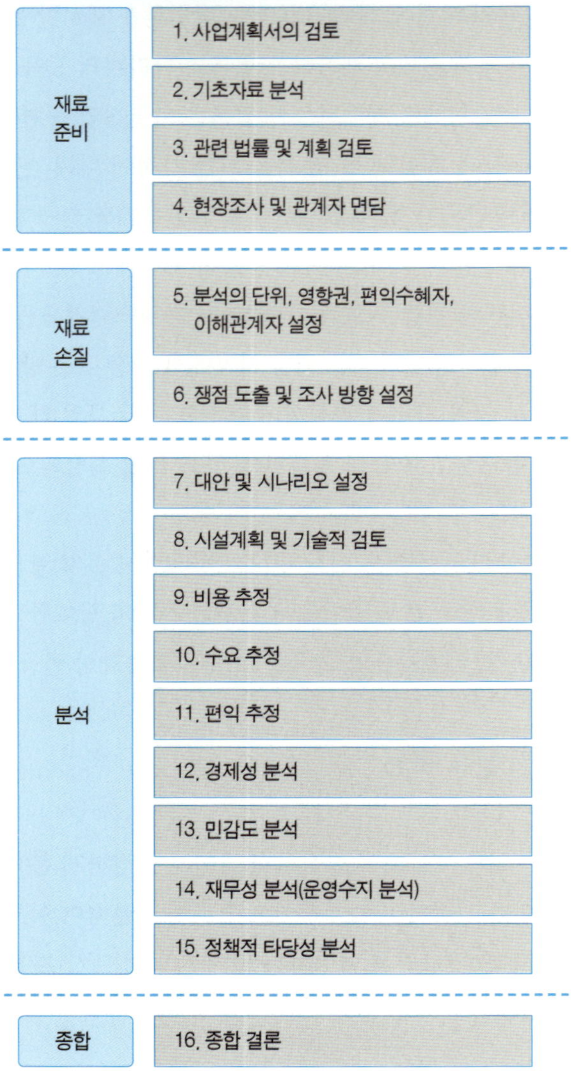

여기에서 소개하는 지침을 먼저 이해하고 이후 이 지침에 따라 개별 사업의 타당성 조사 사례를 살펴본다면 관련 내용을 훨씬 잘 이해할 수 있을 것이다. 실제 타당성 조사 보고서를 읽고 이해하기 위해서는 기본적으로 현재가치, 할인율, 총사업비, 편익의 개념 등 지침에서

많이 언급되는 주요 용어나 이론에 대해서는 알고 있어야 한다. 그런데 다행스럽게도 이들은 매우 높은 전문성을 필요로 하는 것은 아니다.

이하에서는 한국지방행정연구원(2016)의 「지방재정투자사업 타당성 조사를 위한 일반지침」의 내용을 보다 알기 쉽게 설명하고, 실제 타당성 조사 사례를 추가하여 독자로 하여금 타당성 조사에 대한 이해도를 높이고자 한다.

2. 사업계획서의 검토

타당성 조사는 지방자치단체가 제출한 사업계획서를 바탕으로 평가한다. 즉, 조사를 수행하는 연구자가 사업계획을 구상하여 평가하는 것이 아니고, 지방자치단체가 제시한 계획을 분석하여 평가한다.

경제성 있는 사업계획을 마련하는 것은 사업을 하고자 하는 지방자치단체의 몫이다. 따라서 사업계획서에는 해당 사업을 왜 하고자 하는지, 그리고 사업을 통해 얻고자 하는 효과가 무엇인지가 명확히 담겨야 한다. 또한 적어도 타당성 조사를 수행할 수 있을 정도로 사업이 구체화되어야 한다. 타당성 조사는 통상 사업완료 후 30년간 해당 사업으로 발생하는 편익을 추정하여 분석하기 때문에 준공 이후 어떻게 해당 시설을 운영할지가 더 중요하다. 그러나 대부분의 사업계획서는 착공부터 준공까지에 치중하여 작성하는 경향이 있다.

사업계획이 구체화될수록 대상 사업 평가의 객관성과 정확성을 높일 수 있고, 조사단계에서 투입되는 비용과 시간을 절약할 수 있다. 그러므로 가능한 구체화된 사업계획을 제출하는 것이 바람직하다. 일각에서는 타당성 조사를 수행하기 전에 사업계획을 작성하기 위한 용역을 수행하는 것이 중복된 용역이라고 주장하기도 한다. 하지만 적어도 500억 원 이상의 대규모 사업을 추진하면서 구체화된 사업계획 없이 사업을 추진하고자 하는 것이 무리한 것이 않일까? 지방자치단체장의 공약사업으로 임기 동안 어떤 성과를 내어야 한다는 이유로 꼼꼼히 확인하지 않고 무리하게 사업을 추진함에 따른 부작용이 되풀이되어서는 안 될 것이다.

재정투자사업은 적어도 30년 앞을 내다보고 추진하여야 하며, 착공 이후에는 되돌리기가 쉽지 않은 사실을 항상 명심해야 한다. 따라서 사업계획 단계에서 여러 각도로 사업을 점검하여 보다 타당하고 주민에게 도움이 되는 사업계획을 마련하는 것은 아무리 강조해도 지나치지 않다. 그렇다면 사업계획서에는 어떠한 사항이 담겨져 있어야 할까?

1) 사업의 필요성과 목적이 가장 중요하다

가장 먼저 해당 사업을 왜 하려고 하는지, 그리고 사업의 추진을 통해 얻고자 하는 바가 무엇인지에 대해 분명해야 한다.

사업의 목적(objectives)은 사업을 수행함으로써 궁극적으로 달성하고자 하는 성과(performance)라고 정의할 수 있다. 이것은 사업의 필요성(needs)과 명확하게 연결되어 정의되어야 한다. 사업의 필요성은 사업 배경에 근거하여 제시되며 사업 목적의 근거를 제공한다.

예를 들어, 동일한 도로사업이라 하더라도 교통혼잡 해소가 주요 목적일 수도 있고, 안전성 확보, 낙후지역 경제 활성화, 강설시 통행 불가 개선, 원도심 활성화, 관광루트 개발 등이

〈표 12-2〉 지방도 사업의 다양한 목적

고속도로, 국도 사업의 주요 목적	지방도 사업의 주요 목적
• 교통혼잡 해소 • 장래 교통수요 대비 • 지역경제 활성화	• 주거환경 개선을 통한 정주 기능 강화 • 균형발전 도모, 낙후된 지역의 상생발전 도모 • 교통사고가 잦은 선형 불량의 개선 • 강설시 통행 불가 개선 • 도로 기능 회복 및 접근성 개선 • 연결도로 부재 • 원도심 활성화 • 학생들의 안전한 통학로 구축 • 지역주민의 교통복지 증진 • 접경지역 주민 소외감 완화 및 삶의 질 향상 • 해당 지구 개발 활성화 및 접근성 확보 • 지역주민의 교통편의와 복지 증진 • 지역경제 활성화를 위한 물류체계 구축 • 관광루트 개발 • 기업도시 거점을 위한 기반시설 확충 • 교통개선대책 이행 • 기업유치 촉진 • 도민 화합, 주민 숙원사업 • 외국인 투자 여건 조성

자료: 송지영 외(2017: 37).

주된 목적일 수 있다. 특히, 국가가 추진하는 사업에 비해 지방자치단체가 추진하는 사업은 해당 지역이 갖는 자연적, 사회·경제·문화적 배경 등에 따라 다양한 사업 목적을 갖는다.

따라서 특정 사업을 추진하기 위해서는 사업계획서에 사업의 목적을 명확하고 구체적으로 적시하는 것이 무엇보다도 중요하다. 타당성 조사에서는 산출물(output)에 대한 평가가 아니라 사업의 목적과 연계된 성과 내지 결과물(outcome)에 대한 평가를 수행하여야 하므로, 사업 목적의 명확한 제시가 중요하다.

예를 들어, 도서관 건축사업 타당성 조사는 도서관 건축물이라는 산출물이 잘 지어졌는지, 튼튼한지 등에 대한 평가가 아니다. 도서관 건축을 통해 지역주민의 지적 수준이 향상되고 운영 프로그램을 통해 삶의 질이 향상되는 성과, 즉 결과물에 대해 평가를 하는 것이다.

2) 사업의 목적과 계획 내용이 일치하는가?

타당성 조사를 수행하다 보면 사업 목적과 사업계획이 서로 맞지 않는 경우가 종종 발생한다. 비유하자면 상의는 한복 저고리를 입었으나 하의는 운동복을 입은 격이라고 말할 수 있다.

영세한 1인 업체를 지원하기 위해 산업단지를 조성하는 사업을 생각해 보자. 사업계획서에 기재한 설문조사 결과는 영세업체들은 자금이 여의치 않으므로 임대를 원한다고 했음에도 불구하고, 사업계획서에서는 용지를 분양하는 방식으로 계획되었다. 다만, 해당 산업단지의 유치 업종이 대부분 영세업체라는 이유로 조성원가 대비 매우 낮은 분양가격을 제시하였다. 그러나 현재 임대료도 못 내서 허덕이는 영세업체가 비록 낮은 분양가격이라 하여도 땅을 분양받아 자신의 공장을 지을 수 있을까? 아마도 해당 업종에서 몇 개 되지 않는 중견업체가 결국은 조성원가보다도 낮은 가격으로 용지를 매입하여 소위 부동산으로 돈을 벌게 될 가능성이 크지 않을까? 결국 분양 위주의 사업계획은 영세업체 지원이라는 당초의 목적을 구현하기 어렵게 된다. 사업 목적과 사업성을 고려한다면 중견업체는 조성원가 수준으로 분양받으면 되고, 영세업체는 지방자치단체가 공장을 지어 낮은 가격으로 임대하면 될 것이다. 따라서 항상 사업을 왜 하고자 하는지, 누구를 위한 것인지를 염두에 두고 사업 목적을 구현할 수 있는 계획을 수립하여야 할 것이다.

3) 사업의 추진경위를 구체적으로 기술한다

사업이 어떠한 경로로 타당성 조사 대상 사업에 포함되었는지, 그리고 향후 추진계획 및 사업 추진 주체가 명확해야 한다. 재원조달 주체 및 완공 후 운영 주체 등도 명확히 하되 특히, 여러 개별 사업이 포함된 복합사업의 경우 사업의 추진 주체와 완공 후 주무부처가 달라질 수 있음을 인식하고, 이를 고려하여 사업계획과 운영계획을 작성해야 한다.

만일 기존에 투자심사를 받은 경험이 있다면 투자심사조서와 심사 결과를 파악하여야 한다. 이는 이전의 투자심사에서 제기된 쟁점과 심의 내용이 타당성 조사 단계에서 고려되어야만 그 결과를 토대로 추후 투자심사에서 지방자치단체가 적절하게 대응할 수 있기 때문이다.

4) 사업계획은 어느 정도 구체적이어야 하는가?

타당성 조사를 위해 작성된 사업계획서에 포함되어야 할 사업의 내용은 사업 유형별로 차이가 있다. 예를 들어, 도로사업의 경우 우선 관련 지방자치단체의 도로정비기본계획 등 중·장기 계획상의 반영 내용, 노선대, 선형계획, 차로 수, 교통량, 총사업비 등에 대한 계획이 필요하다. 주택사업이라면 호당 면적, 호수, 부대시설, 주택 유형(분양주택 또는 임대주택)이 정해져야 하고, 상업시설은 시설의 용도, 규모 등이 결정되어야 한다. 산업단지 조성사업의 경우에는 토지이용계획, 공업용수 공급계획 및 폐수처리계획, 유치 업종 및 비율, 분양가, 분양 스케줄 등이 필요하다.

또한 합리적인 수요예측에 기반하여 시설규모와 계획이 이루어져야 한다. 예를 들어, 도로 확장사업의 경우 현재 2차로 도로 교통량이 얼마이므로 혼잡으로 인해 4차로 확장이 필요하다라든지, 산업단지의 경우 어떻게 유치 업종을 선정하였고, 업종별 비율을 설정하였는지 등을 제시하여야 한다.

흔히 사업계획서를 작성하면서 운영비에 대해 소홀히 하는 경향이 있다. 지방자치단체의 많은 공공건축물이 건설 이후 운영적자 문제로 시달리고 있는 사실을 상기하면, 운영단계의 소요비용을 가능하면 정확하게 작성하여야 한다.

지방자치단체 사업의 특성 중 하나는 사업기간이 길다는 것이다. 일반적으로 고속도로나 국도의 사업기간은 보상기간을 포함하여 5~7년으로 계획하고 있다. 이에 비해 지방도나 시·군도와 같은 지방자치단체 추진 사업은 사업기간을 15년 이상의 장기사업으로 의뢰하는 사례가 종종 있다. 이는 지방자치단체의 예산은 제한되어 있는 반면 선거공약이나 주민 민원 등으로 인해 추진해야 하는 사업이 많기 때문일 것이다. 단체장 입장에서 일단 많은 사업을 재임 중에 착공만 하겠다는 정치적인 계산도 어느 정도 깔려 있는 것으로 보여진다. 그러나 모든 사업의 편익은 결국 완공되어 운영되어야 발생한다는 점을 염두에 둘 필요가 있다.

■ 예산편성 방식에 따른 사업편익 발생시점의 차이

- A시가 도로사업에 쓸 수 있는 예산이 연간 100억 원임. A시는 10개의 도로사업을 하고자 하며 각 사업별 사업비는 모두 동일하게 200억 원이라고 가정하자.
- 효율성 측면에서는 사업별 우선순위를 두고, 가장 시급한 사업에 연간 100억 원씩 투입하여 2년마다 도로를 완공하는 것이 바람직함. 결국 20년 동안 10개의 도로가 완공되겠지만 시차를 두고 매 2년마다 새로운 도로가 건설되는 것임.
- 그러나 A시의 시장은 4년마다 선거를 앞두고 있고, A시의 각 지역에서는 저마다 자기 지역의 도로사업이 더 시급하다고 주장함.
- 따라서 A시는 100억 원을 10개의 사업에 나누어 10억 원씩 투입하여 10개 사업을 동시에 착공하는 방법을 사용하였음. 이렇게 하면 결국 20년 뒤에 10개의 도로가 동시에 완공되고, 그동안 어떠한 도로도 먼저 개통되지 못함.
- 이처럼 같은 예산을 완공 위주로 편성하느냐 아니면 착공 위주로 편성하느냐에 따라 사회적 편익은 크게 달라지게 됨.
- 상기 사례는 극단적인 사례지만, 지방자치단체의 도로사업은 대체로 동시에 많은 사업에 적은 재정을 나누어 지출하여 완공까지 10년 이상 지지부진하게 지연되는 사업이 상당히 많은 것이 현실임.

실제로 타당성 조사 의뢰시 해당 사업의 시급성을 주장하면서도 재정상의 이유 등으로 사업기간을 15년 이상으로 제시한 경우가 많아 상호 모순되는 경향이 자주 있다. 원칙적으로는 이러한 경우 사업 간 우선순위를 검토해서 자치단체 스스로 완공 위주의 예산편성을 하는 것이 가장 바람직하다. 그러나 부득이하게 사업기간이 장기간일 수밖에 없는 경우는 단계별 개통을 염두에 두고 사업계획을 마련하는 것이 차선의 대안일 것이다. 단계별 개통은 하나의 노선에서 시급한 구간을 먼저 개통하고, 그 뒤에 다음 구간을 시공하는 것을 의미한다. 이는 전체 노선에 대해 동시에 조금씩 공사하는 것보다 지역주민의 편이성을 높일 수 있다.

5) 사업 추진을 위한 재원은 어떻게 마련할 것인가?

재원이 어떻게 구성되느냐에 따라 앞서 설명한 각종 타당성 평가를 어느 법에 근거하여 수행할지가 정해진다.

최근 일부 지방자치단체는 법적으로 국비 보조를 받을 수 있는 사업임에도 예비타당성 조사를 회피하기 위해 국비를 받지 않는 것으로 재원을 구성하기도 한다. 또 다른 일부 지방자치단체는 국비지원 근거 법령이 없음에도 막연하게 국비를 받도록 노력하겠다는 입장을 표명하고 국비를 포함하여 제시한다. 이 모든 경우는 결코 적절하지 않다. 국비는 근거 법령에 기준해서 산정하여야 하고, 지방비의 경우에도 가용재원을 활용할지, 아니면 지방채를 발행할지가 정해져야 한다.

결국 지방투자사업 추진시 가장 중요한 판단 기준의 하나는 재원이다. 500억 원 규모의 투자사업 B/C가 1.0 이상으로 경제적 타당성을 확보한다고 할지라도 어떤 지방자치단체에서는 500억 원의 재원투입이 매우 어려울 수 있다. 즉, 국비사업과 달리 지방자치단체 사업은 재원조달 가능성과 사업 추진 지방자치단체의 재정 여건의 중요성은 아무리 강조해도 지나치지 않다.

이처럼 사업계획은 타당성 조사를 위한 많은 정보를 담고 있으므로 연구자는 본격적인 분석에 앞서 사업계획서를 충분히 검토하여 조사의 방향과 쟁점사항을 도출하여야 한다. 이후 현장답사, 통계자료 및 기존 문헌 검토 등을 통해 그 지역의 기초자료를 확보하는 작업으로부터 조사를 시작한다.

3. 기초자료 분석

1) 우리 지역의 여건을 이해하는 것이 기본이다

타당성 조사 보고서에서 기초자료 분석은 어떠한 위상을 가질까? 혹자는 별 필요없는 부분이라 생각할지도 모르겠다. 그냥 페이지를 늘리기 위해 별 관심 없는 기상이나 지질 등 자연환경과 인구나 산업구조 등 사회·경제적 관련 통계자료를 취합한 것이라고 볼 수도 있을 것이다.

그러나 기초자료 분석은 본격적인 타당성 조사를 위한 첫 번째 단추이다. 어쩌면 사업을 추진하는 지방자치단체 공무원이나 주민들은 이미 본인이 거주하는 지방자치단체의 자연환경이나 인문사회적 환경에 대해 어느 정도 알고 있기에 중요하지 않다고 생각할 수도 있다. 그러나 기초자료 분석은 조사를 담당하는 연구자나 조사 보고서를 검토하는 전문가에게는 해당 자치단체에 대해 기초적인 이해를 할 수 있다는 점에서 상당히 중요하다.

예를 들어, 제주도는 관광산업과 소비 중심의 지역으로 산업기반이 취약하다. 그 결과 제주 지역의 전국 대비 지역내총생산(GRDP) 비중은 1% 수준에 불과하다. 이러한 제주도의 특성을 고려하지 않고 전시 및 회의 수요 추정시 사용하는 지역내총생산을 적용한다면 과소 추정될 것이다.

종합하면, 지역적 특성은 해당 사업의 추진 배경 및 필요성과 연계되며, 타당성 조사 결과의 해석에 있어서도 활용되므로 기초자료 분석은 중요하다.

2) 어떠한 기초자료를 분석하는가?

타당성 조사에서 기초자료는 일반적으로 자연·생활 환경자료와 사회·경제적 자료로 구분하여 분석하고 있다.

자연·생활 환경자료는 기상, 지질, 표고, 경사도 등을 의미한다. 타당성 조사 단계에서 이들에 대한 정보는 해당 지역에 대한 기존 문헌과 통계자료 등을 토대로 검토한다. 자연적 환경조건은 설계에서 중요하게 고려되기 때문에 이후 실시설계 단계에서는 지질조사, 현지실사 등을 통하여 더욱 상세하게 조사가 이루질 것이다. 그러나 타당성 조사에서도 다음과 같은 의미가 있다(독자들은 제1부의 관련 내용을 상기하기 바란다).

예를 들어, 도로와 철도 건설사업의 경우 노선이 지나는 경로의 자연환경(산지, 평야, 호수, 강, 지질)에 따라 사업의 노선계획이나 비용이 달라진다. 산업단지 역시 부지의 위치와 경사도, 지질특성 등이 공사비에 영향을 미친다. 관광사업이나 행사성 사업의 경우에도 지형이나 기후환경의 영향을 많이 받는다. 특히, 전문체육시설 중에서도 스키점프나 크로스컨트리와 같은 야외경기 시설은 지형이나 기후환경의 영향을 많이 받으므로 자연환경이 특히 중요한 고려 대상이 된다.

한편, 사회·경제적 자료는 인구 추이 및 인구구조(고령화 추이), 산업구조, 지역내총생산, 토지이용 현황 등을 의미하고, 관련 통계자료 분석을 통해 검토한다. 사회·경제적 자료 분석은 사업의 필요성과 수요 추정 등과 관계된다. 인구밀도가 높은 지역이 낮은 지역에 비해 상대적으로 사업의 수요가 큰데, 이는 사업의 경제성 확보 가능성과 직결된다. 특히, 인구증가율, 고령화 인구 추이 등은 해당 지역의 미래 성장 가능성을 시사하므로 중요하다. 산업구조 역시 해당 지역의 성장 가능성과 연관되며, 토지이용 현황 역시 지역의 공간적 구조와 해당 사업의 입지 여건이 주변에 미치는 영향 등을 개략적으로 판단할 수 있게 한다.

예를 들어, 산업단지는 산업시설 용지에 대한 수요 때문에 필요하기도 하지만 인구유출로 인한 지역경제 침체를 극복하기 위해 선투자 관점에서 추진하기도 한다. 이처럼 동일한 사업 유형에서도 각 지방자치단체의 처한 기초적인 여건에 따라 다른 목적으로 추진될 수 있다는 점에서 해당 지방자치단체의 사회·경제적인 통계 분석은 필요하다. 이때 해당 지방자치단체의 통계자료만으로 그 위상을 파악하기가 어려운 경우에는 다른 지방자치단체의 통계를 활용해서 비교할 필요가 있다.

기타 사업 유형에 따라 추가적으로 검토하는 기초자료도 있다. 교통사업에서는 해당 지역 인근 도로의 차로 수나 교통량 등 교통 현황을 분석한다. 특히, 교통량 자료는 해당 지역의 교통 현황 파악뿐 아니라 교통량 정산을 위해서도 반드시 필요한 자료이다. 지방도 사업의 경우 국토교통부에서 조사하는 「도로교통량통계연보」의 조사지점이 부족한 경우가 많다. 이 경우에는 별도의 교통량 조사를 직접 수행한다.

산업단지 조성사업은 인근 산업단지 분양률 및 가동 현황, 지역 내 업종이나 사업체 현황

■ 산업단지 현황자료 분석시 주의사항

- 주변 인근 산업단지의 현황을 분석할 때 실수요자 개발 산업단지와 일반 분양 산업단지는 그 특성이 다르므로 구분하여야 함.
- 실수요자 방식으로 조성된 산업단지는 완공 이전에 100%의 분양률을 나타내기 때문에 시공자와 분양자가 다른 일반적인 산업단지의 분양 추이와는 크게 차이가 나기 때문임.
- 따라서 이를 구분하지 않으면 인근 산업단지의 분양률이 매우 높은 것으로 잘못 분석할 수 있기 때문에 주의가 필요함.

등에 대한 조사가 필요하다.

관광시설 사업의 경우 지역 내 관광시설 및 축제, 유·무료 관광지 관광객 추이 등 관광산업 현황을 참고할 필요가 있다. 문화·체육시설은 인근 유사 시설 현황을 검토하여 중복 투자의 우려가 없는지에 대해 검토한다. 지역 내 유사 사례 분석은 사업 추진의 필요성 및 시급성, 지역 내 관련 사업 및 시설 여건, 중복 투자 여부 등을 판단하는 데 도움을 준다. 그리고 타 지역 유사 사례의 분석은 수요 및 규모 등의 적정성을 판단하는 데에도 유용한 정보를 제공한다.

종합하면 기초자료 분석은 단순히 지역 현황에 대한 정형화된 자료를 나열하기보다는 타당성 조사 대상 사업과 관련하여 기술하여야 한다. 무의미한 정보의 나열은 지양해야 하며, 무엇보다도 공신력 있는 자료를 활용하는 것이 중요하다.

4. 관련 법률 및 계획 검토

하나의 사업을 추진하기 위해서는 많은 법률적 검토가 필요하다. 물론 대부분의 지방자치단체에서 사업계획시 관련 법률 검토를 충실히 하고 있지만, 타당성 조사 수행시에도 다시 한번 점검할 필요가 있다.

일반적으로 공공투자사업은 사업 추진 주체가 해당 사업을 단독으로 처리하는 경우는 거의 없으며, 몇 단계의 정부계획 혹은 지방자치단체 계획을 거쳐서 구체화된다. 따라서 상위계획을 검토함으로써 해당 사업이 체계적으로 추진되어 온 사업인지를 파악할 수 있으며, 사업들 간 투자 우선순위에 대하여도 확인할 수 있다.

특히, 우리나라의 계획체계는 중앙부처의 계획, 개별 법에 의한 계획, 지방자치단체 계획 등이 복잡하게 얽혀 있는 경우가 많다. 그러므로 해당 사업에 실질적인 영향이 있거나 국가 전체의 계획 방향에 어긋나는지를 관련 계획들을 검토함으로써 확인하는 작업이 필요하다. 아울러 관련 법률 검토를 통해 국비나 도비 지원 근거와 지원비율을 파악하여 재원조달계획의 적정성을 검토할 수 있다.

관련 법률뿐 아니라 관련 계획의 검토 또한 중요하다. 도로사업의 경우는 해당 노선구간 이외에 연결구간과의 관련성, 즉 전반적인 교통망(network) 차원의 검토가 필요하며, 특히 해당 사업이 규정되어 있는 상위 및 관련 계획의 검토가 필요하다. 이와 더불어 교통수요에 영향을 미치는 장래개발계획을 검토하는 것이 중요하다.

공공청사는 면적 규제 관련 외에는 국가 전체의 계획 방향과 큰 연관성이 없다. 따라서 해당 지역의 도시계획 및 관련 법률과의 연관성에 중점을 두고 살펴볼 필요가 있다. 특히, 청사를 이전하지 않고 철거 후 신축을 하는 경우나 리모델링을 하는 경우에는 용적률, 건폐율과 관련한 쟁점이 발생할 가능성이 있다. 따라서 용도지역 변경, 문화재 보존지역 등에 관한 내용이 포함된 지구단위계획 변경 관련 사항 등에 대한 검토가 필요하다.

〈그림 12-2〉 지방도 사업과 관련한 법정계획

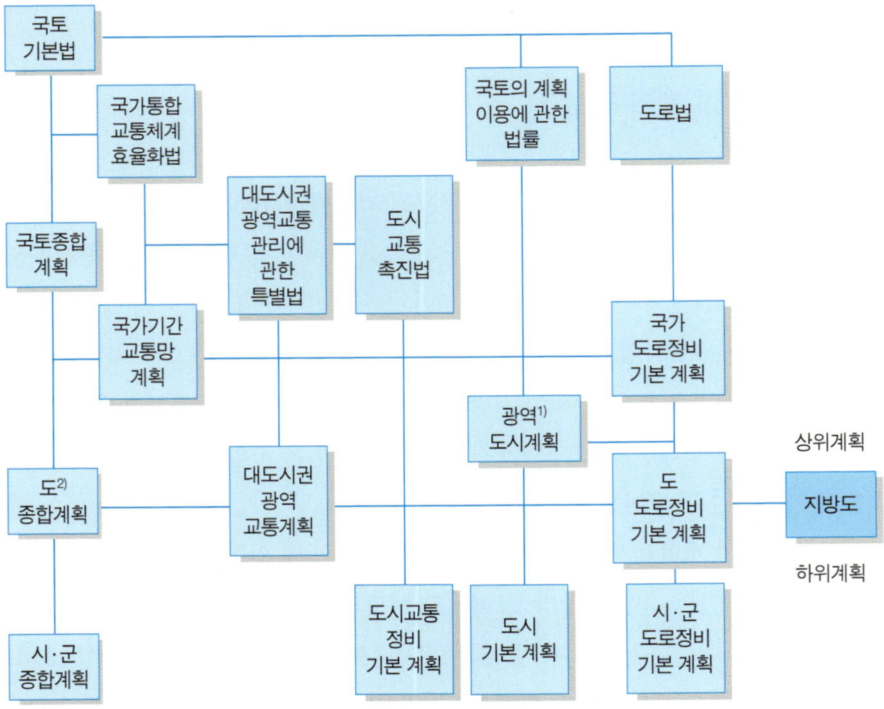

주: 1) 광역 도시계획이란 특별/광역시·도 종합개발계획을 말함.
2) 도 종합계획은 도단위 종합개발계획을 말함.
자료: 한국지방행정연구원(2015d: 31).

주택공급사업의 경우 도시재개발사업시에 대규모의 주택 멸실이 발생할 수도 있고, 인근지역에 택지개발사업 등이 계획될 경우에는 주택이 대량 공급될 수 있기 때문에 이와 관련된 계획을 검토할 필요가 있다.

관련 계획 검토 역시 연관이 없는 상위계획을 형식적으로 보고서에 기술하는 것은 지양하고, 관련 계획과 조사사업의 직·간접적인 연계성을 검토하고 서술하는 것이 바람직하다. 또한 관련 계획은 법정계획과 비법정계획으로 구분하여 검토하도록 한다.

5. 현장조사 및 관계자 면담

타당성 조사를 수행하는 연구진은 사업계획서 등에 대한 일차적인 서면검토 후에 1회 이상 사업대상지를 방문하여 현장조사를 해야 한다. 현장조사에는 타당성 조사를 수행하는 모든 연구진이 참석하는 것이 바람직하다. 이를 통해 사업계획에 대한 이해를 높이고, 사업대상지의 점검, 관계기관의 의견 청취, 연구진과 관계기관 간의 질의응답을 통한 사업의 세부내용 확인 및 사업의 쟁점을 파악할 수 있다.

1) 현장조사에서 놓치지 말아야 할 것

도로사업의 경우는 시점부터 종점까지 노선대에 따라 현장 도로 여건과 교통량 상황, 차

■ 도로확장사업의 경우 기존 교차로 현황 파악이 중요하다!

- 도로 인근에 산재된 공장, 음식점 등 시설로의 접근을 위한 비신호 교차로가 빈번한 경우, 이를 4차로로 확장하면서 기존 비신호 교차로를 줄이고 신호 교차로로 대체하는 경우가 많음.
- 물론 4차로에서 비신호 교차로의 잦은 운영은 위험성이 높다는 점과 이동성 향상을 고려하여 교차로의 개수를 줄일 필요가 있음.
- 하지만 이로 인해 기존 시설로의 접근이 저하된다면 이로 인한 민원이 발생할 수 있음.
- 이러한 경우 정답은 없겠으나, 해당 도로의 주 기능이 통과 교통을 처리하는 이동성 중심인지 아니면 주변 시설로의 접근성 중심인지를 먼저 파악하고 이후 도로계획을 검토하는 것이 바람직함.
- 만약 접근성 중심 도로라면 무조건적인 4차로 확장보다 선형 개량을 통한 2차로 유지가 더 바람직할 수 있음.

로폭 등에 대한 현장조사를 수행한다.

대부분의 지방도 사업은 폭원이 협소하고 선형이 불량한 2차로를 4차로로 확장하는 경우가 많다. 이러한 경우 기존 노선의 시설 상태가 사업 추진의 결정적 요인으로 작용한다. 따라서 기존 노선의 횡단구성, 현행 선형 기준에 따른 설계속도, 연도조건 등의 점검이 필요하고, 때로 사업노선뿐 아니라 경쟁노선에 대한 조사를 해야 한다. 이러한 현황 분석을 통해 해당 도로의 문제점과 선형 개량 또는 확장의 필요성을 확인할 수 있다.

산업단지, 도시개발사업 등 용지개발사업은 사업부지로의 접근성 및 진·출입 편리성, 지장물 등 부지 내·외부의 현황 파악이 필요하다.

공공청사 건축사업은 현 청사의 현황(준공연도, 부지면적, 연면적, 건물규모 등)과 리모델링 가능성에 대한 검토(사업예정지의 입지 여건 및 접근 동선 등에 대한 검토)가 필요하다. 예를 들어, 청사부지 내에 문화재가 포함되거나 인접지역에 지정문화재가 있는 경우 청사의 건축 높이에 제약이 있을 수 있다. 청사 신축사업에서 가장 중요한 것은 현재 청사의 정밀안전진단 결과 리모델링을 통한 증축이 가능하다면 이를 반드시 대안으로 포함하여야 한다는 점이다. 따라서 기존 청사의 정밀안전진단 결과 보고서가 있어야 하고, 현장 조사시에 기존 청사의 노후정도를 체크하여야 한다.

2) 이해관계자의 의견을 폭넓게 듣는다

국가 주도의 사업과 달리 지방자치단체가 주도하는 지방재정투자사업은 사업과 관련된 기관, 특히 재원 주체별 의견이 다양할 수 있으므로 가급적 모든 재원 주체의 의견을 청취하는 것이 바람직하다. 그 이유는 국비를 지원하는 정부 주무부처와 도비를 지원하는 광역자치단체의 담당부서, 시비를 투입하는 사업 추진 부서, 민간자본 투자자 등 재원 주체별로 사업을 바라보는 관점 및 의견이 다를 수 있기 때문이다. 또한 전액 도비로 추진되는 사업이라고 하더라도 사업대상지가 위치한 기초지방자치단체의 의견을 들어야 한다.

따라서 지방자치단체 입장에서는 타당성 조사 연구진이 현장조사를 목적으로 방문하였을 때 사업에 대한 필요성과 기대효과에 대해 충분히 설명함으로써 조사 연구진의 사업이해도를 높여 주어야 한다. 다만, 무작정 공약사업이기 때문에 필요하다든지 주민 민원이 많다

■ ○○시 「자치구 청사건립 시비지원 기준」 검토 사례

- △△구는 청사 신축시 ○○시 지원금의 규모에 대한 계획을 제시하였으나, 타당성 조사 연구진이 ○○시 「자치구 청사건립 시비지원 기준」에 따라 재산정한 결과 △△구의 계획보다 지원금액이 낮은 것으로 나타났음.
- ○○시가 △△구 이외의 다른 구청사 건립에 지원한 시비를 검토한 결과 기준상으로는 공사비의 50%까지 지원 가능한 것으로 기술은 되어 있지만, 실제 그 정도까지 지원한 사례가 없었음.
- 연구진이 ○○시에 확인한 결과 △△구의 계획은 ○○시와 사전 협의되지 않은 것으로 확인되었음.
- 만약 시비가 지원되더라도 △△구의 당초계획보다는 적은 금액이 될 것으로 예상되어 타당성 조사 보고서에 시비지원이 원활하지 않을 경우의 대응방안이 필요하다고 기술하였음.

는 이유만으로 사업의 필요성을 납득시키기는 어렵다. 물론 사업 추진시 정치적인 이유도 있겠지만, 분석을 위해서는 더 객관적인 논거의 제시가 필요하다.

여기까지가 타당성 조사 수행을 위한 재료 준비단계였다면, 앞으로는 이 재료를 어떻게 손질하고 요리할지를 결정하는 문제를 다룬다.

6. 분석의 단위, 영향권, 편익수혜자 설정

1) 어디까지가 하나의 사업인가?

타당성 조사의 분석단위에 대해서는 명확하게 구분하기 쉽지 않다. 예를 들어, 도시재생사업에서 주차공간 확보, 녹지 조성, 좁은 도로의 확장 및 선형 개선, 그리고 마중물 사업으로 주민 커뮤니티 시설 신축을 포함할 경우 주차장, 녹지, 도로, 커뮤니티 시설 등 모든 시설을 각각 개별적인 사업으로 간주하여 타당성 조사를 각각 수행하여야 할까? 아니면 이러한 모든 개별 시설들을 해당 지역 재생을 위한 하나의 사업으로 묶어서 보아야 할까?

특히, 각 개별 사업은 총사업비 500억 원 미만으로 타당성 조사를 수행하지 않아도 되는데, 각각의 사업을 모두 합하여 단일사업으로 볼 때 총사업비가 500억 원 이상으로 타당성 조사를 받아야 한다면, 타당성 조사의 분석단위에 대해 고민하지 않을 수 없다.

투자심사의 대상은 세출예산 구조상 세부 사업의 사업예산에 해당하므로 타당성 조사

역시 세부 사업에 대해 수행하는 것을 원칙으로 한다. 다만 자체적으로 수요와 편익이 발생하는(self-sufficient) 분석단위인지를 확인하여야 한다. 즉, 어떤 사업이 추가적인 새로운 인프라 구축 없이 운영이 가능하여야 한다는 의미로 타당성 조사에서는 이러한 자체적 완결성을 갖는 사업을 하나의 분석단위로 한다는 뜻이다.

예를 들어, 진입도로가 없는 산업단지는 운영될 수 없기 때문에 산업단지와 진입도로는 하나의 사업으로 고려되어야 할 것이다. 또한 택지개발사업에서 기반시설 없이는 분양이 이루어질 수 없는 경우, 즉 택지로서의 역할을 할 수 없는 경우라면 기반시설을 포함한 택지개발사업을 하나의 사업으로 고려하여야 한다.

■ 별개의 사업? 하나의 사업?

- 일부 타당성 조사에서는 산업단지 진입도로에 대한 타당성 조사를 산업단지 조성과 별개의 사업으로 분석하기도 함.
- 그러나 일반적으로 하나의 산업단지가 자체 완결성을 갖추는 데 필요한 지원시설들은 개별적으로 분석하는 것이 아니라 전체를 하나의 사업으로 보는 것이 타당할 것임.
- 다만, 상황에 따라 하나의 사업인지 아닌지는 달라질 수 있으므로 딱 잘라서 정의하는 것은 어려움.

한편, 사업이 몇 개의 연결된 사업들로 구성되어 있을 경우 독립적인 구성요소들 각각이 비용과 편익을 유발한다. 이 경우 개별 시설에 대한 타당성과 사업 전체에 대한 타당성을 함께 분석하는 것이 바람직하다.

예를 들어, 지하에 폐기물 처리시설을 설치하고 지상부에 녹지와 레크리에이션 시설을 설치하는 사업을 생각해 보자. 먼저, 개별 사업에 대한 검토가 필요하며, 다음으로 전체 사업에 대해 평가하는 것이 바람직할 것이다. 사업 전체적으로는 순편익이 발생할 수 있으나, 개별 사업 중에서는 부의 편익이 발생할 수도 있고 상호 시너지가 아니라 음(-)의 외부효과가 발생할 수도 있기 때문이다. 그러나 개별 사업으로의 의미보다 상호 시너지 효과가 더 큰 경우, 또는 서로 배타적이지 않은 사업의 경우 개별 사업의 분석은 의미가 없을 수 있다.

최근 지방자치단체들이 서로 연관성이 없는 다수의 사업을 하나의 사업으로 묶어서 계획하여 조사를 의뢰하는 사례가 많아지고 있다. 이로 인해 타당성 조사를 수행하는 연구진이 조사 수행에 상당한 어려움을 겪기도 한다. 예비타당성조사는 2012년 운용지침에서부터 이

■ 복합사업의 좋은 사례: 버스공영차고지와 지하 저류조 복합사업

- 버스공영차고지 하부에 빗물 저류조를 함께 설치하는 복합사업으로 차고지는 주차계획과, 저류조는 하천계획과 사업으로 당초 별개의 사업으로 추진되다가 지방자치단체장의 지시로 복합화하여 추진하게 되었음.
- 타당성 조사 결과 별도 공사보다 복합공사에 따라 용지보상비뿐만 아니라 공사비도 20% 이상 절감되는 효과가 있었음.
- 결과적으로 저류조와 공영차고지를 복합화하여 건설·운영하는 것은 경제적 편익은 저류조 시설의 편익이 전체 사업을 견인하고, 운영단계의 수지는 공영차고지 시설이 전체 사업을 감당하는 것으로 나타나 서로 윈윈(win-win)의 사업구조를 갖게 되었음.
- 이처럼 시너지 효과(synergy effect)를 지니면서 하나의 부지에 단일 구조물로 시공하는 사업은 그 특성이 상이하고 각각의 편익이 독립적으로 발생하더라도 하나의 사업으로 타당성 조사를 수행할 수 있음.

■ 예비타당성조사의 대상 사업단위

- 예비타당성조사의 대상 사업단위는 「예비타당성조사 운용지침」 제18조에서 정의하고 있는데, 「지방재정법」 타당성 조사의 대상 사업단위보다 다음과 같이 더 세분화된 사업을 기준으로 하고 있음.
  ① 예비타당성조사 대상 사업의 단위는 원칙적으로 현행 예산 및 기금의 과목구조상 '세부 사업'을 기준으로 함. 다만, 세부 사업이 독립적인 하위의 내역사업들로 구성되어 있고, 동 하위의 내역사업 중 예비타당성조사 대상 사업 요건에 해당하는 사업이 있는 경우에는 해당 하위의 내역사업을 예비타당성조사 대상으로 함.
  ② 출연연구기관, 특정 연구기관 등의 경우에는 기관운영비, 특수사업비, 주요사업비 등의 항목에 포함된 독립적인 하위의 내역사업이 예비타당성조사 대상 사업 요건에 해당하는 경우 해당 하위의 내역사업을 예비타당성조사 대상으로 함.
  ③ 지역개발, 관광지 개발 등 여러 개의 개별 세부 사업으로 구성된 집단사업(package project)의 경우에는 원칙적으로 개별 세부 사업별로 예비타당성조사를 실시함.
  ④ 제3항의 규정에도 불구하고 사업의 특성, 목적, 추진 방식 등을 고려하여 2개 이상의 세부 사업을 묶어서 단일사업으로 평가하는 것이 보다 적절하고, 세부 사업들의 총사업비 합계가 예비타당성조사 대상 요건에 해당하는 경우에는 2개 이상의 세부 사업을 단일사업으로 묶어서 예비타당성조사를 실시할 수 있음.

자료: 2019년 「예비타당성조사 운용지침」 제18조.

러한 경우에는 조사를 요구할 수 없도록 명시하고 있으므로 「지방재정법」 타당성 조사에서도 향후 이를 참고할 필요가 있다.

결론적으로 타당성 조사의 분석단위에 대해서는 논란이 있으나, 일률적으로 제시하기 어렵고 개별 연구진이 합리적인 판단 기준에 따라 결정하는 것이 바람직하다.

2) 영향권 설정

(1) 영향권은 편익수혜자의 범위와 직결된다

영향권(impact area)은 사업효과에 영향을 받는 공간적 범위로 정의할 수 있으며, 투자의 규모와 범위, 사업부문 등에 따라 달라진다. 예를 들어, 실내체육관이나 폐기물처리시설 같은 경우는 지역적인 특징이 강하고, 도로 개설과 같은 교통사업의 경우는 네트워크 사업으로서 다른 지역과의 연결성에 따라 영향권이 보다 광역적일 수 있다.

해당 사업으로 인한 영향권의 범위, 즉 공간적 범위를 예비타당성조사에서는 대체로 전국적(nation-wide)으로 보고 있다. 그러나 「지방재정법」에 따른 타당성 조사에서는 사업 추진 지방자치단체의 행정권역으로 볼 것인지, 아니면 사업의 유형 및 기능에 따라 국지적(local) 또는 광역적(regional) 범위로 볼 것인지가 현재로서는 명확하지 않다. 물론 대상 사업의 총사업비 규모가 500억 원 이상인 대형 투자사업이기 때문에 전국적 범위가 될 수도 있다. 하지만 공공청사는 해당 지방자치단체의 행정권역을 영향권으로 보아야 할 것이며, 실내체육관과 같은 경우는 물리적 거리를 고려하여 영향권을 설정하는 것이 합리적이다. 한마디로 요약하면, 지방투자사업의 영향권은 사업별로 달라진다.

■ 하나의 사업일 경우에도 영향권이 세부 시설별로 달라질 수 있다!

- 예를 들어, 복합청사의 경우 공공업무시설과 주민편의시설의 영향권은 다음과 같이 달라질 수 있음.
- 업무 기능을 담당하는 사무공간의 영향권은 해당 지방자치단체의 행정권역과 일치하는 경우가 많음.
- 어린이집이나 보건지소 등은 인접 도보권 내로 영향권역이 작을 수 있음.
- 대강당 등 대관이 가능한 주민편의시설은 시설규모와 청사 접근성에 따라 인접 지방자치단체까지 그 영향권이 확대될 수 있음.

영향권, 즉 사업 수혜 편익의 공간적 범위가 중요한 이유는 그것이 편익수혜자의 범위와 직결되기 때문이다. 이로 인해 편익의 크기가 영향을 받고, 이전편익의 반영 정도가 결정된다.

예를 들어, 체육시설 건립사업의 경우 대상 시설의 규모 및 기능(즉, 국제경기 또는 전국체전 위주의 대형 체육시설인지, 엘리트 육성 체육시설인지, 생활체육시설인지, 대관 위주의 체육시설인지 등)에

■ 영향권은 해당 시설의 입지와 시설의 특성을 고려하여 신중하게 결정하여야 한다

- 공원이나 문화시설의 편익 추정 방법으로 많이 사용되는 조건부가치측정법(CVM)의 경우 영향권을 전국으로 설정할지, 아니면 해당 자치단체로 국한할지가 편익 추정의 가장 중요한 결정 요인이 됨.
- CVM 방식은 설문조사를 통해 도출된 지불의사금액(willingness to pay: WTP)을 영향권 내의 세대수(또는 인구)에 곱하여 총편익을 추정하기 때문에 영향권에 따라 전국 세대수 또는 해당 자치단체의 세대수가 모수로 정해짐.
- 예비타당성조사는 국비가 300억 원 이상 투입된다는 논거로 전국을 영향권으로 하여 전국 세대수를 곱하고 있음(※ 다만, 여기에는 논란의 여지가 있음).
  - 예를 들어, 평택시의 경우 기존에 문예회관이 3개가 있음에도 불구하고 미군기지 이전에 따른 보상 차원에서 추가로 평화예술의 전당을 국비지원으로 건설하는 사업에 대한 예비타당성조사에서 전국을 영향권으로 설정하였음.
- 한편, 「지방재정법」에 따른 타당성 조사에서는 사업을 추진하는 해당 자치단체를 중심으로 접근성 및 대체시설 유무를 고려하여 영향권을 설정하고 있음.
  - 따라서 수도권을 제외하면 WTP 자체가 높게 나오더라도 곱하여지는 모수가 작기 때문에 대체로 B/C가 낮게 나타남.

■ 도로사업의 영향권 설정 사례

- 도로사업의 영향권: 사업시행으로 인해 현저한 교통 패턴의 변화가 발생하여 사업의 타당성을 분석하는 데 포함되어야 할 공간적 범위
- 도로사업의 공간적 영향권 설정 방법은 교통량 변화가 발생하는 지역과 교통 분석 기초자료에서 기·종점 구성비율에 근거하여 설정하여 왔음.
- O/D 통행분포 분석(PV), 구간 교통량 변화율 분석(RV), 구간 교통량 변화량 분석(DV) 등 3가지 방법 수행 후 중첩되는 지역으로 설정

구분	설정 방법	
PV	사전적 설정	• 사업구간을 포함하는 지역의 발생 교통량 중에서 각 지역별 도착 교통량이 차지하는 비율(PV)을 산정하여 상위 지역
RV	사후적 설정	• 사업시행 전·후 구간 교통량의 변화율(RV)이 일정 크기 이상인 구간을 포함하는 지역
DV		• 사업시행 전·후 구간 교통량의 변화폭(DV)이 일정 크기 이상인 구간을 포함하는 지역

자료: 한국지방행정연구원(2015d: 135~136) 재정리.

따라 영향권을 전국단위로 설정할 수도 있고, 입지할 지방자치단체의 행정권역으로 설정할 수도 있다.

(2) 국가적 관점과 지방의 관점 차이

예비타당성조사는 국비 위주의 사업을 평가하므로 국민경제적인 관점에서 경제성 분석

을 수행한다. 그러나 지방재정투자사업은 국가 관점이 아니라 해당 지역 관점에서 경제성 분석을 수행하여야 한다는 의견과 결국 국민의 세금을 사용한다는 측면과 총사업비 500억 원 이상의 대형 사업이라는 점에서 국가사업과 분석 관점이 다를 이유가 없다는 의견이 동시에 존재한다.

통상 지방자치단체의 투자사업은 지역의 사회·경제적 활성화를 위해 타지역으로부터 인구나 기업·단체, 시설 등의 이동을 유도하는 경우가 많다. 그런데 국민경제적 관점에서는 이와 관련된 편익은 모두 다른 지역으로부터 이전된 것이므로 편익에 포함되지 않는다. 즉, 전형적인 비용편익분석 기법상으로는 이전수요에 의한 편익으로 순수하게 신규로 증가한 것이 아니므로 편익에 반영하지 않는다. 또한 현실적인 측면에서 지역단위에서 편익을 측정하고 경제적 이전효과 등을 편익에 추가시키는 것은 영향권 설정의 적절성 및 관련 자료 구득의 어려움 등으로 인해 어려운 상황이다.

■ 산업단지 조성사업에서 신규 투자율을 반영하는 것은 국가적 관점에서 타당성 조사를 한다는 의미이다!

- 신규 투자율은 산업단지 전체에 입주하는 기업 중 이전 투자에 해당되는 부분을 제외하고, 해당 사업이 시행되지 않을 경우 투자를 보류 또는 포기하는 기업, 즉 적극적으로 입주하고자 하는 기업만을 포함하기 위하여 도출된 개념임.
- 예를 들어, 신규 산업단지 조성시 타 지방자치단체에서 공장을 운영하던 기업이 해당 지방자치단체로 이전해 올 경우 해당 지방자치단체의 입장에서는 기업 이전으로 부가가치가 발생한다고 할 수 있으나, 타 지방자치단체에서는 기업 이전으로 인해 기존에 발생하던 부가가치가 발생하지 않기 때문에 국가 관점에서는 편익이 제로가 됨.
- 즉, 국가 전체적인 관점에서 보면 사업시행을 통해 해당 지방자치단체에서 발생하는 부가가치는 사업이 시행되지 않았을 경우 기존 타 지방자치단체에서 발생되었을 것이므로 추가적인 편익이 발생하였다고 볼 수 없다(이는 이전수요로서 편익에서 제외됨).
- 산업단지 조성사업에서 신규 투자율을 고려한다는 것은 영향권을 전국으로 설정한다는 의미로 신규 투자율은 편익 추정 결과에 직접적으로 영향을 미침.
- 그러나 만약 분석 범위를 해당 자치단체로 국한한다면 타 지방자치단체에서 이전되는 수요 역시 해당 사업의 편익이 될 수 있음.
- 특히, 과밀지역에서 과소지역으로 기업이 이전하게 되어 과밀의 부편익이 해소되고, 과소지역은 성장의 동력을 확보하게 될 경우에도 여전히 국가 전체적 관점에서 편익이 제로라고 할 수 있는지에 대해서는 다시 생각할 필요가 있음.

그러나 국가 관점이 아닌 지방의 관점에 대한 중요성이 갈수록 높아지고 지방자치단체의 의사결정체계가 지방 관점임을 고려할 때 「지방재정법」 타당성 조사는 누구를 수요자로 볼 것인가에 따라 분석 관점을 달리할 필요성이 있다. 다만, 이와 관련하여서는 현실적인 제약이 존재한다는 점과 해당 사업의 영향권 설정은 경제성 분석의 범위와 깊이 관련된다는 점을 고려하여 관행적으로 설정할 것이 아니라 해당 사업의 성격에 대한 연구진의 깊은 고민과 연구를 통해 설정하여야 할 것이다.

3) 사업으로 인한 편익수혜자 식별

앞서 살펴본 바와 같이, 사업부문, 사업 목적, 영향권의 범위 등에 따라 최종적으로 편익수혜자(beneficiary)는 달라진다. 편익수혜자는 도로 이용자, 문예회관 이용자, 산업단지 내의 입주기업 등이 될 수 있으며, 이때 수혜자의 식별(identification)은 수요 분석의 가정과 일치해야 한다. 예를 들어, 공공청사 건립에 따른 수혜자를 공무원으로 볼 것인지 주민으로 볼 것인지에 따라 편익의 관점이 달라진다.

■ 공공청사는 경제성 분석을 제외한 「사업계획 적정성 검토」로 수행한다

- 초기에는 경제성 분석을 수행하였는데, 이때 쟁점이 된 것이 공무원 관점의 편익 항목을 설정할지 주민 관점의 편익 항목을 설정할지에 대한 것임.
- 공무원 관점에서 신축 청사의 편익은 '업무 효율성 향상', '업무 쾌적성 향상' 등을 편익으로 설정할 수 있음.
- 한편, 주민 관점에서 공무원의 업무 효율성 향상은 결국 주민들의 '행정서비스 향상'으로 이어지게 됨.
- 따라서 최종편익을 '주민의 행정서비스 향상 향유 편익'으로 설정하는 것이 타당하다는 의견이 있었음.

한편, 대규모 투자사업은 직접적인 생산자와 소비자 이외에도 해당 사업에 의해 영향을 받는 주체는 공공이든 민간이든 찾아내어야 한다. 예를 들어, 공공임대주택을 공급하는 사업이라면 해당 주택에 임차하는 사람은 직접적인 편익수혜자가 되고, 주택공급으로 인한 부동산시장의 가격 하락은 임차인에게는 이익을, 임대인에게는 불이익을 줄 것이다.

두 개의 주요 도시를 연결하는 고속도로사업의 경우 도로를 따라 인접한 지역공동체는 부정적인 환경 영향을 받게 되는 반면, 개통에 따른 통행시간 단축 등의 편익은 인근지역이 아닌 IC 주변의 주민들에게 돌아갈 것이다.

■ 고속도로 부(-)편익 사례

- 고속도로 건설사업의 경우 IC를 통해서만 접근 가능하기 때문에 인근지역은 통과 교통으로 인한 부편익과 지역단절효과가 더 클 수 있음.
  - 최근 도시지역을 관통하는 고속도로로 인한 지역단절 등으로 인해 오히려 일반 도로로 등급을 하향 조정하는 사업이 추진된 사례도 있음.

이러한 편익수혜자의 식별은 사업시행으로 발생하는 비용과 편익에 영향을 받는 모든 이해관계자를 포함한다. 특히, 공공의 개입, 즉 지방자치단체가 사업을 추진함으로 인해 민간부문에서 영향을 받는 당사자들이 누구이고 어떤 영향을 받는지에 대해 폭넓게 검토할 필요가 있다. 예를 들어, 민간에서 운영하는 수익성 사업과 경쟁관계에 있는 유사 사업을 해당 지방자치단체가 추진하는 경우, 또는 지방자치단체의 사업 추진으로 인해 인근 재래시장의 쇠퇴 등이 예상될 경우 등이다.

7. 쟁점 도출 및 조사방향 설정

지금까지 설명한 바와 같이 사업계획을 검토하고 현장을 조사하면서 관계자와의 면담을 진행하였고, 기초자료를 분석하고 사업의 영향권을 설정하여 편익수혜자를 식별하였다면, 이제 해당 사업의 쟁점사항들을 도출해야 한다.

물론 지방재정투자사업의 경우 지역의 정치적, 사회적 상황과 복잡하게 얽혀 있는 경우

■ 타당성 조사 수행시 쟁점 도출의 중요성

- 해당 사업의 각 분석단계별로, ① 기술적 검토 및 비용 추정상의 쟁점, ② 수요 및 편익 추정상의 쟁점, ③ 경제성 분석상의 쟁점, ④ 재무성 분석상의 쟁점, ⑤ 정책적 분석상의 쟁점으로 구분하여 도출함.
- 쟁점 도출은 적절한 타당성 분석 방법론을 결정하기 위하여 반드시 필요한 절차임.
  - 예: 도로사업에서 인근 교통량 패턴을 검토하여 교통수요 추정시 첨두시간과 비첨두시간으로 구분하여 추정할 필요성이 있는지와 관광수요를 특별히 고려할 필요가 있는지 등을 결정하기 위하여 쟁점에서 미리 검토함.
- 도출된 쟁점은 분석 방법론 결정에도 활용되며, 계량화하여 B/C에 반영하기 어려운 사항은 정책적 분석에서 정성적으로 분석 내용을 기술하여 해당 사업 추진 관련 주요 판단 요인들을 정책결정가들에게 충분히 제공하도록 함.

〈표 12-3〉 사업 유형별 타당성 조사의 쟁점 사례

사업 유형	타당성 조사의 쟁점
도로	• 특정 교통유발시설 수요 검토 • 종점부 접속방안에 따른 사업 추진 시기 재검토 • 관광수요 반영 필요성 • 접경지역 도로로서 도로폭원 확보 필요성 • 교통사고 현황 분석 및 안전성 측면의 검토
문화·체육시설	• 개별 오케스트라를 위한 문예회관 건립 필요성 • 주변 유사 시설의 중복성 및 기존 시민회관 활용의 한계 • 사업 추진 과정의 특수성 • 운영계획 및 운영 주체의 적절성 • 4대 핵심사업 간의 시너지 효과 • 위탁관리사업의 위험성 • 문화시설의 지역균형 검토
산업단지	• 미분양 가능성 • 일자리 창출효과 • 부가가치 창출편익 이외의 집적효과 등 분석 필요성 • 지방자치단체의 미분양 매입확약에 따른 우발채무 발생 가능성 • 외국인투자자 유치 가능성 • GB 해제의 적정성과 사업계획의 공공성 • 사업 추진 방식의 적정성
도시개발사업	• MOU(Memorandum of Understanding) 기관의 투자확실성 검토 • 감사원 지적사항 검토 • 본 사업 대상지의 입지적 장점 • 사업의 공공성 • 환지 방식 도시개발사업의 분석상 한계 • 주택시장 여건 변화에 따른 분양 가능성 • 장기 미집행 도시계획시설 일몰제 검토 • 개발압력에 따른 사업의 필요성
환경시설	• 원인자부담금 관련 지방자치단체 간 이견사항 검토 • 풍력발전단지 입지에 따른 환경성 검토 • 신재생에너지 확대 가능성 • 주민편의시설 설치계획의 적정성
전시컨벤션시설	• 사업의 시의성 • 주식회사에 출자로 참여하는 방식의 적정성 검토 • 가설건축물의 구조적 안전성 문제 • 제2전시장 확충 필요 목적의 명확화 • 타 전시시설 간의 간섭효과 분석
복지시설	• 주민 비선호시설 입지 갈등 가능성 • 장애인시설과 노인, 어린이시설 등의 복합화에 따른 음의 효과 • 장애인 관련 시설 간 시너지 효과
공원	• 수요 추정 방법론에 따른 추정 결과의 편차 • 수목의 잔존가치

가 많기 때문에 해당 사업을 둘러싼 다양한 시각을 파악하기 어려운 점이 있다. 따라서 지역 언론 또는 지방의회 자료 등의 검토를 통해 숨겨진 쟁점을 파악하는 데에 노력을 기울여야 한다.

타당성 조사의 쟁점은 다양하게 도출될 수 있으며, 이를 부각시키고 그에 대한 해결방안을 제시하는 것이 조사의 중요한 목적 중 하나이다. 분석상의 쟁점은 사업 내용, 사업 주체, 사업기간, 수행 방법, 재원조달 등 사업에 대한 계획적인 요소에서뿐 아니라, 사업을 둘러싼 사회·경제적 및 환경적 특수성, 지역 내 이해관계자 간 거버넌스, 주민수용성 및 갈등 등 다양한 측면에서 발생할 수 있다.

쟁점사항이 도출되었다면 이를 해결하기 위하여 조사를 어떠한 방향으로 수행할지와 조사 방법론를 결정해야 한다. 이제부터 타당성 조사의 재료 손질이 마무리되고 요리 방법이 결정되었으니 본격적인 분석을 시작하는 단계이다.

제 13 장

본격적인 분석단계

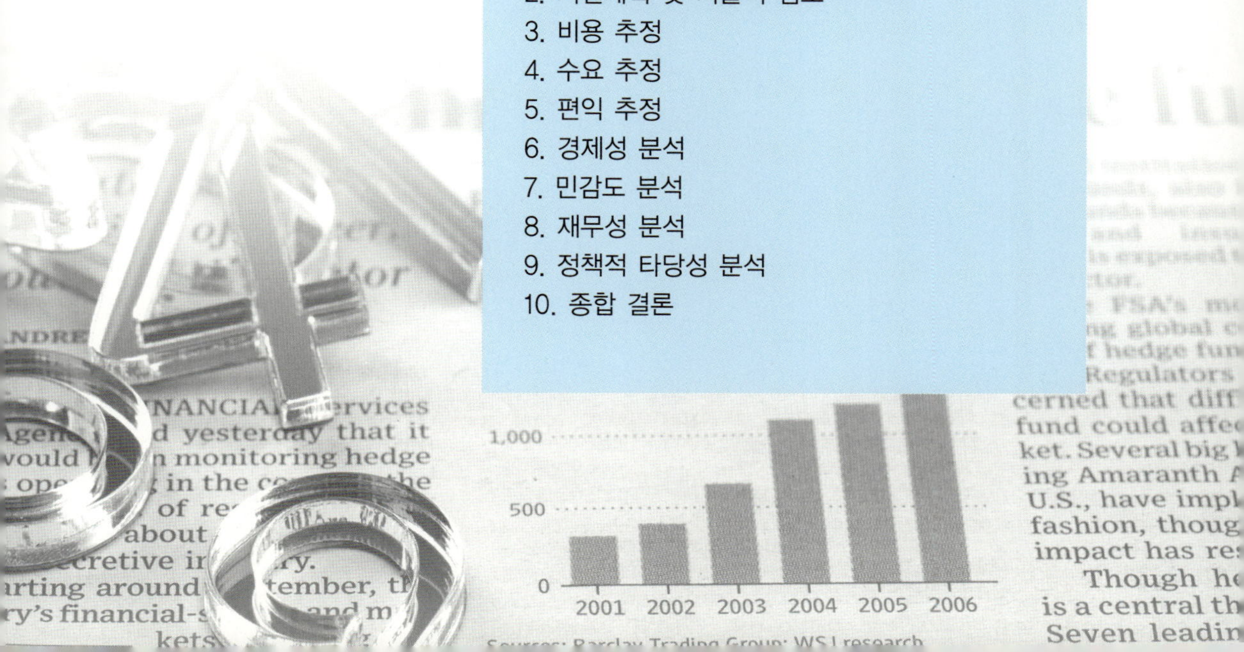

1. 대안 및 시나리오 설정

경제성 분석은 검토안을 기준으로 진행하는 것이 원칙이다. 의뢰안은 지방자치단체에서 제시한 사업계획 그대로를 의미하고, 검토안은 사업계획서의 규모를 준용하되 비용은 타당성 조사 연구자가 조정한 것이다. 즉, 검토안은 사업계획서에서 제시한 사업의 청사진은 변경하지 않고 그 모습대로 건설하고자 할 때 누락된 비용이 있다면 반영하고 단가가 잘못되었다면 조정하여 사업비를 제대로 추정한 것이다.

예를 들어, 4차로 사업(800억 원)으로 타당성 조사를 의뢰하였다면 의뢰안은 4차로, 800억 원의 사업을 말한다. 한편, 검토안은 4차로를 그대로 준용하되 타당성 조사 연구진 추정 사업비가 900억 원이라면 4차로 900억 원의 사업을 의미한다.

따라서 대체로 의뢰안과 검토안의 경우 총사업비에 있어 차이가 있을 수는 있으나 차로수라든지 노선계획은 동일한 경우가 많다. 물론 의뢰안에서 법적 기준을 따르지 않아 계획 자체가 잘못되었고 이것을 연구자가 인지하였다면 검토안에서 당연히 수정해야 한다. 이 경우 의뢰안과 검토안의 사업계획이 다를 수 있다. 예를 들어, 청사 건립시 의뢰안이 법정 주차대수를 확보하지 못한 경우에는 검토안은 법정 주차대수를 확보하는 계획으로 수정된 안을 말한다.

〈표 13-1〉 의뢰안 vs. 검토안 vs. 대안

의뢰안	지방자치단체에서 제시한 사업계획
검토안	사업계획서의 규모를 준용하되, 사업비를 연구진이 조정한 안
대안	사업계획서의 규모를 적정 시설규모로 재조정하고 적정 단가를 적용하여 규모와 비용을 모두 조정한 안

한편, 사업 및 연구진에 따라 추가적인 대안을 설정하여 분석할 수 있다. 물론 LIMAC에서 수행하는 타당성 조사는 법정 평가이기 때문에 지방자치단체가 의뢰한 사업계획에서 벗어난 대안의 제시는 신중해야 한다. 이는 기본적으로 투자사업에 대한 구상 및 계획은 지방자치단체의 몫이므로 대안의 제시는 LIMAC의 역할을 벗어나기 때문이다.

그럼에도 불구하고 도로사업 등에서는 지방자치단체에서 허용하는 경우 대안검토를 부분적으로 수행하고 있다. 도로사업에서는 주로 차로 수를 달리하는 대안을 설정하며, 노선계획은 가급적 사업계획에서 제시한 노선대를 준용하지만 특별한 경우에는 노선을 달리하기도 한다. 단, 대안의 분석도 검토안과 동일한 시간과 노력이 필요하기 때문에 반드시 필요한 대안에 한정하여 분석하는 것이 바람직하다.

한편, 사업에 많은 영향을 줄 것으로 판단되는 요소 중 장래에 해당 요소와 관련하여 불확실성 또는 변동 가능성이 클 것으로 판단될 경우 시나리오로 설정하여 분석할 수 있다.

예를 들어, 조사 대상 사업과 직접적인 연관이 있는 계획이지만, 타당성 조사에서 반영할 수 있는 단계까지 추진이 이루어지지 않은 사업의 경우에는 그 가능성을 판단하여 시나리오로 분석한다. 또는 타당성 조사에서 분석에 사용된 가정사항 중 장래에 변동 가능성이 높은 경우 그 일부분을 시나리오로 분석하여 그 영향을 분석한다.

■ 시나리오 분석은 민감도 분석과 다르다

- 민감도 분석은 투자비나 경제성에 영향을 미칠 수 있는 각각의 중요한 변수에 대해 각 변수가 일정량만큼 변화되었을 경우 경제성이 어떻게 변화하는지 파악하는 방법으로 시나리오 분석과는 개념상 차이가 있음.
- 예를 들면 초기 공사비, 운영비, 교통수요, 객단가, 분양률 등

〈표 13-2〉 시나리오 및 대안 설정(예시)

구분		시나리오 1		시나리오 2	
		검토안	대안 1	검토안	대안 1
사업 내용		OO사업 미반영		OO사업 반영	
대안 구분	의뢰안	• 사업계획서상의 의뢰된 안			
	검토안	• 의뢰안이 법적으로 문제가 없다면 의뢰안과 동일함. • 의뢰안이 문제가 있다면 사업계획의 전제사항을 그대로 준용하였을 때 법적 기준 충족하는 안			
	대안	• 타당성 조사 연구진이 설정한 대안			

주: 대부분의 경우 검토안은 의뢰안의 사업계획과 동일하고 단지 비용만 재조정한 것이므로 경제성 분석은 검토안에 대해서 수행함.

2. 시설계획 및 기술적 검토

본격적인 분석에 앞서 먼저 사업계획서상에서 제시한 시설계획의 기술적 사항 및 설계 기준이 적정한지에 대해 검토해야 한다.

예를 들어, 폐기물처리시설의 경우 소각 방식, 연소가스 처리시스템, 여열이용 방식 등 기계설비와 관련된 사항이 환경부의 정책방향과 일치하는지 검토하고, 해당 설비의 정기보수 및 돌발 상황 발생시에 대비한 계획 등 운영계획 및 위험관리 방안에 대한 검토가 필요하다.

도로사업의 경우 「도로의 구조·시설 기준에 관한 규칙」 등에 부합하는지 검토한다. 단, 설계 기준은 최소한의 조건으로 해당 사업의 특성과 지형조건, 지질 및 토질조건, 기상조건과 사회·경제적인 제반 여건 등에 따라 적정한 값을 적용하여야 하므로 해당 시설의 기능 확보와 동시에 안전상 문제가 없는지에 대한 검토가 필요하다.

주차장이나 공공건축물 등 기타 사업들도 사업대상지의 입지 여건 및 기반시설 규모가 관련 규정(조례 및 지침 등)에 적합한지에 대한 검토를 수행한다.

■ 버스차고지 주차계획의 적정성 검토 사례

- 의뢰의 문제점을 살펴보면, ① 45° 각도 주차시 진입부와 진출부의 통로폭원 미확보, ② 대형 차량의 대면주차는 설계 기준에 없으며, ③ 내부 진출입 동선과 주차면이 간섭으로 인해 상충이 일어나고, ④ 대형 차량의 사각지대 내에 승용차 주차로 사고발생 가능성이 높으며, ⑤ 대형 차량의 궤적을 고려하지 않은 주차계획 등 비현실적인 문제가 있음.
  - 국토교통부, 「도로의 구조·시설 기준에 관한 규칙」의 대형 차량의 주차면 설치 기준 미충족
- 차고지 진출입 방안의 경우 기동대 부지 진출입구의 근거리에 공영차고지 진출입로를 계획함에 따라, 차고지 진입로와 ○○순환고속도로의 연결로가 기동대 진출입구를 막고 있음.
- CNG충전소가 대상부지 입구에 설치되어 충전소를 이용하는 대형 버스 이외 차량이 충전소에 집중될 경우 진입도로상에 대기할 수밖에 없어 차고지 진입차량의 대기행렬이 ○○로의 소통에도 지장을 초래
- 진출·진입 동선계획을 살펴보면 진입동선은 ○○로상에서 U턴 진입하도록 계획하고, 진출동선은 진출입 드로에서 직접 좌회전하도록 분리계획하여 진입도로의 활용에 다소 비효율적
- 건축물계획은 건축물 용도에 따른 배치계획이 전혀 고려되지 않아 주차동선 이외의 별도 동선이 혼재한 상태로 버스차고지로의 기능을 발휘하기가 어려움.

■ 산업단지 토지이용계획의 적정성 검토 사례

• 토지이용계획 면적 기준의 적정성 검토

구분	적용 기준	사업계획(안)
산업시설용지	• 일반산업단지 유상공급면적의 100분의 50 이상	• 적합: 95.14%
지원시설용지	• 100만㎡ 이하: 4.7~5.2%	• 낮음: 2.8% - 적용 기준 대비 낮은 지원시설용지 비율을 보이나, 법적 사항으로 단정할 수 없음.
공원 · 녹지	• 산업단지 규모별 녹지비율 100만㎡ 미만: 5% 이상~7.5% 미만	• 높음: 8.29%
도로	• 산업단지 규모별 도로면적 비율 100만㎡ 미만: 8% 이상 • 산업단지 간선도로 폭원 15m 이상 확보	• 적합: 26.37% • 기 개설도로 제외시: 13.93% • 폭원: 15m 이상 확보
환경기초시설	• 개별 법에서 정하는 바에 따라 설치 • 폐수종말처리시설: 설치 또는 인근시설에서 유입시켜 처리 • 폐기물처리시설: 조성면적 50만㎡ 이상, 연간 2만 톤 이상	• 폐수처리시설 설치(국비부담 70%) • 폐기물 발생량이 연간 2만 톤 미만으로 설치 대상에 해당되지 아니함.
주차장	• 화물주차장 외의 산업단지 근로자와 이용자를 위한 공영주차장의 설치는 해당 행정기관의 장과 협의하여 설치 여부 및 규모 검토 • 0.6% 이상 확보	• 적합: 1.61%

• 업종별 배치계획의 적정성 검토
  - 산업시설용지는 유사 업종별 집중배치, 업종 간 연계 및 공급처리의 효율성을 감안하여 집단화 배치가 필요하나, 타당성 조사 의뢰서(변경)의 업종별 배치계획은 유사 업종 간의 집중화는 고려되지 않음.
  - 전기장비 제조업과 전자부품·통신장비 제조업은 기존 개설도로(지방도 ○○호선)로 인해 단절되어 있음.
  - 복합시설용지(연구개발지원사업, 비제조업)는 ○○역세권 개발사업과의 시너지 효과 및 산업시설용지와의 유기적 연계를 위하여 산업단지 중심부에 배치하는 것이 적절할 것으로 판단됨.
  - 오·폐수 발생량이 많이 발생하는 의복, 모피, 가죽, 가방 제조업 주변, 민원제기 가능성이 낮은 가구제조업 부지에 폐수처리시설을 배치하는 것이 타당할 것으로 판단됨.

• 복지시설 시설계획의 적정성 검토 사례
  - 사업계획에서는 복합화의 장점을 살려 시설 간 중복 기능의 최소화를 위한 계획을 수립할 필요가 있지만, 이용 계층별로 층을 분리하였을 뿐 유사 기능을 가지고 있는 일부 실들은 상호 중복적으로 계획되어 있음.
  - 노인복지관의 식당을 4층에 배치하면 누수 발생시 아래층에 피해가 크고 노인들의 이동이 쉽지 않으므로 가급적 저층에 배치하는 것이 바람직함.
  - 장애인주간보호시설은 노인들과 장애인 동선이 겹치게 되면 신체거동이 불편한 노인과 자칫 사고가 발생할 수 있으므로 동선 분리가 필요함.

■ 전시컨벤션 시설계획의 적정성 검토 사례

- 본 사업은 기존 시설의 회의시설, 전시시설의 규모 부족으로 계획됨.
- 그러나 기존 시설과 본 시설 간에 직선거리 350m, 도보거리 기준 600m가 이격되어 있으며, 두 시설 사이에 다른 시설이 위치하고 있어 실제 두 시설 간 연계가 용이하지 않음.
- MICE 행사의 특성상 숙박을 동반한 익일의 일정이 예정되어 있는 경우가 많으므로 이용객의 편이성이 중요한 시설임.
- 동 사업의 부지는 방문객이 유입되는 주 경로인 ○○공항으로부터 차량으로 약 1시간 거리에 있어 컨벤션센터의 입지로는 유리하지 않음.
- 주차대수는 법적 기준만을 만족할 뿐, 단독 컨벤션센터로 기능하기에 부족한 주차대수인 것으로 판단되며 이에 따른 추가 주차시설의 확보가 필요하나, 여유부지의 면적이 협소하여 지하주차장을 통해서만 추가 확보가 가능함.
- 주차동선의 경우 지상주차는 보차 분리를 하여 적절한 것으로 판단되나, 지하주차, 기존 평화센터 등의 동선은 보차 분리가 이루어지지 않으며, 화물차량 대기소의 화물 수하공간이 부족하여 대규모 전시 진행시 문제점을 드러낼 것으로 예상됨.

3. 비용 추정

타당성 조사에서는 사업계획서상의 사업비에 대하여 비용 항목이 적정한지와 건설공종별로 타당한 근거를 통해 도출하였는지를 검토하고 필요한 경우 재추정한다. 다만, 비용 추정 전에 규모가 확정되어야 하고, 규모는 수요에 기반하므로 일반적으로 비용은 '수요 추정' → '규모의 적정성 검토' 과정을 통해 먼저 규모를 확정한 뒤에 추정한다.

타당성 조사 단계에서는 설계가 이루어진 것이 아니므로 정확한 공사물량을 산출할 수 없는 경우가 많다. 이러한 경우 참고할 수 있는 공식적인 최근 실적자료를 인용하되 항목, 평균 단가 등을 고려하여 최대한 현실적인 수치를 반영한다. 이때 연차별 비용 투입 일정이 포함되어야 하며, 비용의 연차별 투입계획이 적절한지에 대한 판단이 우선되어야 한다. 타당성 조사 기간과 투자심사 일정을 고려하고, 공사기간이 너무 짧거나 또는 예산제약 등의 사유로 너무 긴 경우 역시 조정이 필요하다.

또한 사업계획에는 포함되지는 않으나, 현장조사 등을 통해 도출된 사안 중에서 추가비용을 발생시킬 여지가 있는 사항(지형조건, 지질, 기존 시설물 등)에 대해서는 별도로 비용을 반영한다.

1) 총사업비, 경제성 분석용 비용, 재무성 분석용 비용은 다르다

타당성 조사에서의 비용은 총사업비, 경제성 분석을 위한 비용, 재무성 분석을 위한 비용 등 세 가지로 구분된다. 총사업비는 공사비(설계가 기준), 보상비, 시설부대경비, 운영설비비, 제세공과금, 예비비 등 사업 준공시점까지의 모든 경비를 포함한다. 보상비는 실제 비용이 지출되지 않는 시유지라 할지라도 공시지가 기준으로 총사업비에 포함한다.

> **용어정의!**
>
> **기회비용(opportunity cost)**
>
> - 어떤 것의 기회비용이란 그것을 선택함으로써 포기할 수밖에 없는 많은 선택 가능성 중에서 그 가치가 가장 큰 것이 갖고 있는 가치를 말함(제1부 참조).

> **용어정의!**
>
> **이전지출(transfer payments)**
>
> - 이전지출은 경제학적 의미로는 실업수당이나 재해보상금, 사회보장기부금과 같이 정부가 다른 경제 주체에게 일방적으로 지급하여 수급자의 수입의 일부를 구성하는 것을 말함.
> - 경제성 분석에서의 이전지출은 생산활동과 상관없이 이쪽 주머니에서 저쪽 주머니로 돈이 단순 이동한 것으로, 실제 지출은 이루어졌지만 경제성 분석에서는 비용으로 포착하지 않음.
> - 예를 들어, 시공자는 부가가치세를 포함하여 재화를 구입하여 투입하였지만, 부가가치세는 누군가 사용하여 없어지는 것이 아니라 정부의 세수입으로 이동하였을 뿐이기 때문임.

예비비는 예비비를 포함하여 총사업비 500억 원 이상인 사업에 대해서만 적용하며, 실시설계가 완료되어 상세한 물량과 비용자료를 활용할 수 있는 경우에는 제외할 수 있다.[1]

지금까지 설명한 총사업비는 실제 경제성 분석이나 재무성 분석에 그대로 사용되지 않는다. 즉, 총사업비는 분석을 위한 비용이 아니라 법적 타당성 조사의 대상 여부를 판단하는 기준이 되는 비용이라고 볼 수 있다.

경제성 분석과 재무성 분석을 위한 비용은 평가 관점, 측정가격, 이전지출 등에 따라 차이가 있다. 경제성 분석을 하기 위한 비용은 실제 지출되지 않더라도 기회비용 관점에서 판단하여 산정한다. 따라서 시유지에 대해서도 총사업비는 공시지가만을 반영하였으나, 경제성 분석에서는 보상배율까지 적용한다.

각종 세금 및 정부보조금, 은행 이자비용 소득의 단순이전지출은 비용으로서 발생하기는 하나, 사회 전체적인 입장에서 보면 국민소득상의 변화를 가져오지 않으므로 경제성 분석에서는 이를 제외한다.

그러나 투입물의 종류별 세금부과 내역을 산정하기 어렵기 때문에 추정한 총사업비 가운데 부가가치세를 제외한 사업비를 경제적 비용으로 간주하여 경제성 분석에 반영하고 있

1 예비비를 포함하여 500억 원 이상인 경우 지방재정투자사업 타당성 조사의 대상이 된다.

■ 총사업비에 국공유지의 포함 여부는 관련 법령에 따라 다르다!

- 『지방재정투자사업 심사 및 타당성 조사 매뉴얼』은 매년 개정이 이루어지고 있는데, 2014년 12월 개정판까지는 시유지의 보상비에 대해서는 특별한 언급이 없었음.
- 그러나 동 매뉴얼을 2015년 12월 개정하면서 보상비에 대해 '자치단체 공유재산을 기반으로 사업을 추진하는 경우 사업시행자, 예산편성 여부에 관계없이 해당 공유재산의 가격을 총사업비에 포함'한다고 명확하게 기술하고 있음.
- 한편, 「사회기반시설을 위한 민간투자법」에서는 총사업비에 국공유지는 제외한 실제 보상에 투입되는 비용만을 보상비로 산정하고 있음.
- 기획재정부의 「총사업비 관리지침」에 따르면 2014년 4월 1일 개정시에는 국가와 자치단체가 보유한 국공유지를 모두 공시지가 기준으로 총사업비에 포함하였으나, 2017년 1월 1일에는 국유지는 제외하고 지방자치단체의 공유지만 포함하는 것으로 변경하였음.
- 기획재정부의 「예비타당성조사 운용지침」(2019. 5. 1) 제16조에 따르면 총사업비에는 기존 국유지를 활용하거나 지방자치단체가 부담하는 부지 관련 비용도 포함됨.

다. 단, 사업시행 부담금은 사업의 시행을 위해 정부에 납부하는 각종 부담금을 말하는 것으로 대체비용 성격의 부담금은 경제성 분석에 포함한다.

또한 정부보조금 중 가격에 대한 보조금일 경우에는 시장을 왜곡시킨 것으로 잠재가격을 별도로 추정해야 한다.

한편, 재무성 분석을 위한 비용은 실제 발생한 지출 기준으로 작성한다. 따라서 시유지의 부지매입비는 제외하고 공사비 또한 설계가가 아닌 낙찰률을 적용한 금액으로 계상한다. 그리고 세금 등 이전지출도 비용에 포함하고, 예비비 역시 실제 발생할 가능성이 있기 때문에 포함한다.

용어정의!

잠재가격(shadow price)

- 잠재가격은 재화의 가격이 그 재화의 기회비용을 올바르게 반영하는 가격
- 따라서 가격통제나 독점적 행동 등의 이유로 가격이 수요와 공급에 따라 자유롭게 움직이지 못하고 제약된다면 이는 시장이 왜곡된 상황에서의 가격이므로 잠재가격이 아님.
- 예를 들어, 공영주차장 사업에서 주차요금을 경제적 가치의 대리변수로 활용하고자 할 때, 공영주차장 요금은 지방자치단체별 조례에 따라 책정되므로 주차장의 경제적 가치를 반영하고 있다고 할 수 없음.
- 이러한 경우 인근의 민간주차장 요금을 공영주차장 경제적 가치의 대리변수로 활용하기도 함.
- 다만, 재무성 분석에서는 당연히 조례에 따른 공영주차장 요금을 적용하여야 할 것임.

■ 재무성 분석용 비용에 이전지출의 포함 여부

• 사업자의 입장에서 매입세액 불공제되는 부가가치세, 취득세, 법인세 등 실질적인 현금유출이 일어나는 비용은 현금흐름에 포함시켜 분석함.
• 금융비용, 이자비용 등의 경우 실제 시장에서 형성되고 있는 금리를 활용하는 것을 기본으로 하되, 금융부대비용이 아닌 건설기간 및 운영기간의 이자비용은 잉여현금흐름(FCF)의 차·가감 항목이 아니므로 현금흐름에 포함되지 않음.

〈그림 13-1〉 총사업비, 경제성 분석 비용, 재무성 분석 비용의 비교

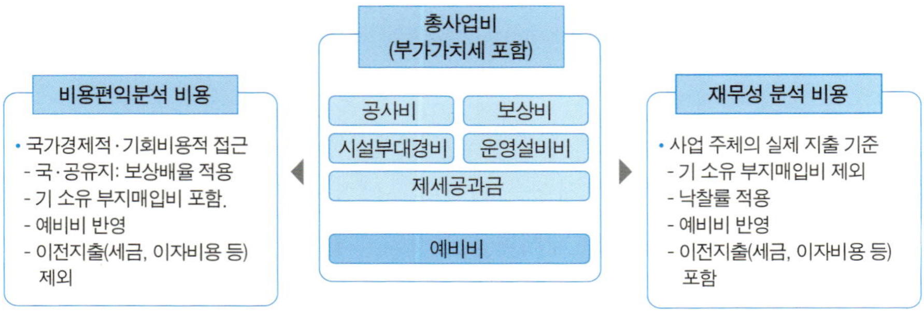

자료: 한국지방행정연구원(2016: 63) 재수정.

2) 비용 항목은 무엇이 있는가?

비용 항목은 크게 총사업비와 운영비로 구분되며, 총사업비는 다시 공사비, 보상비, 시설부대경비로 구분된다. 총사업비 중 가장 많은 부분을 차지하는 공사비는 사업의 성격에 따라 공종별 공사비로 나누어지며, 보상비는 크게 사업지역의 토지매입비 및 지장물 보상비로 구성된다. 유지관리비 등 운영비는 사업의 초기 투자비용뿐만 아니라 생애주기비용(Life Cycle Cost: LCC)까지 고려하기 위해 추가되는 비용이다.

비용은 LIMAC의 지침에 의거하여 추정하는 것을 원칙으로 하되, 지침에 없는 비용단가 등은 실적단가 등을 활용할 수 있으나, 근거를 제시하여야 한다.

〈표 13-3〉 비용 항목 구성도

<table>
<tr><td rowspan="14">비용</td><td rowspan="10">총사업비</td><td>공사비</td><td></td></tr>
<tr><td rowspan="2">용지보상비</td><td>토지매입비</td></tr>
<tr><td>지방물보상비</td></tr>
<tr><td rowspan="4">시설부대경비</td><td>조사 및 측량비</td></tr>
<tr><td>설계비</td></tr>
<tr><td>감리비</td></tr>
<tr><td>시설부대비</td></tr>
<tr><td>운영설비비</td><td></td></tr>
<tr><td>제세공과금</td><td></td></tr>
<tr><td>예비비</td><td></td></tr>
<tr><td rowspan="4">운영비</td><td>인건비</td><td></td></tr>
<tr><td>일반관리비</td><td></td></tr>
<tr><td>유지관리비</td><td></td></tr>
<tr><td>기타 비용</td><td></td></tr>
</table>

3) 항목별 비용은 어떻게 추정하는가?

(1) 공사비

공사비는 건축물을 세우는 데 소요되는 비용을 의미하며, 공사비 단가로는 객관적인 기준 또는 실제 유사 사례 단가를 적용한다. 즉, 공사비는 공사의 시행을 위한 재료비, 노무비, 경비, 일반관리비 및 이윤의 합계액으로, 「국가를 당사자로 하는 계약에 관한 법률 시행령」 제9조의 규정에 의한 예정가격 결정 기준, 정부 표준품셈 및 단가, 표준 시장단가를 이용하여 산출한다.

건축물의 경우는 시설 유형에 따라 공사비 차이가 크므로, ① 용도 및 기능이 유사한 시설의 실제 공사비 단가, ② 조달청의 『공공시설물 유형별 공사비 분석』에 따른 유사 시설 건축공사비 단가, ③ 한국감정원의 『건물신축단가표』, ④ 본 사업과 유사한 사업의 타당성 조사 공사비 사례 등을 검토하여 산정한다.

공식적인 단가 기준이 없을 경우 또는 공종 및 비용 항목이 비현실적이거나 제시되지 않은 경우에는 전문업체 자문/견적과 유사 사례를 통해 추정할 수 있다. 다만, 이때 해당 단가

■ 조달청 『공공시설물 유형별 공사비 분석』 단가

- 공공건축물의 유형에 따른 단위면적(m^2)당 공사비가 제시되어 있으며, 이 단가는 조달청에 발주한 서류와 발주 당시 예정가격 작성을 위한 조사내역서 등을 조사하여 관급자재를 포함한 총공사비를 근거로 산출된 값임.
- 해당 단가에는 주차장 조성비용이 포함되어 있음. 따라서 일부 사업에서 건축물 조성비용과 주차장 조성비용을 구분하여 제시할 경우 건축물 조성비용을 조달청 단가를 사용한다면 주차장 조성비용이 이중계상되는 오류가 발생할 수 있음.
- 『공공시설물 유형별 공사비 분석』 자료에서 제시한 공사비 단위비용을 적용할 때 주의할 점은 대지면적과 상관없이 건축물 연면적을 기준으로 작성된 비용이므로 조경·토목공사비는 이를 조정하여 검토할 필요가 있음.

■ 조달청 단가와 한국감정원의 단가 적용 기준

- 일반적으로 공공건축물은 조달청 사례를 활용하는 것이 바람직하나, 오피스 등 업무시설이나 상업시설 등은 조달청 사례가 없으므로 한국감정원의 단가를 활용함.

적용 논거에 대해서는 보고서에 명확히 밝혀야 한다.

부지조성비 단가 기준은 한국토지주택공사 『단지개발사업조성비 추정자료』를 적용하되, 일부 녹지조성비는 한국토지주택공사 『조경계획 및 설계 용역대가 산정기준 제정안』의 단위공사비를 적용할 수 있다.

산업단지와 같이 용지를 분양하는 사업의 경우 분양받은 자가 입주 후 자체비용으로 공장을 건축하여야 한다. 따라서 용지분양사업의 경우 일반적으로 사업계획 단계에서는 총사업비에 상부 건축물에 대한 사업비를 포함하지 않는다.

그러나 경제성 분석은 용지분양 이후 공장을 건축하고 가동하여 생산활동을 통해 창출되는 부가가치를 산업단지 조성사업의 편익으로 추정하고 있다. 따라서 경제성 분석을 위해서는 상부 시설물, 즉 공장의 건축비용을 반영하여야 한다. 사업시행자의 상부 건축물 계획이 있을 경우에는 이에 맞추어 구체적인 비용을 추정하면 되지만, 대부분의 사례와 같이 구체적 계획이 없을 경우에는 유사 사업 실적 또는 한국감정원에서 매년 발간하는 『건축물신축단가』 및 조달청의 『공공건축물 유형별 공사비 분석』을 활용하여 평균적인 공장건물의 평균적인 비용을 반영한다.

이때 상부 건축물의 비용 추정을 위한 면적은 연면적을 기준으로 한다. 연면적에 대한 상세한 계획이 있는 경우에는 이를 적용하되, 그렇지 않는 경우에는 건축물별로 적용되는 용도 지역별 건폐율 및 용적률을 적용할 수 있다. 건폐율 및 용적률은 관련 법령 또는 해당 지방자치단체의 조례에서 제시한 값을 따르되, 층고의 제한이 있는 지역일 경우에는 상부 건축물의 허가 범위 이탈 여부를 검토하는 것이 필요하다.

또한 산업단지와 같이 용지분양사업에서 경제성 분석을 위한 상부 건축물 비용 추정시에는 연차별 입주율을 적용하여 연차별로 상부 건축물 투입비용을 추정하고 있다. 이는 일시에 건축물이 완공되는 것이 아니라 용지분양률과 연계되기 때문이다.

(2) 보상비

보상비는 사업의 시행을 위한 보상에 소요되는 비용으로 토지매입비, 지장물 보상, 어업 보상, 영농 보상, 기타 간접 보상 등을 포함한다. 용지보상비는 토지매입비와 지장물 보상비를 포함하는 비용을 의미하며, 용지보상비 추정 과정은, ① 지목별 소요면적을 산출하고, ② 추정 방법을 선정한 후 이를 이용하여, ③ 지목별 토지매입비를 추정한 뒤, ④ 지장물 보상비를 추가한다.

추정 방법으로는 감정평가, 주변 보상자료 활용, 공시지가에 보상배율[2]을 적용하는 방법

〈그림 13-2〉 용지보상비 추정 과정

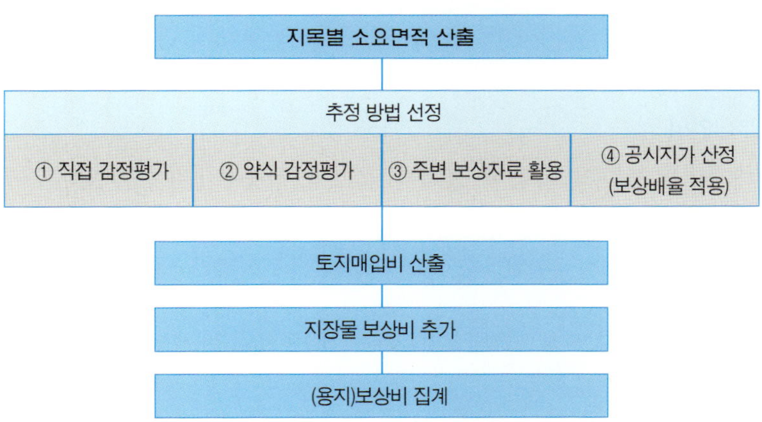

자료: 한국지방행정연구원(2015d: 72).

〈표 13-4〉 분석단계별 용지보상비 반영 기준

구분	총사업비(비용 추정)	경제성 분석	재무성 분석
개념	• 사업비용	• 기회비용	• 실제 현금흐름
국공유지	• 공시지가	• 감정평가 • 공시지가×배율	• 관련 법률에 따라 매입비용
시유지			• 미반영
사유지	• 감정평가 • 공시지가×배율		• 실제 현금흐름

자료: 한국지방행정연구원(2016: 120).

등이 있다. 다만, 시유지 등 지방자치단체가 이미 소유하고 있는 부지는 실제 매입비용이 발생하지 않더라도 총사업비와 경제성 분석용 비용에 포함한다. 총사업비에는 공시지가 기준으로 포함하고 보상배율은 적용하지 않는다. 경제성 분석시에는 해당 부지를 매각하거나 다른 용도로 사용할 수 있는 기회가 사라지는 비용이 발생하는 것으로 보아 보상배율까지 적용하여 비용에 반영한다. 그러나 재무성 분석시에는 실제 지출되지 않는 비용이므로 반영하지 않는다.

지장물 보상비는 실제 조사자료가 있는 경우는 해당 자료를 사용하되, 그렇지 않은 경우는 각 사업현장 여건에 따라 토지매입비의 10~15% 수준에서 조정하여 적용한다. 간접보상비는 공공용지의 취득 및 손실보상에 관한 특례법 시행규칙 및 과거의 보상 사례를 바탕으로 추정한다.

(3) 시설부대경비

시설부대경비는 조사 및 측량비, 설계비, 감리비, 시설부대비 등 사업 추진에 필요한 공

■ 기획재정부의 「예산편성 운영기준 및 기금 운용계획 수립기준」

• 건설, 통신, 산업플랜트, 전기, 건축 등 부문별로 설계비, 감리비, 시설부대비 요율이 제시되어 있어, 대상 사업이 포함되는 부분의 요율을 적용하여야 함.

2 보상배율은 PIMAC에서 예비타당성조사에 적용하는 보상배율을 LIMAC에서도 준용하고 있다.

사비 및 보상비 이외의 비용을 말한다. 기본설계비 및 실시설계비는 각 연도별 기획재정부의 「예산편성 운영기준 및 기금 운용계획 수립기준」의 공사비 요율을 적용하는 것을 기본으로 하고, 보완적으로 「엔지니어링사업 대가의 기준」을 참고하여 개략적으로 산정한다.

기본적으로 타당성 조사 단계에서는 기본설계와 실시설계를 하나의 요율로 합하여 계상한다. 기본설계비 및 실시설계비는 '공사비 요율에 의한 방식'을 적용하여 부가가치세가 제외된 공사비에 일정 요율을 곱하여 산출한 금액에 추가 업무비용과 부가가치세를 합산하여 대가를 산출한다.

조사 및 측량비는 기본설계 및 실시설계의 업무 범위 이외의 각종 조사, 평가, 시험 및 측량 등 추가 업무비용을 의미하며 공사비(VAT 제외)의 약 1%를 별도 계상한다.

공사감리비는 건축이나 토목, 통신공사의 견실성을 도모하기 위하여 발주자 및 시공자와는 다른 독립적인 제3자(감리자)가 공사를 지도·감독하는 비용으로 사업 성격, 공정별 필요성 등에 따라서 건설사업관리(책임감리)와 공사감리로 구분 반영하되, 각각 시설부대경비 기준 단가를 적용한다.

감리비를 산정하는 방식으로는 국토교통부에서 발표하는 「건설공사 감리대가 기준」이 있으나, 대가의 산정은 정액정산 방식으로 직접인건비, 직접경비, 제경비, 기술료, 추가 업무비용, 부가가치세를 합산하여 산출하도록 되어 있어 타당성 조사에 직접 적용하기는 어렵다.

따라서 타당성 조사에서는 「예산편성 운영기준 및 기금 운용계획 수립기준」의 공사비 요율을 적용하는 것을 기본으로 하고, 보완적으로 국토교통부의 「건설기술용역 대가 등에

■ 책임감리 vs. 건설사업관리

- 감리비의 경우 「건설기술관리법」이 2014년에 「건설기술진흥법」으로 개정됨에 따라 책임감리라는 용어는 더 이상 사용되지 않음.
- 책임감리는 「건설기술진흥법」 제39조 제2항에 의거, 시공단계에서 품질 및 안전관리 실태의 확인, 설계변경에 관한 사항의 확인, 준공검사 등 발주청의 감독 권한대행 건설사업관리에 해당함.
- 한편, 기획재정부 「예산안 편성 및 기금 운용계획안 작성 세부지침」에서는 전면책임감리비 요율을 제시하고 있으며 예산편성 및 작성에 있어 효율성과 신속성을 고려한 것으로 판단됨.
- 「건설기술용역 대가 등에 관한 기준」(국토교통부 2017-414) 별표2(건설사업관리기술자 배치 기준)의 세부 사업관리 항목별 포함 여부 등 복잡한 산정 과정을 최소화하기 위해 공사비가 200억 원(부가세 제외) 이상인 사업의 타당성 조사에서는 「예산안 편성 및 기금 운용계획안 작성 세부지침」의 전면책임감리비 요율을 적용하고 있음.

관한 기준」을 참고하여 산정한다.

시설부대비는 건설, 대수선 또는 재산취득 등 당해 사업의 수행을 위해 직접 관련이 있는 경비로서 기획재정부의 「예산안 작성 세부 지침」 요율을 적용하여 산정한다.

(4) 운영설비비

운영설비비는 시설 운영을 위하여 최초로 투입하는 장비, 설비 및 기자재의 가액으로 전산설비, 철도차량, 각종 장비 구입 등에 소요되는 비용으로 운영비로 계상하지 않고 총사업비에 포함한다. 공공시설물 중 시설 운영을 위해 개관 이전에 구입이 필요하다고 계획한 물품(도서관의 도서, 미술관의 미술품 등) 등 운영을 위해 초기에 필요한 설비비 역시 총사업비에 포함된다. 그러나 초기에 구입한 설비비에 대한 운영기간 중 대체투자비는 운영설비비가 아닌 운영비에 포함한다.

(5) 제세공과금

제세공과금은 공사의 시행, 준공, 등기 및 소유권 이전과 관련한 취득세, 등록세, 부가가치세 등 일체의 세금 및 공과금과 기타 법률에 의하여 부과되는 각종 부담금을 말한다.

사업시행자 부담금은 사업의 시행을 위해 시행자가 정부에 납부하는 각종 부담금을 말하는 것으로 생태계보전 협력금, 개발제한구역 훼손 부담금, 농지보전 부담금, 공유수면 점·사용료, 상하수도 원인자 부담금, 학교 부담금 등이 있다.

부담금이 대체비용적 성격을 갖는지 세금의 성격을 갖는지에 따라 경제성 분석시 반영 여부가 달라진다. 세금의 성격은 이전지출로 간주하여 분석에서 제외하나, 대체비용 성격의 부담금은 분석에 포함하여 계산한다. 단, 특정 부담금이 대체비용 성격을 갖는지 또는 세금의 성격을 갖는지에 대해서는 명확하게 구분하기 곤란한 부분이 있어 일부 논란이 있을 수 있다.

한편, 이자비용은 경제성 분석에서는 이전지출로 경제성 비용으로 반영하지 않으며, 재무성 분석에서는 대출에 대한 이자비용은 재무적 할인율에 포함되므로 반영하지 않는다. 다만, 대출을 위한 금융부대비용(근저당 설정비용 등)은 총사업비에 포함할 수 있다.

(6) 예비비

예비비는 비용 추정시 설계도서 등을 활용하기 어렵고 유사 사업의 평균값을 활용하게 될 경우 장래 사업을 진행시키는 과정에서 예기치 못한 비용 증가 요인이 발생할 수 있으므로 이런 문제들에 대한 사전예방조치로서 비용 항목으로 반영한다.

예비비에는 물량예비비, 물가예비비가 있으나, 불변가격으로 평가하는 타당성 조사에서는 물가변동에 따른 예비비는 반영하지 않고 물량예비비만을 예비비로 반영하고 있다. 물량예비비는 물량계획이 당초 계획처럼 되지 못하는 경우를 대비하기 위한 것이다.

■ 총사업비 증가에 따른 투자 재심사 및 타당성 재조사 대상 선정 기준

- 총사업비가 당초 심사금액 대비 30% 증가하였는지 여부에 대한 판단을 위한 증가액 산정시에도 물가상승분 및 손실보상비 증가분은 제외하고, 물량 변동(사업규모 및 수량)에 대한 사업비 증가분만을 반영함.

타당성 조사 단계에서 예비비는 부가가치세가 포함된 공사비, 시설부대경비, 용지보상비 등 총사업비의 10%를 적용하는 것을 원칙으로 한다.[3] 다만 해당 자치단체의 시유지 등 공유재산에 해당하는 경우는 실제로 보상하지 않기 때문에 예비비를 제외한다.

기본설계, 실시설계 등 어느 정도 사업이 진행된 이후 타당성 조사를 수행하는 경우에는 보다 상세한 자료 구득이 가능하다. 특히, 실시설계 이후의 사업비는 산출의 오차를 크게 줄일 수 있으므로 별도의 예비비를 반영할 필요성이 낮아진다.

그러나 기본 및 실시설계가 완료되었다 하더라도 해당 자료가 오래되었거나 사업 내용의 변경 등으로 자료의 활용이 어려운 경우에는 예비비를 포함하되, 적용 요율은 비용의 정확도에 따라 조정할 수 있다.

(7) 운영비

운영비는 시설의 준공 이후 운영기간 중 발생하는 시설의 운용에 소요되는 모든 비용을 합산한 금액으로서, 운영비에 포함되는 항목으로는 인건비와 일반관리비, 유지관리비, 기타

3 예비비 10%는 1999년 예비타당성조사를 처음 도입하였을 당시부터 적용한 것으로 예비타당성조사에서 정확한 물량 산출을 통해 비용을 추정하는 것이 아니라 개략적인 추정이기 때문에 변동 요인으로 반영하였다.

비용 등이 있다. 총사업비와 마찬가지로 운영기간 중 발생하는 이자비용은 현금흐름 추정에 포함시키지 않으며, 감가상각비는 운영비에 별도로 계상하지 않는다.

인건비는 시설의 운영을 위하여 필요한 조직의 구성과 각 인력에 해당하는 인건비의 총합으로서, 소요인력을 산출하여 인건비를 추정한다. 일반관리비는 시설관리비(보안, 기계, 조경관리 등), 수도광열비, 물품구입비 등 해당 사업의 운영에 필요한 경비로서, 유사 실적을 참고하여 추정한다. 유지관리비는 시설물의 유지관리비, 운영설비 유지관리비 등이 있으며, 유사 실적을 참고하여 추정한다. 기타 관리비용은 사업부, 물품구입비 등 사업의 성격에 따라 비용을 정리하여 추정한다.

비용 추정시 자주 범하는 실수

- 주요 항목의 누락
  - 예비비, 장비구입비, 운영설비비 재투자비와 공연제작비(공연장 등)
  - 교육 프로그램 강사료를 운영비에 미포함
  - 기존 건물 철거비 누락
  - 시유지 등 직접 보상비가 지출되지 않는 국공유지 공시지가 누락
- 비용 추정 근거 미제시
  - 비용 추정을 위해서 LH, 조달청 단가를 사용하였지만 세부 시설별 구체적인 사업비 산정 근거를 제시하지 않음.
- 유사 사례 적용시 오류
  - 1개의 사례만을 적용
  - 편익에 적용한 사례, 공사비 추정에 적용한 사례, 운영비 추정에 적용한 사례가 모두 상이함.
  - 유사 사례가 아닌 경우(사업 특성·기능, 지역 등)

4. 수요 추정

수요는 경제적 편익과 재무적 수입뿐만 아니라 사업의 필요성과 직접 연관되면서 규모 및 비용 추정에도 활용되므로 타당성 조사에 있어 가장 중요한 변수라고 할 수 있다.

수요는 사업특성에 따라 방법 및 추정 과정 등이 크게 달라지므로 사업특성을 고려하여 방법론을 선택해야 한다. 특히, 장래 개발계획의 반영 여부는 수요 추정 결과에 큰 영향을 주고 이와 관련하여 논란의 소지가 많다. 그러므로 반영에 대한 기준을 설정하되 가급적 보수

적으로 설정하는 것이 안전하다. 예비타당성조사를 비롯한 법적 타당성 조사에서의 장래개발계획의 반영 기준은 기본 계획 단계까지는 사업 추진 여부가 불투명하기 때문에 관련 사업으로 반영하지 않고, 실시설계 이후의 추진단계에 있는 사업만을 반영하고 있다.

단, 실시설계 이전 사업 중에서도 연구진의 판단에 의해 사업에 직·간접적으로 영향을 줄 것으로 예상되거나 추진이 확실시되는 사업에 대해서는 그 근거를 제시하고 시나리오를 통해 추가 반영하기도 한다.

1) 도로 및 교통부문의 수요 추정

교통수요는 도로 등 교통시설 공급시 해당 도로를 이용하는 차량대수를 의미한다. 교통수요 추정모형은 국내에서는 주로 4단계 모형이 활용되고 있다. 이는 4단계 모형이 모든 경우에 적합한 모형이어서가 아니라 모형 내의 단계별 교통수요 추정 과정이 비전문가라도 이해하기 쉽기 때문이다.

■ 통행의 의사결정 과정 및 교통수요 4단계 모형

① (통행발생) 통행을 할 것인가, 말 것인가?
② (통행분포) 어디로 갈 것인가?
③ (수단선택) 무엇을 타고 갈 것인가?
④ (통행배정) 어떠한 길로 갈 것인가?

대부분의 교통수요 추정은 기본적으로 국가교통DB센터에서 구축한 장래의 교통수단별 기·종점 교통수요(KTDB)를 활용함으로써 4단계 모형 중 통행발생, 통행분포, 수단선택 과정이 생략된다고 볼 수 있다.[4]

즉, 타당성 조사 단계에서의 교통수요 추정은 주로 통행배정을 통해 수행한다고 보면 된다. 그러나 경전철이나 철도, 신교통수단의 수요 추정은 도로 교통량으로부터 전환되는 수요를 반영하기 위하여 수단선택 과정을 포함한다. 교통수요 분석을 위해 현재 우리나라에서 널

4 교통수요 추정을 위한 기본 자료는 한국교통연구원 국가교통DB센터에서 구축한 국가교통DB(Korea Transport Database: KTDB), 수도권교통본부(Metropolitan Transportation Authority: MTA)의 수도권 자료를 활용한다. 수도권교통본부는 2019년 12월 해산되어 해당 업무는 대도시권광역교통위원회로 이관되었다.

〈그림 13-3〉 타당성 조사의 교통수요 추정 과정

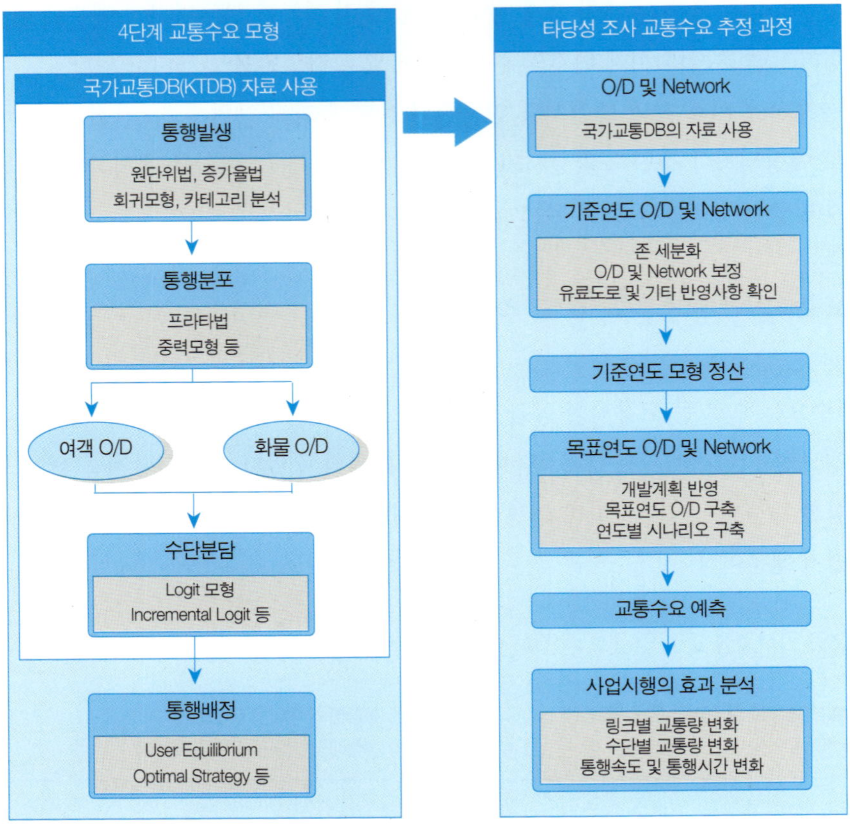

자료: 한국지방행정연구원(2015d: 17).

리 사용되고 있는 프로그램은 EMME/4, TransCAD 등이 있다. 특정 소프트웨어 이용을 강제하지는 않고 있으나, 적어도 조사에서 요구되는 수준 및 내용을 분석할 수 있는 소프트웨어를 활용해야 할 것이다.

교통수요 추정 과정은 ① 주어진 O/D 및 네트워크의 수정 → ② 기준연도 정산작업 수행 → ③ 장래연도 O/D와 네트워크를 이용하여 장래연도 모형 구축 → ④ 통행배정으로 진행된다.

(1) 기본 자료 수정

먼저 기본 자료로 활용하기로 한 KTDB 네트워크와 기준연도의 실제 네트워크를 비교하여 수정한다. 그리고 장래 개발계획을 반영하여 장래 네트워크와 O/D를 수정한다.

■ O/D 및 네트워크란 무엇인가?

- O는 Origin(출발지)을 의미하고, D는 Destination(목적지)을 의미함.
- 따라서 O_iD_j는 i존에서 j존으로 가는 통행량임.
- 여기서 존(zone)이란 승객과 화물의 이동을 분석하기 위해 설정하는 단위공간을 의미하며 주로 행정구역과 일치하여 설정함.

장래 개발계획은 본 사업구간의 영향권에 포함되거나 장래 교통량에 영향을 미칠 수 있는 지역의 사업을 반영하되, 사업 추진이 확실한 것만 반영한다. 이때 중요한 점은 해당 존의 통행량을 추가한 만큼 다른 존의 통행량을 빼줌으로써 총통행량의 값은 변하지 않아야 한다.

〈표 13-5〉 개발계획 반영 기준 비교

개발계획 유형	개발계획 반영 기준
택지개발계획	실시계획 승인
산업단지개발계획	개발계획 및 실시계획 승인
도시개발계획	실시계획 승인
기타 개발계획	실시계획 승인에 준하는 단계

지방도 사업의 경우 과업구간의 거리가 짧은 사업이 많은데 이러한 경우 기존의 존(zone) 체계로 교통수요 분석시 사업시행으로 인한 교통패턴의 변화를 파악하기 어려울 수 있다. 이러한 경우에는 존 세분화를 통해 해당 사업에 적정한 존 크기를 설정한다.

(2) 기준연도 정산

기준연도 정산작업은 현재의 교통 패턴을 오차 범위 내에서 구현하는 모형을 구축하기 위한 작업으로서 영향권 내 네트워크 통행배정 결과와 실제 조사 결과와의 편차가 적을수록 정산이 잘 이루어졌다고 평가할 수 있다.

■ 총통행량 고정 원칙과 예외사항

- 총통행량 고정은 개발계획으로 인하여 해당 존의 인구 증가 등으로 통행량이 추가 발생하는 경우 영향권 내 다른 존의 통행량을 감소시켜 영향권 내의 총통행량은 동일하게 유지시킨다는 것임.
  - 이러한 제약 없이 해당 지방자치단체의 장래 개발계획에 따른 인구수를 모두 반영하면 현재 인구의 몇 배 이상으로 증가하는 등 과다수요 추정의 오류는 매우 커짐.
- 총통행량 고정은 과다수요 예측을 방지하기 위한 것이지만, 다음과 같은 특수한 경우에는 O/D 수정시 총통행량을 변화시킬 수 있음.
  - 사업노선이 관광의 특성을 보이는 경우 관광수요를 기존 O/D에 추가적으로 반영하여 분석할 수 있으며, 연육교, 연도교와 같은 도서지역에 도로를 신설하는 경우 기존에 없던 통행이 발생하는 유발수요를 반영하여 분석할 수 있음.
  - 하지만 유발수요의 경우에는 현재 관측이 되지 않는 미래의 예상 수요로 추정에 많은 한계점이 존재하므로 매우 제한적으로 반영함.

■ 존(zone) 세분화

- KTDB 존 체계로는 사업시행으로 인한 교통패턴의 변화를 정밀하게 분석하기 어려운 경우 존의 세분화가 이루어져야 함.
- 사업의 영향을 분석하기 위한 존 세분화의 범위는 해당 사업의 직접영향권으로 설정함.
- 이때 세부 존의 인구 및 사회·경제적 특성 자료의 용이한 구득을 위하여 존 세분화는 하위 행정구역을 기준으로 하는 것을 원칙으로 함.
- 또한 존 세분화로 인해 발생하게 될 세부 존 간 통행량을 담당하기 위한 지방도 및 시·군도를 영향권 내 네트워크에 충실히 반영해야 함.

■ 기준연도 정산

- 정산(calibration)지점은 교통량이 많은 지점 중에서 사업 대상 구간 인접도로 및 주요 도로, 사업지 주변 주요 도로와 주요 간선도로, 사업시행으로 인해 교통 패턴의 변화가 현저할 것으로 예상되는 지점으로 선정함.
- 정산 결과 정산을 수행한 모든 지점이 가급적 국토교통부의 『교통시설 투자평가지침』에서 제시하고 있는 오차율의 기준을 만족하여야 함.

[정산지점별 허용오차 기준]

구분		허용오차
교통량 합계(코든/스크린 합계)		15% 이내
지점별 교통량	일교통량 5천 대 미만	주요 교통량 변화지점 20%, 기타 30%
	일교통량 5천 대 이상	주요 교통량 변화지점 15%, 기타 20%

- 만약 교통량 자체가 적기 때문에 교통량 정산시 교통량의 차이가 크지 않더라도 오차율이 높은 것으로 나타나 정산이 어려울 경우에도 일률적으로 배정교통량이 낮게 나타나거나 높게 나타나는 경향이 없도록 주의하여야 함.

(3) 장래 교통수요 추정

교통량 정산 이후 사업 미시행시와 사업 시행시 통행배정을 각각 실시하여 사업시행시 효과를 파악한다. 장래 교통수요는 사업구간별로 제시하되, 미시행시와 시행시 각각에 대해 제시하여 사업 추진으로 인한 효과를 확인할 수 있도록 한다.

또한 해당 사업구간의 교통량이 어느 도로에서 전환되어 온 것인지를 가늠할 수 있도록 주변 교통망의 교통량 역시 함께 제시하여야 한다. 이를 위해 도로사업 타당성 조사에서는 Select Link Analysis를 통해 해당 사업구간 및 주변 도로 교통 패턴 변화를 체크하고 있다.

그러나 실제 편익 추정에 활용되는 것은 교통량뿐 아니라 사업시행에 따른 각 링크(link)의 교통량 변화와 수단별 교통량 변화, 각 링크 통행시간·속도 변화 등이다.

한편, 교통시설 및 체계 개선, 또는 선형 개량과 같은 사업은 도로신설 및 확장사업에 비해 규모가 작거나 효율성 향상을 목적으로 하는 경우가 많아 4단계 모형을 그대로 적용하는 것이 적절하지 않은 경우도 있다.

> **용어정의!**
>
> **링크(link)**
>
> - 도로사업에서의 링크(link)는 하나의 선(line)으로 이어진 도로구간을 의미함.
> - 단, 중간에 교차로와 같은 결절점(node)이 없어야 함.
> - 즉, 출발지에서 도착지까지의 노선(path)과는 다른 개념으로 하나의 노선은 여러 개의 링크와 결절점으로 구성됨.

■ 도로사업 교통수요 추정 결과 예시

[장래 교통수요 추정 결과(검토안)]

(단위: 대/일)

구간	2025년		2030년		2035년		2040년		2045년	
	미시행	시행	미시행	시행	미시행	시행	미시행	시행	미시행	시행
1										
2										
3										
가중평균										

- 주변 도로지점의 시나리오별 미시행 대비 교통량 변화를 검토한 결과, 교통량의 증가나 감소가 두드러지게 발생하는 지점은 사업구간 및 사업구간과 경쟁노선 관계에 있는 도로임.

[사업시행시 인접지점 장래 교통량 변화(2025년)]

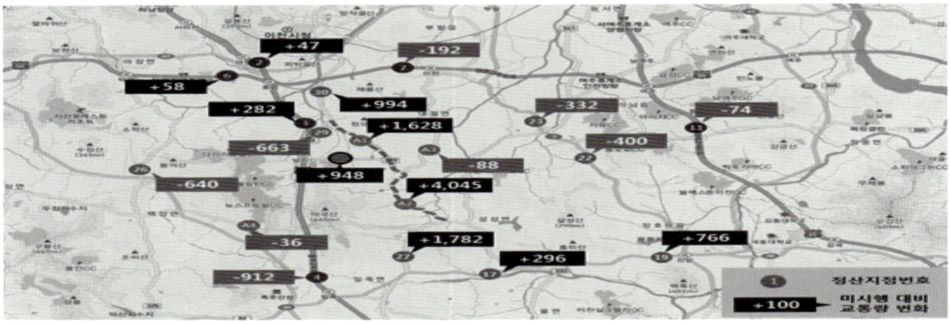

- Select link Analysis를 통해 사업구간 개통 후 사업구간을 지나는 통행이 어디서 발생한 통행인지 확인할 수 있음.
  - 사업구간의 역할은 영향권 동쪽의 여주시와 충주시로부터 북서쪽의 광주시와 용인시를 이동하는 교통량을 처리하며, 주요 고속도로인 중부고속도로 및 영동고속도로와의 연계성을 강화하는 남북축의 역할을 하는 것으로 나타남. 주로 통과통행을 처리하는 것으로 분석됨.

[개통 완료 후 사업구간 Select link Analysis 결과]

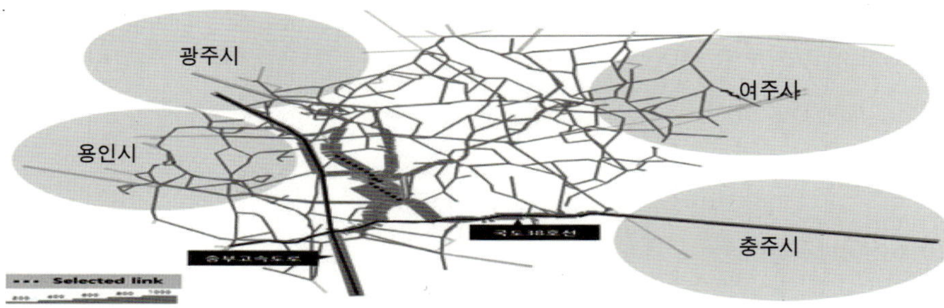

2) 산업단지 수요 추정

산업단지 조성사업에서의 수요는 산업시설용지를 분양받아 직접 공장을 짓고 가동하여 생산활동을 하는 사업체 수요, 즉 기업 입주수요를 의미한다. 산업단지에 대한 입주수요는 입주예상 업체 수 또는 공급면적 대비 입주기업의 면적을 이용해 나타낼 수 있다. 이때 기업의 산업공간을 마련하기 위한 사업의 수요 추정 핵심은 어떠한 유형의 기업들이 입주할지와 어느 정도의 입주율을 보일 것인가이다.

사업이 시행되기 이전에 수행하는 수요 추정의 경우, 특히 산업단지 조성사업과 같이 민간기업의 의사결정을 추정하는 사업은 실제 구현되는 수요와 다를 수 있다. 그럼에도 불구하고 주어진 조건하에서 가장 현실성 있는 방법을 적용하여 수요 추정을 하여야 한다.

■ 산업단지 입주기업의 업종 및 입주 형태 추정의 어려움

- 민간기업의 입주 의사는 다양한 사회적·경제적 변수에 민감하게 반응하므로 설문조사 등을 통해 밝히는 기업의 입주 의사는 실제 산업단지에 입주하기까지의 기간 동안 달라질 수 있음.
- 입주 의사에 따른 강제력이 없기 때문에 실제와 정확하게 일치하는 수요를 추정하기 어려움.

(1) 거시모형 및 예측모형

산업단지 조성과 같이 단지개발형(space development project) 투자사업의 수요 추정 방법으로는 크게, ① 거시모형을 이용하는 방법, ② 예측모형을 이용하는 방법, 그리고 ③ 설문조사를 이용하는 방법으로 구분된다.

■ 산업단지 수요 추정 방법

- 거시모형: 해외투자액과 국내기업 투자액 등 거시변수를 고려하여 부지면적을 추정하는 기법
- 예측모형: 유사 기업들의 특성을 분석하여 산업활동에 필요한 면적을 추정하는 방법
- 설문조사: 여러 기업을 대상으로 이전 또는 확장 및 신규 투자 의사를 조사하여 입주기업의 특성 및 입주율을 추정하는 방법

거시모형 기법이나 예측모형 기법은 조건과 제약에 따른 최적면적(optimal size of the space)을 찾아내는 방법이며, 설문조사법은 실제 기업들을 대상으로 입주와 관련된 사항을 묻는 미시적 기법이다. 따라서 기본적으로 거시모형 및 예측모형은 단지의 최적부지 면적을 추정하는 기법이어서 사업규모가 사전적으로 확정되어 있는 사업의 타당성 분석에는 적합하지 않다. 반면 설문조사 방법의 경우 실제 산업단지 개발사업에 관심이 있는 기업들의 입주수요를 물어 비교적 정확한 수요 추정이 가능하다는 점에서 지금까지 산업단지 관련 지침 및 선행사례에서도 적용하여 왔다.

(2) 설문조사 이용 방법

산업단지 타당성 조사에서 수요 추정을 위하여 적용하고 있는 설문조사 방식은 잠재적

으로 입주 가능성이 있는 기업군을 대상으로 분양가를 제시한 후, 설문조사를 시행하고 이를 통해 신규 투자율을 도출하여 경제성 분석을 수행하는 것이다.

설문조사를 이용하는 수요 추정 방법은 실제 산업단지 개발사업에 관심이 있는 기업들의 입주 의향을 묻기 때문에 비교적 정확한 수요 추정이 가능하다. 그러나 추정 결과와 실제 사업 후 나타나는 결과 간의 오차는 충분히 있을 수 있다. 하지만 이러한 추정오차는 산업단지 수요 추정에서만 발생하는 것이 아니고 다른 사업의 수요 추정에서도 발생하는 것이다. 따라서 이는 사전적 추정단계에서 통제하기 어려운 분석상의 한계로 인식하는 것이 바람직하다.

■ 설문조사 기법의 장단점

- 모형을 통해 추정한 것이 아니라 실제 산업단지 개발사업에 관심이 있는 기업들의 입주 의향을 물어 비교적 정확한 수요 추정이 가능함.
- 입주하기로 계획했다 하더라도 산업단지가 조성되는 기간 동안 경제 상황의 변화나 기업의 투자계획이 변경되는 경우 입주 계획 또한 변화할 수 있고, 기업의 입장에서도 입주 의사를 밝히더라도 그에 따른 강제적 입주 의무가 있는 것이 아니기 때문에 추정오차는 발생할 수 있음.
- 입주 가능성이 높은 기업들을 선별하고 이를 대상으로 입주 의사를 묻기 때문에 비용과 시간이 상대적으로 많이 소요됨.

그러나 설문조사를 통해 직접 수요를 추정하는 것은 거의 불가능하다. 한국산업단지공단의 자료에 따르면 지금까지 조성된 산업단지는 초기에는 미분양되어도 시간이 지나면 어찌 되었든 분양이 완료되었던 것으로 나타났다. 따라서 산업단지 조성사업의 경제성 분석기간 30년 동안 미분양이 지속된다고 보는 것은 무리가 있다.

그러한 측면에서 산업단지 타당성 조사에서는 산업시설용지의 수요 추정을 근거로 해당 산업단지의 분양률을 직접적으로 추정하지 않는다. 또한 용지분양사업에서 분양은 분양가와 입지적 특성 외에도 부동산 경기나 경기 등 외부적 요인에 의해 크게 영향을 받기 때문에 분양 가능성을 개별 타당성 조사에서 직접 추정하는 것은 상당히 위험하다.

따라서 설문조사 이외에 예상입주율의 규모 및 속도에 대해서는 주변 산업단지의 실제 입주율 자료를 적용하는 등 사업지의 특수성 및 지역적 특성을 반영하는 보완적 방법을 함께 적용하고 있다. 한편, 설문조사 결과 통계적으로 유의한 최소 표본 수로 알려진 30개를 확보하기 어려운 경우나 기타 다른 사유로 설문조사 결과를 활용하지 못하는 경우가 있을 수 있다. 현실적으로는 지방 일반 산업단지의 경우 설문조사를 통해 유효 표본 수 30개를 확보하기란 매우 어렵다.

이러한 경우 LIMAC에서는 인근지역의 산업단지 중에서 업종이나 규모 등이 유사한 산업단지를 대상으로 입주기업 현황조사를 통해 신규 투자율을 도출하고 이를 분석 대상 산업단지의 신규 투자율로 차용하기도 한다.

■ 유효 표본 수 30개 이상 확보 기준의 의미

- 설문조사는 분석에 필요한 입주 의향 기업 수(목표기업 수)에 이를 때까지 설문조사를 지속하는 녹다운(knock down) 방식으로 진행됨.
- 신규 투자율 산정을 위해서 최소 표본 수 30개를 만족시켜야 하며, 이는 통계적 유의성을 확보할 수 있는 최소 숫자임.
- 이를 위한 조사 방법으로 영향권 내에 입주한 기업에 대해 무작위 추출(random sampling) 방식으로 설문을 수행하도록 규정하고 있음.
- 다만, 이와 같은 방식은 신뢰할 수 있는 설문조사 결과를 확보한다는 차원에서 유익한 반면, 만약 목표기업 수에 이르지 못하는 경우에는 설문조사가 좀처럼 종료되지 않는 문제가 있음.
- 상대적으로 제한적인 시간 및 비용하에서 이루어지는 타당성 조사의 경우, 이와 같은 설문조사 방식은 일정한 한계를 가질 수밖에 없음.

이처럼 유효표본 수를 확보하지 못한 사업은 의뢰된 산업단지에 대한 기업입주 수요가 없다는 것으로도 해석이 된다. 따라서 향후 사업시행시 미분양 위험이 있을 수 있다는 점을 사업의 위험 요인으로 보고서에 제시할 필요가 있다.

아울러 산업단지의 경우 신규수요 및 이전수요에 대한 구분을 위해 신규 투자율이라는 개념을 적용하고 있다. 신규수요란 해당 기업이 기존의 시설은 유지하면서 해당 시설에 새롭게 투자하는 것을 뜻하며, 이전수요란 해당 기업이 기존의 시설을 해당 지역으로 단순히 이전하는 것을 뜻한다. 일반적으로 신규수요의 경우 새로운 수요가 발생했다고 볼 수 있으나, 이전수요의 경우 집적(agglomeration) 편익을 제외하면 사회 전체적으로 보았을 때 편익이 증가했다고는 볼 수 없으므로 편익 추정시 제외하고 있다.

편익 추정시에 신규 투자율을 적용하는 이유는 현행 산업단지 조성사업 편익이 새롭게 조성된 산업활동 공간으로부터 창출되는 부가가치액을 대상으로 한정하기 때문이다. 설문조사에서 밝힌 입주수요 중에서 해당 사업지로 시설의 확장 없이 단순 이전하는 입주수요는

■ MOU(Memorandum of Understanding) 업체에 대한 분석 방법

- 산업단지를 추진하는 지방자치단체에서 사전에 MOU(양해각서)를 통해 입주희망 업체를 확보하여 타당성 조사 연구진에 제출하는 경우도 증가하고 있으나, 실제 타당성 조사 과정 중에 직접 설문 수행시 입주 의향이 변경되는 사례가 빈번함.
- 원칙적으로 MOU 업체를 대상으로 설문을 진행하는 것은 무작위 추출이 아니기 때문에 표본추출 편의가 크게 발생하므로 통계적 유의성을 확보하지 못함.
  - 표본추출 편의(sample selection bias): 표본이 모집단을 대표하지 못하는 경우애 해당함.
- 최근 타당성 조사 사례에서 MOU 업체의 신규 투자율과 무작위 추출 표본의 신규 투자율이 크게 차이가 난 사례도 존재하므로 MOU 업체에 대한 설문조사 결과의 활용은 매우 신중할 필요가 있음.

■ 신규 투자율

- 신규 투자 중에서도 해당 사업에 의한 진성투자수요인지를 확인하기 위하여 설문조사에서 본 사업지가 조성되지 않거나 일정이 지연될 경우에 대하여 조사함.
  - 본 산업단지가 조성되지 않을 경우, '본 산업용지가 조성되기까지 투자를 미룬다'고 응답하거나 '본 산업단지'의 산업용지가 아니면 투자를 포기한다'고 응답한 경우를 순수요(일명 '진성수요')로 봄.
- 반대로, '대체지역을 찾아 투자를 추진한다'는 의견은 본 사업의 순수한 투자수요로 볼 수 없음.

[신규 투자율 추정 사례]

(단위: 개, %)

구분	입주 형태	희망 신규(추가) 투자비율	응답 수	신규 투자비율 산정 과정	지침 적용	순수 신규 투자비율
대체지역 고려함	–	–	15	–		–
대체지역 고려하지 않음	신규 투자	100	6	6 / 30 × 100		20.00
	확장 이전	0	1		배제	
	감축 이전	0	3			
	단순 이전	0	5			
	합계		30		20.00	

주: 확장 이전하는 업체의 신규 투자면적이 기준(LIMAC 지침에 따르면 $10,000m^2$)보다 작기 때문에 신규 업체로 포함하지 않음.

단순 이전효과에 해당하는 것으로 해석한다. 즉, 순수 신규 투자 및 이전기업 중에서는 확장 투자 부분만을 신규 투자로 본다.

3) 문화 · 체육시설의 수요 추정

문화·체육시설의 수요 추정 방법은 일반적으로 정량적 분석 기법과 정성적 분석 기법이 있다. 정량적 분석 기법은 객관적인 자료에 근거하여 수요량을 예측하는 방법으로 수요함수 이용법과 중력모형이 가장 대표적이다. 정성적 분석 기법은 추세분석법과 델파이 기법(Delphi technique)이 있으며, 간편법으로는 진술수요 추정법과 유사 시설 정보 이용법이 있다.

문화·체육시설의 수요에서 중요한 부분은 신규수요와 이전수요의 구분이다. 이전수요는 다른 시설을 이용하다가 새로이 지어진 신규 시설로 전환된 수요를 의미하며, 특히 기존의 유사 시설이 존재하는 경우에는 이전수요를 구분할 필요가 있다. 다만, 해당 서비스에 대한 잠재수요가 충분하고 이에 비해 공급량이 절대적으로 부족하여 대기자 수가 많고 이용에 제약이 컸다면 신규 공급에 따른 수요를 모두 신규수요로 볼 수도 있다(주로 복지시설의 경우).

일반적으로 문화·체육시설은 일단 해당 시설의 전체 수요를 추정하고 이후 설문조사를 통해 도출된 신규수요와 이전수요 비중을 적용하여 신규수요와 이전수요로 구분하는 방식

〈표 13-6〉 문화 · 체육시설의 수요 분석 방법

수요 분석 방법 구분		방법론 설명	한계점
정량적 분석법	수요함수 이용법	• 관련된 자료가 충분히 확보된다면, 다중 회귀분석에 의해 문화시설에 대한 수요에 영향을 주는 요인들의 영향력을 계량 가능	• 모형설정에 필요한 관련 통계의 이용이 제한적이거나 모형설정의 오류 가능성이 높은 경우에는 부적절 • 공공시설로서 이용객이나 사용료 등의 가격통제가 존재하는 등 가격변수가 시장원리가 아닌 행정적으로 결정되는 경우에는 부적절
	중력모형	• 중력모형은 뉴턴(Newton)에 의해 밝혀진 법칙. 즉, 두 물체의 인력은 이들의 질량(mass)의 곱에 비례하며 이들 상호간 거리의 제곱에 반비례한다는 법칙에 근거하여 추정하는 기법	• 준거시설의 결정이 중요함. • 중력모형은 이용권역 내 이용량과 이용을 유인하는 수요, 권역 간 이용비용의 영향만 고려할 뿐, 실제 이용의 의사결정자가 도착지를 선택하는 데 고려하는 다른 영향 요인을 반영하는 데 한계가 있음.
정성적 분석법	추세분석법	• 과거의 추세나 동향이 그대로 유지된다고 판단하여 과거의 여행 행태나 추세를 파악하고자 할 때 유용한 방법	• 추세분석법이 신뢰성을 확보하기 위해서는 장기시계열 통계가 구비되어야 함.
	델파이 기법	• 전문가들을 상대로 의견의 일치를 볼 때까지 반복적으로 상호 의견을 교환하면서 주어진 주제를 체계적으로 도출해 내는 방식	• 반복적인 설문조사를 진행하는 데 많은 시간이 소요되고, 설문지의 구성과 결과 분석에 전문적인 지식이 필요함.
간편법	진술수요 추정법	• 문화시설의 수요를 설문조사에 의해 직접적으로 수요의 크기를 파악할 수 있는 질문으로 계량화하는 방법	• 설문에 의해 파악되는 해당 시설에 대한 수요가 그대로 실제수요로 실현될지에 대해서는 장담할 수 없음.
	유사 시설 정보 이용법	• 유사 시설의 수요와 규모에 대한 정보를 활용하는 방법	• 유사 시설의 결정이 중요함. • 유사 시설이 없는 경우에는 활용하기 어려움.

으로 수요 추정이 이루어진다. 이때 전체 수요를 추정하는 방식은 중력모형과 유사 시설 정보 이용법이 가장 많이 활용된다.

(1) 중력모형

정량적 기법 중에서도 중력모형(gravity model)이 간편하면서도 효율적인 방법이기 때문에 가장 보편적으로 사용되고 있다. 이는 다른 모형은 시설물 이용객에 대한 과거 자료를 필수적으로 요구하나, 실제로 검토의 대상이 되는 지방자치단체 사업의 경우 해당 시설이 신규로 건축되는 경우가 대부분이므로 수요 추정을 위한 과거 시계열 자료 확보가 어렵기 때문이다.

중력모형은 물리학에서 차용한 개념으로 인간의 공간적 이동행태가 뉴턴의 중력법칙과 동일하다는 전제에서 출발한다. 즉, 수요는 거리의 제곱에 반비례하고 중력(이용인원 흡인 요인)과 비례한다. 다만, 중력모형은 준거시설로서 활용할 유사 시설의 선택에 따라 결과가 달라질 수 있으므로 주의가 필요하다.

중력모형을 활용하여 수요 추정하는 절차는 다음과 같다.

① 유사 시설을 조사하여 준거시설(박물관, 미술관)을 설정한다.

② 관련 데이터를 이용하여 선정된 준거시설과 평가시설로부터 시·도 간 시간거리를 산정한다.

③ 기준연도의 추계인구와 준거시설 평균 이용인원을 바탕으로 이용비율을 산출하고 이를 평가 대상 시설에 적용하여 이용객 수를 추계한다.

④ 평가 대상 시설의 규모 등 매력도를 중력인자로 이용하여 이용수요를 보정한다.

한편, 규모가 크지 않은 소규모 시설의 경우 중력모형보다 유사 시설에서의 이용객 정보를 적절하게 조정하여 이용하는 간편법이 바람직할 수도 있다.

$$A = \Sigma\, \alpha [P_i \cdot \frac{1}{r_i^2}] \cdot \rho$$

여기서, A: 평가 대상 시설의 평균 이용인원
P_i: 각 지역의 인구
r_i: 평가 대상 시설을 중심으로 한 거리
α: 평가 대상 시설의 거리를 감안한 잠재인구 중 이용비율(준거시설을 토대로 추정한 값)
ρ: 준거시설 대비 평가시설의 매력도(규모 등)

■ 중력모형을 활용한 문화시설 수요 추정 사례

- 준거시설: 전통음악공연장(건축연면적 10,000m²와 규모가 유사한 올림픽 홀
  - 추계인구와 거리, 소요시간 등을 고려하여 관람비율(a=0.00524)을 추정
  - 2022년 전통공연 관람수요를 예측한 결과 119,869명으로 추정되었음.

[중력모형에 따른 내국인 공연관람 수요(2022년)]

(단위: 명, km, hour)

구분	2022 추계인구 (13~69세)	거리 (km)	산식				
			시속(km)	소요시간	$P_i \frac{1}{r^2}$	a	$\alpha\left[P_i \frac{1}{r^2}\right]$
서울	7,722,357	25.99	70	1.00	7,722,357	0.0052	40,465
부산	2,557,585	387.22		5.53	83,582	0.0052	438
대구	1,877,444	283.18		4.05	114,720	0.0052	602
인천	2,412,831	56.41		1.00	2,412,831	0.0052	12,643
…	…	…		…	…	…	…
경북	1,966,108	281.28		4.02	121,766	0.0052	638
경남	2,550,960	361.54		5.16	95,628	0.0052	501
제주	470,046	–	–	–	–	–	–
전국	40,000,399	–	–	–	–	–	119,869

- 중력모형으로 추정한 공연관람 수요는 인구와 거리만을 고려하였으나, 지역별 특성 및 시설의 매력도에 대한 사항을 고려하지 않고 있으므로 시설의 매력도를 감안하여 보정함.
  - 시설매력도는 평가요소에 대한 상대적 중요도와 올림픽 홀과 전통음악공연장에 대한 평가요소별 점수(7점 척도)에 대해 관광전문가 10인(2015. 7. 13~17)에게 조사하여 상대적 중요도를 AHP 분석을 통해 산출함.
- 평가 결과 전통음악공연장의 시설매력도는 올림픽 홀 대비 약 37.7%로 나타나 이를 적용하여 보정하였음.
  - 2022년 119,869명 × 37.7% = 45,191명

(2) 유사 시설 정보 이용법과 진술수요 추정법

중력모형 외에 또 많이 활용되는 방법은 유사 시설 정보를 이용하는 방법이다. 이때 유사 시설 정보로부터 파악하기 어려운 부분에 대해서는 설문조사에 의해 정보를 파악하는 진술수요 추정법을 함께 활용하기도 한다.

■ 유사시설 이용법과 설문조사를 활용하여 신규수요와 이전수요를 구분한 사례

• 공연관람 수요: 본 사업의 문화시설과 유사 시설이라고 판단되는 ○○ 문예회관의 운영 현황 자료를 이용
  - ○○ 문예회관의 운영 현황에서 좌석점유율 61.7% 및 공연횟수 80.2(회/년)를 이용

[본 사업 문화시설의 관람객 수 산정]

구분		좌석 수(석) (A)	좌석점유율(%) (B)	공연회당 관람객 수(명/회) (C)=(A×B)	공연횟수(회/년) (D)	관람객 수(명/년) (E)=(C×D)
문화 시설	대강당	709	61.7	438	80.2	35,128
	소강당	234		144		11,549
	합계	943		582		46,676

• 이전수요와 신규수요의 구분: 본 사업의 문화시설 공연 관람객을 시민 설문조사에서 조사된 정보를 활용하여 이전수요와 신규수요를 구분하면, 이전수요가 차지하는 비중이 47.2%이고 신규수요는 52.8%로 조사됨.
• 따라서 본 사업 문화시설의 공연 관람객 46,667명 중 이전수요는 22,031명이며 신규수요는 24,645명 수준임.

4) 공공청사의 수요 및 규모 추정

공공청사의 수요 추정은 과대·호화청사로 인한 지방재정 건전성 악화 문제를 방지함과 동시에 청사면적에 대한 지방자치단체의 요구를 고려하되, 관련 법 규정에 근거하여 타당한 범위 내에서 청사의 적정 규모를 산정하는 데 활용된다.

(1) 인구 및 공무원 정원에 따른 면적 기준

공공청사 수요 추정 기준은 지역 인구가 1차적인 수요가 되며, 지역 인구에 근거하여 산출된 사용자인 공무원의 수가 2차적인 수요 기준이 된다. 1차적 수요자인 지역의 인구규모는 「공유재산 및 물품관리법 시행령」에 따라 공공청사의 전체 기준면적 산정의 근거가 된다.

시행령 [별표 1]은 지방자치단체의 본청 청사의 기준면적, [별표 2]는 지방자치단체장의 집무실 기준면적, [별표 3]은 의회 청사의 기준면적을 행정위계 및 인구수에 따라 구분하여 제시하고 있다.

따라서 공공청사 사업을 추진하는 지방자치단체는 지역 인구 현황에 따라 법률에서 허용하고 있는 청사의 기준면적 내에서 청사의 면적을 계획해야 한다. 또한 지역의 미래 인구

변화에 대한 검토를 통해 향후 변화에 대응한 적정한 청사규모도 예측하는 과정이 필요할 수 있다. 그러나 중·장기적으로 인구수 및 이에 따른 공무원 정원이 큰 폭으로 변동되지 않고 현재 정원 수준에서 미미한 증감 정도만 있을 것으로 판단되는 경우, 기준면적의 변동은 고려하지 않아도 된다.

〈표 13-7〉 지방자치단체의 본청 청사의 기준면적

구분			기준면적(m^2)
특별시			127,402
광역시		인구 300만 명 이상 500만 명 미만	68,333
		인구 200만 명 이상 300만 명 미만	52,784
		인구 200만 명 미만	37,563
특별자치시			35,383
도		경기도	77,633
		인구 300만 명 이상 400만 명 미만	44,974
		인구 200만 명 이상 300만 명 미만	43,376
		인구 100만 명 이상 200만 명 미만	39,089
특별자치도			32,223
시		인구 10만 명 미만	11,893
		인구 10만 명 이상 20만 명 미만	13,965
		인구 20만 명 이상 30만 명 미만	17,759
		인구 30만 명 이상 50만 명 미만	18,907
		인구 50만 명 이상 70만 명 미만	19,098
		인구 70만 명 이상 90만 명 미만	20,214
		인구 90만 명 이상 100만 명 미만	21,968
		인구 100만 명 이상	22,319
군		인구 3만 명 미만	7,525
		인구 3만 명 이상 5만 명 미만	8,385
		인구 5만 명 이상 10만 명 미만	9,406
		인구 10만 명 이상 15만 명 미만	11,829
		인구 15만 명 이상	13,582
자치구	특별시의 자치구	인구 50만 명 미만	26,368
		인구 50만 명 이상	27,484
	광역시의 자치구	인구 10만 명 미만	11,861
		인구 10만 명 이상 15만 명 미만	12,020
		인구 15만 명 이상 50만 명 미만	14,061
		인구 50만 명 이상	18,206

주: 1) 기준면적은 해당 건축물의 연면적을 기준으로 계산하되, 다음 각목에 해당하는 용도로 사용되는 면적은 제외한다.
가. 지하주차장·주차시설 등에 사용되는 면적
나. 도서관, 청소년 활동시설 등 주민편의에 사용되는 면적
다. 재난상황실, 직장어린이집 등 법령에 따라 의무적으로 설치되어 사용되는 면적
라. 법 제20조에 따른 사용·수익 허가를 받고 해당 지방자치단체 외의 자가 사용·수익하는 면적
2) 제1호에 따라 제외되는 면적의 산정 기준은 행정자치부 장관이 정하여 고시한다.
자료: 「공유재산 및 물품관리법 시행령」(시행 2020. 1. 3) [별표 1].

■ 공무원 정원 검토 과정

- 해당 자치단체의 인구 전망: 통계청의 「장래인구추계」 활용
- 인구변동 추이를 분석한 결과 일정 범위를 벗어나 급격한 증감이 있을 경우를 제외하고는 인구에 따른 공무원 정원의 변동 가능성은 낮음.

공공청사의 2차적 수요인 공무원의 규모는 공공청사의 공간계획에 있어서 해당 지방자치단체 조례에 따라 세부 실별 면적 등을 산정하는 근거가 된다. 공공청사의 주된 사용자인 공무원 수는 정원과 현원으로 구분되며, 현원은 각 자치단체별 청사의 공간 여건 및 근무배치에 따라 가변적이다. 최근 청소 및 경비 등의 업무를 수행하는 공무직에 대해서도 면적 산정에 반영하여야 한다는 의견이 제기되고 있으나, 현재까지는 공무직은 청사면적 산정에 포함되지 않고 있다.

■ 공무원 정원과 현원의 비교

- 대부분의 자치단체는 정원보다 현원이 적지만 일부 자치단체의 경우는 정원보다 현원이 더 많을 수 있음.
- 이러한 경우 현재 근무하는 현원 기준으로 면적을 산정하는 것이 타당하다는 주장이 있을 수 있으나, 현재까지 행정안전부 회계제도과의 기준에 따르면 정원 기준으로 일원화하여 적용하고 있음.

따라서 타당성 조사를 위한 공무원 수는 소요면적의 확보 및 근거 기준을 명확하게 하기 위하여 정원을 기준으로 하고, 이를 근거로 세부 각 실별 면적을 산출한다. 일반적으로 지방자치단체의 공무원 정원은 각 자치단체별 「지방공무원 정원배정 규정(규칙)」에 따르도록 되어 있으므로 이에 근거하여 본청 및 의회 청사 등의 정원을 확인 및 검토한다.

(2) 공공청사의 적정 규모 산정 방법

공공청사의 적정 규모는 '기준면적에 포함되는 경우'와 '기준면적에서 제외되는 경우'로 구분하여 해당 규정에 의하여 검토한다. 기준면적에 포함되는 경우는 「공유재산 및 물품 관리법」 및 동법 시행령 [별표] '지방자치단체 청사 기준면적'에 포함되는 공간을 의미하며, 지방자치단체 본청과 의회 청사의 법정 시설규모에 의거하여 기준면적에 부합하는지 검토

한다.

기준면적에서 제외되는 경우는 '지방자치단체 청사 기준면적 제외 산정기준 고시'에 따라 기준면적상 제외되는 공간을 의미하며, 해당 시설면적은 소요시설 설치에 따른 상위법령(「공공기록물 관리에 관한 법률」, 「영유아보육법」 등)에 따라 검토한다. 별도의 면적 기준이 부재한 경우에는 유사 기능 시설의 평균 소요면적 및 현 청사의 시설면적을 참고하여 의뢰안의 적정성을 판단한다.

단, 면적 기준이 법령 및 조례에 의해 최솟값과 최댓값의 범위 내인 경우 및 적용비율이 기준 범위 내에 있을 경우에는 의뢰안을 준용할 수 있다.

〈표 13-8〉 적정 규모 산정 검토 기준

구분			검토 기준	적용 예시
기준면적에 포함되는 경우	면적규정이 있는 경우		면적규정 적용	직무, 부속, 설비관계, 공용 공간 등
	면적규정이 없는 경우	현 사용면적 있음	현 면적 적용	감사상황실, 통계작업장 등
		현 사용면적 없음	제외 또는 유사 시례 검토	복지상담실, 세미나실, 의원실 등
기준면적에서 제외되는 경우	법적 의무 설치시설	면적규정 있음	면적규정 적용	지하주차장, 직장어린이집 등
		면적규정 없음	의뢰안 또는 현 면적 준용	제적서고, 도시만들기지원센터 등
	의무설치 시설 외	현 사용면적 있음	현 면적 적용	새마을운동회실, 여행사 등
		현 사용면적 없음	유사 사례 검토	다목적홀, 역사문화전시관

최근 공공청사의 복합화 경향이 높아지고 있으며, 특히 주민편의시설을 청사에 포함하는 것이 트렌드이다. 이때 주민편의시설 규모가 청사면적에서 상당한 비중을 차지한다면 이에 대한 별도의 수요 추정이 필요할 것이다. 예를 들어, 체육시설이나 문화시설이라면 문화·체육시설 수요 추정 방법론을 적용하여 수요를 추정해야 한다. 그러나 주민편의시설의 규모가 독립적 수요 추정을 할 정도로 크지 않고 청사를 찾는 지역주민에 대한 지원 기능 정도라면, 지방자치단체가 해당 시설을 계획한 근거를 검토하여 시설 규모의 적정성 여부를 판단할 수 있을 것이다.

또한 청사와 같은 건축물 사업에서 중요하게 검토할 사항은 주차시설이다. 최근 주차장 관련 기준이 강화되면서 공공청사 신축시 조례 개정으로 인해 법정 주차대수를 충족하지 못한 사례가 발생하여 타당성 조사 진행 중 조사가 중지된 경우도 있었다. 또한 전시컨벤션 시설에서 법정 주차대수는 확보하였으나 실시설계 중에 주차장 확보가 필요하여 지하주차장 증설로 인한 사업비 증가로 타당성 재조사를 의뢰한 경우도 발생하였다.

따라서 건축물 사업에서는 건축물의 용도에 부합하는 주차장 규모의 산정이 필요하다. 또한 타당성 조사 이후 교통 영향 평가단계에서 대부분 주차면수의 확대가 필요한 경우가 많기 때문에 타당성 조사 단계에서는 법정 주차대수보다 여유 있게 계획할 필요가 있다. 특히, 지하주차장의 주차면수계획 수립 및 검토시 현실성 있는 램프 위치, 길이, 폭원 및 배치 등에 대한 고려가 필요하다.

■ 주차시설 검토 기준

- 「총사업비 관리지침」의 청사 등 업무용 공공건축물의 부설주차장 설치 기준, 「주차장법」, 해당 자치단체의 주차장 조례를 참고
  - 부설주차장의 설치는 관련 법령과 주변 여건을 고려하여 결정하되, 원칙적으로 법정 주차대수의 2배 이내, 지하주차장의 경우 지하 2층 이내로 하도록 함.
  - 단, 사업지의 특성을 고려하여 주차장 규모는 변동 가능함.
  - 부설주차장을 설치하여야 할 시설물의 종류와 설치 기준은 「주차장법」에 따라 규정하고 있고 세부적인 사항은 해당 지방자치단체의 조례에 따름.

5) 주택수요 추정

주택수요는 공공주택사업으로 공급되는 주택이 목표시점에 모두 입주될 것인지 아니면 일부는 공가(空家)로 남을 것인지를 판단하는 기준이 된다. 수요가 부족한 경우 공급주택 중 미입주가 발생할 수 있으며, 미입주 물량은 주거서비스를 제공하지 않으므로 경제적 편익을 발생시키지 않는다.

타당성 조사에서의 주택수요는 공간적 범위(수요권역)를 적절하게 설정하고 하위 시장(주택 유형, 주택규모, 대상 계층, 점유 형태 등)을 구체적으로 구분하여 사업의 특성을 반영한 수요를 추정하되, 과대 추정되지 않도록 보수적 관점에서 추정한다.

주택사업은 수요층이 명확하지 않은 일반 분양주택과 행복주택이나 임대아파트와 같이

■ 공공청사 면적 산정 사례

• 본청 청사 적정 면적 산정 결과
- 직무공간 면적: 의뢰안의 각 부서별로 배정된 서고면적은 직무공간 규정상 없는 항목이므로 제외하였음.
- 부속공간 면적: 조례상 면적 기준이 존재하지 않으나 현 ○○구 청사에서 사용 중인 기능의 소요면적은 그 필요성을 인정하여 특별한 사유가 없는 한 현 사용면적을 인정하였음. 면적 기준이 없고 현 청사의 면적에도 포함되지 않는 기능은 제외하였음.
- 설비관계 면적: 직무공간과 부속공간 연면적 변경에 따라 산정함.
- 공공공간 면적: 직무공간, 부속공간, 설비관계 공간의 일정 비율(30~40%) 값으로 산정됨.

(단위: m²)

구분	의뢰안①	적정 면적②	증감(②-①)
직무공간 면적			
부속공간 면적			
설비관계 면적			
공용공간 면적			
계			

주: 설비관계 면적은 의회청사 및 기준면적 제외 공간면적을 기존으로 산정하였음.

입주 기준에 따라 수요층이 구분되는 임대주택으로 구분될 수 있다.

(1) 거시적 방법론

주택에 대한 수요 추정은 주택구매자의 양적 증가와 주택구매자의 구매력 증대에 따른 질적 변화를 고려하는 사회·경제적 요인에 따른 수요 추정 방법에 의하여 추정한다.

사회·경제적 요인에 따른 주택수요 추정은 인구 증가에 따른 주택구매자의 양적 증가와 구매자의 이동 및 구매력(소득) 증대에 따른 주택구매자의 질적 변화를 고려한 추정 방식이다. 특히, 광범위하게 사용되고 있는 수정 M/W(Mankiw-weil)모형은 연령별 인구수와 더불어 가

〈그림 13-4〉 주택수요 추정 개요(수정 M/W모형)

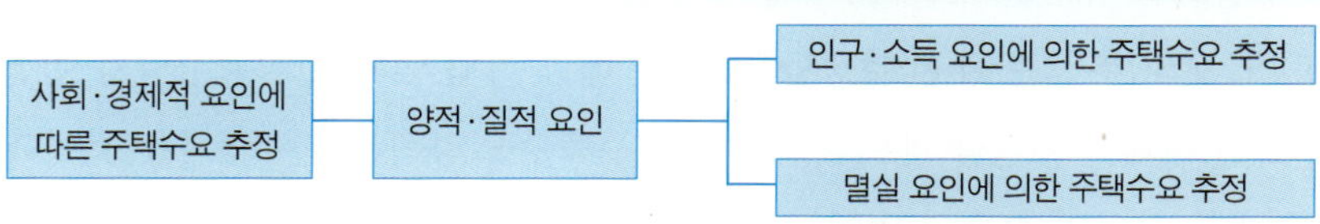

구소득과 가구의 주거비에 따른 목표시점의 주택수요를 한번에 추정할 수 있는 모형으로 연구자에 따라 다양하게 설정할 수 있다. 수정 M/W모형은 기본 M/W모형의 한계인 소득, 주거비 등 요인별 수요를 개별적으로 추정하면서 발생될 수 있는 수요의 중복 추정 등의 오류를 줄일 수 있다는 장점을 가지고 있다.

■ 수정 M/W(Mankiw-weil)모형(예시)

- 연령별 가구원 수, 주거비용, 소득이 콥-더글라스(Cobb-Douglass) 형태의 함수(예: 최성호 · 이창무(2010))
- $MW = (\Sigma a_{i,j} X_{t,i,j})(C_{i,t})^{\beta} (Y_{i,t})^{\gamma} + \epsilon_i$

여기서, $X_{t,i,j}$: t시점의 가구 i의 연령구간 j에 속해 있는 가구원 수(명)
$Y_{i,t}$: t시점의 가구 i의 소득(원)
$C_{i,t}$: t시점의 가구 i의 사용자비용(원)
ϵ_i : 오차항

수정 M/W모형을 활용하여 주택수요를 추정하는 단계는 다음과 같은 5단계로 요약할 수 있다.

① 수요권역(대상 사업으로 공급하는 주택의 잠재적 입주자들(수요자들)이 현재 거주하고 있는 지역)을 설정한다.

- 통계청의 마이크로데이터를 구득하여 읍·면·동 단위의 전출지별 사업지 전입인구 수 및 누적비율을 산출하고 1차 수요권을 설정한다.

② 기준연도 주거실태조사 마이크로데이터 자료를 이용하여 수정된 M/W모형을 추정한다. 단, 지역 주택시장의 특수한 상황을 더 잘 반영할 수 있는 계량모형이 있다면 충분한 기초설명을 한 이후 사용하는 것도 고려할 수 있다.

③ 지역 하위 시장에서 멸실되는 주택 수를 추정함으로써 멸실주택으로부터 퇴거하는 가구가 필요로 하는 대체주택수요를 추정한다.

④ 경쟁공급량의 추정은 향후 발생할 수요 중 해당 사업 이외의 경쟁사업이 대상지의 1차 수요권 내에서 공급할 것으로 예상되는 주택수요 충족분을 추정하는 것이다.

- 이때 대상 사업의 수요권 내에서 계획된 공급시점까지 다른 사업에 의해 공급될 주

택이 있으면 이는 추정된 수요에서 차감되어야 한다.

⑤ 지금까지 도출된 수요와 공급을 감안하여 해당 사업 대상지의 목표시점에서의 최종 수요를 추정한다.

- 사업대상지에 대한 최종 주택수요는 가구 및 소득 요인, 멸실 요인에 의한 주택수요량의 합계에 경쟁 주택공급량을 차감하여 순수요량을 산출한 후, 1차 수요권에 대한 수요승수(demand multiplier),[5] 미분양주택 수, 흡수율[6]을 감안하여 최종적으로 수요를 도출한다.

다만, 수정 M/W모형을 통해 추정한 주택수요는 분석 대상이 광범위하고 분석시점 및 모형의 한계상 주택가격 및 대내·외 경제 여건을 반영하기 어렵다는 한계가 있다. 향후 각종 경제적인 요인, 가격 요인 및 주택 공급과 수요의 미스매치 등 각종 여건의 불확실성에 따른 주택수요 증가 또는 감소의 가능성이 존재한다는 점을 유의하여야 한다. 즉, M/W모형은 macro 모형이기 때문에 이를 통해 도출된 주택수요는 현실적으로는 주택 정책에 활용하는 것이 더 적절할 것이다.

실제 주택시장에서의 주택수요는 주변 환경 여건, 금리인상 등 대내·외 경기변동과 이에 따른 민간소비 위축, 가계부채 증가 등 경제적인 요인뿐 아니라 민간분양, 공공분양 및 임대 등 공급 요인, 부동산(주택) 및 금융 정책 등 정책적 요인 등 매우 복잡한 관계 속에서 움직인다. 즉, 주택 자체적인 요인 외 각종 경제·사회·정치적 요인에 따른 변동성이 크기 때문에 모형을 통해 도출된 결과의 해석에 있어서는 주의가 필요하다.

종합하면, M/W모형을 통해 도출된 수요는 연령별 인구 및 가구 수, 가구소득 및 지출 등을 통한 거시적 관점에서의 사회·경제적 요인에 따른 잠재수요로 해석하는 것이 적절할 것이다. 통상적으로 잠재수요는 개발사업에서의 계획가구 수보다 높게 추정된다.

(2) 미시적 방법: 임대주택 수요 추정

입주 기준에 따라 수요층이 정해진 임대주택 수요 추정은 M/W모형보다는 입주 대상별

5 수요승수는 1차 수요권의 수요가 전체 수요권의 몇 %를 나타내는 수치로서 전체 수요를 추정하기 위하여 사용한다.

6 흡수율은 대상지와 그 주변에서 발생한 수요가 대상지로 얼마나 흡수될 것인가를 추정하기 위하여 인구이동 자료로 추정한 지표를 말한다.

입주 기준으로 활용하여 수요를 추정하는 것이 더 적합하다.

〈그림 13-5〉 행복주택 수요 추정 과정

Flow	행복주택 대상자 개별 수요[d] 추정 Flow	세부 내용
대학생	독립 가능 대학생 수 추정 × 대학생 기숙사 입주의향률 [d1]	해당 지역 소재 대학 조사
사회 초년생	25~34세 대상 가구 추정 × 공공임대주택 입주의향률(25~34세) [d2]	해당 지역, 인접지역
신혼 부부	5년 이내 신혼가구 수 추정 × 공공임대 입주의향률(30~39세) [d3]	해당 지역, 인접지역
노인 가구	65세 이상 노인 대상 가구 추정 × 공공임대 입주의향률(65세 이상) [d4]	해당 지역 노인
취약 계층	주거급여 대상자 × 공공임대 입주의향률(지역평균) [d5]	해당 지역 주거급여 대상자
수요 취합	대상자별 수요의 취항 [d=d1+d2+d3+d4+d5]	각 대상자별 수요의 합
2 단 계	멸실 요인 주택수요 추정 [B=시·군별 멸실주택 수]	수요권 멸실주택 추정 (정비사업+자연멸실)
3 단 계	타 주체에 의한 공급량(S) 추정 공공공급(PS), 민간공급(BS) [S=PS+BS]	수요권 내 공급 및 민간 공급량
4 단 계	대상지 행복주택 순주택수요 추정 [D=d+B-S]	대상지의 주택규모와 입 주 대상을 고려한 순수요

■ 임대주택 수요 추정 사례

① 대학생 수요: ○○구 대학생 수를 기준으로 '대학 기숙사에 거주하는 재학생'을 제외한 '독립 가능한 학생 수'와 '무주택자'를 차례로 고려하여 수요를 예측

• 대학생 공공임대주택 입주의향률은 각 연도의 주거실태조사로 분석이 불가능하여 한국장학재단의 「대학생 주거실태 분석 및 수요예측을 통한 기숙사 건립방안 연구」(2013)를 활용 또는 설문조사 활용

② 사회초년생 수요: ○○구 및 연접지역의 25~34세 연령에 해당하는 가구를 대상으로 설정하였으며, 월평균 소득순위 80% 이하, 직장생활 5년 이내의 무주택자를 대상으로 추출하여, 『2014 주거실태조사』 공공임대주택 입주의향률을 적용하여 산출

③ 신혼부부 수요: 통계청에서 제공한 '시·군·구/발생월별 혼인' 자료를 활용하여 5년 이내 신혼부부 수를 산정하고, 이후 재직률, 월평균 소득순위 100% 이하의 무주택자를 대상으로 추출하여 『2014 주거실태조사』, 30~39세 공공임대주택 입주 의향 비율을 적용

④ 노인계층 수요: 목표연도 65세 이상 가구 수를 추계하고 월평균 소득순위 100% 이하의 무주택자를 대상으로 추출하여 『2014 주거실태조사』 65세 이상 공공임대주택 입주 의향 비율 적용

⑤ 취약계층 수요: ○○구 주거급여 수급 대상자에 『2014 주거실태조사』 전국 평균 공공임대주택 입주 의향 비율 적용

⑥ 대체수요 추정: 멸실률 적용

- 총주택 수 대비 멸실주택 수를 이용하여 멸실률을 구하고, 이를 통해 재고주택의 멸실로 인한 대체 수요를 추정

⑦ 수요권 내 경쟁공급량 추정

- 부동산114의 REPS 시스템 활용 등

⑧ 최종 순주택수요 추정: 수요 추정 결과와 공급규모와의 비교를 통해 계층별 공급량 조정의 필요성이 있는지 분석 필요

- 본 분석에서 수행한 행복주택 수요 추정 결과, 1,087세대로 추정되어 공급계획인 571세대를 충분히 확보하는 것으로 판단되나, 계층별 수요에 부합하도록 일부 공급계획의 조정이 필요함.
- 취약계층과 신혼부부의 경우 공급규모보다 수요가 낮게 나온 반면, 대학생의 수요가 공급규모의 10배 이상임.

[행복주택 계층별 주택 최종 수요 추정](예시)

구분	계층별 수요					
	대학생 (20~24세)	사회초년생 (25~34세)	신혼부부 (30~39세)	취약계층	노인가구 (65세 이상)	계
최종 순수요	714	207	84	23	59	1,087
대상별 공급계획	81	214	162	57	57	571

수요 추정시 자주 범하는 실수

- 편차를 고려하지 않은 단순 산술평균
  - 사례별 방문비율의 편차(4.1%, 71.4% 사례)가 큼에도 불구하고 단순 평균한 평균값(32.1%)을 적용
  - 관광객 수, 중력모형, 수용능력의 3가지 방법론을 활용하여 수요를 추정한 결과, 관광객 수에 따른 수요 추정 결과는 타 방법에 비해 수요가 약 2배 이상으로 나타나 편차가 큼에도 불구하고 추정 방법의 특성을 고려하지 않고 단순 평균
- 낙관적인 증가율 적용
  - 단순 평균증가율을 적용하여 최근 감소 추이를 미반영
  - ○○시 관광객 및 관광객 증가율 추이에서 산출된 연도별 증가율 산정시 2013년 이전과 이후 관광객 집계 방법이 다름에도 불구하고 2007년부터 2016년까지의 증가율을 평균값에 포함시켜 계산하여 결과 값의 신뢰성 저하
  - 전망대의 과거의 수요(2016년 상반기 방문객 수 통계)를 바탕으로 연간 5%씩(2020년 20%) 증가하는 것으로 수요를 추정하였으나, 이는 시설규모와 무관한 수요 추정 방식으로 과다 추정의 문제
- 유사 시설 적용 실수
  - 수용능력 및 중력모형 등의 다각적인 방법론으로 수요 검토가 필요함에도 불구하고, 1개 시설만을 사례로 적용함에 따라 추정치의 신뢰성 저하

- 유사 사례로 태산선비문화관의 숙박객 비율(56%)을 적용하였으나, 태산선비문화관은 단체학생 숙박 위주의 시설인 반면, 본 시설은 가족단위 위주 시설임에도 숙박객 비율을 그대로 적용함에 따른 과다 추정 우려

• 시설 성격과 맞지 않는 수요 추정 방법론 적용
  - 체육시설에 「관광공급 규모 산정 가이드라인」에 따른 관광시설 수요 추정 방법론 적용
• 수요 증가 근거 미제시/시설 용량을 고려하지 않은 수요 추정
  - 본 사업 시설의 규모와 가동률을 고려하지 않고 추정
  - 장래수요(180만 명) 추정 결과 하루 최대 1.8만 명이 전망대를 방문하고, 전망대 1m²당 5.8명이 동시 체제하여야 실현 가능한 수요로 비현실적. 즉, 1년차 관광객을 기준으로 역산하면, 하루 관광객 758명/일(운영일수 300일 기준), 회전율 15.8(수용능력 48명 기준)로 산정되며, 이는 가동률 100%, 하루 8시간 운영할 경우 해중전망대 예상 수용인원인 48명이 30분씩만 이용해야 달성할 수 있는 수치로 과대 추정 우려
• 중력모형 적용 오류
  - 잘못된 준거시설을 적용
  - 준거시설별 중력모형 재추정 결과, 차이가 20배(183,414명 ↔ 3,706,668명)에 달함에도 불구하고 단순 산술평균
  - 준거시설 적용시 사업규모(면적)는 통일하여야 하나, 어떤 시설은 전시공간 면적을 적용하고 다른 시설은 부지면적을 적용하는 등 기준 불일치
• 충원율 미적용
  - 프로그램별 수요 추정 없이 모두 정원 100%로 산정하여 과대 추정의 우려
• 경쟁시설 미고려로 수요 과다 추정
  - 시설별 수요는 기존 유사 사례 이용실적 및 설문조사 결과 등을 통해 추정하였으나, 수요 추정시 주변 시설 경쟁관계 및 이전수요를 고려하지 않아 과다 추정의 우려 존재. 본 사업 대상지 반경 약 1.5km 범위에 체육시설 2개 운영 중
• 모집단의 특성을 대표하지 못하는 설문조사 결과 인용
  - 모집단의 특성을 파악하기 위한 표본에 대한 설문조사에서는 추출된 표본이 모집단의 특성을 나타내고 있는지의 검토 필요
  - 즉, 설문조사 결과를 해석시에는 모집단과 표본의 특성을 먼저 확인한 이후 해당 설문조사 결과를 분석하여야 함에도 불구하고 이에 대한 언급 부재

5. 편익 추정

1) 편익이란 무엇인가?

(1) 사업 목적에 부합하는 편익 항목을 설정한다

편익이란 "투자사업을 시행함으로써 얻어지는 유·무형적 형태로 시민 혹은 이용자의 효용 증가가치의 합 또는 사업시행에 대한 지불의사금액" 으로 정의할 수 있다. 즉, 투자사업의

■ 지불의사금액(willingness-to-pay: WTP)

- 일반적으로 재화나 서비스가 시장 기능에 의해 공급될 때, 그것의 가치는 수요곡선을 통해 도출되지만 시장의 실패가 존재하거나 시장 자체가 존재하지 않을 경우 재화에 대한 지불의사금액을 측정하여 편익을 산정함.

편익은 화폐단위로 계산되는 경제적 가치이다.

그러나 도로나 공원 등과 같은 비시장재, 즉 시장에서 사고팔 수 없는 재화의 가치는 어떻게 측정할 수 있을까?

지금까지 경제학에서는 이러한 비시장재의 가치를 개인의 후생으로 측정하려는 이론을 지난 수십 년 동안 개발해 왔다. 간단히 말하면, 사람이 비시장재를 얻는 대신 포기하는 시장재의 가치를 바로 그 비시장재의 가치로 볼 수 있다는 것이다. 예를 들어, 공원을 이용하는 데에 얼마의 돈을 지불하고자 하는지가 바로 그 공원 이용에 따른 개인의 효용이다. 이것을 지불의사금액의 개념을 통해 측정한다. 다시 말하면, 개선된 공공재를 얻기 위해 기꺼이 지불하고자 하는 금액이다(이와 관련된 이론적 사항은 제1부를 참조하기 바람).

■ 비시장재의 경제적 가치

- 공공재와 같은 비시장재의 가치는 크게 사용가치(use value)와 비사용가치(non-use value)로 구분할 수 있음.
- 사용가치는 말 그대로 재화와 서비스를 사용함에 따른 가치를 의미함.
- 비사용가치는 사용가치 이외의 가치를 통틀어 지칭하는 것으로, 훌륭한 경치, 야생 생태계와 같이 직접 접촉할 것이라는 기대가 없더라도 그것의 보존과 존재에 대해 만족을 얻을 수 있는 효용가치를 의미함.

편익은 크게 가치창출형(value-creating) 편익과 비용절감형(cost-reducing) 편익으로 구분할 수 있다. 가치창출형 편익에는 사용에 따른 편익, 부가가치 창출편익 등이 있다. 비용절감형 편익에는 불편비용 절감편익과 생산비용 절감편익 등이 있다. 편익이 최종적으로 귀속되는 주체별로 구분해 보면, 일반 국민에게 귀속되는 편익은 사용자 편익과 불편비용 절감편익이고, 관련 기업에 귀속되는 편익은 부가가치 창출편익과 생산비용 절감편익이다.

예를 들어, 도로사업에서의 통행시간 및 운행시간 절감편익, 산업단지의 생산에 따른 부

〈표 13-9〉 편익의 두 가지 범주

대범주	소범주	편익의 귀속 주체
가치 창출	① 소비자/이용자 편익	일반 국민
	② 부가가치 창출편익	관련 기업
비용절감	③ 불편비용 절감편익	일반 국민
	④ 생산비용 절감편익	관련 기업

자료: 한국지방행정연구원(2015a: 110).

가가치 창출편익, 공연장 이용에 따른 공연관람편익 등 많은 경제적 가치가 이에 해당한다.

투자사업의 편익을 추정하기 위해서는 먼저 편익 항목을 설정하여야 하는데, 무엇보다도 우선시되어야 하는 것은 사업의 목적을 계량화할 수 있는 편익 항목을 설정하는 것이다. 같은 도로사업이라 할지라도 추진 목적이 다르다면 일률적인 편익 항목을 설정하기보다는 각 사업에 맞는 맞춤형 조사를 하는 것이 바람직하다.

다만, 현실적으로 조사의 기간과 비용의 제약이 존재하고, 아직 추정 방법론이 연구되지 않은 경우에는 모든 편익을 계량화하기는 어렵다. 이 경우 브레인스토밍(brainstorming)을 통해 예상되는 사업의 편익 항목을 모두 나열한 다음 계량화 가능한 것과 불가능한 것을 구분하고, 불가능한 것은 정책적인 평가에서 기술하여 주는 노력이 필요하다.

또한 편익 항목 설정시 주의할 점은 이중으로 반영하지 않아야 한다는 점이다. 실제 타당성 조사 수행시 종종 발생하는 오류가 바로 편익의 중복 계상이다. 중복 계상은 대체로 금전적 수입과 비금전적 편익을 이중으로 편익에 포함하는 경우에 많이 발생한다. 예를 들어, 체육관 이용에 따른 편익 산정시 체육관 제공 프로그램의 이용료를 금전적 편익으로 반영함과 동시에 건강 증진 편익을 비금전적 편익으로 반영하는 경우 편익이 중복 계상된다. 체육관 프로그램의 이용에 따른 경제적 가치가 이용료를 대리변수(proxy variable)로 해서 측정되었다는 것은 운동으로 인한 건강 증진, 만족도 등이 이미 모두 포함되었음을 의미한다.

다음으로, 편익 항목 관련 쟁점은 경제성 분석에서의 편익은 사업시행을 통해 발생하는 직접적인 편익을 대상으로 반영한다는 점이다. 예를 들어, 지역경제 파급효과는 사업시행을 통해 발생하는 편익이 아닌 사업비의 지출을 통해 유발되는 간접적인 효과이며, 사업비 지출을 통한 양(+)의 효과만을 포함하므로 사업의 경제적 편익 추정에서는 배제되어야 한다. 다

■ 최근 직접편익 외에 간접편익에 대한 관심이 높아지고 있다

- 이론상으로는 직접편익만을 반영하도록 하고 있으나, 최근 증가하고 있는 사회적 가치에 대한 관심 등을 고려할 때 비용편익분석에 간접 파급효과도 계량화가 이루어진다면 그것도 일정 부분 반영하는 것을 고려할 필요가 있을 것임.
- 최근 학계에서 활발하게 연구되고 있는 영향 분석(impact analysis) 등의 기법을 활용하여 투자사업의 파급효과에 대한 연구가 필요한 시기임.
- 다만, 이를 타당성 조사에 반영하기 위해서는 좀 더 논의가 필요함.

만, 도로 건설사업의 환경비용 절감편익과 같이 간접편익이더라도 일부 항목을 계량화하는 연구 성과가 축적되어 있고, 사회적 합의가 된 경우에는 경제성 분석에 반영할 수 있다.

(2) 시장가격과 잠재가격의 차이

편익은 수요 추정치에 단위당 가치를 곱하여 추정된다. 매우 간단한 산식이지만 실제로는 수요를 추정하는 것도 복잡하고, 특히 유·무형의 가치를 추정하는 것은 더 복잡하다. 무엇보다도 편익의 산정이 어려운 이유는 유·무형의 가치에 대한 주관적 평가의 계량화 작업을 요구하기 때문이다. 사업의 성격과 내용에 따라 편익 항목이 매우 다양하게 나타날 수 있으므로, 해당 사업에 대한 편익 항목의 식별 및 세분화가 우선되어야 한다.

투자사업의 사회적 가치는 사회 구성원 개개인이 그 사업에 대해 느끼는 가치의 합을 뜻하며, 그 사업에 대해 지불하고자 하는 금액, 즉 지불의사금액(WTP)과 일치해야 한다. 이때 시장은 완전경쟁시장을 전제로 하고 있으나 현실적으로 완전경쟁시장은 존재하지 않는다. 이러한 현상을 고려하여 완전경쟁시장하의 진정한 가치를 반영한 가격으로서 잠재가격(shadow

■ 총편익=∑(단위당 가치×수요)

$$B_{it} = P_i \times D_{it}$$
$$B_t = \Sigma B_{it}$$

여기서, B_{it}: t 시점에서 편익 항목 i의 편익추정치
P_i: 편익 항목 i의 단위당 가치
D_{it}: t 시점에서 편익 항목의 수요추정치
B_t: t 시점에서 모든 편익 항목의 편익추정치 합

■ 시장가격과 잠재가격

- 사업의 가치는 그 사업에 대해 사람들이 지불하고자 하는 금액(WTP)의 합이며, 합리적인 개인은 어느 특정 상품에 대해 자신이 지불하고자 하는 의사가 그 상품의 시장가격과 일치할 때까지 그 상품의 구입을 계속함.
- 그러나 시장가격이 사업에 대한 진정한 사회적 가치를 반영하기 위해서는 시장이 완전해야 한다는 전제조건이 필요함.
  - 완전경쟁시장은 시장참가자 수가 많아 참가자는 가격순응자(price taker)로서 시장가격에 영향을 미치지 못하며, 동질의 상품이 거래되며, 참여가 자유로우며, 거래자는 시장에 대한 완전한 정보를 소유하여 시장가격은 일물일가의 법칙에 따르는 시장을 말함.
  - 완전한 시장은 통상 완전경쟁적 시장을 뜻하며, 완전경쟁시장에서는 시장가격이 자원의 기회비용을 의미하고 있으므로 자원의 진정한 사회적 가치를 반영한다고 볼 수 있음.
- 그러나 현실적으로 완전한 시장이 존재하기 어렵고, 따라서 시장가격은 진정한 사회적 가치를 반영하지 못함.
- 이러한 경우 사회적 가치평가를 위해 시장가격을 완전경쟁적인 가격으로 조정해야 하는데, 이렇게 조정된 가격을 잠재가격(shadow price)이라고 함.
  - 완전경쟁시장에서는 시장가격과 잠재가격이 서로 일치함.
- 즉, 시장에서 형성되어진 시장가격이 왜곡되어 있다면 가치평가에 대한 의사결정시 진정한 가치의 반영을 위해 잠재가격을 적용하여야 함.
- 또한 잠재가격은 시장가격에 반영되지 않은 외부효과나 간접효과 등을 어느 정도 가치평가에 반영할 수 있음.
- 특히, 시장가격 자체가 존재하지 않는 시간, 환경, 생명, 공공재 등의 가치평가를 위해서는 잠재가격의 추정이 필요함.

price)을 도출하여 분석에 반영해야 한다.

현실적으로 잠재가격을 도출하기 어려운 경우는 시장가격이 지불의사를 반영한다고 전제하고 그대로 사용하는 경우도 있다. 그러나 이는 재무성 분석에서의 수입(현금유입)과 수치상으로는 동일할 수 있으나, 내포하는 의미에는 차이가 있다는 점을 염두에 두어야 한다.

2) 도로 및 교통부문의 편익 추정

(1) 도로사업의 편익 항목

도로 개설 또는 확·포장사업에 대한 편익 항목을 살펴보자. 일반적으로 도로를 건설하는 이유는 교통혼잡 문제를 해소하기 위한 경우가 가장 많다. 이처럼 원하는 목적지까지 빠른 시간 내에 이동하기 위한 목적으로 추진되는 사업은 주로 고속도로나 국도의 경우가 이에 해당한다. 한편, 지방도의 경우는 혼잡 해소보다는 선형 개량을 통한 안전성 확보 또는 산재되어 있는 지역의 접근성 개선 등 다양한 목적으로 추진된다.

그러나 지금까지 도로사업의 편익은 도로 확충에 따라 통행시간이 절감되고, 운행거리가 단축되고 교통사고가 감소하는 등 혼잡 해소에 따른 편익을 주로 추정하여 경제성 분석에 반영하여 왔다. 이러한 편익을 직접편익이라 하여 경제성 분석에 반영하였다면, 통행시간과 운행거리의 단축으로 인한 해당 지역의 접근성 개선, 지역 내 산업시설의 입지에 따른 지역경제 활성화, 관광객 수 증가, 지가 상승 등의 간접편익은 경제성 분석에서 제외하고 있다. 환경비용 절감편익의 경우 비록 간접편익이지만 대기오염, 온실가스, 소음 등 일부 항목을 계량화하는 연구 성과가 축적되어 경제성 분석에 반영하고 있다.

반면 지역개발효과, 시장권 확대, 산업구조 개편효과 등이 실현되기 위해서는 해당 도로 투자사업 이외의 분야에 대한 투자가 병행되어야 하기 때문에 계량화에 어려움이 있다. 아울러 교통인프라 확충을 통해 역류(빨대)효과 등 해당 지역에 미치는 부정적인 효과가 긍정적인 효과를 상쇄할 개연성이 존재하여 경제성 분석의 편익으로서 직접 산정하는 데는 논란의 여지가 있으므로 현재 편익 항목으로 포함하고 있지 않다.

> **용어정의!**
>
> **역류효과(backwash effect)**
>
> - 뮈르달(G. Mydal)이 처음으로 사용한 용어
> - 성장지역의 부(富)와 기술 등이 주변지역으로 파급되어 지역 간 격차가 줄어드는 것이 아니라, 오히려 주변지역의 자본, 노동 등 생산요소가 계속해서 성장지역으로 흘러 들어가는 현상을 말함.
> - 이에 따라 성장지역은 계속 성장하고 주변지역은 계속 낙후지역으로 남게 된다는 이론

따라서 지금까지 도로사업의 타당성 조사에서는 주로 계량화가 가능한 4대 항목(통행시간, 차량운행, 교통사고, 환경비용)만을 편익으로 반영하여 왔다. 직접편익 중에서도 여행의 쾌적성, 신뢰성 향상 등의 효과는 개인별 주관적 만족도에 따라 가치가 달라질 수 있기 때문에 화폐가치로 산정이 어려운 관계로 타당성 조사에서는 현재 반영하고 있지 않다.

또한 타당성 조사 결과를 보면 사업특성별로 차이는 있지만 대체로 통행시간 절감편익이 총편익의 2/3, 운행비용 절감편익이 1/3을 차지하며, 교통사고 감소편익과 환경비용 절감편익 등은 크지 않다.

통행시간 절감편익과 운행비용 절감편익은 사업시행 전후의 교통혼잡 정도와 교통량에 좌우되므로, 교통량이 많은 지역에서 높게 나타날 수밖에 없다. 즉, 도로의 주요 기능을 이동성과 접근성이라고 할 때 이동성, 즉 사람을 빠르게 목적지까지 도착시킬 수 있을 때 편익이 크게 나타나게 되는 것이다. 그러나 지방도나 시·군도와 같이 집산도로, 국지도로의 역할을 하는 도로는 접근성, 즉 좀 느리더라도 사람들을 끌어모으는 역할이 더 중요하다.

〈표 13-10〉 도로사업 편익 추정 항목

구분	편익분석 항목	비고
직접편익	• 통행시간 감소 • 차량운행비 감소 • 교통사고비용 감소 • 공사 중 부(-) 편익	경제성 분석시 반영
	• 도로선형개량사업의 교통사고비용 절감 • 도로유지관리비용 절감 • 교통시설 개선으로 인한 소음 감소 • 통행시간의 신뢰성	사업특성에 맞도록 합리적 추정이 가능한 항목은 반영
간접편익	• 대기오염 발생량 감소 • 온실가스 발생량 감소 • 소음 발생도 감소	경제성 분석시 반영
	• 지역개발 효과 • 시장권의 확대 • 지역 산업구조의 개편 등	경제성 분석시 미반영
	• 비사용가치(선택가치 등)	

자료: 한국지방행정연구원(2015d).

교통사업에서 선택가치(option values)를 반영하여야 한다는 주장도 있다. 이것은 철도사업에서 일부 적용하고 있으며, 이에 대한 논거로는 천재지변(폭우·폭설 등의 악천후), 차량 문제(교통사고, 차량고장 등), 주차제약(도착지가 도심인 경우, 공항 등 장기 주차가 필요할 경우 등), 기타(자동차 운전능력 상실, 유류비 상승에 따른 운영비 부담 증가 등)를 제시하고 있다. 그러나 이미 반영하고 있는 편익 항목(교통사고 감소, 환경비용 절감 등)과 중복 계상의 우려는 없는지에 대한 검증이 필요하다.

결국 현재의 편익 항목과 추정 방법은 주로 이동성 개선을 측정하기 위한 것으로 지방도의 다양한 사업 목적을 반영하고 있지는 못한 실정이다. 따라서 현재는 일반적인 4대 편익만으로 경제성 분석을 수행하고 나머지 정량화가 어려운 편익은 정책적 분석 등에서 정성적으로 언급하고 있는 수준이다.

(2) 편익 항목별 추정 방법

차량운행비용 절감편익의 대상인 운행비용은 유류비, 엔진오일비, 타이어마모비, 유지관리비, 감가상각비로 구성되며 사업시행 전후의 통행거리를 기준으로 산정한다.

■ 운행비용 절감편익(The Valuation of Vehicle Operating Costs Savings: VOCS)

• 속도 · 차종별 차량운행비용 단가는 지침에서 제시한 값을 적용

$$VOCS = VOC_{사업미시행} - VOC_{사업시행}$$

여기서, VOC : $\sum_{l}\sum_{k=1}^{3}(D_{lk} \times VT_k \times 365)$

D_{lk}: 링크별(l), 차종별(k) 대 – km

VT_k: 차종별(k) 해당 링크 주행속도의 km당 차량운행비용

k: 차종(1: 승용차, 2: 버스, 3: 화물차)

통행시간 절감편익은 사업시행 전후의 통행시간 감소량에 통행시간가치를 곱하여 산정한다.

■ 통행시간 절감편익(The Valuation of Travel Time Savings: VOTS)

• 차종별 차량 1대당 평균 통행시간가치는 지침에서 제시한 값을 적용

$$VOTS = VOT_{사업미시행} - VOT_{사업시행}$$

여기서, VOT: $\sum_{l}\sum_{k=1}^{3}(T_{kl} \times P_k \times Q_{kl} \times 365)$

T_{kl}: 링크 l의 차종별, 인별 통행시간

P_k: 차종별, 인별 시간가치

Q_{kl}: 링크 l의 차종별, 인별 통행량

k : 차종(1: 승용차, 2: 버스, 3: 화물차)

교통사고비용 감소편익은 사업시행으로 평균 주행거리가 감소함에 따라 교통사고로 발생하는 사회·경제적 손실의 감소분을 정량화한 것으로 사고발생 비율과 사고비용 원단위의 곱으로 산정한다. 도로선형개량사업의 경우는 선형 개선을 통하여 통행속도 향상과 안전성 증진을 목적으로 하므로 도로 선형별 치사율 및 부상률을 활용하여 교통사고비용 절감편익을 산정할 수도 있다.

환경비용 절감편익은 측정이 용이한 대기오염(온실가스 포함)과 소음발생에 대해 추정한다. 대기오염 절감편익은 일산화탄소(CO), 탄화수소(HC), 질소산화물(NO_X) 및 미세먼지(PM), 온실가스(CO_2)에 대해 산정하고, 소음 절감편익은 교통량과 속도의 변화에 따른 소음도 산정식

■ 교통사고 감소편익(The Valuation of Accident Costs Savings: VACS)

• 도로 유형별·연장당 교통사고 건수 및 인적·물적 피해 사고비용은 지침에서 제시한 값을 사용

$$VACS = VAC_{사업미시행} - VAC_{사업시행}$$

여기서, $VAC : \sum_{t=1}^{3}\sum_{s=1}^{3}(A_{ts} \times P_s \times VL_t)$

A_{ts} : 도로부문 사고 유형별 1억대 – km당 교통사고 사상자 수

P_s : 사고 유형별 사고비용

VL_t : 연간 도로 유형별 억대 – km

t : 도로 유형(1: 고속도로, 2: 국도, 3: 지방도)

s : 사고 유형(1: 사망, 2: 부상, 3: 물적 피해)

■ 대기오염 감소편익(The Valuation of Pollution Costs Savings: VOPCS)

• 차종별·속도별 대기오염비용 원단위는 지침에서 제시한 값을 사용

$$VOPCS = VOPC_{사업미시행} - VOPC_{사업시행}$$

여기서, $VOPC : \sum_{l}\sum_{k=1}^{3}(D_{lk} \times VT_k \times 365)$

D_{lk} : 링크별(l), 차종별(k) 대–km

VT_k : 차종별(k) 해당 링크 주행속도의 km당 대기오염비용

k: 차종(1: 승용차, 2: 버스, 3: 화물차)

■ 소음 감소편익(The Valuation of Noise Costs Savings: VONCS)

• 소음도 예측을 위한 산식과 소음가치의 원단위는 지침에서 제시한 값을 사용

$$VONCS = VONC_{사업미시행} - VONC_{사업시행}$$

여기서, $VONC : \sum_{i}\sum_{j}(P \times l_{ij} \times L_{ij})$

P : 소음가치의 원단위

l_{ij} : 대상 노선 연장길이

L_{ij} : 예측소음도

i : 도로 구분(일반 도로, 고속도로 등)

j : 영향권 내 개별 링크

을 적용하여 사업시행 전후의 소음도 차이에 대한 편익을 산정한다.

한편, 지하화 사업, 방음벽 사업과 같이 시설·구조적인 측면에서 소음의 개선이 이루어지는 사업의 경우는 시행 전의 소음을 측정하고, 시행 이후의 소음은 사업시행시와 유사한 조건의 소음지도를 활용하여 편익을 산출할 수도 있다. 단, 이와 같은 방법은 소음지도가 분석된 지역에서만 가능하다는 단점이 있다.

〈그림 13-6〉 유사 시설 소음지도를 활용한 소음편익 산정

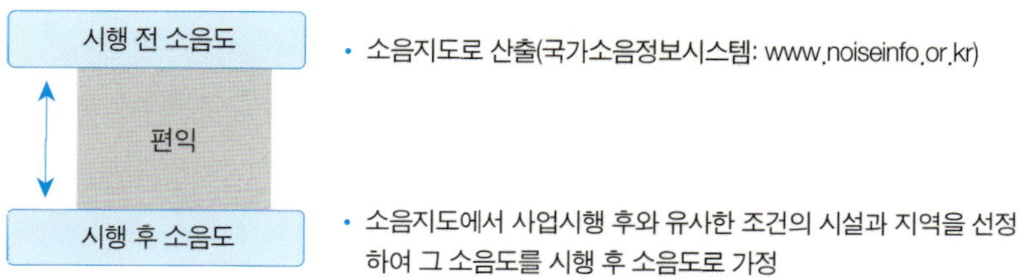

공사기간 중 차로 수 감소 등으로 인한 부(-) 편익이 발생할 것으로 예상되는 경우는 이를 반영한다. 이상의 편익은 교통부문 4대 편익으로 대부분의 교통사업에서 편익으로 산정하고 있다.

■ 도로사업 편익 추정 예제

- 1번 지역에서 2번 지역으로 가는 A라는 도로의 통행량은 5만 대, 통행시간은 20분이 소요됨.
- 동일지역을 연결하는 B라는 도로가 개통되면서 A도로는 2만 대가 이용하고 B도로는 3만 대가 이용하게 되었음.
- 교통량이 분산되면서 통행시간은 15분으로 감소하였음.

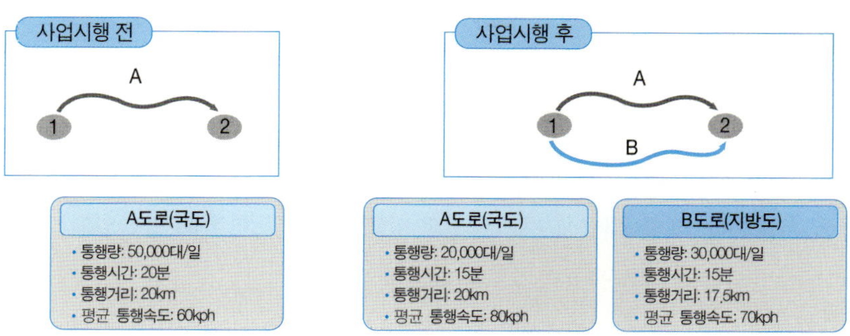

- B도로 개통으로 인해 운전자는 기존에 A도로만 있을 때 보다 통행시간과 통행거리가 단축
- 따라서 편익은 B사업 미시행시와 시행시의 총통행시간과 총통행거리의 차이에 대해 발생
  - 총통행시간가치 = 교통량(대) × 통행시간(시간) × 대당 시간가치(원/대 · 시간)
  - 총운행비용 = 교통량(대) × 통행거리(km) × 통행속도별 대당 운행비용(원/대 · km)
  - 교통사고비용 = 교통량(대) × 통행거리(km) × 사고율(인/대 · km) × 사고비용(원/인)
  - 환경편익 생략
- 통행시간 절감편익 = 미시행시 총통행시간가치 – 시행시 총통행시간가치
  = [50,000 × 20/60 × 19,892] – [(20,000 × 15/60 × 19,892) + (30,000 × 15/60 × 19,892)]
  = 33,153만 원 – 24,865만 원 = 8,288만 원
- 운행비용 절감편익 = 미시행시 총운행비용 – 시행시 총운행비용
  = [50,000 × 20 × 232] – [(20,000 × 20 × 205) + (30,000 × 17.5 × 218)]
  = 23,200만 원 – 19,645만 원 = 3,555만 원
- 교통사고 감소편익 = 미시행시(사망 1,981+부상 2,793+물적 피해 1,716) – 시행시(사망 1,595+부상 2,124+물적 피해 1,366) = 1,406만 원

구분	1억대 km당 사고건수		미시행시 사고건수	시행시 사고건수	교통사고비용 원단위(만 원)	미시행시 사고비용	시행시 사고비용
	국도	지방도					
사망	3.11	2.4	0.03	0.03	63,711	1,981	1,595
부상	107.27	73.61	1.07	0.82	2,604	2,793	2,124
물적 피해	619.63	467.51	6.20	4.93	277	1,716	1,366

- 총편익 = (8,288+3,555+1,406)만 원 = 13,249만 원

3) 산업단지 편익 추정

산업단지 조성에 따라 공급되는 용지는 산업시설용지, 복합용지, 주거시설용지, 상업시설용지, 공공시설용지, 지원시설용지로 구분할 수 있다. 이 중에서 공공시설용지와 지원시설용지는 대부분 해당 산업단지의 주 기능이라기보다는 산업시설의 생산활동을 지원하는 기능을 담당한다.

따라서 산업단지 조성사업의 편익은 주로 용지 분양 이후 생산활동이 이루어지는 산업시설용지에 대해 추정한다. 다만, 대규모 주거시설과 상업시설이 포함된 복합산업단지의 경우에는 주택 편익과 상업시설 편익을 포함하기도 한다.

(1) 산업단지의 편익 항목

산업단지의 대표적인 편익 항목은 단지 조성으로 발생하는 신규 투자와 그에 연동되는 부가가치의 창출액이다. 이는 순수 신규 투자로 기업이 생산하는 산출물의 부가가치는 GDP의 증가분에 해당되기 때문이다. 따라서 일반적으로 해당 산업단지가 조성되지 않았을 경우 창출이 불가능한 신규 부가가치 규모를 산정하고 이를 대표적인 편익으로 산정하고 있다.

연구개발 지원 기능, 산학협력센터, 클러스터 입주기업 등을 위한 R&D 투자계획 등 입주기업 등을 집중적으로 육성·지원하는 복합형 클러스터 사업의 경우에는 연구개발 편익, 교육훈련 편익, 생산성 향상으로 인한 편익 등 집적에 따른 추가적인 편익 항목을 반영할 수도 있다.

이처럼 사업계획에서의 산업단지 청사진에 따라 편익 항목이 달라지므로 연구자는 사업계획서에 대한 상세한 검토가 필수적이며, 지방자치단체도 사업계획서에 이러한 부분이 잘 기술되도록 노력해야 할 것이다.

산업단지의 편익은 다음 산식을 이용하여 추정한다.

산업단지 부가가치 편익 = 면적당 부가가치 × 산업단지 면적 × 신규 투자율 × 유효가동률

(2) 부가가치 창출편익 산정 과정

산업단지 편익 추정 과정은 다음과 같이 5단계로 진행된다.

① 먼저 산업단지에 입주할 것으로 예상되는 업종을 선정하여야 한다. 일반적으로 사업계획서에서 입주 업종을 제시하기는 하지만 대부분의 지방자치단체는 부가가치가 높은 IT, BT 업종을 계획한다. 그러나 실제 해당 지방자치단체의 기반 산업구조를 고려할 때 첨단 업종의 유치가 현실적으로 어려운 경우가 많다. 따라서 지방자치단체는 사업계획서에서 산업단지에 유치할 업종의 선정 과정을 가급적 상세하고 논리적으로 기술할 필요가 있다.

대부분의 지방자치단체가 추진하는 일반 산업단지는 일단 입주하겠다는 업체를 업종이 계획과 다르다고 배제하기는 쉽지 않다. 따라서 사업계획서상의 입주 업종을 그대로 분석에 반영하는 것은 무리가 있다.

만약 사업계획서상 특정 산업 육성을 위해 클러스터를 조성하는 경우에는 입주 과정에

〈그림 13-7〉 산업단지 편익 추정 과정

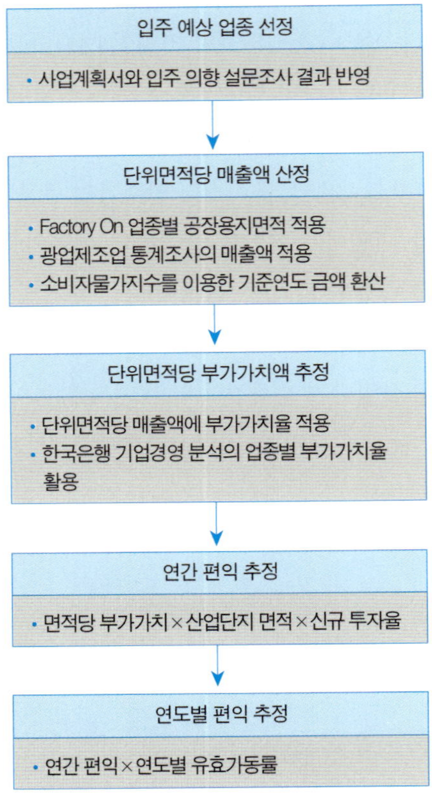

■ 유치 업종의 선정

- 해당 지방자치단체의 업종별 사업체 수 현황 자료를 기반으로 하거나, 자체적으로 수행한 입주수요 조사 결과를 활용할 수 있음.
- 또는 사전적으로 MOU를 맺은 업체의 자료를 활용하기도 함.
- 그러나 합리적인 근거 없이 무조건 첨단 업종을 유치하겠다는 계획이 아니라 현실적인 계획이 필요함.
- 비현실적인 업종 계획시에는 기업입주 의향 설문조사에서 입주희망업체가 매우 낮게 나올 가능성이 높음.

서 관련 기업만을 선별적으로 유치한다는 것을 의미하므로 해당 업종만을 대상으로 기업체 설문조사를 수행하여야 한다.

■ 입주기업 대상 산업을 별도 기준에 의한 산업으로 설정한 경우

- 예를 들어, 바이오산업, 환경산업, 물산업 등 정부가 육성하고자 하는 별도의 특정 산업을 클러스터 조성을 통해 지원하고자 할 때, 이들 특정 산업의 분류는 통계청 표준산업분류와 일치하지 않음.
- 따라서 해당 특정 산업에 속하는 기업들을 대상으로 표준산업분류상 산업 코드를 추출하여 산업의 특성을 반영하는 과정을 거치는 것이 바람직함.

② 다음으로 입주예상 업종의 단위면적당 매출액을 산정한다. 이때 업종별로 공장당 사용면적이 다르므로 업종별 공장면적을 파악하여야 한다. 일반 산업단지의 경우 토지분양의 형태로 추진되므로 부지면적을 적용하고 아파트형공장과 같은 형태의 임대공장으로 추진될 경우는 건축 연면적이나 제조면적을 적용할 수 있다.

③ 입주예상 업종의 단위면적당 부가가치액을 추정한다. 단위면적당 부가가치는 앞서 산정한 매출액에 부가가치율을 곱하여 산정한다. 이때의 부가가치율은 한국은행의 「기업경영 분석」에서 제시하는 부가가치율의 세부 항목 중 설비투자에 대한 감가상각비와 이전지출비용 성격인 제세공과금과 금융비용을 제외하여 산정한다.

④ 지금까지 산정한 면적당 부가가치액에 산업시설용지 면적과 신규 투자율을 적용하여 연간 편익을 추정한다. 사업 추진으로부터 창출될 수 있는 순수한 경제적 효과를 추정하기 위해서는 발생하는 투자가 신규 투자인지 이전 투자인지 등에 대해 구분한 뒤, 신규 투자에 해당하는 부분만 편익에 반영한다. 이에 대한 논거는 해당 지역 관점에서는 이전된 기업이 부가가치를 창출하면 이를 편익으로 판단할 수 있으나, 국민경제 관점에서는 부가가치의 이동일 뿐 총량적으로 변화가 없기 때문이다.

용어정의!

공장당 평균 매출액

- 통계청 광업제조업조사 자료에서 최근 3년 자료의 평균 매출액을 적용하되, 권역별 차이를 반영하기 위해서, 지역별 매출액 자료를 활용함.

용어정의!

공장당 평균 면적

- 팩토리온(Factory On) 자료를 활용해서, 각 권역별 공장당 평균 부지면적을 산정함.

용어정의!

부가가치율 통계

- 광업제조업 통계조사에서는 공장별 부가가치액을 제공하고 있으나 본사 및 지점 등에 대한 자료가 없고 일부 비용(광고비 등)이 반영되지 않아 부가가치액 규모가 과대계상될 가능성이 있음.
- 기업경영 분석은 회계적인 관점에서 작성된 자료이기는 하나 부가가치 항목을 2007년 이후에는 국민계정과 일치하는 방식으로 운영하고 있음.
  - 대기업·중소기업별 부가가치율을 구분하여 제공하는 등 상대적으로 풍부한 자료를 제공하고 있음.
- 따라서 타당성 조사에서는 부가가치액을 직접 사용하는 것이 아니라 매출액을 도출한 다음에 부가가치율(기업경영분석)을 적용하여 최종 부가가치액을 도출하는 과정을 거침.

다만, 현재 적용 중인 신규 투자율을 산정하는 분석 방법론에서는 단순 생산면적의 증가만을 이용하여 산업시설의 고도화 등과 같이 단위면적당 생산량의 증가분이나 창업에 대해서는 고려되지 못하고 있다.

■ 부가가치의 구성요소

- 부가가치는 영업잉여, 인건비, 금융비용, 조세공과금, 감가상각 등의 세부 항목으로 구성됨.
- 타당성 조사에서는 학자들 간에 논란은 있지만 일반적으로 영업잉여와 인건비 항목만을 부가가치율에 반영하고 있음.
  - 금융비용과 조세공과금의 경우에는 국민 간의 이전지출에 해당하므로, 이를 투자사업의 부가가치로 인정하기 어렵다는 논리가 적용됨.
  - 또한 감가상각의 경우에는 기업활동에 투입되는 생산설비 등이 비용에 반영되지 않기 때문에, 이러한 요소를 편익 차원에서도 고려하기 위해 부가가치에서 감가상각을 제외함으로써 상계함.
- 특히, 현재의 경제성 분석 방법에서는 상부 시설의 건축비용만을 비용에 반영하고 공장기계 등의 설비투자비용은 반영하지 않고 있으므로 감가상각을 부가가치에 반영하지 않고 있지만, 상황에 따라 설비투자비용을 비용 추계시에 반영할 경우라면 편익에 감가상각과 관련한 부가가치를 고려할 수 있음.

⑤ 유효가동률을 적용하여 연도별 편익을 추정한다. 산업단지의 편익은 기업들이 산업단지에 입주하여 공장을 가동하여야 실질적인 경제적 편익이 발생하는 것이므로 연도별 유효가동률을 적용한다.

■ 유효가동률

- 부가가치의 발생은 기업의 입주 여부에 크게 영향을 받지만, 입주 여부가 부가가치의 규모를 전적으로 결정짓는 것은 아님.
- 현실적으로는 입주 여부보다 어느 정도 활발히 생산활동이 이루어지는지, 즉 유효가동률에 따라 창출되는 부가가치의 크기가 결정됨.
- 산업용지 부지의 유효가동률은 전체 입주 가능 기업 대비 실입주하여 운영되는 비율로 추정되어야 함.
- 그러나 사전적으로 수행되는 타당성 조사의 특성상 해당 산업단지의 유효가동률을 추정하는 것은 매우 어려우므로, 유효가동률은 유사 산업단지의 공장가동률 데이터를 기초로 비선형 회귀분석이나 시계열 자료를 이용하는 예측 분석 방법(ARIMA, AR 등)을 통해 추정하여 활용하는 것이 일반적임.
- 유효가동률 = 입주율 × 가동률

  입주율: 기준연도 총입주업체 수 대비 당해 연도에 입주한 업체의 비율

  가동률: 입주한 기업 가운데 실제로 생산활동에 참여하는 업체의 비율

4) 문화 · 체육시설의 편익 추정

(1) 객단가 방식과 조건부 가치측정법(CVM)의 비교

문화·체육시설의 편익은 해당 시설을 이용함에 따라 건강해지고 삶의 질이 향상되는 편익, 기존 시설보다 접근성이 좋아져서 불편함이 해소되는 편익, 당장은 이용하지 않더라도 우리집 인근에 문화시설이 있어 향후 언제라도 이용할 수 있는 기회가 주어짐에 따른 편익 등 여러 가지가 있을 수 있다. 이러한 편익은 크게 시설 이용에 따른 사용자 편익(사용가치)과 존재 자체에 대한 편익(비사용가치)으로 크게 구분할 수 있다.

일반적으로 문화·체육시설의 편익 추정 방법은 조건부 가치측정법(Contingent Valuation Method: CVM)과 객단가 방식으로 이원화된다. 비사용가치가 큰 경우는 CVM이 적합하고 사용가치가 큰 경우는 객단가 방식이 적합한 것으로 알려져 있다.

> 용어정의!
>
> **객단가**
>
> • 어떤 시설의 방문객 1인이 해당 시설을 이용하는 데 지불하는 금액으로서 입장료, 특별전시, 기념품, 식음료 구입, 식당, 교육, 이벤트 등에 대해 지불한 금액을 말함.

다만, 지방공공재의 경우 공공 또는 민간 영역에서 대체시설이 존재하는 경우가 많아 비사용가치가 사용가치보다 큰 경우는 많지 않다. 예를 들어, 전국에 하나뿐인 박물관을 짓는다면 내가 직접 이용하지 않더라도 어떠한 존재가치를 부여할 수 있을 것이다. 그러나 다목적체육관같이 민간의 스포츠센터, 인근 공공체육관처럼 대체시설이 존재한다면 내가 이용하지 않음에도 존재가치를 부여하는 것은 흔치 않을 것이다.

이처럼 사용가치에 비해 비사용가치가 작을 것으로 예상되는 사업에 대한 편익 추정은 객단가 방식이 조건부 가치측정법보다 더 적합하다. 즉, 평가 대상인 문화·체육시설의 입장료, 숙박비 등 가시적인 수입 항목이 있으며 시장에서 거래가 되는 시장재화의 성격을 가진다면 조건부 가치측정법보다 객단가 방식을 적용하는 것이 더 나을 수 있다.[7]

〈그림 13-8〉 조건부 가치측정법 및 객단가 방식의 적용

자료: 한국지방행정연구원(2015a: 130).

〈표 13-11〉 문화·체육시설 편익 추정 방법론의 장단점

구분	객단가 방식	조건부 가치측정법(CVM)
내용	• 객단가를 문화시설 이용자의 해당 시설에 대한 지불의사액의 대리변수로 간주하여 문화·체육시설의 가치를 추정하는 방법	• 실제 시장에서 거래되지 않는 비시장재의 화폐가치에 대해 개인에게 직접 질문함으로써 평가하는 방법
장점	• 이용객 규모에 대한 수요 추정이 수반됨. • 사업시행시 수입 증가 규모를 직접 추정할 수 있음. • 사용가치를 직접적으로 추정할 수 있음.	• 비시장재화에 적용될 수 있음. • 다양한 유형의 비사용가치를 측정할 수 있음. • 힉스적 후생을 정확하게 직접 측정할 수 있음. • 유효성 및 신뢰성을 검사할 수 있도록 설계할 수 있음. • 운영계획이 구체적이지 않아도 됨.
단점	• 비사용가치를 추정할 수 없음. • 이론적 기반이 약함. • 운영 프로그램이 구체적이어야 함. • 문화·체육시설이 제공하는 서비스는 시장가격이 존재하지 않거나, 일부 가격이 존재하는 경우에도 잠재가격보다 낮아 해당 시설의 사회적 가치를 반영하기 어려움.	• 이용객 규모 직접적으로 추정할 수 없음. • 사용가치와 비사용가치를 구분할 수 없음. • 수입 증가 규모를 가늠할 수 없음. • 설문조사를 위한 시간과 비용이 추가적으로 발생함. • 가상적 상황에 대한 설문 결과이기 때문에 결과의 타당성 확인이 곤란

자료: 한국지방행정연구원(2015a: 129) 수정 및 보완.

(2) 객단가 방식

객단가 방식을 적용하는 경우 관건은 객단가를 어떻게 산정하느냐에 있다. 일반적으로 객단가라 함은 입장료, 이용료 등 이용자가 부담하는 비용을 의미한다. 최근에는 해당 시설을 방문하기 위해 포기한 기회비용, 즉 집에서 목적지까지 가기 위한 여행비용까지 객단가에 포함하는 사례도 있다.

그러나 이 경우 통행 목적이 여러 개라면 각 목적들 간에 시간 및 화폐의 기회비용이 적절하게 배분되어야 하는데, 이것이 현실적으로 어렵다는 한계로 과다 추정될 수 있다. 예를 들어, 설악산 국립공원 관광뿐만 아니라 주변의 온천을 이용하기 위해 설악산을 방문하는 사람이 사용한 비용을 설악산 방문의 용도로만 분리하는 것은 매우 어려운 작업이다. 이처럼 다목적 통행과 단일목적 통행을 구분하지 않고 단일목적 통행으로 반영한다면 편익을 과다 추정하게 된다.

7 조건부 가치측정법(CVM)은 사업계획이 구체적이지 않아도 적용 가능하다는 편이성과 수요 추정에 대한 부담감이 적다는 이유로 다소 무분별하게 적용되고 있는 부분이 없지 않다.

객단가 산정시 주의할 점은 입장료, 이용료 전체를 객단가로 설정하는 경우 해당 시설의 운영비가 경제성 분석을 위한 비용에 포함되어 있어야 한다는 점이다. 예를 들어, 문예회관 건립 타당성 조사에서 미술, 외국어 등 프로그램 수강자가 부담하는 비용을 객단가로 설정하여 편익을 산정한다면 해당 프로그램을 운영하기 위한 강사료 등의 비용이 반영되어야 한다 (엄밀하게는 지방자치단체가 직접 운영하는 많은 시설들은 민간시장의 요금보다 낮은 요금을 부과하기 때문에 민간시장 요금을 잠재가격으로 보아 객단가로 반영한다).

또는 관광단지 내의 식당 매출액 1,000만 원을 객단가로 계상하는 경우를 생각해 보자. 매출액 1,000만 원에는 그 식당 운영에 따른 비용도 포함되어 있는 셈이다. 만약 식당 운영비용을 비용에 반영하였다면 1,000만 원 전체를 객단가로 볼 수 있으나 그렇지 않다면 실제 객단가는 1,000만 원이 아니라 운영비 등 제경비를 제외한 일부 금액으로 계상하여야 한다. 그러나 현실적으로 제경비를 추정하기 어려운 경우가 많아 해당 업종의 부가가치율을 총매출액에 곱하여 객단가를 산정하는 것이 일반적이다.

또한 무료이용객도 편익을 누리고 있으므로 현재 입장료 징수계획이 없으며 향후에도 계속 징수되지 않을 것으로 판단되더라도 경제성 분석에서는 가상의 관람료, 입장료를 산정하여 객단가에 포함시켜 주는 것이 합리적이다.

결국 객단가 방식은 수요 추정치에 산정된 객단가를 곱하여 편익으로 산정하기 때문에 먼저 수요의 추정이 필요하고, 기존 이용자와 신규 이용자의 편익 항목이 다르기 때문에 이용수요를 구분하여야 한다.

기존 이용자에 대해서는 기존에 이용하던 시설보다 가까운 곳에 새로운 시설이 건설되

〈그림 13-9〉 객단가의 산정 방안

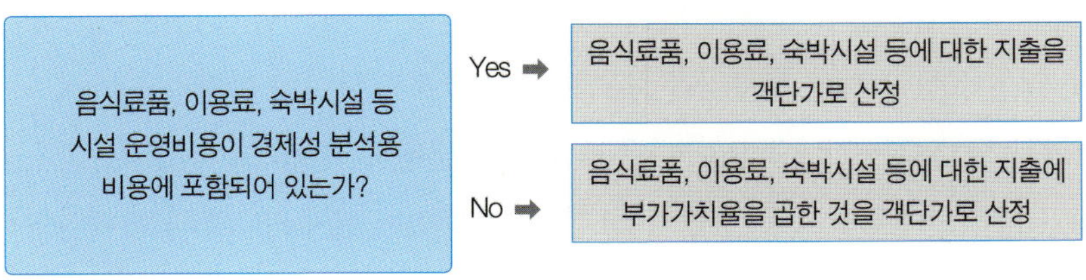

자료: 한국지역행정연구원(2015a: 113) 일부 수정.

어 접근성이 좋아짐에 따른 이용자들의 접근성 개선 편익을 고려할 수 있다. 다만, 이용자 편익(객단가 방식)이 신규수요에 대해 발생하는 반면에, 접근성 개선 편익은 이전수요에 대해서만 발생한다는 점에서 수요를 신규수요와 이전수요로 구분하여야 한다.

경제성 분석은 국민경제적 관점에서 이루어지지만 외국인 방문객이 많다면 타당한 근거를 보고서에 기술한 후 외국인 편익을 적절하게 추정할 수 있다. 단, 외국인이 느끼는 만족감 내지 효용을 편익에 반영하는 것은 적절하지 못하고, 외국인이 방문하여 해당 시설에서 금전적 지출을 하는 경우 지출에 따른 부가가치 창출편익을 반영할 수 있다.

(3) 조건부 가치측정법(CVM)

조건부 가치측정법을 사용할 경우 설문 이후 계량 분석 단계보다 CVM 가상 시나리오의 구축이 더 중요하다. 이는 모든 설문조사에 해당한다. 특히, 직접적인 편익을 설문을 통해 추정하는 CVM의 경우 설문지 설계의 중요성을 아무리 강조해도 지나치지 않다. 설문지는 평가대상 서비스의 범위 설정, 목표 모집단의 분류, 평가 대상 재화나 서비스의 정의 및 설명, 지불수단 및 제시금액의 범위 등을 주의 깊게 고려하여 작성하여야 한다.

조건부 가치측정법은 사람들이 특정 공공재에 부여하고 있는 가치를 설문을 통해 직접적으로 이끌어 내는 방법이다. 특별하게 고안된 설문지는 공공재 변화에 대한 가상적인 상황을 설정하고 여러 조건들을 달아 사람들이 공공재의 가상적인 변화에 대해서 어느 정도 지불의사가 있는지를 대답하도록 유도한다.

CVM은 미시경제이론에 근거하고 있으며, 간접적 방법을 적용할 수 있는 대상은 물론 간접적 방법을 사용할 수 없는 대상에도 다양하게 사용할 수 있는 장점이 있다. 그러나 CVM이 비록 객단가 방식보다 경제학적 이론에 근거하고 있을지라도 결국 설문조사를 통해 가치를 도출한다는 점에서 응답자에 크게 의존하는 한계가 있다. 이처럼 설문지의 구성이 중요하므로 설문조사를 수행한 경우 설문지를 보고서 부록에 포함하여야 한다.

CVM의 수행체계는 일반적으로 다음과 같이 진행된다.

① 목표 모집단(영향권)을 설정한 뒤 표본을 구상한다. 현재 PIMAC의 예비타당성조사에서 수행되고 있는 CVM은 국가재정으로 수행된다는 명분으로 공공투자사업으로 발생할 공공서비스의 유형이나 특성에 상관없이 전국의 가구 수를 모집단으로 채택하고 있다. 그러나 영

〈그림 13-10〉 CVM 수행체계

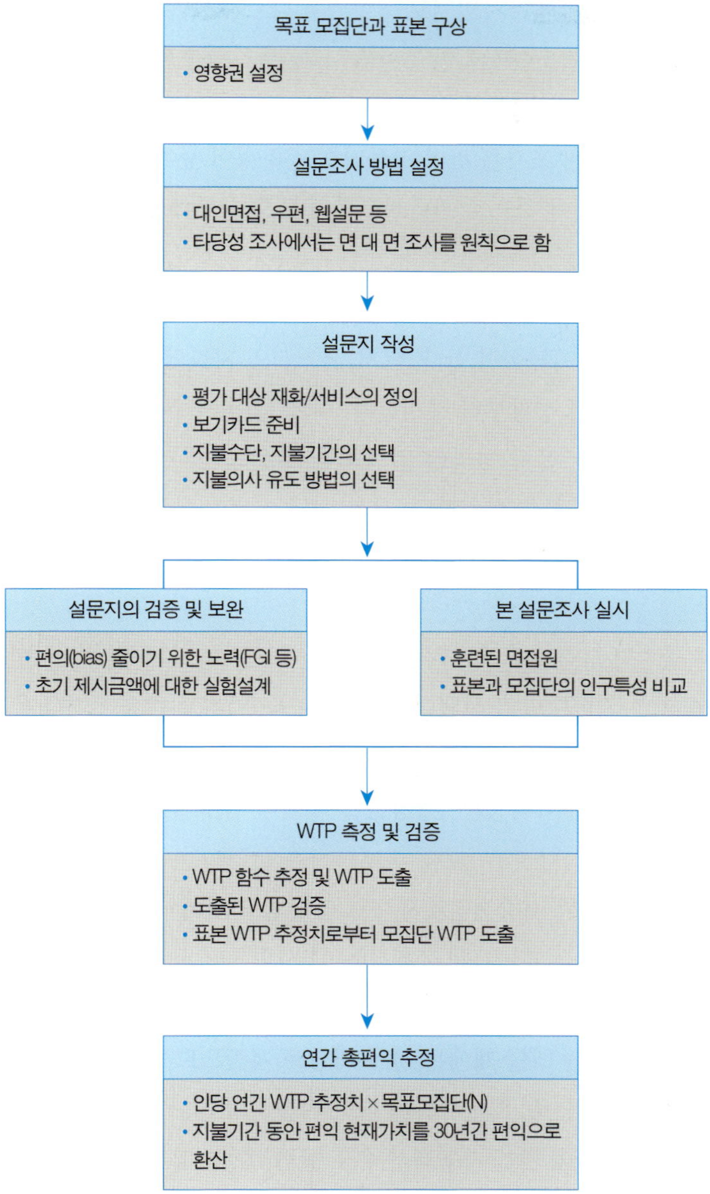

향권이 지역적으로 한정되어 있고 유사 시설들이 지역별로 존재하는 지방재정투자사업을 대상 사업으로 하는 LIMAC에서는 사업별로 영향권을 다르게 설정하고 있다.

② CVM의 설문조사 방법은 면 대 면 조사(face-to-face survey)를 원칙으로 한다. 이는 CVM 자체가 단순 수요의향조사가 아니라 응답자의 내재된 지불의사금액을 유도하기 위한 설문으로 숙련된 면접원이 면 대 면 조사를 하여야 응답의 정확성이 높아지기 때문이다. 특히, 보기카드를 보고 설문에 응답해야 하므로 전화설문은 어렵고 상황에 따라 웹(web)설문이나 우편설문은 가능할 것이다.

③ 설문지는 설정된 공공재에 대해 전달하고자 하는 내용을 정확하게 전달하면서 응답자들이 이해하기 쉽도록 묘사하여야 한다. 먼저, 본격적인 지불의사에 관한 질문에 들어가기 전에 가상 시장의 일반적인 상황부터 제시한다. 예를 들어, 공원사업이라면 근린공원 방문 경험, 공원의 기능에 대한 인식 정도를 알아보는 질문을 한 이후 본격적인 CV(contingent valuation, 지불의사금액 유도) 문항을 질문한다. 특히, 해당 지역 인근의 근린공원 현황 및 사업대상지의 현황에 대해 사진, 조감도 등의 보기카드를 사용하여 응답자의 이해를 돕도록 하여야 한다.

다음으로, 지불수단을 선택하여야 하는데, 평가 대상 사업이 제공하는 서비스에 대해 현실적으로 채택될 만한 지불수단의 선택이 필요하다. 즉, 일정 수준의 강제성을 띠지만 비용부담의 형평성 측면에서 중립적 지불수단이 적절하다. PIMAC에서는 국세인 소득세를 지불수단으로 선택하였고, 이에 따라 설문 대상은 소득세의 납부 주체인 '세대주 및 배우자'가 된다.

한편, LIMAC에서 수행한 지방재정투자사업 타당성 조사에서는 지방세나 재산세, 또는 기금이나 방문시 이용료(혹은 입장료)를 사용하는 등 사업특성에 따라 다양하게 선택하여 왔다. 이때 기금과 이용료 중 이용료를 지불수단을 택하면 설문 대상은 가구보다는 개인이 되는 것이 합리적이고, 기금을 택할 때에는 설문 대상은 개인으로 하든지 가구로 하든지 유연하게 대응할 수 있을 것이다. 즉, 지불수단에 따라 지불의 주체, 즉 설문 대상이 정해진다. 여기서 주의할 점은 지불수단에 따라 지불의사 유도 방법, 즉 CV 문항에 차이가 있다는 점이다. 만약 지불수단이 세금이라면 이용 여부와 상관없이 지불의사(용의)를 질문하지만, 지불수단이 이용료라면 비이용자에게는 지불의사를 질문할 필요가 없다.

지불기간은 PIMAC의 경우 5년으로 설정하고 있으며, LIMAC에서도 동일하게 적용하고 있다. PIMAC에서 설정한 5년의 근거는 신규 공공투자사업의 건립을 위한 재원조달이라는 측면에서 시설 완공까지 5년 정도 소요되기 때문이라고 하나, 이에 대해 연구자들 간에 이견이 존재한다. 또한 해외에서는 지불기간을 묻지 않는 경우도 있다. 다만, 지금까지 예비타당성조사에서 일관성 있게 5년을 적용함에 따라 이를 국내에서 통상적으로 일치시키고 있는 상황이다. 지불기간 역시 편익의 크기와 직결되므로 지불기간의 조정에 있어서는 신중하여야 할 것이다.

지불의사 유도 방법은 개방형 질문법(open-ended question), 경매법(bidding game), 지불카드법(payment card), 양분선택형 질문법(dichotomous choice question) 등이 있으나, 최근 들어서는 양분선택형 질문 방법이 이론적으로나 실증적으로 많이 쓰이고 있다(제1부 참조 바람).

양분선택형 질문은 모집단에서 무작위로 추출된 표본의 응답자에게 공공재의 공급을 위해 미리 정해진 특정 금액을 기꺼이 낼 의사가 있는지를 물어보는 형태이다. 즉, 미리 설정된 금액을 "공공재 공급의 대가로 지불할 용의가 있는가"라고 물어보면, 응답자가 "예" 또는 "아니오"로 대답하는 방식이다. 이때 사전에 개방형 질문법으로 조사된 WTP 값을 이용하여 본 설문시 제시할 금액을 결정하며, 이 제시금액 중 임의로 하나를 선정하여 각 응답자에게 제시하되, 각 제시금액을 비슷한 수의 응답자들에게 배당한다. 응답자는 제시된 금액이 본인의 WTP와 같거나 보다 작으면 "예"라고 대답하고, 높으면 "아니오"라고 대답하게 된다. 그리고 이렇게 얻어진 자료를 이용하여 제시된 금액과 "예"라고 대답한 응답자의 비율을 분석함으로써 WTP의 평균값을 추정한다.

특히, 양분선택형 질문 유형 중에서 한번만 질문하는 단일경계 양분선택형 질문과 함께 후속 질문을 한번 더 하는 이중경계 양분선택형 질문 유형도 실제 널리 활용되고 있다. 이는 각 응답자에게 두 개의 금액을 제시하여 자신의 WTP가 제시된 금액보다 크거나 같은지에 대해 "예" 또는 "아니오"의 응답을 요구하고, 두 번째 제시금액은 첫 번째 제시금액에 따라 달라진다. 첫 번째 제시금액에 대한 응답이 "예"이면 이보다 큰 금액을 제시하고 "아니오"이면 이보다 작은 금액을 제시한다.

지불의사 유도시에는 실제 응답자가 자신의 소득이 제한적임을 고려하지 않고 응답할 가능성이 있기 때문에 응답자의 소득이 제한되어 있음을 강조하는 문구를 포함한다.

■ CVM 설문시 소득제한 문구 예시

- ○○문화예술회관 건립사업의 시행을 위해서는 상당한 비용이 필요하며, 이 비용은 세금으로 충당해야 합니다.
- 이 재원을 마련하기 위해서는 귀하 가구가 향후 5년간 매년 납부하는 가구 총재산세의 추가적인 인상이 필요합니다.
- 그런데 만약 많은 사람들이 추가되는 재산세를 지불하지 않는다면 ○○문화예술회관 건립사업은 불가능할 수 있습니다.
- 반면에 많은 사람들이 재산세의 추가적인 지불에 동의한다면 ○○문화예술회관 건립사업은 시행될 수 있습니다.
- 이제 ○○문화예술회관 건립사업의 추진을 위해 귀하의 가구가 기꺼이 부담하고자 하는 재산세 추가 인상 수준에 대하여 알아보고자 합니다.
- 응답 전 다음의 사항을 염두에 두시고 답해 주시기 바랍니다.
  ① 귀하 가구의 소득은 제한되어 있고 그 소득은 여러 용도로 지출되어야 합니다.
  ② 정부가 해야 하는 공공사업은 ○○문화예술회관 건립사업 이외에도 다양한 사업들이 있습니다.
  ③ 또한 ○○에는 ○○시민회관, ○○아트홀 등의 공연시설이 있고 ○○ 인근 ○○과 ○○에는 예술의 전당, 롯데아트홀, ○○아트센터 등 클래식 전문 공연시설이 있습니다.
  ④ 특히, 귀하께서 지불하시는 재산세는 ○○문화예술회관의 건립과 시설유지에 소요되는 비용에만 사용되며 ○○문화예술회관 완공 후 공연과 관련된 비용과는 무관합니다. 따라서 ○○문화예술회관 완공 후 공연관람을 위해서는 별도의 관람료를 지불해야 합니다.

④ 설문지의 검증 및 보완을 거쳐 본 설문조사를 실시한다. 표적집단면접법(focus group interview: FGI) 등 사전 설문조사에서는 지불의사금액(willingness to pay: WTP)을 개방형으로 조사하고, 여기서 얻어진 WTP 금액 분포의 15~85% 내에서 4~10개 정도를 본 설문에서 초기 제시금액으로 설정한다. 특히, 양분선택형 질문법 적용시에는 초기 제시금액에 따라 CV 문항의 응답에 영향을 미치기 때문에 주의 깊은 설계가 필요하다. 초기 값이 너무 높으면 낮은 지불의사액을 나타내는 응답자를 반영하지 못하고, 초기 값이 너무 낮으면 높은 지불의사액을 나타내는 응답자를 반영하지 못하기 때문이다.

본 설문조사 완료 이후 표본과 모집단의 인구통계학적 특성을 비교하여 해당 표본이 모집단을 대표할 수 있는지에 대한 검증이 필요하다는 점을 유념해야 한다.

⑤ 설문이 완료되면 WTP 함수를 추정하여 표본의 WTP를 도출한다. 이후 도출된 WTP에 대해 제시금액에 따른 '예, 아니오' 비율, 경제이론과의 부합성 등을 검증한 뒤, 표본 WTP 추정치로부터 모집단 WTP를 도출한다.

⑥ 연간 총편익은 도출된 WTP에 모집단(N)을 곱하여 지불기간 동안 편익이 발생하는 것으로 산정한다. 설문조사 수행시점과 비용·편익 분석의 기준연도에 차이가 있는 경우에는

■ WTP 추정 모형(예시)

- 지불의향자의 응답을 대상으로 가구당 WTP#을 추정
  - 지불의사함수가 $WTP_j = \exp(X_j'\beta + \eta_j)$와 같은 지수함수의 형태를 지닌다고 가정하고, 확률변수 η_j의 영향은 그 중앙값(median)을 취하는 방식으로 지불의사 추정치에 반영
- 추정된 가구당 WTP#에 지불의향자의 가중치를 고려하여 최종 가구당 WTP를 도출
  - 가구당 WTP = 가구당 WTP# × 지불의향자의 비율

자료: 한국개발연구원(2015. 4: 8), CVM 분석지침 개선(PIMAC 업무 guideline).

소비자물가지수를 적용하여 편익을 보정한다. 이후 지불기간 동안의 편익 현재가치를 30년간 발생하는 것으로 환산한다.

편익 추정시 자주 범하는 실수

- 비용과 편익의 불일치
  - 예를 들어, 주차장 수입 고려시 주차장 운영비용 반영 필요
  - 부대시설의 공사비가 제외되어 있으나, 편익(수입)에는 포함
- 너무 예전 자료 인용
  - 1995년 연구보고서 결과에 25년간 물가상승률만 적용해서 편익단가로 활용
- 의료비 절감편익 산정 오류
  - 정기권 이용자가 주 3회 이상 정기적으로 체육시설을 이용할 경우 반영하는 것이 적정하나 자치단체 내 전체 인구수를 곱하거나 체육시설 연간 이용자 수를 반영하는 경우
- 시설면적을 고려하지 않은 객단가 적용
  - 도서관 편익으로 "정보 이용", "공간 이용", "프로그램 이용" WTP를 합하였으나, 해당 시설면적은 문화전시실 · 열람실(북카페)은 7.1%에 불과하고, 강의실과 연습실이 대부분을 차지하므로, 정보이용에 대한 편익은 제외되어야 함.
  - 편익 추정시 전용면적 기준으로 하여야 하나 전체 연면적으로 추정
  - 운영 프로그램의 계획이 부적정한 경우: '요가·에어로빅 프로그램'에서 정원인 요가 40명, 필라테스 60명이 해당 공간에 수용 가능한지 여부, '음악실 프로그램'에서 성인 피아노 20명이라면 피아노 20대가 수용 가능한 공간인지 등에 대한 확인 필요. 즉 실현 가능한 운영계획인지의 여부에 대한 검토 필요
- 편익 항목 부적정
  - 지역경제 파급효과는 간접편익으로 B/C에 반영 제외하여야 하는데 반영
  - 보조금은 ○○시에서 매년 지원하는 금액으로 이전지출임에도 반영
  - 분양대금은 경제성 분석의 편익 항목이 아님에도 불구하고 편익으로 반영
- CVM 적용 오류
  - CVM과 객단가를 함께 활용하여 편익 추정. 이러한 경우에는 CVM 수행시 비사용가치만을 도출하여야 하나, 설문 수행시 사용가치를 포함하여 설문하고 추가적으로 공연, 대관, 임대에 따른 운영수입을 별도의 사용가치로 반영하여 중복 계상

- 해당 사업의 경우 ○○시에서 추진하는 문예회관이라는 점을 감안하여 ○○ 지역 전체 또는 ○○ 인접도시 정도를 영향권으로 보는 것이 적정함에도 영향권을 전국으로 설정
- WTP 수치가 너무 높거나, 지불거부자 비율이 지나치게 낮은 경우로 설문의 신뢰성이 낮은 경우

• 공실률, 충원율 미적용
  - 임대수입 산정시 공실률 미적용
  - 프로그램 운영편익은 정원 수가 100% 충족되어 운영된다는 비현실적 가정
• 부(-)의 편익 미반영
  - 공사기간 동안의 기존 환승주차장 이용불가에 따른 부(-) 편익 누락 등
• 신규수요와 이전수요를 구분하지 않아 편익 과다 계상
  - 이전수요에 대한 고려없이 수요 전체를 신규편익으로 반영
• 인과관계가 부족한 편익 항목 반영
  - 편익을 전체 스포츠 관련 전체 산업에 대한 기대매출액×R&D 기여율×R&D 사업화 성공률×부가가치율×(1-민간매칭비율)로 추정하고 있으나, 해당 시설의 기업지원 서비스와 해당 산업(대기업 포함)의 R&D에 따른 부가가치와의 인과관계가 불명확. 또한 상기 산출편익은 산업 전체의 R&D 편익으로 해당 사업에서 대상으로 하는 기업지원 서비스 편익 범위를 초과
• 편의시설 편익 반영시 주의사항
  - 편의시설을 직영으로 운영할 경우 부가가치율을 반영하거나 원가율을 반영하여 편익으로 계상할 수 있으나 운영비용은 포함하지 않고 편익에서 매출액 전체를 편익으로 반영
• 부속시설의 편익 반영
  - 부설주차장은 체육시설 이용자를 위한 부속시설임에도 편익으로 반영
• 과다한 가정
  - 도서관 시설 이용편익의 경우, 방문수요 전체에 일률적으로 대중교통 요금(2회) 및 30분의 시간가치를 적용하였으나, 도보 이용도 가능하므로 과다 추정 가능성 존재
• 편익이전기법 적용상의 오류
  - 위치, 규모, 성격 등이 다른 재화를 편익이전기법으로 적용시에는 신중한 검토가 필요하나, 해당 사업에 적용한 근거 미제시
• 여행지출액을 객단가로 편익 추정에 반영함에 따른 오류
  - 편익 추정시 적용된 관광객 평균 여행지출액은 여행시 지출하는 모든 비용, 즉 교통비 등이 포함된 것으로 이를 본 사업시행에 따른 편익으로 적용함에 따른 과다 추정의 우려
  - 당일여행지출액 전액이 본 사업지에서 모두 지출한다는 가정을 내포함에 따른 과다 추정의 우려

6. 경제성 분석

1) before-after가 아닌 with-without을 비교한다

경제성 분석[8]에서 우선적으로 확인할 사항은 해당 사업으로 인한 비용·편익인가에 대한

것이다. 즉, 경제성 분석은 사업시행 전·후(before-after)의 비교가 아니라 사업시행 여부, 즉 with-without의 비교를 통해 이루어진다는 것이다(이에 관한 자세한 내용은 제1부에서 다루었다).

경제성 분석은 '아무것도 하지 않은 미시행시'에 대비하여 '신규 사업 시행시'를 추진하는 경우의 변화를 추정하는 것이다. 다만, 상황에 따라 현 상태를 유지할 수 없는 경우가 존재한다면 그 경우에는 반드시 하여야 하는 최소한의 대안이 기준이 될 수 있다. 다만, 이처럼 사업 미시행시 대안의 조정이 필요한 경우 연구진은 반드시 이에 대해 지방자치단체와의 사전 협의를 통해 명확히 하여야 한다.

예를 들어, 방수로 사업에서 40m 폭원의 방수로는 홍수방지를 위해 재해안전 차원에서 반드시 해야 하는 사업이고, 여기서 60m를 더 넓혀 100m 폭원의 운하를 건설하는 것을 생각해 보자. 이때 운하건설사업은 현실은 미시행시와 시행시의 비교를 해야겠지만, 운하를 건설하지 않아도 방수로는 재해예방 차원에서 반드시 해야 하는 사업이라면 실제 경제성 분석은 방수로만 건설하는 대안과 운하까지 확장 건설하는 대안 간의 비교를 통해 수행하여야 한다. 다만, 이러한 경우 비용도 추가확장 비용만을 반영하고 편익은 방수로 편익을 제외한 운하 편익만을 반영하여야 한다.

2) 경제성 분석과 관련된 용어

(1) 사회적 할인율

대규모로 진행되는 재정투자사업은 그 특성상 편익과 비용이 단기간에 발생하지 않으며, 발생시점 또한 동일하지 않다. 이처럼 상이한 시점에 발생하는 편익과 비용을 적절히 비교하기 위해서는 편익과 분석을 기준시점의 가치로 전환해 주는 과정, 즉 현재가치화가 필요하다.

이때 현재가치화를 위해 적용하는 할인율은 시간의 흐름에 따라 변화하는 돈의 가치를 현재의 가치와 동일하게 만드는

> 용어정의!
>
> **현재가치(present value)**
>
> - 장래의 가치를 일정한 할인율로 할인하여 현재의 가치로 계산한 값
> - 오늘의 1만 원은 10년 뒤의 1만 원의 가치와 같지 않다는 의미로, 미래의 돈의 가치는 오늘의 얼마의 가치와 동등한가를 계산하는 과정
> - (예) 오늘 100만 원을 저축하면 이자율 10%를 적용하여 1년 뒤에는 110만 원을 받게 된다. 2년 뒤에는 다시 110만 원에 이자율 10%를 적용하여 121만 원이 된다. 즉, 2년 뒤에 121만 원이 현재의 100만 원과 같은 가치이다.
> - 따라서 현재가치화의 가장 중요한 요인은 할인율

8 일반적으로 경제성 분석과 경제적 타당성 평가 또는 비용편익분석이 혼용되어 사용되고 있으나, 본 책에서는 경제성 분석이라는 용어를 사용한다.

교환비율을 의미하며, 이 중에서 공공사업에 적용하는 할인율을 사회적 할인율이라고 한다.

사회적 할인율이 변화하면 현재가치화된 편익과 비용의 크기도 달라지므로 경제성 분석 결과 역시 직접적으로 영향을 받게 된다. 대체로 비용은 현재시점에서 발생하는 반면 편익은 미래시점에서 발생하므로 할인율이 낮으면 미래가치의 할인을 적게 하게 되어 B/C가 높아지고, 할인율이 높으면 미래가치를 크게 할인하여 B/C가 낮아진다. 따라서 지방재정 측면에서 볼 경우 사회적 할인율이 낮으면 무분별한 투자를 초래하게 되어 지방재정의 낭비를 야기할 수 있다. 사회적 할인율이 높을 경우 지방재정 투자가 억제되어 재정 건전성을 높일 수 있으나, 필요한 시설임에도 공급되지 못하는 현상이 나타날 수 있다. 그러므로 적정한 사회적 할인율을 결정하는 것은 매우 중요하다.

적정한 사회적 할인율을 결정하는 문제는 이론적·실증적으로 매우 어려운 과제로서 오랫동안 논란의 대상이 되어 왔다. 일반적으로 개발도상국은 선진국(3~7%)보다 더 높은 사회적 할인율(8~15%)을 적용하고 있고, OECD 국가들 중에서도 영국 등의 3%대에서 뉴질랜드의 7% 적용에 이르기까지 국가 간 편차가 존재한다. 이와 같은 편차는 사회적 할인율을 결정하는 방법론(자본의 기회비용, 사회적 시간선호 등)의 선택과 방법론 적용에 필요한 통계자료의 질, 주요 사회·경제 변수의 선정 등의 차이에 기인한다(제1부 참조).

특히, 공공자금에 관한 사회적 기회비용(social opportunity cost)과 세대 간 형평성(intergenerational equity)을 둘러싸고 국가별로 인식 및 접근의 차이를 보이는 점이 사회적 할인율의 국가 간 격차를 보이는 중요한 요인이 되고 있다.

우리나라의 경우 한국개발연구원에서 1999년 예비타당성조사를 위한 사회적 할인율을

■ 사회적 할인율 추정 산식

- 우리나라와 영국의 경우 사회적 할인율로 사회적 시간선호율(social rate of time preference: SRTP) 개념을 적용
- SRTP = $\rho + \mu \cdot g$

  ρ: 효용 할인율

  μ: 소비의 한계효용 탄력성의 절댓값

  g: 1인당 실질소비의 연간증가율
- 단, 상기 산식에 의해서는 하나의 수치로 계산되는 것이 아니라 사용되는 모수(ρ와 μ)의 전제에 따라 도출되는 할인율도 여러 개임.
- 따라서 산식에 따라 사회적 할인율의 범위를 추정하고 그중 적정 값을 선택함.

7.5%로 제시하였으며, 2004년 이후 6.5%, 2008년 이후 5.5%, 2017년 4.5%로 단계적으로 조정하여 적용해 왔다. 예비타당성조사에 적용되는 사회적 할인율의 변경의 원인을 살펴보면, 단순히 거시경제의 추세적 변화 때문에 사회적 할인율을 변경하기보다는 정책당국의 정책적 고려 등이 복합적으로 작용해 왔음을 알 수 있다.

「국가재정법」에 따른 예비타당성조사나 「지방재정법」에 따른 타당성 조사 모두 500억 원 이상의 대형 사업에 대해 수행되고, 단지 국비가 300억 원을 넘는지의 여부에 따라 어느 법령에 따른 조사를 수행하는지가 결정된다. 따라서, 양자 모두 동일한 사회적 할인율을 적용한다. 다만, 사회적 할인율 자체가 불확실성을 내포하고 있으므로 뒤에서 설명하는 민감도 분석을 통해 그것을 완화한다.

(2) 분석기간 및 분석 기준일

경제성 분석을 위한 분석기간은 사업특성에 맞게 설정할 수 있으나, 대부분이 시설건립 사업으로 건축물의 내구연한과 동일하게 30년으로 설정하여 반영하고 있다.

■ 분석기간

- 철도사업의 경우 40년, 댐사업은 50년을 적용하는 등 대규모 토목사업은 내구연한이 길기 때문에 이를 반영하지만 대부분의 사업은 30년 적용
- 예비타당성조사에서는 분석기간이 30년 이상일 경우 30년 동안은 4.5%, 이후 기간은 3.5%의 할인율로 차등 적용

한편, 하나의 사업이나 각 단계별로 구분되어 독자적인 편익이 발생하며, 최종 목표연도에 일정 기간의 차이가 발생할 경우는 단계별 분석을 수행할 수 있다. 단계별 분석은 도로사업의 단계별 개통과 같이 1단계 사업만으로 독자적인 편익이 발생하는 경우에만 수행할 수 있다.

그러나 산업단지 조성사업, 도시개발사업 등의 경우 1단계 용지조성사업 후, 2단계로 상부 시설을 건축하므로 단계별로 구분되어 있다고 할 수 있으나, 각 단계별로 독자적 편익이 발생하지 않고 상호 연계되어 있어 2단계까지 완공되어야 편익이 발생하므로 단계별 분석을 적용하지 않는다. 단계별 분석에서는 단계별로 편익을 각각 반영하는 것으로 하되, 각 단계별 편익 발생기간이 중복될 경우 중복되는 단계의 편익을 모두 반영하며, 1단계의 분석기간

〈그림 13-11〉 단계별 분석의 편익산정 예시

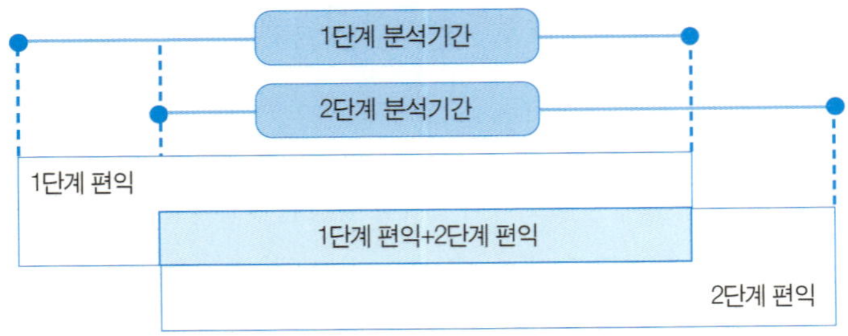

자료: 한국지방행정연구원(2016: 114).

이 완료된 이후에는 이를 제외한 나머지 단계의 편익만을 반영하도록 한다. 분석 기준일은 분석이 착수된 전년도 말로 설정하는 것이 일반적이다.

(3) 인플레이션

경제성 분석에 있어서 비용 및 편익은 장기간에 걸쳐 발생하므로 분석기간 동안의 인플레이션 발생에 따른 영향을 어떻게 처리할지에 대한 결정이 필요하다.

> **용어정의!**
>
> **불변가격**
>
> • 한 시점에서 화폐단위로 표시한 재화의 가격으로 물가변동을 고려하지 않은 가격

타당성 조사의 분석기간은 30년을 기준으로 하므로 인플레이션에 대한 장기예측이 요구되는데, 이는 현실적으로 어렵다. 따라서 비용과 편익을 불변가격으로 측정함으로써 인플레이션의 영향을 배제하고 있다.

만약 분석기간이 짧은 단기간의 사업의 경우 이 기간 동안의 인플레이션을 정확히 예측할 수 있다면 이를 반영한 경상가격[9]으로 비용과 편익을 측정하는 것도 가능하다.

(4) 매몰비용

사업을 추진하는 데에 경제성 분석 이전에 이미 기존에 설치한 시설이나 자산을 활용하여야 하는 경우가 발생한다. 매몰비용(sunk cost)이란 이미 지출되어 이후 어떤 선택을 하느냐

9 경상가격이란 불변가격과 반대되는 개념으로 일정한 기준시점을 정하고 물가변동에 따른 가치변동을 조정한 가격으로 여러 시점 간의 실질적인 구매력의 비교가 가능하다.

■ 불변가격으로의 환산

- 과거의 유사 사업의 비용 및 편익 추정치를 활용하는 경우 이를 현재의 불변가격으로 환산하기 위한 보정작업이 필요
- 운영비를 제외한 비용은 한국은행에서 발표하고 있는 건설투자 디플레이터를 적용하여 보정
  - 건설투자 디플레이터란 건설투자에 대한 GDP 디플레이터를 뜻함. GDP 디플레이터는 명목GDP를 실질GDP로 나눈 값으로 국가경제의 전반적인 물가 수준을 나타낸다고 할 수 있음.
- 운영비용 및 편익, 수입의 경우 한국은행에서 발표하고 있는 소비자물가지수를 활용

에 관계없이 회수가 불가능한 비용을 뜻한다. 즉, 이미 지출된 기업의 광고비용이나 연구개발비용, 토목공사비 등과 같이 이미 매몰되어 버려 다시 되돌릴 수 없는 비용을 말한다. 따라서 타당성 조사에서는 사업평가 이전에 발생한 매몰비용에 대해서는 회수가 불가능하므로 비용으로 계상하지 않는다. 단, 용지보상비의 경우 해당 사업이 아니라 다른 사업으로도 활용 가능하므로 매몰비용으로 처리하지 않는다.

(5) 잔존가치

잔존가치란 어떤 자산의 내용연수가 만료되는 시점에서 남아 있는 자산적 가치를 말한다. 잔존가치는 사업시설의 내구연수 및 경제성 분석의 분석기간 등과 밀접한 관계를 가지며, 각 사업부문별로 자산의 잔존가치 및 재투자비 등을 고려해야 한다. 따라서 현실적으로 산출 가능하고, 충분한 근거를 명시할 수 있을 경우 가능한 모든 잔존가치를 반영하여야 한다.

각 자산별 잔존가치의 처리 방법은 다음과 같다.

토지의 경우 실제 토지매입비가 발생하지 않더라도 기회비용 측면에서 비용으로 반영하며, 잔존가치도 반영해야 한다. 다만, 토지의 내용연수는 무한대이므로 감가상각을 고려하지 않으며, 지장물 보상비를 제외한 용지매입비에 대해 최종연도 말에 부(-)의 비용으로 반영한다.

건물 및 시설물, 각종 특수장비의 경우 내용연수별로 잔존가치 및 재투자비를 고려한다. 즉, 기계설비, 차량, 특수장비 등의 자산에 대해서는 교체시기를 감안한 내용연수가 분석기간 30년을 초과할 경우 이에 따른 잔존가치를 고려하며, 내용연수가 분석기간 30년보다 짧아 재투자를 필요로 하는 경우에는 재투자비와 30년 후의 잔존가치를 부(-)의 비용으로 반영한다.

다만, 집기 등 물품의 잔존가치 및 재투자와 관련하여 전체에서 차지하는 비중이 높지 않고 실익이 미미한 경우 잔존가치를 고려하지 않을 수 있다. 한편, 수목의 경우 시간이 지날수록 가치가 상승하므로 오히려 사업완료시점에 잔존가치가 최초 수목구입비용보다 크게 반영될 수 있다.[10]

(6) 감가상각

감가상각(depreciation)은 고정자산의 취득비용을 내용연수기간에 걸쳐 배분하여 비용으로 상각시켜 나가는 것이다. 이렇게 고정자산을 매년 감가상각하는 것은 장래의 고정자산 획득을 위한 내부자금을 미리 회수·확보하기 위해서이다. 그러나 경제성 분석에서는 고정자산의 취득비용이 발생할 경우 그 취득비용 전체를 비용으로 일시에 처리하므로 감가상각을 별도의 비용으로 반영할 필요가 없다.

3) 경제성 분석 방법

타당성 조사에서는 비용편익분석을 경제성 분석의 기본 방법론으로 채택하고 있으며, 지침에 의해 분석 기준연도, 분석기간, 사회적 할인율 등 공통적인 분석 방법을 적용함으로써 타 사업과의 평가의 일관성을 유지하고 있다.

경제성 분석 기법으로는 비용편익비율(Benefit-Cost Ratio: B/C), 순현재가치(Net Present Value: NPV), 내부수익률(Internal Ratio of Return: IRR) 등이 보편적으로 이용되고 있다. 가장 많이 사용되는 비용편익비율은 총편익과 총비용의 할인된 금액의 비율(즉, 편익/비용)로서 그 값이 1보다 크거

$$\text{비용편익비율(B/C)} = \sum_{t=0}^{n} \frac{B_t}{(1+r)^t} \Big/ \sum_{t=0}^{n} \frac{C_t}{(1+r)^t}$$

여기서, B_t : t시점의 편익, C_t : t시점의 비용,
r : 사회적 할인율, n: 시설사업의 내구연도(분석기간)

10 단, 수목의 생존율, 가치상승 정도 등에 대해 현재까지 준용할 만한 연구가 충분치 않고, 수목의 종류에 따라 달라지기 때문에 반영이 어려울 수 있다.

나 같으면 경제성이 있다고 판단한다.

순현재가치(NPV)는 각 연도의 비용과 편익을 기준연도의 현재가치로 할인한 후 총편익에서 총비용을 제한 값으로, NPV 값이 0보다 크거나 같으면 경제성이 있다고 판단한다.

$$\text{순현재가치(NPV)} = \sum_{t=0}^{n} \frac{B_t}{(1+r)^t} - \sum_{t=0}^{n} \frac{C_t}{(1+r)^t}$$

여기서, B_t : t 시점의 편익, C_t : t 시점의 비용,
r : 사회적 할인율, n : 시설사업의 내구연도(분석기간)

내부수익률(IRR)은 편익과 비용의 현재가치로 환산된 값이 같아지는 할인율을 구하는 방법으로, 계산된 내부수익률이 사회적 할인율보다 클 경우 경제성이 있는 것으로 판단한다. 즉, 내부수익률은 순현재가치가 0이 되는 할인율을 의미한다.

$$\text{내부수익률(IRR)} = \sum_{t=0}^{n} \frac{B_t}{(1+IRR)^t} = \sum_{t=0}^{n} \frac{C_t}{(1+IRR)^t}$$

여기서, B_t : t 시점의 편익, C_t : t 시점의 비용,
IRR : 내부수익률, n : 시설사업의 내구연도(분석기간)

그러나 하나의 사업에서 모든 분석 기법이 반드시 동일한 결과를 나타내는 것은 아니며, 각 분석 기법별로 장단점을 갖는다.

〈표 13-12〉 경제성 분석 기법의 비교

분석 기법	판단	장점	단점
비용편익비율 (B/C)	B/C≥1	• 이해 용이 • 사업규모 고려 가능	• 일부 항목의 경우 처리 방식에 따라 B/C 값 변동 가능
순현재가치 (NPV)	NPV≥0	• 대안 선택시 명확한 기준 제시 • 장래 발생 편익의 현재가치 제시	• 규모와 비례하여 증가하므로 대안의 우선순위 결정시 오류 발생 가능
내부수익률 (IRR)	IRR≥r	• 사업의 수익성 측정 가능 • 타 대안과 비교 용이	• 수익의 발생구조에 따라 계산되지 않거나 복수의 내부수익률이 동시에 도출될 가능성 존재

주: 한국개발연구원(2008: 56) 표를 참조하여 재구성함.

이와 같이 분석 기법별로 장단점이 존재하므로 경제성 분석에서 비용편익비율, 순현재가치, 내부수익률 등 3가지 분석 기법을 모두 제시하는 것을 원칙으로 하되, IRR이 계산되지 않는 경우는 제외할 수 있다. 그러나 정상적인 비용과 편익의 패턴을 갖는 경우에는 세 가지 기법이 모두 일관된 방향성을 가진다.

7. 민감도 분석

민감도 분석(sensitivity analysis)은 투자비나 경제성에 영향을 미칠 수 있는 중요한 변수 등의 변화에 따라 경제성 분석 결과가 어떻게 변화하는지를 파악하기 위해 수행한다. 민감도 분석이 중요한 이유는 여러 가지 변동 상황에 대한 분석 결과가 정책결정자의 사업선택에 대한 최종판단에 도움을 줄 뿐만 아니라 사업의 성공적 집행을 위한 사전예방조치를 모색할 수 있는 계기를 마련하기 때문이다.

즉, 민감도 분석은 일종의 위험분석(risk analysis)이라고 볼 수 있다. 타당성 조사에서는 일반적으로 공사비, 운영비, 수요, 할인율 등의 변화에 따른 민감도 분석을 수행하는데, 사업유형이나 특성에 따라 주요 변수는 달라질 수 있다. 특히, 민감도 분석시 사회적 할인율은 반드시 고려해야 할 핵심변수 중 하나이며, 경제성 분석에서뿐만 아니라 재무성 분석에도 사업추진과 관련한 여러 변수의 변화에 대해 해당 사업의 수익성 변화를 분석하여야 한다.

8. 재무성 분석

1) 경제성 분석과 재무성 분석의 차이는 무엇인가?

재무성 분석은 개별 사업시행자의 입장에서 수익성을 분석하는 것으로 실제 현금흐름을 추정하므로 잠재가격이 아닌 시장가격을 적용한다. 또한 사업시행자의 입장에서는 세금, 이자비용 등의 이전지출도 실제로 현금유출이므로 비용으로 포함한다.

경제성 분석 및 재무성 분석의 분석상의 전제를 비교해 보면, 사업의 투자 방식, 할인율, 토지매입비, 잔존가치, 이전지출의 처리 등에서 차이를 보인다.

〈표 13-13〉 경제성 분석 및 재무성 분석의 분석 비교

구분	경제성 분석	재무성 분석
평가의 관점	• 국가 혹은 지역 경제적 입장	• 개별 사업시행 주체의 입장
할인율	• 사회적 할인율	• 재무적 할인율
분석기간	• 30년(내구연한에 따라 다를 수 있음)	• 원칙적으로 경제성 분석기간과 동일하되 사업에 따라 다르게 적용될 수 있음.*
토지매입비	• 기회비용의 개념으로 파악	• 실제 현금유출이 발생했을 경우에만 적용
잔존가치	• 사업시설의 내구연한에 따라 반영	• 경제성 분석과 동일하나 소유권 유무에 따른 고려 필요
이전지출	• 미반영	• 반영
편익/수입	• 경제적 편익은 국가 혹은 지역 경제적 입장에서 사회적 편익을 추정하며 비화폐적 가치를 포함. • 단, 경제성 분석시 시장가격을 사회 구성원의 지불의사액(WTP)으로 가정했을 경우에는 내포하는 의미상으로는 재무적 수입과 차이가 있으나, 수치상으로는 일치할 수 있음.	• 공공건축물: 임대료, 주차료 등 • 문화·체육시설: 입장료, 대관료, 광고료, 식당 및 매점운영수입 등 • 산업단지: 분양수입, 임대료 등 • 교통시설: 통행료, 점용료, 사용료 등 • 주거 및 상업시설: 분양수입, 임대료, 운영수입(직영시)

주: * 용지분양사업의 경우 경제성 분석에서는 분석기간을 상부 건축물 운영기간을 기준으로 한 30년을 적용하나, 재무성 분석에서는 용지분양 완료시점까지를 분석기간으로 함.
자료: 한국지방행정연구원(2016: 150)의 표 재정리.

2) 분석 관점

재무성 분석은 대체로 사업 자체에 대한 재무적 타당성을 분석하지만, 경우에 따라 재원 주체별 재무성을 별도로 분석하기도 한다. 사업 자체의 재무성 분석에서는 재원조달 방식은 크게 영향을 미치지 않으나, 사업 주체별 재무성 분석에서는 재원조달 방식에 따라 비용과 수입 항목이 달라질 수 있다.

예를 들어, 국비와 지방비, 민간자본이 투입되는 사업에서 사업 자체에 대한 재무성 분석에서는 재원과 상관없이 모든 비용을 반영하지만, 민간투자자 입장에서의 재무성 분석시에는 국비와 지방비는 수입으로 고려한다.

■ 재원조달 방식이 재무성 분석에 미치는 영향

- 지방재정투자사업은 지방자치단체 자체재원 및 국고보조금이나 정부재정융자금, 민간자본 등을 통해 재원을 조달하며, 민간자본의 경우 자기자본 및 타인자본을 통해 재원을 조달함.
- 기본적으로 재무성 분석은 자기자본 출자자 입장이 아닌 전체 사업을 분석 대상으로 하기 때문에 평가를 위한 현금흐름할인법(discounted cash flow method)의 활용에 있어서 자금조달 방법의 차이는 분석 결과에 크게 영향을 주지 않음.
- 그 이유는 자기자본 및 타인자본의 비율 그리고 동원되는 자본의 조달 방법 등에 대한 가정은 재무적 할인율에 반영되어야 하나, 현재의 예비타당성조사 등에서는 재원구조와 상관없이 동일한 재무적 할인율을 적용하고 있기 때문임.
- 이는 사업 초기단계에서 수행하는 타당성 조사의 특성상 재원조달 방식은 이후 사업 추진 과정에서 변동 가능성이 크기 때문이지만, 사전에 재원조달 주체가 확정된 경우에는 재원구조를 반영한 재무적 할인율의 적용이 필요할 수 있음.

3) 재무성 분석과 관련된 용어

(1) 재무적 할인율

재무성 분석 역시 사업을 통해 발생한 현금의 흐름을 현재가치화하는 데에 적용하는 재무적 할인율이 수익성에 큰 영향을 미친다. 재무적 할인율은 투자자의 자본에 대한 기회비용, 즉 자본비용이라고 할 수 있으며, 이는 금융시장에서 거래되는 위험자산에 대한 기대수익률로 추정할 수 있다.

한편, 한국개발연구원(KDI)에서 현재 사회적 할인율과 재무적 할인율의 수치를 2007년 이후 동일한 값을 제시하고 있어 두 가지 할인율을 같은 의미로 잘못 이해하는 경우가 많다. 그러나 재무적 할인율의 추정은 사회적 할인율의 추정과 전혀 다른 이론적 기반을 갖는다. 다만, 예비타당성조사의 재무성 분석은 경제성이 확보된 사업에 대해 민간투자사업으로의 변경이 가능한지를 검토하기 위해 수행하기 때문에, 재무적 할인율 역시 전액 민간자본임을 전제하여 추정된 값이다.

그러나 「지방재정법」 타당성 조사에서의 재무성 분석은 민간투자사업으로의 전환 여부에 대한 검토가 아니라 해당 사업의 수익성 확보 여부를 검토하기 위하여 수행하고 있다. 즉, 재무성 분석의 취지가 예비타당성조사와 「지방재정법」 타당성 조사 간에 다르기 때문에 동일한 재무적 할인율을 적용하기보다는 지방재정투자사업의 재원구조를 반영한 재무적 할인율을 적용할 필요가 있다. 다만, 현재는 지방재정투자사업에서도 예비타당성조사에서 적용하고 있는 재무적 할인율을 사용하되, 재무적 할인율의 변동에 대한 민감도 분석을 수행하여 사업의 수익성에 대하여 검증하고 있다.

■ 예비타당성조사의 재무적 할인율 변동 추이

• 사회적 할인율과 재무적 할인율은 개념과 이론, 그리고 추정 방식도 전혀 다르지만 예비타당성조사에서는 2007년 이후 동일한 수치를 적용하고 있음.

[KDI 예비타당성조사의 사회적 할인율과 재무적 할인율 추이]

구분	일반지침					예비타당성조사 수행 총괄지침
	초판	개정판	제3판	제4판	제5판	
	1999년	2000년	2001년	2004년	2008년	(2018. 4. 17)
사회적 할인율	7.5%			6.5%	5.5%	4.5%
재무적 할인율	3.5%	도로 9.5% 철도·항만 10%		6%	5.5%	4.5%

(2) 분석기간 및 분석 기준일

재무성 분석의 분석기간 및 분석 기준일은 통상 경제성 분석과 동일하게 가정하지만, 해당 사업의 특성에 따라서 예외적으로 경제성 분석과 다른 분석기간을 적용하는 경우도 있다. 예를 들어, 용지분양사업의 경우 경제성 분석에서는 상부 건축물에 대한 편익을 고려하여 분석기간을 30년으로 하나 재무성 분석에서는 용지분양이 완료되는 시점까지만 분석한다. 분석 기준일 및 분석기간 중의 공정률, 연차별 지출 형태 또한 경제성 분석과 동일하게 처리하는 것이 일반적이나 해당 사업의 특성에 따라 차이가 있을 수 있다.

(3) 잔존가치

잔존가치는 경제성 분석과 같이 사업시설의 내구연수 및 재무성 분석의 분석기간과 밀접한 관계를 가지며, 각 사업부문별로 자산의 잔존가치 및 재투자비 등을 고려해야 한다.

단, 해당 사업이 민간투자사업으로 추진될 경우 잔존가치는 사업 추진 방식에 따라서 계산 여부 및 금액도 달라질 수 있으므로 이를 고려해야 한다. 예를 들어, 경제성 분석에서는 최종 분석연도에 잔존가치를 부(-)의 비용으로 산정하지만, 민간투자사업 재무성 분석의 경우

■ 재무적 할인율 추정 산식

- 재무적 할인율은 투자자의 자본에 대한 기회비용, 즉 자본비용이라고 할 수 있으며, 자본비용은 재원조달 방식에 따라 타인자본비용과 자기자본비용으루 구분하여 가중평균자본비용(Weighted Average Cost of Capital: WACC)을 통해 도출

- 가중평균자본비용(WACC) = $\left(\frac{S}{S+B}\right) \times r_S + \left(\frac{B}{S+B}\right) \times r_B \times (1-T)$

여기서, r_S : 자기자본비용(또는 주식의 자본비용) $r_S = r_f + \beta_s \times (r_m - r_f)$

r_B : 타인자본비용(또는 부채의 자본비용) $r_B = r_f + r_{rp}$

S: 자기자본총액

B: 타인자본총액

T: 법인세율

r_f: 무위험이자율

r_m : 시장기대수익률

β_S: 주식 s의 체계적 위험

$(r_m - r_f)$: 시장위험보상률

r_{rp}: 채권의 위험보상률

시설 소유권이 국가 또는 지방자치단체에 귀속되는 BOT나 BTO의 사업 방식에서는 민간사업자의 입장에서 잔존가치가 없다는 점을 유의하여야 한다. 물론 사업시행자에게 시설의 소유권이 귀속되는 경우에는 최종 분석연도에 잔존가치를 부(-)의 비용으로 산정해야 한다.

(4) 이자비용과 법인세, 감가상각비

재무성 분석에서 이자비용은 실제로 발생하는 현금유출 항목이지만 현금흐름 추정에 있어서는 제외되는데, 그 이유는 현금흐름할인법(Discounted Cash Flow)에 의하여 현금흐름을 재무적 할인율로 할인하여 현재가치를 계산하는 과정에 부채 사용에 따른 재무위험이 이미 반영되어 있어 이자비용을 현금유출로 계산할 경우 중복 계산되는 결과가 되기 때문이다. 반면 법인세는 실질적으로 현금이 유출되기 때문에 현금유출에 포함시켜야 한다.

한편, 감가상각비는 세전이익을 계산하는데 차감 항목으로 계상되나, 현금지출을 수반하지 않는 항목이므로 현금흐름 추정에는 포함하지 않는다. 다만 이자비용이나 감가상각비로 인한 세금절감 효과가 존재하기 때문에 현금흐름을 측정할 때 이를 별도도 반영해야 한다.

4) 재무성 분석 기법

재무성 분석은 화폐의 시간적 가치를 고려한 현금흐름할인법을 사용한다. 현금흐름할인법은 미래의 현금흐름을 예측하고 그에 상응하는 적정한 할인율로 할인한 현재가치를 구하여 평가하는 방법이다. 재무성 분석을 위한 현금흐름할인법의 평가지표들과 경제성 분석의 평가지표들은 재무적 현금의 유입 및 유출과 경제적 편익 및 비용이라는 차이는 있으나 기본적으로 동일하다.

재무적 순현재가치(FNPV)는 현금의 유입과 유출을 재무적 할인율로 할인하여 현재가치화한 값들의 합으로 이 값이 0보다 클 경우 해당 사업의 재무적 타당성이 있다고 할 수 있다.

$$\text{재무적 순현재가치(FNPV)} = \sum_{t=0}^{n} \frac{R_t}{(1+r)^t} - \sum_{t=0}^{n} \frac{C_t}{(1+r)^t}$$

여기서, R_t : t 시점의 현금유입, C_t : t 시점의 현금유출,
r : 재무적 할인율, n : 시설사업의 내구연도(분석기간)

재무적 내부수익률(FIRR)은 사업을 통한 현금의 유입과 유출의 현재가치가 일치하도록 하는 할인율을 뜻하며, 이를 산출하여 실제 사업의 자본비용과 비교함으로써 평가하는 방법을 재무적 내부수익률법이라고 한다. 이때 재무적 내부수익률이 자본비용보다 높을 경우 재무적 타당성이 있다고 판단할 수 있다.

$$\text{재무적 내부수익률(FIRR)}: \sum_{t=0}^{n} \frac{R_t}{(1+FIRR)^t} = \sum_{t=0}^{n} \frac{C_t}{(1+FIRR)^t}$$

여기서, R_t : t 시점의 현금유입, C_t : t 시점의 현금유출,
$FIRR$: 재무적 내부수익률, n : 시설사업의 내구연도(분석기간)

수익성 지수(Profitability Index: PI)는 사업을 통해 유입된 현금의 현재가치를 현금유출의 현재가치로 나눈 값으로 이 값이 1보다 클 경우 재무적 타당성이 있는 것으로 판단할 수 있다.

$$수익성\ 지수(PI) = \sum_{t=0}^{n} \frac{R_t}{(1+r)^t} \bigg/ \sum_{t=0}^{n} \frac{C_t}{(1+r)^t}$$

여기서, R_t : t 시점의 현금유입, C_t : t 시점의 현금유출,
r : 재무적 할인율, n : 시설사업의 내구연도(분석기간)

재무성 분석 기법도 하나의 사업에서 반드시 동일한 결과를 나타내는 것이 아니고 각 분석 기법별로 장단점을 갖는다. 따라서 투자의 단위당 효율성을 평가하는 수익성 지수(PI)를 기준평가 방법으로 하되, 필요에 따라 재무적 순현재가치(FNPV)와 재무적 내부수익률(FIRR)을 참고로 고려한다.

5) 운영수지 분석

해당 사업이 공공재적 성격이 강한 사업으로 운영수입이 발생하는 경우는 운영수지 분석을 통해 해당 사업의 운영에 따른 재정부담 여부 및 정도에 대해 검토할 필요가 있다. 왜냐하면 시설건립 후 해당 시설에서 발생하는 운영수입을 통해 시설 운영에 필요한 재원확보가 어려울 경우 이는 해당 지방자치단체에 추가적인 재정적 부담이 될 수 있기 때문이다.[11]

운영수지 분석은 연간 운영상 발생하는 실질적인 현금흐름을 본다는 점에서 재무성 분

〈표 13-14〉 경제성 분석, 재무성 분석, 운영수지 분석의 비교

구분	경제성 분석	재무성 분석	운영수지 분석
평가의 관점	국가 혹은 지역 경제적 입장	개별 사업 주체의 입장	지방자치단체 등 시설 운영 주체의 입장
측정가격	잠재가격	시장가격	시장가격
이전지출 (세금, 이자비용 등)	제외	포함	포함
적용될 할인율	사회적 할인율	재무적 할인율 (시장이자율, 사업위험 등)	할인율 미적용
분석기간	건설기간+운영기간	건설기간+운영기간	운영기간

자료: 한국지방행정연구원(2016: 166).

11 많은 지방자치단체의 공공시설들이 건설 이후 운영적자로 인해 문을 닫거나 재정적 부담이 커지는 경우가 많다.

석과 유사하다고 할 수 있다. 단, 재무성 분석이 시설건립을 위한 초기투자비용과 운영기간 동안 발생하는 운영비용 및 수입을 모두 포함하여 사업 전반의 현금흐름을 검토하는 반면, 운영수지 분석은 운영기간 동안의 현금흐름만을 검토한다는 점에서 재무성 분석에 비해 분석 범위가 한정적이라고 할 수 있다.

운영수지 분석의 구체적인 지표는 연간 순운영수지과 연간 운영수지 비율을 들 수 있다. 연간 순운영수지란 연간 운영수입에서 연간 운영비용을 제한 값을 뜻하며, 연간 순운영수지가 0보다 클 경우 운영수입을 통해 운영비용이 충당 가능한 것으로 볼 수 있다.

$$\text{연간 순운영수지} = \text{연간 운영수입} - \text{연간 운영비용}$$

연간 운영수지 비율은 연간 운영수입을 연간 운영비용으로 나눈 값을 뜻하며, 연간 운영수지 비율이 1보다 클 경우 운영수입을 통해 운영비용이 충당 가능한 것으로 볼 수 있다.

$$\text{연간 운영수지 비율} = \frac{\text{연간 운영수입}}{\text{연간 운영비용}}$$

한편, 운영수지 분석의 경우 매년 해당 연도의 운영비용과 수입을 비교하기 때문에 할인율을 적용할 필요가 없다.

9. 정책적 타당성 분석

지방재정투자사업 타당성 조사는 크게 경제성 분석, 재무성 분석(운영수지 분석)과 정책적 타당성 분석으로 구성된다. 정책적 타당성 분석은 지방재정투자사업이 가져야 할 건전성 중 '경제성을 넘어선 다양한 가치 기준'을 반영하는 다기준 의사결정을 위한 기초자료를 제공하는 것이다. 특히, 지방자치단체의 투자사업은 중앙부처 등에서 수행하는 국가사업과 달리, 투자사업의 규모(총사업비 기준)는 예비타당성조사와 큰 차별성이 없음에도 불구하고 중앙부처와 다른 지방자치단체의 제한된 역량으로 인해 투자사업의 영향(impacts)이 상대적으로 중요할 수 있기 때문에 정책적 분석이 중요하다.

1) 정책적 분석의 항목은 무엇인가?

일반적으로 정책적 분석의 주요 항목은 ① 법·제도적 부합성, ② 사업의 준비 정도 및 추진 의지, ③ 지역사회, 주민 및 이해당사자 수용성, ④ 지방재정에 대한 영향 검토, ⑤ 지역사회에 대한 기여도 및 지역발전의 시급성, ⑥ 기타 사업의 특수 항목으로 구분할 수 있다.

〈표 13-15〉 정책적 타당성 분석 항목(예시)

분류	세부 내용	
법·제도적 부합성	• 관련 법규·상위계획과의 일치성 • 정책방향과의 일치성 • 사전 이행절차 이행 여부 • 관계기관과의 협의 여부 • 규제 현황 저촉 여부 등	
사업의 준비 정도 및 추진 의지	• 지방자치단체의 사업 추진 의지 • 사업계획의 구체성 • 사업의 추진 방식/사업 추진 체계의 적절성	
사업 목적 달성 가능성	• 사업계획서에서 제시한 사업 목적 및 기대효과의 달성 가능성 • 사업 목적에 부합하는 사업계획의 변경 필요성	
지방재정에 대한 영향 검토	• 세입재원 및 세출수요 요인 • 재정 여건 분석 • 재원조달 가능성 검토: 중기지방재정계획 및 신규 가용재원 • 매입확약에 따른 우발채무 감당 여력 • 지방공기업의 재무안전성 검토(지방공기업 재원이 포함될 경우)	
사업의 시의성 및 지역발전 측면에서의 부합성	• 사업의 시급성 • 지역발전지표 분석 • 사업대상지의 입지적 장점 • 유사 시설과의 중복 투자 가능성 등 • 지역경제 파급효과 • 입주 업체 고용유발효과	
지역사회/주민/이해관계자 수용성	• 민원사항/주민 여론/ 지역주민 간의 갈등 요인/주민 숙원사업 여부	
사업 특수 평가 항목	산업단지	• 지방자치단체의 미분양 매입확약 의무 여부 • 지방자치단체의 담보제공요구권 여부 • 보상 토지 소유자 현황 및 특혜 가능성

〈표 13-15〉 계속

분류		세부 내용
사업 특수 평가 항목	산업단지	• 사업 목적의 달성 가능성 • 사업 추진상 위험 요인(외국인 투자자 유치 등) • 사업 방식의 적정성 검토(특수목적법인(SPC) 출자 등) • 본 산업단지 관련 언론 이슈 검토 • 감사원 지적사항 • 입주업체 고용인력 수급 분석 • 미분양 가능성 • 민간자본투자의 투자 불확실성 • 주변 산업단지 조성사업과의 경쟁성 • 공유수면 매립에 따른 환경 영향 • 어업권 보상 • 기타 시설용지 자체귀속에 따른 분양가 상승 • 토지이용계획의 적정성 및 상충성 • SPC 민간자본 조달 가능성 • 경기북부 지역산업과의 연계성 • 패션산업의 특성 고려 미흡 • 디자인아카데미 운영상의 위험 요인 • MOU 업체의 투자 확실성 • 기업지원시설의 차별화
	체육시설	• 실내체육관 건립의 시급성 • 원전대피소(구호소) 활용계획에 대한 검토 • 임대시설 유치 및 활성화 • 기존 체육시설 매각 가능성
	문화시설	• 문화시설의 지역균형 • 유사 시설과의 중복성 • 위탁관리사업의 위험성 • 기존 시민회관의 한계
	청사	• 청사입지 후보지 선정에 대한 의견수렴의 충실성 • 신축·증축의 필요성, 행정구역 개편, 상징성 확보, 통합상생발전 등 • 사업수행을 위한 전제조건(용도지역, 용적률, 문화재 관련) • 공공적 가치 및 품격 제고를 위한 디자인 관리방안 필요 • 구조설계 후 공사비 증액 가능성에 대한 고려 • 기타 위험 요인(진입로 민원, 공사 중 교통혼잡) • 공간 성격을 고려한 설계 필요 • 현 청사 매각 관련 사항 • 문화재 관련 사항 • 유관단체 무상임대 적절성 • 향후 시설 운영의 유연성 제고
	도시개발 사업	• MOU 기관(민간사업자 공모)의 투자 확실성 • 이해당사자 및 지역주민의 수혜 정도 • 사업 추진시 고려사항(단지개발계획 수립시, GB 해제시)

〈표 13-15〉 계속

분류	세부 내용	
사업 특수 평가 항목	도시개발 사업	• 개발압력에 따른 사업의 필요성 • 부동산 시장 동향 분석 • 분양성 평가 • 주민 동의 요건 • 사업의 공공성
	임대 아파트, 행복주택	• 주택 노후화, 주택 보급률, 임대주택 공급 현황, 사업지 인근 주택 현황 • 사업 방식에 대한 적절성 검토 • 사업부지 특성 • 개발 가능성 검토
	전시컨벤션시설	• 국제회의 참가자로 인한 관광효과 • 시설의 구조적 안전성 문제 • 사업대상지의 입지적 장점 • 민원 및 이해관계자 검토 • 국제행사 개최 가능성 등
	공원	• 환경 및 경관 영향에 대한 검토 • 안전사고 및 향후 대응에 대한 검토 • 공원의 입지 및 형태 검토 • 공원 미조성에 따른 상황 전망 • 민간공원특례사업 추진 가능성
	환경시설	• 수도권매립지와의 문제 • 광역시설로서의 지방자치단체 간 갈등 상황 • 원인자부담금 검토
	복합환승센터	• 버스정류장 위치 관련 교통안전성 • 철도 심도 변경에 따른 위례신사선 사업성 악화 • 설계공모에 따른 사업계획 변경 가능성 • 지하공간 개발에 따른 환경성 검토 • 국제교류복합지구 조성의 시너지 효과
	도로	• 도로의 효율성 확보의 시급성(간선도로, 집산도로) • 사업노선 개통시기의 시급성 • 접경지역 도로로서 도로폭원 확보의 필요성 • 주민숙원사업 여부 • 추진시기의 적절성 • 사업 목적의 달성 가능성 • 교통사고 분석 및 도로안전성 검토 • 도로 선형 개선효과 • 네트워크의 완성도 및 주변 도로와의 연계성 확보 • 사업기간 단축 및 사업별 우선순위 선정의 필요성 • 환경 및 소음 영향에 대한 검토 • 사업시행에 따른 서비스 수준 및 교통량 분석 • select link analysis를 통해 도로의 성격 제시 • 공사 중 교통처리대책

2) 계량화하지 못한 쟁점들은 어떻게 반영하는가?

(1) 법 · 제도적 부합성

대형 투자사업의 경우 대상 사업으로 선정되기까지 여러 단계의 중앙정부 혹은 지방자치단체의 계획 과정을 거치게 된다. 추진 사업이 인·허가 관련 법률 및 규칙, 상위계획 및 정책방향과 부합하고 규제 현황에 저촉되지 않는다면 원활한 사업 추진이 가능하다는 의미이다.

특히, 국비가 포함되었다면 관련 법령과 규정에 따라 국비지원이 가능한지의 여부와 지자체가 제시한 국비금액이 적정하게 산정되었는지에 대한 검토가 필요하다. 따라서 국비신청을 위한 사전절차를 이행하였는지와 국비신청과 관련된 정부 주무부처의 의견을 확인한다.

국비신청절차의 부합성 역시 검토가 필요한데, 해당 사업 유형별로 국비와 관련된 이슈를 감사원 보고서 및 주무부처 보도자료 등을 통해 확인하고 이와 관련한 쟁점이 없는지 검토한다. 예를 들어, 환경부 국고보조사업에 대한 감사 결과 원인자부담금을 적법하게 사용하지 않고, 이를 제외한 채 국고보조금을 신청하여 이로 인한 지방자치단체의 징계 사례가 있었다.

또한 국비신청과 관련하여 해당 지방자치단체에서 누락한 정보는 없는지에 대한 검토가 필요하다. 국가 공모사업과 같이 이미 국가 정부부처에서 사업 추진을 전제로 국비가 확보된 사업에 대해서도 마찬가지이다.

(2) 사업의 준비 정도 및 추진 의지

사업 준비 정도는 사업계획의 구체성, 인력 및 재원의 투입 정도 등을 종합적으로 고려하여 해당 사업 추진 준비의 충실성을 판단하는 것이다. 지방자치단체의 사업 준비 정도에 대한 평가는 사업의 내용, 즉 밑그림의 구체성과 해당 사업의 추진 방식의 적절성에 대한 검토를 포함한다.

예를 들어, 산업단지 조성사업의 경우 공영개발(직영개발 포함), 민간개발, 절충(민관합동) 방식 등으로 구분이 가능한데, 지방자치단체가 선택한 방식이 원활한 사업 추진에 적합한지, 참여 주체 간 적절한 위험분담(risk share)이 가능한지 등에 대해 검토가 필요하다. 직영개발 방식의 경우는 지방자치단체 내에 별도의 운영조직(예를 들면, 산업단지 조성팀, 투자유치팀, 운영팀 등을 말함)을 갖추고 있는 것이 원활한 사업 추진에 도움이 되므로 조직구성 유무 및 조직운영 체계, 운영비 등에 대한 검토가 필요한 반면, 특수목적법인(SPC) 설립 방식으로 추진하는 경우는 자본금 규모 적정성 검토, 이해 주체별(출자자) 위험분담 적정성 검토, 프로젝트 파이낸싱(Project Financing: PF)를 위한 미분양매입확약 등 지방자치단체의 신용보강 행위의 적정 범위 등에 대한 검토가 필요하다.

(3) 사업 목적 달성 가능성

사업계획서는 당초 계획한 사업 목적 및 기대효과를 달성할 수 있도록 사업 목적에 부합하여 작성해야 한다. 그러나 사업계획을 구체화하는 과정에서 당초 사업의 취지와 다른 방향으로 추진됨에 따라 사업 목적의 달성 가능성이 낮아지는 경우가 종종 발생한다. 또한 사업 추진을 통해 달성하고자 하는 직접적인 사업 목적 이외의 추가적인 기대효과를 위한 부대사업 등을 과도하게 확대함으로써 결과적으로 핵심 사업 목적 자체가 희석될 개연성이 존재한다. 아울러 사회·경제적 환경 변화 등 예상치 못한 변화에 따라 기대한 효과가 왜곡되어 나타나는 경우가 존재할 수 있다.

따라서 당초 계획한 사업 목적 및 기대효과가 본 사업의 추진을 통해 실제 달성 가능한지 여부에 대한 검토가 필요하다. 특히, 해당 사업목표가 공공의 역할로 적절한지에 대한 검토도 필요하다. 최근 지방자치단체의 재정악화로 인해 수익성 높은 시설을 포함하여 복합화 하는 추세이나, 과도한 수익성의 추구는 사업의 본질을 훼손할 수 있으며 민간의 영역을 침해한다는 논란의 여지가 생길 수 있기 때문이다.

예를 들어, 공공청사 건축을 위탁개발 방식으로 추진하는 경우 수익성 확보를 위해 과도한 오피스 등의 임대시설을 계획함에 따라 건축 이후 해당 청사는 더 이상 청사가 아닌 일반 건축물이 되어 버리는 경우가 발생할 수 있다. 투자심사 기준에 따르면 공공청사는 청사면적이 전체 연면적의 25% 이상일 경우를 말하는데, 임대시설 확충으로 신축 이후 순수 청사면적이 2%에 불과한 사업계획을 제출하는 경우도 존재하였다. 이러한 경우 과연 청사 신축의 본연의 목적을 유지하고 있다고 볼 수 있는지 한번 생각해 볼 문제이다.

(4) 사업의 시급성

해당 사업이 타 사업보다 시급히 추진되어야 하는 사업인지, 반드시 올해(내년) 안에 착수해야 하는 사업인지에 대한 검토로 이는 자치단체의 사업 추진 우선순위와 직접 관련된다.

사업의 시급성에 대해 판단하기 위해서는 각 사업별 특성을 고려하여 해당 사업에 대한 수요, 주변지역에 유사 시설의 존재 여부 및 대체 가능성, 해당 지방자치단체의 사회·경제적 환경 변화, 정치적 상황, 해당 지방자치단체 내의 타 사업과의 관계성, 대체시설 건립시 기존 시설 활용 가능성 등을 종합적으로 검토할 필요가 있다.

해당 사업에 대해 충분한 수요가 존재하여 기존 공급 상황으로는 이를 충족시키기 어려울 경우라도 인근지역에 유사 시설 등이 존재하여 대체 가능성이 있을 경우 해당 사업이 시급하다고 판단하기에는 어려울 것이다. 한편, 현 시점에서 기존의 공급 상황으로 수요가 충족되고 있다고 하더라도 해당 지방자치단체의 사회·경제적 상황 등의 변화에 따라 향후 초과수요 발생이나 사업에 대한 필요성이 예측되어 이에 대한 선제적 대응이 필요하다고 판단될 경우에는 사업이 시급하다고 판단할 수도 있다.

(5) 지역사회/주민/이해관계자 수용성

지방자치단체의 투자사업에서 가장 중요한 검토사항 중의 하나가 지역사회/주민/이해관계자들의 민원 등 수용성 여부이다. 아무리 경제적 타당성이 높다 할지라도 해당 지역주민의 격렬한 반대에 부딪히면 사업이 좌초될 수밖에 없기 때문이다.

물론 타당성 조사는 비교적 사업의 초반에 이루어지므로 정부부처, 지방자치단체, 지역주민 등 사업에 관심을 갖는 주체들의 선호도 또는 반대 정도를 객관적으로 분석하기는 어렵다. 그럼에도 불구하고 주무부처 및 지방자치단체를 방문하여 의견을 청취하는 과정과 지역언론 및 지방의회 자료, 이해관계자의 인터뷰 등을 통해 어느 정도 판단의 근거를 확보하고자 노력하여야 한다.

따라서 사업 추진 과정의 위험성을 감지하기 위해 가장 우선적으로 해야 될 것은 사업에 대한 주민 반대가 있는지에 대해 확인하는 것이다. 해당 사업 수용성에 대한 대략적인 판단과 아울러 해당 사업을 둘러싼 첨예한 이해관계가 존재한다고 판단되는 경우 대표성을 갖는 이해관계자들을 대상으로 심층면접을 실시하여 세부적인 갈등 상황을 면밀히 파악할 필요가 있다.

해당 사업이 주민, 전문가 등으로부터 충분한 의견수렴을 통해 추진되는 것은 지방자치 측면에서 다음과 같은 두 가지 의미가 있다. 하나는 지역주민을 위한 사업 추진이 지방자치 구현임을 상기할 때, 사전적 의견수렴 과정을 통해 표출된 의견을 수렴하고 해당 사업계획에 적극적으로 반영하는 것은 지방자치 구현의 실질적인 강화를 의미한다. 또 다른 하나는 사전적 의견수렴 과정을 거친 추진 사업의 경우 사업을 둘러싼 이해관계자 간의 갈등이 그 과정 없는 추진 사업에 비해 상대적으로 적을 가능성이 높으므로, 사전적 의견수렴 과정이 지방자치에서 빈번히 발생되는 이해관계자 간의 갈등을 일정 부분 미리 축소시켜 사업 수용성을 제고시키는 기제(mechanism)로 작용할 수 있음을 의미한다.

특히, 기피시설의 경우 반드시 이 같은 의견수렴 절차 여부의 확인을 필요로 한다. 기피시설의 경우 사전적 의견수렴 과정을 통해 심각한 이해관계자 간의 갈등을 미리 축소시킴으로써, 사업 수용성을 제고시키지 않고서는 사업 추진 자체가 불가능하기 때문이다.

3) 지방자치단체의 재정 수준과 재원조달계획은 어떻게 분석하는가?

지방자치단체 추진 사업에서 해당 사업이 지방자치단체에 재정적으로 어느 시점에 어느 정도의 영향을 미치는지를 검토하는 것에 대한 중요성은 아무리 강조해도 지나치지 않을 것이다. 타당성 조사에서는 재원별로 조달 가능성 등을 검토하되, 해당 사업 추진에 투입되는 지방비가 기금이라 할지라도 기금 역시 지방자치단체의 재정의 일부이기 때문에 재정의 부담 정도를 보기 위해 전체 재정 역시 검토하도록 한다.

(1) 지방재정 부담 정도 판단

사업을 추진하는 지방자치단체의 재정 여건은 세입재원 및 세출수요(사회복지 예산 증가율), 인구 현황, 재정자립도, 부채 및 채무 현황을 기준으로 판단한다. 재정 상황 및 추이에 대한 종합 판단은 한국지방행정연구원의 「지방재정 분석」의 자료를 활용한다.

(2) 재원조달 가능성 검토

재원조달 가능성은 타당성 조사를 통해 도출된 최종 사업비와 연차별 투자계획을 기준으로 검토한다. 재원조달에서 지방채의 발행이 포함된다면 차입선과 규모, 채무상환계획, 해당 지방자치단체의 지방채 발행한도 및 기발행 지방채 규모 등에 대해서도 종합적으로 분석한다. 단, 이때의 비용은 설계가 기준으로 낙찰률을 적용하지 않은 금액 기준이다.

중기지방재정계획상에 해당 사업 추진에 소요되는 재원이 반영되어 있는지를 검토하되, 사업비가 반영되어 있더라도 금액의 추가 증액이 필요한 경우에는 해당 지방자치단체의 신규 가용재원[12] 내에서 얼마의 금액이 추가로 증액되어야 하는지와 그 정도가 지방자치단체의 재정에 미치는 영향 등에 대한 검토 역시 필요하다.

또한 복지시설과 같이 연간 운영비가 많이 소요되는 사업의 경우는 해당 지방자치단체에서 복지시설 운영에 따른 지속적인 재정지원을 감당 가능한지에 대해 검토하여야 한다. 만약 해당 사업이 지방자치단체가 운영하는 것이 아니라 공사나 공기업 등 다른 기관이 운영한다면 그 기관에 대한 재무 여건과 해당 사업으로 인한 재무적 영향에 대한 분석을 추가로 수

〈표 13-16〉 주요 재정 분석 지표

지표	산식
통합재정수지 비율 (상향 지표)	(세입-지출 및 순융자)/통합재정규모×100
실질수지 비율 (상향 지표)	실질수지액/일반 재원 결산액×100
경상수지 비율 (하향 지표)	경상비용/경상수익×100 • 경상비용: 인건비+운영비+조정교부금+재정보전금+교육비특별회계전출금 • 경상수익: 지방세수익+경상세외수익+지방교부세+조정교부금수익+재정보전금수익
관리채무 비율 (하향 지표)	지방채무잔액(BTL 지급액 포함)/세입결산액×100 • 지방채무잔액: 지방채 증권+차입금+채무부담행위+보증채무이행책임액+BTL 지급액 • BTL 지급액: 준공 후 지방자치단체로 소유권이 이전된 시설물에 대해 결산일 기준으로 향후 민간사업자에게 지급의무가 생긴 총액 중 순지방비로 지급할 금액
지방채무잔액지수 (하향 지표)	지방채무 잔액/일반 재원 결산액×100
지방채무상환비 비율 (하향 지표)	$\frac{\text{(과거 4년+미래 4년 평균 순지방비 채무상환액)}}{\text{(과거 4년+미래 4년 평균 일반 재원 결산액)}} \times 100$

주: 현재 재정분석 지표에는 지방채무잔액지수와 지방채무상환비 비율이 제외됨.

12 신규 가용재원의 산식은 다양하지만, 타당성 조사에서는 중앙투자심사를 위해 해당 지방자치단체가 제출한 자료상에 제시된 신규 가용재원을 기준으로 하고 있다.

행하여야 한다.

4) 지역발전 및 파급효과는 어떻게 측정되는가?

(1) 지역발전지표의 해석

지방재정투자사업의 경우 문화·체육시설, 지방도, 차고지 및 주차장, 산업단지, 도시개발사업, 공공청사 등 다양한 부문에 걸쳐 있으므로 자료구득 가능 여부 등을 고려하여 인구, 경제, 인프라, 문화력, 주택, 교통, 산업의 7개 부문으로 구분하여 총 13개 지표를 지역발전지표로 선정하였다.

그러나 13개의 지표로도 지방재정투자사업의 다양한 사업 성격 및 지역적 특성을 모두 담기에는 부족한 면이 있다. 예를 들어, 도로사업의 경우 자동차사고 발생건수, 4차로 이상

■ 사업 추진 공공기관의 재무 여건 검토

- 과거 3년간 재무제표를 검토하되 주요 재무수치를 살펴보고, 다음으로 재무비율을 검토함.
- 재무수치: 매출액, 매출원가, 일반관리비, 금융비용을 통해 영업이익(손실)을 분석하고 부채총계와 자산총계를 통해 해당 기관의 재무 상황을 제시함.
- 재무비율

구분	지표	설명
수익성 지표	영업이익률(%)	회사의 영업성과 매출액과 영업이익을 비교한 지표
	자기자본순이익률(ROE)	투입한 자기자본이 얼마만큼의 이익을 냈는지를 나타내는 지표
차입금 상환능력 및 금융비용 지급 여력	이자보상배율(배)	회사 영업활동의 성과인 영업이익과 회사가 외부에서 조달한 자금에 대한 비용인 금융비용을 비교한 지표
	부채상환계수(%)	차입원리금 상환도래분에 대해 기업의 최종성과로부터 창출되는 내부자금으로 커버할 수 있는 기업의 능력을 측정하는 지표
재무 레버리지	부채비율(%)	회사자산의 원천인 타인자본과 자기자본의 금액을 비교한 지표
	총차입금의존도(%)	회사가 보유하고 있는 전체 자산과 회사가 상환해야 할 차입금의 크기를 비교한 지표

- 또한 해당 기관이 사업을 수행하였을 경우, 사업에서 창출되는 현금흐름(영업활동, 투자활동, 재무활동)만을 통하여 향후 해당 기관에 미치는 영향을 검토함.
- 이때 이론적으로는 연결제무재표를 작성하여 분석하는 것이 정확하지만, 개별 사업의 비중이 해당 기관의 자산규모에 비해 현저히 작다는 점과 해당 기관의 전체 사업에 대한 재무 분석을 개별 사업의 타당성 조사에서 수행하는 것은 개별 타당성 조사의 범위를 넘어섬.

자료: 한국개발연구원(2013b: 208~209).

〈그림 13-12〉 ○○시 재정 건전성 지표 추이(2011~2017) 사례

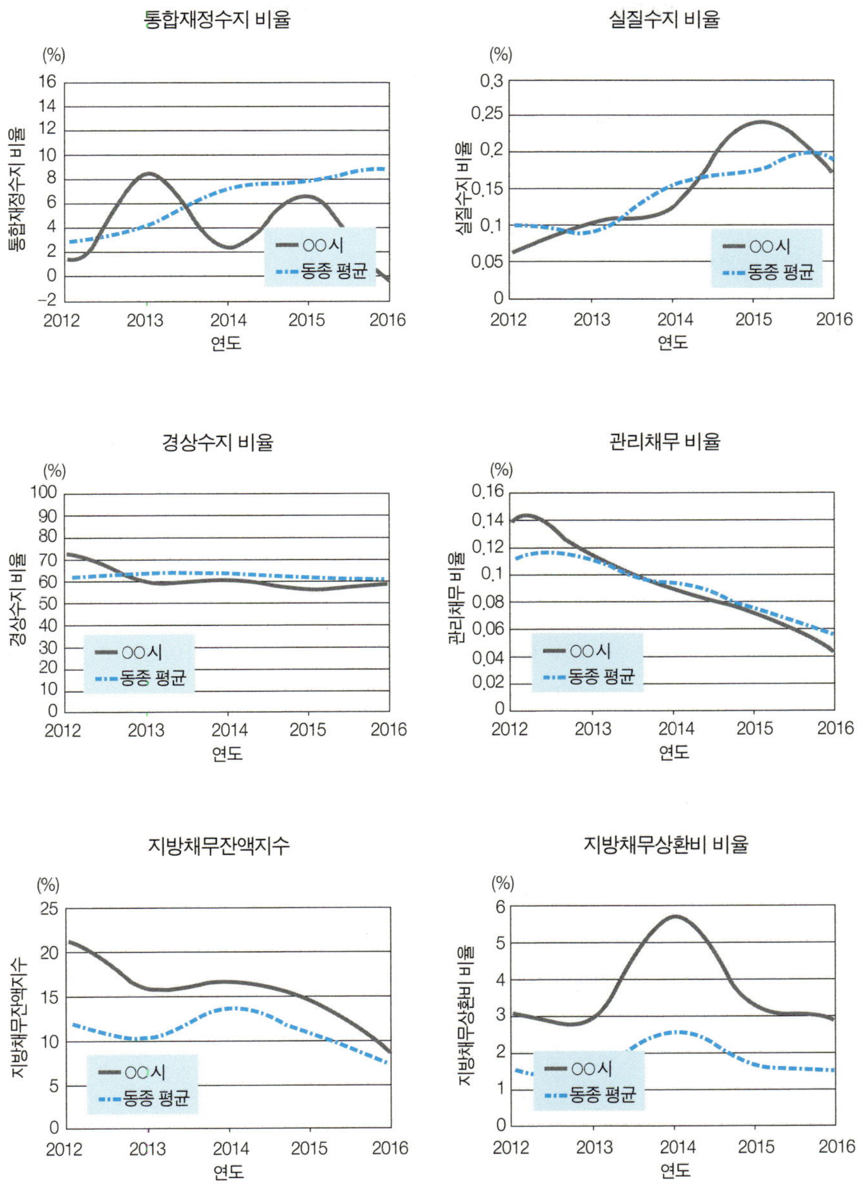

〈표 13-17〉 지역발전 선정지표 및 낙후도 관련 지표 현황

구분	지역낙후도지수(PIMAC)	지역발전지표(LIMAC)
지표	• 인구증가율 • 제조업 종사자 비율 • 도로율 • 승용차 등록대수 • 인구당 의사 수 • 노령화지수 • 재정자립도 • 도시적 토지이용 비율	• 인구증가율 • 1인당 자동차 등록대수 • 1인당 GRDP • 재정자립도 • 고용률 • 시가화 면적비율 • 문화기반시설 수 • 공공체육시설 수 • 민간체육시설 수 • 주택노후화율 • 주택보급률 • 도로율 • 도로포장률
비고	• 낙후지역을 선정하지는 않고, 자치단체별로 각 지표를 표준화하여 종합순위로 제시	• 전체 지역발전지표의 종합순위를 토대로 발전 정도를 판단하는 것이 아니라 지표별 해석을 통해 해당 지방자치단체의 특성을 파악

도로비율 등을 특수지표로 활용할 수 있으며, 주차장사업의 경우에는 차량당 공영주차면수 등을 검토할 필요가 있다. 문화·체육시설의 경우 인근지역의 유사 시설 수, 지역 예술인 수 등이 특수지표로 활용될 수 있으며, 산업단지의 경우 해당 산단의 특징에 따라 인근 배후산단 유무, 산단 노후화율 등에 대해 검토해 볼 수 있다. 따라서 해당 사업의 특성 등을 다각적으로 검토하여 해당 사업의 연구진이 추가적으로 지표 분석을 수행할 수 있다.

지역발전지표 자체는 예비타당성조사에서의 지역낙후도지수와 유사하나, 이를 해석하는 방식은 차이가 있다. 예비타당성조사에서는 해당 자치단체의 낙후도지수를 종합하여 전체 자치단체 중에서 순위를 매기고 이를 AHP 분석에 점수로 반영하는 구조이지만, 「지방재정법」 타당성 조사에서는 사업 및 지역특성에 따라 각 지표별로 해석하여 해당 사업의 시급성과 지역 내 위치선정의 타당성을 검토하기 위한 것이다.

예를 들어, 해당 지역이 인구증가율이나, 제조업 종사자 수 비율, 문화·체육·관광시설 현황 등은 우수하다 할지라도 도로율이 낮다면 해당 지역에 도로사업의 시급성이 큰 것으로 해석될 수 있다. 즉, 인구증가율이 높은 지역이어서 낙후되지 않은 지역이므로 투자사업의 필요성이 낮다고 해석하기보다는 이 지역에서 도로율이 낮다면 이는 해당 도로건설의 시급

성이 더 높다고 해석하는 것이 합리적일 것이다.

또한 광역자치단체가 사업 주체일 경우 광역단위의 비교뿐만 아니라 사업대상지를 포함하는 기초자치단체와 타 기초자치단체 간의 비교를 통한 분석이 필요하며, 기초자치단체가 사업 주체일 경우에는 기초단위의 비교뿐만 아니라 사업대상지를 포함하는 읍·면·동 수준의 검토가 필요하다.

(2) 지역경제 파급효과 분석

투자사업 추진으로 직접적인 경제적 편익 이외에 간접적인 편익으로서 지역경제 파급효과 또한 존재하며, 이러한 지역경제 파급효과는 생산유발효과, 부가가치유발효과, 취업유발효과 등의 측면에서 파악할 수 있다.

지역경제 파급효과의 추정을 위해서는 산업연관 분석(Inter-industry Analysis)을 활용한다. 산업연관 분석은 산업 간의 연관관계를 파악하고 최종수요를 통해 유발되는 각종 직·간접적인 파급효과를 분석하는 데 유용한 기법으로 경제적 파급효과 추정에 널리 활용되고 있는 방법이다.

타당성 조사에서는 주로 한국은행에서 발표한 시·도 기준의 산업연관 분석표를 활용한다. 지역 산업연관 분석(Inter-regional Input-Output Analysis: IRIO)은 지역 내의 산업구조 분석뿐만 아니라, 지역 및 산업 간 연관관계를 수량적으로 파악할 수 있어, 각종 지역개발정책 및 사업의 파급효과 분석에도 유용하게 활용된다.

그러나 IRIO 모형을 통하여 분석된 지역경제 파급효과는 투자사업의 시행으로 인하여 지출되는 산업거래의 직접적인 효과와 연계효과만을 반영하며, 사업의 취지에 맞는 완공 이후에 발생하는 편익을 반영하는 것은 아니기 때문에 경제적 편익으로는 반영하지 않는다.

예를 들어, 산업단지 조성사업의 경우 IRIO 모형을 통해 산출되는 결과는 사업비 투입에 따른 단순 연계효과로서 산업단지 조성 후 공장 가동을 통한 부가가치 창출 등 지역경제 활성과는 관련이 없다.

특히, 사업 추진을 통해 발생 가능한 부(-)의 효과를 고려하지 않기 때문에 항상 투입된 비용보다 더 큰 정(+)의 효과를 발생시키므로 이를 편익으로 고려하면 항상 투입된 비용보다 커지게 된다.

따라서 산업연관 분석을 통한 지역경제 파급효과는 경제성 분석의 편익과는 달리 본 사업에 사업비를 투자함으로써 다른 지역 및 사업에 미치는 영향을 나타내는 것으로 장기간에 걸쳐 나타난다기보다는 해당 공사비의 투입기간에만 발생하는 간접효과라고 볼 수 있다.

지역산업연관표의 기본 구조는 〈표 13-18〉과 같다. 산업연관표는 가로방향(행)의 배분구조와 세로방향(열)의 투입구조로 나누어 파악할 수 있다. 지역경제 파급효과 계산을 위한 각종 계수 등은 한국은행 경제통계 시스템에서 제공하고 있으므로 이를 활용하면 된다. 다만, 지역 산업연관 분석을 위한 수요는 검토안의 총사업비를 의미하는데, 이때 총사업비의 각 항목 중 보상비 및 제세공과금, 예비비 등은 생산활동을 수반한다고 볼 수 없거나 명확하지 않으므로 제외하고, 공사비와 부대비만을 생산활동을 수반하는 항목으로 반영한다. 이때 공사비는 토목부문, 설계비 및 감리비 등 부대비는 과학기술 관련 전문서비스 부문으로 반영하고 있다.

〈표 13-18〉 지역산업연관표(IRIO)의 기본 구조

<table>
<tr><th colspan="3" rowspan="3">구분</th><th colspan="3">중간수요</th><th colspan="3">최종수요</th><th rowspan="3">지역 내 산출액</th></tr>
<tr><th>지역 1</th><th>…</th><th>지역 n</th><th>지역 1</th><th>…</th><th>지역 r</th></tr>
<tr><th>산업 1 … 산업 n</th><th>산업 1 … 산업 n</th><th>산업 1 … 산업 n</th><th>소비 투자 수출</th><th>소비 투자 수출</th><th>소비 투자 수출</th></tr>
<tr><td rowspan="3">국산 투입</td><td>지역 1</td><td>산업 1 … 산업 n</td><td>Z_{11}</td><td rowspan="6">투입구조↓</td><td>Z_{1r}</td><td>Y^{d}_{11}</td><td>…</td><td>Y^{d}_{1r}</td><td>X_1</td></tr>
<tr><td>⋮</td><td>산업 1 … 산업 n</td><td></td><td colspan="5">배분구조→</td></tr>
<tr><td>지역 r</td><td>산업 1 … 산업 n</td><td>Z_{r1}</td><td>Z_{rr}</td><td>Y^{d}_{r1}</td><td>…</td><td>Y^{d}_{rr}</td><td>X_r</td></tr>
<tr><td colspan="2">수입 투입</td><td>산업 1 … 산업 n</td><td>M_1</td><td>M_r</td><td>Y^{m}_{1}</td><td>…</td><td>Y^{m}_{r}</td><td></td></tr>
<tr><td colspan="3">부가가치</td><td>V_1</td><td>V_r</td><td colspan="4"></td></tr>
<tr><td colspan="3">지역 내 산출액</td><td>X_1</td><td>X_r</td><td colspan="4"></td></tr>
</table>

10. 종합 결론

예비타당성조사는 결론에서 경제성 및 재무성 분석, 정책적 타당성 분석 등 다양한 분석 결과들을 취합하여 AHP를 통해 종합 점수화하고 있다.

■ AHP 수행 방법

- AHP 기법은 의사결정의 목표 또는 평가 기준이 다수이며 개별 평가 기준에 대해 서로 다른 선호도를 가진 대안들이 체계적으로 평가될 수 있도록 지원하는 의사결정 기법의 하나임.
- 투자대안별로 소규모 패널을 구성하여 각 분석모듈에 대한 가중치를 결정하고 분석모듈별 표준화된 점수에 따라 종합 판단을 실시함.

그러나 조사완료 이후 투자심사위원회에서 최종적인 사업 추진 여부를 결정하는 「지방재정법」 타당성 조사의 경우 별도의 종합 점수화를 실시하지 않는다. 즉, 현재는 주요 분석 방법과 각 분석의 쟁점별로 타당성 조사 결과를 요약하여 결론을 제시하고, 이로부터 투자심사의 의사결정에 대한 참고자료를 제공하는 것으로 그 역할을 한정짓고 있으므로 결국 투자심사위원회가 AHP의 기능을 담당한다고 볼 수 있다.

투자심사위원회는 사업부문뿐만 아니라 각 사업에 따라 분석모듈별 가중치를 별도로 반영하는 것으로 볼 수 있다. 예를 들어, 같은 도로사업이라 할지라도 사업노선이 도시권인지 접경지역인지에 따라 사업 추진 판단시 비용편익비율(B/C)의 중요도가 다를 수 있다.

부록

타당성 조사가 적정하게 수행되었는지를 점검하기 위한 체크리스트는 다음과 같다.

〈부표 13-1〉 타당성 조사 보고서의 적정성 검토를 위한 체크리스트

구분	세부 검토 항목	O/×	비고
A. 사업계획 및 규모의 적정성 검토			
사업계획 및 규모 검토	① 시설규모가 수요에 기반하여 적정하게 산정되었는가? 유사 사례와 비교하여 적정성을 검토하였는가?		
	② 시설배치계획이 합리적으로 제시되었는가?		
	③ 입지 여건에 대한 분석이 이루어졌는가? (법적, 기술적, 사회적 제약 요인 검토)		
분석 범위	④ 사업의 영향권, 이해관계자, 편익수혜자를 합리적으로 설정하였는가?		
	⑤ 대안 및 시나리오 설정이 합리적으로 이루어졌는가?		
B. 비용 추정			
공사비	⑥ 공신력 있는 비용 추정 기준 및 단가를 적용하였는가? (조달청 공사 유형별 공사비, 한국감정원 건물신축단가표, 예산편성지침, 견적가 등)		
	⑦ 적용단가가 유사 사례와 비교하여 적정한지 검토하였는가?		
	⑧ 산정된 시설규모가 비용 추정에 반영되었는가?		
	⑨ 비용과 편익의 분석 기준연도를 일치시켰는가? 이때 적용한 보정 근거(GDP 건설투자디플레이터, 소비자물가지수 등)는 적정한가?		
	⑩ 누락된 비용이 있는가?(부지조성비, 철거비, 지원시설 등)		
보상비	⑪ 사업부지의 전체 필지별 지목에 근거하여 토지매입비를 추정하였는가? 지장물보상비 등 기타 보상비도 적정하게 산정하였는가?		
	⑫ 보상비 추정 방법 및 근거를 구체적으로 제시하였는가?(감정평가금액, 실제 보상금액, 보상배율 적용 등)		
	⑬ 국공유지와 사유지를 구분하여 적정하게 산정하였는가?		
부대비	⑭ 설계비/공사감리비는 요율 근거에 적합하게 산정하였는가?		
	⑮ 조사 및 측량비를 반영하였는가?		
	⑯ 사업 추진에 필요한 운영설비비를 반영하였는가?		
예비비	⑰ 예비비를 (공사비(VAT 포함)+부대비(VAT 포함)+보상비)의 10%로 반영하였는가?(설계자료 활용 가능성에 따라 0~10% 적용 가능)		
총사업비	⑱ 부가가치세 포함 여부를 구분하여 총사업비를 제시하였는가?		
	⑲ 기 투입비용을 구분하여 제시하였는가?		
운영비	⑳ 시설의 준공 이후 운영기간 동안 시설의 운용에 소요되는 전체 비용을 운영비용으로 계상하였는가?(인건비, 운영관리비, 유지보수비 등)		
	㉑ 소요인력 및 임금 수준이 적정하게 산정되었는가?(유사 사례 및 관련 규정 등)		
	㉒ 운영관리비, 유지보수비 등의 항목별 산출 근거에 타당성이 있는가?(유사 사례, 시설규모/운영시간에 비례 여부 등)		

〈부표 13-1〉 계속

구분	세부 검토 항목	○/×	비고
연차별 사업비	㉓ 시설물 및 장비구입비의 내구연한을 고려하여 재투자비를 반영하였는가?		
	㉔ 사업 유형 및 공사 여건을 감안하여 연차별 사업비 투입 스케줄이 적정하게 계획되어 있는가?		
C. 수요 추정			
수요 추정	㉕ 시설 유형에 맞는 수요 추정 방법을 사용하였는가?		
	㉖ 수요 추정시 공신력 있는 자료를 사용하였는가?		
	㉗ 수요 추정시 장래개발계획 반영 기준, 최대 수용인원, 실제 운영일수, 가동률 등이 적절히 반영되었는가?		
	㉘ 지역 내 또는 인근지역의 중복 시설에 대한 검토를 수행하였는가?		
D. 편익 추정			
편익 추정	㉙ 사업 목적에 맞는 편익 항목을 설정하였는가? (중복 편익 계상의 우려, 부(-)편익 발생 가능성 등)		
	㉚ before-after가 아닌 without-with의 차이를 편익으로 제시하였는가?		
	㉛ 편익 산출 과정과 계산 과정이 적정한가?		
E. 경제성 분석			
경제성 분석	㉜ 국민경제적 관점에서의 경제성 분석을 수행하였는가?(재무성 분석과 구별 여부)		
	㉝ 사회적 할인율을 4.5%로 적용하였는가?		
	㉞ 경제성 분석기간을 30년으로 적용하였는가? (일부 환경 및 수자원사업의 경우 시설의 내구연한으로 설정할 수 있음)		
	㉟ 국공유지와 사유지 모두 보상배율을 적용한 기회비용으로 반영하였는가?		
	㊱ 공사비, 부대비에서 부가가치세를 제외하였는가?		
	㊲ 토지의 잔존가치는 지장물보상비를 제외한 토지매입비에 대해서 분석 최종연도에 부(-)의 비용으로 처리하였는가? (철도차량, 장비 등 내구연한 내의 기자재로 잔존가치가 있을 것으로 예상되는 항목에 대해서도 고려 가능)		
	㊳ 경제성 분석에서의 예비비를 총사업비 추정시 예비비와 동일하게 반영하였는가?		
민감도 분석	㊴ 경제성에 영향을 미치는 주요 변수(공사비, 운영비, 수요, 할인율 등)에 대한 민감도 분석을 수행하여 불확실성에 대한 고려를 하였는가?		
F. 재무성 분석			
재무성 분석	㊵ 재무적 할인율 4.5%를 적용하였는가?		
	㊶ 재무성 분석기간을 합리적으로 적용하였는가? (대체로 경제성 분석기간과 동일하되, 용지분양사업의 경우 분양단계까지만 고려)		
	㊷ 낙찰률 적용이 필요한 사업의 경우 적정하게 반영하였는가? (공공기관이 발주하는 사업의 경우 경쟁입찰로 인해 낙찰률 적용 필요)		
	㊸ 사업비 지출 순서(자기자본 → 정부보조금 → 타인자본), 부채 상환 및 운영수입의 스케줄이 적정한가?		

〈부표 13-1〉 계속

구분	세부 검토 항목	o/×	비고
재무성 분석	㊹ 재원조달비용(금리, 수수료)이 적정한가?		
	㊺ 구축된 재무모델 및 PI 산정 과정이 적정한가?		
	㊻ 경제성 분석을 위한 비용과 재무성 분석을 위한 비용 항목 차이를 적정하게 반영하고 차이발생 사유를 기술하고 있는가? (법인세/부가가치세 등 이전지출 포함, 국공유지의 무상제공 등)		
	㊼ 확정된 시설규모/수요 추정 결과에 기반하여 수입 항목과 산정금액을 적정하게 산정되었는가?		
민감도 분석	㊽ 재무성에 영향을 미치는 주요 변수(분양가격, 분양 스케줄, 낙찰률 등)에 대한 민감도 분석을 수행하여 불확실성에 대한 고려를 하였는가?		

참고문헌

감사원, 『재정집행 관리실태(투자심사 부적정)』, 감사결과보고서, 2014. 9.

______, 『설악산 오색삭도 설치사업 추진 관련 공익감사청구(투자심사 기준 미이행)』, 감사결과보고서, 2017. 6.

______, 『재정지출 효율화 및 주요 재정사업 추진실태』 감사결과보고서, 2018. 5.

______, 『지방자치단체 건설사업 타당성 등 점검(투자사업 관리 부적정)』, 감사결과보고서, 2015. 10.

______, 『지방자치단체 주요 투자사업 추진실태』, 감사결과보고서, 2016. 6.

국토교통부, 「건설공사 타당성 조사 내실화 추진 … 신뢰도 높인다」 보도자료, 2016. 5. 18.

______, 『교통시설 투자평가지침』, 2017. 6.

국회예산정책처, 『대한민국 지방재정 2018』, 2018.

______, 『2019 대한민국 재정』, 2019a.

______, 『2019 대한민국 지방재정』, 2019b.

______, 『2019-2028년 NABO 중기 재정전망』, 2019c.

기획재정부, 『총사업비관리지침』(기획재정부 지침), 시행 2018. 7. 12.

______, 『지역밀착형 생활SOC 확충방안』, 2018a.

______, 『2019년도 예산안 편성 및 기금운용계획안 작성지침』, 2018b.

______, 「제12차 경제활력대책회의 겸 2019년 제11차 경제관계장관회의」 보도자료, 2019. 4. 3.

______, 「예비타당성조사 운용지침」(기획재정부 훈령), 2019. 4. 25 제정.

______, 『2019-2023년 국가재정운용계획』, 2019a.

______, 『2020년도 예산안 편성 및 기금운용계획안 작성지침』, 2019b.

______, 「국가균형발전특별회계 예산안 편성 지침」, 2019c.

______, 『2020년 나라살림 예산개요』, 2020.

김남주·김상기·박지훈, 『지방재정투자사업의 조건부가치측정법(CVM) 적용방법 개선을 위한 기초연구』, 한국지방행정연구원 지방투자사업관리센터, 2018.

김동건, 『비용·편익분석』(제4판), 박영사, 2012.

김재형 외, 『예비타당성조사 백서』, 한국개발연구원, 1999.

박완규, 『비용–편익분석개론』(역서), 박영사, 2012.

송지영 외, 『지방도 사업의 타당성과 지역격차에 관한 연구』, 한국지방행정연구원, 2017.

______, 『지방재정투자사업의 재무적 할인율 추정 연구』, 한국지방행정연구원 지방투자사업관리센터, 2018.

이효·임성일·전성애, 『지방투자사업의 지방재정영향분석 연구』, 한국지방행정연구원 지방투자사업관리센터, 2017.

임성일, 「우리나라의 중앙·지방정부간 재정관계 재정립」, 『저스티스(Justice)』, 통권 134호, 2013.

______, 「지방재정의 현실과 한 단계 높은 재정분권의 모색: 중앙·지방정부간 재정관계의 새로운 정립」, 지방

자치 20주년 기념 서울 지방분권 국제포럼, 2015.
______, 『우리나라의 지방재정분권 상태에 관한 연구』, 한국지방세연구원, 2017.
______, 『지방자치단체의 위기와 파산–미국의 경험과 교훈』, 도서출판 해남, 2018a.
______, 『지방재정의 책임성 제고 방안』, 한국조세재정연구원, 2018b.
______, 『수평적 재정균등화(Horizontal Fiscal Equalization) 제도의 도입에 관한 연구』, 한국지방세연구원, 2019a.
______, 「지방재정의 자주권 강화 방향과 과제」, 한국지방재정학회, 하계세미나 발표 논문, 2019b.
______, 「확장적 재정정책 시기의 지방재정 운영: 재정 건전성과 책임성을 중심으로」, 재정학 공동학술세미나 발표 논문, 2019c.
______, 「지방재정 투자사업의 사회적 가치 반영: 타당성 분석과 투자심사제도를 중심으로」, 2019 지방투자사업관리센터 세미나 발표 논문, 2019d.
임성일·손희준, 「지방교육재정제도의 개선방안: 지방재정과 지방교육재정간의 관계 재정리」, 『지방행연구』, 25(3), 2011.
지방공기업평가원, 『2017년 지방공기업평가원 투자분석센터 연차보고서』, 2018.
한국개발연구원, 『공기업 및 준정부기관 사업 예비타당성조사제도에 관한 연구』, 2013a.
______, 『공기업·준정부기관 사업 예비타당성조사 수행을 위한 일반지침 연구』, 2013b.
______, 『BTL 민간투자사업 적격성 조사 수행을 위한 연구』, 2005a.
______, 『BTL 민간투자사업 타당성 및 민간투자 적격성 조사 수행을 위한 세부요령 연구(안)』, 2005b.
______, 『예비타당성조사 수행을 위한 일반지침 수정·보완 연구』(제5판), 2008.
______, 『2018년도 KDI 공공투자관리센터 연차보고서』, 2019.
한국지방행정연구원, 『지방자치단체 재정분석 종합보고서』, 각 연도.
______, 『문화·체육·관광 부문 타당성 조사 지침 연구』, 2015a.
______, 『산업단지 등 산업 부문 타당성 조사를 위한 지침 연구』, 2015b.
______, 『주거 및 상업 부문 타당성 조사를 위한 지침 연구』, 2015c.
______, 『도로 및 교통부문 타당성 조사를 위한 지침 연구』, 2015d.
______, 『지방재정투자사업 타당성 조사 수행을 위한 일반지침』, 2016.
행정안전부, 「지방자치단체 예산개요」, 『지방세통계연감』, 각 연도.
______, 『지방자치단체 예산개요』.
______, 『지방자치단체 통합재정 개요』, 각 연도.
______, 『지방재정투자사업 심사 및 타당성 조사 매뉴얼』, 각 연도.
______, 「지방재정투자사업 심사 및 타당성 조사 매뉴얼」, 2019. 8 개정
______, 『2019년도 지방자치단체 통합재정 개요』, 2019a.
______, 『지방교부세 산정해설』, 2019b.
______, 『2020년도 지방채 발행계획 수립기준』, 2019c.
神野直彦 外, 『日本の地方財政』, 有斐閣, 2014.
Belli, P., J. Anderson, R. Barnum, H. N. Dixon, and J. A. Tan, J-P, *Economic Analysis of Investment Operations:*

Analytical Tools and Practical Applications, WBI, World Bank, 2001.

Brown, E. D. and J. C. Tanner, "Integrating Value for Money and Impact Evaluations: Issues, Institutions, and Opportunities," World Bank, Policy Research Working Paper, 9041, 2019.

Casalini, F., "The Public Value Dimension of Social Infrastructure," European Investment Bank Report, 2018.

European Commission(EU), *Guide to Cost-Benefit Analysis of Investment Projects*, 2014.

Florio, M.(ed.), *Cost-Benefit Analysis and Incentives in Evaluation: The Structural Funds of the European Union*, Edward Elgar Publishing: Cheltenham(UK), 2007.

Harrison, M., *Valuing the Future: The Social Discount Rate in Cost-Benefit Analysis*, Productivity Commission, 2010.

HM Treasury, *The Magenta Book: Guidance for Evaluation*, 2011.

______, *The Green Book: Central Government Guidance on Appraisal and Evaluation*, 2018.

IMF, "Fiscal Transparency, Accountability, and Risks," August 2012.

______, "Update on the Fiscal Transparency Initiative," 2014.

Ivy, So and Alina Staskevicius, *Measuring the 'impact'*, Harvard Business School, 2015.

Karoly, L., "Valuing Benefits in Benefit-Cost Studies of Social Programs," *RAND*, 77, 2008.

Melinda, T., "Measuring and/or Estimating Social Value Creation: Insights into Eight Integrated Cost Approaches," Bill & Melinda Gates Foundation, Seattle, 2008.

OECD, *Fiscal Federalism 2014*, 2013.

______, *Policy Framework for Investment*, 2015.

______, "Assigning Responsibilities across Levels of Government," No. 24, Sep. 2018a.

______, "Subnational Governments in OECD Countries: Key Data," 2018b.

______, *Revenue Statistics 2018*, 2019.

Paul, J. Gertler et al., *Impact Evaluation in Practice*, The World Bank, 2011.

Pearce, D. W., G. Atkinson, and S. Mourato, *Cost-Benefit Analysis and Environment: Recent Developments*, OECD, 2006.

Porter, M. and M. Kramer, "The Big Idea: Creating Shared Value," *Harvard Business Review*, Vol. 89, 2011.

Shah, A., "Responsibility with Accountability: A FAIR governance framework for Performance Accountability of Local Governments," Vol. 32, 2014.

Social Enterprise UK, *The Social Value Guide: Implementing the Public Services (Social Value) Act*, SEUK: London, The United Kingdom, 2012.

Social Enterprise Unit, "Measuring Social Value: How Five Social Enterprises Did It, Department of Health," UK, 2010.

Social Value International, *A Discussion Document on the Valuation of Social Outcomes*, 2015.

The SROI Network, *A guide to Social Return on Investment Social Value UK, Starting Out on Social Return on Investment*, 2012.

The Treasury(New Zealand Government), *Guide to Social Cost Benefit Analysis*, 2015.

The Treasury(NSW), *NSW Government Guide to Cost-Benefit Analysis*, 2017.

UCLG, *Subnational Governments around the World Structure and Finance*, 2016.

Vose, D., *Risk Analysis: A Quantitative Guide*, John Wiley and Sons, 2008.

Watson, K., J. Evans, A. Karvonen, and T. Whitley, "Capturing the Social Value of Buildings: The Promise of Social Return on Investment(SROI)," *Building and Environment*, Vol. 103, 2016.

Yilmaz, S. et al., "Local Government Discretion and Accountability: A Diagnostic Framework for Local Governance," The World Bank, July, 2008.

감사원(http://www.bai.go.kr).

강릉시 의회(www.gncl.go.kr).

국민권익위원회(http://www.acrc.go.kr).

국회 예산정책처(www.nabo.go.kr).

기호일보(http://www.kihoilbo.co.kr).

기획재정부(http://www.moel.go.kr).

______(http://joongang.joins.com/).

대한민국 국회(http://likms.assembly.go.kr).

매일경제신문(http://news.mr.co.kr).

문화체육관광부 관광지식정보시스템(http://www.tour.go.kr).

법제처 국가법령정보센터(http://www.law.go.kr).

서울신문(http://go.seoul.co.kr/news).

시사상식사전(http://terms.naver.com).

전라북도 의회(www.assem.jeonbuk.kr).

지방재정 365(http://lofin.mois.go.kr).

통계청(국가통계포털, http://kosis.kr).

______(국가통계포털, http://kosis.kr/search/search.do).

한국경제신문(http://www.hankyung.com/).

한국의 채권시장(한국거래소, www.krx.co.kr).

함께하는 시민행동 좋은예산센터(http://goodbudget.kr/bkg).

행정안전부 홈페이지(www.mois.go.kr).

찾아보기

[ㅅ]

[ㅇ]

[ㅈ]

[ㅊ]

[ㅌ]

[ㅍ]

[ㅎ]

저자 약력

임성일(林聖日)

미국 텍사스대학교(University of Texas at Austin) 경제학 박사
영국 케임브리지 대학, 중국 북경행정학원, 일본 동경대학 방문연구(visiting scholar)
한국지방행정연구원 부원장, 지방투자관리센터 소장 역임
국무총리실 부패방지위원회 위원, 기획예산처 자문위원, 교육부 갈등관리심의위원/지방교육재정혁신단 위원, 행정안전부 정책자문위원, 지방규제개선 위원, 건교부(국토교통부) 자체심사 평가위원 등 역임
행정안전부 중앙투자심사위원/참여예산 컨설팅 단장, 서울시 기금운용심위위원/재정포럼위원/숙의예산자문위원 등 활동 중
저서:『지방자치단체의 위기와 파산』(도서출판 해남) 외 다수

김상길(金相吉)

연세대학교 행정대학원 석사(지방자치·도시행정 전공)
명지대학교 행정학과 박사 과정 중
기초·광역 지방자치단체 예산, 회계 등 업무담당 주무관(1988. 8~2003. 6)
행정안전부 재정정책과, 교부세과, 감사관실, 공기업과 주무관·사무관(2003. 6~2015. 7)
행정안전부 재정정책과 투자심사팀장 사무관·서기관(2015. 7~2019. 1)
행정안전부 교류파견, 인천광역시 재정관리담당관 서기관(2019. 1~현재)
논문:「도시철도 노인 무임승차제도 개선방안 연구」

송지영(宋枝泳)

서울대학교 환경대학원 도시계획학 박사, 교통기술사
한국개발연구원 공공투자관리센터(1999~2009)
한국지방행정연구원 지방투자사업관리센터(2015~현재) 기획총괄부장, 재정투자조사부장
행정안전부 정책연구심의위원회 위원, 국가균형발전위원회 정책연구평가심의위원회 위원 역임
기획재정부 재정사업평가위원회 위원, 공공기관예타 제도개선 자문단 위원, 행정안전부 지방세특례운영자문위원회 위원, 서울시 교통영향평가심의위원회 위원, 한국교통정책경제학회 부편집위원장, 민자학회 이사 활동 중